21세기를 위한

자 녀 교 육

김형태저

태영출판사

머리말

한남대학교 총장직을 맡으면서 섬기고 사랑해야 될 사람이 훨씬 더 많아졌다. 내 가정·내 가족이 아니라 우리학교·우리나라로 넓어진 것이다. 총장(總長)이 아니라 총종(總從)이 되겠다고 약속했으니 더욱 섬기고 모실 대상이 늘어날 수밖에 없다.

내가 낳아 기른 자녀는 남매(1녀 1남) 뿐이지만 한남대학교 캠퍼스에 들어서면 1만 5천여 명의 또 다른 자녀들이 있다. 쳐다 보기도 아까운 그 제자들이 21세기에 지구촌 곳곳을 누비며 멋있는 지도자로 살아 주기를 바란다. 더 나아가 대한민국의 모든 청소년과 청소녀들도 비전을 갖고 성실하게 자라나 반기문 UN사무총장 같이 세계적인 봉사의 지도자가 되기를 기원한다.

"황금 백만냥보다 자식 하나 잘 기르는 것이 낫다"(黃金百萬兩 不如一敎子)란 말이 있다. Margaret Mead는 '兩性三世代' 가정과 '2남 2녀' 자녀가 바람직하다고 말했지만, 현대 가정 구조는 3세대 가정이 거의 없고 자녀도 2명 또는 1명 자녀가 대부분이다. 가정의 구조적 환경이 이 같이 변함으로써 지위환경이나 가정환경도 변해 가고 있다. 소인수 자녀를 기르다 보니 '내 자녀 제일주의'에 치우치고, 이웃에 대해 섬기고 나누기보다 경쟁하고 이기기를 추구하게 되었다. 만인의 만인에 대한 투쟁이 생겼고, 각자는 공동체보다 자기 자신만 중요하게 생각한다. 이는 현대 가정의 교육적 역할에 큰 어려움을 준다. 성경에 좋은 예가 있다. 사무엘상 1~2장에 나오는 두 가정의 이야기를 살펴보자.

Eli 제사장 가문은 당대 명문귀족으로 최고 상류 지도자 가정이며, Elkanah 가문은 에브라임 산지의 벽촌에 사는 무명의 시골 사람이다. 그러나 시간이 지날수록 두 가정의 위치와 입장은 서로 반대가 된다. Eli 가문은 하강곡선을 긋고 Elkanah 가문은 상승곡선을 그어간다. 이유는 하나이다. '자녀교육' 때문이다. Eli 가문은 두 아들 Hophni와 Phinehas를 불량자(corrupted son)로 길렀고 Elkanah 가문은 아들 Sammuel을 신앙적인 신사(gentleman)로 길렀기 때문이다. 자녀교육은 이렇게 역사의 방향과 사회의 좌표를 결정한다. 우리나라 곳곳이 "Smiling faces, Beautiful places"로 바뀌어지기를 바란다.

오늘날 우리도 21세기를 올바로 관리하고 세계적으로 봉사하는 자녀를 길러 내기 위한 계획과 수고를 감당해야 할 때이다. 다음 세대 자녀들이 올곧게 자라나면 한 가문은 물론이고 지역사회와 교회, 학교 그리고 국가 전체가 그 혜택을 누릴 수 있다. 특히 부존자원이 별무한 한국은 전적으로 인재양성이 국가 경쟁력의 유일한 자원이다. 명석한 지혜, 따뜻한 정서, 실천할 수 있는 행동력을 골고루 갖추고 신앙적인 비전을 지향하는 신뢰롭고 부가가치를 창출하는 자녀들을 길러 내야 하겠다. 시골에서 5형제를 길러 모두 서울대에 보낸 吳京鎬 교장선생님의 "선으로 이기자"(以善勝之)는 교훈과 한남대학교 상징탑에 새겨져 있는 "너희는 먼저 그의 나라와 그의 의를 구하라"(마 6 : 33)는 신앙관이 이 책의 성경적 근거이다.

또한 급격히 변화되는 세계화, 정보와, 미래화 과정을 겪으면서 우리나라의 전통적인 관습과 예의범절로부터 연결고리가 끊어져 우리들은 문화적 고아가 된 상황이다. 그래서 우리의 옛것과 상호 연결하는 민족 공동체로서의 일관성(무변성)과 새로이 추구해야 할 세계인으로서의 변화성(가변성)을 고찰함으로 5000년 역사의 핵심을 지구적 관점에서 현재화해야 할 필요성도 지적하였다.

이 책에는 창의성 계발문제, 성교육, 가치관 정립, 좋은 아버지의 역할 등 현대교육적 문제와 관혼상제와 태교를 비롯한 전통적 가정교육, 그리고 미국, 일본, 유대인들의 자녀교육 방법까지 살펴보고 상담을 통한 인간관계 훈련도 포함시켰다.

한 학기 동안 대학원생들과 세미나를 통해 이 책을 한 장(章)씩 다루면서 열띤 토론과 수정을 가했다. 특히 서양식 이론에만 치우치지 않고 동양식 또는 한국식 자녀교육의 원리도 찾기 위하여 함께 노력했다. 따라서 개인적인 저서라기 보다 여러 학자들의 관련자료들을 한데 모아 재구성한 부분이 많음을 미리 일러두고 싶다.

이 책은 부모, 교사, 상담자, 목회자, 그리고 청소년과 가정사역을 맡은 분들에게 자녀교육의 이론과 실제를 제공하고 싶은 동기에서 만들어졌다.

지혜로운 자녀는 부모의 면류관이고, 어리석은 자녀는 부모의 근심거리다. 물리적 장소인 house를 정신적 공동체인 home으로 만들고 FAMILY(Father And Mother,

I Love You)를 가꾸어 가자. 훌륭한 가정에서 위대한 자녀들을 길러 내는 것이 가장 확실한 21세기의 경영관리요 소망 있는 미래 준비이다.

이 책을 출판해 준 태영출판사와 곱게 성장해 준 딸 榮嬪과 사위 金玟永, 외손자인 동민과 동빈, 그리고 NYU에서 연구 중인 아들 榮權에게 고맙고, 두 남매를 잘 길러 교육상담학과 응용수학의 박사로 길러 준 아내 千永春 권사에게도 깊은 감사를 드린다.

2008. 6. 10

한남대학교 총장실에서

김 형 태

차 례

勝者의 마음

제 1 장
勝者는 실수했을 때 「내가 잘못했다」고 말한다.
敗者는 실수했을 때 「너 때문에 이렇게 되었다」고 말한다.
勝者는 입에서 솔직이 가득하고, 敗者는 입에서 핑계가 가득하다.
勝者는 「예」와 「아니오」를 확실히 말하고,
敗者는 「예」와 「아니오」를 적당히 말한다.
勝者는 어린아이에게도 사과할 수 있고,
敗者는 노인에게도 고개를 못숙인다.
勝者는 넘어지면 일어나 앞을 보고,
敗者는 넘어지면 일어나 뒤를 본다.

제 2 장
勝者는 敗者보다 더 열심히 일하지만 시간의 여유가 있고, 敗者는 勝者보다 게으르지만 '바쁘다 바쁘다'고 말한다.
勝者의 하루는 25시간이고, 敗者의 하루는 23시간 밖에 안 된다.
勝者는 열심히 일하고, 열심히 놀고, 열심히 쉰다.
敗者는 허겁지겁 일하고, 빈둥빈둥 놀고, 흐지부지 쉰다.
勝者는 시간을 관리하고 살고, 敗者는 시간을 끌며 산다.
勝者는 시간을 붙잡고 달리며, 敗者는 시간에 쫓기며 달린다.

제 3 장
勝者는 지는 것도 두려워하지 않는다.
敗者는 이기는 것도 은근히 염려한다.
勝者는 과정을 위해서 살고, 敗者는 결과를 위하여 산다.
勝者는 순간마다 성취의 만족을 경험하고,
敗者는 영원히 성취의 만족을 경험하지 못한다.
勝者는 구름 위의 태양을 보고, 敗者는 구름 속에 비를 본다.
勝者는 넘어지면 일어서는 쾌감을 알고,
敗者는 넘어지면 재수를 한탄한다.

제 4 장
勝者는 문제 속에 뛰어든다.
敗者는 문제이 변두리에서만 맴돈다.
勝者는 눈을 밟아 길을 만든다.
敗者는 눈이 녹기를 기다린다.
勝者는 무대 위에 올라가며, 敗者는 객석으로 내려간다.
勝者는 실패를 거울로 삼으며, 敗者는 성공을 휴지로 삼는다.
勝者는 바람을 돛 위한 에너지로 삼고,
敗者는 바람을 보면 돛을 기울인다.
勝者는 파도를 타고, 敗者는 파도에 삼켜진다.
勝者는 돈을 다스리고, 돈은 敗者를 다스린다.
勝者의 주머니 속에는 꿈이 있고,
敗者의 주머니 속에는 욕심이 있다.

제 5 장
勝者가 즐기는 말은 '다시 한번 해 보자'이고
敗者가 즐기는 말은 '해 봐야 별수없다'이다.
勝者는 차라리 용감한 죄인이 되고,
敗者는 차라리 비겁한 요행을 믿는다.
勝者는 새벽을 깨우고, 敗者는 새벽을 기다린다.
勝者는 달려가며 계산하고,
敗者는 출발도 하기 전에 계산부터 한다.

제 6 장
勝者는 다른 길이 있을 것이라고 생각하나,
敗者는 길은 하나 뿐이라고 생각한다.
勝者는 더 나은 길이 있을 것이라고 생각하나,
敗者는 갈수록 태산일 것이라고 생각한다.
勝者의 방에는 여유가 있어서 자기 자신을 여러 모양으로 변화시켜 본다.
敗者는 자기 하나가 꼭 들어갈 만한 상자 속에서 스스로를 가두어 놓고 산다.

제 7 장
勝者는 등수나 상과는 관계없이 달린다.
그러나 敗者의 눈은 줄곧 상만을 바라본다.
勝者의 의미는 모든 달리는 코스에, 즉 평탄한 신작로와 험준한 고갯길 전체에 깔려 있다.
그러나 敗者의 의미는 오직 결승점에만 있다.
勝者는 꼴지를 해도 의미를 느끼나,
敗者는 1등을 차지했을 때만 의미를 느낀다.
勝者는 달리는 도중 이미 행복하다.
그러나 敗者는 행복의 경주가 끝나 봐야 결정된다.

제 8장
勝者는 자기보다 우월한 자를 보면 존경하고, 사람으로부터 배울점을 찾는다.
敗者는 자기보다 우월한 자를 만나면 질투하고, 그 사람의 갑옷에 구멍난 곳이 없는지 찾으려 한다.
勝者는 자기보다 못한 자를 만나도 친구가 될 수 있으나,
敗者는 자기보다 못한 자를 만나면 즉시 보스가 되려고 한다.
勝者는 강한 자에게는 강하고, 약한 자에게는 약하다.
敗者는 강한 자에게는 약하고, 약한 자에게는 강하다.

제 9 장
勝者는 몸을 바치고,
敗者는 혀를 바친다.
勝者는 행동으로 말을 증명하고,
敗者는 말로 행위를 변명한다.
勝者는 책임지는 태도로 살며,
敗者는 약속을 남발한다.
勝者는 벌받을 각오로 결단하며 살다가 영광을 받고,
敗者는 영광을 위하여 꾀를 부리다가 벌을 받는다.

- 시드니 헤리스 칼럼에서 -

당신은 사랑받기 위해 태어난 사람

사랑하는 (　　) 에게

너는 나를 잘 모를지 모르지만 나는 너를 너무도 잘 안단다.
너의 앉고 일어섬을 알고…시 139:2
너의 모든 행위를 알며…시 139:3
너의 머리털을 다 셀 정도지…마 10:29~31
이는 내 형상대로 너를 만들었기 때문이다…창 1:27
너는 항상 내 안에서 살며 기동하며 있느니라…행 17:28
너는 나의 소생이니까…행 17:28
복중에 짓기 전에 내가 너를 알았고…렘 1:4~5
창세 전에 너를 택하였도다…엡 1:11~12
너는 우연히 생긴 것이 아니다 너를 위해 정한 날이 내 책에 다 기록되어 있었고…시 139:15~16
너의 태어날 때와 살 곳을 정하였으며…행 17:26
너를 신묘 막측하게 만들어…시 139:14
어미의 모태에서 지었고…시 139:13
내 너를 취하여 태어나게 하였다…시 71:6
나를 모르는 자들이 나를 잘못 알렸다만…요 8:41,44
나는 너와 함께 있는 사랑이니라…요일 4:16
육신의 아비가 줄 수 없는 것을 주리니…마 7:11
나는 온전한 아비니라…마 5:48
각양 좋은 은사와 온전한 선물이 다 내게로부터 오나니…약 1:17
네게 있어야 할 것을 내가 아니라…마 6:31,33
너를 향한 나의 생각은 평안이요 너의 장래에 소망을 누리는 것은 내가 무궁한 사랑으로 너를 사랑하기 때문이다…렘 31:3
너를 향한 나의 마음을 헤아릴 수조차 없구나…시 139:17,18
나는 너로 인하여 기쁨을 이기지 못하여 하시며…습 3:17
너에게 복주기를 멈추지 아니하리니…렘 32:40
너는 나의 소유니라…출 19:5

내가 기쁨으로 너에게 복을 주며 나의 마음과 정신을 다해 너를 이 땅에 심으리라…렘 32:41
보아라! 네가 알지 못하는 크고 비밀한 일을 네게 보이리라
네가 마음과 성품을 다하여 구하면 나를 만나리니…신 4:29
나를 기뻐하라, 네 마음의 소원을 이루어 주리라…시 37:4
네가 소원을 두고 행하기를 원하노라…빌 2:13
네가 구하거나 생각하는 것보다 넘치도록 주리니…엡 3:20
나는 너의 위로자니라…살후 2:16,17
모든 환란 중에도 너를 위로 할지니…고후 1:3,4
너의 마음이 상할 때 내가 너를 더욱 가까이 하리라…시 34:18
양을 안는 목자같이 내가 너를 품 속에 안으리라…사 40:11
언젠가 너의 눈에서 너의 모든 눈물을 씻고…계 21:3,4
내가 예수를 사랑한 것 같이 너를 사랑함이라…요 17:23
예수를 통해 너에 대한 나의 사랑을 보였나니…요 17:26
예수는 나의 형상이라…히 1:3
너에 대한 나의 사랑을 보이고…롬 8:31
너의 죄를 묻지 않으며…고후 5:18,19
너와 화목하게 하려고 그가 죽었나니 그의 죽음은 너를 향한 나의 사랑이라…요일 4:10
너의 사랑을 얻기 위해 나의 소중한 아들을 아끼지 아니했다…롬 8:31,32
아들의 사랑을 받는 자는 나를 받는 것이요…요일 2:23
나의 사랑에서 너를 끊을 것이 없느니라…롬 8:38,39
네가 돌아오는 날 하늘에서는 기쁨의 잔치를 열리라…눅 15:7
나는 언제나 너의 아비였고 앞으로도 그럴 것이니…엡 3:14.15
너는 나의 자녀가 되기를 바라느냐? …요 1:12,13
너를 기다리며…눅 15:11~32

- 하나님으로부터 -

제 1 장

창의성의 계발교육

- 서 언
- 창의성과 창의성 계발
- 창의성 계발을 위한 환경
- 창의성 계발교육의 실제
- 결 언

제1절 서 언

창의성 계발은 요즘 우리나라 교육계나 사회에 요구되는 가장 큰 관심거리 중의 하나이다. 물론, 선진국이 오래 전부터 중시하고 학교 현장에서 시행해 온 것에 비하면 우리나라는 뒤늦은 편이다. 창의성은 독창적이고 창조적인 사고능력으로서 특정 분야에서 독특한 능력을 보이며, 어떤 분야에서 기발한 아이디어를 창출해 내고 일을 잘 처리해 낼 수 있으며, 남들이 미처 생각해 내지 못한 방법, 발명품 등을 창안해 낼 수 있는 능력을 말한다. 창의성이 높은 사람이 보다 좋은 결과를 만들어 내고, 그런 사람이 많은 학교, 기업체, 조직, 나라가 세계 역사를 선도해 나간다. 과학의 경우에서 대부분의 우수한 발명품, 과학법칙 등이 이런 창의성을 중시하는 선진국에서 나오고 있다.

우리나라도 교육개혁이니 열린교육이니 하는 관심이 높아지면서 학교 현장에서 창의성이 강조되고 있으며, 어느 기업체에서는 입사시험 때 창의성이 높은 사람을 채용하려고 노력하고 있다. 또한 창의성 계발에 관한 각종 책들이 출판되고 있다. 광복 이후 주입식·암기식 입시위주의 교육 속에 묻혀 지내 왔고, 따라서 선진국 청소년들에 비해 창의성이 현저히 떨어진다는 우리 교육에 대한 비판과 경쟁력 강화를 위해서도 창의성 계발에 중점을 두어야 한다는 주장들이 상당수 받아들여지고 있다. 얼마 전 미국에서 세계 어린이 창의성대회가 열렸다. 1위는 미국이 차지하였고, 아시아에서는 중국, 일본이 상위 순위에 올랐다. 아쉽게도 우리나라는 등위에 들지 못했다. 이것은 우리 교육의 현실을 엿볼 수 있는 한 예이다.

여기서는 개념수준에서 더 나아가 실천하고자 하는 창의성의 정의와 필요성, 창의성 계발을 위한 일상생활, 학교교육 프로그램 등을 제시하는 여러 학자들의 이론을 살펴보고자 한다. 그리고 창의성 계발을 위해 더욱 필요한 것이 무엇인지 생각해 볼 기회를 갖고자 한다.

용어의 사용에 있어서 '창의성'과 '창의력'을 혼용하였다. 두 용어는 같은 의미를 지니고 있기에 별 문제가 없을 것이다. 학자들에 따라서 창의성 혹은 창의력을 구별해 쓰거나 아니면, 함께 쓰기도 한다. 인용된 학자의 주장을 존중하여 창의력 혹은 창의성을 그대로 수용하고, 일반적인 서술에서는 창의성을 주로 사용하였다.

제2절 창의성과 창의성 계발

1) 창의성의 정의

창의성 혹은 창의력에 대한 정의는 학자들에 따라 다양하게 기술되고 있다. 그 내용들을 살펴보자.

Guilford는 '새롭고 신기한 것을 찾는 힘', Taylor는 '생산적 사고와 창조적 사고를 표현하는 복잡한 심리적 과정으로 인내성과 성취, 변화, 개선을 구하는 태도, 그리고 아주 큰 소신을 낳게 하는 정열 같은 것'이라 했으며, Olsen은 "어떤 개인의 독특성에서 나오는 그 사람 내부의 힘으로서 그 사람에게 가치가 있는 새로운 생각이나 참신한 통찰들을 산출하는 것"이라 정의하고 있다(김형태, 1998).

임선하(1993)는 창이성이라는 말을 할 때 별다른 구분 없이 쓰이는 용어로 상상력, 독창성, 확산적 사고, 창조성, 발명, 직관, 모험적 사고, 창출, 탐구, 창안, 신기성 그리고 영재성 등이 있으며 창의성은 새로움(독창성)에 이르게 하는 개인의 사고 관련특성이라고 보았다.

이군현(1997)은 "창의력이란 남이 생각하지 못하는 생각을 하거나, 또는 남이 보지 못하는 부분을 볼 수 있는 능력"이라고 생각하였다. 그래서 창의적인 생각은 어느 날 우연히 하늘에서 뚝 떨어지는 것이 아니라 교육과 노력의 결과에 의해서 가꾸어지는 것이기에 창의력이 잘 발휘되려면 지식, 창의적 노력, 창의적 여건이 잘 어우러져야 한다고 말한다. 즉, 창의력이란 한 개인이 새로운 아이디어나 작품을 창출해 내거나 또는 기존의 아이디어나 작품을 참신한 방법으로 재생산해내는 정신적인 과정이라는 것이다.

또한, Cropley에 의하면 창의력이란 우선 '아이디어를 갖는 것', 즉 무엇보다도 독특한 생각을 갖는 것이라고 정의된다. 물론 무엇이든 새 것, 비인습적인 것, 뜻밖의 것과 같은 것의 전부가 창의력은 아니며, 오직 독창성의 올바른 방식만이 실제로 창의적이라고 할 수 있다.

Heinelt(1974)는 창의력 연구에서 창의력이 아닌 것에 대한 목록을 다음과 같이 제시하였다.

① 창의력은 단순히 혁명의 히스테리가 되면 안 된다.
② 창의력은 모든 인간의 문제를 위한 만병통치약으로 환호되어서는 안 된다.
③ 창의력은 마술의 주문이 되어서는 안 된다.
④ 창의력은 그 가치를 외면한 채 폭발하는 사람들의 태도를 위해 정당화되어서는 안 된다.
⑤ 창의력은 부진한 학생의 알리바이가 되어서도 안 되고 표준 척도의 등한함을 위한 핑계가 되어서도 안 된다.
⑥ 창의력은 교육제도의 어떤 임의적인 변화를 정당화시키기 위한 구실이 되어서는 안 된다.

코라 베서 지그문트(1998)는 창의력에 포함되는 것으로 다음과 같은 것들을 나열하였다.

① 사람들과 좋은 관계를 맺는 능력
② 집안을 멋지게 장식하는 능력
③ 다른 사람들을 웃기는 능력
④ 서로 다른 일을 일치 · 조화시키는 능력
⑤ 어울리는 의상을 골라 내는 안목
⑥ 정원이나 자연의 아름다움을 즐길 줄 아는 능력
⑦ 그림을 그리거나, 도자기를 만들고, 장식을 하는 능력
⑧ 즐길 줄 아는 능력, 즉 음악을 듣거나, 색채의 효과를 의식적으로 체험하거나, 책이나 영화에 매료되는 능력
⑨ 컴퓨터와 같은 기술적인 설비를 잘 다루는 능력
⑩ 즉석에서 개발한 자신만의 방법으로 손쉽게 요리를 해내는 능력

⑪ 수공예적인 능력

⑫ 스포츠와 같이 신체적인 숙련이 필요한 일을 잘 하는 능력

이상에서 살펴 본 바와 같이 대체로 창의성에 대한 학자들의 정의는 비슷하다. 공통적으로 독창성, 발명, 탐구성, 통찰력, 직관력, 성취성, 독자성 등이라 할 수 있다. 즉, 창의성이란 사물과 상황을 바라보는 안목 다시 말해 직관력과 통찰력, 기발한 아이디어를 잘 내는 것, 많은 호기심과 탐구력 등이 발휘되는 복합된 특성이라 할 수 있다.

2) 창의성을 가진 사람의 특징

흔히 창의성이 높은 사람은 그렇지 않은 사람과 다른 특징과 성격을 갖고 있는 것으로 알려져 있다. 그럼, 어떤 점에서 그런지 알아보자.

정태명은 창의적 성격 특성을 묶어 성취욕구, 자율욕구, 변화욕구, 지배욕구로 분류하였다(김형태, 1998).

① **성취욕구** : 어떠한 과업을 해결하고 높은 포부나 수준의 것을 성취하고 싶은 것, 경쟁에서 이기고 다른 사람을 능가하고 싶은 것, 자기 능력 이상의 것을 하고 싶은 것.

② **자율욕구** : 제약을 벗어나서 자유로운 생활을 하고 싶은 것, 자기의지에 따라 행동할 수 있도록 독립적인 것, 법칙과 관습을 무시하고 자기가 원하는 대로 하고 싶은 것.

③ **변화욕구** : 반복의 정도, 엄격의 정도가 적은 것을 좋아하고, 사태에 따라 가능성이 다양한 일 찾기, 새로운 유행 즐기기

④ **지배욕구** : 자신이 원하는 방법으로 타인을 행동하게 하려는 것, 강압적 자기 무장하기, 설득하기, 지시, 통제, 조언하기

Neff(1975)는 이전의 연구결과를 종합하여 창의적인 사람들의 특징을 다음과 같이 나열하고 있다.

① 융통성

② 감수성
③ 다른 사람에 대한 수용성
④ 책임감
⑤ 심리적으로 사고하고 느낄 수 있는 능력
⑥ 독자적인 활동을 통한 성공
⑦ 긍정적인 자아 개념
⑧ 사회적 관계에 대한 욕구
⑨ 높은 사회적 지위 추구

Heinelt(1974)의 연구는 교실에서 매우 창의적인 학생들의 태도를 보고 하고 있다.
① 외향적이기보다는 내향적이다.
② 암시적인 반응을 적게 한다.
③ 한 집단에 소속되지 않는다.
④ 어느 경우에는 시험점수가 낮다.
⑤ 창의적이지 못한 학생들보다 질문이 많고 지적 활동이 매우 활발하다.
⑥ 매우 융통성 있는 사고를 한다.
⑦ 유머감각이 뛰어나다.
⑧ 동료학생들에 대하여 협조적이지 못하다.
⑨ 독립적으로 활동하기를 원한다.
⑩ 부모, 교사 그리고 또래 집단에게 거리감을 두고 소외감을 느낀다.
⑪ 다른 학생들보다 우월하다고 생각한다.
⑫ 인기가 없다.

3) 창의성 계발의 필요성

우리는 “왜 창의성 계발이 필요한가? 창의성이 왜 중요한가? 왜 그 계발이 필요한가?” 등의 의문을 제기할 수 있다. 그럼, 여기서 창의성의 중요성과 그 계발의 필요성에 대해 잠시 살펴보기로 하자.

창의성 계발의 필요성에 대해 홍명희(1998)는 “창의력이 없었더라면 지난 수천 년간 인간은 제대로 생존하지 못했을 것이다. 환경이 달라지면 우리는 새롭고 다른 아이디어로 반응해야 한다. 창의력이 의미하는 바는 우리가 세계와 자연, 동료 인간과 더불어 살아가는데 적절히 반응할 수 있는 능력이 얼마나 되며, 충격적인 자극에 반응할 준비가 얼마나 되어 있는가 하는 차원에서 이해될 수 있다. 진화론자인 다윈은 창의력과 관련한 적절한 비유로 '선택의 가능성을 가장 많이 가진 개체가 생존할 기회가 가장 많다'고 말한 바 있다. 따라서 우리는 삶의 기쁨과 생존을 위해서도 반드시 창의력을 필요로 한다고 할 수 있다."라고 설명하고 있다.

한명희는 창의력의 교육적 가치를 철학적, 사회적, 심리적 차원으로 나누어 설명하였다. 즉, 철학적 측면에서는 ① 창의력은 현대 지식관의 문제와 관련해서 필수적인 요소가 되며, ② 인간 존재는 고정적 존재가 아니라 과정적 존재라는 관점에서 창의성이 중요하고, ③ 가치문제의 해결에 요청되는 능력이란 점에서 창의력이 중요시된다. 사회적 측면에서는 미래의 사회는 신기성(novelty), 잠시성(transience), 다양성(diversity)을 특징으로 하는 만큼, 이러한 사회에 적응하고 생존하기 위해서는 능동적으로 새로운 방법을 찾아낼 수 있는 창의력을 필수로 함양해야 되기 때문이다. 심리적 측면에서는 개인의 정신 건강과 자아실현의 필수 요소로서 창의력은 자아결정, 자아 통합의 전제가 되는 능력으로 모든 인간은 저마다 독특한 능력과 개성을 지니고 있으며 스스로의 결정에 따라 행복을 추구할 권리를 지닌다. 개인이 행복을 추구하기 위해서는 자기에게 합당한 일을 스스로 선택하고 방법을 결정하며 추진해 나감으로써 자아실현을 이룰 수 있어야 한다(김형태, 1988).

Cropley는 창의력이 사회 발전의 수단으로 들릴 수도 있겠지만, 창의력은 자아발달과 인성발달에도 기여하고 있다고 말한다.

결국, 인류의 생존과 번영을 위해서, 국가적으로는 국제사회에서의 경쟁력 강화를 위한 인재 양성을 위해서, 개인적으로는 보다 나은 자아실현과 발전을 위해서 창의성이 중요하며, 그 계발이 필요한 것이라 할 수 있다.

제3절 창의성 계발을 위한 환경

이제 창의성 계발을 위해 어떻게 해야 하는지를 살펴보자. 먼저, 창의성 계발 교육이 이루어지기에 앞서 풍토 조성, 즉 창의성 계발에 적합한 환경 조성이 전제되어야 할 것이다. 공장 근로자들의 생산성 향상을 위해서는 작업장 내 조명의 밝기, 맑고 쾌적한 공기, 근로자들의 사기 진작을 위한 처우 개선 등의 조건이 갖추어져야 하듯이, 창의성 계발이 효과적이기 위해서는 학교와 가정에서의 환경이 창의성 계발에 적합한 것이어야 한다. 환경에는 물질적 환경도 있겠지만 여기서는 심리적 환경이 어떻게 조성되어야 하는지에 관한 학자들의 견해를 살펴보자.

1) 문화적인 영향

Cropley는 문화는 창의력을 거부하는 경향이 있다고 보고 있다. 즉, 창의력은 향상되어야 한다는 구호에도 불구하고 모순 같지만 창의력을 가진 사람의 특성들(충동적, 비인습적 모험, 알고자 하는 욕망, 권위에 무조건 복종하지는 않는 것)은 잘 받아들여지지 않고 있다는 것이다. Torrance(1965)의 5개국(독일, 그리스, 인도, 필리핀, 미국) 연구에 의하면 질문을 하는 것, 추측하는 것, 문제에 대해 생각하는 것, 스스로 확신하려는 의욕, 감수성, 스스로 사고하고 판단하는 것, 직관적으로 연상하는 것, 모험심 그리고 권위주의에 따르지 않는 것과 같은 특성들이 문화적으로 거부하는 경향을 발견하였다. 그런 반면 위의 모든 문화권에서는 권위주의, 복종, 부지런함, 일의 능력 그리고 다른 사람에 대한 예의는 받아들여지고 있다.

Cropley의 주장은 복종이나 예의 등이 결코 잘못되었다는 것이 아니라, 사회에서 가장 바람직하다고 선호하는 이러한 사상들이 마치 아이들에게 있어서 가장 좋은 태도처럼 과잉되게 강조되는 동시에 성격이 발달하면서 복종적이고 순종함을 방해할 수 있는 모든 태도를 억누르는 것에 대한 위험성을 지적하려는 것이라고 한다.

한때는 창의적 능력이 거의 남성의 영역이라는 주장들이 있었으나 최근의 연구들에 의하면 창의적 태도와 관련된 성적인 차이는 문화적인 가치관 차이에서 오는 것이지 어느 쪽이 열등하고 우월하다는 것은 기질적으로 타고나는 것이 아니라고 한다. 그런데, 얼마 전부터는 창의적인 사람은 양쪽 성이 갖고 있는 특징을 다 갖추어야 한다는 견해가 지배적이었다. Heim(1970)도 이와 같은 견해를 갖고 있고, Biller, Singer 그리고 Fullerton(1969)은 유치원 아동들에게 창의력 검사를 실시한 결과 이성이 갖고 있는 특징을 보이는 아동들이 가장 높은 점수를 받았다고 보고한다. 오늘날 창의력은 신뢰성과 자신감(소위 말하는 남성적 능력) 그리고 예민함과 감정적인 것(즉, 소위 말하는 여성적인 면)이 동시에 주어져야 유리하다는 견해에 일치한다. 그러므로 창의력을 위해서는 양성의 특징이 골고루 잘 발달된 사람이어야 하다.

2) 가 정

Cropley는 일반적으로 아이들의 태도에는 부모의 가치관이 반영된다는 생각을 하고 있다. 몇몇 이론가들이 문화적 가치에 대하여 서로 다른 전수기제를 설명하고 있다 할지라도 부모들은 좋고 나쁜 행동을 자신들의 기준에 맞추어 자녀에게 전달하는 성향이 있다는 것이다. 이러한 가치체계는 일반적으로 아이들의 행동에 대한 준비성에 영향을 미칠 것으로 보고 있다.

Weisberg와 Springer(1961)는 창의력 검사 점수가 높은 학생들의 부모는 강한 표현력과 관대함의 측면에서 검사 점수가 낮은 학생들의 부모와는 다르다는 것을 밝혔다.

Heinelt(1974)는 부모들의 교육방식과 창의성에 대한 새로운 인식을 종합하여 보고하였다. 그는 창의적인 아동의 가정은 자유롭고, 편안하면서도 자극적인 분위기로 인하여 창의력 촉진에 매우 유리하다고 밝혔다. 아이들과 부모는 긍정적인 대화를 하였고 아이들은 어릴 때부터 독특한 생각을 제시하였고, 호기심이 많았으며 질문에 대하여 관심이 높았다고 한다.

부모의 교육방식은 자신들이 받아 온 교육방식과 그 사회가 아이들에게서 요구하는 옳고 그름에 대한 태도로서 결정된다고 보고 있다. 부모들은 그 사회가 원하지 않는 태도를 저하시키고 사회가 요구하는 태도는 형성시키고자 한다. 부모들의 이러한 태도는 당연한 것으로 여기고 있다. 왜냐하면 그 사회가 원하는 규범대로 생각하고 행동한다면, 살아가는데 있어서 큰 어려움이 주어지지 않기 때문인 것이다. 그러므로 사회적 규범은 부모가 자식에 대한 교육방식을 결정짓는데 매개적인 역할을 한다.

이상에서 본 바와 같이, 자녀의 창의성이 계발되기 위한 가정 환경은 부모의 가치관과 생활양식을 일방적으로 강요하는 것이 아니라 자녀의 생각과, 지적 활동을 받아들이고 적극 격려할 수 있는 허용적인 분위기가 조성되어야 할 것으로 보인다. 자녀의 호기심 어린 질문과 탐구욕구를 부모의 틀에 벗어났다 하여 무시하거나 억제하기보다는 오히려 지지해 줄 수 있어야 할 것이다.

3) 학 교

(1) 창의적인 학생에 대한 교사의 태도

Cropley에 의하면 창의적인 학생들은 주어진 규범에서 빗나가게 된다. 특히 학교에서나 가정에서 격려를 받으면 그들은 적응을 잘 못하는 경우도 있으며, 학교에서 친구들에게는 건방지고 참을성이 없게 보이고 소외당할 수 있다고 한다. 가끔 그들은 교사를 혼란스럽게 만들고 교사로 하여금 문제아로 판단하도록 하는 방해꾼이라는 느낌을 준다.

창의적인 학생들과 또래 학생들 사이의 관계에 대한 연구에서 창의적인 학생들은 적응력이 부족하고 집단생활에 관심이 없기 때문에 인기가 없다고 밝히고 있다. 또한 많은 교사들은 창의적인 학생들이 학급에서 규율을 흔들 수 있는 영향을 미친다고 보고 있다. 순종과 협조적인 태도를 선호하는 교사들 뿐만 아니라 창의력을 지지하는 교사들도 창의적인 태도를 저하시켜야만 하는 입장에 처한다는 것이다. 예상하지 않은, 전혀 수업의 내용과는 관계없는 것 같은 질문과 대답은 그 수업시간을 위해 신중히 계획을 세운 교사로 하여금 혼란스럽게 만들고 나아가서는 위신이 깎일 수도 있다. 특히, 학생의 자극이 농담조로 들렸거나 전혀 무의미한 것처럼 보여진다면 완벽하게 준비된 수업일지라도 좋지 않은 결과를 초래할 수 있다. 창의적인 아동은 대담한 추측을 통하여 진실을 알아내고자 하는데 큰 관심을 갖고 있다. 그러나 많은 교사들은 논리적 규칙을 적용함으로써 문제를 해결하고자 하기 때문에 그들은 교사로서 학생의 탐구와 추측을 지지하는 것은 잘못된 것이라고 느끼고 있다. 교사가 창의력의 중요성을 인식한다고 하더라도 그는 학생이 시간을 낭비하지 않도록 지도한다고 보고 있다.

Hallmann(1970)은 창의력을 촉진하는 교사들의 특징을 다음과 같이 나열하였다.

① 학생들이 스스로 학습할 수 있도록 한다.
② 교실에서 협동적으로 생활할 수 있는 사회적 적응을 시도한다.
③ 창의적인 학생들로 하여금 기존의 지식을 충분히 익히도록 한 다음 자유롭게 창의적인 사고를 할 수 있도록 동기를 유발한다.

④ 창의력을 촉진시킬 수 있는 특수한 활동을 교실에서 진행한다.

⑤ 자신들의 의견은 되도록 지연시키고 학생들이 그들의 생각을 완전하게 표현할 때까지 기다린다.

⑥ 학생들의 지적 유연성을 가능하게 한다.

⑦ 학생들이 자기평가를 할 수 있도록 지지한다.

⑧ 다른 사람들의 감정이나 분위기를 잘 파악할 수 있도록 지도한다.

⑨ 학생들의 질문을 신중히 생각한다.

⑩ 학생들에게 많은 자료를 활용하고 여러 곳에서 활동할 수 있는 기회를 제공한다.

⑪ 학생들이 실망을 이겨낼 수 있는 능력을 키워 줌으로써 꼭 성공만을 위해 노력하지 않고 실패도 이겨낼 수 있도록 한다.

⑫ 학생들로 하여금 부분적인 것보다 전체적인 것을 보게 하는 능력을 키워 준다.

교사들이 창의력은 낮지만 지능이 높은 학생들을 창의적인 학생들보다 더 선호하는 경향이 있다고 한다. 창의적인 학생들이 얼마나 자주 교사의 감정을 상하게 하는지 고려해 보면, 교사가 지능이 높은 학생을 선호하는 것은 그렇게 놀라운 일이 아니라는 것이다. 창의적인 학생들은 기존의 마찰 없이 잘 진행되는 수업에 대한 방해의 원인이 될 수 있고, 그들은 세상을 교사와는 다른 측면에서 보려고 하며, 어떤 목표가 가치 있고 지향해야 하는지에 대한 설교를 하고 어떤 면에서 교사보다 더 신속하기 때문에 교사들을 혼란스럽게 만들 수 있다고 보고 있다.

창의력보다 권위를 선호하는 교사에게 창의적인 태도가 자주 반항적으로 보이기 때문에 창의적인 사고 표현을 전혀 틀리게 이해할 수 있다. 교사가 이 두 가지 태도를 구분할 수 있다 하더라도 창의적인 학생의 태도는 수업을 방해할 수 있다. 예를 들면, 교사들은 농담과 명랑함이 수업 진행을 방해한다는 이유로 제지시킬 수 있다. 그러나 유머감각은 창의적인 학생의 특징 중 하나이다. 이러한 이유에서 교사들은 특히 그들의 의도를 이해하지 못하면 화를 낸다. 이러한 학생들의 언어 솜씨는 반항적이고 뻔뻔스러운 것으로 받아들여지므로 문제시되고 있다. 여기에서 이미 언급된 점을 지적하였다. 교사는 두 종류의 학생을 구분하여야 하는 어려움에 처해 있다. 안타깝게도 교사들은 확산적인 태도를 위협과 불쾌함으로 인식함으로써 가장 쉬운 방법을 선택한다. 그럼에도 불구하고 교사는 위에서 논의된 바와 같이 학생들의 창의력을 촉진시킬 수 있다.

(2) 창의성 촉진을 위한 요소

Cropley는 창의력 촉진의 내적 요소를 다음과 같이 설명하고 있다.

① 창의력은 그 자체가 중요하다.

아동의 호기심이나 새로운 일을 찾으려는 경향이 학교공부에 영향을 미친다는 것은 이미 잘 알려져 있다.

② 영재아를 만들기 위해서가 아니다.

교사들에게 주의를 주어야 할 점은 그들이 각 학생을 Goethe나 Einstein과 같은 천재로 생각하여 다루지 않도록 하는 것이다. 모든 학생들은 질문하고 숙고할 수 있는 능력이 있기 때문에 창의력을 발휘할 수 있도록 커리큘럼이 짜여져 있다면 모든 학생들이 학습을 더 쉽게 받아들일 수 있을 것이다. Begemann(1975)의 연구에 의하면 수업 중 창의적인 문제해결 교수방법은 모든 학생들에게 도움이 되었다고 강조하였다.

③ 창의적인 학습은 내적 동기가 주어진다.

창의적인 교수방법은 수업 중 계속 나타나는 문제점들을 해결해 나갈 수 있다. 학생들이 이해해야 할 학습내용을 적당히 형식적으로 받아들인다면 학생들은 그와 관련된 정보를 더 이상 찾으려 하지 않을 것이다. 그러나 학습내용이 학생들의 호기심과 상상력을 키워주고 지적인 활동성을 부여해 준다면 학습을 계속 유지시키기 위한 상이나 벌이 필요 없을 것이다. 이와 같은 학습을 "내적으로 동기화되어 있다."라고 한다. 즉, 지식을 획득한다는 것 그 자체가 보상을 받는 것이고 학습과정은 외적인 동기가 없어도 실행된다.

④ 창의적인 학습은 효과적이다.

지식의 팽창속도가 빨라지는 시대에 기계적인 방법은 효과적이지 않다. 효과적인 학습을 위해서는 새로운 방법들이 요구되고 있고, 적합한 창의적 사고력의 시도는 이러한 요구에 맞게 기여할 수 있다는 견해가 커지고 있다. Getzels와 Jackson(1962)은 인간이 창의적으로 배울 때 가장 잘 배운다는 인식이 새로운 것은 아니라고 말한다. 그러나 대부분의 교사들은 권위적인 수업방식을 선택하는데, 그 이유는 이에 대한 수업준비가 더 쉽고 항상 최상의 것만 요구하지 않아도 되기 때문이다.

또한, 창의적 학습은 가르치는 것에 대해 "창의력을 한 교과목으로서 가르치는 것은 결코 허용되지 않을 것이다. 첫째, 창의성이 무엇인지 확실하지가 않다. 둘째, 창의성을 많은 기술이 필요한 복합적인 과정으로 생각하고 있고, 셋째, 분리된 문제를 해결하는 방안으로 인식하고 있고, 넷째, 동기, 태도 그리고 가치를 묶음(어떠한 대상물이나 양적인 것이 아닌 것)으로 나타내는 결과로 생각하고 있다."라고 설명하고 있다.

그리고 그는 창의적 학습의 훈련에 관한 여러 학자들의 성과를 다음과 같이 제시하였다.

① 창의적 훈련

Parnes와 Maedow(1959)는 브레인스토밍 훈련을 실시한 결과 창의적 문제해결 점수가 높아졌음을 밝혔고, 이 높아진 점수는 훈련 실시 4년 후에도 지속됐음을 증명했다.

Suchman(1961)은 초등학교 5학년과 6학년생들에게 24주 동안 과학과 수업을 실시하였다. 실험집단에게는 질문 연습하기 수업방식이 적용되어 문제를 스스로 풀어 볼 수 있도록 제시했다. 교사는 학생의 질문에 오로지 '맞다' 아니면 '틀리다'와 같은 반응을 보일 뿐 정확한 설명은 해 주지 않았다. 통제집단에서는 전통적인 수업방식이 실시되었다. 즉 교사는 학생에게 모든 것을 가르쳐 주었고 학생들은 그 내용을 익히는데 그쳤다. 24주간 수업 후 두 집단간의 과학과목에 대한 지식에서는 큰 차이가 나지 않았으나 실험집단의 학생들은 더 많은 호기심을 보였고 질문을 더 많이 하였다. Suchman은 질문하기 훈련이 영향을 준 것이라고 한다. 이 집단은 통제집단보다 의욕에 차 있었고 학습을 재미있게 여겼는데, 이와 같은 결과는 거의 모든 교사들이 원하는 것이다.

② 질에 대한 강조

Torrance는 수업 중 대답의 질적인 면과 관계없이 대답의 양에만 중점을 둔 수업과 반대로 흥미롭고 비범한 대답을 중요시 여긴 수업을 비교하였다. 그 결과 그는 대답의 양에만 국한시킨 수업에서는 학생들의 대답의 양이 대답의 질을 중요시 여긴 수업보다 더 적었다는 결론을 내렸다. 따라서 학생들의 아이디어를 질적으로 고쳐 주는 수업방식은 학생들로 하여금 더 새롭고, 효과적이고 더 나은 대답(즉, 창의적 학습을 할 수 있다)을 할 수 있도록 유도한다는 결론을 내릴 수 있다.

③ 상상력의 자극

Crutschfield(1970)는 비범하고 상상력이 풍부한 아이디어의 개발을 추진하고 이 아이디어를 통하여 문제를 더 잘 해결할 수 있는 프로그램을 구성하였다. 그의 수업방식은 관대하였고, 새로운 시도에 대하여 개방적이었으며 자신의 아이디어에 대해 신뢰감을 갖도록 하였다. 이 프로그램의 결과를 분석하면 훈련을 받은 학생들이 더 좋은 아이디어를 많이 생산해 냈으며 문제해결 방법도 빨리 찾아냈다는 결론을 내릴 수 있다. 이러한 영향은 지능지수가 높고 낮은 모든 집단에게서 나타났고 6개월 후까지도 지속되었다.

④ 의견제시에 대한 격려

연구 대상자들은 캐나다의 한 작은 도시에서 초등학교 1학년에 재학 중인 아이들로서 남자 아동은 35명, 여자 아동은 34명이었고 이들의 나이는 평균 6. 8세였다. 이 학생들의 정확한 지능지수는 없었지만 교사의 판단에 의하면 이들은 모두 보통의 지능을 나타내고 있었다. 각 학생은 두 번에 걸쳐 Torrance(1966b)의 생산 – 개선 테스트를 받았다. 첫 시간에 학생들에게 사전 테스트를 실시하였고, 그런 다음 학생들은 창의력 사고 훈련을 받았다. 훈련 후 이들은 훈련의 영향을 알아보기 위한 사후 테스트를 받았다. 아동들은 임의적으로 A, B, C, D의 네 집단으로 나뉘었다. 사전테스트에서 A와 B집단은 얼마나 많은 아이디어(양적인 지시)를 생각해 낼 수 있는지 요구받았고 C와 D집단은 재미있고, 독특한 생각(질적인 지시)을 제시하라는 지시를 받았다. 이에 따라 A와 C집단은 창의적 사고를 높여 주는 수업을 받았고, B와 D집단은 같은 시간 동안 실험자가 읽어 주는 이야기를 들었다.

훈련시간에 교사는 장난감 그림을 칠판에 그려주고 장난감을 아동들에게 나누어 주면서 직접 살펴보도록 하였다. 그런 다음 아동들로 하여금 장난감을 개선하여 더욱 재미있게 놀 수 있는 방법을 제시하도록 요구하였다. A집단에서 교사는 모든 제안을 받아들였고 그에 따라 칠판의 그림을 수정하였고 제안의 수를 기록하였다. 아동들에게는 제안의 수가 가장 많은 집단에게 선물을 줄 것이라고 이야기하였다. C집단에서 교사는 아동들의 제안이 독특하다고 생각되는 것만 기록을 하였다. 제안을 받아들이지 않았을 때에는 그 이유를 설명해 주었다. 이에 따라 A집단과 C집단은 양적인 훈련과 질적인 훈련을 받는 차이점을 나타냈다. 교사는 B와 D집단에게 집중해서 책을 읽어 준 것만큼의 관심을 A와 C집단에게는 주지 않았다.

훈련 후 네 집단 모두에게 사전 테스트와 똑같은 문제로 사후 테스트를 실시하였다. 테스트의 결과를 종합 분석하면 양적인 면에서 사후 테스트의 결과는 훈련이 아무런 영향도 미치지 못했지만 유연성과 독창성에 대한 질적인 면에서는 훈련의 영향이 의미있는 것으로 나타났다. 질적인 훈련을 받은 아동들은 양적인 훈련을 받은 아동들보다 더 높은 점수를 받았다. 아동들의 대답은 매우 여러 가지의 형태로 주어졌으나 훈련의 결과를 보면 초등학교 1학년들에게 확산적 사고를 키워 주는 수업은 지극히 효과적이라는 결론을 내릴 수 있고, 이러한 결론은 창의력이 어느 정도 가르쳐 질 수 있다는 견해를 지지하여 준다.

⑤ 통찰적인 사고의 촉진

영국에서는 Franklin과 Richards(1977)가 9세에서 10세 사이의 학생들을 대상으로 확산적 사고를 촉진하는 수업을 실시하였다. 6주 동안 학생들은 일주일에 한 번 특별시간의 수업을 받았다. 그런 다음 그들은 여러 가지 창의력 테스트를 받았고 통제집단의 테스트와 비교되었다. Franklin과 Richards는 결과를 분석한 후 특별 수업시간이 학생들의 확산적 사고력을 키워 주는데 영향을 미쳤다고 발표하였다. 따라서 창의력 촉진은 특별한 수업방법에 따라 성공적으로 이루어질 수 있다는 결론을 내릴 수 있다.

Cropley는 수업에서 비창의적인 요소들로 다음과 같은 것들이 있다고 보고 있다.

① '정확한 것'에 대한 일방적인 강조

기존의 학교에서 학생의 성공이란 교사들이나 교과서에서 원하는 '정답'을 알아내는 것이다. 일반적으로 학생들은 어떤 실험적인 다른 대답을 해서 거부당하는 것보다는 정확한 대답을 함으로써 성공적일 수 있다. 더욱 악화될 수 있는 것으로서 교사는 질문 자체에 대하여 화를 내거나 거부할 수 있다. 실제적으로 학교 수업은 정확성을 요구하며 외적인 기준에 맞춰 진행되고 있다.

② 외적인 평가

학생들은 그들의 학습능력을 외부로부터 평가받는 것에 익숙해져 있고, 이러한 평가는 일방적이고 엄격한 것이라는 것에 숙달되어 있다. 이에 따라 학생들은 교사나 교과서가 제시하는 바람직한 형태로 그들의 학교 학습을 실행하도록 훈련받고 있다.

③ 교사의 조급함

한 문제의 의미가 즉시 전달되지 않거나 그에 대한 대답이 비논리적이라고 판단될 때 교사는 그 대답이 무의미하거나 시간을 허비하는 것으로 간주할 수 있다. 주어진 시간 안에 수업을 진행해야만 하는 압력 때문에 학생의 특수한 점을 고려할 수 있는 여유가 없어지고 어떤 때는 오히려 방해하는 요소로 취급당할 수도 있다.

④ 적응에 대한 압력

학교의 권위와 교사는 일정한 필기시험 형태를 요구하고 특별한 상황에서 표준화된 생각 등을 요구함에 따라 적응에 대한 압력은 더욱 강화된다. 어떤 학교에서는 이러한 압력이 너무 심한 한편 한 학생이 다른 학생과 달리 행동하게 되면 큰 걸림돌이 된다. 교실에서 모든 빗나가는 행동은 변칙 행동으로 받아들여지고 학생에게 소외감을 느끼도록 만든다.

⑤ 노동과 놀이의 엄격한 구분

우리의 문화와 학교는 노동과 놀이를 엄격하게 구분하고 있다. 노동은 힘들고 어려운 것이며 놀이는 쉽고 가치 없는 것으로 인식되어 있다. 노동과 놀이 사이에 비슷한 점은 없다. 따라서 학생들에게 자유롭게 상상하는 일, 논리의 한계성을 검토하는 것과 유머나 재치 등은 학교 수업에 어울리지 않는다는 것을 인식시키고 있다. 노동과 놀이의 엄격한 구분 때문에 노동으로 여겨지는 활동은 놀이에서와 같이 모험과 연구정신이 들어 있지 않다. 따라서 노동은 딱딱한 형태로 주어지고 단순하다.

4) 창의성 계발을 위한 제안

Torrance(1962b)는 창의적인 수업을 위해 다음의 아홉 가지를 제안하고 있다.

① 창의적 사고를 중요시 여겨라.
② 사물과 생각을 실험할 수 있도록 격려하라.
③ 새로운 생각에 대하여 관대하게 대하라.
④ 학생들에게 틀에 맞춘 생각을 요구하지 말아라.
⑤ 자신들의 창의적인 사고를 중요시 여기도록 가르쳐라.
⑥ 학습을 스스로 할 수 있도록 격려하라.
⑦ 자신의 생각을 완성할 수 있는 여건을 만들어 주라.
⑧ 건설적인 비판을 하라.
⑨ 여러 분야에서 지식을 획득할 수 있도록 격려하라.
⑩ 스스로 모험에 대하여 열린 생각을 하라.

서울초등교육평가연구회(1995)에서는 창의성 신장을 위한 교실풍토 조성을 다음과 같이 제시하고 있다.

① 심리적으로 안정된 분위기를 조성한다.

교실 안에서 교사와 학생들 또 학생과 학생 사이에 상호 존중하고 수용하는 분위기가 조성되어야 한다. 교사는 학생 개개인의 특성을 충분히 이해하고 학생들이 지닌 무한한 가능성을 존중하고 인격을 손상하는 일이 없도록 세심하게 배려해야 한다. 사소하고 하찮은 것이라도 학생들의 생각을 소중히 받아들이고 학생들이 한 걸음씩 발전할 수 있도록 참고 기다리며 격려하는 노력이 필요하다. 학급 친구끼리도 서로 믿고 돕는 화목한 분위기가 조성되어야 한다. 심리적으로 안정된 분위기 속에서 생각이 자유롭고 자신의 생각을 거리낌없이 표현하고 궁금한 것은 어느 때 누구에게나 물을 수 있는 분위기가 조성되었을 때 기발한 아이디어가 샘솟을 수 있는 것이다.

② 개방적 · 허용적인 분위기를 조성한다.

교실 환경이 지나치게 규범적이고 억압적인 분위기 속에서는 창의성 신장을 기대하기 어렵다. 자신이 할 일을 스스로 선택하고 또 자신의 행동에 대해서 스스로 책임을 지는 자율적인 풍토가 이루어져야 한다. 이러한 자율성은 스스로 학생들의 행동을 통제하는 의지를 키울 수 있으며 무질서와 혼란을 막을 수 있는 것이다. 자신의 생각을 자유롭게 말할 수 있고, 누구의 생각이든 존중되고 허용되는 수용적 분위기가 조성되어야 한다.

③ 평가의 억압에서 해방시켜야 한다.

학생들은 선생님이 나는 어떻게 평가하고 있는가에 대해 무척 마음을 쓰게 된다. 선생님으로부터 좋은 평점을 얻기 위해서는 선생님의 의도에 잘 따라야 한다. 따라서 선생님의 생각과 가치에 순응해 버리기 쉽다. 이러한 심리적 압박은 창의력 계발을 크게 저해하는 요인이 된다. 학생 각자의 독특한 개성을 존중해 주고 개인의 특성을 인정해 주는 평가 방법으로 전환되어야 한다. 선생님과 동조하기보다는 각자의 주장을 의미 있게 받아들이는 분위기로 바뀌어야 한다.

④ 창의성을 자극하는 물리적 환경을 조성한다.

교실 안에는 학생들의 사고를 자극하고 흥미를 끌 수 있는 다양한 사실과 자료를 비치하는 것이 창의력 계발에 도움이 된다. 가령, 퍼즐, 퀴즈, 구성 놀잇감, 과학 이야기집, 모험 이야기집, 아이디어 상자 등을 준비해 둔다.

⑤ 창의적인 사고와 행동에 대한 보상체제를 강화한다.

학생들이 엉뚱한 질문을 하더라도 성실하게 응답해 주고 상상적인 아이디어에 대해서도 가치가 있음을 느끼게 해 주며 작은 생각이라도 학생 개개인의 독창성이 엿보일 때 기회를 놓치지 않고 관심을 보여 심리적인 보상을 주어야 한다. 학생들이 창의성에 대한 긍정적인 자아개념을 형성하도록 도와 줌으로써 스스로 탐구하고 발견하는 기쁨을 추구하는 태도를 형성시켜 주는 것이 바람직하다.

⑥ 창의성 계발을 위한 교수–학습 방법을 도입한다.

학교 교육활동의 중심은 역시 교수 – 학습이 이루어지는 교실 수업이다. 창의성 계발도 교과나 특별활동 시간에 창의적 사고를 훈련함으로써 그 성과를 크게 기대할 수 있다. 따라서 강의 중심으로 단편적인 지식을 암기 하는 교수 – 학습에서 탈피하여 학생 스스로가 문제를 해결하는 학생 활동 중심의 수업으로 전환시켜야 한다.

⑦ 창의성 계발에 대한 인식을 새롭게 갖도록 한다.

흔히 창의성 하면 대단한 발명과 같은 거창한 일이라는 생각을 하게 된다. 하지만 창의성이란 우리가 날마다 살아가는 생활의 한 부분이다. 누구나 창의적인 생각을 계발하지 않고는 생존하기 어렵고 자아실현을 위해서도 필요한 요건이라는 인식을 가져야 한다. 국가적으로도 치열한 국제경쟁에서 살아 남기 위해서는 창의적인 사고와 산출물을 만들어 내지 않으면 안 된다는 사실을 깨닫도록 한다.

⑧ 창의성을 저해하는 요인을 제거한다.

우리가 일상생활에서 습득한 습관이나 버릇, 규범의식 등이 창의적인 사고를 방해한다. 주위의 친구들과 동조하려는 의식, 남에게 비판받지 않으려는 소극성, 권위에 맹종하려는 태도 등도 창의성 발달을 저해한다. 이러한 저해 요인을 제거하고 학생들이 심리적인 자유를 누릴 수 있는 교실분위기로 바꾸어야 한다.

⑨ 창의성 계발에 도움이 되는 경험의 기회를 많이 갖도록 한다.

일상생활에서 벗어난 신기하고 새로운 경험을 많이 갖도록 한다. 낯선 지방으로 여행을 떠난다든지 다양한 독서, 비디오나 영화감상, 미술작품감상, 전시회 관람, 퍼즐 · 퀴즈게임, 다양한 취미활동 등이 창의성 계발에 도움이 된다. 학교에서도 특별활동, 현장답사, 자원인사 초청 등 다양한 활동으로 학생들의 경험을 넓혀 주도록 배려해야 한다.

이군현은 창의적인 사고를 하기 위해 일상생활에서 다음과 같이 할 것을 제안하고 있다.

① 남이 생각하지 않는 방식으로 생각하라.

결과를 보면 누구나 생각해낼 수 있는 아이디어이지만, 이를 착안하느냐 못하느냐에 따라 엄청난 차이가 생길 수 있다.

② 고정관념에서 벗어나게 하라.

자신이 하는 일이 어떤 분야이건 자신의 분야에서 무엇인가 이전에 없던 새로운 일을 성취하려면 고정관념에서 탈피해야 한다. 이미 개발된 기술, 이미 짜여진 조직체계, 이미 굳어진 사회 규범 아래서는 새로운 것이 탄생할 수 없다. 기존의 것들을 좀 더 다른 시각에서 볼 수 있어야만 '창조'라는 것이 가능하며, 창조는 그 '다른 시각'을 다시 일상적인 사회 통념 속에 편입시키는 과정을 되풀이하게 된다. 여기서 고정관념을 깨는 것은 기존의 틀을 무조건 부정한다는 것이 아니라 긍정적이고 적극적인 사고방식을 갖는데 있다.

③ 호기심과 상상력을 북돋워라.

아인슈타인의 상대성 원리, 뉴턴의 만유인력 법칙 등 수많은 과학법칙들이 풍부한 상상 속에서 나왔다. 창의력은 지능보다 환경의 영향을 더 많이 받는다. 따라서 창의력을 키워 주기 위해서는 부모와 교사의 역할이 매우 중요하다. 교사는 학생들의 호기심 어린 질문이나 다소 어리석게 보이는 생각이라도 격려해 주어야 하고, 부모는 아이들의 상상력을 억누르기보다는 북돋아 주어야 한다. 또한 때때로 아이들의 상상 놀이에 참여하여 같이 놀아 주고, 상상이 단순한 공상이 되지 않도록 옆에서 계발해 주어야 한다.

④ 문제의식을 갖게 하라.

모든 학문은 "왜 그럴까?" "어떻게 해서 그럴까?"라는 문제의식에서 시작된다. 예를 들면, 물리학의 법칙들은 그러한 문제의식을 가지고 오랜 역사를 통해 수많은 과학자들이 연구한 결과이다. 이에 따라 보통의 상식으로는 상상도 못하던 여러 현상들을 예측하여 오늘날의 현대 과학 기술을 이룩해 내는 업적에 지대한 역할을 했다. 꼭 학문적으로 복잡하고 어려운 생각이 아닐지라도 일상 생활에서 문제의식을 가짐으로 성공한 예는 많다.

⑤ 실패를 두려워하지 않게 하라.

현재 우리의 교육은 학생들이 자신이 생각하는 대로 발표하기보다는 선생님이 원하는 답을 찾아내는데 급급하게 만드는 면이 많다. "내가 생각한 것은 답안지랑 다르구나, 틀렸구나."라고 생각하게 만드는 환경 속에서는 창의적인 인재가 탄생할 수 없다. 이러한 점에서 부모와 교사가 아이들에게 창의성을 길러 주기 위해 할 수 있는 가장 중요한 일은 도전할 수 있는 분위기를 만들어 주는 것이다. 부모가 자녀의 일거수일투족(一擧手一投足)을 감시하는 상황에서는 아이들의 창의성을 발달시키기 어렵다. 오히려 '제멋대로 할 수 있게' 내버려 두는 부모를 둔 아이들이 더 창의적일 수 있다.

⑥ 열린 마음을 갖게 하라.

창의적 사고를 하기 위해서는 우선 상식이나 선입관을 버리는 일이 필요하다. 나이가 적을수록 사물이나 현상에 대해 미리 "아. 저것은 이럴 것이다. 그러니 시도해 볼 필요가 없어" 또는 "어, 이건 이렇게 되어야 하는데 문제가 틀렸네"라는 식의 고정관념을 적게 가지고 있기 때문에 창의적 사고력을 기르기 쉽다. 창의적인 사람들의 특징 중의 하나가 열린 마음, 개방적 사고 방식을 갖고 있다는 것이다. 개방적 사고란 미리 형성된 고정관념이나 상식을 버리고 새로운 시각을 볼 수 있는 열린 사고이다.

⑦ 자신감을 키워 줘라.

아이들에게 자신감을 심어 주는 것은 문제의식을 가지게 하는 것만큼 중요하다. 스스로 생각한 문제에 대해서 자신이 반드시 해결할 수 있다는 자신감을 가지는 것은 능력이 약간 부족하더라도 이를 충분히 보충하고도 남음이 있는 재능인 것이다. 또한 자신감을 가지고 문제에 부딪쳐 해결한 경험을 가지면, 더 큰 자신감을 느끼게 되어 다음의 어려운 문제에 직면했을 경우에도 훌륭히 해결해 나가게 된다.

⑧ 비전과 목표를 갖게 하라.

비전이란 미래에 대한 꿈이요, 미래에 대한 감동이다. 비전이란 허황한 것을 바라봄을 의미하는 것이 아니라 현실적이며 실제로 살아서 움직이는 꿈을 말한다. 비전을 가진 아이는 기회가 오면 잡을 수 있다. 가령, 공이 투수의 손을 떠나서 날아오는 것을 보고 있어야만 공이 지나갈 때 야구방망이를 휘둘러 공을 칠 수 있다. 공을 바라보지 않고 딴 생각을 하고 있으면 공이 바로 앞을 지나가는 것만 보고 후회하던지, 공이 지나가고 있는 것조차 모를 것이다. 그리고 자녀로 하여금 환상처럼 보이는 비전을 현실로 보이게 하도록 하기 위해서는 목표를 세우도록 해야 한다. 희망하는 바를 이룰 수 있도록 비전을 갖고 목표를 세우는 것이 바로 그 세계에 도달하는 길이다.

⑨ 용기를 갖도록 아낌없이 격려와 칭찬을 하라.

아무리 뛰어난 재능을 가진 아이라도 그것에 대해 칭찬과 격려를 받지 않고 자극과 도전 의식을 키워 주지 않는다면, 자기의 재능을 스스로 자각하기는 힘들다. 각 분야에서 저명한 인물 뒤에는 많은 경우, 용기와 자신감을 갖도록 아낌없는 격려와 칭찬을 해준 부모나 교사가 있었다는 사실은 우리에게 많은 교훈을 준다.

⑩ 성취감을 맛보게 하라.

아이가 창의적인 일을 할 때 성취감을 맛볼 수 있게 도와 주고 성취동기를 높여 주는 것이 중요하다. 어떤 문제를 해결해 나가는 과정에서 스스로 맛보는 솟아오르는 샘물 같은 기쁨과 흥분은 그 어떤 칭찬이나 격려보다도 창의력을 신장시키는 황금 같은 역할을 한다. 물고기 한 마리를 제공하기보다는 물고기 잡는 즐거움을 알게 하는 것이 진정 훌륭한 부모와 교사인 것이다.

⑪ 유머 감각을 키워 주어라.

유머는 감정을 예민하게 하고 연상력을 요구한다. 또 유머는 두뇌의 빠른 회전을 요구하고 권위를 파괴하는 힘을 가지고 있다. 뇌가 한창 발달하고 있는 과정에 있는 어린이에게는 효과가 매우 크다. 따라서 생활이 즐겁고 명랑한 환경을 만들어 주는 것이 자녀의 창의성을 높여 줄 수 있다.

⑫ 자녀의 독특한 재능을 살려 주어라.

흔히 우리가 말하는 영재는 모든 교과목을 잘하는 아이를 뜻하지 않는다. 수학, 과학, 문학, 어학, 미술 등 각기 특수한 분야에서 뛰어난 재능을 갖고 있기 때문에 모든 분야에서의 좋은 성적을 기대하기 어렵다. 부모와 교사의 일방적이고 획일적인 교육이 아니라 그 아이의 소질이나 관심이 무엇인가를 찾아 그들의 능력을 최대한 계발하는 교육이 필요하다. 즉, 우리 아이를 어떻게 남다르게 키울 수 있을까에 초점을 맞춘다면, 좀 더 개성 있고 창의적인 아이로 키울 수 있을 것이다.

⑬ 일정한 궤도에서 잠시 벗어나게 하라.

아이의 창의성을 길러 주려면, 아이로 하여금 따분한 일상에서 벗어나게 해 주어라. 가을 산을 찾아 붉게 물든 단풍을 보여주며 생각할 수 있는 시간을 만들어 주어라. 드넓은 바닷가에서 소라나 게를 보고 무한한 상상을 갖도록 해 주어도 좋고, 시장에 데리고 가서 생선들과 채소들을 열심히 팔고 사는 모습을 보여주어도 좋다. 여러 가지 일상을 떠나 새로운 환경을 만나게 해 주는 것은 아이의 상상력과 창의력을 계발시키는 좋은 방법이다.

⑭ 내용 중심보다는 과정 중심의 학습을 시켜라.

내용중심 학습이 이미 잘 알려진 문제해결 방법을 암기하는 학습이라면, 과정중심 학습은 여러 가지 해결 방법을 탐색하고 시도하는 과정에서 문제를 해결할 수도 있고 수많은 답을 찾아낼 수도 있는 방법이다. 자녀를 창의적인 아이로 키우려는 부모는 과정중심으로 가르쳐야 한다. 과정중심으로 자녀를 가르치려는 부모는 자녀의 문제의식에서 나오는 질문을 잘 들어 주고, 함께 문제해결을 위해 노력하는 친구가 되어야 한다. 또한 부모나 교사는 아이나 학생이 문제를 해결해 나가는 과정에서 용기와 자신감을 잃지 않도록 아낌없는 격려와 칭찬을 하는 것이 그들의 창의성을 길러 줄 수 있다.

⑮ 사고의 틀을 바꾸어 주어라.

아이의 창의성을 길러 주기 위해서는 창의적인 사고의 틀로서 문제를 해결해 나가는 습관을 몸에 배게 하여 자신의 성품을 결정하고 인생을 설계해 나갈 수 있도록 훈련을 시켜야 한다. 그러기 위해서는 먼저 부모나 교사가 창의적 사고의 틀을 지니고 있어야 한다. 그렇지 않으면 아이들이 스스로 창의적인 사고의 틀을 갖기 어렵다. 그 이유는 아이는 부모와 교사를 하나의 본으로 생각하고 계속 성장해 나가기 때문이다. 아이들이 창의적인 사고를 하기를 바란다면 먼저 어른들이 창의적 사고의 틀을 가져야 하는 것이다.

제4절 창의성 계발교육의 실제

창의성 계발을 위한 교육에는 여러 가지가 있는데 그 중 트레핑거와 그의 동료들은 창의성 교육의 중요성을 지원해 주는 교육운동을 7가지로 정리하고 있다. 개별화 교육, 경험교육과정, 민주주의 교육, 인본주의 교육, 과정중심 교육, 미래교육, 영재교육이 그것들이다. 임선하(1993)는 여기에 정보공학의 발달, 학문중심 교육과정 운동, 예술교육을 추가하였다.

이러한 교육과정들은 직·간접적으로 창의성 교육과 관련되어 있으며 실제 교육과정상에서도 창의적인 요소들을 강조하고 있다. 이들 교육과정들의 구체적인 내용들은 워낙 광범위한 관계로 여기서는 생략하고자 한다. 여러 학자들이 창의성 계발 교육을 위해 고안한 각종 사고 기법과 프로그램들 중 몇 가지를 살펴보자. 여기서 제시한 자료들은 임선하(1993), 서울초등교육평가연구회(1995), 제주도교육청(1996), 새교육(통권 528, 529호) 등에서 발췌하였다.

<표 1> 창의성교육에 영향을 주는 주요 교육 운동

운동의 영역	초 점
개별화 교육	학교는 학습자의 개별적인 학습 요구에 부응해야 한다.
학습자중심 교육	학생의 요구·특성을 중요시하는 교육
경험 교육과정	학습활동은 학습자의 유목적이고 의미 있는 문제 상황에 대한 관심과 몰입으로부터 나온다.
민주주의 교육	학습자 개인의 권리와 책임감 강조 문제해결에 관여하는 협동적인 상호작용 중시

운동의 영역	초 점
인본주의 교육	개인의 느낌, 감정, 자아개념, 자존심 등이 중요
과정중심 교육	학습자가 요구하는 생산적인 삶에 필요한 지적인 과정이나 기능에 우선
미래교육	미래에 접하게 될 새로운 문제/자료를 처리할 수 있는 준비
영재공학	문제를 성공적으로 해결할 수 있는 능력을 증진시키는 전략에 중점
정보공학	컴퓨터의 발달로 창의성의 가치 중시
학문중심 교육과정	직관적인 문제해결의 가치 인정
예술교육	예술 행위와 같은 자유분방함 강조

*주 : 임선하, 1993, p. 80.

1) 창의적 사고 지도 기법

(1) 육색 사고 모자 기법(Six thinking hats)

이 기법은 영국의 심리학자인 Edward de Bono에 의해 고안되었다. 이 기법은 학습자들이 서로 다른 사고의 유형을 의미하는 육색의 각기 다른 색으로 만들어진 모자를 쓰고 자신이 쓰고 있는 모자의 색깔이 표상하는 유형의 사고를 하게 하는 것이다. 이 기법을 활용하는 목적은 사고하는 사람이 한번에 모든 유형의 사고를 하도록 하는 대신에 한번에 한 유형의 사고 방식을 활용할 수 있도록 사고를 정돈하는 것이다.

이 육색 사고 모자 기법은 정규의 논쟁 스타일에서부터 지도를 그리는 스타일로 사고를 변환시키도록 설계되어 있다. 이는 사고를 두 단계로 구분함으로써 가능하다. 첫째 단계는 지도를 만들고 두 번째 단계에서는 지도에서의 길을 선택하는 것이다. 지도가 아주 좋은 것이면, 가장 좋은 길은 지도 위에 명백하게 나타난다. 이 육색 사고 모자가 사고의 모든 가능한 측면을 다 포괄하고 있지는 않다. 이들은 사고의 상황에서 확인되는 몇 가지의 중점적인 유형만을 포괄하는 것이다.

<표 4> 육색 모자의 색깔별 사고 유형

색깔	사고의 유형
백색	중립적이고 객관적인 사고
적색	직관에 의한 감정이나 느낌
흑색	부정적인 견해와 의견
황색	낙관적 · 긍정적인 시각
녹색	창의성과 새로운 아이디어
청색	조절 및 통제(오케스트라의 지휘자처럼 다른 모자의 사용법을 조절)

* 주 : 임선하, 앞의 책, p. 155.

① 백색 모자를 쓴 사고 활동

백색 모자 사고는 사고 기능의 도야이며 방향의 제시이다. 사고하는 사람은 정보 제시에서 더욱더 중립적이고 객관적이 되도록 노력한다. 자신이 백색 모자를 쓰거나 다른 사람에게 백색 모자를 쓰게 하고 사고하도록 할 수 있다. 백색이 이런 사고의 특성을 갖는 것은 색이 없는 백색은 중립성을 가리킨다는 사실에서 유래한다.

② 적색 모자를 쓴 사고 활동

적색 모자를 쓰고 사고하는 사람은 "내가 사물에 대해 어떻게 느끼는가?"를 나타내야 한다. 이 적색 사고 모자는 사고의 중요한 한 부분인 감정과 느낌을 정당화시킨다. 적색 모자는 대상에 대한 느낌이 사고 지도의 일부와 지도 위의 길을 선택하는 가치 체계의 일부가 될 수 있도록 해 준다. 이 모자는 이런 활동을 통해 '느낌'의 전반적인 면을 번갈아 가면서 사고할 수 있는 편리한 방법을 제공한다.

③ 흑색 모자를 쓴 사고 활동

이 사고는 부정적 사정(査定)과 관련되어 있다. 이 모자를 쓴 사람은 옳지 않다, 틀렸다, 잘못되었다 등을 지적한다. 무엇이 어떤 이유 때문에 우리의 경험이나 이미 우리가 받아들이는 지식에 맞지 않는지를 지적한다. 우리가 그렇게 되기를 기대하는 무엇인가가 잘 들어맞지 않는 이유, 위험성 그리고 설계에서의 오류를 지적하는 사고이다. 이 모자를 쓰고 하는 사고는 논란이 아니다. 논란인 것처럼 보여서는 절대로 안 된다. 지도에 부정적인 요소를 놓기 위한 객관적인 사고가 되어야 한다.

④ 황색 모자를 쓴 사고 활동

이 황색 모자를 쓰고 하는 사고는 긍정적이고 건설적이다. 이 색은 햇빛, 밝음, 낙관을 상징한다. 흑색은 부정적 사정(査定)과 관련되어 있지만, 황색은 긍정적 사정(査定)과 관련되어 있다. 한쪽에는 논리적이고 실제적인 것이 있고, 반대쪽에는 꿈과 희망이 있는 긍정적인 연속선에 걸쳐 있는 사고이다. 이 유형의 사고에서는 가치와 이론을 탐색한다. 그런 다음에는 이 가치와 이론을 논리적으로 지원하는 방안을 탐구한다.

⑤ 녹색 모자를 쓴 사고 활동

이 색의 모자를 쓰면 창의적 사고의 용어를 사용해야 한다. 이 색은 풍요와 성장을 상징하고 동시에 자라서 열매를 맺게 하는 씨앗을 상징하는 것이다. 이 사고 활동의 기본적인 측면은 대안의 탐색에 중점을 두는 것이다. 이미 알고 있는 것과 명백한 것, 그리고 만족스러운 것을 초월해야 한다.

⑥ 청색 모자를 쓴 사고 활동

이 색의 모자는 '통제 모자'이다. 이 때에는 사고 자체를 조직한다. 특정한 주제를 탐구하는 데 요구되는 사고에 관한 사고이다. 오케스트라의 지휘자 같은 역할을 하는 사고이다. 다른 모자의 사고를 활용하도록 요구할 수도 있다. 사고가 나아가는 방향으로 주제를 규정하고 진전시킨다. 초점을 설정하고 문제를 정의하며 질문을 형성한다. 수행해야 할 사고 과제를 결정한다. 요약하고 검토하며 결론을 내린다. 이 사고는 사고의 중간에 수시로 나타날 수도 있고 끝에 나타날 수도 있다. 사고를 감시하고 놀이의 규칙이 준수되는지를 감시한다. 논란이 일어나면 이를 중지시킨다. 단계별 사고의 계열을 활용할 수도 있다.

(2) 퍼듀의 창의적 사고 프로그램

퍼듀의 창의적 사고 프로그램은 미국 역사에서 위대한 인물이나 사건에 초점을 맞춘 32개의 프로그램으로 구성되어 있다. 원래는 28개였는데, 1978년에 4개를 더 추가하여 32개가 되었다. 그리고 1981년에는 오류를 고치기 위해 전반적인 수정을 했다. 이후에 2개의 프로그램을 더 추가하여 현재는 총 34개의 프로그램이 9개의 녹음테이프에 들어 있다. 이 프로그램을 개발할 때 설정했던 중요한 목표들을 살펴보면 다음과 같다.

① 창의적인 행동의 모형을 대변하는 유명한 사람들과 사건에 초점을 맞춘다.
② 창의적인 사고의 수단과 자극을 위해 정보를 제공한다.
③ 창의적인 사고와 문제해결력을 가르친다.
④ 창의적인 언어와 그림 활동에 학생들을 참여시킨다.

⑤ 상상력을 촉발시키기 위해 시각 자극보다는 언어 자극을 이용한다.

이 프로그램들이 다루고 있는 내용들은 다음과 같다.

① 콜럼버스	② 바스코 발모아	③ 레르난도 코르테스
④ 마젤란	⑤ 헤르난도 데소토	⑥ 헨리 허드슨
⑦ 메리웨더 루이스와 윌리엄 클락		⑧ 사뮤엘 모르스
⑨ 포니 엑스프레스	⑩ 대서양 횡단 케이블	⑪ 알렉산더 벨
⑫ 라이트 형제	⑬ 헨리 포드	⑭ 텔레비전과 통신위성
⑮ 조지 워싱턴	⑯ 토머스 제퍼슨	⑰ 사이먼 볼리바
⑱ 베니토 쥬아레즈	⑲ 링컨	⑳ 루즈벨트
㉑ 아이젠하워	㉒ 황열병의 정복	㉓ 마르코니와 라디오
㉔ 플레밍과 페니실린	㉕ 고다드와 로켓	㉖ Salk, Sabin and Polio
㉗ 존 클렌과 거스 그리솜		㉘ 아더 애쉬
㉙ 헤리엇 투브만	㉚ 아멜리아 이어하트	㉛ 메리 멕리드 베듄
㉜ 마가렛 미드	㉝ 마틴 루터 킹	㉞ 헬렌 켈러

각각의 프로그램은 오디오 테이프와 일련의 창의적 활동들로 구성되어 있다. 테이프는 3분에서 4분 정도의 서론으로 시작되는데, 이 서론에는 창의적 사고나 문제해결의 원리나 아이디어를 다루고 있다. 다음에는 미국의 유명한 개척자들을 다룬 이야기가 제시된다. 대부분의 이야기는 8분에서 10분 정도의 분량이다. 가능하면 상상력을 자극할 수 있도록 전문가가 녹음했으며 배경음악도 들어 있다.

대상학년은 3학년에서 6학년까지이다. 그러나 연구 결과에 따르면 이 프로그램은 3~4학년을 대상으로 하는 경우에 효과가 크며 5~6학년에게는 덜 효과적이었다.

매주 한 프로그램을 약 45분 동안 제시한다. 교사가 간단히 소개한 후에 학생들은 프로그램에서 다루는 인물에 관해 자기가 알고 있는 것을 토의할 수 있다. 이는 학생들이 주의 깊게 들을 수 있는 동기를 준다. 그런 다음에 테이프를 틀어 준다. 15분 정도 걸린다. 이어서 활동 기록지를 나눠 주고, 학생들이 지시사항을 제대로 이해했는지를 확인하기 위해서 내용에 대해 논의한다. 교사에게는 학생들을 지도하는 데 도움을 주기 위한 교사용 지도서가 있다.

다음은 헨리 포드에 관한 프로그램을 위한 언어 활동의 예시이다.

헨리 포드가 자동차를 발명하지 않았다고 가정해 보고, 우리가 오늘날 어떤 종류의 자동차도 가지고 있지 못하다고 가정해 보아라. 얼마나 많은 것들이 달라질 것인가? 어떤 일을 할 수 없을 것인가? 여러분들이 할 수 없으리라 생각하는 것들을 다 적어 보아라.

이런 유형의 연습은 언어 유창성, 융통성 그리고 독창성을 강조한다.

(3) 창의성을 자극하는 발문 기법

발문은 학생들의 사고를 자극하고 학습을 촉진시키는 중요한 기능을 가지고 있으므로 교사들이 교수활동 중 가장 많이 사용하는 교수 기술의 하나이다. 적절하지 못한 발문은 오히려 학생들의 사고를 단순화시키고 창의력의 싹을 죽이는 결과가 되므로 발문에 대한 훈련이 필요하다.

여기서 발문의 유형은 크게 수렴적 발문과 확산적 발문으로 나누어진다.

① 수렴적 발문

· 시실이나 정보의 회상을 요구하는 사실적인 발문

· 사고를 요구하지 않고 단순히 기억된 내용을 재생할 것을 요구한다.

· 발문이 요구하는 정보의 양이 적다.

· 교사가 세워둔 교수 목표나 수업 방향에 맞추어 가는 응답을 요구한다.

따라서 정답이 정해져 있다.

발문의 예 ; '이 글의 주인공은 누구입니까?' '거북선을 만든 사람은 누구인가?' '변이 셋이고 각이 세 개인 도형의 이름은 무엇입니까?'

② 확산적 발문

· 높은 인지적 수준의 질문이다.

· 학생들의 사고과정을 통한 개인의 의견이나 아이디어를 요구한다.

· 발문이 요구하는 정보의 양이 넓다.

· 교사가 예측할 수 없는 다양한 반응을 요구한다.

따라서 정답이 정해져 있지 않다.

창의력과 사고력 신장에 도움이 되는 발문유형이다.

확산적 발문의 예 ; '만일 여러분이 주인공이라면 어떻게 하겠습니까?' '거북선이 다른 배와 다른 점은 무엇이라고 생각합니까?' '고구려가 삼국을 통일했다면 우리나라

국경이 어떻게 되었을까요?'

발문유형은 학생들의 사고 수준, 학습의 형태와 내용, 학습의 단계에 따라 선택해야 한다. 대체로 일반적인 교수－학습과정에서는 다음과 같이 학습단계에 따라 발문의 유형을 적용하는 것이 효과적이다.

① 학습동기 유발 단계 : 확산적 발문으로 다양한 경험과 관심을 끌어낸다.
② 전시학습 내용 회상 단계 : 재생적인 발문을 통해 배운 지식을 확인한다.
③ 학습목표 확인단계 : 수렴적인 발문으로 학습목표를 명료화한다.
④ 문제해결 및 탐구 단계 : 확산적인 발문과 추론적인 발문으로 다양하고 창의적인 문제해결 방법을 탐색한다.
⑤ 정리단계 : 수렴적인 발문으로 개념을 정리하고 학습 내용을 요약한다.
⑥ 발전 및 적용 단계 : 확산적인 발문으로 새로운 사태에 적용하도록 한다.

창의성 신장을 돕는 발문 기법은 다음과 같다.

① 수업 설계에서 치밀한 발문 계획을 세운다.

학습과제를 분석하여 학습 단계별로 발문 계획을 미리 세운다. 발문의 시기, 발문 내용, 예상되는 학생의 반응, 피드백 방법 등을 준비해야 한다.

② 명확한 발문을 해야 한다.

학생들에게 무엇을 요구하는지 발문이 명확해야 한다. 학생들이 무엇을 말해야 할지 목표가 흐리면 생각의 방향이 모아지기 어렵다. 따라서 애매한 발문을 삼간다.

③ 발문을 단순화시켜야 한다.

묻는 핵심을 명확히 하기 위해서 발문은 가능한 단문으로 묻는 것이 효과적이다. 조건절이 붙거나 중문은 질문의 핵심을 흐리게 한다.

④ 학생들의 사고 수준에 적합한 발문을 해야 한다.

학생들의 생각과 아이디어는 학생들이 지금까지 학습한 기존의 지식과 경험 속에서 새로이 조합되어 나온다고 할 수 있다. 따라서 교사는 학생들의 경험 속에서 발문의 자료를 찾아야 한다. 물론 상상력을 동원해서 대답할 수 있는 발문도 있을 수 있다. 그러나 상상의 결과를 표현할 때는 결국 학생들의 경험 수준을 벗어나기 어렵다.

⑤ 학생들의 사고 순서에 적합한 발문을 해야 한다.

발문이 교사의 사고 과정에 의해 교사의 의도대로 이끌어져서는 안 된다. 교사는 학생들의 사고 순서에 알맞는 발문을 제시해야 한다. 학생들은 대체로 자신의 생활 주변에서 먼 곳으로, 현재의 문제에서 미래로, 사실적인 것에서 추상적인 것으로, 친숙한 것에서 미숙한 것으로, 경험한 것에서 상상의 세계로 생각을 확산 · 발전시켜야 한다.

⑥ 사고를 저해하는 발문은 피해야 한다.

- · 누구나 다 아는 뻔한 답을 요구하는 발문
- · 자문자답하는 형식의 발문
- · 학생들 전체에게 일제히 대답하도록 요구하는 발문
- · 대답하는 형식을 지나치게 강조하여 규격화된 대답을 요구하는 발문
- · 교사가 미리 만든 정답을 가려 놓고 학생들에게 맞추도록 하는 발문

이와 같은 발문 유형은 학생들의 창의적인 사고활동에 도움이 되지 못한다.

⑦ 대답할 학생을 지명하는 방법이 적절해야 한다.

좋은 발문을 하고 나서 대답할 학생을 지명하는 방법이 적절하지 못하면 효과적인 반응을 기대하기 어렵다. 먼저 발문을 한 후 어느 정도 생각할 수 있는 시간 여유를 줄 것인가를 결정해야 한다. 발문이 끝나자마자 거수를 하는 학생은 소수이다. 우수한 몇몇 학생이 거수를 했다고 해서 그 학생들만 지명하는 방법은 다른 학생들에게 자신감을 잃게 한다. 모든 학생이 그 문제에 대해 생각할 수 있는 여유를 주고 발표하도록 해야 한다.

거수를 하고 있는 학생 중 누구를 지명할 것인가도 상황에 따라 판단해야 한다. 일반적으로 의견이나 아이디어를 요구하는 발문의 경우에는 비교적 수준이 낮은 학생부터 차차 우수한 학생 순으로 발표를 시키고, 학습 목표의 확인이나 규칙이나 지시 등을 확인하는 발표는 우수한 학생을 시켜 모든 학급에게 명확하게 인식시켜 주는 방법이 좋다. 때로는 발표할 순서를 정해 주고 차례로 발표하는 것이 효과적일 경우도 있다. 예를 들면, 미술 시간에 자신의 작품구상을 발표할 경우 차례를 정해 주면 미리 자기가 발표할 내용을 충분히 마음 준비를 하고 발표하기 때문에 만족한 발표를 할 수 있게 된다.

⑧ 학생들에게 발표에 대한 피드백을 해 주어야 한다.

교사의 피드백은 학생들의 창의적 사고 의욕과 발표 태도에 크게 영향을 미치는 요인이다. 교사의 피드백 횟수와 피드백 방법의 다양성 및 피드백의 구체성 여부 등이 학생들에게 영향을 주는 변인들이다. 첫째, 피드백의 횟수는 원칙적으로 모든 학생의 반응에 대하여

교사는 반응을 보여주어야 한다. 무시하거나 무반응을 보여서는 안 된다. 둘째, 학생들의 반응에 대하여 평가적인 피드백은 조심해야 한다. 학생들의 아이디어를 발표하는 경우에 교사가 좋다, 훌륭하다, 나쁘다, 형편없다, 옳다, 그르다, 그렇지 않다, 잘했다 등과 같은 평가적인 용어로 반응하게 되면 학생들은 교사의 칭찬과 인정을 받을 수 있는 방향으로 생각하지 진정으로 자기가 생각한 아이디어를 솔직하게 발표하지 못하게 된다. 셋째, 학생들의 대답에 대하여 다양한 반응을 보여야 한다. 교사는 학생들의 의견을 수용하면서 자신의 수업 방향과 연결지워 가는 반응을 보이는 기술이 필요하다.

Sidney J. Parnes는 창의적 사고를 이끌어 낼 수 있는 질문 목록을 다음과 같이 만들었다.

① 네가 하고 싶고, 가지고 싶고, 성취하고 싶은 것은 무엇인가?
② 네게 어떤 일이 일어나기를 바라고 있는가?
③ 너는 너의 생활 중 어떤 점을 고치기 원하는가?
④ 네게 충분한 시간이 있다면 무엇을 하고 싶은가?
⑤ 최근 너를 화나게 한 일은 무엇인가?
⑥ 무엇이 너를 가장 긴장시키고 초조하게 하는가?
⑦ 너는 무엇을 가장 불평하고 있는가?
⑧ 우리 반에서 좀더 사이좋게 지내고 싶은 사람은 누구인가?
⑨ 다른 사람들이 해 주었으면 하고 바라는 것이 무엇인가?
⑩ 네가 요즈음 가장 싫증을 내고 있는 일은 무엇인가?
⑪ 너는 어느 교과에 가장 자신이 없는가?
⑫ 네가 최근에 시도했다가 실패한 일은 무엇인가?

Alex F. Osborn은 문제해결을 돕는, 즉 아이디어를 자극하는 질문 목록을 다음과 같이 작성하였다.

① 가능한 다른 용도는? — 새로운 용도에는 어떤 것이 있는가?
② 적응시키면? — 이것으로부터 다른 아이디어들이 떠오르는가?
③ 수정하면? — 의미, 색상, 움직임 소리, 향기, 맛, 형식, 모양을 바꾸면?
④ 확장시키면? — 첨가하면? 더 강하게 하면? 증식시키면?

⑤ 축소시키면? — 일부를 제거하면? 횟수를 줄이면? 속도를 줄이면?
⑥ 대체하면? — 누구를 대신 쓸까? 시기를 바꾸면?
⑦ 재배치하면? — 짜임새를 바꾸면? 간격을 바꾸면?
⑧ 거꾸로 하면? — 돌려 놓으면? 안팎을 바꾸면?
⑨ 결합시키면? — 혼합하거나 짜 맞추면? 목적을 결합시키면?

2) 특별활동 프로그램

(1) 초등학교 대상

제 목	소녀의 지혜		
창의성 요소	융통성, 독창성	적용 가능 학년	중학년 이상
학습 목표	수평적 사고를 통하여 문제해결의 새로운 방법을 모색할 수 있다.		

♣ 다음의 이야기를 읽고 문제해결의 방법을 생각해 봅시다.

영국의 어느 지방에 한 상인이 살고 있었습니다. 이 상인은 불행하게도 계속적으로 사업을 실패하면서 많은 빚을 지게 되었습니다. 그러던 어느 날, 이 상인에게 돈을 빌려준 고리대금업자가 찾아와 돈을 갚지 않으면 법에 따라 감옥에 보내겠다고 위협을 하였습니다. 그러면서 그는 빚을 갚지 못하는 상인에게 엉뚱한 제안을 하는 것이었습니다. 이 고리대금업자는 자신이 제안한 내기에서 이길 경우, 돈을 받지 않겠다는 제안이었습니다. 한편 상인이 내기에서 질 경우에는 돈 대신 상인의 딸을 달라는 것이었습니다. 상인에게는 예쁜 딸이 있었는데, 고리대금업자는 돈보다는 아름다운 상인의 딸에게 마음이 있었던 것이었습니다.

상인은 고민에 빠졌습니다. 만약 내기에서 이기게 되면 빚을 탕감받게 될 수 있는 절호의 기회가 되나, 내기에서 지게될 경우에는 사랑하는 딸을 빼앗기게 될 형편이 된 것입니다.

상인의 딸은 효성이 지극하여, 아버지와 가정의 장래를 위하여 내기에 응하기를 아버지에게 권합니다. 결국 상인이 딸의 권유에 의해서 내기에 응하게 됩니다.

마침내 약속한 날짜에 아버지와 딸은 고리대금업자의 집을 찾아갑니다. 고리대금업자는 상인과 딸을 정원의 한쪽 구석에 있는 돌무더기 앞에 안내를 하더니 내기의 문제를 제시하는 것이었습니다.

"내기는 간단합니다. 여기 있는 돌무더기에서 내가 검은돌과 흰돌 한 개씩을 자루에 넣겠습니다. 만약 당신이 자루에 손을 넣어서 흰돌을 꺼내면 내기에 이기게 되는 것입니다."

이렇게 말하면서 대금업자는 재빠르게 돌 두 개를 자루에 넣었으나, 그는 검은돌 두 개를 넣는 것이었습니다. 그러나 이 장면을 아버지와 딸은 목격합니다. 소녀의 아버지와 소녀는 한참 동안 고민에 빠졌습니다. 그러나 소녀는 잠시 후 자신 있게 내기에 응했고 결국 내기에 이김으로써 빚까지 탕감받게 됩니다.

♣ 소녀는 어떠한 방법을 이용하여 내기에 이겼을까요? 여러분이 주인공이 되어서 내기에 도전해 봅시다.

제 목	누구를 신랑감으로		
창의성 요소	융통성	적용 가능 학년	중학년 이상
학습 목표	주어진 글에서 나타난 갈등을 해결할 수 있다.		

♣ 다음 글을 읽고 물음에 대한 해결책을 찾으시오.

먼 옛날 어떤 나라에서 있었던 일입니다. 그 나라 임금님에게는 사랑하는 공주가 있었습니다. 그런데 공주가 갑자기 시름시름 앓기 시작하더니 죽어가게 되었습니다. 공주의 병은 그 나라의 어떠한 의사도 고칠 수 없는 병이었던 것입니다. 더구나 공주는 앞으로 3일 밖에 못 산다는 진단이 나왔습니다. 임금님은 공주를 살리는 사람이 있으면 공주와 결혼시켜 왕위를 물려주겠다는 방을 온 나라에 붙였습니다.

임금님이 사는 대궐에서 아주 먼 곳, 즉 걸어서는 열흘도 더 걸리는 곳에 특이한 물건을 가진 삼형제가 살고 있었습니다. 첫째는 무엇이나 볼 수 있는 망원경을, 둘째는 하늘을 빠르게 나는 요술 양탄자를, 셋째는 무슨 병이나 고칠 수 있는 신기한 물을 가지고 있었습니다. 그러니 이들은 공주가 병에 걸린 것도, 또 공주의 병을 고쳐 주면 공주와 결혼을 할 수 있다는 소식도 듣지 못했습니다.

하루는 첫째가 망원경을 꺼내어 세상을 보다가 임금님의 방을 읽게 되었습니다. 그래서 세 형제는 공주의 병을 고쳐 주기로 결심하고 요술 양탄자를 타고 대궐로 날아왔습니다. 셋째가 신기한 물을 공주에게 먹이니 공주의 병은 씻은 듯이 나았습니다.

임금님은 이들 중 한 사람을 공주와 결혼시키려 했으나, 아래의 이야기를 듣고는 누구를 사위로 삼아야 할지 고민에 빠지게 되었습니다.

첫째가 말하길, "제가 아니었으면 공주가 병에 걸린 사실을 우리 형제들은 몰랐을 것입니다."

둘째가 말하길, "저의 나는 양탄자가 아니었으면 공주가 병에 걸린 사실을 알았다 해도 대궐까지 오는데 열흘은 걸렸을 것입니다."

셋째가 말하길, "공주가 병에 걸린 사실을 알았다 해도, 또한 먼 길을 아무리 빨리 왔다 한들 이 신기한 물이 없었다면 어떻게 공주의 병을 고칠 수 있었겠습니까?"

♣ 여러분이 임금이라면 과연 누구를 공주의 신랑감으로 삼겠습니까?
혼자 깊이 생각해 보고, 자신의 생각을 발표해 봅시다.

제 목	이상한 만남		
창의성 요소	융통성	적용 가능 학년	중학년 이상
학습 목표	가로줄과 세로줄이 만나서 생기는 방에 적당한 말을 넣을 수 있다.		

♣ 가로줄과 세로줄이 만나면서 생기는 방에 적당한 말을 넣어 봅시다.

가로줄 첫 줄에는 사물의 이름, 사물의 성질, 단어의 음절 등을 열거하고, 세로줄 왼쪽에는 사물의 성질이나 아이디어를 적습니다. 그러면 가로 세로가 만나는 방에 새로운 결합이 생깁니다(이러한 매트릭스는 지도 교사가 얼마든지 내용을 구성해서 사용이 가능합니다).

예 1) 동물의 크기와 동물 종류와의 만남

	큰것	작은것	· ·	
날 수 있는 동물	독수리	잠자리		
달릴 수 있는 동물	코끼리	다람쥐		
헤엄칠 수 있는 동물	고 래	송사리		
· ·				

예 2) 첫 음절과 어떤 성질을 가진 말과의 결합

	아	오	· ·	
동물 이름	아귀(아구)	오소리		
색깔을 나타내는 말	아몬드색	오렌지색		
먹을 수 있는 것	아이스크림	오무라이스		
· ·				

제 목	낱말 정의 내리기		
창의성 요소	융통성	적용 가능 학년	중학년 이상
학습 목표	추상명사의 정의를 나름대로 내릴 수 있다.		

♣ 다음 낱말의 뜻을 설명하여 봅시다.

1. 사랑
2. 평화
3. 매력
4. 비밀
5. 희망
6. 자랑
7. 용기
8. 질투
9. 증오
10. 우정
11. 젊음
12. 행복
13. 고독
14. 고통
15. 노력

제 목	폐품 활용		
창의성 요소	융통성, 유창성	적용 가능 학년	중학년 이상
학습 목표	특정한 물건을 변환시킬 수 있는 능력을 기를 수 있다.		

♣ 폐품이 된 헌 칫솔과 헌 우산을 재활용하려고 합니다.
어떻게 또는 어디에 사용할 수 있겠는지 생각해 봅시다.

헌 칫솔	헌 우산
1.	1.
2.	2.
3.	3.
4.	4.
5.	5.
6.	6.
7.	7.
8.	8.
9.	9.
10.	10.
11.	11.
12.	12.
13.	13.
14.	14.
15.	15.

제 목	어떤일이 일어날 수 있을까?		
창의성 요소	융통성	적용 가능 학년	중학년 이상
학습 목표	주어진 내용을 단서로 미래에 일어날 사건에 대해 상상력을 발휘할 수 있다.		

♣ 주어진 내용을 가지고 앞으로 일어날 사건을 예상하여 봅시다.

1. 한 소년이 개를 데리고 바닷가에 앉아서 낚시질을 하고 있습니다. 그런데 멀리서 이상한 배가 소년에게 다가오는 것이었습니다.

2. 나는 아침에 학교 앞 횡단보도에서 파란 신호등이 켜지기를 기다리고 있었습니다.

3. 아버지께서 출근하시려고 현관에서 구두를 신고 계셨습니다. 그런데 요란하게 전화벨 소리가 울리는 것이었습니다.

4. 지나가던 자동차가 갑자기 모두 멈추었습니다.

제 목	정육면체의 전개도		
창의성 요소	정교성	적용 가능 학년	중학년 이상
학습 목표	평면모양의 정육면체 전개도를 입체적으로 전이시킬 수 있다.		

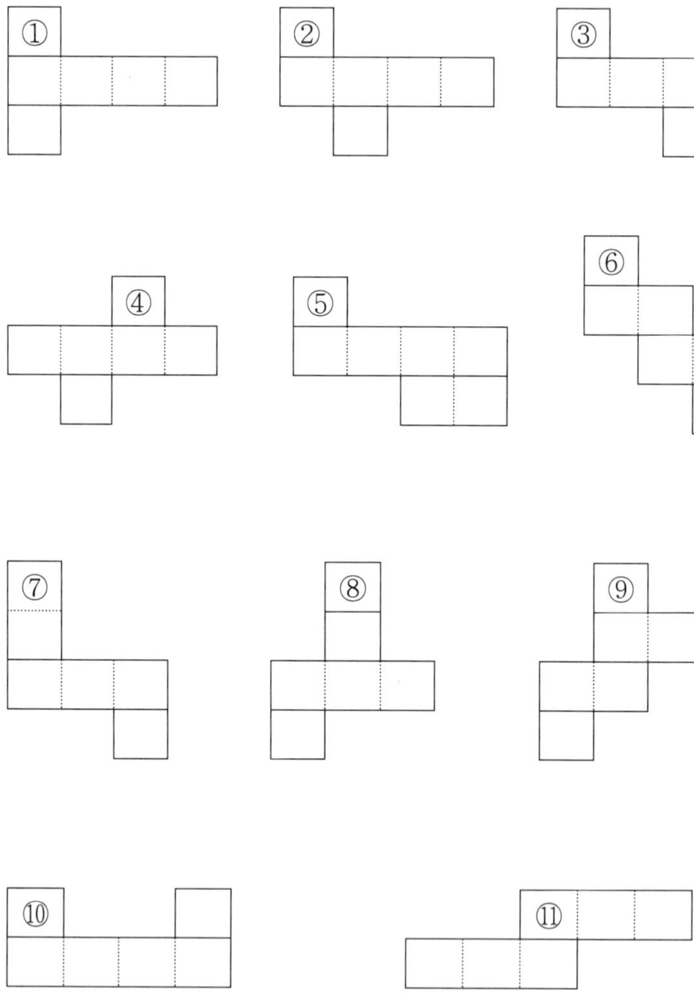

♣ 다음의 전개도 중에서 정육면체를 말들 수 없는 것을 찾아봅시다.

제　목	입체도형의 모습		
창의성 요소	정교성	적용 가능 학년	중학년 이상
학습 목표	특정한 물건을 변환시킬 수 있는 능력을 기를 수 있다.		

♣ 주어진 입체도형이 보는 방향에 따라 어떻게 달라지는 지를 알아보자.

다음의 입체도형은 보는 방향에 따라 어떻게 달라집니까? 아래의 사각형 안에 그 모양을 그려 봅시다.

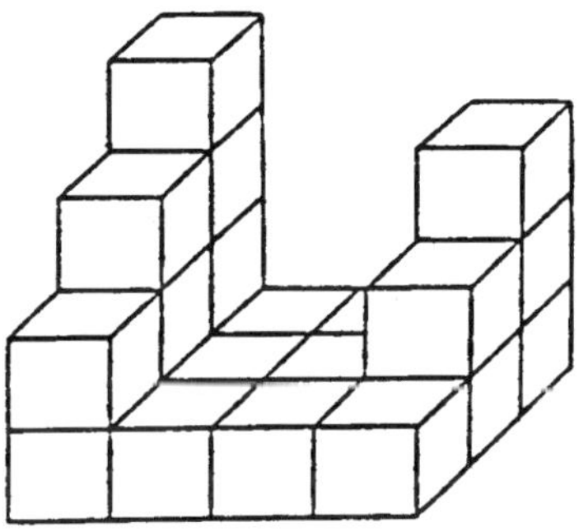

〈앞에서 본 모양〉 〈뒤에서 본 모양〉 〈위에서 본 모양〉

〈아래에서 본 모양〉 〈왼쪽에서 본 모양〉 〈오른쪽에서 본 모양〉

제 목	폐품 활용		
창의성 요소	유창성, 독창성, 정교성	적용 가능 학년	중학년 이상
학습 목표	우산의 결점을 보완하여 새로운 우산을 설계할 수 있다.		

♣ 결점이 없는 새로운 우산을 개발해 봅시다.

새로운 아이디어를 만들어 내려면 우선 어떤 문제점을 찾아내어야 합니다. 우리들은 비가 올 때 우산을 사용합니다. 여러분들은 우산을 사용하면서 불편한 점을 느껴 보았습니까? 불편한 점을 느껴 본 경험이 있다면 여러분은 불편함이 없는 새로운 우산을 만들 수 있는 능력을 가지고 있습니다. 그렇다면 여러분은 우산이 가지고 있는 결점을 몇 가지나 찾아 낼 수 있습니까?

지금부터 우산이 가지고 있는 결점을 찾아 내어 불편함이 없는 새로운 우산을 만들어 봅시다.

♣ 아래의 빈 칸에 우산을 사용하면서 불편했던 점을 열거하여 봅시다.

♣ 여러분은 위의 활동에서 우산이 가지고 있는 결점을 찾아보았습니다. 여러분이 생각하는 우산의 결점은 몇 가지나 되었는지요?

다음 쪽을 보면 우산의 결점을 나열한 내용이 나와 있습니다. 이 결점과 여러분이 생각했던 결점 중에서 다섯 가지 이상을 찾아서 그 결점을 보완할 수 있는 새로운 우산을 만들어 봅시다.

<table>
<tr><th>우산의 결점</th><th>내가 만들고 싶은 우산(글로 기록)</th></tr>
<tr><td rowspan="3">1. 끝이 뾰족하여 위험하다.
2. 비가 그치면 우산의 필요성을 느끼지 못하여 우산을 놓았던 곳에 그대로 두고 나오기 쉽다.
3. 천이 찢어진다.
4. 바람이 불면 뒤집어진다.
5. 접었을 때 작게 되지 않아 가지고 다니기 불편하다.
6. 버스를 타면 빗물이 다른 사람에게 묻는다.
7. 하나의 우산을 두 사람이 쓰면 어깨가 빗물에 젖는다.
8. 쇠로 되어 있는 우산살이나 기둥이 오래되면 녹이 슨다.
9. 우산을 앞으로 기울여서 쓸 때는 앞이 보이지 않는다.
10. 우산 기둥이 휘어져 못쓰게 되는 경우가 있다.
11. 비에 젖은 우산은 금방 마르지 않는다.
12. 무겁다.
·
·
·</td><td></td></tr>
<tr><th>새로운 우산 설계도(그림)</th></tr>
<tr><td></td></tr>
</table>

(2) 중등학교 대상

<유창성>

무엇을 보았길래!

빌딩 옥상에 설치해 둔 고성능 망원경을 들여다 보고 있던 성원이가 갑자기 펄쩍펄쩍 뛰면서 소리를 질러댔습니다. 성원이가 망원경을 통해서 본 것이 무엇이었길래, 그토록 놀랐을까요?

자유롭게 상상해서 10가지 이상을 써 보세요.

(보기)

너무너무 겁나고 무서운 성원이의 쌍철봉 체육 선생님이 소파에 얌전히 앉아서 부인과 함께 뜨개질을 하고 있는 모습을 보았다.

1. ____________________

2. ____________________

3. ____________________

4. ____________________

5. ____________________

6. ____________________

7. ____________________

8. ____________________

9. ____________________

10. ____________________

<융통성>

옷걸이의 변신

세탁소에서 드라이 클리닝을 하면 가느다란 쇠 옷걸이에 옷을 걸어서 돌려줍니다. 그 옷걸이를 옷을 거는 데 말고 다른 곳에는 쓸 수 없을까요? 단, 옷걸이 개수는 무한대로 제공될 수 있습니다. 옷걸이에 대한 고정 관념을 깨뜨리고 여러 가지 재미있는 아이디어를 그림으로 그리거나 글로 자세히 설명해 보세요.

<정교성>

슈퍼 커튼

여름에는 햇볕을 차단하고, 겨울에는 보온 효과가 있는 커튼은 어느 창에서나 흔히 볼 수 있는 것입니다. 커튼 고유의 기능을 지니고 있으면서 전혀 색다른 기능을 지닌 커튼 5가지를 적고 그것의 쓰임새와 재료를 자세히 설명하세요.

〈보기〉

•도둑 방지용 커튼

이 커튼은 불법 침입자를 방지하거나 차단하기 위한 것으로, 특수 신소재로 만들어야 한다. 평소에는 예쁜 무늬가 있는 불투명한 커튼이지만 밤이나 안전을 요구하는 특수 상황에서는 투명하게 조절된다. 그리고 가족으로 등록된 사람의 지문, 체온, 심장박동, 외모 등이 아닌 대상이 커튼에 접촉했을 경우에 경고음과 동시에 차단막이 발생해서 침입자를 막는다.

<융통성>

내가 만약에

다음 완성되지 않은 문장을 읽고, 조건이 빠진 부분에는 조건을, 결과가 빠진 부분에는 결과를 넣어서 완성하되, 조건과 결과가 서로 잘 어울리도록 여러분이 마음껏 상상해 보세요.

㉠ 만약 내 생일날 백합 100송이를 받는다면, 우리 반 아이들에게 햄버거를 하나씩 사줄 것이다.

1. 만약에,____________________________________.
   하루 종일 오락실에 있을 것이다.

2. 만약에,____________________________________.
   나는 노벨상을 탈 수 있을 것이다.

3. 만약에,____________________________________.
   당장에 솜사탕을 사 먹을 것이다.

4. 만약에, 과자와 아이스크림으로 만든 커다란 집을 발견했다면,
   ____.

5. 만약에 내가 딱 하루만 멋진 독수리가 된다면,
   ____.

6. 만약에 내 성적이 반에서 꼴찌를 하게 되었다면,
   ____.

<정교성>

나의 타임캡슐

300년 뒤에 열어 볼 수 있는 여러분의 타임캡슐을 땅 속에 묻는다면 거기에 무엇을 넣겠습니까? 가장 넣고 싶은 것 7가지를 쓰고, 왜 그것을 선택했는지 이유도 간단히 쓰세요.

1. [   ]

이유:

2. [   ]

이유:

3. [   ]

이유:

4. [   ]

이유:

5. [   ]

이유:

6. [   ]

이유:

7. [   ]

이유:

제5절 결 언

지금까지 창의성의 정의와 필요성, 창의성 계발에 앞서 전제되어야 할 가정 및 학교 환경, 그리고 일상생활, 창의성 계발을 위한 각종 기법 및 교육 프로그램 등을 살펴보았다.

선진국에 비하면, 뒤늦게 시작되고 있긴 하지만 여하튼 창의성 계발에 관한 프로그램이 보급되고 있다는 점은 반가와 할 만하다. 하지만, 우리의 교육제도는 수없이 외치는 열린교육이니 교육개혁이니 하는 구호에도 불구하고 여전히 입시위주, 엘리트 중심과 암기위주의 틀을 벗어나지 못하고 있다. 그래서 정작, 학교현장의 풍토가 창의성 계발에는 잘 맞지 않는 실정이다.

김재은(교육월보, 1997년 9월호)은 아직도 우리의 현실에서 창의성 계발에 대해 교사들은 잘 이해하고 있지 못하다고 지적하면서, 창의성 교육의 현장 수업 전략의 중요한 전제 네 기지를 다음과 같이 제시하고 있다.

첫째, 학교의 교육적 분위기 내지 풍토가 전반적으로 바뀌어야 한다. 학교의 경우는 그것이 도덕적 기준이나 반사회적 기준을 어기는 것이 아니면 생각의 자유, 느낌의 자유, 표현의 자유를 허용하는 분위기가 보장되어야 한다. 지금의 교육 풍토 속에는 심지어 사고의 자유도 허용되지 않는 경우가 있다. 예컨대, 뭔가 학생이 자기 딴에는 새롭고 가치 있는 아이디어라고 생각하고 발표를 하면, "야, 그걸 무슨 좋은 생각이라고 내놓니?", "야아, 그런 생각일랑 아예 하지도 마라."는 투이다.

둘째, 선택의 기회를 넓혀 주어야 한다. 교사의 입장이나 학부모의 입장에서는 아이들이 모든 과목에서 좋은 점수 받기를 원하겠지만, 실제로 모든 과목에서 100점을 받는 학생은 매우 드물고, 또 그런 학생이 성공한다는 보장은 대학 입시의 내신 반영시 경우를 제외하면, 별로 없다고 할 수 있다. 사회에서는 고득점자를 필요로 하는 것이 아니고 고창의자를 필요로 한다. 왜냐하면, 고득점자는 그 개인의 출세를 보장해 줄지는 모르지만, 그 기관으로서는 그리 중요하지 않기 때문이다. 도리어 점수는 낮지만 고창의적인 사람이 그 기관의 발전에 도움을 주고, 나아가서 이 사회의 발전에도 크게 이바지할 수 있다.

셋째, 수업 전략을 기억－재인의 틀로 짜지 말고, 자기 나름으로 생각하고, 생각을 짜내고 문제를 해결하고, 다양한 답을 만들어 내고, 이렇게도 저렇게도 생각하고, 치밀하게 파고들고, 상상력을 발휘하고, 개성적으로 표현하고, 남이 미처 생각해 내지 못한 점을 생각해 내고, 자기의 적성 · 흥미 · 목표에 맞는 것을 더 많이 공부할 수 있는 기회를 제공해 주는 방향으로 바꾸어 가야 한다.

넷째, 창의적인 학생으로 기르려면 교사들 스스로가 창의적인 교사가 되기 위해 꾸준히 자기 연수도 하고 노력해야 한다. 교사는 여전히 구태의연한 판서, 수련장 해설, 교과서 암기식의 수업을 하지 말고 자기 자신을 변혁시켜 가야 한다.

앞에서도 언급했던 바와 같이 아무리 좋은 창의성 계발교육 프로그램이 쏟아져 나온다 해도, 우리의 풍토가 창의성에 대한 올바른 인식과 그것을 받아들이지 못한다면 한낱 메아리에 불과할 것이다. 창의성의 의미와 그 중요성을 바르게 인식하고, 아이들의 생각과 활동을 존중해 줄 수 있는 풍토, 진정 창의성 계발교육이 실현될 수 있는 교육제도, 그리고 교사들의 창의성 인식과 지식이 뒷받침되어야 할 것이다.

제 2 장

청소년의 인성교육

- 서 언
- 인간에 대한 이해
- 인성교육의 개념
- 유아 · 중등 교육에서의 인성교육
- 인성교육의 문제전 및 방안
- 인성교육의 새로운 시작
- 결 언

제1절 서 언

우리 사회에서는 모든 국민들을 전율과 공포에 떨게 하는 반인륜적 사건들이 종종 터져 나오고 있다. 인간 경시로 말미암은 여러 형태의 살인 사건과 각종 사고사의 빈발, 고의적인 자살과 자살방조 등은 우리 모두를 경악하게 하기에 부족함이 없다. 우리 사회를 비관적으로 보든, 아니면 낙관적으로 보든 우리는 지금 황금만능주의와 생명경시로 말미암아 윤리 의식이 상실되고, 인간의 존엄성이 무시되며, 사회의 근본 질서가 극도로 문란하고, 가치관의 혼란을 겪고 있다고 할 수 있다. 대중매체는 이 엄청난 사건들이 터져 나올 때마다 도덕적 가치관과 인간성을 회복할 것을 촉구한다. 그러나 언론이나 사회 각계의 지도자들이 구호를 외친다고 해결될 수 있는 것은 아니다. 이것은 지속적인 교육과 교육혁신을 통해서 만이 가능하다고 본다. 우리나라는 학교교육이 중심이 되어 왔으나 인성교육은 학교교육 뿐만이 아닌 생명을 받는 순간부터 죽기까지 인간에게 부과된 영원한 숙제인 것이다.

우리는 다행히 교육열이 대단히 높다. 부존자원이 부족한 나라에서 이만큼이라도 살게 된 것은 한국 부모의 높은 교육열이라 해도 과언이 아닐 것이다. 그러나 우리의 교육열이 올바른 학구열과 인간답게 사는 인간교육과 연관되지 못했다는 점에 문제가 있다. 교육의 근본은 생명을 존중하고 인간이 스스로 자기 실현을 할 수 있도록 도와 주는데 있으며 자기 분수대로, 제 스스로 살 수 있도록 자기가 가진 재주와 능력을 길러 주는데 있다고 하겠다.

이에 앞으로 우리가 지향해야 할 인성교육을 마련하고자 한다. 그러기 위해서 우리는 먼저 인간에 대한 이해가 필요하다. 과연 어떠한 관점에서 인간을 보아야 하며, 인간은 어떤 존재인지를 살펴보고자 한다. 서양에서 보는 인간과 동양에서 보는 인간을 이해하고, 과거에서부터 어떻게 인간을 바라보고 왔는지 알아야 하겠다. 그 다음 인성에 대한 개념을 알고, 인성교육이 어떻게 흘러왔으며, 우리는 어떻게 인성교육을 시켜야 하는지 방향을 모색하고자 한다. 그 다음 마지막으로 앞으로 21세기를 살아갈 우리들은 분명 경쟁의 시대에 살고 있다. 경쟁력을 키워야 할 우리 미래의 성인인 청소년이 인성교육은 어떠한 방향으로 보고 있으며, 그에 따른 인성교육을 어떠해야 하는지 알아보고자 한다.

제2절 인간에 대한 이해

여기서는 인간 본성에 대해 동·서양의 철학적 입장을 정리해 보고자 한다. '불확실성 시대', '인간 소외의 시대' 혹은 '비인간화의 시대', '도덕 불감증의 시대' 등 현대를 일컫는 말들은 이제 우리에게 그렇게 낯설지 않다. 이는 우리의 현시대가 어떤 시대와 비교할 수 없을 정도로 인간성 상실의 위기를 맞고 있다는 것을 말한다. 이렇게 인간성 상실 등의 문제가 논의되는 것은 교육과 연관을 가지고 있다는 것도 알 수 있다. 다시 말하면 인간성 상실, 인간성 위기 등의 문제는 그 교육의 부재 혹은 실패 그리고 그 방향을 잃어버린데서 기인한다고도 말할 수 있다. 그리고 그러한 문제를 해결할 수 있는 것 역시 교육이 담당해야 할 역할이라 할 수 있다. 올바른 인간성을 함양하기 위해서는 교육이 제 역할을 담당해야 한다는 것이다. 교육의 궁극적인 목표가 인간을 인간답게 한다는 것이라면, 올바른 인성교육을 위해서 우선 인간에 대한 정확한 개념규정이 선행되어야 한다. 인간성에 대한 올바른 이해가 없기 때문에 그에 따른 인성교육도 제 역할을 하지 못하고 제 갈 길을 찾지 못하는 실정이다.

그렇다면 우리는 어떻게 인간을 이해하고 규정할 수 있는가? 먼저 인간에 대한 어떤 본질 규정이 인간의 삶과 행동을 규정하는 것은 아니다. 인간으로 존재하는 것 자체가 곧 부단한 선택이며 행동이라는 사실을 인식하는 것이 중요하다. 따라서 우리는 인간을 고정된 본질로 보는 것이 아니라 '인간됨'으로 이해해야 한다. 인간의 삶이 복잡하고 그 복잡다단한 현장에서 계속해서 스스로의 인간성을 형성하고 확인해 나가는 과정 그 자체가 인간의 참모습이며, 그러한 삶의 진면목을 섬세하게 살펴보려고 노력하는 것 역시 인간이 자신에 대해 물음을 던지는 자신의 반성 행위에 있어서 가장 중요하고 기본적인 태도라 할 수 있다. 물론 여기서 우리는 인간의 문제에 대한 정답을 찾아 복잡한 인간의 삶을 한 가지 모양으로 재단하는 것이 아니라 전통적 인간 이해에 대해 차별화된 인간 모습을 찾고자 하는 것이다.

따라서 동·서양을 통해 인간에 대한 관점들이 전통적으로 어떻게 변해왔는지 먼저 살펴보고 이 시대에 필요한 새로운 인간성을 정립하려고 노력한다.

1) 근대 이전의 인간에 대한 규정 : 이원론적 본질주의

시대의 구분은 학자들에 따라 다양하게 구분되고 있지만 여기서는 편의상 고대 그리스 시대부터 중세시대까지를 말한다. 근대 이전에 대한 규정 및 학문에 대한 관심은 파르메니데스와 플라톤에서 그 연원을 찾는 것이 일반화되어 있다(김영민, 1993). 이들의 학문적 관심은 '본질'이라는 추상화된 명사를 상정하고 이를 중심으로 논구를 진행시키는 '명사적 사고'의 전형이라 볼 수 있다. 여기서의 명사란 특별한 위계적 중심을 점하는 대상들에 국한된 것으로서 '사물의 시원(arche)을 이루며 이를 지배하는' 본질적 대상이라 할 수 있다. 이런 명사적 사고방식이 강력한 서구 사상의 중심을 이루며 명사들의 이면에 감추어진 것, 즉 '비본질적이며 주변적인 것들'을 자의적으로 낙인찍은 다음 이를 체계적으로 차별화하고 박해하는데 까지 이르렀다. 요컨대, 고대 그리스에서 그 원형적 패턴을 볼 수 있는 서구의 이원론 본질주의의 원형/모형, 본질/현상, 이성/감성, 남자/여자, 어른/아이, 중심/주변, 일자/다자, 보편/개체 등으로 나눈 경직된 이원론적 사고의 틀을 놓았다. 이상의 이원론적 본질주의 도식에서 보는 바와 같이 플라톤 이래로 인간의 활동 중 가장 중요한 부분으로 확고한 위상을 인정받은 이성의 활동은 우주의 내면화에 있는 이성적 원리에 대한 믿음으로서 이후의 서양 근세 과학정신을 잉태하는 사상적 모태가 되었다. 인간의 추상성만을 우상시하고 거기에 귀속된 것만을 참된 인식으로 간주하고, 생성과 변화의 중층성과 그 역동적인 계기를 포착하는 인간의 감성적인 영역을 차별, 폄하함으로써 중세 기독교의 이원론 — 내세/현세, 성/속, 영혼/육체, 신/악마, 성도/이방인 — 과 결합하여 이후 서구 사상사를 주조하였다(김영민, 1993).

명사적 사고로써의 인간의 보편적 이성의 추상성에서 벗어나지 못한 근대 이전의 인간의 모습에 대한 규정에는 보편적 이성의 '우리' 만이 존재했는지, 인간의 역동적인 감정과 손과 발을 움직여 가는 구체적이고, 육체적인 인간의 모습에 대한 논의에 대해서 관심을 기울이지 않았다. 물론 여기에서의 '우리'는 나와 별개성과 우연성 그리고 특수성이 배제된 채 허공에 떠돌아다니는 인간이었다.

다시 말하면 근대 이전에서는 인간의 모습을 총체적으로 바라보지 않고, 인간의 구체적인 모습을 단순화시켰다. 명사적 사고에 의해 인간을 이원론적 본질주의로 보는 대표적인 사상가는 플라톤과 아리스토텔레스를 들 수 있다.

(1) 플라톤

플라톤은 인간의 영혼은 그것을 구속하고 있는 육체에 비해 훨씬 더 가치가 있다고 주장하면서 영혼이 육에 갇혀 진리추구를 방해받는다고 주장한다. 따라서 유일한 자유의 길은 육체의 감각적 작용에서 벗어나고, 감각을 통해 진리를 추구하려는 모든 노력을 포기해야 한다고 주장한다(손봉호 · 강영안, 1985). 플라톤은 인간의 정신, 즉 영혼을 저마다 독특한 욕구를 가진 세 부분으로 나누어 설명하고 있다. 이성은 영혼 전체를 관장하고, 또한 음식과 섹스에 대한 육체적 욕구와 분노와 야망과 같은 '기개'라고 명명되는 욕구를 적절하게 제어하는 역할을 한다. 영혼의 육체에 대한 지배 혹은 우위성은 파에드로스(Phaedros)에서의 두 마리의 잘못된 말과 그 말들을 통제하고자 하는 어떤 인물을 비유하는 데서 실감 있게 드러난다. 플라톤은 이성을 순수성과 연결시키고, 이성의 참된 고향을 형상의 세계로 묘사함으로써 영혼의 이성 부분이 다른 부분들의 인도자일 뿐 아니라 실제로 영혼자체라고 생각한다. 플라톤이 이렇게 생각하는 근거는 만일 영혼이 육체와 분리될 수 있어야 동물과 공통되는 부분이 없어진다는 것을 내포하고 있는 것이다. 육체를 영혼의 감옥으로 보는 플라톤의 이원론적 견해는 결국 비물질적인 것과 물질적인 것을 대비시킴으로써 물질적인 것에 세상의 모든 악과 비진리를 결부시키려는 의도가 있음을 확인할 수 있다. 그는 영혼을 이성적 불꽃으로 생각하여 모든 지식의 원천과 이성과의 긴밀한 관계를 복원시키려고 하고 있으나 그렇게 할수록 인간의 개체성(individuality)과 관련된 구체적 특징을 무시하는 경향이 생겨나게 되었음을 알 수 있다. 인간의 본성에 대한 어떤 이론이든지 인간성 일반에 초점을 맞출 수 없고 반드시 인간 사이의 차이가 그들 각자의 내면적 갈등의 원인임에 주목해야 한다.

(2) 아리스토텔레스

아리스토텔레스의 초기 저작은 플라톤의 경우처럼 영혼을 독립적인 실체로 보았지만, 그의 사상이 완숙해 가면서 영혼을 몸과 따로 분리해서 파악할 수 있는 실체로 보지 않고 다른 사물에 형식을 부여하고 그 존재를 가능케 하는 것임을 강조하고 있다. 그는 육체적인 측면과 정신적인 측면이 상반된 관계에 있기 보다는 불가분리의 관계로 융합되어 있음을 체험했다고 볼 수 있다. 아리스토텔레스는 생물의 정신적, 육체적 통일성을 강조하여 몸과 영혼을 가령 선장과 배처럼 완전히 분리된 것으로 보는 입장을 의식적으로 거부하고 영혼을 몸의 조화로 보는 유물론적 입장도 역시 반복하고 있다. 영혼과 몸을 서로 환원하지 않고 그 일체성을 증명해 보려던 아리스토텔레스는 몸과 영혼의 관계는 과연 무엇인가를 묻고 그것에 대해서 도장과 도장에 새겨진 무늬가 하나이듯이 몸과 영혼도 하나라고 대답한다. 그는 몸과 영혼의 관계를 질료와 형상의 관계로 설명하고 있다. 여기서 질료는 형상에 의해서 움직이고 성장하는 살아있는 질료이고, 형상은 생물체에 있어서처럼 완전히 자기 실현의 원리이고 점진적인 삶의 계획이며 발전과 목적성의 원리라고 할 수 있다. 따라서 몸의 구조는 조종할 수 있도록 되어 있고, 몸을 움직이고 사용하는 영혼과 관계됨을 알 수 있다.

그에 의하면 인간을 따로 존재하는 두 본체의 결합으로 생각하지 않는다. 이것은 무엇보다도 영혼에 먼저 적용이 된다. 영혼은 몸이 없고, 그 자체로는 아무것도 아니며, 따라서 몸과 영혼을 엄격하게 구분지어 설명할 수는 없다. 영혼이 사유한다거나 영혼이 무엇을 배운다고 말하기보다는 인간이 영혼을 통해서 사유하고 배운다고 말할 수 있으며 사물을 관찰, 지각하는 행위도 영혼이나 몸의 한 측면에 제한되지 않고 몸을 통해서 영혼이, 혹은 영혼을 통해서 몸이 수행해 간다고 할 수 있다.

아리스토텔레스는 일반적으로 영혼과 정신을 구분하고, 정신은 인간에게만 있는 고유한 관조 능력으로 이해하고 있다. 그러나 정신과 그 관조 능력에 대해서는 그것이 영혼과는 유(類)가 다르고, 마치 일시적인 발생과 관계없이 영원한 것이 존재할 수 있듯이 독립해서 존재할 수 있다는 것 외에는 아직 별로 알려진 것이 없다고 그는 말한다. 정신 그 자체가 영혼은 아니지만 그 활동은 영혼과 밀접한 관계를 가지고 있고, 영혼과 연결된 정신 활동은 몸과 일체를 이루는 영혼의 활동과는 대조를 이룬다고 할 수 있다. 그는 영혼과 정신을 다음과 같이 묘사하고 있다. 정신은 감각기관과 마찬가지로 외부의 인상을 포착한다. 이 경우 정신은 소리나 색깔 대신 개념을 포착한다. 정신의 능력은 감각작용보다 훨씬 월등하며, 이런 의미에서 정신은 모든 것을 포괄하는 능력이라 할 수 있다. 감각작용은 한계가 있으나 정신은 한계가 없다. 감각작용은 항상 몸에 직결되어 있고 어떤 특정한 감각기관의 구속을 받지 않는다. 정신은 어떤 무엇이 아니라, 정신에 관해서 우리가 말할 수 있는 것은 정신이란 곧 가능성이라는 것밖에 없다. 아리스토텔레스에 있어서 영혼은 몸을 통해서 해석되고 몸은 영혼을 통해서 해석된다고 할 수 있다. 그러나 그는 정신을 구체적인 인간 생활에 관계시키면서 동시에 정신적인 것의 본질을 몸과 영혼으로 존재하는 구체적인 개인의 영역밖에 두었기 때문에 인간은 바로 이성적인 반성과 관조를 통해서 신의 조종을 받을 수밖에 없는 존재로 보고 있다. 그는 단지 인간 삶의 조건에 대해서 생각하는 것으로 만족하지 않고 우리 자신을 영원불멸의 존재로 만들어야 하고, 우리 안의 최선의 것들에 맞추어 살아가도록 전심전력을 다해야 한다고 주장한다. 결국 모든 사유와 욕구의 대상이라 할 수 있는 '부동의 원동자'를 생각하고 있었으며 이런 신성을 파악하기에 열망했다고 할 수 있다. 인간의 최고의 목적이 이론적 사유라면 나를 유지시켜 주는 모든 것들을 배제시켜야 함에도 불구하고 신에게 걸맞은 이성적 생활에로의 몰입은 자아를 상실하게 만드는 결과를 가져올 수 있다는 것이다. 따라서 나를 나와 같은 인간으로 만들어 주는 것은 영혼의 이름으로 설명할 수 없고 몸은 개체화의 수단에 불과하다고 주장하는 아리스토텔레스의 영혼관은 매우 몰개성적이라고 할 수 있다. 내가 된다는 것과 인간이 된다는 것이 도저히 분리될 수 없다는 것이라면 인간 개개의 특성(individuality)이 인간 본성(human nature)과 관련하여 중요한 문제가 된다는 것은 당연하지만 그는 개별적 존재로서의 인간, 즉 몸과 영혼이 결합되어 있는 인간이 아니라 보편적 이성을 가지고 있는 추상적 인간성으로 개별적 인간을 규정하고 있다.

이상에서 플라톤과 아리스토텔레스를 통해 살펴본 근대 이전의 인간에 대한 규정을 살펴보면 다음과 같다. '인간이란 무엇인가?'라는 물음에는 구체적으로 인간이란 '무엇'인가라는 물음과 인간은 '누구'인가라는 물음에 대한 답으로써 인간을 이해하였다. 따라서 인간을 참 인간되게 하는 것, 즉 인간에 있어서 '인간적인 것'이란 말할 것도 없이 정신(이성)이라는 요소이며, 그 행위의 기체이며 주체인 페르소나(인격)라 할 수 있다. 이성이 인간을 인격답게 하고 인간을 다른 모든 존재자보다 더욱 고차적인 것이 되게 하는 것이기 때문에 자신의 몸을 개조하여 자신을 나타내는 수단으로 삼고 자신의 행위의 방편으로 삼아 자기 운명을 협동자로 생각하고 있다.

2) 근대의 과학주의와 주관주의 : 주 · 객 이원론

근대의 특성을 정확히 규정하기는 어려우나 대체로 객관적 과학주의와 주관주의라고 할 수 있다. 이들 양 입장은 데카르트주의로부터 유래한다고 보고 그에게서 근대의 객관주의와 주관주의의 유형을 살펴보고자 한다. 먼저 근대 정신의 핵심은 과학적 합리주의라 할 수 있다. 과학적 합리성은 종교와 예술 등 개인의 주관적인 체험과 달리 공공적, 객관적 타당성을 가진 것으로 수용되었고 모든 다른 종류의 합리성의 근거로 생각되는 것이다(강영안, 1997). 데카르트는 플라톤 이후 서구 사상을 지배했던 이원론을 물질과 정신이라는 두 개의 독립된 실체로 나눔으로써 이원론에서 벗어나지 못했다. 물질이 공간을 차지하고 있는 반면에 정신은 공간을 차지하고 있지 않고 사유로써 존재하고 있는 것으로 보았다. 물질에서 정신(영혼)을 배제함으로 인간의 몸과 동물의 몸까지 포함한 일체의 물질은 그 자체로는 아무런 생명도 없는 일종의 기계로서 수학적 · 물리학적 대상으로 생각했다. 이와 같은 물질과 정신의 이원론적 태도는 그 결과 경험적인 차원에서 존재를 둘로 나누는 이원론이 초래되었고, 그 이후 서양 사상사는 유물론과 유심론으로 나뉘어 대립과 갈등을 겪게 되었다.

데카르트는 물질과 정신의 이원론과 아울러 방법론적 일원론(methodological monism)을 내세웠다. 진리를 추구하는 참된 학문에는 단 하나의 방법만이 있을 뿐인데 학문(scientia)은 기술과 달리 육체에 근거하기보다는 정신에 근거하고 있기 때문에 정신에 근거한 단 하나의 방법만이 있을 뿐이라고 주장한다. 이와 같은 생각을 바탕으로 데카르트는 모든 학문에 동일하게 적용되는 방법적 규칙을 제시하였다. 데카르트가 제시한 물질과 정신의 이원론과 방법론적 일원론을 결합하게 될 때는 결국 계량적, 자연과학적 방법을 정신의 영역까지 적용하게 되고, 방법에 대한 맹신주의(토대주의)를 낳게 된다. 데카르트적 의미의 자아는 지식의 최고 원리로서 증명되곤 하였지만, 여전히 신적인 것과 교통하는 원리로서의 특권을 향유할 수 있다. 다시 말하면 자기 의식에 도달한 자아란 곧 초월적인 것 — 무한자, 영원성, 선험적 이념 등 — 을 세계 표상의 지평으로서 자각하는 자아로서의 주체인 것이다.

하이데거는 철학적 모더니즘의 시대는 세계의 존재가 자아의 표상 행위에 의하여 사적으로 소유되고 참칭되는 시대라고 한다(김상환, 1997). 사유 행위의 주체인 자아는 이제 자기 속에서 표상성(vorgestellheit)의 확고부동한 집합 체계를 발견하고, 의식(conscientia) 속에서 그것의 존재 양식을 발견한다. 의식이란 표상성의 범위 안으로, 대상적 사물들을 표상 주체인 인간과 함께 능동적으로 표상하면서 재구성하는 행위이다. 사유의 기체로서의 자아 의식은 그토록 탁월한 기체의 주체로서 존재자의 존재를 규정하게 된다.

결국 근대의 주체성을 특징짓는 데카르트의 주장은 삶의 허구와 우연성, 그리고 스스로 만든 착각과 밖(악신)에서 오는 기만으로부터 자기 자신의 존재를 스스로 주장하고, 확증함으로써 자기 보존을 꾀하려는 노력으로 보아야 한다. 얼굴과 손과 팔 등 나의 신체, 영양을 섭취하고 잠을 자고 걷는 활동 등은 기만자인 악신이 나를 속인 결과일 수 있기 때문에 나의 본질 — 사유하는 동안 나는 존재한다 — 로부터 배제된다고 데카르트는 주장한다. 다시 말하면 나는 다만 사유하는 것이요, 하나의 지성, 하나의 정신, 하나의 이성일 따름이기 때문에, 거기에는 하늘과 땅, 손과 눈, 살과 피가 없는 존재에 불과한 것이다. 사유라는 거대한 힘을 가지고 있다 하더라고 이 힘은 어떠한 공간을 가지지 못한 것으로써, 단지 하나의 허구에 지나지 않는 악신에 대항하여 자신의 존재를 지탱하고 있는 힘 이외의 것은 아니다. 따라서 데카르트가 파악한 주체성은 자아의 자기 분열과 주·객 분리를 초래했다. 데카르트의 자아는 세계와 분리함으로써 그리고 오직 사유 속에서 자신의 존재를 확인함으로써 자신의 현존을 보장할 수 있다. 따라서 신체와 현존은 초월적 관점에서 볼 때 자아의 구성 요소에서 제외된다. 그러나 경험적 관점에서는 자신의 신체적 존재를 확인하고 자신의 유한성을 인정한다고 데카르트는 주장하지만, 결국 이 두 주체가 어떻게 서로 관계하며, 어떤 것이 어떤 것에 의해 조종되고 지배되는가에 대한 논의가 그에 있어서는 결여되어 있기 때문에 이와 같은 자아의 이분법은 그 이후 독일 관념론의 숙제로 남겨 두게 되었다(강영안, 1997).

3) 근대 이후의 인간 규정 : 주체의 죽음

근대의 과학적 객관주의와 주관주의는 인간을 표상하고, 계산하고, 지배하는 존재로 만들어 놓았다. '인간이 주체가 되었다'라고 하이데거가 말하는 것은 인간이 모든 존재자를 자기 자신의 존재와 자기 자신의 진리에 근거하는 존재자가 되었음을 뜻하는 것으로 근대의 인간 이성은 세계를 관조하고 명상하는 존재가 아니라 현실을 지배하고 자기의 욕구에 따라 마음껏 이용하는 능동적 이성 혹은 권력의 이성이고 '주체'는 권력이성의 형이상학적 표현이라고 할 수 있다. 이러한 인간은 주관을 표상하고, 과학적으로 사유하는 주관을 정초하고, 다른 한편으로는 객관을 그러한 주관에 의해 표상적으로 산출하는 대상으로서 자리매김하게 되는, 주관과 객관을 근거짓는 주관성(subjectität)이라 할 수 있다.

근대 이전과 근대에서의 인간에 대한 규정은 다음과 같이 요약할 수 있다. 첫째, 인간을 규정하는데 있어 인간 각자의 구체성, 현실적 상황은 무시하고 추상화된 보편적 인간이 처해 있는 구체적 맥락을 무시할 경우, 즉 인간이라는 이름이 대상 전체를 싸잡아

지칭하려는 의도는 단어 하나의 추상성으로써 대상의 '무한할 수 있는 측면들'을 깨끗하게 잡아두고 있다는 것이다.

둘째, 근대 과학적 합리성의 영향으로 인해 본질적으로 이성을 인간으로 이해하고, 이성이 지배하는 합리적인 우주를 합리적으로 설명할 수 있었다. 세상은 '있는 모습 그대로' 멋지게 설명되고, 이 설명의 원리가 바로 인과적 결정론이었다. 이러한 과학적 지식의 합리성에서는 인간적인 소인이 개입할 여지가 없다는 것이다.

셋째, 근대 이전과 근대의 인간은 생물학적 종으로써 혹은 어떤 유적 존재자로서의 특성을 가지고 있다. 이것은 인간이 존재하자마자 자연적으로 소유하게 되는 성질을 가지고 있다는 것이다. 물론 인간이 자연적으로 소유하게 되는 것 역시 중요하지만, 이들에 있어서는 자연적으로 소유하게 되는 성질에 추가되어야 하는 것에는 관심을 기울이지 않는다. 그런 관점에서는 인간은 변신 혹은 변화를 할 수 없다. 다시 말하면 제2의 자연을 산출하는 이론적 수양과 도덕적 수양으로서의 교양 있는 인간이 될 수 없다(김상환, 1997). 따라서 교양인으로서의 인간의 삶은 역사적, 문화적 상황 속에서 끊임없이 변모를 겪고 있는 가능성이며, 새로운 시어를 창안하기 위해 몸부림치는 '대담한 시인들'(strong poets)의 노력과 같은 것이다.

넷째, 근대 이전과 근대의 인간에 있어서는 인간을 인간 자체로만 규정했다. 인간은 역사 속에 있으며, 그 가운데서 늘 새로운 세계를 창조하면서 존재하고 있다. 인간은 역사 혹은 문화와 따로 떼어서 생각해 볼 수 있는 어떤 부수적인 존재가 아니라, 문화과정을 통해서 인간적이 된다. 다시 말하면 문화는 인간이 그가 살고 있는 세계에 자기 모습을 새겨 놓은 것이다. 그리고 세계는 인간을 통해서 변형되고 재구성된다. 비교적 변하지 않는 동물의 행동과는 달리 인간은 세계에 개입하고 그것을 지배하려는 노력을 통해서 인간과 현실은 상호작용이 일어나게 된다. 따라서 사람됨의 의미는 인간이 스스로 존재하는 실체가 아님을 내포하고 있고, 인간은 자신 가운데 머물러 있지 않고 보다 포괄적인 전체, 즉 문화의 '맥락'(context) 속에서 새롭게 해석되어야 할 존재이다.

다섯째, 근대 이전과 근대의 인간 모습에서는 그의 육체성, 즉 손과 발의 움직임이 차별화되어 있다. 인간은 자신의 호흡과 심장의 고동과 나의 의지와는 상관없이 움직이고 있는 몸의 작용 역시 인간 삶에 있어서 중요한 역할을 수행하고 있다. 이제 인간의 몸은 대상의 평면 위에 서 있는 하나의 대상이 아니라 인간이 가지고 있는 종교적, 사회적 관계에서도 적용이 된다. 인간이 육체적 존재라는 것은 미완성의 존재이고, 세계를 향해서 열려 있고, 몸을 매개로 타인과 주변 세계와의 상호 관계의 장을 열며, 이를 통해서

비로소 인간이 자기 자신으로 설 수 있음을 보여 준다.

여섯째, 근대 이전과 근대의 인간 모습에서는 '언어'의 문제를 소홀히 다루고 있다. 이들은 언어를 통해서 그리고 우리의 삶 속에서 언어가 수행하고 있는 역할을 통해서 인간 고유의 특성을 발견할 수 있다는 생각을 간과하고 있다. 전통적 언어관에 의하면 언어를 배우기 전부터 우리는 존재하며, 언어를 결핍한 귀먹고, 말 못하는 장애자들과 유아들도 인격체라는 것이다. 데카르트의 자아관의 영향으로 자아는 우리의 신체와 구별될 수 있고, 서로 독립적인 실체로서 모든 사유와 경험의 주체로서의 '나'이다. 따라서 여기서의 언어는 내가 사용하는 도구일 뿐, 본래의 나를 형성하면서 나에게 결정적인 영향을 미치지 못하는 것이다. 인간의 세계는 언어의 세계이어야 하고, 인간을 인간답게 만드는 것은 우리가 언어를 소유하고 있다는 것이며, 우리가 살고 있는 세계를 파악할 수 있게 하는 범주를 제공하게 하는 것 역시 언어라는 사실을 간과하고 있다.

일곱째, 근대 이전과 근대에서의 인간 규정에서는 인간의 감성적인 측면이 철저히 배제되어 있다. 혼돈보다 질서를 구할 때, 우연한 것보다 필연적인 것을 높일 때, 다양한 것 배후에 하나되는 것을 보려할 때부터, 감정과 정서에 얼굴을 내미는 세계의 얼굴은 가상으로 치부되었다. 또 그와 직접적으로 유희하는 몸은 거짓과 죄악의 원천으로 낙인 찍혔다. 이성적 진리에 의해 늘 주변적이고 차별화되었던 감성적인 사실은 다양성과 우연성 그리고 개방성이라는 특징을 통해서 두려워하고 배제되어야 할 것이 아니라 향유되어야 하고 그 자체로 긍정적으로 이해되어야 할 것이다. 근대 이후의 실천하는 주체는 논리적 산술의 자아나 형이상학적 자아가 아니라 감성적 자아이며 헤겔이나 마르크스가 말하는 노동의 주체가 아니라 즐김과 향유의 주체이다.

4) 유가(儒家)의 인간 규정

유가(儒家)는 초월이나 신을 인정하지 않으며, 인간학이나 윤리학을 주된 내용으로 하고 있다. 이런 점에서 유가 사상에서 '인간'의 문제는 여러 문제 가운데 하나가 아니라 유가 사상의 핵심주제이며 본질적인 문제이다.

이 글은 주자학을 중심으로 유가의 인간관을 정리하고자 한다. 다양하게 전개되어 온 유가 사상사에서 주자학을 택한 이유는 시대별로 발전되어 온 유가사상의 역사에서 주자학은 잘 정돈된 교리체계를 가지고 있다. 유가의 근본 가르침은 공맹(孔孟)의 원시 유학에 뿌리를 두고 있지만 그 당시의 유학은 아직 송대의 주자학처럼 형이상학과 인성론 및 수양론을 구조적으로 분명하게 제시했던 것은 아니다. 또 송대 이후로도 유학은 부분적으로 발전해 왔지만 명대의 양명학이나 청대의 학술 사상들도 주자학과 완전히 다른 체계는 아니다. 이런 점에서 주자학을 택하였다.

(1) 몸과 마음

① 몸과 마음의 관계

인간은 몸과 마음을 가지고 있다. 인간은 심신이 유기적으로 결합된 유기체이다. 따라서 우리가 편의상 몸과 마음을 나누어 설명할 수 있지만 실체에서 두 가지는 불가분의 일체이다. 몸은 마음을 담는 그릇이며 토대이다. 마음은 몸의 한 기능이며 표현이다. 몸은 우리 마음이 근거하는 거처이다. 따라서 마음은 몸을 떠나 있을 수 없다. 즉 심리적이거나 정신적인 어떤 현상도 몸 혹은 기를 떠나서는 존재하지 않는다. 여기서 주자는 우리 몸과 마음의 관계를 초와 촛불의 관계로 설명한다. 초가 없이는 촛불이 있을 수 없다. 마찬가지로 지각하고 인식하는 우리 마음의 작용은 몸을 떠나서는 있을 수 없다.

질문 : 지각은 영명함의 본래 그런 것입니까? 아니면 기의 작용입니까?

주자(朱子) 대답 : 단지 기의 작용만이라고 할 수 없으니, 먼저 지각의 이치가 있어야 하기 때문이다. 이치가 아직 지각되기 전에 모여서 어떤 형태를 이루면 이치가 기와 함께 작용하여 지각할 수 있게 된다. 비유컨대, 저 촛불에서 기름덩이가 있기 때문에 불꽃이 있는 것과 마찬가지이다.

한편 마음은 몸의 주인으로서 몸을 주재한다. 모든 행위에서 마음은 그것을 주재하며 이런 점에서 마음은 우리 몸을 부리는 주재자이다. 그래서 '대학'에서는 '우리 마음이 가 있지 않으면 눈으로 보아도 보지 못하고 귀로 들어도 듣지 못하며 음식을 먹어도 그 맛을 모른다'고 하였다. 몸과 마음은 상호 연관된 일체이며, 불가분의 관계가 있다. 마음은 몸을 나타내고 몸은 마음을 나타낸다. 따라서 수양의 내용도 몸과 태도에 나타나야 한다. 또 몸을 먼저 바로 함으로써 마음을 바로 할 수 있다. 유가에서 개인 수양을 수심(修心)이라 하지 않고 수신(修身)이라고 표현하는 것은 바로 이 때문이다.

이렇게 몸과 마음을 하나의 통일체로 보는 입장은 고대로부터 형성된 것이다. '예기(禮記)'와 '논어(論語)'에는 덕 있는 사람이 갖추어야 할 모습이 구체적으로 묘사된 부분이 많다. 가령 '수신'의 경우에서는 '예기'에 거론된 군자의 모습을 보자.

군자의 모습은 여유가 있고, 한가로워야 한다. 높은 사람을 볼 때는 단정하고 삼가야 한다. 발의 모양은 무겁고, 손의 모습은 공손하고, 눈의 모양은 단정하고, 입의 모습은 조용하고, 목소리는 고요하며, 머리 모습은 곱게, 기상은 엄숙하고, 서 있는 모습은 덕스럽고, 안색은 엄숙하고, 앉은 모습은 시종 같아야 한다(九容者와 九思者).*)

유가에서 특히 인간의 행동거지를 세밀한 곳에까지 주목하는 것은 몸과 마음이 불가분의 일체라는 믿음 때문이다. 마찬가지로 한 사람의 '생각'과 '행위'는 불가분의 관계를 가진다. '생각은 움직임이 숨어 있는 것이고 행위는 움직임이 드러난 것이다. 생각은 안에서 움직이고 행위는 밖에서 움직인다.'

② 심(心) · 성(性) · 정(精) · 의(意) · 지(志)

마음은 신체와 불가분의 관계에 있으며 신체의 감각기관을 통해서 외부사물과 반응한다. 마음이 외부와 반응할 때는 정(精)이요, 작용(用)이다. 그러나 작용하기 이전의 상태가 심의 본체(體)이며 성(性)이 된다. '대개 우리의 마음이 아직 움직이지 않을 때는 성이 되고, 이미 움직였다면 정인데 마음은 이 두 가지를 모두 포함하여 통일한다. 욕망(欲)은 정이 작용하여 나온다. 마음이 물과 같다면 성은 물이 고요한 때이고, 정은 흐를 때이며 욕(欲)은 물결이 일어날 때와 같다. 물결은 좋은 것도 있고, 좋지 않은 것도 있다.' 그런데 마음이 작동할 때 우리의 의지(意)가 지향성(志)을 다시 구별한다.

정(精)은 성(性)의 작용(發)인데, 정이 '이렇게 작용'할 때 의(意)는 '이렇게 주장'한다. 가령 사랑(愛)이 정이라면 의(意)는 그 배나 수레를 타고 가는 것과 같다.

심은 몸의 주재자이며, 의는 심의 작용(發)이고, 정은 심의 움직임(動)이며, 지(志)는 심이 가는 곳이다. 지(志)는 '마음이 한결같이 가는 것'이다. 의(意)는 '지를 운용하고 왕래하는 것이다.' 그래서 장횡거는 '지(志)는 공적이고 의(意)는 사적이다.'고 말했다.

이를 종합해 보면 마음이 작용하는 것은 모두 정에 속하기 때문에 '정'이라는 개념이 제일 넓다. 의와 지는 좀더 세분한 것이다. 대체로 마음이 작동할 때는 어떤 지향성과 의지가 있는 것이다. 즉 우리의 의식이 작용할 때는 의식작용이 있고, 또 의식 대상이

---

* 九容者 : 足容重, 手容恭, 目容端, 口容止, 聲容靜, 頭容直, 氣容肅, 立容德, 色容莊
九思者 : 視思明, 聽思聰, 色思溫, 貌思恭, 言思忠, 事思敬, 疑思問, 忿思難, 見得思義

있다. 이 때 마음을 움직이게 하는 주관적 작용이 의(意)이고 객관적인 쪽에서 작용하는 것이 지(志)이다.

그런데 문제는 이렇게 마음이 작용할 때 선악이 갈라진다는 것이다. 전통적인 유가의 유기체적 세계관에서는 절대적인 악이 없다. 말하자면 존재적으로는 악의 자리가 없다. 단지 현실적으로 사물과 대응하는 과정에서 어긋나거나 치우칠 때 악이 발생한다.

질문 : 마음에 선악이 있습니까?

주자(朱子) 대답 : 마음은 움직이는 사물이며, 당연히 선악이 있다. 예를 들면, 측은지심은 선인데 어린애가 우물에 빠지는 것을 보고도 측은지심이 없다면 곧 악이 된다.

배우는 자는 그 흩어진 마음을 바로잡아야 한다. 그래야 본성의 선함을 깨닫게 된다. 사람의 본성에는 불선(不善)이 없지만, 그 본심을 잃었을 때 악으로 흐르게 된다. 「중용」에서 '하늘이 명한 것은 성품이라 한다' 했다. 천명이 인간에 내재하니 불선한 것이 아니다. 그것이 작용하여 절도에 맞으면 선이지만 절도에 맞지 않으면 악이 된다.

여기서 보면 정이 중도(中道) 혹은 중용을 지키지 못하고 과(過)·불급(不及)이 있을 때 비로소 악이 나온다. 말하자면 부분적으로 보았을 때에는 악이 존재하지만 전체적으로 보면 악이 존재하지 않는다.

유가적 심신관에 따르면 우리의 몸과 마음은 단순히 두 가지로 나뉘는 것이 아니다. 그 두 항목 사이에는 감각(情)이나 의지(意) 그리고 지향성(志) 등이 연속적으로 자리잡고 있다. 가령 감각은 우리 신체의 기관들이 없으면 성립할 수 없다. 따라서 우리 마음의 요소 중에서 감각이 가장 신체에 가까운 부분에 위치한다. 또 우리가 느끼고 생각하고 대상을 지향할 때 반성적으로 바로잡아 주는 부분이 있다. 맹자가 말한 '양지(良知)'가 그것이며 이를 주자는 마음의 본질(性)로서 미발지중(未發之中)이라 한다. 신에서 심에 이르기까지 여러 항목을 열거할 때 심의 쪽에 가장 가까이 위치하는 것이 바로 미발지중이라 할 수 있다.

그런데 심(心)은 은밀하게 감추어져 있는데 비해 신(身)은 드러나 있다. 안과 밖은 상호 영향 관계에 있으며 우리가 쉽게 안을 조절할 수 있는 방법은 밖을 통해서이다. 결국 우리는 우리 몸의 자세와 태도를 바로잡을 때 마음을 바로잡게 된다고 하겠다.

(2) 생사와 제사

먼저 인간 출생의 문제를 보자. 한 인간으로서 내가 태어난 것은 직접적으로 부모에 의해서이다. 그런데 아버지 어머니의 능력만으로 내가 태어난 것은 아니다. 부모는 오히려 천지(기독교에서는 하나님)를 대리하여 나를 낳았다. 그래서 일찍이 고대의 '시경'에서는 '아버님 날 나으시고 어머님 날 기르시니'라고 표현하고 있다. 왜 "어머니가 날 나으셨다고 하지 않고", "아버지가 날 낳으셨다"고 하는가? 그것은 부모가 천지의 역할을 대신하고 있기 때문이다. 천지라는 커다란 음양의 원리가 작용하여 만물을 생성한다. 그런데 양을 대변하는 하늘은 추상적으로 작용하여 원리를 부여한다. 반면에 음을 대변하는 땅은 구체적이어서 재료를 제공한다. 마찬가지로 아버지는 내 생명의 원인을 제공하고 어머니가 구체적이어서 육체를 가진 나를 완성하신 것이다.

이와 같이 인간 존재의 출발은 곧 인간 윤리의 근본 방향을 결정한다. 즉 유가 윤리의 근본으로서 '보본반시(報本反始: 근본에 보답하고 시원을 돌이킨다.)'라는 원리가 성립하는 것이다. 나는 나의 존재를 가능하게 한 부모에 응분의 보답을 해야 하고 더 근원이 되는 하늘에 보답해야 한다. 이러한 관점에서 부모에 대한 '효(孝)'와 조상에 대한 '제사(祭祀)' 그리고 자연에 대한 '경천(敬天)' 사상이 성립한다. 그러면 사람이 죽은 다음에는 어떻게 되는 것인가? 만약 죽은 다음에 아무것도 없다면 왜 제사를 지내는 것인가? 이 문제는 합리성을 중시하는 성리학자들을 괴롭힌 문제였다.

일찍이 순자는 제사나 기우제에 대하여 다음과 같은 합리적인 설명을 하였다.

제사는 인간의 의지와 사모의 정(情)이며, 충신(忠信)과 경애의 자극함이며, 예절과 문화의 지성(至誠)이다. 진실로 성인(聖人)이 아니면 그것을 완전히 알 수 없다. 성인은 분명히 알고, 사·군자(士·君子)는 편안한 마음으로 시행한다. 담당자는 그것을 당연한 일로 여기지만 백성들은 귀신의 일로 여긴다. …… 제사는 죽은 사람을 살아있는 사람처럼 섬기는 것이다(제사 대상의). 모습은 없지만 그것은 하나의 문화이다.

순자에 의하면 제사란 인간의 정리(情理)에 바탕을 둔 것이지 실제로 조상의 혼이 위로받는 것은 아니다. 순자는 또 우리가 기우제를 지내는 것은 그것을 통해 비가 오기 때문이 아니라 문화로써 하는 것이라 한다. 마찬가지로 유교에서의 제사도 사실은 후손들이 자기의 마음을 다하고 조상을 잊지 않는다는 의미에서 문화 행사로 행하는 면이 강하다고 하겠다.

(3) 성즉리(性卽理)와 인의예지(仁義禮智)

우주의 모든 현상은 이치 없이 일어나는 것이 없으며 여러 가지 이치들은 통일된 체계를 가지고 있다. 그런데 인간만은 그 이치의 체계를 완전히 자각할 수 있다. 일찍이 맹자는 '만물의 이치가 나에게 맞추어 있으니 자기를 돌이켜 진실되면 즐거움이 이보다 클 수 없다. 힘써 확대하여 실천해 나가면 인(仁)을 추구함이 이보다 더 가까울 수 없다'고 하였다. 인간 안에 들어와 있는 이치, 이것이 본래 '성(性)'이다. '리(理)'와 '성(性)'은 일치할 경우도 많지만, 차이점이라면 '성'이 주로 인간을 비롯한 생명 존재에 적용되는데 비해 '리'는 그보다 더 보편적으로 사용된다는 점이다.

그러면 인성은 무엇인가? 주자에 의하면 인성의 주된 내용은 인의예지이다. 이는 '주역'에 근거하여 전통적으로 전해져 온 인간의 덕목들이다. '주역'에 의하면 우주의 시간적 질서는 춘하추동이다. 그런데 춘하추동의 덕은 각각 원(元)·형(亨)·이(利)·정(貞)이다. 봄은 만물이 소생하고 시작하는(元) 계절이며, 여름은 만물이 무성하게 자라는(亨)시기이다. 가을은 그 동안의 성과를 거두어들이는(利) 계절이며, 겨울은 모든 생물이 자기 동일성을 잘 지키는(貞) 때이다.

한(漢) 대 이래로 유기체적인 세계관을 이어받은 주자학의 사고방식에서 보자면, 우주의 기본질서가 원형인 것처럼 소우주로서 인간의 본질은 인의예지가 되지 않으면 안된다.

주자를 비롯한 송(宋) 대의 도학자들에 의하면 생성 변화하는 세계는 한 마디로 생명의 정신으로 규정된다. 주자의 유명한 '인설(仁說)'은 이렇게 시작한다.

천지는 모든 사물을 살리는 것을 뜻으로 삼는다. 그리고 사람과 사물은 태어날 때 그 천지지심(天地之心)을 얻어 각각의 마음으로 삼는다. 그러므로 마음의 덕을 말하자면 그것은 만물을 통섭하고 관통하여 모든 것을 갖추고 있지만 한 마디로 요약하자면 '인(仁)'일 뿐이다. 좀더 자세히 보자면 천지지심에는 네 가지가 있으니 원·형·이·정(元·亨·利·貞)이 그것이다. 그러나 원(元)이 넷을 포괄하지 않음이 없다. 그 운행에는 춘하추동의 순서가 있으나 봄의 생기(生氣)가 통하지 않음이 없다. 따라서 사람의 마음에서도 그 덕이 넷이 있어 인의예지라 하지만 인이 포괄하지 않는 게 없으며, 그 작용으로 말하자면 각각 애공의별(愛恭宜別)의 정이 있지만 측은지심이 관통하지 않음이 없다. 주자에 의하면 우주는 '생(生)'의 정신으로 충만해 있다. 그것은 우주의 근본 이치이면서 모든 사물에 스며들어 있다. 인간에 내재하는 그것이 바로 인성이며 내용으로 말하자면 인의예지(仁義禮智)이다. 주자의 생각으로 볼 때 모든 사물이 천리를 받아 생기며 그것을 각각의 성(性)으로 삼으니 당연히 '성즉리(性卽理)'라는 명제가 성립하는 것이다. 인간을 포함한 모든 존재의 본성은 이치이며 선이다. 그렇다면 왜 현실 세계에는 악이 존재하는 것인가? 이를 위해 주자는 기질지성(氣質之性)이라는 개념을 도입했다.

(4) 본연지성(本然之性)과 기질지성(氣質之性)

중용에서는 '하늘이 명한 것을 일러 성(性)이라 하고 그 성을 따르는 것을 도(道)라 하고, 도를 닦는 것을 교(敎)라 한다'고 하였다. 또 주역에서는 '일음일양(一陰一陽)을 도라 하니 그것을 실현하는 것이 선이요 그것을 완성하는 것이 성(性)이다'고 하였다. 말하자면 인간은 인간만의 사명을 하늘로부터 분부받아 태어났으며 이를 자각하여 실천할 수 있는 존재이다. 이렇게 인간이 우주로부터 받은 본성을 '본연지성(本然之性)'이라고 주자는 부른다. 이런 점은 주자(朱者)가 기본적으로 '맹자(孟子)'의 성선설과 '중용(中庸)'의 천명설을 계승한 것이다.

그런데 현실 속의 인간으로 말하자면 사람들은 성격도 천차만별이고 선악이나 청탁(淸濁)에서도 각양각색이다. 따라서 인간이 누구나 인의예지를 가지고 있다고 보는 맹자의 성선설은 아직 완전하지 못하다. 오히려 기질의 측면에서 보자면 인간은 생물적인 본성을 고스란히 가지고 있는 것도 사실이기 때문이다. 따라서 정명도는 '선천적인 성(性)만 논하고 경험적인 기(氣)를 논하지 않으면 완비하지 못하며, 기(氣)만 논하고 성(性)을 논하지 않으면 인간의 본질이 밝혀지지 않는다'고 하였다. 주자(朱子)는 이런 입장에서 인간에 대한 전통적인 논의를 종합하였다.

제3절 인성교육의 개념

1) 인성의 정의

(1) 개념

여기서는 인간본성에 대해 심리학과 상담학적 입장에서 논해 보고자 한다.

인성(personality)이란 일상 생활에서 자주 사용되는 말이지만 그 뜻은 다양하고, 정의하는 학자마다 견해를 달리하고 있다. 인성과 유사한 용어로 성품, 인품, 인격, 품성, 성격, 기질, 개성, 사람됨 등 여러 가지 말이 있다.

Allport(1961)는 인성이란 개인 내부에 있는 특징적인 행동과 생각을 결정해 주는 정신·신체적 체계의 역동적 조직이라 하였으며 그 속에 가치개념을 내포하지 않았다. 그러나 '인격'의 특징은 가치개념이고, 즉 '바람직하다', '바람직하지 못하다', '좋다', '나쁘다'라는 가치개념을 포함한 말이라고 하였다.

Lazarus(1963)는 인성이란 개인으로 하여금 어떤 일정한 방식으로 행동하게 하는 개인내의 제반 구조의 고정적 조직이라고 하였으며, Hilgard(1962)는 환경에의 독자적 적응을 결정하게 하는 개인적인 여러 특징과 행동의 조합체라고 정의하고 있다. 또한 Guilford(1959)는 인성을 대단히 광범위한 용어로써 사용하고 있으며, 그 속에는 인간의 모든 개인적 특성, 즉 신체적 특성, 지적 특성, 기질적 특성, 흥미 등을 모두 인성의 개념 속에 포함하고 있다. Adler와 Guilford는 인성은 타인에게 어떤 인상을 주는 것, 혹은 타인에게 영향을 주는 개인이 가지는 사회적인 자극가치(social stimulus value)라고 생물·사회학적인 경지에서 정의 내리고 있다.

교육학 사전(1978)에 의하면 '인성이란 환경과 상황과 자극에 특징적인 방식으로 반응하게 하는 능력·동기·가치 등과 관련된 개성의 독특한 형'이라고 정의하고 있다. 정원식(1976)은 인성을 비지능적 특성(non-cognitive traits)으로 분류하고 비교적 좁게 정의하고 있다. 그러기에 개성의 개념을 어느 범위로 한정하여 사용하느냐가 늘 문제가 된다. 일반적으로 심리학에서는 인성을 비지적(非知的) 특성에 포함하는 경향이 있다.

그러나 도덕·윤리교육에서는 인성이란 용어대신 인격이란 용어를 많이 사용하고 있다. 이 때의 인격은 지적·도덕적 특성까지도 포함되어 있다.

김영인(1995)에 의하면 철학이나 인간학 분야에서 말하는 인성이란 인간본성(human nature)을 의미하는 경우가 많다. 특히 동양철학에서는 예로부터 인성이라는 용어를 인간의 본질적인 속성으로서 다른 동물과 인간을 구별해 주는 특성으로 파악하였다. 이러한 의미에서의 인성이란 서양철학이나 철학적 인간학에서 사용되는 인간본성이라는 개념과 거의 유사한 것으로 이해할 수 있으며, 심리학이나 사회학 또는 인류학 등 사회과학에서 사용되는 Personality를 인성이라는 용어로 사용하며, 한 인간의 신체적, 기질적, 지적, 정신적 특성들의 종합적 체계라고 이해할 수 있다.

(2) 정상적 인성

정상적인 인성은 너무도 광범위성을 지닌 용어라고 할 수 있어 많은 이론들이 있다. 한 마디로 표현하기는 어렵다. 즉 성숙한 사람이 정상이라고 표현한다면 너무 단편적이고 막연한 표현이 될 수 있으며 통계학적인 정상분포집단이 곧 정상이라고 표현한다면 너무 아이러닉한 표현에 지나지 않기 때문이다.

에릭슨(Erikson)은 8단계의 전 생애적 성장발달 단계와 관련해서 각 단계마다의 위기를 적절히 해결하여 성장한 사람은 성숙한 사람, 건강한 사람, 정상인이라고 본 것 같다. 구체적으로 인간은 천성적으로는 선하고 적응력과 창조적인 힘을 가지고 있지만 성장과정에서 욕구와 사회 관계론과 가치관의 갈등에서 위기 단계를 맞게 되는 경우가 있는데 인간이 발달해 가는 과정에서 자아가 성숙되는 기초로 쌓은 긍정적 요소가 자아 속에 포함, 건전하고 바람직한 인간으로 발달되어 간다는 것이며 부정적인 요소로서는 욕구와 사회와의 갈등요인 속에서 위기상황을 넘기지 못할 때는 미성숙되거나 실패, 좌절되는 것으로 보았다. 긍정적 요소로 발달한 사람은 합리적이고, 논리적이며 자아와 사회의 기대 사이의 상호작용이 원활하게 되어 조화를 이루는 자아가 된다는 것으로 이러한 사람을 성숙한 자아, 건강한 사람, 정상적인 인성으로 보는 견해다. 즉, 적응력과 창조력을 인간 자체가 갖고 있다고 본 낙천적인 견해라 할 수 있다.

또 로저스(Carl Rogers)는 모든 유기체는 그 수준에서 차이는 있지만 내적 가능성을 성취하기 위하여 부단히 노력하고 있다고 가정하고, 자아실현을 위해 노력하는 과정에서 개인의 성장은 이루어지는데 이러한 성장의 정점에 있는 상황이 정상인이며, 성장하는 과정의 원만성과 발달에 이른 자가 자아성취한 자, 즉 정상인으로서의 성취라고 함으로 인간 개발 중심론에서 본 견해를 나타내었는데 로저스의 중심론적 개념은 행위자로서 나와 대상물과의 성공적 관계, 그리고 타인과의 관계, 세계와의 관계 등으로 크게 보고 이러한 관계 속에서 자아의 일관성, 조직, 체계화된 지각과 태도, 가치 있는 실체, 타인의 긍정적 관심과 사랑, 상호 영향력, 객관적, 사회적 인정과 공인성, 부모와의 긍정적 관심과 사랑, 상호 이해와 수용, 애정 표현, 사랑으로 통제된 행동, 바람직한 자기 인식, 융통성, 다경험의 수용, 개방인식, 실존적 상황인식, 창조성 등을 강조, 이러한 방향으로 잘 통제되고, 개발된 사람을 정상적 인간 또는 자아실현한 사람으로 보고 건강한 사람, 인격자, 정상인이라고 일컫는다. 로저스도 상당히 낙관적인 견해로 이러한 것을 성취시키는 통찰과 창조력이 유기체 속에 존재하고 있는 것으로 보았다.

또 매슬로우(Abraham Maslow)는 성취이론가로서 인간 행동은 무의식적 충동과 유아기의 경험에 의해 통제된다는 정신분석학파의 견해에 반대하여 인간 자신의 의지로서 삶의 방향을 결정하여 현재의 일과 미래에 대한 희망이 발달의 중요한 요인이라고 보았다. 즉, 인간이 자신의 개인적 잠재성의 성취를 위해 동기화되고 보다 가능한 상태로 나아가는 과정을 정상인의 자아성취 과정이라고 보았다.

인간은 개인적 발달을 위한 위대하고 충분한 잠재력을 지니고 있으며 기본적으로 선하고 정상적 자아실현을 위해 노력하는 존재로서 기본 욕구와 성장 욕구가 있다고 가정하고, 기본 욕구로서는 생리적 욕구와 고통, 위험, 공포, 위협에 대한 회피의 안전 욕구와 가족과 친구를 필요로 하고, 사랑받기 원하는 소속의 욕구, 자기 존중, 성취 욕구, 타인에 대한 관심, 인정과 관심이 되고자 하는 자아존중 욕구를 포함하고 더 나아가서는 자아성장 욕구로서 자기의 능력이나 욕구를 충분히 성취하고 창조적으로 사고하고 행동하며 정의실현을 위해 살고 질서를 지키고 통합을 이루어 나가도록 유도한다는 것인데 이러한 과정과 결과가 정상적 자아성취의 학습이며 목표라고도 했다. 매슬로우는 상황대처 인식론과 현실성, 자주, 자발성, 사회적 공인쪽으로 본 경향이 강하며, 생리적 욕구와 성장 욕구가 인체의 자생 능력으로 보아 낙천적인 견해를 표현한 것으로 보이는데 이상의 모든 것을 이루어 나가는 자아 성취자로서 건강하고 정상적인 인간으로 보았다.

또 프로이드는 그의 정신분석이론에서 인간의 본능쾌락 욕구인 성적만족감을 강조한 것으로 보이나, 결국은 모든 사람들이 누구나 다 성적 만족을 느낄 수 없으므로 대체 대상만족으로 문화, 예술, 창작, 사회활동, 성취감 등으로 승화시킬 수 있고, 의식과 무의식의 통합된 인식과 사고, 행동 등이 이루어지면 보다 승화된 사람으로서 건강하고 정상적인 사람으로 보는 견해를 나타내었다.

영국의 글로브(Edward Glover) 박사는 병적 증상이 없고, 정신적 갈등에 구속되어 있지 않고, 만족스러운 노동 능력을 가지고 자기 이외의 누군가를 사랑할 수 있는 자를 건강한 성격, 정상적 성격이라고 했는가 하면, 정신 위생적 입장에서 본 로자노프(Aron J. Rosanoff)는 정신적 건강 및 능률의 향상에 관한 노력과 실천 과학의 실행자를 건강한 사람, 정상적인 사람이라고 본다. 또한 로우리(James V. Lowry)의 견해는 인격의 발달에 영향을 끼치며 정신적 건강을 보육하거나 장애자 치료 및 사회적 갱생에 효과가 있는 대인적, 사회적 요인에 관심을 갖고 정신 건강의 유지 향상을 목적으로 하는 연구와 실천을 할 수 있는 행위들이 건강하고 정상적인 범주라고 취급하였다.

또 정신의학자 바아렌(F. Barren)도 인격의 건전성 정도의 차이로서 정상인은 인격체가 건전해야 된다는 견해나, 레아리(T. Leary)의 인격에 적응된 상태의 기준으로 보아 잘 적응된 인격체가 정상인이라고 본 견해를 참고할 수 있겠으며, 그 외 전통적인 동양인의 심신수양, 선(禪)과 도(道)에 의한 달관된 생활과 올바르고 정의로운 생활을 하는 사람, 각종 문화적 종교 생활 등에 의한 건전하고 건강한 생활양태들이 건강하고 정상적인 인성에 좋은 영향을 주는 범주로 인정될 수 있으며 서양인으로서는 합리적이고 논리적이며, 실존적인 생활방편이 정상적인 편으로 인식되고 있음을 알 수 있다.

지금까지 고찰해 볼 때 정상적인 인성이란 다음과 같이 여러 가지 복합적이고 종합적인 패턴으로 집약될 수 있다.

① 자주성, 준법성, 창의성, 협동성, 공덕성, 보은성, 자리이타성, 성실 근면성, 도덕, 윤리와 사회성 등이 잘 갖추어진 사람
② 선하고, 착하게 살아가려는 의지와 노력, 실행을 하는 사람
③ 진실, 정직하고 질서를 지키며 살아가는 사람
④ 예절을 지키고 친절하며 인사성이 밝고, 의무와 책임 및 권리를 다하며 살아가는 사람
⑤ 정의를 실현하고 자기 통합과 사회 통합을 잘 이루며 살아가는 사람
⑥ 정신적으로 안정되고 평온하며, 행복감을 느끼고 대사회적 관계에서 건전하게 살아갈 줄 아는 태도와 삶의 철학을 가지고 살아가는 사람
⑦ 주어진 환경에 선(善)을 원리로 한 기본자세에서 잘 적응하고 그것의 유지향상과 인간 개인 목표와 인류 공영의 목표를 달성시키려는 노력을 하는 사람
⑧ 타고난 자질을 모든 사람을 통해 또는 모든 사람을 위해 가능한 한 만족할 교감과 공감대를 찾도록 노력하고 실천하는 사람
⑨ 자신과 가족에게 사회에 가장 안정되고 행복하게 살아갈 수 있는 방법과 목표달성을 위한 적응적 태도의 노력과 삶을 사는 사람
⑩ 자신에 충실하면서 타인 및 외부와 조화적이고 적당한 정서 교류와 협동과 대화의 삶을 사는 사람
⑪ 현실적 원칙에 적응하되 항상 바른편에 서고 자신에 처해있는 능력과 한계와 현실을 인정하는 사람
⑫ 원만한 인간관계와 남이 인정하고 존경하는 사회적 시인과 또 타인에 대한 사회적

시인을 수용하며 살아가는 사람

⑬ 사회적 목표와 이상을 중시하고 자신의 욕구와 욕망, 목표를 사회적 목표와 이상의 방향으로 조정해 가는 행위와 삶의 태도를 갖고 살아가는 사람

⑭ 행동과 정신 상태의 알관성과 통일성, 인격의 조화와 의식과 무의식의 통합된 삶을 사는 사람

⑮ 조화 있는 감정과 건전성이 풍부한 이성적 태도와 삶을 사는 사람

⑯ 변덕 없는 언행과 감정의 유지 및 불요 불급한 일에 정력 낭비가 없는 생활과 올바른 사물판단과 예의 윤리적 생활과 곤란의 적절한 처리와 극복 능력을 갖고 사는 사람

⑰ 역량과 곤란을 자주적으로나 협조적으로 타개하고 대응해 나갈 줄 아는 사람

⑱ 경험에 의해 성공적인 경험을 활용, 자기생활을 윤택하게 하고 현실적 생활에도 잘 적응하고, 영원한 인생에 성공을 기대할 수 있는 삶의 태도를 가진 사람

⑲ 자기 자신을 있는 그대로 받아들이고, 포부나 야심을 자기의 능력에 비추어 평가할 줄 알며 자기를 스스로 객관화시킬 수 있는 사람

⑳ 자신의 처지, 능력의 한계 내에서 전력과 최선을 다하며 장점을 더 발전시키며 단점은 개선할 줄 아는 삶의 태도를 갖고 살아가는 사람

㉑ 타인과 조화하며 수용할 줄 알고 자신이 타인에게 건전한 기준, 건강한 방향에서 신뢰받고 인정받는 존재로 받아들여지는 삶을 사는 사람

㉒ 자기의 삶에 충실하되 남을 사랑하고 남과 지역사회, 이웃, 국가를 위해서도 봉사. 헌신, 희생할 줄 아는 자세와 태도를 가진 사람

㉓ 항상 자신을 개선할 줄 알고 승화된 방향으로 노력하며 살아갈 줄 아는 사람

㉔ 문화적, 종교적, 수양적인 삶과 건전한 오락, 즐거움을 맛보면서 살아가는 사람

㉕ 선의의 경쟁적이고 실존적이며 긍정적인 삶의 태도를 갖고 살아가는 사람

㉖ 합리적이고 생산적이며 자리이타적인 삶을 살아가는 사람

㉗ 인간존중, 인간중심, 인간사랑의 삶을 살아가면서도 우주자연의 섭리와 이치도 알고 신본주의적 정신으로 살아갈 수 있는 사람

㉘ 심리적, 정신적, 사회적으로 성숙된 삶의 자세로 살아가는 사람

㉙ 인내하고 견딜 줄 알며, 노력하고 정신적이거나 육체적인 노동능력을 갖고 자기 조정과 절제가 가능하며, 언행이 일치되는 행동을 하는 사람

㉚ 환상이나 공상에 얽매이지 않고, 이지적이고 지성적이며, 실질적이고 과학적인 생활을 할 줄 아는 사람
㉛ 원만하고 생기 있는 생활과 융통성이 있는 삶을 사는 사람
㉜ 타인도 존중해 주거나 인정해 주면서 자신을 아끼고 키워 나가고 가꿀 줄 아는 사람
㉝ 이상은 높게 두되 현실에 항상 충실하고 이상의 실현을 위해 노력하는 사람
㉞ 나이에 맞게 생각, 행동, 태도를 갖춘 사람
㉟ 매사에 성숙된 반응과 적응을 할 줄 아는 사람
㊱ 지능적으로는 지적이고 논리적이며 이치에 맞아야 하고, 감정적으로는 성숙되고 적절성이 있어야 하고, 감정의 진폭이 비교적 평행선상에 근접되어야 하고, 인격이 성숙된 생활을 할 줄 아는 사람
㊲ 사회와의 공감대 의식이 있으면서 살 줄 아는 사람
㊳ 진정한 주체성을 가지고, 유지할 줄 아는 자기 확립과 자신의 내면을 바라보면서 자신에게 문제가 있는 것을 발견하여 고쳐나갈 줄 알며, 자신의 성격, 태도, 생각이 올바른지, 그른지 바로볼 줄 알고 판단할 줄 알아야 하고, 자신의 허물을 하나씩 단계적으로 벗기고, 올바르게 가꾸고 채색하는 자기 성숙의 길을 걸어갈 줄 아는 사람
㊴ 진정한 자아정체감 확립과 자아발견, 자아실현의 생활을 할 줄 아는 사람
㊵ 세상과 자신을 있는 그대로 보고, 느끼고 판단할 줄 알며, 믿음과 신뢰감을 갖고, 상대편의 마음을 알고 세상물정, 세상살이도 알면서 적응능력을 갖고 살아갈 줄 아는 사람
㊶ 역할과 기능을 다하고 대인관계의 조화적 융화가 유지될 수 있는 사람
㊷ 사명감과 책임감이 있으며 민주시민으로서 선량한 자질과 소양을 갖고 시민정신에 충실할 수 있는 사람

2) 인성교육의 이해

(1) 인성교육의 정의

이미 위에서 인성의 개념에 대해 이야기한 바 있다. 그럼 우리는 어떻게 좋은 인성의

자녀를 기를 수 있을까? 이 질문에 대한 대답은 인성이 어떻게 획득되느냐에 대한 전제에 달려있을 것이다. 그리고 또한 좋은 인성이 무엇을 의미하는가에 달려있다. 대부분의 교사들은 도덕적 원리들을 가르치고 있고, 또한 시범을 보이고 있다.

도덕적 앎	도덕적 느낌	도덕적 행위
· 도덕적 인식 · 도덕적 가치 알기 · 조망－수용 · 도덕적 추리 · 의사 결정 · 자기－지식	· 양심 · 자존 · 감정이입 · 선을 좋아하기 · 자기 통제 · 굴욕감	· 자신감 · 의지 · 습관

Wynne(1991)은 좋은 인성은 교사가 선(goodness)의 객관적인 기준을 가지고 생활에서 그러한 덕목을 시범보이는 훈육에서부터 나타난다. 인성교육은 좋은 인성을 서서히 가르치는 것으로 솔선, 근면, 충성, 친절, 관대, 용기와 같은 것들로 구성된다. Cortland는 뉴욕 주립대학교의 인성교육에 관한 연구소에서 제시하고 있는 좋은 인성의 구성요소를 세 가지 영역에서 다음과 같이 제시하였다.

그러나 또 다른 학교에서는 또 다른 내용의 도덕적 가치를 인성교육 프로그램에 포함시키고 있다. 한 학교의 예를 들면, 동정, 인내, 협동, 평화, 용기, 책임감, 예의, 환경의 존중, 자신의 존중, 관용, 생명의 존중, 정직, 타인의 존중, 동의, 자기－훈육, 충성, 민감성, 중요, 참을성이라는 20개의 덕목을 강조하고 있다. 이처럼 교육자들 사이에서도 인성교육에 포함시킬 도덕적 덕목에 대한 다양한 입장을 취하고 있다. 아동발달연구는 이 견해를 지역 전체 프로그램에 접목하였으며, 도덕발달에 영향력이 있는 이론을 규정한 Kohlberg 또한 동정과 정의에 헌신하는 지역사회의 잠재력을 지적했다. 그래서 학교에서의 인성교육은 협동학습을 강조하는 교육과정으로 통합해야 한다는 주장도 있다. 학생들은 다른 사람과의 관계에 대해 사고할 필요가 있고 그래야 더욱 "타인－중심"이 된다고 하였다(Watson 1996). 교육자들은 가끔 '도덕교육'과 '인성교육'을 구분한다. 이 구분은 둘 다 도덕 발달의 과학적이고 심리적인 이론들은 반영하고 있으며 우리 사회의 다양한 문화적, 종교적 다양성을 받아들이려는 요구를 반영한다. 도덕교육은 논의와 명료화 과정을 통하여 간접적으로 도덕적 이해를 낳게 하는 수단에 의존한다. 반면 인성교육은 직접적인 교수, 구체적인 교육과정 그리고 교사와 성인에 의한 시범에 의해 긍정적인 인성 특성을 증진하는 것을 의미한다.

어떤 사람들은 인성 훈련은 직접 가르침으로 성취할 수 있다고 확신한다. 예를 들어, 시간 엄수, 정직, 용기, 참을성, 어른에 대한 경건, 자신의 존중, 애국심, 열성 등과 같은 것들을 들 수 있다. 또한 좋은 도덕적 본능이 어린이에게 내재해 있고 적절한 도덕적 추리를 통하여 양육되어진다는 생각에서 새로운 이론들이 나오고 있다. 도덕적 자율성을 갖게 하는 노력의 일환으로 어떤 교육자는 가치 명료화(value clarification)와 인성교육 사이의 종합을 촉구하고 있다. 이는 Kohlberg를 중심으로 한 연구에서 주장한 것처럼 가치교육(value education)이나 가치 명료화 프로그램은 비강제성과 도덕적 자율성이라는 맥락에서 그 효과가 나타나지 않는다는 것이다. 즉 많은 교육자에 의하면 가치 명료화에 대해서는 지난 20년 동안에 학교교육에서의 실험이 거의 끝나고 있다. 극단의 경우 가치명료화가 제시하는 것은 개개 아동이 자신의 일련의 가치에 도달한다는 것이다. 가치명료화의 입장에서는 교사가 아동의 어떤 사고(옳고 그름)를 판단하지 않는다. 왜냐하면 사고가 “명료화”되면 학생들은 도덕적으로 성숙하기 때문이다. 가치명료화는 이기심과 반사회적 행동에로의 경향성을 합당하게 하는 경향성이 있다. 이처럼 자기 발견과 자연적 발달이론은 도덕교육의 가치명료화에 반기를 제시하였다. 따라서 진정한 인성 발달을 향한 길은 인성교육을 다시 불러일으키는 것으로 보고 있다.

도덕교육 연구자들은 학생들에게 도덕적 자율성을 갖게 하는 인성교육 프로그램을 원하는 동시에 전통적으로 승인된 도덕적 확신을 내면화하기를 바란다. 그러나 아동은 그들의 천부적인 유일한 가치를 발견하는데 자유로워야 한다는 가정을 전제로 할 때 도덕적 자율성이라는 개념이 잘못 이끌어 질 수 있다. Irwin(1988)은 ‘교수의 가치’라는 제목에서 가치의 직접적인 교수는 교화를 만들고 반면 간접적인 방법은 상대주의로 이끈다는 주장을 하였다. 그리고 ‘가치 분석’ 방법을 가능한 해결책으로 보았다. 가치 분석은 도덕적 이유와 딜레마의 논박에 의한 학습으로 이루어져 있다.

인성교육은 크게 두 가지 부류로 말할 수 있다. 하나는 문화적 동화(assimilation)를 강조하는 간접적인 것이고 다른 하나는 사회적 상호작용의 중요성을 강조하는 직접적인 것이다. 간접적인 동화주의자들은 도덕교육의 사회적 측면과 대화와 언어 획득의 중요성을 옹호한다. 다른 한편 직접적인 인성교육을 옹호하는 비보수주의자들은 고전적인 교육의 전통적 사고에 기초하여 도덕적 이야기와 덕목 혹은 인성특성을 강조한다. 이들 두 부류의 접근 모두가 사회적 상호작용을 강조할 뿐만 아니라 도덕 교육은 합리성의 발달에 초점을 둠으로 최선이 될 수 있다는 견해를 지지하는 것으로 보여진다. 인성교육은 문화적 동화와 합리적인 인지발달을 강조하는 두 가지 양극의 중간에 존재하는 것 같다(Duncan, 1997). 인성교육 옹호자들은 인성교육은 간접적이기보다 직접적인 것으로 학생들의 생활에서 이해하고, 배려하고, 행동하도록 해야 된다고 본다.

Tigner(1993)는 학교에서의 인성교육을 계획할 때 꼭 초점을 두어야 할 점을 지적하고 있다. 이는 첫째, 좋은 인성을 가진 사람의 근본적인 특성은 사람을 인간으로서 받아들여야 한다는 것이다. 이에 기초하여 학교에서의 인성교육에서 고려되어야 하는 것은 대인관계(친구관계에서 시작)를 지역사회 인식으로 발달시키고 확장해야 한다는 점이다. 그리고 마지막으로 인성발달을 위해 학생들이 생각하고 말하고 행동하는 것에 대한 책임감을 발달시킬 수 있도록 도와 주어서 그들의 자율성을 발달시키도록 해야 한다. 인성교육은 좋은 사고와 행동이 가르쳐지고 생활화되어지고 형식적 교육을 통해서 반복되어야 함을 가정한다. 이러한 의미에서 도덕적 자율성은 스스로 옳다는 것을 선택하는 것이다. 따라서 인성교육의 결과 학생들이 졸업할 때, 존경하는 마음으로 친근하게, 책임감 있게, 자신감 있게, 참을성 있게, 공정하게, 지혜롭게 행동하고 말하고 생각할 수 있기를 기대한다. 학교에서 인성을 가르치는 직접적인 이유는 증가하는 인성교육의 요구에 대한 적극적인 지지인 것이다. 만약에 아이들이 도덕적 구조가 결여된 인생을 산다면 생산적인 성인이 될 수 없을 것이기 때문이다.

(2) 인성교육의 역사와 경향

인성교육은 교육 자체만큼 오래된 것이다. 역사를 통해서 전 세계적으로 교육은 두 가지 목표, 즉 현명한 사람이 되도록 돕고 동시에 선한 사람이 되도록 돕는 목표를 가졌다. 민주주의는 사람에 의해서 지배되므로 민주주의는 특별한 인성교육에 대한 요구를 해왔다. 따라서 사람은 선해야 하고 민주주의 가치를 개발시켜야 했다. 이들 가치는 개인 권리의 존중, 법의 준수, 시민 생활에의 자발적 참여, 복지에 대한 관심 등을 들 수 있다. 20세기 초반 도덕과 종교교육에서도 정직, 열심히 일하기, 절약, 친절, 애국심, 용기와 같은 자연적인 덕목을을 학교 아이들에게 가르쳐 왔다.

20세기 후반부터는 몇 가지 이유들에 의해 인성교육이 점차 쇠퇴하고 있다. 그 이유들은 ① 논리적 실증주의(도덕적 진리가 없고, 객관적 옳고 그름이 없다)와 도덕적 상대주의(모든 가치는 상대적이다)의 등장 ② 개인주의(각 개인은 자신의 가치를 선택하는 자유가 있어야 한다. 누가 우리에게 가치를 부여할 수 있는가?) ③ 복수주의(누구의 가치를 가르쳐야 하는가?)의 증가 ④ 사회의 세속화와 학교에서 도덕성을 가르치는 것이 종교를 가르치는 것이 되기 쉽다는 두려움을 들 수 있다. 1960년대와 70년대에의 교육은 과정 혹은 사고 기술을—가치 명료화, 가치에 대한 추리(도덕적 딜레마 논의), 그리고 의사 결정과정—강조했으며, 도덕적 내용에 대한 인성교육의 전통적 강조(그름으로부터 옳음을 배우고, 옳게 행동하기)로 대치해 왔다. 그리하여 그 당시의 인성교육은 두 주류의 프로그램—가치 명료화와 도덕적 추리—이 현저하다. 이 두 가지는 여러 가지 측면에서 서로 다르지만 이 둘 다 토론의 촉진자로서 대화를 강조했으며 학생들에게 개인적이거나 사회적 가치를 주입하지 않는다. 그러나 사회 도덕적 문제는 더욱 악화되었으며 따라서 1980년대 후반에서 1990년대에 도덕교육 혹은 인성교육의 강조가 다시 시작된 것이다. 따라서 성인들은 젊은이들의 도덕적 방향에 대해 깨닫기 시작하였으며 부모와 교사는 그를 제공하여 도덕적 유산을 전수할 책임감을 가지게 되었다. 지금은 좋은 인성이 학교교육에서 중심적이고 올바른 위치에서 다시 지지받고 있다. 현재 인성교육 운동은 보편적으로 수용된 가치, 예를 들어 공정성, 시민정신과 같은 가치를 강조한다.

이상과 같은 논란과 더불어 발달이론(Kohlberg)에 기초하여 아동이 어떻게 성숙해서 도덕적 성인이 되어 가는지에 대한 지난 20년간의 많은 연구 결과 도덕적 행동의 쇠퇴를 지적해 왔다. 또한 교사, 교장, 행정가들도 도덕적 이해와 행동에 심각한 결여가 있다고 지적하였으며 부모들은 인성교육을 학교에서 가르쳐 달라는 새로운 요구를 제시하였다. 그래서 학교는 좋은 가치를 고수해야 하고, 그러한 가치를 중심으로 학생들의 인성이 형성되도록 도울 책임을 부여받고 있다.

최근에 우리는 가치관의 혼란을 경험하고 있으며 이에 따라 인성교육이 전반적인 관심을 끌게 되었다. 학교에서 가르쳐야 할 것 가운데서 절대적으로 필요한 중심가치는 무엇이겠는가? 라는 여론조사에 의하면, 83%의 반응이 좋은 작업습관(책임감, 시간엄수, 훈육)으로서 첫째이고, 그 다음이 읽기, 쓰기, 수학이고 ; 78%의 반응이 열심히 일하는 가치로 셋째이고 ; 네 번째로 정직 ; 다섯째 타인에 대한 참을성으로 74%의 반응이 ; 여섯째가 훌륭한 시민정신 습관으로 66%의 반응을 보이고 있다. 인성교육에 대한 여러 가지 논란에도 불구하고 학교에서의 필요성을 보이고 있다. 미국은 주에 따라 인성교육이 선택이기에 어떤 주는 이의 실시를 배제하는 반면, 어떤 주는 반드시 의무적으로

하게 되어 있다. 그 좋은 예가 조지아 주의 인성교육 프로그램으로 매일 하루에 10분을 사용하도록 한다. 가치교육을 어떻게 마련하는가는 각 학교의 결정이지만 주에서는 프로그램 양식과 가치증진을 위한 활동을 제안하고 있다. 주에서의 직접적인 지원은 없지만 주에선 가치교육 프로그램을 확립하여 교실에서 교사들이 사용할 수 있게 한다.

(3) 심리교육에 의한 종합적 접근

인성교육의 목적은 무엇이 되어야 하는가? 좋은 인성을 위한 가치교육은 지적 발달뿐만 아니라 정서적 성장에 관심을 가져야 한다. 또한 분석적이고 평가적인 능력의 발달뿐만 아니라 다른 사람을 생각하고 배려하는 능력의 성장을 도와 주어야 한다. 그래서 사건에 대해서 어떻게 느끼는가를 다루어야 하고 그들의 생활이 어떻게 영향을 받는가에 대한 질문을 다루어야 한다. 이와 같이 사고, 성격, 적응, 정서, 행동 등의 측면을 포함하는 인성교육은 교육심리와 생활지도 및 상담프로그램과 교과교육을 잘 접목시킴으로써 가능할 것이다. 이들은 발달 심리학, 행동 수정, 자기 통제, 학습심리, 상담심리 등의 접근을 기초로 한다.

심리교육은 정의교육과 상호 교환적으로 사용된다. 이는 인간발달과 가치관의 명료화를 포함하는 삶의 기술을 학습시키는 정의적 교육이다. 따라서 대인적, 정의적, 심리적 행동과 태도를 증진시키는데 관여된 개념과 기술을 가르치는 절차 혹은 프로그램에 관련된다. 심리교육 개념은 예방적인 정신건강 도구로서 정규 교육과정에 공식적으로 짜여질 수 있다. 따라서 학교에서의 심리 교육적 중재는 학생들의 심리적인 것과 교육적인 요구를 강조하여야 한다. 예를 들어, 아이들에게 자기 자신과 다른 사람의 행동에서 가지는 어떤 신념에 영향을 끼치는 과제를 부여함으로써 아이들에게 그들의 느낌을 더욱 정확하게 식별하고 표현할 수 있도록 하는 정서적 어휘를 가르칠 수 있을 것이다. 많은 아이들은 이러한 기술적 측면에서 부족하다. 그들은 일반적 수준에서 이야기하지 남을 정확하게 구체화하지 못한다. 학생들에게 기술적으로 완전한 단어와 문장을 사용하도록 가르치는 것은 학생들의 공부와 일상 생활에 도움이 되는 것이다.

교육의 목표와 인성교육의 목표에서도 지적했듯이, 건강한 발달을 도와 주는 것이 또한 심리교육의 주요 목적이다. 심리교육은 모든 사람을 위한 심리학적 봉사를 제공하며 치료의 강조보다는 발달 및 예방을 강조하고 정신적으로는 건강한 인간으로 발달하는데 필요한 측면이 강조되고 있다. 즉, 감동하는 자신 및 타인의 이해, 분노와 두려움,

의사결정(화날 때의 통제, 의사전달, 동기화 문제) 등과 같은 주제를 다루고 있다. 심리교육을 통해서 육성하고자 하는 인간상은 앞서 지적한 것처럼 정신적으로 건강한 사람이다. 이는 학교에서의 인성교육 프로그램에서 강조하고 있는 내용과 높은 관련이 있다. 따라서 인성교육의 교육과정은 바로 심리교육을 위한 것으로 봐야 할 것이다. 그럼 어떤 방법으로 심리교육을 하고 심리교육적인 방법을 인성교육에 활용 및 적용하는가? 이재창(1994)은 심리교육 프로그램의 예로써 합류교육, 감성 수업, 활동 집단지도, 발달 지도 경험, 마술의원, 가치관 명료화, 대인관계의 촉진을 들고 있다. 이렇게 다양한 심리교육적 접근을 인성교육에 접목시켜 활용하면 전통적인 방법에서도 심리학적인 접근이 가능해진다.

그 다음은 유치원에서 중등학교까지의 학생들을 위해 심리교육과 발달적 생활지도와 상담 프로그램을 적용한 접근으로 종합적 발달 모델을 들 수 있다. 상담심리학에서 제시하고 있는 수많은 이론과 실제는 이러한 프로그램을 위한 풍부한 기초가 될 수 있다. 인성교육의 필요성을 언급했지만 오늘 우리 사회에서 발생하고 있는 청소년들의 심각한 문제는 더더욱 생활지도와 상담에 대한 필요성을 요구하고 있는 실정이다. 인성교육에 대한 이러한 종합적 접근은 뉴욕주립대학교의 The Center for the 4th and 5th Rs에서 제시한 모형에서 살펴볼 수 있다. 이 접근에서는 가운데 원에서 강조하고 있는 내용은 관심을 주는 자로서, 시범자로서, 윤리적 스승으로서의 교사 ; 도덕적 훈육(도덕적 추리, 자기 통제, 타인의 존중) ; 배려하는 교실 사회; 민주주의 교실 환경(최선의 교실 환경을 위한 배려) ; 협동 학습 ; 학업적 책임감의 발달과 습관형성; 인지적 활동을 통한 인성의 인지적 측면 발달(윤리성 반성) ; 갈등 해결이며, 가장자리의 원에서는 교실 밖에서의 배려(이타적 행동의 고취) ; 학교에서의 긍정적인 도덕문화 창출; 부모와 지역사회의 협동적 노력을 강조하고 있다.

3) 인성교육에서 중요하게 다룰 요인

인성교육은 여러 도덕적인 덕목들을 갖춘 인간을 기르는 교육이다. 한 개인이 어떤 도덕 윤리에 따라 행동을 하려면 먼저 그런 행동을 하고자 하는 성향, 또는 품성이 갖추어지지 않고는 불가능하다. 또한 민주 시민이 갖추어야 할 성품으로 원만한 인간관계를 맺을 수 있는 사회적 능력이 요구된다. 이런 맥락에서 인성교육은 도덕성 교육과 사회성교육을 통합시킨 입장에서 접근해야 한다고 본다.

그래서 인성교육에서 주로 목표로 삼아야 할 도덕적 행위와 사회적 행동을 가능케 하는 도덕성과 사회성에 관해서 학자들의 이론을 제시하고 주요 개념을 알아보고자 한다.

〈그림 1〉 인성교육에 대한 12가지 종합적 접근

(1) 도덕성

도덕성이란 옳고 그름을 판별할 수 있는 능력으로 사회집단의 규칙과 규약의 인식을 뜻한다. 도덕성은 문화적으로 전수된 산물이 아니고 오히려 인간 각 개인이 스스로 보편적인 도덕적 원리에 따라 행동할 수 있는 상태를 이끌어 내는 능동적이고, 역동적이며 구성적인 과정이다. 따라서 도덕성 발달은 그들이 자라 왔던 문화가 기대하는 바대로 행동하도록 하는 사회화 과정의 일면으로 간주된다. 그러나 도덕성의 본질은 문화에 따라 다르게 정의되어 왔으며 크게 세 가지 이론 — 전통적 입장, 정신분석학적 입장, 인지 발달적 입장 — 에 기초하여 논의되고 있다.

전통적인 입장에서는 사회인습과 덕목을 내면화하는 것을 도덕성으로 간주하였으며 도덕적 행동의 습득을 중시한다. 따라서 이 입장에서는 사회가 제시한 도덕적 덕목의 내면화를 통해 안정된 도덕적 습관을 형성하는 것을 중시하였다.

정신분석학적 입장에서는 무의식적으로 형성된 죄책감을 도덕성으로 보았다. 즉, 개인에게 사회적 덕목을 내면화시키기 위해 쾌나 불쾌 등의 감정을 동반하는 상이나 벌을 사용하면 개인에게 여러 가지 감정이 형성된다. 이렇게 형성된 감정 중 불안이나 죄책감은 개인이 도덕적 행동을 수행하는 중요한 동기로 작용하게 된다.

인지발달적 입장에서는 도덕성의 본질을 도덕 행위를 가능하게 하는 인간의 합리적 판단 능력에서 찾는다. 도덕성이란 사회에서 주어진 규범을 수동적으로 지키는 것이 아니라 구체적 상황에서 자신과 환경과의 관계를 고려하고 자신의 행위에 대한 결과를 예견하고 내리는 가치 판단으로 정의한다. 또한 도덕적 행위가 개인의 자유로운 사유와 판단 능력의 기초 위에서 이루어진다고 간주하기 때문에 상황을 탐구하며 반성적 사고를 할 수 있는 능력을 중요하게 여긴다.

인지발달적 관심을 가진 학자들의 도덕성에 대한 이론과 연구는 다양하지만 Kohlberg의 최근 연구 동향 등을 말하고자 한다.

Kohlberg는 아이들이 서로 다른 연령에서 도덕적 결정에 대해 어떻게 이야기하는가를 관찰하였으며, 어떻게 동기와 사회적 인식이 도덕적 행동에 영향을 미치는가를 예측하는 발달형태를 발견하였다. Kohlberg는 아동의 도덕적 분위기를 활기 있게 해 주는 '정의 사회(just community)' 구현을 추구하였다. Kohlberg의 도덕적 발달이론과 도덕교육의 접근은 계속적으로 교실과 학교에서 교육자를 지도하고 있다. Kohlberg의 도덕발달이론은 개개인이 성숙할수록 질적으로 서로 다른 발달의 단계(1단계에서 6단계)를 거친다고 주장한다. 성숙한 도덕적 사고와 미성숙한 도덕사회의 차이는 단지 단계를 거쳐 간다는 것이 아니라 도덕 뒤에 있는 추리이다. 도덕적 추리가 무엇인지, 내적 논리 혹은 구조가 무엇인지 그리고 시간이 지남에 따라 이들 구조가 어떻게 변하는지 30년 넘게 Kohlberg는 연구하였다. 그의 관점에서 일반적 교육의 목적과 구체적인 도덕교육의 목적을 발달증진시키고 지지하는 것으로 보았다.

도덕교육의 목적은 각 개인이 자율적인 도덕적 주체자가 되는 것이다. 즉 개인은 이기적이고, 또래에 대해 영향을 받은 동기화보다 도덕적 원리(㉞, 존경과 타인의 배려)에 기초하여 옳고 그름을 결정해야 한다. 도덕교육은 개인이 그의 환경과 상호작용을 하고 경험의 의미를 만들 때, 여섯 단계를 거치면서 변화 혹은 발달을 향상시키는 것으로 이루어진다. Kohlberg에 있어 개인의 심리적 발달은 교육의 일차 목적이며 도덕적 이슈와 딜레마를 논의함으로써 향상된다는 것이다. 도덕발달의 Kohlberg 이론은 도덕교육에 있어 두 가지 점을 지적하고 있다. 하나는, 교사는 물론 학생이 도덕적 철학자이므로 학생의 도덕 발달은 학생을 도덕적 대화와 토론에 참여케 함으로 증진될 수 있다는 것이다. 이들 토론은 학교의 기초 교육과정에 통합되어 질 수 있다는 것이다. 다른 하나는 학생과 교사는 의사 결정에 참여를 하여야 하며 그들의 참여는 교육에 대해 민주주의, 정의 사회 접근을 통하여 가능하게 만들어야 한다는 것이다.

도덕교육에 있어 Kohlberg는 도덕적 선택을 하는 과정에 뚜렷한 강조를 두고 있다. 그는 도덕은 대화적으로 가르칠 수 있는 것이 아니고 정의의 개념과 이에 대한 개인의 이해가 도덕적 세상과의 경험을 통하여 구성되어지는 것으로 믿고 있다. 또한 덕(정의)을 가르친다는 것은 해답을 주는 것이 아니라 질문을 하고 길을 지적하는 것으로 보고 있다. 도덕교육은 인간을 위로 이끄는 것이지 그전에 몰랐던 지식을 집어 넣는 것이 아닌 것이다. 따라서 구체적 행위, 신념, 가치 혹은 본연적 가치의 자연적 변화를 강조한다.

도덕교육에 대한 Kohlberg의 초기 접근은 가상적인 도덕적 딜레마를 교실에서 사용하여 도덕적 토론과 사고를 자주 하고 발달을 증진시키기 위해 도덕적 담론의 힘을 강조하는 연구에 초점을 두었다.

(2) 사회성

사회성(sociability)은 포괄적인 의미를 담고 있어 여러 각도에서 고찰될 수 있고 정의될 수 있는 용어이다. 심리학자들이 사회성에 대해 제시하고 있는 정의에는 다음과 같은 내용들을 포함시키고 있다(서울특별시교육청, 1998).

- 사회 규칙에 순응하고 반사회적인 행동을 하지 않는 것
- 감정 이입, 돕기, 또래와의 협동적 상호작용과 같은 긍정적인 행동
- 다른 사람에게 성공적으로 영향을 미치거나 또는 인기라는 단어로 정의되는 사회적 유능감 혹은 효율성
- 자신과 다른 사람의 관점 및 도덕적 · 윤리적 규칙들에 대한 인지적 이해

사회성의 구성 요소가 무엇이고 어떻게 발달하는지에 대한 개별 학자들의 개념정의를 기술하면 다음과 같다.

· 사회성은 대인관계를 통한 타인과의 상호작용 속에서 사회적으로 적절한 행동이나 경험의 유형을 발달시키는 사회화 과정에 의하여 개인에게 형성되는 사회 지향적 성질이다(Ziger & Child, 1986).
· 사회성은 사회적 행동, 즉 개인 혹은 집단, 공공의 사물, 사건과의 관계 속에서 행해지고 있는 행동의 사회화 정도와 사회 집단에 참여 정도를 의미한다(김천익, 1971).
· 사회성은 사회적 문제를 성공적으로 그리고 적절하게 해결할 수 있는 능력을 포함하고 사회적 목표에 도달하는 것이다(Bronson, 1994).

요약해 보면 사회적이란 사회 생활이나 집단 생활에 적극적으로 참여하고, 협동적이며 원만한 대인관계를 유지할 수 있으며, 사회적이고 친절하며 동조성이나 대인 적응성이 강한 인성 특성을 의미한다.

사회성의 개념 정의에 기초하여 볼 때 타인을 이롭게 하는 행동, 즉 긍정적인 사회적 행동 형태인 친사회적 행동이 습득되었냐에 따라 사회성의 여부가 결정되어진다 볼 수 있다.

친사회적 행동이란 나눠 주기, 도와 주기, 협동하기, 증여, 이타성, 관용, 친절 그리고 동정심을 표하기 등의 행동을 포함한다(Wispe, Freshley & Race, 1971). 이에 비해 좀더 정확하고 세밀한 의미로 사용되는 용어로 이타 행동이 있는데 Shaffer(1979)에 의하면 이타 행동은 보상을 기대하지 않고 다른 사람에 대하여 긍정적인 결과를 제공하기 위한 것으로 정의된다. 이는 친사회적 행동을 수행하는 사람의 동기와 의도를 강조하고 있는 입장이다. 반면에, 행동적 요소를 강조하는 입장에서는 사람의 의도나 동기를 추론하는 데는 많은 문제점이 있다고 보고 돕는 사람의 동기에는 관계없이 다른 사람을 위해 행해진 원조, 이익, 혹은 제공 등을 이타 행동으로 간주하고 있다. 그러나 최근의 연구들은 이 두 가지 요소를 모두 포함하여 친사회적 행동을 정의하고 있다. 즉, 이타 행동이란, '타인에게 이익을 주고자 의도된 행동으로 물리적, 사회적 보상을 보장받지 않으며, 행위자에게 상당한 희생을 요구하는 행동'을 말한다. 즉, 다른 사람에게 혜택을 주기 위해 자기 통제와 자기 탐닉의 절제가 요구되는 행동이다(Perry & Bussey, 1984).

친사회적 행동을 유도하는 것은 무엇인가?

이와 같은 친사회적 행동의 기원에 대해서는 다양한 이론적 설명이 있다.

친사회적 규범이 어떻게 발달하여 어떻게 친사회적 행동이 학습되는가에 대한 이론적인 해석은 주요 심리학 이론으로부터 설명되고 있다.

첫째, 특성 이론 측면의 연구들은 친사회적 행동도 하나의 특수한 행동 부류로 보고 개인 내에 공존하고 있는 친사회적 행동 특성으로서 나눠 주기, 협동, 보호와 동정심, 사려성, 다른 사람을 도와 주기, 타인의 관심이 상당히 가치 있는 것임을 인정해 주는 것과 가장 친절한 행동은 의무적인 것이 아닌 자발적이라는 것 등을 포함시키고 있다(Friedrich & Stein, 1973).

둘째, 사회 생물학적 측면으로서 친사회적 행동은 종의 생존을 위해 개인보다는 전체에 이익이 되는 특징들이 자연 성숙 과정을 통해 축적된 것으로 보았다. 가족이나 사회의 생존을 위해 자신의 안전이나 안락보다는 다른 사람의 고통을 함께 하고 덜어 주도록 미리 계획되어 있다고 보는 입장이다. Hoffman(1981)은 감정이입이나 타인의 고통에 대해 유발되는 특수한 심리적 반응들이 유전되어 이타적 행동을 매개한다는 것이다.

셋째, 정신분석학 입장의 이론가들은 초자아가 발달할 때까지는 타인의 감정과 요구를 고려하지 않고 자신이 원하는 것을 즉각적으로 주장하기 때문에 친사회적 행동이 가능하지 않다고 보았다.

넷째, 사회학습 이론가들은 인간이 몇 가지 기초적인 반사를 제외하고는 어떤 행동 목록을 갖추고 태어나지 않기 때문에 직접적인 경험이나 관찰에 의해 대부분의 새로운 반응 패턴이 획득된다고 주장한다.

개인적 기준을 학습하는 데 기여하는 중요한 사회학습 경험으로는 부모나 교사로부터 친사회적으로 행동하기를 권고받는 언어적 지시와 다른 사람의 친사회적인 행동을 관찰하거나 강화를 받는 것을 보는 모델링, 그리고 자신이 행한 친사회적 행동에 대해 받는 직접적인 강화 경험을 들 수 있다.

다섯째, 인지발달적 측면의 연구들은 친사회적 행동도 일련의 단계를 거쳐 진행되며, 친사회적으로 행동하도록 추진시키는 힘 — 지각, 사고, 추론, 문제해결, 의사 결정의 인지적 과정 — 이 단계를 통과해 감에 따라 변화한다고 주장한다. 이 같은 주장은 연령의 증가에 따라 친사회적 행동이 증가되었음을 밝힌 연구 결과를 통해 지지받고 있다(Buckley, Siegel, & Nesss, 1979).

친사회적 행동 발달과 사회 인지와의 관계를 다룬 연구들에서는 도덕적 추론, 감정이입과 역할 수행, 그리고 정서 지능이 친사회적 행동에 중요한 매개 변인임을 밝히고 있다.

제4절 유아 · 중등교육에서의 인성교육

1) 유아기 인성교육

(1) 교육모형

프로그램 구성체계는 목표, 내용, 교수 – 학습 방법, 평가로 이루어졌으며 협력학습 활동을 통한 인성교육 프로그램의 모형은 다음과 같다.

① 목적

도덕적 · 민주적 시민의 자질을 함양시킨다.

② 목표

· 남의 처지를 헤아릴 줄 아는 능력을 기른다.

· 정서 인식 능력을 기른다.

· 문제 해결 능력을 기른다.

③ 내용 요소

· 지식 : 사회 규범적 지식

· 기술 : 또래 관계 기술(화합, 우정, 협동, 친절)

· 가치 : 도덕적 덕목(책임)

④ 교수학습 과정

· 교수 – 학습 원리 : 유아의 근접 발달 지역 내에서 효과적인 목표 설정

· 교수 – 학습 방법 : 또래 와의 상호작용을 통한 학습(협력학습)

· 활동 형태 : 이야기 나누기, 토의하기, 미술활동, 게임, 역할놀이, 동화극

· 집단의 형태 : 소집단과 중집단

· 교사의 역할

· 환경 구성 및 교수자료

⑤ 평가

· 또래 수용도 검사

· 사회적 행동 관찰 평가

· 또래 관계 기술 개념 검사

(2) 교육목표

본 프로그램에서는 인성교육에서 중요하게 다룰 요인 중 앞에서 밝힌 학자들의 주장을 토대로 남의 처지를 헤아리는 능력, 정서 인식능력, 문제해결 능력 등을 주요 목표로 선정하였다.

① 남의 처지를 헤아리는 능력

인간의 존엄성에 대한 신념을 갖고 개인의 자유와 평등을 가치있게 여기며 타인과 어울려 사는 지혜와 행위 규칙을 갖도록 하는데 그 목표를 두고 있다.

② 정서인식 능력

주변사람들의 감정을 이해하고 배려하며 자신이 속한 집단에서 기대하는 다양한 감정 표현방식을 익히고, 서로 감정을 나눌 수 있는 능력을 기르는 데 목표를 두고 있다.

③ 문제해결 능력

주변사람들과의 관계에서 일어나는 갈등 및 문제들을 의미 있게 인식하여 긍정적으로 해결할 수 있는 사고 능력을 기르고 이를 실제 활용할 수 있도록 하는데 목표를 두고 있다.

어린이가 사회 구성원의 일원으로서 생활하는데 기본적으로 요구되는 도덕성과 민주시민으로서 갖추어야 할 지식, 기술, 가치를 통해 형성할 수 있는 주요 개념은 다음과 같다.

· 약속이나 규칙을 지킨다.

· 자신이 맡은 일을 끝까지 한다.

· 자신의 권리를 적절한 방법으로 주장한다.

· 서로의 의견을 주고 받음으로써 합의점을 찾는다.

· 자기가 하고 싶은 놀이를 스스로 선택한다.

- 다른 사람에게 우호적인 태도와 행동을 보인다.
- 다른 사람들과 사이좋게 지낸다.
- 친구들과 협동하면 힘이 덜 든다.
- 혼자 하기 힘든 일에 함께 참여한다.
- 자발적으로 활동에 참가하지 못하는 유아에게 함께 하자고 제안한다.
- 다른 사람의 소중함을 인정한다.
- 다양한 놀이 활동이 이루어지도록 친구들을 격려한다.
- 친구를 도울 수 있는 일을 알아본다.
- 물건이나 놀잇감을 나누어 쓴다.
- 어려움에 처한 친구를 보살펴 준다.
- 자신이 한 일에 대해 자신감을 갖는다.
- 서로의 의견을 주고받는다.
- 자기 자신의 감정과 다른 사람의 감정을 이해한다.
- 자기 자신을 긍정적으로 인식한다.
- 자기 자신이 일상생활 속에서 일어나는 사건에 대해서 긍정적인 영향을 줄 수 있는 존재임을 인식한다.

(3) 교육 내용

① 책임

책임감은 민주 사회에서 개인에게 기대되는 덕목이다. 개인이 자기가 한 행동에 대해 합리적으로 생각하고 결과를 고려하고 책임을 수용하는 것은 개인의 권리를 인정받기 위한 중요한 과업이라고 볼 수 있다. 책임감은 자연적으로 형성되는 것이 아니고 적절한 교육이 필요하다. 성인이 권위적인 방법으로 책임을 부여할 때 어린이는 반항하기 쉽고 타율성을 길러 주는 결과를 낳게 한다. 즉, 어린이는 자신에게 일어난 일을 수행할 때, 타인에게 의존하며 결과가 생각대로 되지 않을 때는 타인을 비난한다. 또한 자신을 무가치하고 무기력하게 느껴 책임감 있게 행동하지 못한다. 책임 있는 사람은 합리적으로 생각하고 결정하며, 행동할 때 결과를 고려하고 다른 사람과 협동하고 다른 사람을 배려할 줄 안다. 따라서 책임 있는 행동의 습관은 어린 시절에 꼭 성취해야 할 민주 시민적 특성이다. 함께 더불어 사는 공동체 의식을 심어 주기 위해서 일상적으로 해야 할 일을 끝까지 완성하기, 함께 생활하기 위해 꼭 지켜야 할 규칙을 만들고 지키기, 합리적으로 의사결정하기와 지시 따르기 등의 내용요소는 책임감을 조장하는 중요한 요인이다.

② 우정

어린 시절의 우정관계는 '좋아함'으로 특징지워지는 동료중심적 인간관계이다. 즉, 도움을 요청할 때 도와 주며, 서로 사적인 생각을 공유할 뿐 아니라 감정, 비밀을 이야기함으로 심리적 고통이나 불편함을 덜어 주고 문제해결을 도와 주는 지속적이며 양방향적인 관계이다.

어린이들은 동료와의 우정관계를 통해 연장자들과는 시도해 볼 수 없는 것을 서로 해 보는 모험을 할 수 있다. 그들은 쉽게 말해 보고, 동의하지 않으며, 두목행세도 해 보고, 요청을 무시하기도 하고, 힘을 겨루어 보기도 한다. 그들은 여러 행동을 경험할 수 있으며, 거부될 경우 새로운 친구를 사귈 수도 있고, 새로운 흥미를 개발해 볼 수도 있다. 한편 또래집단을 통하여 어린이들은 소속감을 획득한다. 어린이는 자신의 가족 외의 사람들에게도 가치롭고 중요한 존재임을 느낀다. 이와 같이 친구 사귀기 과정에서 어린이들은 성인이 되었을 때 타인과의 관계 수립에 영향을 끼칠 수 있는 주고받기를 학습하게 되기 때문에 우정은 중요한 덕목이다.

우정관계의 기본 요소는 자신이 속해 있는 집단의 구성원에게 신뢰감을 보이고 지지해 주기, 격리를 회피하고 가까이 있으려는 욕구를 표현하기, 궁극적으로 대화하기 등의 친밀감 형성하기와 긍정적인 의도를 갖고 신체적 접촉으로 애정을 표시하기, 관심을 끄는 행동을 보이기, 자신이 속해 있는 집단에서 소속감을 갖기, 외형적이고 구체적인 행동·신체 상태, 물리적 행동 등에 기초하여 타인을 묘사하거나 친밀성 보이기 등의 행동 특성을 포함한다.

③ 협동

타인의 목표 성취를 도와 주는 이타 지향적 행동으로 두 명 이상의 어린이가 동시에 참여할 수 있는 놀이에 참여하기, 다른 어린이와 함께 놀고 싶을 때 놀이 속에 다른 어린이를 참여시키기와 동일한 놀이 활동에 개입하여 공통 관심이나 흥미를 공유하기 위해서 자기가 맡은 역할을 지속하기, 함께 놀면서 서로 역할을 정하기, 혼자하기 힘든 일을 함께 하기 등의 행동 특성을 일컫는다. 또한 일시적인 상호 관계 속에서 갈등 상황을 해결하기 위한 긍정적인 상호 교류와 반응을 실험하는 협상하기, 차례지키기, 제안하기 등의 행동 특성을 포함한다.

④ 친절

어린 시절엔 아직 자기 중심성이 강하여 또래간에 서로 배려하는 일이 적고 부정적인 생각이나 느낌을 가지기 쉽다. 따라서 부정적인 감정을 긍정적인 감정으로 전환시켜 정서적 · 도덕적 위기를 예방하는 것이 중요하다. 친절이란 상대방에게 우호적인 태도와 행동을 보이는 성향으로 상대방을 존중해 주기, 질병이나 손상, 무능력으로 자신을 돌볼 수 없는 사람을 보살펴 주기 위해 시간을 할애하여 보호해 주기, 아무것도 갖고 있지 않는 상대방에게 물건을 주는 관대함을 보이기, 그 밖의 다른 사람들의 성공을 위해 자신의 시간과 노력을 기여하는 도와 주기 등 자신의 이익보다는 상대방의 이익을 강조하는 행동 특성을 포함한다.

⑤ 화합

어린이들은 정서적으로 긴장된 상황에 처하게 되면 걱정에 압도당하게 된다. 따라서 다른 사람들과의 관계에서 일어나는 갈등 및 문제들을 의미 있게 받아들여 긍정적으로 해결할 필요가 있다.

기쁘다, 슬프다, 화난다, 두렵다와 같은 식으로 일상생활 중 매순간 자신에게 일어나는 느낌과 감정을 알아차리는 자기 감정 인식하기, 개인적 · 사회적으로 경험하는 세계에 내재하는 문제들을 의미 있게 인식하여 효율적으로 해결하기, 다른 사람, 자신과 남의 소유물, 행동 주변에서 일어난 일에 관한 정보를 주고받을 때 자신의 생각이나 감정을 표현하는 능력 등을 포함한다.

2) 중등학교 인성교육

중등학교에서의 인성교육은 현재의 학교 현실을 그대로 둔 채 몇 가지의 정의적 프로그램을 새로이 실시한다던가, 사회적 요청에 의해 추가되는 몇 가지 덕목을 강조한다던가, 종합생활기록부를 잘 기재하면 된다던가 하는 식의 방식으로는 불가능함을 먼저 지적하고 싶다. 이에 우리는 현 시점에서 어떻게 그들을 잘 교육하고 올바른 인성을 심어줄 수 있는지에 관심을 기울여야 한다. 그러기 위해서 먼저 청소년들의 발달 특성을 이해하고 어떻게 교육해야 할지를 생각해야 한다고 본다.

(1) 청소년의 인성발달 특성의 이해

중등학교에서의 인성교육이란 청소년들의 자아실현을 위해서 그들의 인성발달 단계를 고려하여 그들의 인성발달을 지원해 주는 교육활동이라고 할 수 있다. 청소년은 다른 인생의 단계와는 다른 독특한 발달 특징을 가지고 있다. 이 시기는 다음 시기를 준비하기 위한 종속적인 시기가 아니라 그 시기 자체가 인생이어야 하며 그 시기에 누려야 할 권리와 행복이 보장되어야 하는 독립적인 시기이다. 다른 시기를 준비하기 위해 그저 잘 참고 보내 버리는 시기는 더욱더 아닌, 그 자체가 중시되어야 하는 시기이다. 인성발달에 대한 청소년기의 특징을 잘 이해한다는 것은 그들의 생명과 삶을 소중히 여겨야 하는 우리 민주 사회의 특성상으로도 필요한 것이다. 인간의 본성을 형이상학적으로 다룰 때 우리는 흔히 성선설(性善說)이니 성악설(性惡說)로 인간을 이해하려고 했다. 또는 경영학에서 인사 정책에 활용하는 X이론, Y이론을 교육에 그대로 적용해 보려는 경우도 있었다. 하지만 교육 대상인 청소년들은 12, 3세에서 17, 8세의 나이에 있다. 그런데 이 청소년들은 그들에게 주어진 시간을 학교에서 보내거나 학교와 관련된 생활로 대부분 보내고 있다. 우리 중등학교는 이들을 교육하는 가장 중요한 역할을 맡은 기관이다. 따라서 중등학교 교사는 청소년 지도에 관한 전문가들이고 전문가이어야 한다. 교사 전문성의 근거를 교사가 가르치는 과목에 한정시키면 그 기반이 너무 약하다. 교수보다는 학문적 전문성이 부족할 것이고 , 초등학교 교사처럼 다방면의 소양을 갖추고 있는 것도 아니다. 따라서 중등학교 교사로서 전문성을 갖는다는 것은 '청소년의 인성발달에 대한 기본적 이해 위에서 과목을 교육할 수 있다'는 것에서 찾아야 할 것이다.

그들을 이해하기 위해 인간의 행동을 과학적으로 연구한 결과를 토대로 몇 가지 정리하여 그들의 인성발달을 이해할 수 있는데, 청소년의 인성발달의 특징은 사회 심리적 측면과 청소년 복지 측면으로 생각해 볼 수 있다.

① 사회 심리적 측면

심리학 분야에서 인간의 인성발달을 밝힌 학자들이 많지만 그 가운데 Erikson의 인성발달 과정과 Havighurst의 발달과업 내용은 우리 청소년을 이해하는 중요한 관점을 갖게 해 준다.

에릭슨(Erikson)은 인성발달을 그 시기의 바람직한 특질과 위험성이라는 이분법에 의해서 8단계로 나누어 설명하고 있다. 그 중 중등학교 대상인 청소년 시기는 제 5단계로 이 때는 정체감대 역할혼미(Identity vs Role confusion)의 단계로 설명하고 있다. 에릭슨이 강조하는 바는 이 시기에 긍정적인 정체감을 갖도록 조장하고 도와 주어야 하는데, 긍정적인 정체감을 갖기 위한 세 요소로 '신체적인 안정감, 자기가 어디로 가고 있는가에 대한 목표 인식, 영향력 있는 사람으로부터 인정받을 수 있다는 내적 확신성'을 들 수 있다.

발달과업(developmental task)을 가장 조직적으로 설명한 해비거스트(R. J. Havighurst)는 발달과업의 내용은 생물학적 기초, 문화적 기초, 심리학적 기초, 교육적 기초에 입각하여 결정된다고 하여 청소년기의 발달과업으로 다음의 10가지를 들고 있다.

- 동연령 남녀와의 새로운 인간관계를 학습하는 일
- 신체의 변화와 남성 또는 여성으로서 사회적 역할을 학습하는 일
- 자신의 신체구조를 이해하고 신체를 유효하게 사용하는 일
- 부모 또는 다른 성인으로부터 정서적으로 독립하는 일
- 경제적인 독립에 대해서 자신을 갖는 일
- 직업을 선택하고 준비하는 일
- 시민으로서 필요한 지식과 태도를 발달시키는 일
- 사회적으로 책임 있는 행동을 추구하여 이를 수행하는 일
- 결혼과 가정생활의 준비를 하는 일
- 행동지침이 될 수 있는 가치와 윤리의 체계를 학습하는 일

중등학교의 교육활동은 이러한 청소년들의 자아정체성 확립을 위해 안정감을 주고 개별적으로 인정받고 있는지 혹은 그들의 발달과업을 이해하고 교육활동에 참여하는지 점검할 필요가 있다.

② 청소년 복지 측면

우리의 사회는 이제 '삶의 질'을 높이는 복지사회를 지향하고 있다. 학교에서도 그들이 누려야 할 복지의 측면을 고려하지 않으면 안 되는 상황에 와 있다. 청소년의 대부분은 거의 학교와 관련된 생활을 하고 있는 우리나라에서는 학교 생활이 청소년의 복지 차원에서 검토되어야 한다고 생각한다.

자원 봉사는 자신이 누리는 행복과 기쁨을 그렇지 못한 이들과 함께 나누는 것인데 자원해서 봉사할 마음이 생길 만큼 우리의 중·고등학생들이 행복하고 자발적으로 남을 도울 만한 마음의 여유가 있을까? 자신이 누리는 '인간다운 삶'을 이웃과 함께 나누는

것이 자원 봉사인데 지금 우리의 중·고등학생들이 그럴 만한가? '복지'를 실현해 갈 때는 '시혜자'와 '수혜자'가 있다. 지금 우리 청소년들에게 복지의 시혜자가 될 것을 어른들은 요구하고 있는 것이다. 그러나 우리의 청소년들은 아직 수혜자로서의 권리를 누려야 할 때이고 우리 기성 세대는 그들의 인간다운 삶, 즉 청소년의 복지에 관심을 가져야 할 때이다. 우리 청소년들의 인성발달을 고려한다 할 때 그들의 인간다운 삶의 기준, 다시 말해 청소년 복지차원에서 우리 중등학교를 검토해 볼 필요가 있는 것이다.

김성이(1993)는 청소년 복지를 다음과 같이 정의하고 있다.

"청소년 복지는 가정이나 사회로부터 버려지거나 적응하지 못하는 청소년들 뿐만 아니라, 모든 청소년들의 기본적 요구를 충족케 하고 정신적, 정서적, 신체적으로 최상의 발달을 기하기 위해서 청소년 자신들에게 직접적으로 또는 가정이나 사회를 통해 간접적으로 제공되는 모든 사회 제도의 전문적 활동을 말한다."

청소년의 인성발달을 청소년 복지차원에서 다룬다면 청소년들을 가정적, 사회적 위험요소로부터 잘 보호하여 청소년들이 원만히 각 성장 단계의 위기를 극복케 하는 것이며 이를 통해 희망과 의지력이 있으며 목적을 가진 유능한 청소년들로 성장케 하고 나아가 사랑과 보호와 지혜를 가진 성인으로 성장케 하는 것이라 할 수 있다. 이런 청소년 복지에 대한 관심을 갖고 그들의 욕구 체제에 대한 이해와 배려가 있어야 할 것이다.

훌륭한 성인으로 인생을 준비하며 장차 행복한 생활을 위해 청소년들의 어떤 욕구가 충족되어야 하는가에 우리는 일차적 관심을 가져야 한다. 그들이 충족하고자 하는 중요한 욕구는 다음과 같다.

· 가정에서의 안정
· 운동과 오락을 통한 새로운 경험
· 타인으로부터의 인정
· 친밀한 인간관계

이런 기준으로 볼 때 청소년 복지에 대해 다음과 같은 4개의 질문을 얻어 낼 수 있다(김성이, 1993).

첫째, 힘의 원천이 되는 가정 상태는 적절한가?

둘째, 기쁨을 주는 운동, 오락을 즐기고 있는가?

셋째, 희망을 주는 교육을 받고 있는가?

넷째, 사랑을 바탕으로 한 인간관계를 형성하고 있는가?

(2) 인성교육을 위한 제안

청소년의 인성발달을 고려하여 그들의 정신 건강이 잘 유지되면서 자신의 삶을 행복하게 누리게 하는 것이 중등교육에서의 인성교육 방향이어야 함을 말했다. 그러기 위해서 청소년의 인성교육을 위한 몇 가지 제안을 하고자 한다.

① 학교의 교육 기능의 회복

학교의 교육 기능 회복을 위한 준비는 청소년 교육을 담당하는 교사들이 청소년 인성발달에 대한 관심과 지도 교과 지도에 대한 전문성을 제고하는 일이다. 이를 위해서는 교사로 하여금 교과 지도에 전념할 수 있도록 하는 여러 조치가 강구되어야 할 것이다. 일본의 경우 새로운 학습관(자발적 학습 의욕, 사고력, 판단력, 표현력 등의 능력 신장)에 의해 고등학교 교사에게 새로운 학습 지도 요령을 보급하고 연수하는데 관심을 갖고 있다. 우선 고등학교 수준에서의 담임 업무에 대한 업무 분석과 그 필요성에 대한 근본적인 검토와 개선이 이루어져야 하며, 행정 업무로 인한 교육력 상실을 막기 위하여 행정 요원의 충원과 업무의 전산화가 요망된다. 고등학교의 경우 교과에 대한 내용 구성이 거의 전문적인 수준에 이르렀음에도 불구하고 학생지도에 대한 책무가 초등학교나 중학교와 같은 형태로 요구되는 것은 교육의 질 관리에 나쁜 영향을 미치고 있다. 스스로 결정하는 능력을 갖추고 있으며 갖추도록 해야 할 청소년기 후반의 그들에게 초등학교에서와 같은 방식의 지도와 통제가 필요한 제도인가를 다시 한번 검토해야 할 것이다. 그 밖의 행정 업무는 행정 담당 요원에게 넘겨지거나 전산화하여 교육 이외의 일에 사용하는 시간을 최소화하여 교사가 학생들과 교과 내용을 통하여 학문적으로 교류하고 인성 문제로 대화가 가능한 환경이 조성되어야 할 것이다.

② 학교와 청소년 관련 연구기관과의 유기적 협조체제 구축

우리나라의 미래를 이어갈 청소년을 바르게 육성하기 위해서 제도화되어 있는 것이 상당히 많다. 한 연구에 의하면 우리나라 법률 중 청소년 관련법은 총 270여 종이고 청소년과 직접적 관련이 있는 법만 해도 52종이라고 한다(청소년 개발원 1993). 그러나 청소년 복지 서비스는 국무총리 산하 청소년 육성회를 정점으로 하여 문화관광부, 보건복지부 행정자치부를 통해서 전달되고 있다. 청소년의 생활을 거의 떠맡고 있는 중등학교는 그 전달체제에서 제외되어 있으며 좋은 제도가 학교 현실과는 무관하게 운영되고

있는 실정이다. 공적인 조직 외에 '한국청소년개발원', '한국청소년연구원', '한국청소년상담원' 등 청소년 문제를 연구하여 청소년 인성교육 발달에 도움이 되는 자료를 개발하는 많은 단체가 있다. 이런 연구들과 자료들을 학교교육 활동에 활용할 수 있게 되면 청소년 지도에 많은 효과가 있을 것이다. 그러나 학교는 청소년 지도에 대해 지나치게 독점권을 행사하고 있고, 다른 청소년 단체의 활동에 대해 배타적이다. 다양한 활동은 학교의 통제를 어렵게 하기 때문일 것이다. 학교는 청소년 지도에 대해 더 이상 폐쇄적으로 되지 말고 청소년 유관 기관과의 협조체제를 구축하여 청소년에 관한 많은 자료들을 학교 현장에서 활용할 수 있도록 학교 사회 사업과 상담봉사의 도입이 필요하다.

③ 대안학교(alternative school)의 활성화

기존의 문제 투성이의 학교교육을 벗어나고자 하는 새로운 학교 운동들은 이미 1960년대부터 서구 교육계에 등장했다. 서구에서의 실험학교 교육은 공교육 제도 기관이 갖고 있는 교육문제의 구조를 개혁하는데 크게 일조하였다. 특히 미국에서의 이런 실험학교 운동은 인성교육에도 성공을 했고 동시에 이런 실험학교 출신 졸업자들이 하버드, 스탠포드 대학과 같은 유명한 사립대학이나 유명한 공립학교들에 우수한 성적으로 입학함으로써 이런 실험학교 운동의 진가가 새롭게 평가되고 있다. 영국의 서머힐도 잘 알려져 있지만 '타인과 지구와 자신을 위한 생명교육의 가치를 실현하자'는 생명교육 철학실천을 목표로 하여 운영되는 영국의 노스데번 중·고등학교는 학생 개개인의 생명 가치를 되살리는 좋은 예가 되고 있다.

우리나라에서도 이러한 실험 학교가 최근에 등장하기 시작하여 기존학교에 자극을 주고 있다. 우리나라에서 실험적으로 운영되는 중등학교로 '위대한 평민'을 기르는 교육을 내걸고 생명의 가치와 주민 자치를 공동체 안으로 실천하는 학교인 충남 홍성의 풀무학교, '사고뭉치를 새 사람으로 만드는 곳'이라는 전남 광양의 성지학교, 정규 고등학교 과정을 운영하면서 인성교육의 모범을 보이는 거창 고등학교, 원동연 박사가 5차원교육을 실시하는 전북의 세인고등학교 등을 들 수 있다. 이러한 학교들의 창의적인 교육활동은 우리 청소년들의 개성과 능력들을 살리는데 많은 기여를 할 것이라 생각된다. 이러한 실험학교 이외에 사립학교로서 설립이념과 뚜렷한 교육목표를 갖는 안산동산고등학교, 논산대건중·고등학교, 충북현도정보고등학교나 공립학교로서 수원의 태장고등학교 등의 자율적인 운영은 중등학교 변화에 상당한 영향을 끼칠 것이다. 현재 이러한 시범학교의 운영과 설치, 사립 고등학교의 자율적인 운영에 대한 제도적 보완이 시급히 이루어져서 이런 학교들의 활성화를 통해 새로운 학교의 모습을 찾아가야 할 것이다.

참고로 5차원 교육의 세부내용을 요약하면 다음과 같다. 이 아이디어는 원동연 박사에 의해 설립 추진되는 몽골국제대학교(MIU : Mongol International University)와 미국 Sacramento의 DIA University에서 구체적으로 교육되어질 것이며 그 결과 세계적인 복음화의 장벽인 동경 105도의 베트남, 미얀마, 티베트, 몽골의 세로벽을 뚫는데 기여하게 될 것이다.

<표 3> 5차원 교육의 세부내용

지 력	심 력	체 력	자기관리력	인간관계력
지혜위주의 5가지 학습방법	반응력 기르기	효과적인 5가지 운동방법 익히기	시간관리	너와 나
1. 정보처리 능력 2. 전체를 보고 부분을 이해하는 능력 3. 추상적인 개념의 구체화 능력 4. 외국어 능력 5. 자연세계의 이해능력	1. 슬픈 것을 보고 슬퍼하고 기쁜 것을 보고 기뻐하는 능력 2. 받았을 때 감사하며 주었을 때 희열을 느끼는 능력 (책임감과 긍정적 사고) 3. 3분 묵상법 4. 개념 심화 학습법 5. 상황 적용 훈련법 6. 타인 격려법 (인사하기, 환호하기, 박수하기, 칭찬하기)	1. 바른자세 2. 부드러운 몸 3. 튼튼한 오관 4. 잘 배설하는 능력 5. 숙면하는 능력	시간을 쓰는 곳에 마음이 있음. 적정한 양의 시간을 투입하되 질의 극대화(우선순위), 시간의 재배열을 통해서 분주한 삶으로부터 해방, 여유와 쉼이 있는 삶, 때를 분별할 수 있는 통찰력이 필요	나를 인간으로 보기, 인간의 가치성 확인, 자아발견, 자존감
약점위주의 학습 능력	풍부한 정서력 기르기	체력 증진을 위한 운동	재정관리	나와 가족
복습과정 약점파악 예습과정	좌우 뇌의 조화로운 개발 공부 외에 다른 세계		재물을 쓰는 곳에 마음이 있음. 적정한 양의 돈을 투입	가족을 인간으로 보기, 가족은 사회의 기본단위, 가족

지 력	심 력	체 력	자기관리력	인간관계력
약점파악	가 있음을 인식 상상력, 창의성, 영감		하되 질의 극대화, 빚이 없는 재정운용, 우선순위에 따라 가치 있는 곳에 집중투자, 낮은 우선순위에는 최대한 절약	의 중요성, 부모 공경하기, 결혼관(첫째, 영적 동질성과, 육체적 순결성을 가져야 함)
종합적 학습능력	남 중심의 삶	최대 출력운동	언어관리	나와 동료
학문간 연계성의 이해	비이기적, 솔선수범, 예의, 무례치 않음, 민주적 공동체식		내면적 가치가 언어로 나타남. 말하기 전에 듣기를 잘하는 것이 중요함.	동료를 인간으로 보기, 동역자 관계, 직업관, 팀워크의 중요성, 이해/동역자란 ① 선택하는 것이며, ② 타인의 필요를 제공하는 것임.
전문적 경영능력	삶의 목표의식 확립	노동과 쉼	마음 관리	나와 사회
자신을 주도할 수 있는 능력, 조직의 역량을 극대화하는 능력	뜻, 꿈, 비전 가짐, 미래 지향적으로 현실의 어려움 극복능력	쉼과 안식을 통해서 내면세계를 바라볼 수 있고, 질서있고 규모있는 삶이 가능하다.	겸손, 개방성, 개혁할 수 있는 힘, 정직함이 여기서 나옴, 성실과 신의가 생김/주는 선물보다, 주는 태도가 중요함	불특정 이웃을 인간으로 보기, 개인과 집단의 상호관계, 공동체에서의 협동과 경쟁의 관계, 조직, 시스템
진리를 찾을 수 있는 힘	지식의 의식화 및 조직화	바른 삶을 실천할 수 있는 힘	적성(달란트) 계발	다이아몬드 칼라의 인간상
인생과 역사의 본질을 보는 능력, 핵심을 찾을 수 있는 통찰력(역사의식, 가치관, 시사성, 진실)	추상적인 개념을 구체화하여, 행동으로 옮겨줄 수 있는 힘을 갖도록 도와 주는 것	윤리성, 성결, 화평하고 정직한 삶, 이웃을 사랑하는 삶	성취, 성공이 아니라, 내적인 준비를 의미한다. 자신의 한계를 앎, 한계내에서 자신의 가치를 인정하고 자존감을 가짐	전인적 능력을 가진 실력있는 자, 지도력을 갖는 것임. 지도력은 봉사심(사랑)과 정의감(공의)이 필요하다.

제5절 인성교육의 문제점 및 방안

1) 저해요인

인성교육을 저해하는 요인은 가정 · 학교 · 사회 등을 중심으로 하여 다양하게 찾아볼 수 있지만 여기에서는 학교와 관련된 요인을 알아보도록 한다.

(1) 입시위주 교육

학교는 입시준비 교육에 압도되어 단편적 지식의 주입식 교육에 치중하여서 정의적 발달에 결정적으로 중요한 인성교육을 소홀히 하는 경향이 있으며, 아직도 이러한 입시위주 교육은 계속되고 있는 형편이다. 정범모 교수는 이러한 입시위주 교육의 폐해에 대해서 '무의미하고 혹독한 고역이며 모든 교육 목적, 교육 이념, 교육 철학이 무력화되고 만다는 데 그 문제의 심각성이 있다'고 비판한다. 그는 또한 입시준비 교육은 '잡다한 그러나 곧 망각될 지식을 기르기에 열중하면서, 아이들로부터 삶과 삶의 즐거움을 빼앗아가고 그들의 성격파손까지도 몰고 온다'고 주장한다. 마지막으로 그는 '출세'를 위한 '합격'에만 치중하는 입시준비 교육 앞에서는 다른 철학을 지향하려는 새 교육, 도의 교육, 민주 교육, 과학 교육 등의 교육 슬로건은 힘이 없이 무너지고, 교육은 그저 무철학의 행진을 계속한다'고 말한다.

(2) 학부모들의 왜곡된 교육관

학부모들의 자식 교육에 대한 열성은 자녀를 사람다운 사람으로 키우는데 목적이 있는 것이 아니라 남보다 더 좋은 대학에 진학시키려는 출세 지향적 교육관과 '내자녀 제일주의'에 그 목적을 두고 있는 것이 현실이다. 이러한 왜곡된 교육관, 즉 성적 지상주의 때문에 학생들은 인성발달에 도움이 되는 다양한 활동 경험의 기회를 갖지 못한 채

대학에 입학만 하면 별 소용없는 단편적 지식중심의 수험 공부에만 몰두하게 되어 전인적인 인간으로 성장할 수 없었다. 따라서 즐거워야 할 학교 생활이 지겨워지고, 모든 것을 졸업한 후로 미루어 두게 된다.

학교는 학부모들의 잘못된 교육 열성 때문에 입학 성적을 올리기 위해 창의력을 저해하는 주입식 암기위주로 운영되고 학생들을 아침 일찍부터 밤늦게까지 붙잡아 두는 세계에서 보기 드문 이상한 교육 현장을 만들고 있다.

이러한 교육의 피해는 결국 학생과 학부모의 희생으로 귀결되는 모순을 갖는다.

(3) 학교교육의 잠재적 기능

잠재적 교육과정이란 학교에서 의도되지 않았지만 학교 생활을 통해 은연중에 갖게 되는 학생의 경험을 말한다. 이러한 잠재적 교육과정은 학생의 가치관과 태도 형성에 지대한 영향을 주게 되고 표면적 교육과정에서 의도한 것보다 오랫동안 지속되며 강렬하게 나타나는 경향이 있다. 학생들이 졸업한 후에 남는 것은 표면적 교육과정보다 잠재적 교육과정일 때가 많다.

이러한 학교의 잠재적 교육기능이 학생들의 인성발달에 역기능으로 작용하는 사례를 들어 보면, 일부 고 3학년에서는 입시준비 교육을 위해 교육과정을 변칙 운영한다. 즉 특별활동 시간이나 예·체능 시간을 입시과목으로 대체 운영하거나 이중 시간표를 작성 운영하면서도 학생들의 학급일지에는 정상대로 기재하는 사례이다. 여기서 학생들은 무엇을 배울까? 윤리·도덕 시간이나 담임의 훈화를 통해 가르친 정직성·공정성·준법정신·성실성 등은 단지 교과서적 지식에 불과할 뿐이며, 원칙을 지키면 손해 보고 잘 살 수 없다는 요령을 터득하게 된다. 바로 이런 현상이 인성교육을 저해하는 요인으로 작용하기 마련이다.

(4) 재정 및 시설의 부족

입시위주나 지식중심의 교육에서는 흑판과 분필만 있으면 별로 부족함이 없이 소기의 목표를 달성할 수 있었다. 그러나 체험위주의 인성교육을 올바르게 실행하기 위해서는 많은 시설과 재정적 지원 및 경비를 필요로 하게 된다. 예를 들면, 올바른 실천적 예절교육을 위해서는 예절실이 필요하며 체험위주의 민주 시민 교육을 위해서는 직접 의회를 견학한다든지 법원을 견학하는 일이 필요하게 되는데 여기에는 학생들을 용이하게 이동시킬 수 있는 교통수단이 있어야 한다. 따라서 재정적 지원이 없는 가운데 실천 위주의 다양한 인성교육 프로그램을 계획하는 일은 어렵게 되거나 단지 이론적 인성교육이 될 수 있다.

(5) 교사 자신들의 사명감 부족

학교의 인성교육에서 가장 중요한 요소는 교사이다. 교사는 학생의 모방의 대상이며 평가자이며 적응 지도자이며 학급의 관리자이다. 교사가 사명감을 가지고 학생을 얼마나 사랑하며 실천으로 지도하며 보호해 주느냐의 여부가 학생들의 긍정적 자아개념 형성과 자신감 및 고운 심성을 기르는 데에 결정적 역할을 하게 된다.

최근에 와서 교사들 가운데에는 이런 막중한 사명감을 인식하지 못하고 내가 담당하는 교과진도만 다 나가면 모든 책임을 완수한 것처럼 생각하여 학생의 생활지도나 인성지도를 등한시하는 교사들이 있다 한다. 인성교육은 전 교사가 협력하여 일관성 있게 지속적으로 지도할 때에 효과적으로 이루어질 수 있는 것이다. 이를 위해 정부는 교권을 보장하고 교사 평가제도를 개선하며 존경받는 스승상을 유지하기 위해 모든 관계기관이 노력해야 할 것이다.

2) 해결 방안

인성교육의 저해요인은 학교 자체의 노력에 의해 개선될 부분도 있고, 가정・학교・사회의 협력에 의해 해결될 문제도 있다. 여기에서는 학교・학부모・교사 중심으로 해결방안을 찾고자 한다.

(1) 인성중심의 학교로 변해야 한다.

학교에서 인성교육을 구현하기 위해서는 학교교육의 체제와 풍토를 다음과 같이 개선해야 한다.

① 교육과정을 정상 운영하여야 한다.

일부 중등학교에서 입시준비를 위해 특활 시간이나 예·체능 시간을 변칙 활용하거나 2중 시간표를 만들어 교육과정을 운영함으로 학생들의 전인적 발달을 저해할 뿐 아니라 학생들은 은연중에 이런 불법 행위와 비도덕성을 배우게 된다. 이런 부정직한 행위는 학생들의 올바른 가치관에 역기능으로 작용한다("성경을 읽기 위하여 촛불을 훔치지 말라").

② 특별활동 운영을 내실화하여야 한다.

특별활동은 교과와 상호 보완적 관계를 가지고 심신의 조화로운 발달을 도모하기 위하여 실시되는 교과 이외의 활동이다. 이는 바람직한 활동을 통해 공동체 의식과 봉사정신을 지닌 민주 시민을 기르는데 중점을 두고 원만한 인간관계를 형성하는데 힘쓰며 다양한 자기 표현의 기회를 마련하여 개성과 소질을 개발, 신장하고, 문화적 기초 소양을 갖게 하여 여가를 잘 활용할 수 있는 능력을 기르고자 한다.

이런 특별활동 시간은 인성교육의 중추적인 역할을 하는 것임에도 각 학교는 별다른 노력 없이 형식적으로 운영하며 법정 시간만 확보하면 된다고 생각하는 경향이 있다.

③ 교과교육을 통한 인성교육이 이루어져야 한다.

인성교육은 생활지도나 특별활동 또는 특별한 상담 프로그램을 통하여만 가능하며 효율적인 것이라 생각하기 쉽다. 그러나 학교 생활의 대부분이 교과 수업을 통해 이루어짐을 생각하면 교과교육을 통한 인성교육이 강조돼야 한다. 각 교과를 가르치는 과정에서 그 지식에 담긴 정서적 가치와 만남으로써 감동과 체험을 통해 삶의 가치를 확립할 수 있다.

④ 인성발달에 필요한 다양한 프로그램을 개발·운영하여야 한다.

정규 교과 활동만으로는 폭넓은 경험을 기대하기 어려우므로 학생의 욕구와 흥미를 충족해 주고 올바른 심성을 기르기 위한 다양한 인성교육 프로그램의 개발·운영을 통해 대화·토론·사회봉사 등의 실천적 활동을 통해 민주 시민 윤리를 내면화해야 한다. 그리고 협동적 문제해결을 통한 실천 학습으로 공동체 의식을 함양하고 가정, 사회와의 유기적인 협력 체계를 구축하고 연계적인 기능을 강화하여 인성교육 덕목들을 바르게 실천할 수 있도록 한다.

(2) 부모교육이 필요하다.

아이들은 모방이 매우 강하다. 부모의 말투, 습관, 태도, 사는 방식, 성격까지도 보고 배우는 것이 많다. 이것은 매우 자연스러운 과정이다. 아이들은 부모가 하는 것이라면 무엇이든 괜찮은 것으로 생각하기 쉽다. 따라서 부모가 어디에 관심을 가지고 있느냐가 자식들의 가치관, 태도, 행동, 사고방식을 결정해 주는 데 영향이 크다고 볼 수 있다. 부모의 관심이 변화하면 자식도 변화하기 마련이다. 현재 초·중·고 학생을 둔 부모의 큰 관심은 우리 자식을 어떻게 하면 일류 대학에 입학시켜 사회에서 출세시킬 수 있느냐 하는데 있다고 본다. 아이들의 인성·도덕성 발달이나 남과 어울려 살아가는 방법을 가르치는 데에는 거의 관심이 없고 오직 공부만 잘 하면 다른 잘못된 일이 있더라도 묵인되고 있는 실정이다.

이런 상황에서 학교에서의 인성교육 강화는 큰 효과를 기대 할 수 없다. 올바른 교육은 학교·가정·사회의 통합적인 노력에 의해서 가능하다. 학교와 가정의 연계 체계를 갖추지 못할 때, 학생들은 당면한 현실적 문제를 해결할 수 없으며 더욱 문제를 어렵게 만들 수 있다. 이런 의미에서 부모교육이 요구되는 것이다. 부모교육을 위하여 각종 사회단체, 기업체 등의 교육 및 연수 프로그램에서 부모역할 훈련, 자녀 인성지도, 자녀의 학교 생활 이해, 교육 정보 및 상담 등에 관한 내용을 강화하고 언론 매체를 통하여 인성교육과 관련한 부모의 역할을 홍보한다. 또한 시·도 교육청과 학교에서는 부모들의 출세 지향적 교육관을 시정하기 위한 부모교육 프로그램을 개발·운영하고 건전한 학부모 모임과 운동을 지원하고 격려함이 필요하다.

(3) 교사가 바로 서야 한다.

한 아동이 초등학교에 입학해서 고등학교를 졸업할 때까지 학교에서 생활하는 시간을 대략 계산하여 보면 초등학교에서 7200시간 이상이 되며, 중·고등학교에서 9600시간 이상이 된다. 이 아동이 교회에 다니면서 일주일에 3시간 정도를 교회에서 보내게 된다면 학생이 교사와 함께 보내는 시간과 교회에서 시간을 보내는 비교해 본다면 110년 동안 교회에서 보내는 시간과 초·중등학교에서 12년 동안 교사와 만나는 시간이 맞먹게 된다. 여기에서 우리는 교사가 아동의 성장 발달에 어느 정도 영향을 주는가를 알 수 있다. 특히 감수성이 예민한 아동기와 청소년기에 있어서 교사의 영향력은 결정적이라 할 수 있다.

교사들은 각자의 교육적 신념에 입각한 교육적 원칙에 철저하게 집착한다. 이런 교사들 아래에서 학생들은 '정직한 것이 좋다' 라는 신념을 갖게 되고 '법을 지키며 사는 것이 자신과 모두에게 좋은 일'이라고 배운다. 하지만 우리 현실에서는 도덕적 삶과 원칙이 학교교육을 통해서 바르게 가르쳐 지지 못하고 있다는 사실을 부정할 수 없다. 원칙보다는 융통성의 발휘가 요령의 터득이라는 이름 아래 너무 깊숙이 교육계 속에 침투되어 있어서 학생들에게는 정직성, 공정성, 법의 준수, 신뢰성 등 삶의 원칙이 그냥 명목상으로만 전시되고 행동의 규제력으로는 활용되고 있지 못하다. 도리어 학교 생활을 통해서 학생들은 원칙의 준수를 가치 있다고 배우는 것이 아니라, 원칙을 지키면 손해이고, 바보라는 요령을 터득하게 된다. 우리 사회의 문제는 원칙대로 살려고 하는 젊은이를 계속적으로 충원시키는데 교육이 실패해 온 데에서 찾아야 한다.

그렇게 하기 위해서 세상에서 삶의 원칙과 원리가 무너져도, 교육에서만은 그럴 수 없다는 교사들의 고집이 우리 학생들을 도덕적이고 인간적인 존재로 길러낼 수 있을 것이다.

제6절 인성교육의 새로운 시각

1) 인성교육의 문제의식

인성교육은 원초적인 문제인데도 최근에 새삼스럽게 그 문제인식이 강화되는 것은 두 가지 이유에서이다. 하나는 개인주의에 바탕을 둔 자유민주사회에서 각 개인이 사회질서를 지키는 자율적인 '법집행자'인데도 사회의 기초질서를 지탱하는 법을 침범하는 반사회적인 행동이 증가했으며 공권력으로만 다스리기 어렵고, 또 하나는 물질적 생활의 풍요만으로는 행복을 얻기 어렵기 때문에 행복을 누릴 수 있는 인성발달이 요청된다는 것이다. 전자의 경우는 당장 실감할 수 있지만 후자의 이유는 사회문제가 아닌 개인문제이므로 그 문제 의식이 약하다. 그러나 개인문제가 곧 사회문제가 되기 때문에 쉽게 넘어갈 수 없다.

학교는 사회의 목적을 수행하는 '공기업'의 의무를 갖고 있으며 그 맡은 바가 광범위하므로 인성교육에 기울이는 열의가 제한될 수밖에 없다. 현대 사회의 최고 미덕은 경쟁력이며 이것을 기르는 업무가 학교에 맡겨져 있고, 인성교육이 이 경쟁력 교육과 직접적인 관계가 없다고 인식되므로 인성교육의 업무는 상대적으로 소홀히 되는데, 학교가 그것을 소홀히 하는 것은 그 문제의식에 문제가 있는 셈이므로 이 문제를 검토해 볼 필요가 있다.

그런데 문제는 인성교육이 경쟁력교육과 무관하다는 것이다. 이러한 문제의식을 교정해서 양자가 상보관계에 있도록, 특히 인성교육이 경쟁력교육에 이바지할 수 있다는 새로운 문제의식이 필요하다. 이 새로운 문제의식을 가지고 접근하지 않으면 인성교육은 점차 소홀해질 수밖에 없다. 경쟁력은 바로 개인과 사회의 '생사의 문제'이기 때문에 이것이 학생과 학부모를 비롯한 사회 전체의 최고의 미덕이 될 수밖에 없다. 인성교육의 문제의식이 반사회적 행동과 삶의 불행감에 의해 일어나므로 그 원인들을 밝히면 인성교육과 경쟁력 교육의 상보관계를 밝힐 수 있으며 따라서 그 공통적인 방법원리를 찾을 수 있다. 경쟁능력의 교육은 경쟁의 승리를 위한 성취동기의 교육이 필요하고 성취동기의 육성은 인성교육에서만 가능하다.

2) 인성교육과 경쟁력 교육

사회적 비행을 예방하는 인성교육의 기본원리가 앞에서 말한 자기 구조의 일치를 이루는 것이라면 이것이 경쟁력 교육을 저해하지 않고 오히려 이바지할 수 있는가의 물음이 생긴다. 즉, 열등 콤플렉스를 예방, 해소하는 교육적 노력이 학생의 공부하는 경쟁력을 약화시키지 않고 오히려 강화할 수 있느냐는 것이다. 왜냐하면 학습지도에서 주된 동기유발의 방법은 경쟁에서 이기려는 욕구의 자극이며, 또한 이기는 자와 함께 있는 자의 열등 콤플렉스의 해소에서 얻는 기쁨이 주된 학습동기가 되기 때문이다. 그러면 인성교육과 경쟁력 교육이 과연 양립할 수 있느냐의 물음을 생각해 보자.

학습동기에서 기쁨을 누리면 학습 의욕이 고취되어 경쟁력 교육이 잘 됨은 말할 것도 없다. 그러나 학습활동 자체에 기쁨을 얻는 것은 삶의 기쁨이 없이는 불가능하다. 삶의 기쁨이 충만하면 비록 학습 성취가 타인에게 떨어진다 해도 학습활동에 기쁨을 누릴 수 있다. 그러한 기쁨을 얻는 것은 단지 의지적인 노력에 의해 되지 않고 인성적 요인에 의해 결정되므로 인성교육이 경쟁력 교육과 무관하지 않고 오히려 그 뒷받침이 된다.

이렇게 보면 인성교육은 경쟁력 교육에 불가결하다. 우리의 사회적 가치가 비록 경쟁의 승리에서 얻은 '출세'에 주어져 있지만 진정한 삶의 기쁨을 누릴 수 있도록 인성교육을 해야 한다. 그 최고의 가치를 개인의 내면적 경험에서 얻는 기쁨과 행복의 가치로 전환시킬 가능성이 있다. 앞에서 말한 전자의 가치는 일시적인 기쁨의 가치이지만 후자의 가치는 기쁨과 함께 누리는 행복의 가치이므로 적어도 학교사회에서는 보다 강력한 학습동기의 근원이 될 수 있다.

그런데 우리 중·고등학생처럼 외견상 그렇게 강렬한 전자의 학습 동기를 가지고 열심히 공부하는 교육직 효능을 점검해 보면 사춘기에는 신체적 변화와 함께 심리적으로 격변하는 시기이므로 그 심리적 격변에 따르는 내면적 경험에 자기구조의 일치를 도모하는 인성교육을 중시해야 하는 데도 그들은 마치 성인처럼 '전투적인' 학습활동을 하지 않으면 안 된다. 그들에게는 좋은 학습 성적이라는 '가치의 조건'을 지키는 것이 마치 '생사의 문제'로 되어 있기 때문이다. 이것은 사춘기 교육에 해당하는 중등교육이 인성교육을 소홀히 한 결과이다. 경쟁력 교육의 목표는 최후의 승리인데도 대학생만 되면 중·고등학생보다 공부를 덜 하는 사실은 중등교육에서 경쟁력 교육이 실패작이 되고 있음을 입증한다.

인성교육이 경쟁력 교육과 무관하지 않고 오히려 그것에 이바지하려면 학교교육이 평생교육의 안목에서 보다 효율적으로 이루어져야 할 것이다. 즉, 효능교육을 근시안적으로 생각하지 말고 초등교육의 효능이 중등교육에서, 중등교육의 효능이 대학교육에서, 그리고 대학교육의 효능이 평생교육의 차원에서 열매맺는다는 사실을 기억해야 할 것이다.

제7절 결 언

지금까지 인간에 대한 이해, 인성의 개념과 인성교육의 흐름과 각 발달단계에 맞는 인성교육에 대해 고찰해 보았다. 앞에서 본 것처럼 학교는 학업뿐만 아니라 인성을 교육해야 한다는 점이다. 그럼에도 불구하고 인성교육에 대한 논란의 여지는 늘 남아 있다. 또한 인성교육의 프로그램이 성공적인 효과를 보여주는 데도 또 다른 효과를 보이라고 말한다. 물론 인성교육을 하는 것은 학교만의 책임도 아니요, 사회와 각 개인의 문제만도 아니다. 우리 모두의 문제요, 반드시 실시해야만 하는 중대한 과제이다.

1987년에서 2000년 사이에 십대들의 문제는 지난 20년에 비해 훨씬 더 심각해졌으며, 1993년에는 이들의 문제가 전체의 20%에까지 달했다고 한다. 폭력, 가치의 붕괴, 무책임한 행동 등의 복잡한 현상을 줄이기 위해서, 학생들의 행동 통제와 수정을 위해서도 가치와 도덕적 인성을 길러져야 한다. 또한 학교에서는 학생들의 정신 건강을 위해 심리적 상담과 지속적인 인성교육 프로그램을 통해 교육해야 한다. 정서적 부적응의 예방뿐만 아니라 학생의 발달과 개인적 성장을 위해 노력해야 할 것이다. 이러한 노력은 앞에서 이야기한 심리교육, 생활지도 및 상담 프로그램 등의 간접 혹은 직접 방법들에 의해 적용될 수 있을 것이다.

인성교육 지지자는 학생들에게 좋은 인성 가치를 가르치는 것을 멈추면 사회는 급속히 병든다고 말한다. 우리는 남들이 지나쳐 버린 도덕성에 대한 풍부한 자료를 구할 필요가 없다. 인성교육에 대한 다양한 입장들이 오늘의 문제에 혹은 내일의 문제에 반드시 맞는다고 할 수는 없지만 학생들의 좋은 인성발달은 학교가 좋은 교육 프로그램을 다루지 않는 이상 이루어지기 어렵다.

따라서 교실, 교사, 교장, 부모, 지역사회 그리고 각각 관련 기관들이 협력하는 적극적인 자세로 노력한다면 학생들에게 좀더 좋은 인성교육이 이루어질 수 있다고 본다.

제 3 장

아버지의 부성교육

제1절 서 언

아버지가 자녀양육에 적극적으로 참여하면 자녀들의 학업성적이 좋아진다. 영국 옥스퍼드대 자녀양육연구소가 1958년 1만 7천명의 성장과정을 40년간 추적 조사한 결과이다(조선일보, 2002. 3. 2).

오늘날 많은 아버지들이 가슴앓이를 하고 있다. 여자가 자신의 어머니를 흉내냄으로써 어머니가 되는 법을 배우는 것처럼 남자도 자신의 아버지를 관찰함으로써 아버지가 되는 법을 배운다. 그러나 아버지 역할의 부재는 수많은 남성들로 하여금 진정한 아버지의 모습을 본받을 수 없는 위기로 만들었고 아버지의 모습을 아버지가 아닌 다른 모습으로 왜곡시켜 버렸다. 지금 우리 아버지들은 우리의 자녀들에게 더 나은 어떤 것들을 주고 싶어하며 그래서 그 같은 악순환의 고리를 끊어 버리고 싶어한다. 그러나 아무리 좋은 계획을 세워도 실패할 가능성은 얼마든지 있다. 자녀양육과 가장 밀접한 쟁점들은 우리 마음의 갈망, 즉 우리의 가장 간절한 소망과 가장 깊은 감정이 자리하고 있는 그 곳에 뿌리를 내리고 있다. 그리고 우리 대부분의 아버지들은 우리 자신의 아버지와의 불완전한 관계 때문에 그 마음에 상처를 안고 있다.

남자들은 흔히 앞으로 어떤 일이 일어날지 예측하며 끊임없이 계획을 세운다. 즉 그들은 목표를 정하고 자신의 꿈을 글로 써서 새겨 놓는다. 그렇다면 우리의 아버지 노릇과 관련해서도 그와 똑같은 일을 할 필요가 있다. 우리가 아버지로서 우리 스스로를 훈련시킨다면 아버지들은 자녀들에게 최고의 영향을 끼칠 수 있을 것이다.

그렇다면 아버지의 '역할'은 무엇인가? 우리는 잔디 깎는 기계를 다루듯이 자녀들을 다룰 수는 없다. 아버지들은 아주 독특한 위치에 놓여 있고 그것은 나의 위치도 아니요 이 세상 그 어떤 아버지들의 위치와 다른 바로 각자 자신들의 것이다. 더 나아가 우리가 아버지 역할을 하는 동안 우리 자신들의 장점과 단점도 드러나게 된다. 우리는 과거에 의해 만들어지고 현재에 의해 영향을 받으며 우리 아이들의 미래에 영향을 미치게 될 우리의 마음 속을 들여다보게 될 것이다. 그렇게 하는 동안 우리는 아버지로서의 역할을 제대로 하는데 과연 무엇이 뒤따르게 되는지를 알게 될 것이다.

아버지의 힘이 되살아나야 한다. 우리는 아버지로서의 힘을 평가해 볼 수 있고 아버지로 각자 어떤 장점과 기회들을 가지고 있는지 살펴보고, 자녀교육에 있어서 훌륭한 아버지로서의 역할도 함께 다루고자 한다.

우리들도 자녀들과 진정 더불어 살 수 있는 새로운 길, 자녀들을 마음 편히 그러나 책임감 있게 사회 속으로 끌어들일 수 있는 새로운 길을 찾아볼 필요가 있다. 진정 독립적이고 자신을 책임질 수 있는 인간으로 성장할 수 있다면 부모로서의 역할은 완전한 것이 아닌가? 최근 일본에서도 아버지의 교육적 역할이 강조되고 있다. 자녀교육을 위한 아버지 유급휴가제도가 생겼고 옛날에 볼 수 없었던 아버지 인형도 많이 팔린다고 한다.

아름다운 가정을 만들기 위해서는 늘 노력하는 어머니와 아버지가 있어야 한다. 아버지 교육을 제대로 받지 못한 자녀를 가리켜 후레자식이라고 칭한다. 자녀교육에 아버지의 역할이 더욱 강조되길 바란다.

제2절 좋은 아버지의 실천사항

1) 당신의 과거를 알라.

오늘날 이혼과 주거이동으로 인해 분화된 문화 속에서는 부모와 자녀의 유대관계가 예전처럼 명확한 것 같지 않다. 그러나 유전학에서 심리학에 이르기까지 연구해 놓은 것을 살펴보면 우리는 가족으로부터 물려받은 것들에서 완전히 벗어나지 못한다는 것이 자명해진다. 오늘의 당신이 있기까지 당신의 부모들이 당신에게 끼친 영향은 엄청난 것이다. 그것은 우리들의 아버지와 관련시켜 보면 우리들 중 어떤 사람들에게 그것은 고통이나 상실, 또는 좀 모자라는 인간이라는 느낌을 물려받았다는 뜻이 될 수도 있다. 다른 사람들에겐 그것이 아버지에 대한 갈망이 그리 크지 않았다는 것과 아버지가 보여준 헌신에 대한 감사의 뜻이 될 수도 있다. 그러나 우리는 우리의 아버지가 우리의 정체성을 비롯해서 상당히 많은 것들을 우리에게 주었다는 것을 부인할 수 없다. 저술가 사무엘

오셔슨이 한 말, 즉 "모든 사람은 자기 아버지의 좋은 점을 찾아내며 아버지와 자신이 다른 점 못지않게 자신이 얼마나 아버지와 닮은 사람인지를 찾아낼 필요가 있다"라는 말을 명심해야 하겠다("不肖小生").

(1) 아버지에 관한 목록 1

당신의 아버지가 당신에게 끼친 영향을 전체적으로 알아보기 위해서 당신은 당신 아버지와 당신 사이의 유사점과 상이점을 찾아 이 목록을 통해 평가해 볼 수 있을 것이다. 당신 아버지와 당신의 유사점과 상이점을 알아내기 위해 다음과 같이 해 보라.

- 내가 아버지와 닮은 점 5가지를 기록하라.
- 내가 아버지와 다른 점 5가지를 기록하라.

한 가정의 사례를 가지고 위의 예시대로 해 보겠다.

(가) 내가 아버지와 닮은 점 5가지

① 근검 절약하는 생활태도

예를 들면, 아버지는 자동차에 대해서는 거의 돈을 쓰지 않으셨다. 대신 아버지는 그 돈으로 다른 물건을 사는데 사용하셨다. 아버지처럼 지금 나와 내 가족도 현금을 주고 산 아주 낡은 차를 가지고 있다.

② 장손에게 더 엄격히 대하심

아버지는 우리 집안의 장손이셨다. 나도 우리 집안의 장손이다. 아버지는 당신이 양육받은 방식대로 나를 키우셨고 그래서 그런지 내가 하는 모든 건 아버지와 상당히 닮은 것 같다. 나도 큰 아이에게 거는 기대가 다른 애들에 비해 훨씬 크고 그만큼 더 훈련시키고 잘못된 점은 철저히 고쳐 준다.

③ 한밤중에 아이스크림을 먹는 버릇

아버지와 나는 바닐라 아이스크림을 아주 좋아한다. 해가 진 후에 퍼먹는 세 숟가락의 아이스크림의 맛을 잊을 수 없다.

④ 대단한 일 중독증

아버지는 한꺼번에 너무 여러 가지 일을 하는 경향이 있다. 그래서 마감일이 다가오면 새벽 4시부터 일을 시작하여 그 일을 마치곤 하셨는데 내가 지금 이 글을 쓰고 있는 시간도 새벽 2시다.

⑤ 감정을 잘 드러내지 않음

아버지는 이제 남자가 감정을 잘 표현하지 않는 나이가 되셨다. 나를 꾸짖을 때 외에는 내게 손을 대신 적이 없으셨고, 아주 가끔 내가 일을 아주 잘 했을 때 말로 칭찬을 해 주셨다. 나 역시도 아직까지 우리 아이들과 이 같은 정서적 거리감 때문에 고민하고 있다.

(나) 내가 아버지와 다른 점 5가지

① 가족 이외의 사람들과의 사귐

아버지는 가족 이외의 사람들과는 거의 접촉을 안 하셨다. 가정은 개인의 피난처이지 수용소가 아니라는 게 아버지의 생각이셨다. 그와는 반대로 내 아내와 나는 아주 정기적으로 친구들을 만나고 있다.

② 영적 관심사

아버지는 인생의 영적인 면에 별 관심을 보이지 않으셨지만 나는 교회 활동에 적극적으로 참여하고 하나님과의 관계에 높은 가치를 두고 있다.

③ 승부욕

아버지는 고학년이 되면서 학생회장을 역임했고 각종 스포츠 활동에도 적극적이셨다. 나는 운동은 보통이었고, 학생회에도 참여하지 않았다.

④ 지도 스타일

아버지는 앞에서 이끄는 스타일이셨고 나는 뒤에서 따르는 스타일이다. 아버지는 어떤 모임에서 생산적인 결론을 도출하기 위해 책임을 떠맡는 스타일이셨던 반면, 나는 모든 사람의 의견을 일치시키려는 중재자이다.

⑤ 다양성

아버지는 규칙적인 것을 원하셨다. 나는 여행을 좋아하는 반면 아버지는 집에 그냥 있는걸 좋아하셨다. 나는 다른 풍경도 보고 싶어 딴 길로 가지만 아버지는 퇴근할 때 항상 같은 길로 다니셨다.

(2) 아버지에 관한 목록 2

(가) 나의 아버지에 대한 평가

아래에 나오는 네 가지 질문은 네 가지 영역, 즉 아버지로서의 참여, 일관성, 인식 그리고 양육 면에서 당신의 아버지가 어떤 역할을 했는지를 평가하는데 도움이 되는 것들이다. 기록을 하다보면 다른 질문들도 하고 싶을 것이다. 얼마든지 하라. 우리가 목표하는 것은 이 질문들에 대한 구체적인 해답을 찾는 것이 아니라 명확한 관점에 도달하는 것이기 때문이다.

① 내가 어렸을 때 아버지는 내 삶에 참여하셨는가?

당신 아버지는 당신과 함께 시간을 보낸 적이 있는가? 당신에게 중요했던 행사들에 아버지가 참여하셨는가? 아버지가 하는 일에 당신을 참여시킨 적이 있는가? 어쩌면 당신에게 너무도 중요한 행사에 아버지가 불참함으로써 깊은 좌절감을 맛보았던 구체적인 사건을 기억하고 있을지도 모른다. 아니면 아주 특별한 순간, 특별한 행사 때 아버지가 참석해 주셔서 자부심과 기쁨으로 가슴이 벅차 오르던 구체적인 순간을 기억하고 있을 수도 있다.

② 아버지는 일관성이 있으셨는가?

당신 아버지는 얼마나 일관성이 있고 예측 가능한 분이셨는가? 아버지께 나아갈 때 당신은 어떤 결과가 나올 것이라는 것을 알고 있었는가? 어린 시절, 당신이 꿈꾸던 세상에 질서를 잡아 주었다고 말할 수 있을 만큼 아버지를 신뢰했는가? 당신 아버지가 일관성이 있었다고 생각되는 순간과 일관성이 결여되었다고 생각되는 순간을 구체적으로 떠올려 보라.

③ 아버지는 내 생각과 느낌들을 알고 계셨는가?

당신 아버지가 당신에게 관심을 가지고 있었다고 생각하는가? 당신이 어떤 아이인지, 그리고 당신이 꿈꾸는 세상이 어떤 것인지 등을 알려고 노력하는 분이었는가? 어쩌면 당신 아버지는 당신이 제일 좋아하는 색깔은 무슨 색이고, 가장 좋아하는 야구선수는 누군지 또는 당신에게 마음의 상처를 준 여자는 누구인지를 말할 수 있었는지 모른다. 구체적인 사건들을 기억해 보라.

④ 나는 아버지께 얼마나 양육을 받았는가?

"너를 사랑한단다"라는 말을 들은 기억이 있는가? 어깨를 다독거려 주시던 아버지의 손길을 아직도 느낄 수 있는가? 당신이 말하고 싶어할 때 들어 주시고 왠지 불안해할 때 당신에게 용기를 주시던 분으로 기억하고 있을 수도 있다. 어떤 경우엔 정도가 지나친 아버지도 있을 수 있다. 예를 들어, 지나치게 참여하는 아버지는 편집광적이 되며 너무 한결같다 보면 완고한 아버지가 되기 싶다. 그리고 너무 속속들이 알고 있는 아버지는 참견하는 아버지가 되고 지나치게 양육하다 보면 숨통을 조이기가 쉽다. 당신도 이런 경험이 있는가? 다시 한번 구체적인 사건들을 기억해 보라.

우리가 사실에 직면하는 최선의 방법 중 하나는 진실을 말하는 것이다. 만일 당신이 아버지와의 관계에 어딘가 잘못된 구석이 있다는 사실을 알아냈다면 그것을 종이에 적거나 아내나 가족 또는 믿을 수 있는 친구에게 말하라. 그 사실이 기록되는 현장에서 그것을 공개하라. 이렇게 함으로써 당신을 해방시키고 치료해 주며 당신의 자녀들을 위한 튼튼한 토대로 이끌어 갈 문을 여는 것이다. 당신이 아버지와의 관계에서 상처를 입었다면 그런 상실과 고통은 말로 설명될 수 있을 때만이 치료가 가능하다. 기본적으로 나는 당신에게 그 상실을 안고 사는 용기, 당신이 전혀 원치 않았던 아버지와 애매한 관계를 인정하는 용기 — 그래서 마침내는 그렇게 원했던 꿈은 깨졌으며 분명히 그 같은 꿈은 사라졌다는 사실을 인정하고 살아갈 수 있는 용기를 가질 것을 권면한다. 당신이 아버지에게 기대했던 것 — 더 나아가서는 필요로 했던 것을 상실한다는 것은 가족에게는 죽음 같은 것이다 어떤 의미에서 당신의 아버지는 보호자 그리고 상담자로서의 아버지의 역할에서 죽은 것이나 다름없다. 슬픔은 그 같은 상실의 자연스런 반응이다. 슬픔은 우리가 상실감으로부터 치료될 수 있는 수단인 것이다. 성경의 팔복도 똑같은 진리를 말하고 있다(마 5 : 3~10). "애통하는 자는 복이 있나니" 우리들 대부분은 엘리자벳 퀴블러-로스 박사의 슬픔의 다섯 가지 단계에 대해 잘 알고 있다. 처음에는 부인하고 다음엔 분노하며, 타협하고, 절망하다가, 마지막으로 인정하고 받아들인다. 어떤 사람들은 아버지의 죽음을 슬퍼하다가, 분노의 단계에 사로잡혀 그대로 머물러 있기도 한다. 그런 사람들은 자신들이 더 충분하게 슬퍼해야 한다는 사실을 용납하지 않고 그 대신 아버지에 대해 자신들이 슬퍼해야 할 이유들에 초점을 맞춘다. 그러나 대부분의 사람들이 부인의 단계에 빠져 있을까 두렵다. 그던 댈비는 "어떤 사람도 — 남자든 여자든 — 아버지로 말미암아 상처를 건드리고 싶어하지 않는다"라고 말한다.

2) 당신의 과거를 해결하라.

(1) 고백하라 그리고 용서하라.

이제 당신에게 어쩌면 불가능하게 보이는 것 — 용서를 통해 당신의 관계를 회복하기 위한 시도 — 을 하라고 부탁하려 한다. 당신이 새로운 방향을 안내해 줄 표지판 역할을 하게 될 어떤 사건을 만들어 낼 것을 제안한다. 얼굴을 마주 보며 하든지, 아니면 무덤을 찾아가서 하든지, 아니면 제삼자를 통해서 하든지간에 아버지에 대해 당신이 가지고 있는 감정을 그대로 표현하고, 아들로서 고백할 것이 있으면 용기를 가지고 그렇게 고백하라. 그러나 더 중요한 것은 아버지의 어떤 말이나 행동에 대해 용서해야 아버지로 존경하고, 아버지와의 새로운 관계를 굳건히 지켜나가겠다는 다짐을 하는 것이다.

이것이 결코 쉽지 않은 일임을 알고 있다. 하지만 그것은 꼭 필요한 일이다. 만일 우리가 이렇게 끓어오르는 감정과 상처들을 해결할 생각이 없다면 감정과 행동양식, 그리고 마치 벌집이 가득한 들길을 빠져 나갈 길도 모른 채 걸어가는 것과 다를 것이 없다. 아버지와의 새로운 관계회복이라는 목표를 가지고 다음 단계로 나아가지 않는다면, 분노나 후회라는 감정에 쌓인 채 뒤에 남아 처져 있는 꼴이 될 것이다. 그러나 당신이 앞으로 나아간다면 당신은 자녀를 키우는 아버지로서 당신의 자녀들이 청소년과 성인으로 자라는 과정에서 겪게 될 갈등 속에서도 충분히 그 길을 통과해 가도록 안내해 줄 수 있게 될 것이다.

아버지에 대한 응어리진 감정을 풀어 버림으로써 그리고, 더 바란다면 새로운 관계를 위한 어떤 지침을 확립함으로써 당신은 궁극적으로 당신의 아버지가 당신을 키우며 저질렀던 똑같은 실수를 하지 않게 될 것이다.

아버지의 힘은 "자석을 끌어당기는 힘" 같은 것이다. 우리는 우리의 인생에서 우리 아버지의 영향력을 벗어날 수 없으며 이것은 어른이 되어서도 마찬가지다. 어렸을 때 당신은 이 이상한 세상을 이해하려고 애쓰던 지도제작자였다고 할 수 있다.

모든 지도제작자들과 마찬가지로 당신은 당신이 발견해 낸 것들 — 당신의 부모, 특히 대부분의 남자아이들에겐 그들의 아버지 — 을 표시하는데 도움이 될 표준 지점을 찾으려고 애썼다는 건 전혀 놀랄 일이 아니다. "남자가 된다는 것은 무슨 뜻일까? 당신은 질문을 하고 그 해답을 알아내기 위해 등산객이 나침반을 의지하듯 당신의 아버지가 보여준 본을 따르고자 했을 것이다. "세상에 나가서 직장을 얻어 산다는 것은 무얼 말하는가?" "아버지가 되는 건 또 무슨 뜻인가?" 앞에서 살펴본 것처럼 당신의 아버지는 엄청난 흡인력을 가지고 있는데 그것은 자석의 흡인력과 같은 것이다.

(2) 해결의 절차

자신과 아버지와의 관계를 풀어 나가는데 무슨 마술 같은 방법은 없다. 방법은 무궁무진하고 종류도 다양하다. 그러나 아래의 5가지 사항은 해결 절차에 전부 아니면 그 일부라도 포함될 것이라 생각한다.

① 자신과 아버지의 생각을 서로 나누는 일

② 과거에 자신이 느끼고 있던 감정을 털어놓는 일

③ 고백하는 시간

④ 용서하는 시간

⑤ 새로운 관계를 위한 결단

(3) 화해를 하기 위한 제안

"아버지 사랑해요"라고 말할 수만 있었으면……"이라는 기사에서 랄프 키이즈는 자기 아버지를 찾아가려는 아들들에게 다음과 같은 7가지 제안을 하고 있다.

첫째, 주도권을 가지라. 이 일을 하는데는 아들이 아버지보다 더 나은 입장에 있다. 만일 아들이 자기 아버지들에게 말을 걸지 않는다면 그런 대화는 평생 일어나지 않을 것이다.

둘째, 아무리 그럴 만한 이유가 있어도 슬픈 기색으로 이야기를 시작하지 말라. 당신 아버지와 당신 자신의 어린 시절에 관한 일반적인 대화부터 시작해서 아버지에 대한 자신의 감정으로 편안하게 대화를 이어가라.

셋째, 당신의 아버지가 말하고자 하는 것을 끝까지 들어주라. 당신 아버지가 말을 하고 있는 동안 말꼬리를 물거나 말다툼을 하거나 또는 마음 속으로 미리 반응을 생각하지 말라. 예전에는 알지 못했던 당신 아버지의 새로운 차원을 기대하라.

넷째, 공통점을 찾으라. 당신 아버지가 겪었던 것을 당신도 똑같이 겪고 있는가?

당신 아버지와 함께 보냈던 가슴 따뜻한 추억이 있는가? 이것들을 얘기하라.

다섯째, 당신 아버지도 당신처럼 한 아들이었음을 명심하라.

여섯째, 당신이 아버지로부터 소중한 사람이란 말을 듣고 싶어하는 만큼 당신 아버지도 그만큼 소중한 분이라는 말을 듣고 싶어한다는 것을 명심하라.

일곱째, 당신 아버지에게 말을 건네라. 그것도 빠른 시일 내에 하라. 내년, 아니 다음 주, 사실 내일도 너무 늦을 수 있다. 당신이 아버지께 사랑한다고 말할 수 있는 날은 어쩌면 오늘이 가장 좋은 날일 수도 있다.

3) 자신의 아버지와 새로운 관계를 형성하라.

'꿈의 구장'이라는 영화에서의 절정은 아버지와 아들이 새로운 관계를 맺을 것이라는 강한 가능성에 대한 생생한 은유가 남아 있는 그 장면에 있다. 황혼이 짙어지고 옥수수 밭에 세워진 야구장 안에는 불이 환하게 비추었다. 주인공 래이 킨셀라는 자기 아버지와 내야 안에서 공받기를 하며 놀고 있다. 공이 퍽퍽 소리를 내며 야구 장갑 속으로 빨려 들어갈 때마다 당신은 그들이 이미 화해했다는 걸 느낄 것이다. 이 장면은 참 이상한 장면이다. 왜냐하면 그들은 전통적인 아버지와 어린 아들이 하는 놀이인 공받기를 하고 있기 때문이다. 그러나 문제는 레이가 이제는 더 이상 어린이가 아니라는 점이다. 그는 아주 솜씨 좋게 그 구장을 건설했고, 그래서 그의 아버지를 그 곳에 올 수 있게 했다. 그는 자기 희생을 통해 이 같은 순간을 맛볼 자격이 있는 사람이라는 것을 스스로 증명해 보여 주었다. 그는 방금 자기 아버지를 자신의 손녀에게 인사를 시켰다. 그러나 실은 각본에 따라 신비한 합성을 통해 아버지는 늙은 노인이 아닐 레이 또래의 어른으로 나온다. 그들은 둘 다 어른이지만 아버지와 아들이다. 그들이 바로 공놀이를 하고 있는 것이다. 그들은 서로의 관계를 확인했으며 그것은 새로운 것이었다.

(1) 아버지에 관한 목록 3

아래의 〈표 3〉에 있는 아버지 목록은 '아버지 노릇에서 내가 할 수 있는 것' 네 가지 영역에서 다루고 있는 연구에 기초한 것이다. 이것의 목적은 자신에게 정확한 피드백 효과를 주고, 네 가지 아버지 노릇의 영역 하나하나에 대해 "나는 지금 어디에 와 있는가?"

에 대한 대답을 찾는데 도움을 주기 위한 것이다. 더 중요한 목적은 당신이 어느 영역을 더 개선시켜야 하는지를 알려 주자는 것이다. 항목을 빠짐없이 작성하라.

점수는 '1 = 거의 그렇지 않다. 2 = 다소 그렇지 않다. 3 = 잘 모르겠다. 4 = 다소 그렇다 5 = 거의 그렇다.' 식으로 매긴다.

<표 4> 아버지 노릇에서 내가 할 수 있는 것 (전체항목)

항 목	점수
1. 나는 아이들과 자주 함께 일을 한다.	( )
2. 나는 감정의 기복이 심하지 않다.	( )
3. 나는 아이들이 성장하면서 그들의 필요가 어떻게 변화하는지를 알 수 있는 좋은 지표를 가지고 있다.	( )
4. 나는 아이들을 격려하는데 별 어려움을 느끼지 않는다.	( )
5. 나는 심부름을 갈 때 아이들을 데리고 간다.	( )
6. 나는 아이들을 대하는 방식을 자주 바꾸지 않으려고 노력한다.	( )
7. 나는 어떻게 하는 것이 아이들에게 가장 용기를 북돋아 주는 것인지 알고 있다.	( )
8. 나는 아이들이 잘한 것에 대해 칭찬을 한다.	( )
9. 나는 아이들에게 자주 책을 읽어 준다.	( )
10. 나는 아이들을 대하는 방식을 많이 바꾸지 않는다.	( )
11. 나는 아이들이 어떤 것에서 동기가 유발되는지 알고 있다.	( )
12. 나는 아이들에게 애정을 표현한다.	( )
13. 나는 자주 어떤 프로젝트를 아이들과 함께 추진한다.	( )
14. 나는 성격이 변치 않는 사람이다.	( )
15. 나는 아이들이 언제 당황해 하는지를 알고 있다.	( )
16. 나는 계속 아이들에게 사랑한다고 말한다.	( )
17. 나는 아이들과 자주 재미있는 놀이 시간을 갖는다.	( )
18. 나는 아버지 역할을 수행하는 방식에 있어 변하지 않는 경향이 있다.	( )

항 목	점수
19. 나는 아이들이 최근에 경험한 좌절의 이유를 대부분 알고 있다.	( )
20. 나는 아이들이 내게 문제를 털어놓을 때 그들에게 관심을 쏟고 있다는 것을 보여 준다.	( )
21. 나는 아이들과 많은 시간을 함께 보낸다.	( )
22. 내 기분은 매일 거의 똑같다.	( )
23. 나는 아이들의 감정이 시간에 따라 어떻게 바뀌는지 알고 있다 .	( )
24. 나는 아이들에게 그들은 내게 아주 특별한 존재들이라고 말한다.	( )
25. 나는 내가 하는 일에 자주 아이들을 참여시킨다.	( )
26. 나는 내가 아이들을 대하는 방식이 매일매일 많이 바뀌지 않는다고 생각한다.	( )
27. 나는 아이들에게 어떻게 하는 것이 나이에 걸맞은 기대를 하는 것인지 알고 있다.	( )
28. 나는 아이들이 화를 낼 때 대체로 그들의 말을 듣는 편이다.	( )
29. 나는 일주일에 한두 번씩 아이들과 놀아 준다.	( )
30. 나는 아이들을 대하는 방식에 있어 예측 가능한 사람이다.	( )
31. 나는 아이들이 성숙하고 책임감 있는 사람이 되려면 그들에게 무엇이 필요한지를 알고 있다.	( )
32. 나는 아이들에게서 내가 좋아하는 특질들이 어떤 것인지를 말한다.	( )

4) 참 여

(1) 참여의 유익

많은 연구 결과 자기 아버지와 많은 활동을 함께 하고 관심을 많이 받고 자란 아이들일수록 아버지가 없거나 또는 아버지가 자신들의 삶에 참여하지 않은 채 자란 아이들보다 훨씬 더 건강하고 잘 적응하는 것으로 나타났다. 1990년도의 연구에 의하면 아버지가 자녀생활에 적극적으로 참여한 아이들은 ① 익숙지 않은 환경에 처하더라도 훨씬 덜 걱정하고 더 확신을 가지며, ② 좌절감을 훨씬 더 잘 처리하고, ③ 변화하는 환경들을 훨씬 더 잘 받아들이고 자신들의 틀을 더 쉽게 깨뜨리며, ④ 모자 관계를 벗어나 훨씬 더 독립심과 정체성을 갖는다.

26년 간에 걸쳐 이루어진 Harvard대학교의 연구보고서는 아버지의 참여 속에 자란 아이들이 갖는 이점들을 ① 그들은 더 인정 많은 어른으로 자랄 가능성이 높다. ② 그들은 자존감이 높고 평균 성적도 더 높다. ③ 그들은 사람들과 더 잘 사귄다. 등으로 설명하고 있다.

미국 보건복지국의 연구원인 마이클 램(Michael Lamb)은 다음과 같은 방법들을 제시하고 있다. 아버지들은 아이들과의 약속, 쉽게 접근할 수 있게 해줌, 책임이행의 세 가지 방법으로 참여의 역할을 수행할 수 있다.

① 자녀들과의 약속

약속을 해 놓고 있는 동안 아버지와 그 자녀는 무언가 함께 하고 있는 것이며, 그 활동의 목표는 자녀들과 함께 하는 것이어야 한다. 아버지는 십대 아들에게 타이어 교체하는 법을 가르쳐 주거나 엄마와 함께 자기 딸 교복을 사기 위해 시장에 갈 수 있고, 자녀들의 합창 대회나 야구 경기에 참석할 수도 있다. 우리 아이들은 아버지가 약속해 주기를 간절히 바라고 있다.

② 쉽게 접근할 수 있게 하라.

약속과는 대조적으로 접근은 계획되지 않은 시간이다. 함께 활동을 하지 않더라도 아이들의 주변에 있어 주는 시간이다. 당신은 다른 일을 하면서도 자녀들에게 신경을 써 주고 그들과 함께 해 주는 즐거움을 누릴 수 있다. 예를 들면, 직장 전화번호를 알려 주면서 "필요할 때 언제든지 전화하거라"라고 말할 수 있다. 그 자녀는 그것이 무슨 뜻인지 알고 있다.

③ 책임을 감당하라.

책임은 자녀들이 일상생활—음식을 먹여 주는 일, 콧물을 닦아 주는 일, 용돈을 주는 일, 기저귀를 갈아 주는 일, 학교나 경기장으로 데려다 주는 일 등—을 하는 동안 그들을 돌봐 주는 것을 말한다. 우리가 그들 곁에 있어 주는 이유는 우리 자녀들의 필요가 사소한 것이든 일상적인 것이든 아니면 생명을 위협할 정도의 것이든 간에 그 필요를 채우기 위해서이다.

(2) 아버지에 관한 목록 4—참여

'아버지에 관한 목록 3'의 설문에서 각 항목에 대한 당신의 점수를 기록하라. "내가 할 수 있는 것"에 대한 각 항목의 점수를 합산하여 아래에 표시해 보라.

<표 5> 내가 할 수 있는 것 (참여)

	항 목	점 수
1.	나는 아이들과 자주 함께 일을 한다.	(　　)
5.	나는 심부름을 갈 때 아이들을 데리고 간다.	(　　)
9.	나는 아이들에게 자주 책을 읽어 준다.	(　　)
13.	나는 자주 어떤 프로젝트를 아이들과 함께 추진한다.	(　　)
17.	나는 아이들과 자주 재미있는 놀이시간을 갖는다.	(　　)
21.	나는 아이들과 많은 시간을 함께 보낸다.	(　　)
25.	나는 내가 하는 일에 자주 아이들을 참여시킨다.	(　　)
29.	나는 일주일에 한두 번씩 아이들과 놀아 준다.	(　　)
아래에 당신의 점수를 표시하라. 8 10 12 16 18 20 24 26 28 30 32 34 36 38 40		

5) 일관성

(1) 일관성의 유익

일관성은 '아버지 노릇'의 핵심적인 부분으로써 우리가 자녀들에게 계속해서 사랑을 표현하는 방법 중의 하나이다. 우리는 일관성을 통해 자녀들을 정당하고 공평하게 세워놓은 규칙에 따라 혼을 내며 그 결과 그들은 성장하면서 무엇이 옳고 그른지를 알게 된다. 우리는 일관성을 통해 자녀들을 위해 특별히 시간을 내게 되고 그 결과 그들은 우리를 알게 되고 우리도 그들을 알게 된다. 일관성을 통해 신뢰와 존경이라는 길이 트이며 자녀들은 자신들의 아버지가 어떤 분인지를 알게 된다.

(2) 아버지 목록 5—일관성

'아버지 목록 3'의 설문에서 아래의 각 항목에 대한 당신의 점수를 기록하라.

<표 6> 내가 할 수 있는 것 (일관성)

항 목		점수
2.	나는 감정의 기복이 심하지 않다.	( )
6.	나는 아이들을 대하는 방식을 자주 바꾸지 않으려고 노력한다.	( )
10.	나는 아이들을 대하는 방식을 많이 바꾸지 않는다.	( )
14.	나는 성격이 변치 않는 사람이다.	( )
18.	나는 아버지 역할을 수행하는 방식에 있어 변하지 않는 경향이 있다.	( )
22.	내 기분은 매일매일 거의 똑같다.	( )
26.	나는 내가 아이들을 대하는 방식이 매일 많이 바뀌지 않는다고 생각한다.	( )
30.	나는 아이들을 대하는 방식에 있어 예측 가능한 사람이다.	( )
아래에 당신의 점수를 표시하라. 8 10 12 16 18 20 22 24 26 28 30 34 36 38 40		

6) 인 식

영미는 자신이 누군지를 간절히 알고 싶어했다. 영미의 엄마는 열입곱에 영미를 출산했고, 그러다 보니 영미를 할머니 손에 맡긴 채 자주 집을 나갔다. 영미의 아버지는 영미를 낳고 몇 년이 지났어도 영미 엄마와 결혼을 해 주지 않았고, 영미 근처엔 거의 얼씬도 안 했다. 자기 아버지에 대해 영미는 이렇게 썼다.

만일 아빠가 내가 누군지를 알려고만 했다면 아빠는 틀림없이 나를 좋아하셨을 거다. 왜냐하면 나는 나쁜 아이가 아니기 때문이다. 그러나 아빠는 그렇게 해 보려는 시도도 안 하셨다. 그래서 나는 착한 아이가 되는 게 싫어졌다. 어느 누구도 내게 조금의 관심도 보여주지 않았기 때문이다. 결국 나는 학교에서 말썽을 일으켰다. 지난번에 말썽을 일으켰을 때 선생님들이 엄마에게 연락할 수 없어 아빠에게 연락을 했다. 70마일을 운전해서 아빠가 여기에 오셨을 때 나는 다른 아이들 틈에 섞여 밖에 있었다. 나는 너무나 기뻤다.

왜냐하면 아빠가 내게로 걸어오고 계셨기 때문이다. 그러나 아빠는 다른 여자 아이에게로 가더니 그 아이를 껴안았다. 아빠는 자기 딸이 누군지도 모르고 계셨던 것이다.

"아빠는 자기 딸이 누군지도 모르고 계셨다." 이 말은 모든 아버지들의 간담을 서늘하게 하는 말이다. 당신은 당신 딸을 아이들 틈에서 골라 낼 수 있는지 모른다. 그러나 여전히 그 아이가 정말로 누군지를 다 안다는 것은 불가능할 수도 있다. 그 아이의 내면은 어떻게 생겼을까? 그 아이의 포부는 무엇이고 두려워하는 건 뭘까? 그 아이는 어떤 여성으로 성장하게 될까? 그리고 그 아이 주변의 친구들은 또 어떤가?

아버지 역할에서 세 번째 알아야 할 것은 인식이다. 즉 아버지가 자기 자녀들을 알고 그들의 세계를 아는 것을 말한다. 인식이란 아버지가 자기 자녀들의 성격을 알고 성장과정의 필요를 알며 매일하는 체험에 대해 아는 걸 말한다. 그는 자녀들의 생활 속에 어떤 사건들이 일어나고 있는지를 알아야 할 뿐만 아니라 또한 자기 자녀들이 어떻게 생각하며 느끼고 있는지, 그리고 사건들에 대해 어떤 반응을 보이는지를 알고 있어야 한다.

인식은 창문이 달린 벽이다. 그 창문은 우리에게 우리 자녀들의 영혼을 들여다보게 해 주며 우리 자녀들에겐 세상을 내다보게 해 준다.

(1) 아버지에 관한 목록 6—내 자녀에 대해 알기

아래의 질문 중 당신은 자신의 자녀에 대해 몇 가지나 옳게 답할 수 있는가? 올바른 대답을 많이 하면 할수록 자녀의 관심사와 두려움, 그리고 어린 시절에 갖고 있는 그 아이의 삶의 목표에 대해 더 많이 알고 있는 것이다. 자녀가 여럿인 경우 각각의 자녀에 대해 답해 보라.

① 피부 접촉을 통해서

양육은 종종 피부 접촉에서 시작된다. UCLA에서 실시한 전통적인 연구를 보면, 사람이 건전한 정서적 건강을 유지하는 데는 하루에 8번에서 10번의 피부접촉이 필요한 것으로 나와 있다. 당신은 하루에 몇 번이나 피부접촉을 받는가? 하루에 몇 번이나 당신 자녀들을 만져 주는가? 당신 아내에겐?

피부접촉은 사소한 것이 아니다. 그것은 생과 사의 문제가 될 수 있다. 13세기에 신성로마제국의 황제였던 프레드릭 2세는 비밀리에 피부접촉의 힘에 대한 초기 형태의 실험을 실시한 적이 있다. 그의 목표는 자신에게 쓸데없는 말이라도 걸어 주고 속삭여 주며, 얘기를 해줄 부모가 전혀 없었던 아이가 과연 어떤 언어 패턴을 발달시켜 나갈 것인지를 알아보는 것이었다. 황제가 알고 싶어했던 것은 그 아이의 첫 마디 말이 히브리어일까, 헬라어일까, 라틴어일까, 아랍어일까, 아니면 자기 부모가 쓰던 모국어일까 하는 것이었다.

그래서 프레드릭 황제는 한 그룹의 유모들에게 아기들을 키우게 하고 아기들 앞에서는 어떤 말도 하지 말 것과 다정하게 속삭이지 말 것을 지시했다. 또 유모들에게 요람을 흔들어 줘도 안 된다는 명령을 내렸다. 프레드릭은 실험결과를 기다렸다.

그러나 불행히도 실험결과는 한번도 나오지 않았다. 어린이가 하나도 남지 않고 다 죽었기 때문이다. 언어학상 이 아주 간단한 실험이 처참하고 비극적인 실패로 끝나면서 수세기에 걸쳐 우리에게 남겨준 큰 교훈은 무엇일까? 그것은 어린 아이들은 말과 피부접촉을 통해서 양육되어야 한다는 것이다.

신체적인 접촉은 생리적으로도, 심리적으로도 우리의 기분을 훨씬 좋게 해 준다.「축복」이라는 책에서 가정과 결혼 전문가인 게리 스몰리(Gary Smalley)와 존 트렌트(John Trent)는 피부접촉에 대한 두 가지 흥미로운 연구를 인용하고 있다. 뉴욕대학의 한 간호학과 교수가 한 사람이 다른 사람의 손을 건드리면 두 사람의 헤모글로빈 수치가 모두 올라간다는 사실을 발견했는데 이것은 몸의 조직이 더 많은 산소를 받아들여 힘이 솟아나는 것을 느끼게 만들거나, 우리가 병들었을 경우엔 회복을 촉진시킨다는 것을 의미한다.

② 말을 통해서

인간에게 있어 말은 공기만큼이나 가벼워 재빨리 사라지고 금새 잊혀진다. 그러나 자녀양육에 있어서 말은 강력한 힘을 갖는다.

아버지로서 당신은 정말 말조심을 하지 않으면 안 된다. 당신이 자녀에게 사랑한다는 것을 알게 하는데 있어 말을 하는 것이 중요하다. 동규의 아버지도 그가 장성할 때까지 그를 사랑한다는 말을 한번도 하지 않았다. 그가 간절히 듣고 싶었고 표현해 주기를 바랐던 것은 말이었다. 성인이 된 후 그는 자신이 아버지를 사랑했었다는 사실을 말하기로 작정했다. 그의 아버지가 뇌졸중으로 쓰러져 병원에 입원한 후 그는 병원으로 찾아가 사랑한다는 한 마디를 하리라 작정했다. 그러나 그가 그 말을 꺼내기 직전 그의 아버지가 그를 크게 한방 먹였다. "얘야, 사랑한다"라고 그의 아버지가 먼저 말해 버린 것이다. 후에 동규는 자신이 그 한 마디를 들었을 때 어떤 반응을 보였는지를 말했다.

"나는 얼굴이 화끈 달아오르는 걸 느꼈습니다. 분명히 아버지도 그 말을 하기가 겁이 났을 거라고 생각합니다. 그러나 나는 이 세상 어느 누구도 내게 그처럼 의미 있는 말을 해줄 수 없을 거라 생각합니다. 내 차로 돌아와 핸들을 잡았을 때 어깨에 힘이 다 빠져 나간 느낌이었습니다. 그리고 지금은 내가 전화를 걸 때마다 아버지는 나를 사랑한다는 말을 하지 않고는 도저히 못 배기는 분처럼 내게 그 말씀을 하시곤 합니다."

수많은 자녀들이 동규처럼 "사랑한다, 얘야"라는 말 한 마디를 듣지 못한 채 자라고 있다. 우리는 자녀들에게 그들이 우리에게 아주 특별한 존재라는 것을 끊임없이 상기시켜 줄 필요가 있다.

③ 귀 기울여 들어 줌으로써

양육에는 우리가 자녀들의 말을 귀담아 들어 주는 것도 포함된다. 우리 자녀들은 자신들이 누군지 우리에게 알리고 싶어한다. 그들이 잘못한 것이 무엇인지를 말하고 싶어한다. 그들은 또 그들에게 뭐가 중요한 것인지를 말하고 싶어한다. 그래서 우리로 하여금 자신들을 이해해 달라는 것이다. 이 모든 일은 우리가 그들의 말에 귀를 기울일 때에만 가능하다.

많은 어린이들이 아버지의 관심을 끌기 위해 경쟁을 하는 경우가 흔히 있는데 그것은 참 불행한 일이다. 우리가 아무리 바빠도 바쁘다는 이유로 자녀들의 말을 귀담아 듣지 않을 때 우리는 그들에게 엄청나게 많은 "말을 하고 있는" 셈이다.

(2) 아버지에 관한 목록 7—양육

'아버지에 관한 목록 3'의 설문에서 아래의 각 항목에 대한 당신의 점수를 기록하라. "내가 할 수 있는 것"에 대한 각 항목의 점수를 합산하여 아래에 표시해 보라.

<표 7> 내가 할 수 있는 것 (양육)

항	목	점수
4.	나는 아이들을 격려하는 데 별 어려움을 느끼지 않는다.	(　)
8.	나는 아이들이 잘한 것에 대해 칭찬을 한다.	(　)
12.	나는 아이들에게 애정을 표현한다.	(　)
16.	나는 계속 아이들에게 사랑한다고 말한다.	(　)
20.	나는 아이들이 내게 문제를 털어놓을 때 그들에게 관심을 쏟고 있다는 것을 보여준다.	(　)
24.	나는 아이들에게 그들은 내게 아주 특별한 존재들이라고 말한다.	(　)

	항　　　목	점수
28.	나는 아이들이 화를 낼 때 대체로 그들의 말을 듣는 편이다.	(　)
32.	나는 아이들에게서 내가 좋아하는 특질들이 어떤 것인지를 말한다.	(　)
	아래에 당신의 점수를 표시하라. 8 10 12 16 18 20 22 24 26 28 30 32 34 36 38 40	

(3) 아버지에 관한 목록 8—결과에 대한 해석

<표 8> '내가 할 수 있는 것' 평가표

	낮 음		보 통		높 음	
참 여	8	16	24	31	36	40
일관성	8	16	24	31	37	40
인 식	8	17	25	32	37	40
양 육	8	20	32	37	39	40

'아버지 노릇에서 내가 할 수 있는 것'의 각 항목에 매겼던 점수를 다시 기록해 보고 당신의 장점은 무엇이고, 더 개발해야 할 영역은 무엇인지 구체적으로 알아보라.

"내가 할 수 있는 것"에 대한 세부항목은 아버지들로 하여금 자신들의 아버지 노릇에 대한 접근 자세를 점검해 주려고 고안된 것이다. 아버지 노릇은 창의적이고 복잡하며 도전할 만한 직업이라는 것을 기억하라. 여기엔 여러 측면이 있으며 상황과 조건에 따라 다른 접근방법이 필요하다.

결과에 대해서는 편한 마음을 갖기 바란다. 이 세부항목에는 한계가 있다. 이것은 당신의 마음과 열망에 대해서는 평가할 수 없다. 이것은 다만 자신과 자녀 사이의 관계를 알아보는 데 참고가 될 뿐이다. 이 세부항목은 당신이 아버지 노릇을 해나가는데 있어서 실천 과제들을 평가해 보고 부족하다고 판단되는 영역들을 당신이 원하는 대로 강화해 나가고 변경시켜 나가기 위한 목적으로 계획을 수립할 때 도움을 주기 위한 도구다.

어떤 영역은 다른 영역에 비해 당신이 잘하고 있을 것이다. 그것은 당신의 장점이다. 스스로 자신을 비하하지 말라. "나는 장점이 없어"라고 말하지 말라. 당신의 프로필을 재검토해 보고 당신의 장점을 기뻐하고 큰 글씨로 써 놓으라. 그 장점들을 잊지 말라.

당신이 개선해 나가야 할 영역도 있다. 아래 빈 칸에 그것들도 써 넣어라. 이런 것들은 앞으로 실천해 가면 된다.

이것은 지금 당신이 어디쯤 와 있는지를 알려 주는 것에 불과 하다는 것을 명심하라. 확고한 결단을 하고 좋은 계획을 세우며 당신은 아버지 노릇을 잘할 수 있고 당신이 바라던 그 날은 반드시 오고야 말 것이다.

◎ 나의 장점

•
•
•
•
•
•
•
•

◎ 내가 개선해야 할 점

•
•
•
•
•
•
•
•

◎ 나의 실천계획

•
•
•
•
•
•
•
•

7) 초기 : 밀착단계/추상단계

첫 아이가 세상에 태어나면 당신의 아내는 단순히 한 아이를 이 세상에 내보내는 것이 아니다. 아버지도 함께 탄생한다. 그리고 아버지와 자녀의 만남을 통해 어쩔 수 없는 어떤 불가항력적인 힘에 의해 새로 태어난 아기 쪽으로 고리에 걸려 끌려가는 것 같다. 그것은 그가 그렇게 하고자 해서 되는 일이 아니다. 저절로 그렇게 되는 것이다. 분명 그것은 명확히 설명할 수 없는 무엇이 있다. 신비한 어떤 영역이 분명히 있는 것이다.

아이의 요구는 끝이 없다. 새벽 2시에 일어나 아기에게 젖병을 물리는가 하면 아이가 아파서 칭얼대면 당신은 어디가 아픈지, 왜 아픈 지도 모른다. 양치질하는 법을 가르쳐야 하는가 하면 용변 가리는 훈련도 시켜야 한다. 음식이 공중에서 날아다니는가 하면 갑자기 일격을 가해 오기도 한다. 박용철씨는 조카가 하나 있었다. 거의 매번 아이는 바지를 엉망진창으로 더럽혀 놓고는 자기 엄마에게 "내가 안 그랬어요, 엄마"라고 말하곤 했다. 아이는 옆집 소가 그랬다고 우기기는 했는데 그 이유는 가끔씩 그 소가 이 집 마당으로 들어와서는 흔적을 남겨 놓았기 때문이다. 그럴 땐 "두 살배기 훈련하기"라고 부르는 것을 해야 하는데 그것은 흔히 "끔찍스런 두 살배기"로 더 잘 알려져 있다. 비록 그 과징에서 몇몇 전투에는 당신이 패배할 수 있지만 인내를 통해 당신은 의지의 싸움에서 승리할 수 있다.

때로 당신 자녀의 끝없는 호기심 때문에 당신은 "애들은 말로 해서는 안 되고 직접 보여줘야 한다"는 잘못된 충고를 구할 수 있다. 취학전 아동의 말은 10% 이상이 질문의 형태로 되어 있다는 연구 보고서가 있다. 인내는 어린이의 맹공격에서 살아남기 위해서도 필요할 뿐만 아니라 올바르게 대답을 해 주기 위해서도 필요하다. "아빠, 왜 새들은 날아다녀요 ? " "아빠, 가방에는 뭐가 들어 있어요 ? "

인내는 당신이 생존하고 올바르게 대답을 하는데 도움을 줄뿐만 아니라 당신이 계획을 세우는 데 도움을 줄 것이다. 이러한 소동 가운데서 새로 아버지가 된 사람은 열정과 꿈과 책임감을 이상적인 한 세트로 만드는데 시간과 에너지를 투자한다. 그는 지금은 물론이고 앞으로도 자신이 좋은 아버지가 되기 위해 꼭 필요한 요소들을 주지하고 있지 않으면 안 된다. 인내심 없이는 그 소동에 휩쓸리거나 아니면 쓸려 내려가기 쉽다. 수많은 아버지들이 직장에서 편안함을 느끼면서도 이 부분에서는 어쩐지 어색해 하고 혼란을 느낀다. 어떤 아버지는 종종 자신에게—그리고 정직하게 말한다면 아내나 가까운 친구에게—"내가 지금 뭘 하고 있는 거지?" 라든지 아니면 그 녀석들 때문에 미치겠어"라고 말할 것이다.

8) 중기 : 이해단계

다음의 일화를 살펴보자.

내가 내 아들 철수와 처음으로 성에 대해 공식적인 대화를 한 것은 그 아이가 일곱 살 때였다. 얘기를 하자고 제안한 것은 실제로는 그 아이의 엄마였다. 아내는 철수가 자기 누나의 옷차림에 대해 관심을 갖는 것을 보아 오던 터였다. 그래서 나도 이 점잖은 신사를 데리고 점심을 먹으러 나가서 '그들'과 '우리'의 차이점에 대해 얘기를 나눴다.

피자헛에 빈 자리가 있어서 들어가 앉고는 팬 피자 하나와 음료수 두 잔을 큰 것으로 주문했다. 우리의 대화는 성인들을 위한 성교육이 아니었다. 다만 철수 나이 또래의 남자 아이가 알아두어야 할 간단한 사람의 신체구조, 즉 남자와 여자의 차이점을 얘기하려는 것이었다. 그러나 나는 그 얘기를 진지하게 시작했다. 나는 내가 아버지 노릇이라는 전문적인 일을 하고 있는 중이라는 것을 알고 있었다.

나는 그 아이가 이미 알고 있는 게 무엇인지를 알아보기 위한 질문부터 시작했으나 그 아이는 간략한 대답 — 예, 아니오, 아마, 몰라요 — 만 했고, 그래서 나는 '이 나이의 아이들에겐 역시 이 세상에 여자 아이들이 존재한다는 사실보다는 페페로니 피자나 소시지에 더 관심이 많구나' 하는 생각을 했다. 그러나 나는 부지런히 설명을 해 나갔다. 마지막으로 나는 그 애가 내 말뜻을 알아듣고 이해했는지를 알고 싶었다.

그래서 "철수야, 이제 여자 아이의 몸과 남자 아이의 몸이 어떻게 다른지 이해가 되니?' '라고 물었다. "예" "좋아, 그러면 내게 말해 보렴, 네 엄마의 몸하고 내 몸하고 뭐가 다른지?"

철수는 잠시 생각했다. '옳거니 내가 한 강의를 생각하고 있구나' 하고 나는 생각했다. 그러나 그 아이는 창 밖을 내다보면서 "엄마는 눈 색깔이 달라요"라고 대답했다.

나는 씩 웃었다. 그 아이도 씩 웃었다.

어찌된 일인가? 얼마 전만 해도 나는 아기의 오동통한 손위로 장난감을 딸랑거리며 기뻐하던 추상의 단계에 몰두하고 있었건만 단 몇 년만에 내 첫아들이 나를 아버지 노릇의 인생과정 세 번째인 이해단계로 밀어 올려놓았다. 철수처럼 이해 단계의 어린이들은 집의 네 기둥을 뛰어넘어 끝없이 넓어 보이는 세상으로 나간다.

이 때는 대전환기로 예전보다는 더 어렵고 심각한 질문을 해댄다. 우리 자녀들이 사회적 신분이나 영적인 것, 성 등과 같은 문제들과 씨름을 해 나갈 때 우리 아버지들이 그들을 도와 주지 않으면 안 된다.

내가 철수에게 "사람의 신체구조 101"강의를 하고 있을 때 나는 그 아이가 시카고 커브스 야구팀 모자를 쓰고 내게서 멀찌감치 떨어져 앉아 있는 아주 어린 꼬마인줄로 생각했다. 그러면서 한편으로는 한 어린이의 순수함이 아주 어린 나이일 때부터 길거리의 친구들이나 텔레비전, 또는 잡지들에 의해 물들어 가고 있다는 것을 알았다. 우리의 어린 자녀들에게 이런 압력은 더욱 커지고 있다. 이것이 이해단계에서 아버지들이 적극적인 참여를 하지 못하는 주 요인이다. 우리가 시행착오를 겪는 것이 있다면 그건 분명 의사소통의 측면이 틀림없을 것이다.

예를 들면, 나는 성에 대한 나의 강의가 내 아들에게 어떤 유익을 주었는지 적어도 그 당시에는 알지 못했다. 우리가 피자헛에서 나와 집 뒷문으로 들어서자 아내는 부엌에서 우리를 기다리고 있었다. 나는 갑자기 아내를 꼭 껴안고 몸을 흔들며 아내와 길게 키스를 했다. 그리고 나서 "나는 당신의 그 눈이 너무 좋아!"라고 말했다. 아내는 놀란 표정으로 나를 쳐다보았다. 그러나 나는 철수를 쓰윽 바라보았다. 철수의 그 엄숙한 얼굴에도 함박만한 미소가 솟아올랐다. 나는 철수에게 고개를 끄덕여 보았다. 철수도 내게 고개를 끄덕여 화답해 왔다. 그러더니 철수는 친구들이 놀고 있는 공원으로 뛰어 나갔다.

그때 나는 아버지들이 자기 자녀들에게 수만 가지 다른 방법으로 가르치고 있다는 사실을 알게 되었고, 나는 내 아들이 꼭 알아두었으면 하고 바라던 요점을 성공적으로 전달했다는 것을 알게 되었다.

이해 단계의 자녀는 형이상학적인 것과 영적인 것을 포함해 인생의 거의 모든 영역에 대해 물어올 것이다. 대부분의 아버지들이 자기 자녀들이 영적인 관심사가 무엇인지를 알고 있긴 하지만 이 영역의 문제를 다루기 위한 시간은 할애하지 않는다. 한 조사에 따르면 우리는 대부분의 아버지들이 아버지 노릇 가운데 이 '영적 발달'의 영역에서 가장 만족하지 못하고 있다는 사실을 알게 되었다. "다른 아버지들과 비교해 볼 때 이 영역을 위해 내가 보내는 시간을 스스로 평가해 본다면"이라는 설문에 거의 대부분의 남자들이 "아주 적다" 또는 "적다"라는 항목에 답을 했다.

우리들의 자녀는 영성을 가지고 있다. 우리 모두도 마찬가지다. 그것은 인간을 구성하고 있는 한 부분이다. 그것은 청음 능력이나 기계적인 소질 같은 게 아니다. 그런 것들은 당신 자녀들이 가지고 있을 수도 있고 없을 수도 있는 것이다. 당신 자녀들은 인간일 것이냐 말 것이냐를 결정할 필요가 없는 것같이 영적 생활을 할 것이냐 말 것이냐를 결정할 필요도 없다.

사람들의 말을 들어 보면 대부분의 남자들이 다시 교회에 출석하기 시작하는 때가 바로 이 이해의 단계라는 데는 이견이 없다. 개신교단에서 사역하는 대부분의 목회자들에겐 이 단계가 많은 남자들이 자기 가족과 함께 다시 교회로 돌아오게 되는 절정기라는 것이 널리 알려진 사실이다.

9) 십대의 시기 : 자가단계

(1) 아버지에 관한 목록 9—변화 또 변화

네 번째 단계인 자각 단계에서의 중요한 변화는 청소년들은 물론 그들의 부모에게도 일어난다. 그리고 동시에 청소년이나 그 부모들이 모두 비슷한 질문을 하게 되는데, 이것이 두 세대가 서로 만나 차이점을 서로 논의할 수 있는 공동 관심사가 된다.

다니엘 레빈슨에 따르면 대부분의 중년기 남성들이 하는 질문은 다음과 같은 것들이다.

① 나는 지금까지 내 인생에서 무엇을 해 왔는가?
② 나는 내 아내와 자녀들과 친구들, 직장과 지역사회 그리고 내 자신에게 정말로 무엇을 주고받고 있는가?
③ 내가 내 자신과 다른 사람들에게 정말로 원하는 것은 무엇인가?

월트 뮬러에 의하면 대부분의 십대들이 하는 질문은 다음과 같다.

① 나는 누군가? (왜 나는 다른 사람들과 달라 보이는 걸까?)
② 내 친구들은 어떤 사람들인가? (나는 어떤 친구들과 있어야 잘 어울릴까?)
③ 나는 어디로 가고 있는가? (내 미래는 어떤 모습일까?)

아무도 자신에게 농담하려고 하는 사람은 없다. 자각단계의 아버지 노릇은 어렵고 흔히 고통스럽다. 그러나 이 시기 동안 당신 자녀는 어느 누구도 대신할 수 없는 그런 영역들에서 당신을 필요로 할지 모른다. 어린아이에서 성인으로 전환하는 데는 상처가 따른다. 그들이 부인할지는 모르지만 그래도 그들은 절대적으로 당신의 도움을 입지 않으면 안 되게 되어 있다.

마라톤에서 '벽'에 부딪힌 선수처럼 포기하기 쉽다. 다른 건 몰라도 고통이 너무 크기 때문이다. 많은 사람들이 아버지 노릇을 그만두고 자녀들로부터 멀리 떨어져 앉는다. 한 연구 조사에서 청소년들이 아버지와 함께 있을 때 어떤 느낌이 드는가? 라는 질문이 있었다. 딸들은 "거리감이 느껴지거나 불편하거나 아니면 떨어져 있고 싶다"고 대답했다. 오직 1%의 응답자만이 장난을 치고 싶거나 마음을 털어놓거나 아니면 아버지가 자신을 받아 준다고 대답했다. 조사에서 아들들은 멀리하고 싶고 감정 표현이 없고 조심스럽고, 분위기가 무겁고, 불편하며 비판적이거나 자신들을 원치 않고 거리감을 느낀다고 대답했다.

아버지인 우리는 그런 "벽"을 넘어서 달려야 한다. 우리는 우리가 아버지 노릇을 하는 동기 — 무조건적인 사랑 — 를 우리 스스로에게 상기시켜야 한다. 당신은 기쁜 마음으로 끝까지 달리는 것만으로도 그 같은 사랑을 표현할 수 있다. 그것이 당신의 임무다. 그렇게 할 때만이 아버지의 심장으로 다가오는 스트레스들을 극복할 수 있게 되고—우리는 계속해서 달릴 수 있게 된다. 그런 후에야 우리는 그 다음에 불어오는 바람에서도 다시 한번 사랑으로 연결된 관계라는 시원한 바람을 맛볼 수 있게 될 것이다.

10) 후기 : 회상단계와 생성단계

(1) 떠나 보내기

이제 당신은 자녀들이 그들만의 생활을 하도록 독립을 시킬 상태이다. 딸들은 공부를 계속하고 있거나, 아니면 곧 결혼을 해서 남편의 집안을 따르게 될 것이다. 아들들은 새 주소로 이사를 갈 것이다.

> 당신은 이런 자녀들을 차에까지 바래다준다. 그들은 차에 탄 후 차창을 연다. 당신은 몇 번 더 잘 가라는 작별인사를 한다. 그런 다음 당신은 그들의 차가 멀리 모퉁이를 돌아 뒷모습이 완전히 보이지 않을 때까지 몇 번이고 손을 흔들며 그 곳에 서 있다. 아! 그들이 다시 오겠지. 그러나 지금 당신은 돌아서서 아내의 허리를 팔로 안은 채 갑자기 조용해진—당신이 제발 좀 집안이 조용했으면 하고 바라던 것보다 훨씬 더 조용해진—집안으로 들어간다.

자녀들이 집을 떠나게 되면 어떤 의미에서 당신도 회상의 단계로 진입한다고 볼 수 있다. 몇 년 있지 않아 빠르게는 5년 길게는 15년이 지나면 그들은 당신에게 첫 손자나 손녀를 안겨 주고 그렇게 되면 당신은 생성단계라는 마지막 단계에 들어서게 될 것이다. 비록 이런 단계들엔 아버지로서 해야 할 중요한 일들이 산더미처럼 많지만 우리 자녀들이 집을 떠나는 이 첫 시기가 종종 죽음보다 싫게 느껴지기도 한다. 떠나 보낸다는 것은 언제나 고통스러운 일이다.

(2) 결혼

당신의 아들이나 딸이 결혼할 상대에게서 무엇을 원하는지를 생각해 보도록 도와 주라. "네 배우자 될 사람에게 너는 어떤 자질들이 갖추어져 있기를 기대하니?" 만일 당신 자녀가 이런 것들을 시간을 두고 생각해 본 상태라면 그는 자신이 정한 기준을 그대로 결혼 문제에 적용할 것이다. 사랑은 선택이다. 그리고 선택은 헌신을 의미한다. 당신은 자녀가 현명한 결정을 하도록 도울 수 있다.

만일 당신 자녀가 선택한 배우자가 마음에 들지 않을 경우엔 당신 자녀에게 당신의 생각을 분명하게 말하라. 그래도 당신 자녀가 고집을 피운다면 그의 뜻대로 하게 하고 그렇더라도 그 자녀를 사랑하라. 그리고 당신 자녀와 그 배우자를 위해 당신은 자신의 자리를 지키고 있어라.

아버지로서 그리고 할아버지로서 우리는 우리의 아들과 딸들이 더 이상 어린아이들이 아닌 성인들이라는 걸 명심해야 한다. 그들과 우리의 관계가 바뀌고 성숙해 감에 따라 우리는 그들에게 많은 것을 제시해 줄 수 있다. 그러나 우리는 간섭이 아닌 참여, 판단이 아닌 상담 사이에 균형을 이루어야 한다는 사실을 명심해야 한다. 언제나 그래왔듯이 아버지의 마음은 자기 자녀들이 성공하기를 간절히 바라는 것이다. 우리의 자녀들에 대한 그 같은 헌신은 우리가 그들에게 물려줄 수 있는 유산의 일부다.

11) 어머니의 역할

다음 20가지 설문지에 자신의 상태에 따라 1~5까지의 숫자로 대답해 보라.

5. 언제나 그렇다(81～100%)
4. 종종 그렇다(61～80%)
3. 때때로 그렇다(41～60%)
2. 어쩌다 그럴 때도 있다(21～40%)
1. 그런 일은 거의 없다(0～20%)

자신의 현재 점수는 고정된 것이 아니다. 다만 지금까지 어느 정도 철저한 자녀교육을 해 왔는지를 정직하게 점검해 보는 것이다.

이제부터 시작이다. 자녀교육에는 부모 자신의 훈련과 교육이 필요하다. 자녀교육은 평생과업이며, 세대에서 세대로 이어진다. 모든 부모의 목표는 100점이 아니라 그 이상이다. 이 순간도 우리는 성장하는 부모로 성장하는 자녀를 기르는 것이다. 부모 역할은 종신제이기 때문에 임기나 졸업이 없다.

<표 9> 모성애 테스트

항 목	점수
1. 자녀를 위한 구체적이고 영구적인 인격적 목표를 가지고 있는가?	
2. 자녀의 성별(남, 여)에 대한 기쁨이 있는가?	
3. 자녀의 기질을 파악하고 있는가?	
4. 자녀의 질문에 솔직하고 진지한 답변을 해 주는가?	
5. 자녀의 말에 귀를 기울이는가?	
6. 자녀에게 하나님의 존재를 인식시켜 주었는가?	
7. 자녀와 함께 기도하며 자녀가 스스로 기도하도록 격려하는가?	
8. 자녀와 함께 있는 시간을 즐거워하며 될 수 있는 대로 많은 시간을 함께 보내려 하는가?	
9. 결과가 좋지 않은 경우에도 기꺼이 칭찬을 해 주는가?	
10. 자녀가 보는 책이나 텔레비전을 함께 보고 판단력을 길러 주는가?	
11. 자녀의 친구들을 언제나 환영해 주는가? (좋은 친구)	
12. 자녀에게 성경을 가르치는가?	

항 목	점수
13. 귀찮은 생각이 들 때에도 자녀를 철저히 훈계하는가?	
14. 훈계한 뒤에는 반드시 위로해 주는가?	
15. 자녀의 실수로 손해를 본 뒤에도 자녀를 격려해 주는가?	
16. 자녀와의 약속은 희생을 치르면서라도 꼭 지키는가?	
17. 부모의 실수에 대해서 자녀에게 용서를 구하는가?	
18. 자녀를 다른 아이들과 비교하지 않는가?	
19. 부모의 발전을 위해 자녀를 이용하지 않는가?	
20. 자녀로부터 신뢰와 존경을 받고 있는가?	
합 계	

오늘날 우리는 유아식품 광고에 나오는 어머니가 되고 싶어한다. 그 광고에 나오는 어머니를 잘 알 것이다. 그 어머니는 언제나 자녀를 사랑하고 차분하며 이타적이다. 그리고 그 어머니는 자녀양육에 필요한 모든 세부사항에서 강렬한 만족감을 발견한다. 그것은 그저 당연한 일일뿐이다. 자녀의 취약성은 우리가 최상의 자아가 되어 부드러운 양육과 상냥한 관심을 구현하고 싶어하게끔 만든다. 게다가 자녀가 어떻게 자랐는가? 라는 문제는 우리의 인생을 결정짓는 마지막 판결이 되고 있다.

오늘날 어머니의 사랑은 도덕적 의무의 지위를 얻었다. 오늘날의 신화는 아이들의 행복이 거의 전적으로 아이들이 받는 교육의 질에 달려 있다고 평가한다. 어머니와 자녀 사이의 강렬하고 연장된 사랑의 유대는 필수적이다. 비록 많은 사람들이 어머니가 반드시 생물학적 어머니이거나 심지어 여성이어야 할 필요가 없다고 믿지만 아이들 옆에는 적어도 한 명 이상의 헌신적인 어른이 지속적이고 배타적으로 존재해야 하며, 아이들을 사랑하고 돌봐 주는 사람에게서 아이를 격리하는 일은 정신적인 상처를 입힌다는 것이 사람들의 기본적인 생각이다.

어머니의 사랑은 강력한 요소이다. 가장 권위가 있고, 일반적이며, 기대할 만하고, 조화로운 것이라고 생각한다. 어머니의 입맞춤과 포옹은 미래의 정신 건강을 위한 기초적인 요소를 제공한다. 그러나 중요한 점은 그런 행동이 오직 유년기와 초년기의 아이들에게 충분히 주어질 때만 그러하다는 것이다. 그 시기가 지나면 어머니는 점점 자신의 강렬한 애정을 포기해야 한다. 자신의 아이가 커갈수록 어머니는 우아하게 뒤로 물러나야만 한다.

"아이에겐 엄마가 얼마나 필요할까?" 이 문제는 간단하게 답변할 수 있다. 아이는 어머니와의 관계를 믿음직하게 느끼고 체험할 수 있는 만큼 어머니를 필요로 한다. 아이는 전적으로 자신을 위해 존재하는 어른(아버지가 될 수도 있고 탁아모가 될 수도 있다)에 대한 확신이 필요하다.

전적으로 아이를 위해 존재한다는 것은 언제나 거기 있어야 한다는 것을 뜻할 필요는 없다. 전적으로 아이를 위해 존재한다는 것은 아이와의 유일무이한 관계를 받아들인다는 뜻이다. 여기서 이런 뜻이 표현된다. "너는 내 아이야, 내가 너와 함께 있고, 너와 놀고, 말하고 혹은 뭔가를 할 때면 나는 언제나 기꺼이 그렇게 한단다. 그렇게 함으로써 나는 너에게 '네가 있어서 기쁘다'는 것을 알려줄 수 있거든".

아이에게는 이렇게 받아들여진다(受容)는 느낌이 필요하다. 이를 통해 어머니가 현재 그 자리에 없다 하더라도 믿음이 자라기 때문이다.

어머니와 아버지가 없는 동안 아이는—탁아모가 돌봐 주든 탁아기관의 교사가 돌봐 주든—좋은 보육이 필요하다. 이 때 보육자는 '어머니 대신'의 역할을 할 필요는 없다. 그는 아이에게 중요한 인물이지만, 그 이상도 그 이하도 아니다. 그는 부모와 경합하는 것이 아니라 아이와 부모의 생활을 보충해 주면 된다. 이 점에서 할머니, 할아버지 혹은 다른 친척 혹은 친지와 유사하다. 그들은 아이로부터 부모 옆에서 갖게 되는 포근하고 편안한 느낌을 앗아가지 않으면서 아이를 풍부하게 해 주는 중요한 역할을 한다. 경우에 따라서는 다른 아이들과 같은 역할을 한다.

아이의 행복에 결정적인 것, 아이의 행복을 위한 기본 전제는 온 가족의 행복이다. 이는 가족구성원 모두의 관심과 요구들을 얼마나 동등하게 실현시킬 수 있는지에 달려 있다. 이는 가족구성원 모두의 관심과 요구들을 얼마나 동등하게 실현시킬 수 있는지에 달려 있다. 이것을 위해 오늘날의 가정은 옛날과는 반대로, 문화적으로 미리 형태가 마련되어 있지 않은 길을 찾아야 한다. 파트너가 있건 없건, 아이가 하나이건 여럿이건, 가정 내지 가정과 유사한 모든 공동 생활 형태는 동일한 가치를 지니고 동일한 기회를 가질 수 있어야 한다. 가족구성원 모두가 함께 행복할 수 있는지 없는지는 그들 사이에 얼마나 균형이 유지될 수 있는가에 달려 있다. 아이들은 보통 그들이 속한 곳이 어디며 어머니 혹은 아버지가 자식을 좋아하고 보살펴 준다는 것을 확신할 수 있으면 행복하게 잘 지낸다. 우리 어른들은 얼마나 많은 시간을 아이를 위해 쓸 수 있느냐와는 관계없이 이러한 감정을 아이에게 전달하는 방법을 배워야 하는 것이다.

특히 어머니는 우리 사회에서 육아라는 중요한 과업을 담당하고 있다. 그렇기 때문에 어머니는 우리 사회의 미래를 보장하는 것뿐만 아니라 생활의 질을 유지하는데도 기여한다. 어머니와 아이를 통해 우리 세계는 보다 인간적이 된다. 유감스럽게도 우리 사회는 어머니에게 극도로 높은 요구를 제시하는 습관이 배어 있다. 따라서 적어도 부분적으로는 과도한 요구를 하고 있는 것이다. 그렇기 때문에 오늘날 사회는 이를테면 노동법적인 조처를 통해 더 많은 보육형태를 마련한다든가 하여 어머니를 확실히 뒷받침해야 한다는 점을 강조할 필요가 있다. 흥미롭게도 기본법을 제정한 아버지들은 제6조에다 "모든 어머니는 가족 공동체를 보호하고 보살필 권리를 지닌다"고 공식화 해 놓았다. 우리나라에서도 이 문제는 계속 개선되고 보완돼야 할 것이다.

어린이들은 할 말이 많다. 그들은 하고 싶은 말이 많지만 어떻게 표현해야 할지 몰라서 혹은 아무도 자기들에게 귀를 기울여 주지 않기 때문에 그 말들을 하지 못하고 있다. 우리 모두 가장 순수하고 진지한 마음으로 그 어린이들의 호소에 귀를 기울여야 할 것이다.

(1) 소속감

우리 모두 가장 순수하고 진지한 마음으로 어린이들의 호소에 귀를 기울이기로 하자. 다음의 일화를 살펴보자.

> 나는 여느 때처럼 아이들이 노는 틈에서 번역을 하고 있었다. 아마도 나는 이 세상에서 가장 바쁜 어머니 중 하나일 것이다. 나는 그것을 늘 경계하며 아이들에게 눈길을 돌리는 때가 많다. 곧잘 놀던 진현이가 느닷없이 그림책을 들고 와서 번역하고 있는 책 위에 올려놓고는 "엄마 이 책 읽어 줘!"하며 졸라대기 시작했다. 나는 한참 글쓰는 일에 열중해 있던 터라 조금 귀찮은 생각이 들어서 슬며시 밀어 냈다.
>
> "엄마가 지금 이것을 빨리 해야 되거든, 이따가 잠잘 때 읽어 줄게."
>
> "아이, 지금 읽어 줘."
>
> 그러는 중에 '때르릉'하고 전화벨이 울렸다. 나는 얼른 일어나서 수화기를 들었다. "양 선생님 댁이지요?"로 시작한 전화 목소리의 주인공은 계속 자기 문제를 호소하면서 상담을 요청했다. 나는 가능한 범위 내에서 전화 상담을 한참하고 난 뒤 수화기를 내려놓았다.
>
> 그런데 내 곁에는 진현이가 계속 그림책을 든 채 엄마를 기다리고 있는 것이 아닌가. 그 아이의 눈빛과 얼굴표정은 "나는 지금 엄마가 필요해요!"하는 호소로 가득 차 있었다.
>
> 나는 무어라 형용할 수 없는 연민을 느끼며 미안한 마음으로 진현이를 무릎에 앉혔다. 하고 있던 모든 일을 밀어 놓고 즐거운 마음으로 그림책을 재미있게 읽어 주고 함께

숨바꼭질도 했다. 우리 집은 행복한 아이들의 웃음소리로 가득 찼다.

우리 부모들은 그토록 소중한 자녀들을 전화만큼도 귀히 여기지 않을 때가 많다. 대부분의 사람들은 아무리 바쁜 일을 하다가도 전화벨만 울리면 얼른 달려가서 받는다. 그렇지만 아이들의 호소에는 그렇게 즉각적인 반응을 보이지 않는 것 같다.

어떤 때에는 자녀들의 내부에서 비상벨이 울린다. “엄마, 아빠 내 말에 귀를 기울여 주세요.” 아무런 반응이 없을 때 그들은 심한 외로움과 좌절감과 소외감 때문에 병들어 버린다. 심각한 증세가 나타나면 그때서야 부모들은 정신을 차리지만 이미 몇 배의 경비와 노력을 들여도 너무 늦었다는 결론이 나올 수밖에 없다.

하나님은 온 우주를 창조하셨고 지배하시며 운영하고 계시지만 바빠서 우리 호소에 귀를 기울이지 않는 일은 한번도 없으신 분이시다.

“너희는 내게 부르짖으며 와서 내게 기도하면 내가 너희를 들을 것이다”(렘 29:12)

이제 우리도 마음의 귀를 열어 사랑하는 우리 자녀들에게 귀를 기울여야겠다.

(가) 인정해 주기

어느 아파트 단지에서 일어난 사건이다. 초등학교 3학년 어린이들의 시험지를 받은 날 실종사건이 발생했다. 저녁 내내 부모들이 걱정하며 찾아다녔는데 결국 밤 늦게 서야 없어졌던 아이들을 찾게 되었다. 그런데 그들의 실종 연유가 기가 막혔다.

그 아이들이 시험지를 받고 보니 지난 달보다 점수가 훨씬 낮았다. 그 때에 한 영리한 어린이가 한 가지 묘안을 냈고 모두가 동의를 했다.

“얘들아 우리 오늘 집에 들어가지 말자. 이대로 집에 갔다가는 틀림없이 엄마에게 꾸중을 들을 거야. 그렇지만 밤늦게까지 우리가 나타나지 않으면 우리 때문에 몹시 걱정을 하겠지. 그러다가 우리가 나타나면 시험점수가 좀 나빠도 그런 것쯤은 문제삼지 않을 꺼야.”

그래서 그 아이들은 주머니를 털어 빵 등을 사 가지고 어느 공원으로 몰려가서 밤늦게까지 나타나지 않았다는 것이다.

이 이야기는 여러 가지 생각을 하게 하는 실제사건이다. 참으로 어린이들이 기가 막힐 정도로 영리하다는 사실이다. 그러나 이것이 혹 잘못된 면으로 개발되고 있는 것은 아닌지 또한 부모들이 지나칠 정도로 학교점수에 민감한 것이 아닌지 염려하게 된다. 자기도 모르는 사이에 학교 성적에 따라 자기 자녀를 평가하고 있다. 그래서 공부만 잘하면 다른 모든 것은 다 감추어지고 문제가 되지 않는다. 예의가 없어도, 아주 이기적이어도, 교만해도, 돈에 대한 지나친 욕구가 있어도 학교성적이 좋은 아이들은 크게 문제를 삼지 않고 그냥 넘어가는 일이 너무나 많다. 그것은 그 아이들에게 커다란 손해다.

반대로 학교성적이 나쁘면 매사에 걸림돌이 된다. 툭하면 "공부도 못하는 주제에", "공부를 그렇게 잘하면 얼마나 좋겠나?" 등의 언급에 아이는 기가 죽고 만다. 그래서 그 아이만이 가지고 있는 독특하고 훌륭한 특성들이 계발되지 못한다.

학교에서는 공부를 못하는 것 때문에 기가 죽고 인정을 받지 못하는데 가정에서까지 그 아이를 인정해 주지 않는다면 그 아이는 어디에서도 자기 능력을 발휘할 기회를 얻지 못하게 된다.

(나) 보호해 주기

자기 자식을 보호하려는 어버이의 본능은 동물의 세계에서도 뚜렷이 나타나고 있다. 어느 농촌 작은마을에서 불이 났다. 마을이 온통 불바다가 되는 바람에 돼지우리까지 다 타 버렸다. 그런데 불탄 자리에 새끼 몇 마리가 꿀꿀거리며 살아 있는 것을 보았다.

깜짝 놀란 마을 사람들은 새끼 돼지가 살아 있는 곳을 자세히 살펴보았다. 거기에는 아주 끔찍한 모습으로 타 죽은 어미돼지의 흔적이 남아 있었다. 불이 나자 사람들은 최선을 다해 피신을 했지만 낳은 지 얼마 안 된 어린 새끼들은 도저히 피할 수가 없었으리라. 그것을 알아차린 어미돼지는 자기만 불길을 피해 도망간다면 가능했겠지만 새끼들을 살리기 위해 피난 가는 것을 포기하고 자기의 커다란 몸 속에 새끼들을 깔고 앉아 그대로 불길을 맞았던 것이다. 그 결과 새끼들은 살아 남을 수 있었고 어미돼지는 끔찍한 모습으로 타 죽고 만 것이다. 동물의 세계에도 그와 같거늘 하물며 인간 세계의 부모 마음이 얼마나 더 크겠는가!

우리는 우리 자녀들을 모든 위협으로부터 보호하려는 사랑의 본능을 가지고 최선을 다하고 있다. 아기를 낳아서 2개월만 되면 열심히 예방주사를 맞춰 주고 더위와 추위와 배고픔과 온갖 신체적인 위험에서 자녀들을 보호해 준다. 그러나 우리가 자녀들을 올바로 보호해 주기 위해 반드시 알아야 할 사항이 있다. 성경에는 훌륭한 어머니들이 많이 나온다. 그 여인들을 연구해 보면 놀라운 자녀교육의 원리들을 배울 수 있다.

앤드류 머레이가 쓴 「그리스도를 위해 자녀를 기르자」라는 책을 읽으면서 공부해

나가면 너무나 훌륭한 성경적 자녀교육의 원리를 깨달을 수 있다. 그 가운데 모세의 어머니 요게벳에 대해 언급하고자 한다. 그녀는 세 자녀 모두를 국가의 영도자로 키운 훌륭한 어머니이다.

> "레위 족속 중 한 사람이 가서 레위 여자에게 장가들었더니 그 여자가 잉태하여 아들을 낳아 그 준수함을 보고 그를 석 달을 숨겼더니 더 숨길 수 없이 되매 그를 위하여 갈 상자를 가져다가 역청과 나무진을 칠하고 아이를 거기 담아 하숫가 갈대 사이에 두고 그 누이가 어떻게 되는 것을 알려고 멀리 섰더니 바로의 딸이 목욕하러 하수로 내려오고 시녀들은 하숫가에 거닐 때에 그가 갈대 사이의 상자를 보고 시녀를 보내어 가져다가 열고 그 아이를 보니 아이가 우는지라 그가 불쌍히 여겨 가로되 이는 히브리 사람의 아이로다. 그 누이가 바로의 딸에게 이르되 내가 가서 히브리 여인 중에서 유모를 불러다가 당신을 위하여 이 아이를 젖 먹이게 하리이까? 바로의 딸이 그에게 이르되 가라 그 소녀가 가서 아이의 어미를 불러오니 발로의 딸이 그에게 이르되 이 아이를 데려다가 나를 위하여 젖을 먹이라 내가 그 삯을 주리라 여인이 아이를 데려다가 젖을 먹이더니"(출 2 : 1～9)

이 이야기에서 우리는 요게벳이 알았던 것을 통해 현대의 부모들이 알아야 할 세 가지 사항을 발견할 수 있다.

① 자녀의 준수함을 보았다.

우리는 아기를 볼 때 먼저 하나님의 형상을 볼 수 있어야 한다. 믿음의 눈으로 비록 내가 낳은 아이라 할지라도 사실 그 아기는 내 아이가 아니다. 하나님의 은혜로 자녀를 낳을 수 있는 것이다. 우리는 우리 자신이 그러한 사실을 인식하고 자녀들을 하나님의 자녀로 인식할 뿐만 아니라 자녀 자신들에게도 그 사실을 인식시켜 줄 필요가 있다.

내 자녀는 장래 우리 가정의 주인공이요, 국가의 주인공이요, 세계의 주인공이며 천국의 주인공이다. 우리가 그러한 사실을 인식할 때 자녀에 대한 우리의 기본자세는 달라질 것이다.

② 그렇게 귀중한 자녀를 둘러싸고 있는 위험성을 알아야 한다.

요게벳이 아들을 낳았을 때에는 어떤 상황이었는가? 이스라엘 민족은 애굽의 노예가 되어 있었고 애굽왕 바로는 자꾸만 강대해지는 이스라엘 민족에게 위협을 느끼고 그들을 멸망시킬 작전을 세웠다. 그것은 이스라엘 민족이 아들을 낳으면 모두 하숫가에 던져 죽여 버리는 것이었다.

요게벳은 바로 그와 같은 상황에서 아들을 낳았던 것이다. 현대의 우리 자녀들은 어떤가? 그 당시 요게벳과 모세보다 위험한 상태일까? 아마 현대의 어떤 국가 원수도 아기를 낳으면 물에 빠뜨려 죽여 버리라는 명령을 내리는 자는 하나도 없을 것이다. 그러나 현대에도 우리 자녀들을 위협하는 많은 어려움들이 존재하고 있다.

현대의 모든 문명의 이기들은 우리 자녀들의 목숨을 위협하고 있다. 그뿐만 아니라 우리 자녀들이 호흡하고 있는 공기는 굉장한 공해로 오염되고 있다. 요즈음 호흡기 질환이 급속도로 증가돼 있을 뿐더러 병세도 급격하다. 우리는 자녀들에게 먹이는 음식조차 마음놓고 사서 먹일 수 없는 세대에 살고 있다. 하나님을 두려워하지 않고 인간의 생명을 귀중히 여기지 않는 양심이 마비된 사람들이 돈을 벌기 위해 심지어는 어린이들이 먹는 음식에조차 유해 성분을 마구 집어 넣고 있는 것이다.

또한 우리 자녀들을 둘러싸고 있는 위험성의 문제 중 하나는 성도덕의 문란을 들 수 있다. 현대는 쾌락주의, 물질주의가 계속 팽창해 가고 있기 때문인지 모른다. 요즈음 우리 주위에서 일어나고 있는 사건들을 볼 때 자녀를 기르고 있는 부모로서 위기 의식을 느끼지 않을 수 없다. 20세 청년이 중학교 1학년 여학생을 욕보이고 양심의 가책으로 상담을 요청하는 일도 있다. 외딴 길에서 심지어는 아파트 엘리베이터 속에서도 위험은 도사리고 있다. 또한 안방을 차지하고 있는 세상물결이 있다. 바로 텔레비전이다. 우리는 흔히 그것을 '바보상자'라 부른다. 모두가 텔레비전 앞에서는 멍청하게 넋을 잃기 때문이다. 만 6세된 어린아이가 텔레비전을 하루에 30분 이상 볼 때 시력에 치명적인 악영향을 미친다고 한다. 그뿐 아니라 어린이들은 텔레비전 때문에 상상력과 창의력을 잃어 가고 있다.

③ 그와 같은 위험으로부터의 보호책을 알아야 한다.

모세를 낳은 지 3개월 후 더 이상 숨겨 기를 수 없게 되자 요게벳은 갈대 상자를 엮어 나무진과 역청을 발라 그 속에 아기를 넣어 물에 던졌던 것이다.

우리가 이 세상이 위험하기 때문에 우리 자녀를 집에만 가두어 둘 수 없으며 텔레비전도 전혀 못 보게 할 수 없고 다른 사람들과의 접촉을 막을 수 없다. 우리는 자녀들을 세상에 내어 보내되 요게벳처럼 갈 상자를 엮어 역청과 나무진을 칠하는 지혜를 얻어야 한다. 범람하는 인테넷 광고물 등 세상물이 스며들지 않게 보호책을 강구해야 한다.

(2) 교육

(가) 훈계하기

훈계의 필요성에 대해 생각해 보자.

① 자녀가 행복하고 안정된 생활을 하게 해야 한다.

어린아이일지라도 자신이 잘못하고 나면 죄의식을 느낀다. 인간을 가장 불행하게 만드는 것 가운데 하나가 바로 죄의식이다. 어린아이는 자기가 죄의식을 느끼는 짓을 했는데 그것에 해당하는 징계를 받지 않을 때 죄의식이 마음 속에 남아 있기 때문에 불안해하고 공연히 짜증을 낸다. 어떤 모양으로든지 징계받고 용서를 받아야 한다.

사랑하는 자녀에게 매를 댄다는 것은 가슴 아픈 일이지만 자녀를 위하여 꼭 해야 할 일이다. 우리가 어디에서 어디까지 행동할 수 있을지 알지 못할 때 가장 불안한 것이다. 아이들도 마찬가지이다. 가정에서 자기가 어느 정도까지 자유를 누릴 수 있는지를 잘 모를 때 더욱 불안하게 느낀다.

부모가 훈계를 통해 자기의 행동 영역이 어디까지인가를 분명히 해 줄 때 자녀는 안정감을 가지며 주어진 범위 내에서 자유를 누릴 수 있다.

② 자녀가 스스로의 가치관을 확립할 때까지 올바른 가치관을 알려 주어야 한다.

어린아이는 선악을 분별할 줄 모르며 분명한 가치관을 가지고 있지 못하다. 그들은 부모와 주위 어른들의 가르침과 본보기를 통해 서서히 스스로의 가치관을 확립해 간다.

부모는 그들이 올바른 가치관을 갖도록 하기 위해 자녀들이 잘못을 저지를 때에는 분명한 징계로 깨우쳐 주어야 한다.

③ 순종심을 길러 주어야 한다.

인간에게 있어서 제1반항기는 2, 3세 때라고 한다. 어린아이가 말을 배우기 시작하면서부터 "아니야", "싫어" 등의 부정적인 말을 하기 좋아하는 것도 그 때문인 것 같다.

그래서 만 두 돌이 지나기 전에 고집을 꺾어야만 올바른 순종심을 가르칠 수 있다고도 말한다. 순종심이란 우리 인간이 지녀야 할 필수적이고도 아름다운 성품 중의 하나다. 확립된 권위에 순종할 줄 모르는 사람은 결코 만족이나 평안을 누릴 수 없다. 순종하기 싫어하는 사람은 결코 올바른 지도자가 될 수 없다.

순종심은 어릴 때부터 지닐 수 있어야 하는데 자기를 가장 사랑해 주는 사람으로부터 순종심을 배울 때 그 사람은 진정한 순종이 기쁨을 가져온다는 사실을 맛보게 되고 그 다음, 순종을 더 쉽게 배울 수 있다 .

④ 존경심을 길러 주어야 한다.

요즈음 우리나라에 웃어른 섬기는 예의를 가르치기 위해 여러 가지 캠페인을 벌이고 학교교육에서도 자주 강조하고 있다.

그러나 역시 인간의 인격과 생활태도가 결정되는 것은 가정을 통해서이기 때문에 가정에서 부모가 올바로 훈계하지 않으면 올바른 존경심을 길러줄 수 없다. 하나님을 경외하는 사람만이 하나님의 형상대로 지음을 받은 사람들을 올바로 존경할 수 있게 된다.

최초의 존경심은 부모에 대한 존경으로부터 싹튼다. 평소에 함께 씨름을 하고 잠자리에서 함께 뒹굴며 말이 되어 자녀들을 등에 태워 주기도 하는 아빠가 죄에 대해서는 엄격하게 회초리를 들 때 아빠에 대한 존경심을 갖게 된다.

평소에 자녀들을 위해 빨래를 해 주고 심부름도 즐겁게 해 주던 인자하던 엄마가 자녀의 죄가 드러나자 단호하게 종아리를 때릴 때 자녀들은 엄마에 대한 사랑과 존경심을 느낄 수 있다. 무엇보다 엄마 아빠가 서로 존칭어를 쓰며 존경하는 모습을 볼 때 자녀들은 진정한 존경이 무엇인지를 배우게 된다.

⑤ 좋은 습관을 길러 주어야 한다.

"세살 버릇 여든까지 간다"라는 우리말 속담이 있듯이 인간은 한번 어떤 습관을 갖게 되면 고치기 어렵다. 우리는 자녀들에게 어릴 때부터 좋은 습관을 길러 주고 나쁜 습관이 생기지 않도록 경계해야 한다.

우리가 자녀를 훈계하는 데에는 원리가 필요하다. 자녀를 가장 효과적으로 훈계할 수 있는 방법과 원리들을 간단히 소개해 보겠다.

① 분명한 행동의 한계를 정해 주어야 한다.

가정에서 자녀들에게 어느 정도의 행동을 허용하는지를 분명히 알려 주어야 한다. 즉 가정의 어떤 규칙을 분명히 정해 놓고 그것을 위반했을 때에는 어떤 징계를 받을 것이라는 것을 알려 주어야 한다.

그 한계를 정하기 위해서는 부모가 뚜렷한 가치관을 가지고 있어야 한다. 그 가치관은 시대와 공간에 따라 바뀌는 것이어서는 안 된다. 그러한 절대 진리는 영원히 변함없는 성경 등에 근거를 두는 것이 좋다.

② 훈계는 일관성 있게 해야 한다.

특히 어머니들은 감정에 따라 자녀를 다루는 일이 많다. 어제는 어머니가 기분이 좋았다. 그래서 아이들의 행동에 너그럽고 무엇이나 받아 주었다. 그러나 오늘은 어머니에게 기분 나쁜 일이 있었다. 그래서 아이들에게도 여유가 없고 무엇이나 안 된다고 한다. 이렇게 되면 아이들은 어리둥절할 것이다. 어제는 분명히 허락했기 때문에 오늘도 같은 행동을 했는데 어머니가 소리를 지르며 마구 꾸중을 하시는 것이 아닌가? '아하 어머니가 기분이 좋지 않아서구나' 하고 생각한 자녀들은 그 다음부터 눈치를 보기 시작한다.

그리고는 자기도 기분 내키는 대로 행동하게 된다. 자기 기분에 따라 행동하는 사람은 참으로 신실함이 없고 위험할 수도 있다. 우리는 기분에 좌우되는 삶이 아니라 기분을 좌우할 줄 아는 삶을 살아야 한다.

자기 자녀를 기분이 나쁘다든지 화가 났다는 이유로 징계할 때 자녀들로부터 큰 반발을 일으키게 되고 부모에 대한 존경심도 사라져 버린다.

③ 징계할 때는 자녀와 단둘이 있을 때 해야 한다.

아무리 어린아이일지라도 우리는 인격적인 대우를 해야 한다. 자녀의 친구들 앞에서 마구 소리를 지르며 꾸지람을 한다든지 동생 앞에서 형을 때릴 때 아이는 잘못을 뉘우치기에 앞서 깊은 모욕감 때문에 원망과 수치감만 남아 있기 마련이다. 어린아이일지라도 인격적으로 대해 줄 때 오히려 훌륭한 행동을 하려고 든다.

④ 잘못에 대한 책임을 설정하고 그것을 반드시 지키되 알맞게 정해야 한다.

우리 어머니들은 종종 아이들에게 끌려 다니면서 생활을 한다. 아이들은 영리하기 때문에 자기 부모들이 어디까지 가면 정말 행동에 옮기는가를 알고 있다.

예를 들면, 엄마가 "너 그렇게 하면 매맞아!"라고 말했을 때 아이들은 정말 엄마가 회초리를 들 때까지 계속한다. 아마 어떤 어머니는 계속 10번쯤 때리겠다는 협박을 한 뒤에 비로소 매를 들 것이다.

부모의 말은 어떤 내용이든지 자녀들은 존중하도록 가르쳐야 한다. 부모의 말은 부모의 인격과 직결되어 있다. 그렇게 때문에 징계에 대한 약속은 너무 지나치게 하지 말아야 한다. 자녀의 연령과 지적 수준 또 자녀의 기질 등을 고려해서 거기에 알맞는 징계방법을 설정해 놓는 것이다.

⑤ 자녀가 징계를 받은 뒤 감정을 정리할 수 있는 여유를 주고 위로 해 주어야 한다.

한 아이를 때리는 어머니의 모습, 그 어머니는 4살쯤 된 사내아이를 세워 놓고 계속 회초리를 때리고 있었다.

"그래도 울어? 그치지 못해?" 아이의 울음소리는 자꾸 커지기만 했고 엄마의 회초리는 점점 더 높이 들렸다. 어린아이는 자꾸 매를 맞고 있으니 아파서 울 수밖에 없는데 엄마는 운다고 계속 때리고 있으니 얼마나 어이없는 전쟁인가?

일단 어떤 잘못한 일이 있기 때문에 자녀를 때린 다음에는 그 아이가 격해진 감정을 처리할 때까지 조용히 기다려 줄 필요가 있다. 그런 다음 어째서 매를 맞았는지 깨달을 수 있도록 조용히 타이른 후에 반드시 그 아이를 사랑하기 때문에 때렸다는 사실을 알려 주어야 한다. "오른손으로 아이를 때렸으면 왼손으로 그를 안아 주라"는 유대인의 자녀교육을 배우자.

⑥ 징계한 후에는 자녀의 잘못을 용서해 주어야 한다.

우리가 징계해야 하는 것은 자녀의 잘못이지 자녀의 인격이 아님을 기억하라. 우리는 자녀의 잘못을 일단 징계하고 나면 다시는 그 잘못을 언급하거나 다시 거론하지 말아야 한다. 왜냐하면 용서해 준다는 것은 앞서 말한 것처럼 잊어버리는 것을 포함하고 있기 때문이다.

어머니들이 대개 자녀를 두고 이런 말로 꾸지람할 때가 많다.

"야, 너는 어제도 그래서 매맞고 일주일 전에도 그래서 매맞았는데 오늘 또 그래?" 그 어머니는 일주일 전의 잘못도 어제의 잘못도 용서해 주지 않은 것이다. 자녀는 그 잘못에 해당하는 징계를 다 받았는데도 말이다.

한번 잘못한 일로 두 번 혼내 주면 안 된다. 무엇 때문에 자녀들에게 계속 과거의 실수와 잘못을 상기시켜 줌으로 말미암아 패배감으로 자신을 잃어버리게 만들겠는가?

⑦ 자녀들이 잘할 때 개인적인 관심을 표현해 주어야 한다.

우리 부모들은 본의 아니게 자녀들에게 바람직하지 못한 행동을 자꾸 격려해 주는 일이 있다. 예를 들어, 손가락 빠는 습관을 가진 자녀 때문에 고민하는 부모들을 보면 대부분 부모 때문에 그 습관이 고질화되는 경우가 많다.

어린 아이들은 비록 부정적인 표현이라도 부모의 관심을 받고 싶어한다. 처음에는 어쩌다가 손가락을 입에 넣게 되었다. 그러나 즉시 엄마의 반응이 나타난다. 그 다음에는 무의식적으로 아이는 엄마의 관심을 끌기 위해 자꾸 손가락을 입에 넣게 되어 그만 습관이 되고 만다.

해결책은 단 하나뿐이다. 손가락을 빠는 자체에 일체 무관심해 버리고 그 대신 그 아이에게 외롭거나 심심할 겨를이 없이 손으로 가지고 놀 수 있는 장난감을 들려준다든지 심부름을 시키고 칭찬을 해 주는 식의 반응을 계속 보여서 자연스럽게 그 습관을 잊어버리도록 하는 것이다.

자녀들의 잘못을 고칠 수 있는 가장 좋은 방법은 그 잘못을 저지를 수 있는 기회를 주지 말고 오히려 자녀들이 훌륭한 일을 할 수 있는 다른 기회를 만들어 주는 것이다.

(나) 이해하기

우리는 어린이들과 함께 자연을 접촉하는 기회를 자주 갖는 것이 좋다. 하나님께서 만드신 자연 속에서 거대하면서도 섬세하신 창조주 하나님의 입김과 손길을 느낄 수 있도록 해 주는 것이다.

초봄의 입김이 정원 구석구석에 서려 있었고 잔디가 막 파랗게 돋아나는 때였다. 옆에 섰던 6살짜리 진현이가 불쑥 이런 말을 했다.

"엄마 잔디는 왜 파래?"

어떻게 대답할 것인가? "잔디가 파랗지, 별 것을 다 묻는구나"라고 한다면 그야말로 어린 마음에서 돋아나는 새싹을 발로 밟는 것과 같을 것이다.

나는 잠깐 진현이를 바라보았다. 파랗고 더 반짝이는 예쁜 그의 눈을, 그리고는 이렇게 대답했다.

"진현아 너 그림을 그릴 때 흰 종이에 여러 가지 색깔을 칠하지? 그래야 예쁘니까. 하나님은 굉장히 훌륭한 미술가야. 그래서 이 세상을 만드실 때 아주 아름답게 만드신 거야. 잔디는 푸르게, 하늘은 파랗게, 꽃은 빨갛게, 눈은 하얗게."

"음, 이 세상이 예쁘게 보이라고 그랬구나?"

진현이는 머리를 끄덕였다.

"그럼, 얼마나 아름답게 만드셨는지 몰라. 그런데 그 중에 제일 아름답게 만드신 것이 무엇인지 아니? 바로 너야."

나는 그러면서 진현이를 안고 뺨에다 뽀뽀를 해 주었다.

(다) 가르치기

요즈음 우리나라 부모들처럼 자녀교육에 열을 올리는 사람들은 드물 것이다. 하지만, 세상의 부와 권력, 명예를 얻는 방법을 가르치는 것보다 더욱 중요한 것은 세상의 진리를 가르쳐 주는 일이다. 여기서 앤들류 머레이가 소개하는 자녀교육에 관련된 훈련의 원리를 소개해 보겠다.

① 훈련이란 가르치는 것 이상이다.

진리를 알려줄 뿐만 아니라 진리를 행하도록 하며, 지적인 면이 아니라 자녀의 의지를 다루어서 자녀가 자기 의지로 진리를 행하겠다는 결단을 내릴 수 있게 해 주는 것이다.

② 예방이 치료보다 낫다.

잘못한 다음 고쳐 주는 것보다 잘못하지 않도록 예방하는 것이 진정한 훈련이다. 자녀가 진리를 알고 행하며 순종하는 것은 즐겁고 만족스러운 일이라는 사실을 경험하게 해 주는 것이다.

③ 습관이 정착되도록 가르쳐야 한다.

사람들은 저마다 습관을 가지고 있는데 어릴 때부터 습관을 갖도록 훈련시켜야 성공적이고 평안한 삶을 지낼 수 있다. 예를 들어, 아침에 일어나는 습관이나 일어나자마자 이불을 개고 기도하고 성경 읽는 습관, 위생적으로 몸관리하는 습관(이닦기, 발씻기, 목욕하기, 속옷 갈아입기), 자기 일을 자기가 책임지는 습관 등 어렸을 때 길러 주어야 할 좋은 습관이 많이 있다.

④ 감정의 계발은 판단보다 앞선다.

감수성이 예민한 어린 시절에 될수록 아름답고 선한 감정을 계발시켜 주어야 한다. 예를 들어, 형제끼리 싸우는 것은 옳지 않다는 판단력도 중요하지만 그것보다 형제를 사랑하는 감정을 길러줄 때 더욱 바람직한 우애관계가 이루어질 것이다.

⑤ 본보기가 개념보다 낫다.

우리의 말보다는 우리의 생활이나 행동이 자녀들에게 더 많은 것을 가르쳐 준다. 부모의 본보기가 얼마나 중요한가는 더 이상 말할 필요가 없다. 부모들은 얼마나 많은 경우 이 점에서 실패하고 있는지, 그것은 의식적이거나 고의적인 것이 아니라 부모의 인격적 한계 때문에 일어나는 일이다.

어떤 부모도 자기 자녀에게 "거짓말을 하라"고 가르치진 않지만 부모의 생활 속에서 본보기를 통해 거짓말을 가르치고 있는 경우가 많다. 전화를 거는 부모의 자세와 그 내용을 아이들이 듣고 있다가 혹시 사람들이 보이지 않을 때에는 적당히 거짓말을 해도 괜찮다는 요령을 배우고 있지는 않는지 심지어는 밖에 만나기 싫은 사람이 찾아오면 "나가서 엄마 없다고 그래라" 하면서 거짓말을 시키지는 않는지 점검해 보아야 한다.

12) 사 랑

(1) 필요를 채워 주세요.

이 세상에서 어떤 누구도 자기가 원하는 대로 무엇이나 다 가질 수는 없다. 우리가 우리 자녀들의 육체적인 필요와 물질적인 필요를 채워 주어야 하지만 그들의 요구가 필요에서 나온 것인지 욕망에서 나온 것인지를 분별할 수 있어야 한다.

부모와 함께 시간을 보내며 함께 이야기하고 싶어하는 정서적인 필요도 채워 주어야 한다. 어렸을 때 아이들은 엄마와 될수록 많은 시간을 보내야 한다. 더 중요한 것은 어떤 상태에서 함께 시간을 보내느냐 하는 것이다. 예를 들면, 엄마가 짜증스러워하고 귀찮아하고 말이나 행동으로 상처를 입히면서 많은 시간을 보내는 것은 오히려 해롭다.

서로의 존재를 고마워하고 서로를 아끼며 소중히 여기면서도 "이 녀석이 왜 이래? 아빠 피곤해 저리 나가 놀아!" 하고 떼어 놓을 때 어린아이는 그만 풀이 죽고 말 것이다.

엄마가 집안 일을 막 끝내고 좀 쉬려는 순간 꼬마 아이가 와서 엄마를 졸라댄다. "아이 귀찮아 죽겠네. 엄마도 좀 쉬자!" 하면서 엄마가 아이를 밀어낸다면 아이는 얼마나 외로움을 느낄까!" 물론 부모들은 바쁘고 피곤한 일이 많다. 그래서 아이들과 언제까지나 놀아 주고 이야기의 상대가 되어 줄 수만은 없다. 그것이 현실이다. 문제는 그러한 현실에서 그것을 자녀에게 어떻게 대처하게 만드느냐는 것이다.

엄마가 잠깐 자기 감정이나 필요를 누르고 아이의 필요를 채워 준다. 그 시간은 10분이면 족할 것이다. 그리고는 엄마 아빠가 정색을 하고 진지하게 자녀에게 말한다.

"철아, 엄마도 너랑 더 많이 재미있게 놀고 싶단다. 그렇지만 지금 꼭 할 일이 있어. 어른들은 놀고만 있어서는 안 되거든, 자 이젠 엄마랑 함께 놀았던 것처럼 이 공을 가지고 놀아봐. 철이가 혼자 연습을 해 두었다가 네 친구를 불러서 함께 하는 거야."

자녀는 좀 섭섭하지만 그런 현실을 받아들이고 마음의 상처나 원망 없이 대처해 나갈 수 있을 것이다. 자녀가 엄마와 이야기를 하고 싶어할 때 "엄마는 바쁘단다" 하면서 응해 주지 않던 엄마는 자녀가 사춘기가 되어 문제를 일으킬 때 답답해서 자녀와 이야기를 나누고 싶어 대화를 청하면 "엄마! 난 바빠요"라는 대우를 받게 될 것이다.

(2) 사랑

이 세상 모든 사람들이 "사랑해 달라"는 깊은 호소를 하고 있다. 인간은 태어날 때부터 하나님께서 부모들에게 주신 본능적인 사랑 속에서 성장할 수 있도록 되어 있다. 우리 자녀에게는 부모로서 본능적인 사랑이 아니라 하나님께서 주시는 온전한 사랑이 필요한 것이다.

먼저 사랑의 잘못된 개념부터 살펴보자.

① 지나치게 부드러운 것은 사랑이 아니다.

우리는 보통 언제나 부드럽게 대해 주는 것만이 사랑이라고 생각하기 쉽다. 그러나 진리에 입각한 훈계가 없으면 그것은 사랑이 아니다.

② 지나치게 엄격한 것은 사랑이 아니다.

그렇다고 지나치게 엄격하기만 해도 문제다. 어린이들은 부모와 집안 어른들의 사랑의 표현을 필요로 한다. 그 아이들이 진정한 자유로움과 삶의 즐거움 속에서 구김살 없이 자라려면 자기를 사랑하는 사람들의 손길과 눈길과 말과 여러 가지 표현 속에 그 사랑을 누릴 수 있어야 한다.

③ 소유욕은 사랑이 아니다.

보통 부모들은 자기 자녀를 향한 '내 자식' 하는 강한 감정을 가지고 있다. 내 아이이기 때문에 이것은 잘해야 하고, 이것은 해 주어야 하며, 무엇이나 채워 주려고 드는 것은 부모의 욕망이지 사랑이 아니다.

④ 방임주의는 사랑이 아니다.

미국에서는 자녀교육에 있어서 방임주의가 한창 유행을 하고 있다. 방임주의란 자녀에게 아무런 간섭을 하지 않고 자녀가 원하는 대로 놓아 두는 것이다.

인간에게는 날 때부터 죄성이 있으며, 이 세상에는 죄가 만연돼 있어, 자녀를 그냥 놓아 둔다면 본능의 노예가 되어 야생마처럼 제멋대로 뛰어다니면서 남의 밭을 망가뜨리는 파괴적인 존재가 될 것이다.

이젠 다음의 9가지 사항을 토론해 보자.

① 나의 자녀에 대해 칭찬할 점들을 적어 보라.

② 나의 자녀에게 있어서 고쳐야 할 점들을 적어 보라.

③ 나의 자녀에 대한 나의 목표를 말해 보라.

④ 내가 자녀를 보호할 수 있는 구체적인 방법들을 말해 보라(신체적인 면, 정신적인 면, 영적인 면).

⑤ 내가 자녀에게 가르치고 있는 것은 무엇이며, 어떤 방법으로 가르치고 있는가를 나누어 보라.

⑥ 나의 어린 시절에서 가장 아름다운 추억은 무엇이며, 자녀들에게 아름다운 추억을 만들어 줄 수 있는 방법들을 나누어 보라.

⑦ 나의 어린 시절에서 가장 가슴아팠던 추억은 무엇이며, 자녀들에게 그러한 경험을 하지 않도록 할 수 있는 방법을 나누어 보라.

⑧ 자녀들에게 어떻게 공부를 시키고 있는지를 나누어 보라. 앞으로의 계획도 서로 나누도록 하라.

⑨ 자녀와의 대화는 어느 정도 이루어지고 있으며 좀 더 개선할 수 있는 방법도 나누어 보라.

제3절 결 언

지극히 과중한 업무와 구조조정의 한파 속에 스스로도 돌볼 여지가 없는 한국의 아버지와 치워도 끝이 없는 집안일과 나름대로의 사회 생활로 지쳐 있는 우리의 어머니들이 자꾸 밖으로만 도는 혹은 혼자 지내는 것을 더 선호하는 자녀를 어떤 방식으로 보살피고 교육해서 건전한 사회인으로 길러낼 것인가?

그것은 끊임없는 대화와 신체적 접촉, 그리고 같은 인격체로써 동등한 시선으로 바라볼 때 가능한 것이다. 끊임없는 대화라는 것은 부모가 자녀를 위해 귀중한 시간을 투자하거나 무거운 의무감으로 억지로 시도하는 것이 아니다. 다소 시간이 걸릴지라도 진솔한 대화를 통해 서로간의 갈등과 벽을 허물고 구성원간에 아픔을 함께 공유하는 시간을 만들면서 하나의 문제를 함께 고민해 희망적인 대안을 찾아가는 길이며 이와 함께 대화를 통해 가족간에 보이지 않는 끈을 서로에게 묶어 주는 계기를 마련하는 것이다.

신체적 접촉이란 자녀의 머리를 쓰다듬으면서 눈빛을 통해 한없는 사랑을 보낸다거나 손을 잡아 주고 "잘할 수 있지, 넌 나의 가장 큰 재산이야."라고 말하거나 또는 어깨를 감싸안으며 "마음이 아프겠구나. 아빠도 같이 안타깝구나."라고 위로해 주는 행위를 말하는데 이런 잦은 신체적 접촉은 부모와 자녀와의 신뢰를 구축해 주며 혈육간의 따스한 정과 함께 자녀에게 순종의 도를 깨닫게 해 준다.

그 동안에 부모들이 자녀들을 자주 다뤄 왔던 "야! 아빠가 볼 때 그건 애들이나 하는 짓이야. 당장 그만둬!" 혹은 "제발 시키면 말 좀 들어", "조그만 게 뭘 안다고 그래? 엄마가 하라는 대로 해"와 같은 강압적이면서도 수직적인 대화체는 사춘기에 있는 자녀에겐 상처와 함께 마음의 문을 닫게 하는 것이 된다. 이와는 반대로 같은 인격체로서 동등한 시선으로 바라본다는 것은 "그래, 너의 말을 들어 보니 고민이 되겠구나. 어떻게 하면 좋을지 같이 생각해 보자."라든지 "음, 그렇지 상당히 일리 있는 얘기다. 하지만 이런 점은 좀 문제가 될 것 같은데…… 너는 어떻게 생각하니?", "그래, 그 점은 내가 잘못했구나. 앞으로 조심하도록 할께."와 같이 자녀의 의견을 존중해 주는 가운데 부모의 잘못도 솔직히 시인할 때 자녀는 부모를 대화의 파트너로 인정하면서 그 충고를 경청하게 될 것이다.

올바른 부모역할로써 제시한 세 가지인 끊임없는 대화, 신체적 접촉, 같은 인격체로 동등한 시선으로 바라보기는 대전 좋은 아버지 모임에서 가장 많이 꼽아 준 성공적 사례로서 오늘날 우리 부모들에게 시사하는 바가 클 것이다.

요즈음 초등학교 학생들의 「우리 아버지」란 글모음에

"퇴근 후에 누워서 TV만 보는 아버지"

"옷을 아무데나 벗어 던지는 아버지"

"잠만 자고 놀아 주지 않는 아버지"

"엄마에게 늘 혼나는 아버지"란 구절들이 나타나고 있다.

네델란드에서 발행된 한 잡지에 다음과 같이 아버지상이 나타나 있다.

4살 때는 "우리 아버지는 무엇이든지 할줄 알아." 7살 때는 "우리아버지는 꽤많이 알아." 12살 때는 "우리 아버지는 아는 것이 별로 없어." 21살 때는 "우리 아버지는 아는 것이 많지 않지만 그래도 어느 정도는 알고 있는 것 같아." 35살 때는 "결정을 내리기 전에 아버지와 한번 의논하고 싶다." 65살 때는 "아버지의 말씀을 한번만이라도 다시 들을 수 있으면 얼마나 좋을까."

결국 부모의 역할이란 열린 마음으로 자녀를 바라보며 함께 울타리를 만들어 갈 때 그 빛을 발할 것이다. 이제 우리 아버지들도 자녀곁으로 좀더 다가가자. 자녀가 몇 학년 몇 반에 있는지? 자녀의 담임선생님은 누구신지? 자녀의 친구들은 누구들인지? 자녀가 듣기를 원하는 말은 무엇인지? 자녀가 좋아하거나 싫어하는 학과목은 무엇인지? 자녀가 장차 되고 싶은 직업은 무엇인지? 자녀가 요즘 읽고 있는 책은 어떤 것들인지? 부모가 준 용돈을 어디다 쓰는지? 자녀가 요즘 힘들어 하는 것은 어떤 것인지? 알고 있는가? 그리고 자녀에게 편지를 써 보았는가? 함께 등산을 가거나 캠핑을 가서 산아래를 보거나 밤하늘의 별을 헤어 온 적이 있는가? 자녀들의 마음 속으로 조금 더 가까이 다가서 보자.

<표 10-1> 아버지와 아들의 대화

이런 아들로 자라다오	이런 아버지가 좋아요
1. 꿈을 크게 가져라. 2. 존경하는 인물을 정하고 그대로 닮으려고 노력하는 인물이 되어라. 3. 현실에 안주하기보다는 새로움을 추구하라. 4. 솔직하게 감사할 줄 아는 인간이 되거라. 5. 남보다 잘난 아이가 되기보다는 남과 다른 아이가 되거라. 6. 강한 것만이 남성적인 것은 아니다. 때로는 울어 줄 줄도 아는 아들이 되거라. 7. 친구는 너의 인격을 비추는 거울이란다. 8. 친구를 폭넓게 사귀고 친구의 장점을 서슴지 말고 내 것으로 만들고 닮아라. 9. 너의 가치관만으로 세상을 판단하지 말거라. 10. 사람을 있는 그대로 평가하는 안목을 기르거라. 11. 어떤 분위기에서도 어울릴 수 있는 유머감각을 기르거라. 12. 모든 면에서 1등이 되기를 원치 않는다. 다만 네 전공분야에서만 최고 수준에 이르거라. 13. 일, 공부, 놀이 모두 열심히 하거라. 14. 너의 이름에 자신의 긍지를 가지고 남에게 크게 알리거라. 15. 하루에 30분 정도는 꼭 책 읽는 시간을 짜거라. 16. 언행은 부드럽게 그러나 의지는 굳건하게 갖거라. 17. 메모지와 연필을 항상 주위에 두어 기록하는 습관을 길러라. 18. 돈의 소중함을 알고 절약하는 미덕을 배워라. 19. 정조관념은 비단 여성에게만 요구되는 전유물이 아니다. 남자의 정조도 대단히 중요한 것이다. 20. 인생을 야무지게 살거라.	1. '너는 아들이니까' 하는 무거운 짐을 지워주지 말아 주세요. 2. 밖에서 성공하신 아버지보다 가정에 충실한 아버지가 더 좋아요. 3. 가정에서 독재자로 군림하지 마시고 가정의 협조자가 되어 주세요. 4. 바쁘시더라도 틈을 내어 우리와 함께 놀아 주세요. 5. 원칙에는 엄한 아버지, 그리고 때로는 친구 같은 아버지가 되어 주세요. 6. 어머니를 행복하게 해 주세요. 7. 저를 키우는 일이 어머니만의 일이 아니잖아요. 8. 효성은 아버지의 행동을 통해 배울 수 있도록 해 주세요. 9. 모든 일에 불평 불만하기보다 현실에 순응하고, 성실하게 말하는 아버지의 모습이 보기 좋아요. 10. 아버지의 못 이룬 꿈을 저에게 강요하지 마세요. 11. 다른 집 아이와 저를 비교하는 것은 싫어요. 12. 제가 잘못했을 때 곧바로 꾸중하기보다는 제 입장에서 한번만 생각해 주세요. 13. 때로는 보았어도 못 본 척, 들었어도 못 들은 척, 알면서도 모르는 척도 해 주세요. 14. 실수를 덮어 주고 위로해 주며 넓은 가슴으로 안아 주는 아버지가 좋아요. 15. 나는 비록 이랬지만 너는 그러지 마라.' 이런 식으로 훈계하시는 것은 안 좋아요. 16. 아들은 아버지의 모습이나 태도를 그대로 닮는대요. 17. 사랑의 매가 아닌 화풀이 매는 싫어요. 18. 항상 책을 읽고 생각하는 모습을 보여 주세요. 19. 집안의 대소사를 저에게 알려 주시고 저도 알도록 상의해 주세요. 20. 한 사람의 아버지가 100사람의 교장 선생님보다 더 낫대요.

<표 10-2> 딸아이 교육의 50훈

1.	가까운 친구 사이일수록 예절을 갖추도록 가르쳐라.	25.	여자는 항상 상냥하고 친절해야 한다는 것을 말해 주어라.
2.	가지고 싶은 것이 있어도 당장 사 주지 말라.	26.	여자로서의 자부심과 떳떳함을 느끼게 하라.
3.	글씨를 정성껏 쓰게 하라.	27.	여자의 본분을 은연중에 깨닫도록 하라.
4.	길거리에서 군것질을 못하게 하라.	28.	여자 아이는 자매 두 사람이 함께 방을 쓰게하라.
5.	나쁜 책을 보지 못하게 하라.	29.	여럿이 모이는 건전한 놀이장을 때로는 보여 주어라.
6.	남녀는 평등하나 동질이 아님을 가르쳐라.	30.	예의 바르고 인사성이 밝은 아이로 키우라.
7.	남에게 딸아이의 체면이 상할 이야기를 하지 말라.	31.	여자의 얼굴에 대한 아름다움은 항시 자신이 만드는 것임을 가르쳐라.
8.	남에게 불쾌하게 하지 않도록 가르쳐라.	32.	외출은 귀가 시간을 정해서 보내라.
9.	남의 물건을 함부로 빌리는 버릇이 없도록 하라.	33.	자기주변의 정돈은 자기가 하라.
10.	남의 이야기를 엿듣지 못하게 하라.	34.	자기방 청소는 자기가 하게 하라.
11.	남자의 음흉한 유혹에 빠지지 않도록 주의 시켜라.	35.	자녀 앞에서는 늘 밝은 얼굴을 보여라.
12.	딸은 어머니를 비추는 거울임을 알게 하라.	36.	잘못은 화내지 말고 나무라도록 하라.
13.	딸의 상담역이 되도록 하라.	37.	전력을 다한 일이면 결과가 나빠도 칭찬하라.
14.	딸 앞에서는 어떤 경우라도 남편을 세우라.	38.	절내적인 자연의 신비에 귀를 기울이게 하라.
15.	겉으로는 속는 시늉도 하라.	39.	정조가 무엇인가를 가르쳐라.
16.	물건을 소중히 여기게 하라.	40.	집안의 즐거움을 가르쳐라.
17.	밥짓고 설거지 하는 요령을 가르쳐라.	41.	책을 끝까지 읽도록 지도하라.
18.	성에 관한 이야기를 죄악시 하지 말라.	42.	처음으로 월경을 가진 아이에게 긍지를 갖도록 가르쳐라.
19.	속옷은 자기가 빨게 하라.	43.	칭찬하는 것이 나무라는 것보다 몇 배의 효과가 있음을 알라.
20.	시장에 갈때 때로는 데리고 가라.	44.	편지와 일기 쓰는 버릇을 키워 주라.
21.	가정부를 함부로 부리지 못하게 하라.	45.	학교 가는 아이를 울려서 보내지 말라.
22.	어머니가 쓰던 물건을 물려 주라.	46.	항상 바늘과 실을 가지고 다니게 하라.
23.	어머니는 딸과 함께 고민하라.	47.	항상 정결하게 하도록 가르쳐라.
24.	어머니의 하루 일과를 딸에게 말해 주어라.	48.	부드러운 여자가 되도록 가르쳐라.

*어머니가 어떠하면 딸도 그렇다(母傳女傳 : 구약성경 에스겔 16 : 44)

부모님의 기도

오 하나님 아버지
저를 좀더 좋은 부모로 만들어 주옵소서.
아이들을 더 잘 이해할 수 있는 지혜를 주옵소서.
아이들의 말을 인내를 가지고 들어줄 수 있게 하시고,
아이들이 묻는 모든 질문을 친절하게 대답하게 하옵소서.

아이들이 말할 때,
못하게 막거나 반박하는 일이 없게 하시고
아이들의 실수를 비웃거나 부끄럽게 말들지 않으며
아이들이 제 마음에 들지 않을 때 조롱하지 않게 하옵소서.

절대로 아이들을
저의 이기적인 만족이나 힘을 과시하기 위해서 처벌하지 않게 하옵소서.
또한 아이가 거짓말을 하거나 도적질 하도록
유혹하는 일이 없게 하소서.
시간 시간마다 저를 인도하여 주셔서
저의 모든 말과 행동의 정직함이 행복을 만들어 낸다는 것을
아이들에게 직접 보여 줄 수 있게 하옵소서.

간구하오니
제 속에 야비한 모습을 제거해 주시고,
주여!
제가 혹시라도 마음이 불편할 때면 제 입을 다물게 하옵소서.

자녀들이 스스로 결정할 수 있는 기회를 제가 빼앗지 않게 하시고,
기다림으로 아이들 스스로가 결정할 수 있도록 인내하게 하옵소서.
제 마음을 넓혀 주셔서 아이들의 정당한 요구는 들어줄 줄 알게 하시고,
아이들에게 해로운 일들은
어떤 특권도 거절할 수 있는 용기를 주옵소서.

오 주여!
제 아이들이 저를 사랑하고, 존경하고, 본받을 수 있도록
저를 빚어 주옵소서.

예수님 이름으로 기도합니다.

아빠 ○ ○ ○
엄마 ○ ○ ○

제 4 장

다른 나라의 가정교육

- 서 언
- 가정교육론
- 다른 나라의 가정교육
- 결 언

제1절 서 언

인간은 나면서부터 가정 안에서 삶을 얻고 가정 안에서 삶을 마무리하는 존재이다. 물론, 소수의 사람들은 가정 밖에서 태어나기도 하고, 가정 밖에서 죽기도 한다. 실제로 가정 밖에서 태어난 사생아(私生兒)나 가정 밖에서 죽는 행려병자(行旅病者)들도 적지 않다. 가정 밖에서 태어난 아기의 삶은 대부분의 경우 이미 불행한 운명을 타고나는 것이고, 가정 밖에서 죽는 사람은 삶을 불행하게 마무리하는 사람이 되는 셈이다. 그러니 가정은 인생의 출발과 종결을 모두 지켜 주는 정신적인 공간이라 할 수 있다.

가정은 인간의 삶을 시작하는 공간일 뿐만 아니라 인간이 인간답게 자라는 터전이기도 하다. 가정은 기도하기를 배우는 최초의 교회라고 어떤 철학자가 말한 적이 있으나, 그뿐만이 아니다. 가정은 사람이 사람답게 되기를 배우는 최초의 학교이기도 하다.

구약성서에 보면, 창세기 첫머리에 '태초에 하나님이 천지를 창조하시다'라고 기록되어 있고, 이어 엿새만에 인간을 만드신 것으로 되어 있다. 아담과 이브를 만드셨다는 말은 곧 가정을 만드신 것으로 풀이할 수 있다. 이런 이야기는 희랍 · 로마 신화에도 있고, 우리나라 건국 신화에도 있다.

가정은 태초부터 있었으니 무너질 수도 없고, 무너져서도 안 되는 곳이다. 가정은 삶의 터전이고 보람의 산실이다. 만일, 인간에게 가정이란 곳이 없다면 모두가 떠돌이나 거지가 될 것이고 행려 병자가 되어 길 위에서 쓰러져 죽어 가게 될 것이다. 그러나 다행스럽게도 가정이 있기에 따뜻한 부모의 인간적 정과 사랑을 받으면서 자라고, 가족들과의 긴밀한 유대 속에서 살아가며, 일하는 보람을 느끼게 되고, 가족들이 지켜보는 앞에서 눈을 감을 수 있는 것이다. 그래서 가정은 우리의 삶에 있어서 가장 중요하고 기본이 되는 터전인 것이다. 가정은 이른바 '홈 베이스'인 셈이다.

제2절 가정교육론

1) 가정교육의 바탕

가정에서 인간이 인간답게 살아갈 수 있고 또 성숙된 인간이 될 수 있으나, 그렇다고 가정 안에 있기만 하면 모든 사람이 다 사람답게 될 수 있는 것은 아니다.

인간답게 살아가려면 교육이 필요한 것이다. 그러나 교육을 제대로 하려면 가정 전체가 건전해야 한다. 가정이 올바로 서 있지 않고 어떻게 부모가 아이들을 교육시킬 수 있겠는가? 좋은 가정교육을 하려면 먼저 건전한 가정이 있어야 한다. 그러면 어떻게 해야 건전한 가정을 만들 수 있는지를 생각해 보자.

(1) 정서적으로 잘 엉겨야 한다.

오늘의 가정은 가정교육을 제대로 하기에는 여러 가지 문제를 안고 있다. 어떤 점에서는 위기를 맞고 있다고 해도 지나친 말이 아닐 것이다. 우선, 이혼율이 꾸준히 늘고 있어 가정의 안정성이 깨져 가고 있다. 즉, 1990년 한 해 동안에 약 30여만 쌍이 결혼을 했고, 약 5만 쌍이 이혼을 했다. 물론 그 해에 결혼한 사람 중에 이혼한 사람이 그처럼 많다는 것은 아니고 결혼한 쌍과 이혼한 쌍의 숫자가 그렇다는 이야기이다. 그러면 약 6분의 1이 이혼을 한 셈이니, 이 숫자는 곧 가정의 위기를 말해 주는 것이라고 할 수 있다.

옛날에는 낮은 이혼율이 우리나라의 자랑거리 중 하나였다. 그 점에서는 모범적인 나라였다고 할 수 있었는데, 이제는 사정이 달라졌다. 오늘날의 가정에서는 불화가 늘고 분쟁도 늘며, 갈등이 깊어져 가는 여러 조짐들이 보인다. 근래에 어떤 연구기관에서 조사한 것을 보면, 초등학교 어린이들이 가장 두려워하는 내용으로 '아버지, 어머니가 이혼할까 봐'가 30%에 이르고 있다고 한다. 아이들 눈에도 어른의 이혼 문제가 이젠 남의 문제가 아닌 자기들의 문제로 다가왔다는 것을 피부로 느끼고 있는 것이다.

가정 내의 분쟁과 갈등을 줄이고 해결하는 방법은 역시 옛날 성인들의 가르침대로 서로 사랑하는 것을 배워야 한다. 부모는 자녀의 안녕과 성공을 위해서 최선을 다해 가르치며 지원할 일이고, 자녀는 부모에게 근심 걱정을 끼치지 말고 마음을 편안하게 해 드리며 또한 존경해야 한다. 아내와 남편은 인생의 동반자로서 서로 사랑하고 아끼며 용서해 주는 아량을 보여주어야 하며, 형제 간에는 질서와 우애를 지키는 형제애를 몸에 익히는 것이 중요하다.

가정에는 이러한 여러 가지 윤리가 마땅히 있어야 함에도 불구하고 오늘날의 가정을 자세히 들여다보면 상당한 갈등이 존재하고 있다. 부모와 자녀간, 아내와 남편간, 그리고 형제 자매 간에도 갈등이 심화되어 있어 이혼, 폭력 행사, 법정 호소, 학대, 유기, 심지어는 존속 · 비속간의 폭행 치사 사건 등 상상을 초월한 끔찍한 일들이 매일같이 신문을 장식하고 있으니 가정은 바야흐로 위기에 처한 느낌이다.

가정이 다른 어떤 인간의 집단과도 다른 점은 바로 정서적으로 한 덩어리라는 점이다. 여기서 한 덩어리라는 말은 자질구레한 이해 관계를 넘어서 서로 용서하고 받아준다는 말이고, 따뜻하고 부드러운 관계가 형성되는 것을 말하며, 내 것 네 것을 덜 챙기고, 받기보다는 주는 것을 즐겁게 생각하는 관계를 말한다. 이렇지 못하면 그 곳은 가정(home)이 아니고 여러 사람이 모여 먹고 자는 하숙집(house)이거나 아니면 기숙사인 셈이다. 가정은 기숙사나 하숙집이 아니다. 가정은 사랑을 생산하고 나누며, 그 생산된 사랑을 이웃에게 베푸는 곳이다. 이런 모습으로 존재할 때에 가정의 참된 모습이 나타나는 것이다.

(2) 가정이 해야 할 임무로서의 교육

남녀가 결혼하면 가정을 이루게 된다. 물론, 그 중에는 자녀를 갖기를 바라지 않는 가정도 있다. 그러나 대부분의 가정은 자녀 갖기를 원하며, 또 그것을 아주 중요하게 생각하고 있다. 날이갈수록 사회는 점점 더 빨리 변하고 더 복잡해지며 또 더욱 진보되어 가고 있다. 사회가 빨리 변하다보니 가정의 모습도 바뀌고 가정이 하는 일도 단순해지고 있다. 옛날에는 집안에서 모든 것이 이루어졌다. 먹고 살 모든 물자를 가정 안에서 생산했다. 가령, 식량도 집에서 생산하고, 입을 옷도 집에서 마련하고, 아이들의 교육도 집에서 했다. 그러나 오늘날의 가정은 심하게 말하면 같이 잠자는 공간 정도로 그 기능이 크게 변하고 있다. 그러나 세상이 아무리 변해도, 또 가정의 모습이 바뀌어도 아이들을 교육하는 일만은 밖에다 내맡길 수가 없으며, 가정에서 계속 이어져야 할 것이다.

태어난 아이들을 길러 한 사람의 당당한 인간으로 만들어 가는 일은 가정의 임무인 동시에 가정이 사회 속에 존재하는 조건이라고 할 수 있다. 자녀를 잘 키운다고 하는 것은 아버지, 어머니의 가장 큰 의무이고, 또 풀어야 할 과제이지만, 때로는 자녀교육이 부모들의 가장 큰 보람이기도 하다. 아이들을 키우는 일은, 소비가 주가 되고 있는 오늘날의 가정 생활 속에서 유일하게 남아있는 가장 창조적이며 생산적인 일이다. 자기 자녀에게 기대를 걸고, 장래에 대한 무지개 같은 꿈을 그리며, 옥을 갈고 닦듯이, 또는 소중한 작품을 만들 듯이, 우리 부모들은 온갖 정성을 다하여 아이들을 기르고 있다.

우리나라의 부모들은 특히 자녀에 대한 기대를 크게 걸고 있으며, 삶의 가장 중요한 보람으로 여기고 있는 듯하다. 그래서 자녀들 모두가 결혼하여 아들·딸 낳는 것을 보고 죽는 것을 간절히 바라고 있다.〈孫(손자) = 子(아들) + 系(대이어감)〉

이와 같이 오늘날 가정의 모습은 말할 것도 없이 아이를 기른다고 하는 것이 단순히 육체적으로 성숙하게 하는 것만이 아님을 말해 주는 것이다. 만일, 몸만 자라게 하거나 튼튼하게 하는 것만이 아이들을 기르는 전부라면 꼭 가정 안에서 교육할 필요가 없을 것이다. 왜냐하면 어디서나 그렇게 할 수 있기 때문이다. 예를 들면, 보육원에서 할 수도 있고, 병원에서도 할 수 있으며, 때로는 스포츠 센터(운동 시설)에서도 할 수 있을 것이다. 그러나 몸만 자라게 하는 것이 아니라 정신도 자라게 해야 하기 때문에, 먹이고 입히며 운동만 시켜서는 안 되는 것이다. 정신적으로 살찌고 튼튼한 사람이 되도록 해야 하기 때문에, 부모와 형제 자매 속에서 자라게 해야 한다. 몸만 자라게 하려면 그렇게 많은 시간과 노력을 투자할 필요가 없다. 정신적인 성장을 꾀하려니까 투자도 많이 해야 하고, 정성도 요구되는 것이다. 그래서 자녀교육은 가정에서 부모들이 해야 하는 중요한 의무이다.

(3) 부모만이 할 수 있는 일

갓난 아기를 잘 키워서 당당한 어른으로 자라나게 하려면 부모가 아이를 키울 수 있는 능력이 있어야 한다. 능력에 더하여 정성도 있어야 한다. 또, 능력과 정성만 있어서도 안 된다. 구체적인 기술도 있어야 한다. 우리나라의 경우 정성은 넘칠 정도로 많은 데 기술이 부족한 경우가 많다. 왜냐하면, 옛날 부모들의 육아 및 교육 방법의 전수가 해방 이후 단절되어 버렸기 때문이다. 따라서 부모들에게는 자녀교육을 위한 방법의 전승 책임도 있는 것이다.

가정에서 자녀를 기르고 가르치는 일에 있어 부모만이 할 수 있는 일 중에서 중요한 몇 가지 내용을 살펴보면 다음과 같다.

첫째, 부모는 자연적인 사랑을 제공한다. 자연적인 사랑이란, 꾸며서 하는 사랑도 아니고, 억지로 하는 사랑도 아니며, 저절로 우러나오는 사랑을 말한다. 부모만이 진실로 우러나오는 사랑을 줄 수 있다. 보육원의 보모나 교사가 아무리 친절하고 정성껏 아기들을 돌본다 하더라도 진심에서 우러나는 사랑을 주기에는 너무 힘들고 고달픈 일이어서 의무감에서 형식적으로 베푸는 사랑이 많은 것이 솔직한 현실이다. 부모만이 꾸밈이 없고 자연스러우면서 깊이 있는 사랑을 줄 수가 있다. 그리고 그 사랑은 보상의 기대가 없다. 따라서 순수한 사랑이 될 수 있다. 이러한 순수한 사랑을 주기 때문에 아이들은 티없이 자랄 수가 있는 것이다.

둘째, 부모만이 자녀의 인생을 어느 정도까지 책임질 수 있다. 그 어느 누구도 자기 자녀가 아닌 사람의 인생을 책임질 수 없다. 가령, 자녀 중 한 사람이 죽을 죄를 지었다면 그 사람은 감옥엘 가야 한다. 이 때 "그 아이 대신에 내가 가겠소" 하고 선뜻 나설 수 있는 사람은 부모 뿐이다. 학교의 선생님이, 교회의 목사가, 학교 동창 친구가 대신해 주지는 않는다. 오직 부모만이 그것을 할 수 있는 것이다. 우리나라 어머니들의 소망은 남편의 출세, 돈 버는 것, 명성을 얻는 것도 중요시하지만, 그것보다도 더 중시하는 것이 자녀가 잘 되는 것이다. 그러니까 빚을 내서라도 아이들 과외를 시키는 가정이 있는 것이다. 이것은 부모와 자녀의 일심동체(一心同體) 개념 때문이다. 아이들이 잘못되면 내가 죽은 뒤에, 그 아이들이 일생을 힘겹게 살아간다거나, 남에게 업신여김을 당한다거나 못살아서 허덕이는 꼴을 천국에서조차 차마 볼 수가 없다는 심정에서 자녀에게 전력투구(全力投球)하는 것이다.

셋째, 부모는 자녀의 기본적인 성품을 길러 주는데 있어 가장 적격자이다. 자녀의 일상적인 삶에 깊이 관여하고 있기 때문에, 잠자고, 일어나고, 먹고, 배설하고, 인사하는 등의 기본 습관 훈련을 통해서 자녀의 성격을 제대로 만들고 안정되게 하는 데 가장 적합하고 중요한 존재이다. 다른 사람이 하기 어려운 일을 하는 위치에 있는 것이다.

넷째로, 부모는 자녀에게 일생 동안 살아가는데 필요하고도 중요한 가치관 혹은 인생관, 사회관을 가르치는 데 있어 누구보다도 중요한 사람이다. 꼭 이래라 저래라 하면서 가르치는 것이 아니고 일상적으로 보여줌으로써 가르치는 것이기 때문에, 부모는 자녀의 본보기 역할을 하는 중요한 존재이다.

2) 가정교육의 중요성

가정에서 하는 일에는 많은 것들이 있다. 그 중에서도 자녀교육이 가장 중요한 일이 될 것이다. 그렇다면 가정에서 할 수 있는 교육이 무엇이며 그것이 왜 중요한지를 생각해 보자.

가정이란 곳은 사람이 자연스럽게 사는 모태와 같은 곳이다. 사람의 자식으로 태어나기만 하면 사람이 되는 것이 아니고 사람이 되게 교육을 받아야만 한다. 그렇게 하는 곳이 가정이다. 우선, 가정교육이 학교교육이나 사회교육과 어떤 점에서 다르며, 특히 가정이 더 잘 할 수 있는 것이 무엇인지를 생각해 보자.

(1) 가정교육은 왜 중요한가

가정에서 하는 교육은 모두 교육의 기초가 된다. 가정에서는 우선 건강에 대한 습관과 건강을 유지하기 위한 기능을 배운다. 식사습관, 운동, 일하기 등을 통해서 몸을 튼튼히 하는 것을 의식적 또는 무의식적으로 배운다. 부모가 나쁜 식사 습관을 가지고 있으면 자녀도 그것을 배우고, 부모가 깔끔한 생활을 하면 자녀도 자연스럽게 배우는 것이기 때문에, 부모의 태도 여하에 따라서 아이들도 건강하게 살 수 있고, 또 그 반대일 수도 있다.

사람의 성격 기초는 모두 가정에서 만들어진다. 심리학자들의 말로는 사람의 성격의 기초는 대개 5·6세 미만에 다 만들어진다고 하니, 각인기(刻印期) 이 시기가 바로 학교에 들어가기 전의 유아기에 속한다. 부모와 24시간 접촉하면서 살고 있기 때문에 부모의 의식적, 무의식적 태도와 행동이 아이들에게 깊이 영향을 준다. 그래서 성미가 급한 부모가 있으면 그 집 아이들 중에 성미가 급한 아이가 생겨나며, 아주 원만한 부모가 있으면 아이들 중 원만한 성격을 가진 아이가 나타난다.

가정교육은 한편 의도적이지만 동시에 거의 무의도적이기 때문에, 부모가 모르는 사이에 아이들은 깊은 영향을 받는다. 그리고 가정교육은 일생 동안에 걸쳐 깊고도 넓게 영향을 주는 교육이다. 학교교육은 지식이나 기능이 위주이고, 이 지식과 기능은 쉽게 잊어버리기도 하고 또 새로운 지식으로 바뀌기도 하지만, 가정에서 받은 교육은 감정,

태도, 가치, 습관 등의 교육이기 때문에 일생 동안 지속된다. 성격을 잘 고칠 수가 없는 까닭은 바로 이 때문이다. 어린 시절에 지속적으로 영향받은 것이 평생을 지배하는 이유는 바로 가정에서 받은 영향이 깊고 크기 때문이다.

사람이 자라서 어른이 되어 사회에 나갔을 때 대인 관계가 좋으냐 나쁘냐, 혹은 맡겨진 일을 성실하게 하느냐 안 하느냐, 책임감이 있느냐 없느냐, 감정적으로 일을 처리하느냐 이성적으로 하느냐를 보면 그가 어릴 때에 받은 가정교육을 미루어 알 수가 있다. 비행 청소년이나 범죄자를 보면 가정교육이 제대로 안 된 사람이 많다. 그것은 대단히 중요한 현상이다. 가정에서 어릴 때에 교육을 잘못시켜 놓으면 어른이 되었을 때나 혹은 그 전에라도 비행이나 범죄를 저지를 수 있는 사람이 되기 쉬울 것이다. 즉, 옳고 그른 것을 배우지 못했거나 부모가 올바른 생활을 못한 탓으로 빗나간 인생을 살게 되는 예가 많다.

그뿐이 아니다. 어른이 되어 정신 병원의 신세를 지는 사람을 조사해 보면, 어릴 때 가정에서 인간 관계상에 큰 문제를 안고 자란 사람들이 많다는 것을 알 수 있다. 즉, 부모로부터 크게 소외당했다든지, 일관성이 없이 키웠다든지 하는 식으로 자라면, 어른이 되어서도 정신적으로 건강하지 못한 사람이 되기 쉬운 것이다. 그래서 정신 병원에 들락거리거나 다른 사람과 조화를 이루면서 살지를 못하게 되는 것이다.

(2) 가정에서는 무엇을 배우는가

그렇다면 가정교육이 학교교육과 다른 점이나 혹은 사회교육과 다른 점은 무엇일까? 특별히 가정교육으로만 할 수 있는 일이나 실제로 하고 있는 일은 무엇인가?

첫째, 가정은 사회적 모태라고 할 수 있다. 아기가 건강한 아기로 태어나기 위해서는 엄마의 태내에서 건강하게 자라야 한다. 그렇듯이 한 인간으로 태어난 신생아가 건전한 인간이 되어 사회생활을 원만히 하려면 또 다른 하나의 태(胎)가 필요하다. 그것이 가정이다. 그래서 가정은 사회적 모태라고 할 수 있다.

사람이 한 사람의 떳떳한 사회인이 되기 위해서는 가정이 필요하며, 친구, 이웃, 직장과 같은 여러 집단을 거쳐야 한다. 가정이 다른 집단과 구별될 수 있는 특색이 무엇인가 하면, 이해(利害)를 따지고 법으로 통제하는 것이 아니고 이해를 넘어 서서 함께 화합해서 같이 사는 일종의 운명적인 공동체라고 할 수 있다. 누구든지 이 집에 태어나고 싶어서 태어난 것은 아니다. 나는 나의 의사와는 관계없이 이 집에 태어난 것이다. 그러나 나는

'이 집이 싫다, 이런 부모가 싫다'고 박차고 나갈 수도 없는 노릇이다.

아기들은 어떤 다른 동물들과 비교해서 살아갈 능력을 별로 갖지 못한 채 태어난다. 따라서, 아기는 가정이라는 환경을 매개로 해서 도움을 받아야 살아남을 수 있다. 이 환경이 바로 부모인 것이다. 부모 또는 그 대리자가 없으면 아기는 죽게 된다. 어머니가 태아에게 영양을 공급해 주고 산소를 공급해 주어 태아에게 생명을 유지하도록 했듯이, 부모는 아기에게 먹을 것과 안전한 환경과 사랑을 주어야만 살 수가 있다.

둘째, 가정은 성격이나 인격을 만드는 최초의 장소이다. 아이들은 부모에 의해서 유전적으로 여러 가지를 물려받게 된다. 처음에는 거의 백지 상태로 태어난다(백지설 : Tablua Lasa). 그러나 태어나서 한 5, 6년 동안에 성격 중 아주 두드러진 경향이 정해지게 된다. 예를 들면, 아주 고집스럽고, 아주 소심하고, 아주 난폭하고, 아주 얌전하고, 아주 수줍고, 아주 사교적이다 등과 같은 성격상의 특징은 초등학교에 들어가기 전에 만들어진다는 것이다. 즉, 중요한 성격 특징은 이미 가정에서 만들어진다고 할 수 있다. 이것은 곧 부모의 영향이라고 할 수 있는 것이다.

사람이 한 사람의 떳떳한 존재로 자라기까지에는 오랜 시간이 필요하다. 그러나 인간의 아기는 태어날 때에 가장 무력한 상태로 태어나기 때문에, 오랜 동안 능력을 길러 주어야만 인간 구실을 하게 되는 것이다. 특히 유아기는 인간의 일생 중 환경의 영향을 가장 많이 받는 시기이기 때문에, 이 시기에 좋은 교육을 주어야 한다는 말이 된다. 특히, 이 시기의 교육이니, 환경이니 하는 것은 곧 부모 자신에게 달려 있는 것이다. 부모는 무의식중에 자기가 중요하다고 생각하는 바를 계속 되풀이해서 보여주거나 가르친다. 이것이 쌓이면 쌓일수록 그 영향이 커진다. 유아기란 일생 중 가장 민감한 시기이기 때문에, 이렇게 뭔가를 되풀이해서 가르쳐 주면 그것이 그대로 일생 동안 유지되는 경우가 많다.

셋째, 가정은 문화 전승의 장소이다. 가정에서는 생활을 통해서 그 가정이나 그 사회가 가지고 있는 어떤 문화를 다음 세대에 가르쳐 주는 일을 한다. 예를 들면, 우리의 문화 중에서 가장 중요한 것이 말인데, 아기들은 가정에서 처음으로 말을 배우게 된다. 그리고 그 사회가 지켜 가야될 규칙을 배운다. '어른들에게 경어를 써야 한다', '인사를 잘 해야 한다', '조상들을 존경해야 한다', '예의를 지켜야 한다', '친구와 잘 사귀어야 한다' 등을 가르치고 배워야만 사회생활을 하는 데 문제가 없게 된다.

넷째, 가정교육은 모방을 통해서 이루어진다. 아이들은 매우 모방심이 강하다. 부모의 말투, 습관, 태도, 사는 방식, 성격까지도 보고 배우는 것이 많다. 이것은 매우 자연스러운 과정이다. 아이들은 부모가 하는 것이면 무엇이든 괜찮은 것으로 생각하기 쉽다. 그러니까 나쁘지 않다고 생각하게 된다는 말이다. 그렇다면 아이들에게 보여주는 것은 일단은 모두 배우게 된다고 생각해도 좋을 것이다. 아이들이란 해를 따라다니는 해바라기와 같다고 볼 수 있다. 아이들의 일상 생활을 보면 모든 행동이 부모 쪽으로 지향되어 있다. 특히, 아이들의 자세는 어머니 쪽을 향하고 있다. 열심히 놀다가도 안방문이 열리는 소리를 들으면 귀가 쫑긋해져서 '혹시나 엄마가 나를 두고 나가면 어떻게 하나?' 하고 주의를 집중하게 되듯이, 언제나 관심이 부모, 특히 어머니 쪽으로 기울어져 있다. 그러니까 부모가 하는 것을 그대로 닮게 된다.

"아이는 가정의 거울이다"라는 말이 있다. 그 아이가 어떻게 행동하고 말하는지를 자세히 관찰해 보면 그 가정의 내력을 짐작할 수 있다는 말이다. 예를 들면, 유치원에 다니는 아이가 열심히 놀고 있다가 뭔가 잘 안 되면 "아이고 내 팔자야" 하고 외치는 아이가 있었다. 이 아이가 무엇을 안다고 벌써부터 팔자타령을 하는가 하고 그 가정 사정을 알아보았더니 부부 관계가 나빠서 그 아이의 엄마가 밤낮 울고불며 팔자타령을 한다는 것이다. 그러므로 아이들에게 무엇을 보여주고 있느냐가 아주 중요하다.

다섯째, 가정교육은 무의식적으로 이루어진다. 가정교육은 아이들이 자발적으로 터득할 수 없는 생각이나 가치나 행동들 무의식적이고 계속적으로 또는 강제적으로 가르치는 곳이라 할 수 있다. 예를 들면, 정해진 시각에 먹고 자게 하고, 자기 주변을 깨끗하게 하며, 남이 일할 때에는 방해하지 말고 조용히 하는 일 등은 부모에게서 거의 무의식적으로 배운다. 가르치는 사람도 배우는 사람도 그렇게 뚜렷하게 의식하고 배우는 것이 아니다. 생활 전체가 넓은 의미의 교육 과정이라고 해도 좋다. 가정교육의 중요성이 바로 의식하지 않고 하는 '사람 만들기'라는 점에 있다.

3) 부모의 역할

이상에서 가정이 중요하며 가정교육이 중요하다는 것을 알게 되었는데, 그러면 부모는 자녀교육을 위해서 무엇을 어떻게 해야 하는지를 생각해 보자.

첫째, 자녀를 건강하게 키워야 한다. 부모는 어떤 이유에서든 자녀를 낳았으면 그 자녀를 건강하게 키워야 할 책임이 있다. 만일, 이러한 책임을 망각하거나 소홀히 하여 아이들의 건강을 지키지 못한다면, 신체적인 면 뿐만 아니라 정신적인 면에 매우 큰 영향을 주게 되는 것이다.

둘째, 독립심을 길러 주어야 한다. 자기 일생을 자기 스스로의 발로 걸어갈 수 있도록 일찍부터 독립심을 길러 주어야 할 책임이 있다. 현재의 우리나라 부모들은 자녀를 의존적이고 나약한 인간으로 키워가고 있는데, 여기에 문제가 있다. 용돈을 무작정 조건 없이 많이 주고, 숙제하는 것도 대신해 주고, 시집 · 장가가는 것도 부모들이 지나치게 개입해서 사랑 없이 결혼하여 파탄되는 예가 많다.

셋째, 인생을 살아가는 데 있어 꼭 지켜야 할 규칙이나 법을 가르쳐야 한다. 우리 가정에서 이 교육이 제대로 안 되고 있다. 그래서 집안에서는 질서와 규칙을 지켜도 한 발자국 집밖으로 나가면 질서고 규칙이고 안 지키는 사람이 많은데, 자기가 소속되어 있는 직장이나 사회의 규칙은 꼭 지키도록 가르쳐야만 한다. 그렇지 않으면 법과 질서와 규칙을 어기는 사람이 되기 쉬운 것이다.

넷째, 기본적인 습관을 철저히 가르쳐야 한다. 잠자고 일어나는 시간을 지킨다든지, 음식을 먹을 때에는 편식을 하지 않고 골고루 먹는 아이가 되게 해야 한다. 또 어른들에게는 공손히 인사하고 경어를 쓰게 한다든지, 자기가 해야 할 일상적인 정리 · 정돈을 자기 스스로 한다든지, 자기 주변을 깨끗하게 한다든지, 이웃과 친하게 지낸다든지, 옷 입고 벗는 것을 혼자서 한다든지 하는 것도 가르쳐야 한다.

일을 할 때에는 게으름 피우지 않고 열심히 하고, 자기에게 맡겨진 책임을 다하며, 물건을 아껴 쓰고, 용돈도 필요할 때에만 쓰는 것을 가르쳐야 한다. 이런 기본적인 습관은 어릴 때에 가르쳐 놓으면 그 영향이 일생을 가는 것이다.

다섯째, 가정교육은 부모가 함께 해야 한다. 가정교육은 아버지, 어머니가 합심해서 해야지 어머니에게만 맡겨 놓고 아버지는 나 몰라라 하고 방임해서는 안 된다. 가정교육을 성공적으로 해내려면 부모의 교육 방침이 비슷해야 한다. 두 사람의 방침이 다르거나 의견이 다르면 교육은 엉망이 되기 마련이다. 따라서, 부모의 협력 체제가 꼭 필요한 것이다.

이상에서 살펴본 바와 같이 가정은 인간이 삶을 시작하는 공간일 뿐 아니라 인간답게 자라는 터전이기도 하다. 그러므로 가정은 정서적으로 안정되어 있어야 하고, 육체적, 정신적으로 바르게 성장할 수 있는 환경이 조성되어 있어야 한다. 이는 부모만이 할 수 있는 일이다. 가정은 인간의 정신적 모태이며 성격과 인격을 만드는 최초의 장소이고 모든 문화를 전승하는 곳이기 때문에 교육의 장으로서 또한 중요한 곳이다. 건강한 어머니에게서 건강한 아이가 태어나듯 사람이 건강한 존재로 자라나기 위해서는 건강한 가정이 필요하다. 특히, 아이들은 모방성이 강하기 때문에 부모의 일거수일투족을 의식적, 무의식적으로 배운다. 따라서, 부모는 자녀에게 있어서 평생 교사이며 모델이기 때문에, 가정에서의 부모 역할은 한없이 중요한 것이다.

다음에서 우리는 훌륭한 가정교육을 실시한다는 유태인, 일본, 미국 세 나라의 가정교육에 대해서 살펴보기로 하겠다.

제3절 다른 나라의 가정교육

1) 이스라엘의 가정교육

－삶의 지혜를 가르치는 유태인

세계 60억 인구의 0.2%에 불과한 유태인들로서 노벨상에서는 경제학 65%, 의학 23%, 물리학 22%, 화학 12%, 문학 8%의 수상자를 냈고 미국 인구의 2%인데도 미국 부자 상위 400인 중 24%, 최상위 40인 속에는 42%를 차지하고 있다. 탈무드 교육방법의 비밀이 무엇인가 ? 를 알아보자.

(1) 교육의 주체인 어머니와 아버지

유태인들은 자녀를 굳건한 신앙과 신념의 소유자로 키우는 것을 중요하게 생각한다. 그리고 이런 종교교육의 일차적 책임은 부모, 특히 어머니에게 있다고 본다. 어머니는 아이에게 최초의 교육자이며 아이가 정통 유태인으로 자라게 하는 주체이다.

아이들은 어머니로부터 전통과 유태인만의 독특한 생활양식과 의식을 전수받는다. 그래서 유태인 어머니들의 자녀에 대한 애정은 하나님 못지않게 절대적이다. 때로는 그것이 지나쳐 영어에서 '유태의 어머니(Jewish mother)'라는 말은 과보호와 자녀교육에 극성스런 엄마의 대명사로도 쓰인다.

유태인 사회는 엄연히 부계사회이다. 철저하게 남성의 권위가 존중되며, 남녀 성별을 구별하는데도 엄격하다. 사내아이가 생후 8일이 될때 받는 할례나 13세가 될때 치르는 성인식은, 유태인에게 결혼식 못지않게 중요한 행사이다. 그들은 남녀간의 내외도 엄격하며, 결혼도 중매결혼을 한다. 아이들은 유치원에서부터 남녀를 분리시켜 수업한다.

그러나, 사회구조나 업무에서는 남녀의 차별이 거의 없다. 일에서 남녀를 구분하는 것은 그야말로 출산능력 여부뿐이다. 이스라엘에서는 여성도 남성과 똑같이 군대에 가서 군복무를 한다(여성은 20개월, 남성은 36개월). 또 여성들이 일할 수 있는 기반도 충분히 마련되어 있다. 그래서 이스라엘에는 전업주부는 거의 없으며 전 인구의 95%가 맞벌이 부부이다.

가사나 육아도 남녀가 평등하게 하는 풍토가 굳어져 있어, 아빠가 부엌에서 밥을 하고 아이를 돌보는 풍경이 흔하고 자연스럽다. 이런 환경에서 아이들도 엄마가 사회에서 일을 하는 것에 대하여 상당히 자부심을 느낀다. 또 남자가 여자를 지배한다는 것은 상상도 못하며 남녀가 동등한 인격체라는 것을 본능적으로 몸에 익히며 자란다.

이스라엘에는 모든 사회제도도 가정을 생활의 중심에 두도록 짜여 있다. 이스라엘 부모들이 합리적이고 너그러울 수 있는 비결은 바로 이러한 사회 구조 덕분이라고 한다. 이스라엘 남자들은 직장에서 일이 끝나면 99%가 집으로 직행한다. 그러니 자연히 아이들과 함께 있는 시간이 길어지고 그만큼 아이에 대해 많은 것을 안다.

히브리어로 아버지는 교사, 지도자라는 의미로도 해석된다. 아버지들은 매주 안식일이 되면 아이들을 한 사람씩 방으로 불러 대화를 나눈다. 그러므로 부모와 자식간에 대화의 난설이란 있을 수 없으며, 아이들은 아버지를 가장인 동시에 산교육을 행하는 선생님으로 여기게 된다. 그래서 어릴 때부터 공부하는 것도 친구를 사귀는 것도 모두 아버지한테서 배운다.

유태인은 오늘날에도 조부모나 삼촌, 숙모, 사촌형제까지 한 가족으로 보는 대가족 제도를 고수하고 있다. 물론 그들도 대가족이 한 집에 모여 살기는 어렵다. 하지만, 수시로 연락을 하며 축제일이나 주말에는 함께 보내며 가족의 일체감을 다진다. 자녀들은 이런 분위기 속에서 자기 부모와 다른 사고방식과 직업을 가진 여러 어른들과 친밀하게 접촉하며 다양한 세계를 접하게 된다. 그래서 그들의 지혜는 개인에서 개인으로가 아니라 세대에서 세대로 전해진다고 한다.

(2) 합리적인 유태인

유태인들은 현실주의적이고 합리주의적인 사람들이다. 그들은 겉치레를 싫어하며 내면의 충실성을 중히 여긴다. 물건을 고를 때도 포장에 신경 쓰지 않으며, 사람을 만날 때도 그렇다.

그들은 매사에 지나치게 집착하거나 탐닉하는 주관적 자세를 싫어하며 사후 세계를 믿지 않는다. 그래서 아이들에게 죽음과 같은 문제도 무리하게 가르치려 하지 않고 구약성서에 의거해서 간결하게 가르친다. 성에 대해서도 신으로부터 허락된 자연의 일부로 받아들이므로, 아이들에게 질문을 받으면 얼버무리지 않고 성경에 씌어 있는 대로 간결하게 가르친다. 또 아이가 섹스와 관련된 행위를 하더라도 자연 그대로 맡겨 두며 간단하게 주의를 주는 것으로 그친다고 한다.

유태교에서는 우상을 거부하므로 신을 인간처럼 그린 그림이나 조각이 없다. 그러므로 그들은 늘 추상적인 어떤 존재인 신을 생각하는 훈련을 하는 셈이며, 이것이 추상 능력을 발달시킨다. 그래서 유태인 아이들은 유치원 시기까지 셈을 배우지 않아도 초등학교에 들어간 후 수학을 잘한다. 또 과학이나 금융에 밝아 유태인 중에는 세계적인 과학자나 사업가 등이 많다.

그들은 시간에 대해서도 합리적이다. 유태인들은 영생이나 윤회 사상을 믿지 않으므로 매일, 매순간에 최선을 다하며 주어진 현재의 인생을 효율적으로 살고자 애쓴다. 탈무드에는 '날마다 오늘이 최후라고 생각하라'는 말조차 있다. 보통 유태인들은 매일 할 일에 대한 계획을 상세하게 짜는 습관이 있으며 그에 맞춰 일을 해냈을 때는 일종의 쾌감마저 느낀다고 한다.

시간을 소중히 여기는 것은 아이들의 생활에서도 마찬가지다. 매일 저녁 아이들은 아버지가 오시면 바로 식사할 수 있도록 준비하고, 안식일엔 숙제를 일찍 마친 다음 불이 켜지기 전에 목욕을 하고 제일 좋은 옷을 입고 있지 않으면 안 된다. 어릴 때부터 정해진 순서와 시간에 따라 일하며 시간을 효율적으로 관리하는 습관을 익히는 것이다.

흔히들 유태인은 돈에 인색하다고 한다. 셰익스피어의 「베니스의 상인」에 나오는 고리대금업자 샤일록의 모습은 그 전형이다. 그러나 그들은, 셰익스피어는 영국 땅에서 유태인에 대한 편견이 한창이던 시대에 태어난 사람이며, 샤일록의 모습은 이러한 편견의 산물이라고 항변한다.

대신 유태인들은 돈의 가치에 대하여 현실적으로 생각하며, 돈의 사용 방법에 신경을 많이 쓴다. 돈은 쓰는 사람의 인격과 사용 방법에 따라 가치가 달라진다는 것이다. 아이들에게는 애초에 용돈을 따로 주지 않고 필요로 할 때만 주며, 쓰고 남는 돈은 저금하게 한다.

그들은 아이들에게 어릴 때 저금통을 두 개 마련해 준다. 하나는 자기 자신을 위한 저금통이고 또 하나는 자선을 위한 저금통이다. 그들은 빈민이나 장애자에 대한 선행을 대단히 높이 평가한다. 영어의 '자선(Charity)'이 라틴어의 '베풀다'라는 말에서 나온 것과 달리, 히브리어의 '자선(체다카)'은 정의라는 뜻으로도 쓰인다. 즉 그들은 자선행위란 단순한 선심 행위가 아니라 정의를 실현하는 것이라고 여긴다.

집안에서도 '네 것', '내 것', '우리 것'을 구별시키고, 자기 물건 외에는 손대지 못하도록 가르친다. 형제간이라도 다른 사람의 물건을 쓰려면 허락을 받고 빌리도록 한다. 이렇게 가족 전체의 물건이나 형제의 물건을 소중히 하도록 배운 아이들은 도덕교육을 따로 하지 않아도, 밖에서 남의 물건이나 공공물을 소중히 다루며 남에게 폐를 끼치는 행동을 하지 않는 것이다.

(3) 베갯머리 이야기와 헤브루타식 교육

유태인은 말을 잘한다. 그리고 머리가 좋은 민족으로도 알려져 있다. 그들의 그 비결은 독서와 토론을 좋아하고 지혜를 숭상하도록 키우는 자신들의 전통적인 교육 방법에 있다고 강조한다. 특히 그 중 두드러진 것으로 베갯머리 이야기(bed side story)와 헤브루타식 교육을 들 수 있다.

이스라엘 아이들은 돌이 지나면 누구나 침대 머리맡에서 부모가 책 읽어 주는 소리를 들으면서 하루를 마친다. 그들은 '베갯머리 이야기'를 부모의 의무이자 전통적인 일과로 여긴다. 이 때 읽어 주는 이야기는 예전에는 대체로 구약성서 중에서 골랐는데, 아이들은 대개 모세나 다윗 왕 등의 영웅담을 즐겼다고 한다.

베갯머리 이야기는 무엇보다도 아이의 언어 발달에 도움을 준다. 이스라엘 아이들은 4살 정도면 평균 1500개 이상의 어휘를 소화한다고 한다. 한참 말을 배우는 아이가 책에 나오는 무수한 단어들, 아름다운 문장들과 접촉하니 어휘력이 발달할 수밖에 없는 것이다. 더구나 이야기를 듣는 동안 아이들은 추상적인 개념들도 자연스럽게 익히며, 여러 가지 감정적 경험을 하게 된다. 또 성서의 역사를 거슬러 올라가 상상의 날개를 펼치며 시간과 역사에 대한 감각을 익히기도 한다.

이야기를 들려준 뒤, 그 느낌을 나누는 과정도, 책을 읽어 주는 과정만큼 중요하게 다룬다. 처음에는 질문의 의미조차 이해하지 못하던 어린아이들도 몇 번이고 반복해서 쉬운 말로 질문을 던지면 자기의 생각을 서툴게나마 말하게 되고 결국엔 이야기의 교훈을 나름대로 찾아내게 된다. 이 과정에서 아이들은 사고력도 키우고 책읽기와 표현하기, 글쓰기에도 익숙해진다. 유태인 중에서 세계적으로 유명한 문인들이 많이 배출된 것도 그 때문이라고 한다.

베갯머리 이야기는 아이들이 정해진 시간에 잠드는 습관을 붙이게도 만든다. 또 부모 자식간의 신뢰와 애정을 더 깊게 하여, 자녀가 자란 후에도 가족관계를 긴밀히 유지하는데 도움이 된다.

헤브루타식 교육이란 이런 베갯머리 이야기와 대화와 토론의 교육이 일상생활 속에 연장된 것이다. 그들은 아이를 키울 때 매사에 대화와 토론을 중시한다. 이렇게 키우다 보면, 아이가 어른 이야기에 끼어 들고 고집을 피우며 말대답을 하는 경우도 있지만, 그럴 때도 아이의 말문을 막지 않는다. 그들은 어린이도 옳은 의견을 가질 수 있는 하나의 동등한 인격체로 본다.

사실 유태인들은 토론을 좋아한다. 유태인들이 자랑하는 탈무드도 과거 5천년 동안 벌어진 수많은 유태교 현인들의 토론집이다. 이러한 탈무드의 전통이 오늘날의 이스라엘의 육아와 교육에도 그대로 반영되고 있는 것이다. 그들 사회에서는 점잖은 것이 덕이 아니라, 적극적으로 자기 의사를 표현하는 것이 덕이다. 특히 유태인 사회에서 제일 존경받는 랍비가 되려면 표현력이 절대조건이다. 그러므로 우리나라의 부모들은 유치원이나 초등학교에 입학하는 아이들에게 "선생님 말씀 잘 들어라"하는 말을 가장 많이 하지만, 그들은 "질문을 많이 해라"라는 말을 가장 많이 한다고 한다. 또 "아이가 얌전하다"는 말은, 이해력이나 사회성이 부족한 바보라는 뜻으로 여긴다.

유치원에서도 대화와 토론이 교육의 중심이다. 유치원에 등교하면서부터 마칠 때까지 교사와 아이들은 재잘거리며 서로 많은 질문과 대화를 한다. 칠판이나 분필, 책으로 수업을 진행하는 것이 아니라 말로 수업을 진행하는 것이다. 그러므로 말을 하지 않는 아이는 수업에 참여하기 힘들며 그 무엇도 자기 것으로 만들 수 없다.

주제를 정해 토론을 하기도 한다. 교사가 주제를 설명하고 방향을 잡아 주면, 아이들이 나서서 토론을 이끈다. 지켜보던 교사는 토론이 끝나면 나온 의견을 모아 정리하고 결론을 내려 준다. 토론 중에 아이들이 자기 주장을 고집하면서 싸우면, 교사는 아이들 각자에게 변론할 기회를 준 뒤 잘잘못을 가려 준다. 그 과정은 단순한 판결과정이 아니라 아이 스스로 문제를 깨닫고 여러 가지 방식으로 해결방법도 생각하게 하는 과정이다. 이렇게 아이와 교사가 한 곳에 둘러앉아 토론을 벌이는 모습은 마치 작은 국회의 모습 같다고 한다.

이런 대화와 토론 중심의 교육에 길들여진 아이들은 논리적인 사고력과 표현력뿐 아니라 문제를 뿌리까지 캐서 해결하려는 적극적이고 능동적인 태도와 자신감도 키우게 된다.

(4) 체험을 중시하는 현장학습

이스라엘에서는 어린아이들에게 글씨를 익히고, 숫자를 외우고, 피아노를 치는 것과 같은 기능교육을 시키지 않는다. 대신 많은 음악을 들려주고, 그림을 많이 그리게 한다. 유치원에서도 초등학교 입학 몇 달 전까지는 글자나 숫자를 가르치지 않으며, '노크', '화장실' 등 생활에 꼭 필요한 단어나 기초적인 수 개념도 그림이나 게임으로 가르친다. 그래서 이스라엘 아이들은 공룡이란 단어를 글자로 쓰지는 못하지만 그림으로 그려 설명하는 것은 잘한다.

그들은 책상 앞에서 하는 공부보다는 현장에서의 체험 학습을 중요시한다. 이스라엘에서는 아이가 어리다고 다른 사람에게 맡기고 부부끼리 여행을 떠나는 법이 거의 없다. 아무리 어려도 아이를 배낭에 업고 다니면서 자연과 국토를 느끼도록 하는 것이 그들의 전통이다. 그래서 주말이면, 그들의 주된 일과도 아이들과 함께 야외로 소풍을 가거나 공원 나들이를 하는 것이다.

더구나 공동체 생활을 하는 키부츠에서는 현장 학습을 자주 한다. 어린이집에서 현장학습을 할 때마다 키부츠의 부모들은 현장 지도 교사가 된다. 아이들은 농장에서 농부들처럼 일을 해 보기도 하고 목장으로 견학 가기도 한다. 물론 이렇게 아이들이 일을 하는 것은 노동이라기보다는 일종의 개구쟁이들의 놀이와 같은 과정이다.

키부츠 어린이집의 여러 가지 시설들은 체험 학습에 적합하게 되어 있다. 키부츠에는 풀장이나 실내체육관, 도서관, 시청각 시설을 갖춘 강당과 같이 다른 시설은 최고급이지만 어린이집의 시설만은 허름하다고 한다. 건물은 낡은 건물을 쓰며 책걸상도 헌 것들만 주워 쓴다. 장난감도 공장제품들보다 아빠들이 농장에서 쓰던 연장이나 엄마들이 부엌에서 쓰던 가재도구들을 쓴다. 그래서 어린이집의 마당은 고물상을 방불케 한다. 그런데 이렇게 하는데는 교육적인 이유가 있다.

아이들은 고물들 속에서 생활, 과학, 미술, 자연을 더욱 잘 배운다. 찌그러진 자동차의 핸들을 잡고 운전도 해 보고 구멍이 뚫린 그릇에 물을 담아보면서, 생활도구들과 친숙해진다. 또 상상력도 키우고, 집에서는 만지지 못하게 하던 물건들을 마음껏 만지고 부수며 스트레스도 해소한다.

또 키부츠에는 군대 유격장과 비슷한 아이들의 유격장도 있다고 한다. 넓은 공터에 사다리와 구름다리, 굴렁쇠, 드럼통 등을 늘어놓은 이 유격장에서 아이들은 조를 맞춰 훈련을 하는 것이다.

도시 유치원의 아이들도 매주 한번 정도는 가까운 동·식물원, 공원, 박물관에서 현장 학습 시간을 가진다. 이스라엘 도시의 공원에는 마치 유격장과 같은 놀이시설이 갖춰져 있는 곳이 많다. 교육 당국이나 지역사회개발센터에서도 다양한 현장 학습 프로그램을 개발하여 진행하고 있는데, 온 가족이 함께 천연기념물로 지정된 꽃이나 새를 탐사하고 광야의 계곡을 따라 가며 지형을 탐구하는 벤처 프로그램도 있어 인기가 높다.

부모들은 학교나 유치원에서 가는 1박 2일의 여행이나 캠프에도 적극적으로 보낸다. 또 대여섯 살부터는 아이를 외가나 친척집에 보내기도 하고, 버스 한두 정류장 거리의 친구 집 정도는 혼자 가도록 내버려 둔다. 그래서 이스라엘에서는 글자도 못 읽는 아이들이 버스표를 쥔 조막손을 운전사에게 내밀며 여행을 다니는 풍경을 쉽게 볼 수 있다.

그들은 아이들이 자연 속에서 벌거벗고 맨발의 야생마처럼 거침없이 뛰어놀게 한다. 그리고 아이가 이 세상에 널린 것은 무엇이든 경험할 수 있게 배려한다. 이처럼 어려서부터 사고나 행동을 자유롭게 구사하도록 만드는 환경은 아이들의 두뇌를 유연하게 만들며 창의적이고 자립적인 인간으로 자라게 한다.

(5) IQ+EQ 발달을 위한 통합교육

유태인 엄마들은 아이들과 신체 접촉을 많이 하고, 아주 열심히 노는 편이다. 그리고, 같이 보내는 시간의 길이보다는 그 시간을 어떻게 보냈는지에 대하여 더 많이 신경 쓴다.

유태인 엄마들이 아이와 자주 하는 놀이는 다양하다. 첫째, 책을 읽고 그 느낌을 이야기 하는 것이다. 둘째, 블록놀이와 조각 맞추기(퍼즐)처럼 관찰력과 구성력을 필요로 하는 놀이도 자주 한다. 이런 놀이는 일일이 손으로 해야 하기 때문에 아이가 손가락을 많이 쓰도록 하는데, 연령이 낮은 아이일수록 필요한 놀이이다. 그들은 그림을 그릴 때도 아이의 손을 붙잡고 그려주는 법이 없다. 혼자서 마음대로 그리도록 내버려 둔다. 이스라엘에서는 유치원에서도 아이들에게 사인펜이나 색연필을 주지 않고 크레용을 쓰게 한다. 그 이유는 크레용을 쓰면 몸을 움직이며 힘을 들여야 하므로 손가락의 힘을 더 강하게 만든다는 것이다.

셋째, 찰흙놀이, 손가락으로 그림 그리기 등도 일상적인 놀이 아이템이다. 이런 놀이는 아이에게 촉감과 쾌감을 주면서 정서 발달과 두뇌 발달을 촉진시킨다. 첫돌 이전의 아기들은 거울놀이도 자주 한다. 거울을 통해 무서운 표정을 지어 본다든지 자신의 웃는 모습을 직접 볼 수 있게 해 주는 것은 아이의 자아를 키워 준다. 또 아이가 짜증을 부리면 욕조에 집어 넣고 물놀이를 시킨다. 물놀이는 아이의 스트레스를 풀어 주고 심리적인 안정감을 주는 놀이이다. 이외에도 아이의 감각을 발달시키기 위한 놀이를 많이 한다.

그런데 엄마들은 무엇을 하고 놀든지, 한 가지 놀이만 하는 게 아니라 두세 가지 놀이를 연결하고 노는 동안 대화를 주고받으며 '꼬리에 꼬리를 무는 교육'이 되도록 유도한다. 그리하여 신체 발달과 IQ+EQ 발달을 함께 도모하는 통합교육을 하는 것이다.

유치원에서도 일상의 소재를 활용하여 자유놀이를 중심으로 한 통합교육을 많이 실시하고 있다. 그들은 특히 아이들의 눈 높이에서 재미있게 가르쳐 집중력을 키울 수 있도록 유도하고 있다.

예루살렘의 한 유치원의 샤론(5)은 이쑤시개로 만든 눈금자를 들고 종이상자 안에서 기어가는 누에의 길이를 쟀다. 그리고 탐구 일지에 '5월 18일, 11㎝'라고 적었다. "일주일 전보다 2㎝가 자랐어요.", "곧 나비가 되겠구나! 이 누에는 어떤 나비가 될까？" 샤론은 호랑나비 모자이크 조각을 맞추기 시작했다. 아이들은 '누에가 나비로 변하는 과정'을 눈으로 보고(EQ), 손으로 재고(수리력) 그리거나 짜 맞추면서(상상력 및 소근육 발달) 기본적인 능력을 터득한다.

또 다른 교실에서는 10명의 원생들이 똑같은 그림이 이미 그려져 있는 도화지에 각자 색칠을 하고 있다. 아이들은 어떤 화가의 미완성 작품을 완성 중이다. 교사는 아이들에게 작가와 그림을 함께 설명하면서 그림 그리기에 대한 아이들의 흥미를 유발하고 있다.

이스라엘에서는 아이들의 게임 도구나 장난감도 이러한 통합교육의 의도에 맞게 개발되어 있다. 그들은 어른들의 시각이나 수준에서 장난감을 만들지 않고 철저히 아이들의 시각과 수준에 맞춰 만든다. 우선 재미있게 만든다. 또 점차로 단계를 높일 수 있게 하고 조금만 변형시켜도 새로운 놀이를 할 수 있게 만든다. 그래서 아이가 쉽게 싫증내지 않고 빠져들어 노는 동안 자신도 모르는 사이에 기억력, 관찰력, 집중력도 생기고 지적, 정서적으로 발달할 수 있도록 한다. 또 아이가 혼자서 놀이를 하게 하기보다 부모와 함께 대화를 나누며 놀이를 즐기도록 만들어, 여러 가지 개념을 자연스럽게 터득하도록 유도하는 것도 많다.

이러한 이스라엘의 장난감은 그 교육적 효과가 세계적으로도 널리 알려져 있다. 최근이스라엘의 교육부는 이렇게 '재미있는' 유치원 교재의 세계 표준화를 목표로 3백여 명의 전문가를 유치원 교재 제작에 투입하였다고 한다.

(6) 교육에 있어서 강조하는 말들

① 지식보다는 지혜를

유태인의 교육은 가정, 학교, 교회가 혼연 일치하여 각기 맡은 바 교육의 기능을 수행하는 데 그 특징이 있다. 그러므로 교육의 기능을 학교에만 전적으로 의존하지 않고 있다. 오히려 어느 모로 보나 가정교육을 학교교육보다도 상위에 두고 있다. 어린이의 발달로 보아 가정교육이 가장 앞서 있어야 하며, 삶에 필요한 가장 기초적인 능력은 사실 가정교육에 의해서만 개발될 수 있다고 생각한다.

유태인은 학교에서는 주로 지식을 배우지만 가정에서는 지혜를 배운다.

지식과 지혜는 일면 같은 것 같으면서도 둘 사이에는 엄연한 구분이 있다. 어떤 어려운 상황에서 무엇을 할 것인가 하는 것은 지식이 가르쳐 주지만, 어떻게 해야 좋을지 모를 때에 새로운 판단을 하게 하는 것은 단순한 기존의 지식이 아니라 현명한 지혜이다. 오늘 배운 지식은 내일 쉽게 잊어버릴 수 있으나, 한 번 몸에 익힌 지혜는 좀처럼 잊어버릴 수 없는 것이다, 지식이 '과거와 무엇'에 해당하는 것이라면 지혜는 '미래와 어떻게'에 해당한다. 지식이 분석적 · 부분적이라면, 지혜는 통합적 · 종합적이다.

일생의 성공을 위해서는 물론 풍부한 지식이 필요하다. 그러나 지식보다 더욱 중요한 것은 현명한 지혜이다. 지식의 소유자는 어떤 문제가 있을 때에 그 문제를 해결하는데 필요한 여러 가지 지식을 가지고 있을지 모르나 그 문제를 사전에 예방할 수 있는 방법이나, 또 그 지식을 어떻게 구사하는 것이 가장 현명하다는 판단력을 가지고 있지는 못하다. 그것은 오직 현명한 지혜의 소유자에 의해서만 가능하다.

한 마디로 말해서 지혜는 판단력이다. 그리고 그 판단력은 무더기의 지식을 습득하기 이전에 길러져야 할 기초 능력이다. 그런데 이와 같은 지혜의 교육을 학교 공부에만 기대할 수는 없는 일이다. 또, 어린 시절부터 배워야 한다는 것이 유태인의 생각이다.

여기에는 그럴 만한 이유가 있다. 유태인에게는 유태민족 4천년의 삶의 지혜를 담은 「탈무드(聖典)」가 있기 때문이다. 「탈무드」란 '위대한 연구'라는 뜻으로서, 유태민족의 생활규범과 삶의 지혜를 수록한 1만 2천 페이지나 되는 방대한 책이다.

그 속에는 수천 명의 랍비가 성서를 중심으로 토론한 내용이 간결하게 수록되어 있으며,

그것은 한 마디로 말하여 유태인들의 사고 방식과 삶의 지혜, 그리고 유태 민족의 불굴의 정신을 담고 있다. 역사학자 밴 룬은 이런 말을 한 일이 있다. "유태민족은 4천년의 역사를 통하여 책('토라'와 '탈무드')과 하나의 건물(예루살렘 성전)을 위하여 민족의 온 정력을 바쳤다." 그토록 유태인에게 있어서 '토라'와 '탈무드'는 소중한 것이며, 그것은 민족의 긍지인 동시에 가정교육을 위한 산교재이다.

이 교재를 가지고 가정에서는 인생을 살아가는 데 필요한 현명한 지혜를 가르친다. 그렇다면 그들은 어떠한 지혜를 가르치는가?

② 물고기의 비유

유태의 격언 중에 "물고기 한 마리를 주면 하루를 먹고 살 수 있으나, 물고기 잡는 방법을 가르쳐 주면 일생동안 먹고 살 수 있다"는 말이 있다. 이 격언은 유태인 가정교육의 일면을 잘 나타내 주고 있다.

부모가 잡은 물고기를 그대로 준다는 것은 기존의 지식이나 재산을 물려 주는 것과 다름이 없다. 때문에 그보다는 그와 같은 재산이나 지식을 어떻게 얻을 수 있는가를 체득시키는 것이 중요하다고 생각한다. 말하자면, 물질보다도 머리를, 기존의 지식보다도 그 지식을 얻는 방법과 지식을 창조하는 능력, 즉 지혜를 주는 것이 중요하다는 뜻이다.

유태의 어머니들은 「탈무드」에 있는 다음의 이야기를 곧잘 인용하여 어린이에게 들려주며 교훈한다.

돈이 많은 부자들과 여러 사람이 탄 배에 한 사람의 랍비가 타고 있었다. 돈이 많은 부자들은 서로 자기가 돈이 많다는 것을 자랑하고 있었다. 이 말을 유심히 듣고 있던 랍비가 "이 중에서 누구보다도 내가 가장 유복한 사람일거요. 그러나 그것을 지금 보여줄 수는 없소이다"라고 말하였다.

얼마 후 그 배는 해적을 만나게 되었는데, 그렇게 돈 자랑을 하던 부자들은 그만 빈털터리가 되고 말았다. 배가 낯선 육지에 닿은 다음, 랍비는 그 곳에서 학생들을 모아 가르침으로써 생활하기에 걱정이 없었으나 돈이 많던 부자들은 어찌할 바를 몰라 남에게 동냥을 구하는 신세가 되고 말았다. 이 때에 비로소 부자들은 배 안에서 랍비가 한 말의 뜻을 몸소 깨달을 수가 있었다.

머릿속에 들어있는 지혜는 누구에게도 빼앗기지 않는 자신만의 재산이며, 그런 지혜 있는 자만이 이 세상들 현명하게 살아갈 수 있다는 교훈이다.

수천 년에 걸쳐 이민족의 박해와 천시를 받아 온 유태인에게 물질적인 재산은 물거품과도 같은 것이리라. 때문에 그들에게 필요한 것은 머릿속에 축적된 지혜이다. 이 지혜가 있으면 어디에 가도 살 수 있다는 확신을 교육받는 것이다.

그러면 우리의 교육은 어떠한가? 가정에서나 학교에서나 지식의 꾸러미를 주입하는 데 급급하다고 해도 과언이 아니다. 물고기를 낚는 현명한 지혜를 몸에 익히도록 하기보다도 부모가 같이 잡아 놓은 물고기를, 그것도 본인의 의사와 관계없이 강압적으로 먹으라고만 하는 것이 우리의 교육인 것이다.

어떻게 해서든지 많은 지식을 습득시켜 입학 시험에 통과하도록 돕는 것이 가정교육의 책임이라고 생각하는 부모가 있다면, 그것은 자손에게 일생동안 먹고사는 데 부족함이 없는 재산만 물려주면 부모의 책임을 다하게 되는 것이라는 생각과 다를 바가 없다.

진정한 의미의 가정교육은 자녀들에게 무엇보다도 삶의 교훈을 주는 것이다. 그 교훈에 의해서 몸에 익혀진 지혜는 물질적 재산보다 더 소중하고, 입시를 위하여 축적한 지식보다 훨씬 강하고 영속적이다.

③ 친절은 현명한 처세

유태인에게 있어서 친절과 선행은 단순히 도덕적인 행위의 문제가 아니다, 그것은 도덕 이전의 종교적인 규범으로 받아들여진다. 그러므로 사람에게 친절히 하는 것은 당연한 일이며, 부모의 칭찬을 받거나 만인의 칭송 대상이 될 만한 것이 아니다.

유태인의 가정에서는 남에게 친절히 하는 것은 곧 하나님의 명령이라는 것을 가르친다.

어린 시절부터 가정에서 이런 교육을 받아온 유태인에게 다른 사람들에 대한 친절과 선행은 여호와 하나님을 공경하고 그의 뜻을 따르는 것이기 때문에, 공공심(公共心)이라기보다는 종교적 신앙으로 되어 있다. 그러므로 친절과 선행이라는 덕목(德目)을 어린 시절에 합리적인 설명에 의해서보다 여호와 하나님에 대한 신앙으로서 가르친다.

「탈무드」에는 이런 이야기가 있다. 옛날에 임금님이 그의 신하 한 사람을 임금님에게 빨리 오도록 명령한다. 그 신하에게는 세 사람의 친구가 있는데, 한 사람은 절친한 친구이고, 또 한 사람은 그렇게 가까운 친구는 아니며, 나머지 한 사람은 더욱 가까운 사이가 아니다. 임금님의 부르심을 받은 그 신하는 혹시 임금님에게 야단을 맞을까 봐 두려워서 세 사람의 친구들에게 동행해 줄 것을 부탁한다. 가장 가까운 첫 번째 친구는 이 간청을 일언지하에 거절한다.

두 번째 친구는 동행은 하겠지만 대궐 문 앞에까지만 함께 가주겠다고 한다. 그러나 평소에 가깝게 지낸 일이 없는 세 번째 친구는 의외로 "자네의 청이 그렇다면 함께 가주지." 하고 선뜻 응해 준다.

「탈무드」에 의하면 첫 번째 친구는 '재산'이다. 사람들이 평소에 가장 가까이 지내는 것이지만 사람이 세상을 떠날 때 동행해 주지 않는다. 불가(佛家)에서 말하는 공수거(空手去), 빈손으로 가게 된다. 두 번째 친구는 '친척'이다. 그도 역시 끝까지 동행해 주지는 못한다. 그가 동행해 줄 수 있는 한계는 결국 무덤까지만이다. 사람이 세상을 떠날 때 끝까지 동행하는 것은 바로 세 번째 친구이며, 그것은 곧 '선행'이다. 사람이 이 세상에 사는 동안 가난한 사람과 불쌍한 사람을 위해서 베푼 자선, 옳고 의로운 일을 위하여 목숨까지도 바치는 공의(公義)의 선행은 그 사람이 죽은 후에도 영원히 남고, 따라서 선행은 재산이나 친척보다 더 중요하다는 이야기이다.

어머니의 이런 이야기를 어린 시절에 들은 어린이들이 장차 자라서 어른이 되었을 때, 그들의 마음 한 구석에는 언제나 친절과 선행에 대한 생각이 남게 된다. 이렇게 어려서 형성된 도덕적 가치는 이성적인 판단 이전의 것이기 때문에 그것은 대부분의 경우 감정으로 작용한다. 사람들에게 친절히 대하거나 불쌍한 사람을 보았을 때에 자선을 베풀어야겠다는 마음은 이성적인 판단에 의해서가 아니라, 감정적으로 그런 행동을 하지 않을 수 없다는 것이다. 이 점이 어린 시절에 형성된 도덕적 가치관과 어느 정도 나이가 든 다음에 형성된 가치관과의 차이점이다.

우리나라의 가정교육에서도 친절과 선행을 무척 강조하는 편이다. 매사에 있어서 착한 마음씨를 강조하고, 어린이를 칭찬할 때에도 '똑똑하다', '기특하다'는 말보다 '착하다', 즉 선하다는 말을 더 많이 쓴다. 어린이에게 들려주는 옛 이야기도 사실 그 대부분이 착한 마음씨와 선행을 강조하는 것이며, 철저하게 권선징악(勸善懲惡)을 주제로 한 이야기들이다.

우리 가정에서 어린이에게 들려주는 이야기의 대부분은 친절과 선행을 강조하고 있다. 그러나 유태의 이야기에서 강조하는 선행과는 기본적인 차이가 있다. 유태의 이야기에서는 공공적(公共的) 성격의 선행이 강조되는 데 반해서, 우리의 경우에는 개인적인 선행이 강조되고 있다는 점이다. 즉, 민족과 사회의 공공적인 이익을 위한 선행보다는 어떤 개인에게 은혜를 베푼다는 점이 더욱 강조된다.

또 하나의 차이점은 선행에 대해 하늘이 내리는 보상의 종류이다. 우리의 경우 대부분의 이야기는 많은 재물을 얻어 잘 살게 된다는 것으로 결론짓고 있다. 그러나 유태의 이야기에는 재물을 얻는 것보다는 지혜를 얻어 훌륭한 지도자가 된다는 이야기가 많다. 교육적인 관점에서 보면, 물질적인 보상보다 정신적인 보상이 강조되고, 개인을 위한 선행보다 공공의 이익을 위한 선행이 강조되어야 한다는 것은 너무나 당연하다. 이 점이 우리가 유태인의 가정교육에서 본받아야 할 점이다.

④ 한 계단 올라서서 친구를 찾아라.

사회생활에서 친구가 차지하는 비중은 대단히 크다. 친구를 잘못 사귄 것이 화근이 되어 크나큰 손실을 보게 되거나, 범죄의 소굴에 빠지게 되는 경우를 우리 주위에서도 많이 볼 수 있다. 반대로, 좋은 친구를 가진 것이 도움이 되어 곤궁한 역경에서 벗어나거나, 또 친구로부터 자극받아 학업에 전념하게 되는 경우도 많이 볼 수 있다.

우리 사회와 같이 전통적으로 인간 관계 중심의 사회에서는 특히 좋은 친구를 사귄다는 것이 더욱 중요하다. 사업을 하거나 사회적 활동을 함에 있어서 친구의 도움을 필요로 할 때가 너무나 많기 때문이다. 친구를 사귀는 일은 여러 면에서 중요하기 때문에, 가정에서 친구를 사귀는 일에 대해 신경을 써야 할 것은 당연하다.

유태인의 가정에서는 자녀들의 친구 사귀는 일을 신중하게 다룰 뿐만 아니라 그것을 지도하는 것을 부모의 의무로 생각한다. 유태인의 부모들이 교우 관계를 지도할 때에 지표가 되는 것은 바로 「탈무드」에 있는 표제의 격언이다.

"친구를 사귈 때에는 한 계단 올라서서 찾아라."라는 말이다.

친구를 사귈 때 한 계단 올라서서 찾으라는 말은, 반드시 머리가 좋거나 공부를 잘하는 사람하고만 교우 관계를 맺으라는 뜻이 아니다. 어떤 면에 있어서든지 자기의 향상을 기하는 데에 도움이 될 수 있는 사람과 사귀라는 뜻이다. 물론, 머리가 좋거나 공부를 잘하는 사람도 해당이 되고, 운동을 잘 하거나 그림을 잘 그리는 사람도 포함된다. 말하자면, 무엇이거나 새로운 자극을 받을 수 있는 친구와 사귀도록 지도한다. 그래야만 친구관계를 통해서 향상을 가져올 수 있기 때문이다.

유태의 가정에서는 자녀가 친구를 사귈 때에 상대방에 대한 일종의 심사를 한다. 물론 입학시험 때에 치르는 면접 시험과 같이 공식적인 것은 아니나, 대개의 경우 처음 사귀는 친구를 집에 데려오도록 한다. 생일 파티에 초대하거나 저녁식사에 초대하는 형식을 취한다. 이 때 그 친구는 부모에게 인사를 하게 되고 심사는 자연스럽게 이루어진다.

만일, 그 친구와 교분을 맺거나 함께 노는 것이 바람직하지 못하다고 판단되면, 그와 같은 부모의 의사를 즉시 자녀에게 전한다. 그리고 친구와 교우 관계를 맺으면 끝까지 지속하도록 지도한다. 「탈무드」에도 "애매한 친구가 되기보다는 뚜렷한 적이 되라."는 말이 있듯이, 일단 사귄 친구와는 보다 깊이 있는 관계를 유지하도록 한다. 이 점은 한국 사람의 경우와 유사하다. 우리의 인간관계는 어떤 사회학자가 지적했듯이 표피적 관계가 아니라 심층적 관계의 특징이 있다. 친구를 처음 사귈 때에는 힘이 들고 시간이 오래 걸리지만, 일단 교우관계를 맺으면 깊은 관계를 유지한다는 말이다. 일반적으로

서양사람의 경우에는 표피적 관계가 많다. 처음 만나는 사람에게 친절하게 대하고 부드러운 웃음을 잘 짓지만 실상 마음을 주는 것은 아니다. 그러나 우리의 경우에는 처음에는 무뚝뚝하고 붙임성이 없지만, 일단 가깝게 느껴지면 마음의 문을 열고 마음 속 깊이 있는 이야기까지 하게 된다.

이 점에서 유태인의 인간관계는 다분히 동양적인 면을 지닌다. 즉, 많은 수의 친구를 사귀도록 지도하기보다는 적은 수의 친구이지만 깊은 관계를 유지하도록 한다.

어린이에게 친구와의 관계를 통해서 사회성을 길러 주는 일은 어린이의 건강한 발달에 필수적으로 요청되는 것이다.

유치원에 갈 무렵이 되면 어느 정도 자기 중심성을 탈피해서 사회성을 가지도록 지도해야 되는데, 만일 이와 같은 지도가 부족하면 장차 성장한 다음 인간관계가 나빠질 가능성이 많다. 건강한 사회성은 친구와의 접촉에 의해서 가능해지므로, 어려서부터 친구와 어울리는 기회를 주는 것은 대단히 중요한 경험이 된다.

여하간에 유태의 가정교육에서 친구를 사귈 때에 '한 계단 올라서서 찾아라.'라고 지도하는 것은 우리에게 훌륭한 교훈이 된다. 자녀들이 교우 관계를 맺는 것을 방관하지 말고 적절한 지도를 해야 한다는 교훈을 주기도 하지만, 되도록 자녀의 발전을 가져오는 데 도움이 될 수 있는 친구를 찾도록 기회를 만들어 주고, 또 선택을 위한 조언을 해 주어야 한다는 것을 강력히 시사해 준다.

⑤ 항아리의 겉보나는 속을 보아라.

유태인의 생활은 검소하다. 허영이나 분에 넘치는 사치를 찾아보기 어렵다. 옷차림에 있어서도 겉으로 화려하게 치장하는 것보다 어떤 추위에도 몸을 따뜻하게 보온할 수 있는 속옷에 더욱 신경을 쓴다. 유태의 격언 "항아리의 겉보다는 속을 보아라."는 말은 바로 이런 의식구조를 말해 준다. 값비싼 밍크 코트는 아무리 돈이 많은 부자라도 40세 이하의 여성은 입지 않는다. 돈 많은 사람이 새 옷을 맞출 때에도 천은 고급으로 선택하지만 색깔이나 모양에서는 지나치게 유행적이고 화려한 것을 피한다. 그런 옷을 입게 되면 마음이 편하지 않기 때문이다. 어려서부터 검소한 생활교육을 받았기 때문에 옷차림이 남의 눈에 쉽게 띄면 심리적으로 불안해지는 것이다. 마치 오랫동안 교직 생활을 한 사람이 젊은 딸의 권고에 못 이겨 어쩌다 빨간 넥타이를 매고는 불안해 하는 것과 같은 심리이다.

유태인은 겉을 치장하게 되면 속을 충실하게 할 수 없다는 종교적, 문화적 전통 속에 살고 있다. 그러기에 되도록 옷차림이나 식생활을 검소하게 하도록 교육받으며, 또 그렇게 다음 세대를 교육한다. 그 대신 '속을 튼튼하게' 하는 것이 그들의 모토임을 알아야 한다.

속을 튼튼하게 하는 것, 그것은 바로 내실을 기하는 것이다. 겉으로는 화려한 옷을 입었지만 삶을 현명하게 살아가는 지혜가 없고, 사치와 타락에는 돈을 막쓰면서 불쌍한 사람을 동정하는데 인색한 사람은 속이 튼튼하지 못한 사람이다. 보다 구체적으로, 유태인에게 속이 비어 있다는 것은 크게 세 가지 뜻을 포함한다.

첫째, 민족 정신이 결핍될 때, 그 사람의 속은 비어있는 사람이다. 그의 재산이 태산처럼 많고 또 많은 지식을 가지고 있다 하더라도, 유태민족의 정신과 긍지를 이어받지 못했으면 그 사람의 속은 튼튼한 사람이 되지 못한다.

둘째, 종교적 신앙이다. 신앙은 민족의 생명이고 한 사람의 비어있는 마음을 채워주는 양식이다. 그러므로 신앙이 없으면 속이 비어있는 사람이다.

셋째로, 속이 튼튼하지 못한 사람은 지혜가 없는 사람이다. 여기서 말하는 지혜란 단순히 지식만을 의미하는 것이 아니라 남과 다른 능력, 남이 생각하지 못하는 착상, 삶을 현명하게 설계하는 슬기를 뜻한다.

민족정신, 종교적 신앙, 그리고 삶의 지혜가 있는 사람은 내실이 있는 사람이며, 그런 사람은 비록 겉으로 초라해 보일지라도 존경받아야 할 인물로 생각한다. 이와 같은 유태인의 교육 이념은 가정교육의 구석구석에 반영되어 있다. 일주일에 한 번, 정기적으로 가지는 아버지의 훈화(訓話) 시간에 검소한 생활과 내실 있는 생활에 관한 소재는 빼놓을 수 없는 것으로 되어 있다. 유태인 어린이에게 소개되는 위인을 생각해 보자. 그 대부분은 신앙심이 두텁고 지혜가 풍부하며, 유태인으로서의 긍지와 민족적 정신을 유지해 온 사람들이다.

미국 뉴욕의 유태계 부호의 한 사람인 필립 굿다드는 "은(銀)은 무거워야 한다. 그러나 무겁게 보여서는 안 된다."라는 말을 처세훈(處世訓)으로 삼고 있다. 금이나 은은 무거운 것이 좋지만 그것이 남에게 무겁게 보이면 쓸데없는 재난을 불러들일 가능성이 있다는 뜻에서 무겁게 보이지 않도록 하는 방법이다. 요컨대, 지나친 외형적 장식이나 자기과시에 의해서 다른 사람의 불필요한 반감이나 질투를 사지 않도록 해야 한다는 배려일 것이다.

'내실을 기해야 한다'는 생각은 아마도 유태민족이 박해의 역사를 통해서 뼈저리게 체험한 것이리라. 이스라엘 민족이 예루살렘에서 추방당하여 이른바 디아스포라(유랑생활)의 생활을 시작한 이래 이들에 대한 이민족의 박해는 이루 형용하기 어려운 것이었다. 특히, 중세에 이르러 교회의 박해는 극에 달했다고 할 수 있다. 이런 상황에서 그들이

할 수 있는 일이란 내실을 기하는 것이었을 것이다. 돈이 있어도 없는 것처럼 보여야만 안전을 도모할 수 있는 상황, 아는 것이 많더라도 모르는 체하는 것이 자기를 보호할 수 있는 상황이다. 공연히 있는 것처럼 보이거나 아는 체하면 약탈과 박해의 대상이 된다. 여기에서 겉보다는 속을 튼튼하게 하는 삶의 지혜가 생겼으며, 그것은 가정교육에 의해서 다음 세대로, 그리고 또 다음 세대로 전해졌다.

겉보다는 속을 튼튼하게 하는 교육에서 우리의 가정교육은 본받아야 할 점이 많다. 아무리 옷을 잘 입히고 잘 먹인다 해도 그 마음이 비어 있으면 올바른 가정교육을 했다고 할 수 없다. 지나치게 외형적인 면에 치중하는 우리의 가정교육을 다시 한 번 반성해 볼 일이다.

⑥ 쓰는 것보다 저축하는 즐거움을

유태의 가정에서는 아직 학교에 가기 이전에도 자녀에게 용돈을 준다. 그러나 그 용돈은 쓰기 위한 것이 아니라 저축을 위한 용돈이다. 용돈을 주어 그것을 바르게 쓰는 일을 배우기 이전에 저축하는 일부터 배우게 한다. 이것은 저축의 중요성을 어린이에게 가르치기 위해서만이 아니라, 돈의 가치를 이해시키고 저축의 즐거움을 체험시키기 위해서이다.

유태인에게 있이 저축은 생존을 위한 수단이다. 나라 없는 이국에서 오직 그들을 보호해 줄 수 있는 것은 재산뿐이었다. 언제 어떤 일을 당할 지 모르는 상황에서 자기가 저축한 돈만이 생명을 보호해 줄 수 있는 것이다. 오랜 세월에 걸친 이와 같은 민족의 경험은 유태인의 저축에 대한 긍정적인 태도를 형성시켰으며, 그 태도는 교육을 통해서 다음 세대로 전해지고 있다. 유태인에 대한 일반적인 편견인 '수전노'의 통념도 알고 보면 그들의 억척같이 저축하는 습관과 태도 때문인 것으로 해석할 수 있다. 돈을 쓰지 않고 억척같이 저축만 하니 구두쇠라는 말을 듣게 된 것도 어느 면에서는 이해할 만하다.

유태인은 돈을 좋아한다. 좋아한다기보다도 천시하지 않는다고 표현하는 것이 좀더 바른 표현일 것이다. 돈은 귀한 것이라고 생각한다, 그렇다고 돈으로 모든 것을 해결할 수 있다고 생각하지는 않는다. 그들은 가정에서부터 돈은 유용한 것(수단적 가치)이지만 돈이 인간을 지배할 수는 없다(목적가치)고 가르친다. 유태의 격언 중에서 "부자에게는 자녀가 없다. 오직 상속인이 있을 뿐이다."라는 말이 있다. 돈이 많은 부자의 자녀들은 진심으로 부모를 공경하는 것이 아니라 장차 있을 재산의 상속을 기대하는 생각에서 부모를 공경하는 척하기 쉽다는 말이다. 돈이 인간을 지배해서는 안 된다는 것을 경고하기 위한 것이다.

돈을 천시하거나 경원시 하지는 않지만 돈만을 추구할 때에 인간은 그 마음이 빈약해질 가능성이 많다. 돈이 가져올 수 있는 유혹이나 병폐를 경고하면서도 기본적으로 금전은 유용하게 기회를 제공해 준다는 생각 때문에, 유태의 격언 중에는 금전이 수반하는 격언이 많은 것인지도 모른다.

어린이에게 용돈을 주고, 그것을 쓰는 것보다도 저금하는 습관을 가지도록 한다. 어려서부터 저축하는 습관을 길러 주면 그것은 일생 동안 지속된다.

우리 속담에 "세 살 적 버릇 여든까지 간다."는 말이 있는데, 이것은 결코 허무맹랑한 말이 아니다. 돈을 저축하는 습관을 먼저 기르는 것은 사실 그 이상의 교육적 의미를 지니는 것이다. 자기가 저축한 돈을 쓸 때에 낭비가 있을 수 없다. 자수성가한 재벌이 돈을 낭비하는 경우를 찾기 어려운 것은, 결국 자기가 애써 모은 돈을 자신이 헤프게 쓸 수 없기 때문이다. 대개의 경우 낭비는 돈을 모으는 고통과 동시에 따라오는 즐거움을 모르는 다음 세대에서 있게 마련이다. 부자의 2세는 돈을 모으는 즐거움보다 돈을 쓰는 즐거움 밖에 모르기 때문이다.

바로 이 점을 유태인의 가정교육에서 고려하고 있다. 어린이에게 돈을 저축하게 한 다음, 그 돈을 가지고 선물을 사거나 먹을 것을 사 먹게 한다. 이렇게 했을 때 돈을 헤프게 쓰는 태도가 있을 수 없다. 동시에 저축의 즐거움을 경험시킨다. 확실히 일석이조(一石二鳥)이다. 저축과 소비의 건전한 습관을 동시에 형성시키는 것이다.

이렇게 보면, 어린이에게 용돈을 주는 것이 무방하다는 결론을 얻게 된다. 그러나 여기에는 단서가 붙어 있다. 어린이에게 용돈을 주되, 반드시 저금하도록 하라는 것이다. 이는 우리가 본받아야 할 삶의 현명한 지혜임에 틀림없다.

⑦ 매사에 균형을 잡아라.

유태인의 성전(聖典) 「탈무드」에는 이런 말이 있다. "너무 오래 앉아 있으면 치질(痴疾)에 나쁘다. 너무 오래 서 있으면 심장에 나쁘다. 그리고 너무 오래 걸으면 눈에 나쁘다. 그러므로 이 세 가지를 적당히 조화시켜야 한다."—이 중에서 너무 오래 걸으면 눈에 나쁘다고 한 것은 본래 이스라엘이 사막의 나라이기 때문에 너무 오래 집밖에 나가 걸어다니면 모래가 눈에 들어가게 된다. 필시 그런 뜻에서 오래 걸으면 눈에 나쁘다는 말이 나왔으리라고 짐작된다. 하여튼 이 말에서 의도하는 중요한 교훈은 매사에 균형을 취하라는 것이다. 아마도 유태인의 처세술 중에서 가장 뛰어난 것은 바로 이 균형을 유지하는 생활 태도일 것이다.

금전의 가치를 인정하되 또 그것만을 추구하지도 않는다. 역시 균형을 취하는 생활태도이다. 유태인은 종교적으로 장차 평화의 날이 오리라는 소망 속에 산다. 그러나 소망 때문에 오늘을 헛되이 살지는 않는다.

분명 균형을 유지한다는 개념은 유태인의 가정교육에서 의도하는 교육이념의 중심이 되는 지표의 하나이다. 교육에서의 균형이란 바로 전인교육(全人敎育)의 개념과 상통한다. 어느 한쪽의 발달만을 가져오는 교육은 결코 바람직하지 못하다. 사람에게 요구되는 모든 요소가 균형 있게 발달하는 교육, 그것이 전인교육이며 유태의 가정에서 매사에 균형을 유지하도록 하는 교육과 일맥상통한다. 교육학자의 이론에 의하면, 인간은 세 가지 측면에서 균형 있는 발달을 달성할 때 비로소 온전한 인간으로 성숙하게 된다. 그 세 가지 측면이란, 지적인 면(知) 정의적인 면(情), 그리고 기능적인 면(意)을 말한다.

쉽게 말해서 머리와 가슴과 손이 균형 있게 발달하는 것을 의미한다. 앞서 인용한 「탈무드」의 격언에서 앉아 있는 것과 서 있는 것과 걸어다니는 것의 균형을 유지해야 한다는 것과 같은 논리이다. 적어도 균형을 유지한다는 점에서 동일한 논리라고 할 수 있다. 어느 한 면만 비대해지면 상대적으로 다른 면이 위축되고, 결과적으로 전인이 아닌 불구자가 된다.

유태인의 가정에서는 어린이가 전인으로 균형 있게 발달하도록 지능을 키우는 교육만이 아니라, 종교적 신앙교육에 의해서 덕성을 함양하고 생활의 지혜를 가르침으로써 이 세상을 현명하게 살아갈 수 있는 기능을 육성하는 데 주력한다.

그러나 우리의 교육은 전통적으로 지성(知性)과 덕성(德性)을 강조하는 교육이다. 특히, 조선시대의 교육은 다른 어떤 면보다도 덕성을 중시하는 교육이었다. 대부분의 교재는 인간으로서의 도리나 몸가짐, 예절을 소재로 하는 것이었으며, 덕육에 관한 한 조선시대의 교육은 성공적이었다고 할 수 있을 것이다. 그러나 손을 움직이는 기능을 육성하는 데에는 실패하였다.

얼마 전까지만 해도 덕육(德育)의 전통은 상당한 정도로 우리 교육에 남아 있었다. 특히, 그와 같은 덕성의 교육은 학교교육보다도 가정교육에 의해서 수행되는 것으로 생각했으며, 한편 가정은 그와 같은 교육의 책임을 당연한 의무로 받아들였다. 그러나 요즈음에 와서 우리의 교육은 극단적인 지육(知育) 중심의 교육으로 기울어진 느낌이 없지 않다. 학교는 팽창해 가는 지식을 하나라도 더 주입하려는 데 급급하고 있으며, 가정은 모든 것을 학교에만 떠맡기고 있는 실정이라 해도 과언이 아니다. 이런 상황에서 진정한 덕육(德育)이 가능할 리 없고, 결과적으로 이런 교육을 받고 자라나는 어린이는 머리는 비대해 있을지 모르나 그 가슴이 윤택할 리 없고, 그 손발이 제대로 움직일 리 만무하다.

결국, 가정교육의 회복이 시급하다는 결론밖에 나오지 않는다. 물론, 학교도 진정한 인간교육을 위해 힘써야 할 것이다. 주지주의(主知主義)에서 탈피하여 성숙된 인간을 만드는 교육에 주력해야 한다. 그러나 학교교육보다 앞서 있어야 할 것이 가정교육이다. 어린이가 균형 있는 발달을 하도록 돕기 위하여 가정은 그것이 지니는 강력한 교육력을 행사하여 자라나는 어린이의 감정을 순화시켜 주고, 원만한 성격을 형성시켜 좋은 습관과 올바른 태도를 길러 주고 참된 정신을 심어 주는 덕육(德育)에 힘써야겠다. 이와 같은 교육적 기능은 누구에게도 맡길 수 없는 부모의 일차적인 책임이다.

이외에도 '르스 시로'라는 한 유태인이 쓴 「유태인의 천재교육」에서도 이러한 유태인의 육아법과 자녀교육에 대해 다음과 같이 간략하게 소개하고 있다.

1 '지(知)'를 기른다.

① '남보다 뛰어나라'가 아니라 '남과 다르게 되라.'
② 배우기 위해서는 '듣기'보다 '말하기'가 더 중요하다.
③ 몸보다 머리를 쓰는 일을 가르쳐라.
④ 지식을 못 가진 자는 아무것도 못 가진다.
⑤ '배움은 꿀처럼 달다'는 것을 되풀이 체험시켜라.
⑥ 싫으면 하지 말라. 할 테면 최선을 다하라.
⑦ 아버지의 권위는 아이들 정신의 기둥이다.
⑧ 배움은 배우는 자세의 '흉내'에서 비롯된다.
⑨ 공부를 놓으면 20년 배운 것도 2년 만에 잊혀진다.
⑩ 이해할 수 없는 일은 사실만을 말하라.
⑪ 하나님에 대해 생각하는 일이 추상적 사고의 계기가 된다.
⑫ 독특한 재능을 기르는 데는 어머니의 과보호도 필요하다.
⑬ 형제의 두뇌 비교는 양쪽에 해가 되나 개성의 비교는 양쪽의 발전이 된다.
⑭ 이야기나 우화의 교훈은 아이들 자신이 생각하게 하라.
⑮ 잠들기 전에 책을 읽어 주는 것은 지적 교육의 하나다.

2 '정(情)'을 기른다.

① 오른손으로 아이에게 벌을 주면 왼손으로 안아 줘라.
② 아이들을 혼내 준 날에도 재울 때는 따뜻하게 해 주어라.

③ 어른이 쓰는 물건이나 장소에는 가까이 하지 못하게 하라.

④ 일생을 두고 배우게 하기 위해서 어릴 때는 충분히 놀려라.

⑤ 다른 사람이 가정 훈련에 간섭하면 거침없이 거절하라.

⑥ 아버지의 휴일은 아이들 교육에 없어서는 안 될 날이다.

⑦ 조상의 이름을 아이들에게 붙여 가족의 맥을 일깨우게 하라.

⑧ 친구를 선택할 때는 계단을 한 단 오르라고 가르쳐라.

⑨ 다른 가정을 방문할 때 한 살 전후의 아이는 데려 가지 말라.

⑩ 친절은 인생 최대의 지혜, 누구에게든 친절하게 하라.

⑪ 아이들에게 선물 대신 돈을 주지 말라.

⑫ 성에 대해서는 사실을 간결하게 가르쳐라.

⑬ 텔레비전 폭력 장면은 못 보게 하되 전쟁의 기록은 보여 줘라.

⑭ 거짓으로 아이들에게 쓸데없는 꿈을 갖게 하지 말라.

⑮ 음식에 대한 감사는 신에 대한 감사임을 가르쳐라.

3 '뜻(意)'을 기른다.

① 아이를 꾸짖을 때의 기준은 선이냐 악이냐 밖에 없다.

② 아이에 대한 최대의 벌은 어버이의 침묵이다.

③ 위협해서는 안 된다. 벌하느냐 용서하느냐 뿐이다.

④ 부모가 매질을 삼가면 아이가 그릇된다.

⑤ 특정한 일은 특정한 시간 안에 다하는 습관을 붙여 줘라.

⑥ 가족이 함께 모이는 식사시간은 좋은 교육 기회이다.

⑦ 아이가 어릴 때는 외식에 데리고 가지 말라.

⑧ 아이의 편식을 내버려 두면 가족과의 일체감이 없어진다.

⑨ 몸을 청결히 하는 것은 위생과 용모 이상의 의미를 갖는다.

⑩ 용돈은 저축을 배우는 좋은 계기가 된다.

⑪ 항아리의 겉을 보지 말고 내용을 보라고 가르쳐라.

⑫ 집안에서도 '내 것' '네 것' '우리 것'의 구별을 가르쳐라.

⑬ 노인을 공경하게 하는 것은 아이에게 주는 유산의 하나다.

⑭ 부모에게 받은 것을 자식에게 갚는 것은 베푸는 것이다.

⑮ 남에게서 받은 해는 잊지 말되 용서하라고 가르쳐라.

2) 일본의 가정교육

– 예법지도에 철저한 일본인

오늘날, 많은 나라들이 자녀교육에 대하여 상당한 관심을 기울이고 있다. 이는 자녀 개인은 물론, 가정과 사회, 그리고 그 나라의 장래 운명까지를 좌우하는 매우 중요한 일이기 때문이다. 어느 나라나 자기 나라의 오랜 전통을 존중하면서 현실과 미래에 적응할 수 있는 자녀교육을 위해 부단히 노력하고 있는 것이다.

일본인들의 자녀교육에 대한 관심은 다른 어느 나라보다 철저하다고 할 수 있다. 그들의 자녀교육을 살펴보면 그들만의 두드러진 특징을 발견할 수가 있다. 그들의 사회는 정직, 친절, 청결, 책임, 인사 예절, 단합 등을 덕목으로 설정하고 가정에서부터 이것들을 철저하게 가르치고 있다.

전쟁의 패망에서 헤어날 것 같지 않았던 일본이 오늘날 세계 선진국(G-7)의 경제대국으로 성장할 수 있었던 것은 바로 이러한 일본인 특유의 자녀교육이 모든 가정에서 철저히 이루어졌기 때문이라고 해도 과언이 아니다. 매사에 철저하고 빈틈없이 처리하는 책임감, 개인보다는 단체와 사회와 국가를 더 중시하는 단합 정신, 우리들이 보기에는 너무 지나치리만큼 애교가 넘치는 인사 예절 등이 기업정신으로까지 승화되어 오늘의 일본을 일으킨 원동력이 되었을 것이다.

이렇게 매사에 있어서 '철저'를 강조하는 일본의 가정교육은 사회도덕을 형성해 가는데도 밑바탕이 되고 있는 것이다.

일본의 가정교육은 부모가 먼저 말과 행동을 일치시켜 모범적으로 실천해 가는데 그 핵심적 특징이 있다. 우선, 아버지는 자녀에게 소신 있고 확고한 의지로 살아가는 모습을 보이려고 노력하고, 어머니는 감정에 좌우되지 않고 일관성 있는 태도와 훈훈하고 따스한 온정에서부터 가정교육은 시작되어야 한다고 믿고 있다.

그렇다면 일본의 가정에서는 자녀들에게 어떤 방법으로 무엇을 지도하고 있는지 그 일반적인 사례들을 소개해 본다.

(1) 친절한 인사 예절

일본인의 인사 예절이 친절하고 상냥한 것은 세계적으로 널리 알려져 있다.

우리나라에는 그간 예절 운동으로 전개해 온 '예(대답하는 말) · 고(고맙습니다) · 미(미안합니다) · 수(수고하십니다)' 운동이 있고, 미국, 영국 등에서는 그들이 일상적으로 쓰는 'please', 'thank you', 'excuse me' 등의 인사말이 있듯이 일본에서는 '오 · 아 · 시 · 스' 운동을 전개하고 있다.

다시 말하면, '오'는 오하요 고자이마스(안녕하십니까), '아'는 아리가도오 고자이마스(감사합니다), '시'는 시쓰레이 시마시다(실례했습니다), '스'는 스미마센(죄송합니다) 등의 인사말이다. 가정에서는 이 네 가지의 인사말을 항시 사용하도록 철저히 지도하고 실천하도록 한다.

또, 부모나 어린이가 외출할 때에는 꼭 현관까지 나와 전송 인사를 하는 것이 관습으로 되어 있고, 아버지나 어머니가 늦게 들어오게 되면 자녀들은 자지 않고 기다리는 예법도 권장한다. 그들은 이러한 가정 예법을 생활화함으로써 부모와 자녀들이 서로 신뢰하며 화목한 가정을 이루어 살아가고 있다.

(2) 차(茶)의 예법

일본인들의 차를 마시는 예법은 불교와 무사들의 정신 수양에서 비롯된 것이라고 한다. 차를 마시게 되는 경우에는 먼저 방을 깨끗이 쓸고 닦아 정결히 하고, 다구(茶具)도 정하게 씻고, 다실(茶室)의 꽃, 칫상, 작은 병풍 등을 항상 바르게 정리해 놓는다. 그리고 다실(茶室)에서는 단정하게 무릎을 꿇고 반듯한 자세로 앉으며 말을 상냥하게 한다.

차를 마실 때의 예법은 찻잔을 두 손으로 받쳐들고, 마시는 소리를 내지 않아야 한다. 차는 한꺼번에 마시지 않고 조금씩 세 번 정도 나누어 마시면서 일단 찻잔을 상에 내려놓는다. 그리고 잠시 요담을 하다가 다시 찻잔을 드는 것이다. 또, 그들은 커피나 단맛이 나는 차보다 씁쓸한 엽차를 좋아한다.

이와 같은 관습은 시끄러운 속세에서 벗어나 맑은 정신을 가지고 정(靜)과 동(動)의 세계에서 수양에 임하는 독특한 일본문화의 일면을 보여 준다. 가정에서는 이러한 예법을 어려서부터 철저히 지도한다.

(3) 제례(祭禮)와 전통 의식(儀式)

일본인들의 신사참배는 일부 사람을 제외하고는 아직도 철저히 행해지고 있으며, 불당에 대한 배례도 매우 지극하다.

평상시에는 신앙이 없는 사람도 마음 속에 원하는 것이 있을 때에는 참배를 한다. 집을 짓거나, 집을 사고 팔거나, 이사를 할 때에도 신에게 참배한다. 이와 같이 항상 신의 보살핌을 받으며 신의 가호 속에서 시작한다. 이것은 미신이냐 과학이냐를 따지기에 앞서, 일본인의 정신 속에 흐르는 하나의 신앙이자 전통이다. 또, 일본의 가정에서는 대개 집안의 정결한 방에 신단을 세우고 민족신과 조상신을 모신다. 이들은 아침이나 저녁에, 또는 며칠에 한 번씩 주기적으로 맑은 물을 떠올리고 향을 피운다. 부모들은 신단에 배례하며 조상신에게 감사 드리고 자녀가 잘 되기를 기원한다. 이를 보는 자녀들은 자연히 그 모습에서 감화를 받게 되고, 자신이 훌륭하게 자랄 것을 다짐하며 생활하게 된다.

그 뿐만 아니라, 일본인은 의식을 엄숙하게 행하며 그 뜻과 예절을 어린이들에게 감명 깊게 새겨 주는 나라이다. 만 20세가 되는 자녀에게 예복을 입히고 관례의 식을 엄숙하게 치러 준다. 이 때 전통적인 예복을 갖추고, 머리 올리기(무겁게 장식한 머리 모습)를 하고 정결한 몸가짐으로 가정에서 조상신에 대한 신고 제례를 올린다.

시청, 구청, 읍사무소 등에서는 합동 기념식과 함께 기념품을 이들에게 증정한다. 학교나 사회 각 집회에서는 이들을 초청하여 의식을 베풀어 주고, 성인으로서의 긍지를 심어 준다. 그렇게 함으로써 어른으로서의 책임감과 교양 등을 심어 주게 된다.

혼례식 역시 엄숙하게 치러진다. 혼례식 때에는 먼저 신에게 고하는 '고신례'를 15~20분 정도 올린다. 이 때에는 양가의 부모와 친척들만이 참석한다. '고신례'가 끝나면 피로연이 시작된다. 피로연은 약 2시간 정도 이어지는데, 즐겁고도 절도 있으며 엄숙한 분위기에서 이루어진다.

신랑과 신부를 높은 자리에 앉히고, 그 좌우에는 신랑, 신부를 중매한 부부가 앉는다. 이것은 중매한 사람의 지위와 역할을 주례 이상으로 생각하고 있기 때문이다. 계속해서 은사와 친구 등의 소개를 한 다음 축사 등이 이어진다. 이러한 절차가 끝나면 신랑, 신부는 축하객들 사이를 순회하면서 술을 권하고, 손님들은 축하의 노래를 부르기도 한다.

그리고 축하객을 초청할 때는 초청장에 참가와 불참 표시를 받는다. 초청을 받은 축하객은 특별히 부부를 같이 초청했을 때에만 부부동반으로 참석하고 그 밖의 가족은 동반하지 않는다. 피로연 장소의 식탁에는 초청받은 손님의 명패가 꽂혀 있다. 미리 자리가 정해져 있기 때문에 무질서하지 않다. 이와 같이 결혼식은 엄숙하고 질서 있는 가운데 필수적인 참석자만 초청하여 이루어진다.

엄숙하고 정중하게 거행하는 제례나 전통의식에 자녀들을 참여시켜 그들의 전통 문화나 가풍을 후대에 전승해 주는 것도 중요한 가정교육의 하나이다.

우리나라 대학 졸업식에 주인공인 대학생들이 식전에 참석하지 않는 것은 의식을 소홀히 여기는 한심한 모습이다.

(4) 의 · 식 · 주에 관한 예법

일본인들은 그들의 전통옷(화복 : 和服)을 즐겨 입는다. 특히, 관혼상제나 여러 행사 때에는 남녀가 모두 애용한다. 이렇게 화복을 즐겨 입음으로써 심신을 바르게 가다듬고 우아한 전통미를 자연스럽게 나타내고 있다.

화복을 입고 있는 모습을 살펴보면, 머리에 쓰는 모자에서부터 발에 신는 다비(버선)와 게다(나막신)에 이르기까지 흩어짐이 없이 모두 단정하다. 하오리(두루마기)와 여자의 기모노(여성 옷) 등은 대부분 수예품이기 때문에 가격이 매우 비싸다. 그래도 일본 여인들은 값나가는 화복(혼례나 성인식 때의 옷) 한 가지만은 평생 동안 소중히 간직하는 관습을 가지고 있으며, 특별한 때에만 꺼내어 입는다. 이렇듯 화복을 간직하며 아끼는 정신은 어려서부터 철저한 가정교육을 통하여 몸에 익힌 결과라 할 수 있다.

일본에서는 예로부터 진해 내려오는 전통적인 식사예법을 지키는 가정이 많다. 그들의 식사 예법은 우리나라의 식사 예절과도 거의 비슷하다. 우선 식사 순서를 살펴보면, 제일 먼저 가장이 정면에 앉고 연장자순(남자 우선)으로 나란히 앉는다. 그 다음, 가장이 가족에게 '오하이오(평안들 하냐 등의 인사말)' 또는 '이다다키마쇼(식사합시다)라고 인사한다. 인사가 끝난 다음에도 가장이 먼저 젓가락을 들면 뒤따라서 가족들도 식사를 시작하게 된다. 그 밖의 식사 중의 예절로는 그릇에 담아 내온 반찬은 남김없이 모두 먹도록 하고, 고기나 생선 중에서 크고 좋은 것은 어른 앞에 놓는다. 특히, 식사 중에는 젓가락 소리나 음식 먹는 소리를 내지 않는다. 물이나 국도 소리가 나지 않게 먹도록 한다.

일본인의 집안 청소는 세계적으로 유명하다. 그들은 청소를 통한 정리 · 정돈의 버릇이 항상 몸에 배어 있다. 청결 의식을 심어 마음의 청결, 즉 정직성으로 승화되도록 하려는 것이다. 따라서, 청소는 자기 마음을 닦듯이 아주 철저하게 하도록 지도한다. 청소를 할 때에는 즐거운 마음으로 하도록 지도하여 예술적인 아름다움을 창조하는 습성으로까지 발전시킨다. 청소는 정리 · 정돈에서부터 시작하는 데, 정리 · 정돈은 생활의 준비이며 환경을 아름답게 만듦으로써 상쾌한 정신이 나게 하는 것임을 일깨워 준다.

일본인은 꽃으로 집 안팎을 장식하기를 좋아한다. 특히, 여자는 꽃 다루는 법을 따로 배운다. 이것을 그들은 하나 가사리라고 한다. 방안이나 뜰은 물론이고 실내나 실외의 도처에 꽃을 장식하고 키운다.

이렇듯 일본에서는 꽃을 사랑하면서 예술적인 아름다움을 감상한다. 이는 꽃을 통해서 자녀들의 정신을 맑게 하고 풍부한 정서를 함양할 수 있다는 교육적 신념 때문이다.

(5) 교양 있는 언행

일본인들은 일반적으로 친절하고 정중한 말로 대화를 하는 것이 보통이다. 아직도 상류 가정이나 순수한 일본식 행사나 기타 전통 예절을 존중하는 곳에서는 극히 정중한 언어를 사용한다. 어린이들에게 말하는 방법을 지도할 때에는 남이 확실히 알아들을 수 있도록 분명하게 말할 것과 부드럽고 느낌이 좋은 말을 쓰도록 강조하고 있다. 또, 말이란 사람이 서로 사귀는 데 중요한 요소이며 교양을 나타내는 기준이 된다고 생각한다. 그리고 말은 그 사람의 마음씨를 나타낸다고 생각하고 있다. 일본인의 상냥하고 친절한 말솜씨는 세계적으로 잘 알려져 있다.

일본인들은 남자는 당당하게 걷고, 여자는 얌전하게 걷는 것이 그들 특유의 걸음걸이 예법이다. 특히, 여자는 어려서부터 발을 바깥으로 내었다가 안으로 돌려 밟게 하는데, 발자국이 15°쯤 안쪽으로 기울게 한다. 또, 보폭과 자세 등에도 극히 신경을 써 가며 걷도록 가르친다. 두세 사람이 같이 걸을 때에는 오순도순 친절한 말씨로 조용히 얘기한다. 낄낄거리거나 소리내어 말하거나 좌우를 두리번거리며 걷지 않는다.

말씨에서부터 걸음걸이까지 세심하게 지도하는 일본의 가정교육은 부모가 모범을 보임으로써 효과적으로 성과를 거두고 있는 것이다.

(6) 철저한 공중 도덕심 배양

문명이 발달함에 따라 생산보다는 소비의 뒤처리에 고심하게 되는 것도 세계적인 현상이다.

일본 국민의 쓰레기 버리는 관습은 매우 잘 되어 있다. 동경의 시민들이 쓰레기 버리는 모습을 소개하면, 우선 군데군데의 도로변에, 불에 타는 쓰레기와 타지 않는 쓰레기를 따로 수거하기 위하여 작은 푯말이 세워져 있다. 각각의 푯말에는 청소차가 통과하는 시간이 적혀 있다. 그래서 아무 때나 쓰레기 봉지를 내다 놓지 않고, 청소차의 통과 시간에 맞춰 가져다 놓게 된다. 그리고 불에 타는 쓰레기는 붉은색 봉지에, 불에 타지 않는 쓰레기는 검정색 봉지에 담아다 놓는다. 깡통이나 유리병 등은 따로 모아 재활용할 수 있도록 한다.

청소차의 인부들도 친절하게 행동한다. 청소차는 차에 설치되어 있는 기계를 빙글빙글 돌리면서 현장에서 직접 쓰레기를 잘게 부순다. 이 때 깡통이나 유리병 같은 것은 결코 볼 수가 없다. 어린이들도 쓰레기를 함부로 버리지 않고 분류해서 가져다 놓는다. 음식물 찌꺼기 등에서 물이 줄줄 흘러 도로를 더럽히는 일도 없다. 이와 같이 부모가 모범을 보이고 자녀가 본받도록 하기 때문에 쓰레기 문제는 잘 처리되고 있는 것이다.

일본의 승·하차시의 질서도 참으로 잘 지켜지고 있다. 국민의 질서 의식도 훌륭하거니와 버스 운전 기사와 버스 회사 및 교통 당국이 다 함께 법을 지키기 위하여 노력한다. 동경의 시내 버스나 지방의 시내 버스가 다 마찬가지다. 버스 타는 곳에는 전신주 등에 도화지 정도의 빳빳한 종이가 붙어 있다. 이 종이에는 그 정류장에 버스가 도착하는 시간, 출발 시간, 경유지 등이 적혀 있다.

도로에는 흰 선이 그어져 있는데, 각 행선지에 따라 '1, 2, 3' 등으로 번호가 씌어 있다. 이 숫자가 씌어 있는 곳이 버스의 정지선이다. 행선지 번호 칸에 서서 책이나 신문 등을 읽고 있으면 2, 3분 시간 차이로 그 번호 방향의 버스가 소리 없이 와서 정차하며 문이 스르르 열린다. 이 때 흰 선(정지선)에 차의 앞부분이 정확히 (오차가 30cm 이내이다.) 닿는다. 그러면 그 번호 방향의 손님만이 탈 수 있게 된다. 손님이 질서 있게 탄 후에 차는 조용히 출발한다. 주행 중에는 방송을 통하여 정차할 곳을 알려 준다. 승·하차시의 순서도 아주 질서 정연하다.

이와 같은 교통 질서는 교통 당국의 지도 계몽이나 서로 인격을 존중하는 사회 기풍에 의하여 조성되기도 하였겠지만, 무엇보다도 부모들이 가정교육을 통하여 질서의식을 깊이 심어 준 데에 근본 원인이 있다고 볼 수 있다.

다음은 일본 '나고야시 가정교육연구회'에서 그 지역의 가정에 내보낸 '가정교육 기본 방침'의 일부이다. 총 40개 항목 중 23개 항목만 뽑아 본 것인데, 그들의 철저한 가정교육의 일면을 이해하는 데 참고가 될 것이다.

① 이름을 부르면 '하잇(예)' 하고 분명히 대답부터 하며 '고맙습니다.', '죄송합니다'란

기본 표현을 하도록 길러 준다.

② 조용하고 고운 음악을 많이 들려준다.

③ 꽃이나 그림을 '아름답다'라고 말하면서 보여 준다.

④ 나비나 개미, 개, 고양이 등을 보면 '곱다', '귀엽다' 등의 말을 하도록 한다.

⑤ '안녕하십니까?', '편히 쉬십시오', '잘 먹겠습니다' 등의 말을 하도록 한다.

⑥ 어린이가 있는 곳에서 남의 험담을 절대 삼간다.

⑦ 이야기를 해 주기도 하고 책을 읽어 주기도 한다.

⑧ 어린이의 요구대로 물건이나 돈을 주는 일을 삼간다.

⑨ 편식을 하지 않도록 한다.

⑩ 기다리고 참는 습관을 길러 준다.

⑪ 해야 될 것, 해서는 안 될 것, 말해서 좋은 것, 나쁜 것을 분명하게 알려 준다.

⑫ 교통규칙을 가르친다.

⑬ '다녀오겠습니다', '다녀왔습니다', '다녀오십시오', '안녕히 가십시오' 등의 인사가 몸에 배도록 한다.

⑭ 부모와 자녀가 같이 소풍, 등산, 운동을 하며 땀을 흘리고 즐거움을 느끼도록 한다.

⑮ 가족 모두가 함께 모여 대화를 나누고 즐거움을 느낄 수 있는 시간을 많이 가진다.

⑯ 자녀 앞에서 부부 싸움이나 이웃 사람에게 말대꾸하는 일은 결코 삼간다.

⑰ 하기 시작한 것은 끝까지 해내도록 하는 끈기를 기른다.

⑱ 친구를 중요하게 여기도록 한다.

⑲ 부모, 조상들이 살아온 내력을 말해 준다.

⑳ 아름다운 것에 감동하는 마음을 기른다.

㉑ 복장, 두발 등을 단정하게 한다.

㉒ 이웃의 아픈 마음을 아는 인간으로 키운다.

㉓ 말솜씨, 경어 쓰는 습관을 그때그때 지도한다.

3) 미국의 가정교육

-자립, 개척 정신을 심어 주는 미국인

미국의 부모들은 자녀들에게 가정 생활을 통해 소속감과 자긍심, 그리고 건실한 인간적

품성과 가치관을 심어 주기에 힘쓴다. 또한 이와 같은 교육에 주력하면서 아울러 인간 관계와 의사소통 능력, 자립심과 책임감을 기르는데 각별히 유념한다. 뿐만 아니라, 아이들의 취미 생활이나 창조적인 여가 선용, 그리고 신앙 생활 및 봉사 활동도 중시하면서 관심을 기울인다.

그런데 오늘날 미국 가정은 직업을 가지는 어머니들이 늘어나고, 이혼으로 인한 편부, 편모 등의 결손 가정이 증가하면서 가족 간의 결속력이 약화되거나 가정의 안정적 기초가 흔들리고 있다. 이처럼 가정이 흔들리거나 화평을 잃을 때에 생기는 어린이들의 정신적 갈등이나 정서적 불안이야말로 심각한 문제점이다. 특히, 별거 중이거나 이혼한 부모, 미성숙한 부모들 밑에서 자라기 때문에, 어렸을 때 받아야 할 꼭 필요한 훈련을 받지 못하고 거칠게 자란 아이들이나 부모의 사랑이 결핍된 아이들은 복잡하게 얽힌 여러 가지 문제 속에서 큰 어려움을 겪게 마련이다.

(1) 자녀의 기본적 욕구

미국에서 자녀의 출생은 언제나 축복받을 만한 경사이다. 아들, 딸을 불문하고 온 가족의 진심 어린 환영 속에 태어난다. 부모는 새로 태어나는 아기가 비록 딸이라 할지라도 아들 못지않게 기뻐한다. 자녀의 양육 계획에 맞춰 부모가 될 것을 준비하고 실천하기 때문에, 결혼한 부부는 아기를 원하게 되면 곧 아이의 출생에 대비해 나간다. 새로 어버이가 된 부부는 자기들의 아기를 매우 사랑스러워하며 아기의 필요를 충족시켜 주고, 아기에게 안락한 생활을 제공하기 위해서 모든 노력을 기울인다.

대부분의 가정이 양친 모두 직장을 가지고 밖에서 일하기 때문에, 매일 집에서 아기를 돌보아 줄 사람을 고용하거나, 아니면 일일 탁아소에 맡겨 보호하도록 하다가 성장하면 유치원이나 놀이방에 내보내어 돌보게 한다. 이혼이나 별거로 인한 편부나 편모 슬하의 가정에서도 흔히 이런 방법으로 아이들을 양육하고 있다. 물론 자녀가 초등학교에 들어갈 나이가 될 때까지 집에서 엄마가 돌보아 주는 것이 이상적이기는 하나, 오늘날 대부분의 미국 가정에서 이런 경우는 드문 일이다.

가정 형편이 허락한다면 부모들은 자녀를 위해 많은 장난감을 사주기도 한다. 어린아이가 자기 이름이 붙은 놀이 기구를 가지고 즐기는 일은 좋은 일이다. 그러나 많은 어린이들이 박제한 동물들과 기계화된 장난감, 비디오게임 등에 의해서 정서적으로 좋지 못한 영향을 통제 없이 받기 때문에 버릇없고 난폭한 아이가 되기 쉽다. 따라서, 부모는 자녀를 이기적인 사람이 되지 않도록 하기 위해 이처럼 이롭지 못한 장난감들은 사주지 않는다. 어린이들은 자기가 원한다고 해서 무엇이든지 다 이루어질 수 있는 것이 아니라는 사실을 일찍부터 배울 필요가 있기 때문이다.

이와 함께 미국의 부모들은 특히 자녀들에게 검약의 정신과 자원보존의 미덕, 물자의 효율적인 재활용 방법 등 삶의 지혜를 가르치는 일도 퍽 중시한다. 소속감과 자긍심의 기본적인 욕구는 가정에서부터 충족되어야 한다.

그렇기 때문에 어린이가 성장 초기에 부모나 가족들로부터 정신적으로 신체적으로 따뜻한 사랑과 보호를 받고 있다는 것을 체험하는 것은 매우 중요하다. 따라서, 맞벌이를 하는 부부일수록 자녀들이 소외감을 느끼지 않도록 가능한 한 많은 시간을 함께 지내면서 사랑을 쏟아야 한다. 놀이 기구만을 제공해 주고 부모와 따로 떨어져 다른 방에서만 놀게 하면 자녀에게 소속감, 안정감, 자긍심을 충족시켜 줄 수가 없다. 어린이는 가족들의 관심과 보살핌 속에 시간을 함께 보냄으로써 가족 공동체의 일원이라는 생각을 가지게 되는 것이다.

(2) 자녀의 훈계와 양육

인간은 갓 태어날 때부터 자신의 욕구를 표현하기 시작한다. 이 때 유아는 사회적으로 수용될 수 없거나 위험스런 짓을 할 수도 있으므로, 부모는 어렸을 때부터 자녀의 행동을 바르게 훈련시킬 필요가 있다. 훈련이란 무엇이 옳고 그른지를 가르쳐 주는 것을 뜻하는데, 어떤 경우에는 벌을 수단으로 할 수도 있다. 훈련을 하는 데는 분명한 목적이 있어야 한다. 예를 들면, 아이들이 권위를 존중하도록 가르치면서 올바른 생활 습관, 이타적인 삶의 보람, 자기 절제 등의 중요성을 일깨워 주는 일들이다.

사회는 성숙한 개인들이 각자의 충동을 억제하고 조절해 주기를 요구한다. 부모가 자녀들에게 이러한 자기 통제를 가르치지 않으면 결국 부모 대신 사회가 강제적인 방법으로 이들을 통제하거나 조절할 수밖에 없게 된다. 그렇게 될 때에 자녀들이 받는 고통과 어려움은 훨씬 크다.

불행히도 많은 미국 가정의 자녀들이 이렇게 꼭 필요한 훈련을 받지 못한 채 성장하고 있다. 아버지나 어머니를 잃은 가정 또는 부모 자신이 어렸을 때 필요한 훈련을 받지 못한 가정의 경우에 이런 현상은 더욱 뚜렷이 나타난다.

뿐만 아니라 훈련이 너무 지나치거나 가혹한 경우도 종종 볼 수 있다. 거칠게 매를 맞으며 성장한 아버지나 어머니일수록 자녀들을 훈계할 때에도 지나치리만큼 심하게 때리는 사례가 많다.

그러나 그런 부모의 폭력적인 방법에 의한 훈육이 자녀들을 순화시키기보다는 오히려 더 심각한 문제 행동을 유발할 수 있다. 또 아이들을 부모의 뜻에 순종시키기 위해서 벌하거나 꾸짖는 것은 일시적으로 효과를 거둘 수 있을지는 몰라도 자주 반복되면 그 효과가 소멸된다. 뿐만 아니라 자칫하면 반항적이고 공격적인 태도와 침울하고 난폭한 기질을 길러줄 수도 있다.

물론 지나치게 고집이 세거나 엉뚱한 비행, 묵과할 수 없는 일탈 행위에 대해서 단호한 경각심을 촉구하기 위해 회초리가 필요한 경우도 있다. 그럴 때 부모는 자녀로 하여금 징계의 목적이나 의도가 자신을 훌륭한 사람으로 키우기 위한 부모의 사랑에 기인함을 이해할 수 있도록 해야 한다.

미국의 가정에서는 자녀에게 체벌을 가할 때에 얼굴이나 머리를 때리는 것은 특히 삼간다. 그것은 자녀의 자존감과 긍지를 손상시키는 바람직하지 못한 징계 방법이기 때문이다. 또 다른 징계 방법의 하나는 아이가 가지고 노는 장난감이나 필요한 물건을 빼앗거나 아이의 어떤 권리를 일시적으로 중지시키는 것이다. 예를 들면, 어린아이들에게 집밖에 나가 친구들과 놀지 못하게 하거나, 꼭 하고 싶은 놀이나 활동에 참여하지 못하도록 하는 방법 등이다.

거듭 강조하거니와 훈계에서 가장 중요한 것은 자녀에 대한 부모의 사랑이다. 부모가 끊임없이 자녀를 이해하고 사랑할 때에만 그 효과를 거둘 수 있기 때문이다. 사랑은 자녀들의 비행이나 탈선을 예방하는 가장 효험 있는 약이다.

자녀들의 인성은 그들이 가장 사랑하고 존경하는 부모들을 모델로 하여 형성된다. 따라서 부모가 자녀에게 가르치고자 하는 행동의 기준을 분명히 제시하고 자신이 먼저 일관성 있게 지켜나가야만 자녀들이 갈등을 느끼지 않고 바르게 생활하게 된다. 부모가 보여 주는 실제 행동과 태도가 수범적일 때에 자녀들은 적절한 사회규범이나 표준적인 관습에 맞게 행동하게 되는 것이다.

자녀를 위한 훈육의 방법으로는 가정의 풍토나 자녀들의 성격에 따라 다양하게 적용하는 것이 바람직하지만 대체로 나이와 성숙의 수준에 따라 적절히 선택하고 조절해야 한다.

예를 들어, 6세 이하의 자녀에게는 아이의 신체적, 정서적 안정과 복지를 위해 완전한 복종을 요구해야 할 것이다. 그러나 여섯 살 정도가 되면 부모는 자녀에게 자기 절제와 개인적 책임감을 훈련시키기 시작한다. 자녀가 10대 소년, 소녀가 되었을 때에는 부모를 존경하는 태도를 배우도록 하고, 좀더 독립적인 나이가 되었을 때에는 부모의 가르침에 귀를 기울일 수 있도록 해야 한다. 다시 말하면 네 살 박이 어린아이는 엉덩이를 때려서라도 가르칠 수 있지만 10대의 자녀에게는 상담과 대화, 사랑 어린 충고가 효과적이다.

미국에서는 교회 예배 시간이든 다른 어떤 모임이든 공적인 회합의 장소에서는 무절제한 행동이나 소란스러움이 결코 용납되지 않는다.

개인주의는 미국에서 미덕으로 생각하고 가정과 사회에서 어린이들에게 중점적으로 강조하고 있다. 모든 개인은 한 인격을 갖춘 사람으로서, 사회의 구성원으로서 가치와 중요성을 지닌 존재이다. 따라서 자긍심은 가정과 사회에서 다 함께 중시하고 있다. 각 개인은 자신의 개성을 발전시키고, 독특한 자기 의사를 발표하며, 남다른 개성을 발휘한다. 이러한 개인주의는 한국 사회에 보편화되어 있는 집단 의식이나 생활 태도와는 상당히 다른 점이다.

(3) 가정에서의 대화와 의사소통

어린아이가 한 가정의 일원이 되었다는 느낌을 가지는 것은 다른 가족들과의 대화에서 비롯된다. 개방된 의사소통은 가정을 조화로운 협동체로 만들며, 더 나아가 세상의 어려운 문제들을 훑어갈 수 있는 열쇠가 된다. 어린아이가 말을 배우고 자기 생각을 표현하게 되면서부터 아이는 곧 자신의 생각이 중요하다는 느낌을 받을 수 있도록 배려해야 한다. 아이가 만일 건전하지 못한 생각을 하고 있거나, 다른 가족들이 받아들일 수 없는 의견을 표현할 때라도 그들을 포용하는 너그러운 마음으로 이해하고 받아들일 수 있도록 노력해야 할 것이다. 어린 자녀는 어떤 문제나 상황에 따라 그것에 대해 계속해서 생각하고 부모와 함께 이야기를 나누도록 격려할 필요가 있다.

가정에서 식사시간은 대화를 위해 가장 적절한 시간이다. 부모와 자녀는 아침 식사시간에 그 날의 계획을 이야기하기도 하고, 저녁 식사시간에 좋은 이야기이든 나쁜 이야기이든 그 날에 있었던 여러 가지 일들을 화제로 삼아 이야기하기도 한다. 자녀들에게는 그들이 경험한 것과 학교나 가정에서 일어난 문제들에 대해 어떻게 대처했는지 자기의 느낌과 생각을 있는 그대로 표현하도록 분위기를 조성한다. 그런데 불행히도 텔레비전은 점차 미국 가정 내의 중심부를 차지하고 있으며, 가족 간의 의사소통을 소홀하게 만드는 요인이 되고 있다. 가족들은 각자 점점 더 바빠져만 가고, 가족 모두 흩어져서 활동하는 시간이 각각 다르기 때문에 함께 모여 식사하는 것조차 쉽지 않다.

아버지는 늦게까지 직장에서 일하고, 자녀들은 클럽 활동으로 모이거나 운동 경기를 즐긴다. 식사시간을 통한 가정에서의 대화는 점점 어려워지고 있다. 그러나 미국 가정의 어머니는 자녀들을 학교나 클럽의 모임, 운동 경기장, 또 다른 활동 장소에 데려다 주는 차안에서 많은 시간을 자녀와 함께 이야기한다. 다시 말하면 차안에서 같이 있는 동안 그 날의 중요 사항에 대해 함께 이야기하게 된다.

미국인들은 자녀들과 함께 개방된 의사소통을 해야 할 필요성을 절실히 느끼고 있다. 특히 마약 등의 퇴폐 문화의 범람과 십대의 무절제한 음주와 임신, 그리고 미혼모 문제들이 속출하고 있는 어두운 오늘날에는 더욱 그러하다.

(4) 책임감과 생활 훈련

아이가 자기 자신의 힘으로 좀더 많은 일을 할 수 있는 능력을 기르는 것은 성장 과정에서 중요한 일이다.

유아기의 자녀들은 그들의 모든 필요와 충족을 전적으로 부모들에게 의존하지만 성장할수록 독립적인 존재가 되며, 타인을 돕는 데까지 발전한다. 어린이는 일하는 삶, 사회 구성원으로서의 책임감 있는 삶을 배워야 할 필요가 있다. 미국의 어린이는 맨 처음에는 먹는 것, 입는 것, 목욕하는 것 등을 혼자서 할 수 있는 교육부터 받는다. 그 다음에 아이는 가정에서 되풀이되는 일상적인 활동에 참여하는 것을 배우고 있다.

가족들이 많은 경우에는 두세 명이 공동으로 사용하기도 하지만, 대부분의 어린이들은 자기 소유의 침실을 가진다. 침대를 정리하고 방을 청소하는 일은 아이가 배워야 할 첫 번째 의무 중의 한 가지이다. 자녀가 매주, 매일 가족의 일원으로서 집안의 허드렛일을 하는 것 역시 중요하다. 최선의 능력을 다해 일을 완성하는 것이 크게 칭찬을 받는 반면에, 방심하고 게으른 경우에는 반드시 벌을 받는다.

책임감 있는 삶의 자세를 가르치는 한 가지 방법은 자녀에게 취미를 길러 준다거나, 클럽의 모임 또는 운동 경기 단체에 가입시켜 활동하게 만드는 것이다. 이런 활동을 통해서 자녀는 협동 정신을 배우고 집밖의 사람들로부터 새로운 감동을 받을 뿐 아니라, 자신의 흥미를 만족시킬 수도 있다. 많은 가정에서는 자녀들에게 강한 협동심을 길러 주려는 목적으로 연극, 연주회, 각종 구기 또는 다른 운동 경기에 자녀들을 참여시킨다. 어린이들은 이런 식의 부모의 도움과 사랑에 정말로 깊이 감사하고 있다.

재정적인 책임은 보통 개인적인 필요를 위해 매주 허용량의 용돈을 주는 것으로써 가르친다(8세 정도의 아이에게는 주당 10달러 가량, 12～13세의 자녀에게는 20달러 가량). 자녀들이 지혜롭지 못하게 용돈을 사용했다고 생각될 경우, 종종 징계의 한 방법으로 용돈을 중단시키는 경우가 있다. 용돈은 집안의 허드렛일을 함으로써 버는 노동의 대가와는 무관하게 지급되는 것이다. 허드렛일을 하는 것은 자녀의 의무에 속한다. 자녀에게 용돈을 주는 이유는 자기가 원하는 물건을 선택해서 살 수 있는 자유를 가르치고, 또 돈을 적절히 사용하는 방법을 훈련시키기 위해서이다.

(5) 취미 생활과 여가 선용

원만한 인격을 갖춘 사람으로 살기 위해서는 취미 생활을 적당히 계속해 나갈 필요가 있다. 어린 자녀들에게는 가능한 여러 가지 다양한 취미 활동과 관심거리를 제공해 주는 것이 좋다. 그리고 나서 나이가 듦에 따라 실제적으로 그의 적성에 맞는 취미의 한 가지를 선택하여 특기가 될 만하게 꾸준히 연마해 나가게 한다. 취미 생활은 한 개인이 그의 자유시간을 가장 생산적으로 활용할 수 있는 바람직한 활동이며, 높은 질의 삶을 영위하는데 결코 빼놓을 수 없는 생활영역의 하나이기 때문이다.

음악, 독서, 운동, 애완 동물 기르기, 우표 수집 등은 어린이들에게 있어서 가장 일반적인 취미 생활에 속한다. 물론 텔레비전 시청이나 영화 관람, 비디오게임 역시 대다수의 어린이들이 즐기는 취미거리이지만, 이것은 생산적이지 못할 뿐 아니라 창조력을 요구하지도 않기 때문에 대부분의 부모들이 가능한 한 억제한다.

모든 가족들은 가정에서 재창조를 위한 여가를 필요로 한다. 그러나 요즈음 부모와 자녀들이 각자 자기 세계에서 바쁘게 살기 때문에 가족들이 함께 모여서 여가를 즐기기는 어려운 실정이다. 그래서 대부분의 부모들은 토요일이나 일요일에 자녀들과 함께 여가를 즐기려고 노력하고 있다. 운동경기를 보러 가거나 함께 영화 관람을 하기도 하지만, 이보다는 공원을 산책하고 함께 운동하기를 좋아한다.

아버지나 어머니가 가족 전체의 여가 시간에 자녀들과 함께 운동 경기를 하는 것은 가장 바람직한 여가 선용이며 훌륭한 자녀교육의 기회이다. 비가 오는 날에는 가족들이 실내에서 탁구 경기를 즐기기도 한다. 이처럼 부모들이 함께 놀아 줄 때에 어린이들은 가장 큰 기쁨을 맛보며 자긍심을 느끼게 된다.

많은 가정들이 여름 방학 동안에 여행을 다녀오기도 한다. 산이나 해변, 기타 휴양지로 떠나는 것이 일반적이지만, 보다 중요한 의미는 가족 모두가 함께 모여 즐거운 활동에 참여한다는 데 있다. 이렇게 시간을 함께 보내면서 가족끼리 대화하고 교제하는 것은 가정의 화목과 애정의 끈을 더욱 튼튼하게 연결시키는 고리가 된다.

(6) 가정에서의 신앙 생활

대부분의 기독교 가정에서는 가정에서의 신앙 생활이 어린이를 올바르게 양육하는 데 중요한 역할을 한다고 믿는다. 신(神)에 대한 믿음과 신과 세계와의 관계를 바르게 이해하는 것은 어린이로 하여금 세계 속에서의 자신의 정체(正體)와 적절한 위치를 인식하게 해 준다고 생각한다. 신(神)은 자신과의 교제를 위해 인간을 창조했으며, 신의 사랑과 동행하심에 대한 믿음 없이는 인간의 마음은 공허할 수밖에 없다. 따라서 인간은 어려서부터 신의 존재와 신에게 예배하고자 하는 인간의 본능을 배우고 이해해야 한다.

이러한 종교교육은 가능한 유아초기에서부터 시작하는 것이 좋다. 기독교 가정에서의 신앙교육은 성서 이야기와 기도, 그리고 생활을 중심으로 이루어진다. 특히, 식사시간에 제공된 음식에 대한 감사 기도는 인성교육에 아주 긍정적인 역할을 한다. 물론, 기독교 가정은 규칙적으로 교회에 나가 공중 예배를 드리고 성서를 공부하지만, 식사기도에서처럼 자연스럽게 일상의 필요를 신께 의지하는 신앙 생활을 배우는 것은 가정에서부터 부모의 교육에 의해 이루어진다.

미국에서 교회 출석은 일반적으로 모든 가족이 참석하는 가정사이다. 예배는 보통 어린아이들은 유아실에서 돌보고, 초등학교 학생들은 따로 모여서 교회 학교 예배를 드린다. 부모가 먼저 자연스럽게 신의 보호와 인도를 간구하며 사는 신앙의 가정에서 태어난 자녀들은 삶에 있어서 어떤 문제에 직면하게 되었을 때에 먼저 신의 지혜와 도움을 구하는 기도를 잘 배워 나가고 있다.

결론적으로 한 어린이가 독립심과 자기 신뢰를 키울 수 있도록 훈련시키는 최선의 교육은 언제나 자신감을 가지고 신앙이 돈독한 사랑 많은 부모의 노력에서 비롯된다고 대부분의 미국인들은 생각한다.

사랑과 훈육이 함께 조화롭게 이루어지는 건강한 가정의 자녀들은 학교나 그 밖의 생활 영역에서 자신의 능력을 충분히 발휘하여, 이웃과 사회에 유익한 도움을 주는 쓸모 있는 시민으로 성장하게 된다. 어쨌든 고등종교를 택하여 어린 시절부터 신앙적인 생활로 정착되도록 할 필요가 있다.

제4절 결 언

지금까지 우리는 유태인, 일본, 미국 세 나라의 가정교육에 대해서 살펴보았다. 이 세 나라의 가정교육에서도 보여지듯이 가정교육은 그 무엇보다도 중요하다. 현재 일간지 사회면을 장식하는 많은 범죄에 대한 기사들이나, 점점 삭막해져만 가는 사회의 현실을 볼 때, 가정교육의 부재가 얼마나 심각한 문제인가를 알 수 있다.

가정은 인간이 삶을 영위하는 최초의 사회적 환경이며 어린 생명을 사람답게 길러내는 인격형성의 도장이다. 뿐만 아니라 행복을 가꾸는 터전이기도 하고, 사랑을 나누는 보금자리도 된다. 개인의 행복한 삶이나 사회 발전에 있어서 그처럼 중요한 가정이 오늘날 크게 흔들리고 있다는 걱정과 개탄이 가득하다. 인간 생활의 기반인 가정교육이 부실하니 사회가 불안정하고 혼탁해지는 것 또한 필연이다.

물론, 청소년 문제를 포함한 사회문제, 예컨대 도덕성의 실추나 비인간화 현상, 폭력의 난무나 무질서 등의 책임을 전적으로 가정교육 탓으로만 돌릴 수만은 없다. 산업화에 따른 인구의 도시 집중 및 생활양식의 급격한 변화가 몰고 온 가치전도의 탓도 있을 것이고, 근대화 과정의 정치 사회적 소용돌이가 빚어낸 갈등과 혼란에도 원인이 있을 것이며, 이와 같은 사회적 변화와 시대의 흐름에 효율적으로 대처해 오지 못한 학교교육 또한 책임의 일단을 면할 수 없다. 그러나 국민 교육의 보편화에 따라 엄청나게 커진 교육 수요와, 사회 구조의 다양화로 인하여 크게 늘어난 교육 기능을 학교교육만으로 감당하기에는 이제 한계상황에 이르렀다. 특히 인격과 인격의 개별적인 만남 속에 믿음과 사랑의 교류를 통해서만 가능한 인성교육을 오늘날의 학교교육체제만으로 감당하기란 거의 불가능하다.

또, 학교교육만이 교육의 전부인 것처럼 생각하는 잘못된 인식은 이제 바로잡혀야 한다. 이제는 집집마다 충실하고 균형 있는 가정교육을 펴기 위해서 지혜를 짜내고 관심을 쏟아야 한다. 가정과 학교, 그리고 지역사회 전체가 청소년 교육의 책임과 역할을 나누어지고 뜻과 정성을 결집하여 보다 쾌적한 교육 환경을 가꾸고, 한층 더 힘있는 교육을 추진해야 한다. 특히, 교육을 둘러싼 모든 사회적 역량을 교육력으로 변화하는 전략 가운데에서 가장 기본이 되는 것이 가정교육이다.

교육은 본질적으로 미래를 위한 활동이다. 우리의 자녀들이 주역이 되어 살아갈 사회가 미래사회이기 때문이다. 만일, 자라나는 다음 세대를 오늘날의 사회적 특성이나 시대 상황에만 맞게 키운다면, 그들은 다가오는 미래사회를 능동적으로 맞이할 수도, 자신 있게 주도할 수도 없을 것이다.

미래학자들이 예측하는 2000년대의 특성은 다음과 같다.

첫째, 지식 산업이 주축이 되는 정보화 사회가 될 것이다.

둘째, 인간의 생활양식, 가치관, 사회 구조가 복잡 다양해지는 다원화 사회가 될 것이다.

셋째, 정치, 경제, 문화 등에 있어 세계가 한 생활권으로 움직이는 국제화 사회가 될 것이다.

넷째, 과학·기계 문명을 넘어서 종교적, 예술적 관심이 더욱 고조되는 인간화 사회를 지향하게 될 것이다.

다섯째, 물질 만능주의, 편의주의 등에 대한 집착이 점차 약화되면서 자아실현을 통한 삶의 보람이나 인간의 내면적 가치를 추구하려는 경향이 높아질 것으로 전망된다.

그러면 이러한 오늘날의 허약하고 불균형한 교육 현실을 극복하고 인간의 더 높은 삶의 질을 추구하기 위해 우리가 함께 지향하고 합의해야 할 가정교육의 준거를 살펴보도록 하자.

첫째, 자녀의 소질과 개성존중이다. 개개인이 타고난 저마다의 소질, 재능, 개성 등을 조기에 찾아내어 그와 같은 잠재적 특성을 최대로 실현할 수 있도록 이끌어 주고 도와줌으로써 자아실현을 극대화해야 한다. 소질과 개성에 맞는 공부를 시키고, 본인의 희망이나 적성에 맞게 진로를 설계하도록 교육하는 것은 개인의 자아 실현과 함께 사회의 조화로운 발전을 위해서도 반드시 지켜져야 할 기본 원칙이다.

둘째, 내면적 가치의 우위, 즉 정신적 가치의 존중이다. 오늘날, 우리 사회에서 가장 열심히 추구하는 목표는 돈, 권력, 지위 등의 물질적 가치, 외형적 가치들이다. 돈이나 권력, 지위는 삶을 복되게 하고 기름지게 하는 데 있어 빼놓을 수 없는 수단적 가치이기는 하지만 그 자체가 삶의 목적이 될 수는 없다. 직장 생활이나 사업, 심지어는 학문이나 예술까지도 치부를 위한 수단으로 여기고, 사회적 계층의 상승을 위한 사다리로 생각하는 사람은 결코 참된 의미의 행복을 얻을 수 없다. 배우고 깨달으며 터득하는 그 자체의 기쁨, 재미, 보람에서 만족을 찾아야 한다. 앎의 기쁨을 위한 탐구, 불후의 명저 속에서 선현의 명철과 위대한 사상을 접하기 위한 독서 등은 그 자체가 희열이고 경탄(驚歎)이다.

이처럼 진리와 도를 터득하고 깨닫기 위한 공부, 교양을 쌓고 사유(思惟)의 폭과 깊이를 더하기 위한 학문적 정진 등 내재적이고 본질적인 가치의 추구를 목적으로 삼을 때에 배우는 일은 비로소 흥이 나고 즐거울 수 있다.

셋째, 열린 마음과 보다 높은 지력이다. 열린 마음은 자기와 다른 생각이나 의견을 존중하고, 자기에 대한 비판도 기꺼이 받아들일 수 있는 마음이다. 개방화, 국제화될 미래사회에서는 용모, 언어, 생활 습관, 가치의식이 다른 여러 나라와 교류하고 협력해서 같이 살아갈 길을 찾아야 한다. 즉, 가치의 다양성, 의식의 차이를 인정하고 나와 정반대의 입장과 주장에 대해서도 존중하고 너그러워야 한다. 내 생각이나 주장만을 고집하지 않고, 자신에 대한 비판에도 귀를 기울여 언제든지 자기의 생각과 의견을 수정할 수 있는 융통성과 용기도 필요하다.

열린 마음과 함께 개방성, 독창성, 합리적 사고 및 판단력 등 높은 수준의 지적 능력이 더욱 절실히 요구된다. 보통 사람들이 미치지 못하는 뛰어난 상상력으로 새로운 착상을 하며, 전형적인 사고의 틀을 벗어나서 새로운 해결방안을 찾아내는 사람, 또 자신이 선택한 과업에 두려움 없이 도전하며 일단 가치 있다고 판단한 일에 끈질긴 노력을 투입하는 사람들이 항시 인류문명의 발전을 선도한다. 그러면서도 감정보다는 이성을 존중하여 항시 원리와 원칙에 따라서 매사를 합리적으로 처리하는 행동특성이 요청된다. 오늘날도 그렇거니와 미래사회에서는 더더욱 높은 수준의 지력이 아니고는 해결할 수 없는 난해한 문제들을 끊임없이 만나게 될 것이다.

따라서 개방화, 국제화될 미래사회에서 열린 마음과 높은 지력은 미래를 살아갈 자녀들에게는 생존을 위한 기본적 특성이며 필수적 가치라고 여겨진다.

넷째, '나' 자신을 이길 수 있는 극기력의 배양이다. 한 인간의 생애는 끊임없는 경쟁의 연속이다. 나 자신과의 싸움, 타인과의 경쟁, 자연과의 싸움, 운명과의 대결, 여기에서 이기는 사람만이 행복을 쟁취할 수 있다. 인간의 생애는 마라톤과 견줄 수 없을 만큼 장기간에 걸친 삶의 도정이다. 그 과정에는 피할 수 없는 도전과 뿌리치기 어려운 유혹이 도처에 깔려 있다. 예기치 않은 어려움이나 끊임없이 밀어닥치는 도전을 결단성 있는 용기와 강인한 의지로 물리치는 자만이 삶의 목표를 성취할 수 있다. 생활 주변에는 흥겨운 오락, 쾌락을 만끽할 유흥 시설이 손짓하고 있는데, 그 유혹을 뿌리치고 자기의 계획된 일에 몰두한다는 것은 몹시 힘든 '나'와의 싸움이다. 그 싸움에서 이기는 자만이 보다 크고 풍성한 성취 만족을 경험할 수 있다. 더구나 오늘날처럼 자녀에 대한 과보호나 익애(溺愛)로 인하여 청소년의 심성과 의지가 나약하고 무절제한 현실을 감안할 때 극기심이나 인내력을 기르는 교육은 아무리 강조해도 지나치지 않다.

교육은 항상 미래를 지향하되 인간의 삶의 질을 높이는 것을 으뜸으로 삼아야 한다. 우리의 교육이 그 동안은 발전 초기의 급박한 국가적 요구 때문에 국가 사회 발전에 유용한 인력 자원의 양성이라는 기능적 목표에 치우쳐 왔지만, 이제는 더 넓은 의미의 조화롭고 균형적인 발전, 더 높은 질의 삶을 지향하는 교육으로 과감하게 전환할 때가 되었다.

가정교육 또한 마찬가지이다.

부모 자신의 사회적 계층 상승 욕구를 실현하거나, 자신이 성취하지 못한 꿈과 목표를 자녀를 통해 이룩해 보려는 대리 만족의 욕구 충족을 위해 자녀교육을 수단시해서는 안 된다. 자녀는 부모의 소유물이 아니다. 그들 하나하나가 존엄한 가치를 지닌 독립된 인격체이다. 그들 각자가 슬기롭게 설정한 목표를 향해, 자기 나름의 독특한 방식으로 가치로운 삶을 추구할 권리가 있다. 따라서 부모는 모름지기 자녀를 심신이 조화롭게 성숙한 인격체로 키워서, 그들 각자가 성실한 삶의 자세로 격조 높은 생애를 완성해 가도록 이끌어 주는데 보다 충실해야 하겠다. 그것이 곧 자녀의 행복을 가꾸는 올바른 가정교육의 요체이며 본질이기 때문이다.

제 5 장

한국사회의 자녀교육

- 서 언
- 한국 전통사회의 자녀교육
- 결 언

제1절 서 언

1) 한국 전통사회의 특징

한국의 전통사회는 지리적 · 시대적 특수성 때문에 몇 가지 특징을 보여 주었다. 즉 정치체제나 경제체제, 그리고 사회 · 윤리 체제면에서 현대의 한국 사회와는 다른 특징을 지녔다. 정치체제면에서는 아시아식 봉건제도를 취하였고 경제체제에서는 농경사회였다. 또한 뚜렷한 신분체제가 확립된 사회체제로서 유교윤리가 지배했던 사회였다.

이러한 전통사회의 사회적 특징은 전 가족사회를 특징짓는 배경이 된다. 아시아적 봉건제도는 가부장을 정점으로 한 가족구조와 가족질서 및 가부장권 계승 등의 특징적 가족제도가 확대된 정치체제였다. 즉, 가족 중 1인의 가부장을 정점으로 이루어진 가족구조로서 이 가부장을 중심으로 가족 간의 종적 서열이 이루어졌고, 가부장권이 남성에게만 계승된 것처럼 국가도 남성적 장자에게만 왕권이 계승된 커다란 동족으로 이루어진 확대된 가족이었다.

한국 전통사회는 경제의 핵심을 농업으로 둔 사회였다. 전통적 농업이 수답작을 위주로 하며 가족노동을 요구했기 때문에 가족형태와 구조에 영향을 주었다. 그리고 가족노동력의 증강을 위해서 다산과 다남의 가치도 증대되었는데, 특히 여성노동력을 데려올 수 있는 남아출산의 가치가 노동력을 빼앗기는 여아출산보다 강조되었던 사회이다.

또한 조선시대는 엄격한 신분제 사회였는데 신분제도는 개인이 생득적으로 얻은 지위로서, 생득적 신분에 따라 국가에 대한 권리와 의무는 물론, 공적 · 사적으로 향유하는 이익에도 상당한 차이가 있었다. 엄격한 신분제는 생득적이었기 때문에 신분간의 수직적 이동이 허락되지 않았고, 신분 내의 수평적 이동만 가능하였다. 물론 이런 생득적 신분의 세습원칙 외에 때론 역모죄 등으로 양민이 노비로 강등되는 경우도 있었지만, 원칙상 신분제는 신분간의 수직적 이동이 불허되고, 신분 내의 수평이동만이 가능한 고정된 신분사회였다.

조선왕조는 건국이념을 유교로 하였기 때문에 사회규범으로 善子家禮를 장려하였으니,

삼강오륜의 대윤리강령에 따랐다.

그 첫째는 가부장권의 계승제였다. 전통사회의 규범질서는 가족질서와 가족규범의 확대였기 때문에 효에 바탕을 두었다. 세습군주에게 절대왕권을 부여한 것처럼, 전통가족사회는 가부장에게 절대권을 부여하였다. 이러한 가부장의 지위가 좀 더 확대되면 씨족 문중의 최고 어른이며, 더욱 확대되면 국가의 절대군주가 되는 것이었다. 따라서 세습적인 가부장에 대한 효도(孝道)는 곧 군주에 대한 신하의 충성(忠誠)과 동질이며 가족에 대한 가부장의 仁 역시 백성에 대한 제왕의 道와 같은 것이었다.

둘째는 가부장권의 계승제를 요구하는 유교윤리는 개인은 개인으로서 독립된 존재가 아니라, 집단의 개인이어야 했다. 즉 장남, 차녀라는 생득적 지위를 부여받아 태어나기 때문에 언제나 혈연집단이 개인보다 우선되었다. 혈연에 의해 얻어지는 이런 생득적 지위 때문에 개인은 그가 속한 가계에 하나의 매듭이나 고리 같은 것으로 혈연의 영속성을 의미한다.

셋째는 남성 우위의 가치를 강화했다. 남성만이 가계의 계승자가 될 수 있는 가부장제, 남성 중에서도 장남에게만 자동적으로 세습되는 가부장권은 生男이 여성의 절대절명적 임무가 되지 않을 수 없는 가치를 낳았다. 이러한 남아중시의 태도는 상대적으로 여성의 가치를 소홀하게 하였고 마침내 남아선호의 태도를 형성·강화하여 유교적 여성 도덕이 생기게 되었다.

넷째로 유교 윤리는 종적인 인간관계의 가치로 나타났다. 남존여비, 칠거지악, 삼종지도 등 남녀간의 인간관계만이 아니라, 가족 내에서도 부자간, 연령별로 장유유서, 신분끼리 주종관계 등 종적인 인간관계의 가치로 나타났다.

2) 한국 전통가족 사회의 특징

한국 전통가족사회는 가장 기본적이고 원초적인 사회단위로서 '집'이라는 초시간적이고도 초공간적인 개념을 떠나서는 이해될 수 없다. 한국 전통사회의 '집'이란, 가족 또는 식구들의 몸을 담아 주는 주택 이상의 것이었다. 집이란 한 가족들이 수 세대에 걸쳐 이룩한 정신적인 무엇을 의미하는 동시에, 이 정신적인 무엇을 이룩하는 데 공헌해 온 한 가문의 모든 가족들을 통칭하는 뜻으로 사용되었다. 그러므로 생존하고 있는 가족만이 아니라, 이미 죽어 사라진 조상들도 포함시키는 의미로서도 사용되었다.

한국 전통사회는 다른 모든 사회와 마찬가지로 결혼에 의하여 가족을 형성하였다. 또한 가족의 형성, 즉 결혼이 당시 대부분의 사회가 목적한 바와 마찬가지로 합법적인 종족번창의 수단이었고, 나아가서는 심신이 건강한 자녀를 얻으려는 결혼의 관행까지 발생시켰다. 부계 및 모계와 지리적 · 기후적인 세 가지 인간형성의 조건을 고려한 삶의 지혜로 발생된 것이다. 즉, 부계의 혈통이 지닌 모성의 유전자끼리 결합하지 않도록 예방하는 동성동본 불혼과 모계의 성씨를 적어도 3세대 걸쳐 건너 뛰어 결혼하여 모계의 혈통에서 유전 가능한 열성인자끼리의 결합을 예방하는 월삼성의 원칙 및 수질, 기후 등 지리적 특성에서 발생 가능한 열성인자끼리의 강화를 예방하는 백리 내의 금혼, 이 세 가지가 우생학적 결혼관행이었다. 이러한 우생학적 결혼관행은 모두 한국 전통사회가 같은 지역에 자리잡고 수백 년씩 문중이라는 씨족사회를 형성하면서 생활을 위한 세력을 확장시켜 왔던 사회라는 점을 고려할 때, 불가피하게 발생된 자연발생적인 생활지혜였다고 볼 수 있다.

뿐만 아니라 한국 전통사회의 특징인 남성 중심의 부계 중심사회답게 한국 전통사회의 가족에서는 남성가족이 많을수록 바람직한 가족형성이라고 인정되었다. 그러므로 多男生産이 가치롭게 인정되었던 전통사회에서는 가족의 형성과 번창을 위해 여러 가지 기자속신도를 발생시키게 되었다.

한국 전통가족의 기능은 가계의 계승, 자녀의 양육과 교육, 생산과 소비생활, 그리고 가족 외 협동관계 등이다.

3) 한국 전통사회의 교육관

한국 전통사회였던 조선(朝鮮)은 유교가 지배하는 사회였으며 인간관이나 교육관은 유교의 영향을 절대적으로 받았다고 할 수 있다. 조선시대의 자녀관은 인간의 본성은 선하다는 맹자(孟子)의 성선설(性善說)을 기본적인 사상으로 하여 긍정적인 면에서 교육을 진행시키게 하였다.

한국 전통사회는 성인군자됨을 인간교육의 궁극적 목표로 삼았으면서도 개인에게 있어서는 입신양명의 수단이요, 국가차원에서는 국가에 공헌할 인재를 양성하는 수단으로서도 교육을 대단히 중요시하여, 각종 교육기관을 설립하고 지원하고 또한 관리하였다. 교육기관에서 사용할 각종 교육도서를 국가가 선정 · 발간하여 배포하기도 했고, 교육기관이 아닌 비형식적인 교육을 위해서도 여러 가지 교육, 교양도서를 발간·배포하였는데, 특히 여아교육을 위한 도서들이 좋은 예가 된다. 뿐만 아니라 교육만이 인간을 변화시키고 개선시킨다고 보았으므로 교육을 통한 행동변화의 과정까지도 소홀히 여기지 않았다.

한국의 전통유아교육을 현대의 몇몇 발달이론에 비춰 보면 〈표 10〉과 같다.

<표 11> 한국 전통 유아교육의 발달이론

교육단계 / 측면	태교단계	감각 및 동작 훈련단계	무릎학교 단계	자발적 학습단계	성역할 교육단계
아동의 성장과 발달	생명체 형성	출생~3세	3~5세	5~7세	7~13세
주된 교육 담당자	모친	모친	조모	아동 자신과 또래 및 연상의 아동	부모, 훈장 및 성인가족
교육과 놀이의 내용	태교	수유와 양아	이유와 배변훈련, 언어 및 놀이	또래 및 연장 아동의 행동(모방)	성인 역할
교육과 놀이의 장소	태중	안방	조모방 및 안채	가정 및 가정 밖	가정, 서당, 마을

4) 한국 전통사회의 자녀교육 목적

한국 전통사회에서는 자녀에 대한 교육을 매우 중요시하였는데 「내훈(內訓)」에 있는 맹자(孟子)의 말을 인용하여 "사람의 도리가 있으니, 배부르게 먹고 더운 옷 입어 편안히 살되 가르침이 없으면 짐승과 가까운 것이므로……."라 하여 인간에게는 반드시 가르침이 있어야 한다는 교육의 중요성을 밝히고 있다. 또한 구체적으로 남아·여아 모두 교육시켜야 함을 언급하고 있는데 「戒女書」에는 "딸자식도 가르치는 도리는 같으니 대체로 남녀를 다 다부지게 가르치고……."라 하였고, 「女四書」에는 "……아들을 가르치는 데 옛사람들이 저술한 책으로서 조사하여 배우게 하고 자못 지아비를 잘 섬기게 하며 예의범절을 잘 갖추어 있게 하여 다만 남자 아이를 가르치면서 여자 아이에게는 가르침이 없으니 또한 피차의 헤아려 살핌에 폐단이 있지 않느냐, 예에 팔세가 되거든 비로소 글을 가르치고 십오세가 되거든 학문에 이르는 것이니 어찌 홀로 이것으로써 법을 삼지 못할 것인가"라

하여, 남아·여아 모두의 가능성을 인정하는 자녀관을 지녔던 만큼 남녀 모두 교육시켜야 함을 밝히고 있다.

한국 전통사회의 자녀교육 목표는 그 사회가 이상시 했던 자녀의 모습을 통해 살펴볼 수 있는데 조선시대 남아의 이상형은 선비다운 인물이었다. 따라서 덕과 지가 출중한 사람, 군자가 사대부 자제교육의 목표이었다.

여아는 "수신제가치국평천하"라는 이념을 펴나가기 위해 가정이 있음에 효녀되고 결혼함에 열부 숙처되고, 자녀를 낳음에 현모되며 불행히 과거함에 정녀되고 환난을 당함에 열녀되어 후세에 여종이 되는, 한 마디로 후덕한 여인을 이상형으로 하여 이를 위해 덕성교육을 목표로 하였다.

제2절 한국 전통사회의 자녀교육

1) 태교(잉태 전~출생)

태교는 한국 전통유아교육의 첫 단계였다. 임신 이전부터 출생 직전까지 실천된 태교는 임신 전의 부모될 성인들이 자신들의 심신을 건강하게 관리하는 것을 임신 준비로 생각하였다. 임신한 사실을 알게 되는 순간부터 부성태교와 모성태교를 실천함으로써 부모가 될 자격을 갖추는 것으로 인정하였으며, 태아기의 심신이 건강한 태내발달을 위하여 부모가 엄격한 태교를 실천하는 것만으로는 충분하게 여기지 않고, 온 가족이 태교실천을 지원하였다.

태교는 중국에서 전래되어, 한국 전통사회에는 태아기의 태아발달을 돕는 교육의 개념으로 정착되었다.

(1) 태아의 발달 특징

태아기는 인간의 생명체가 형성되는 시기이다. 한 개의 성숙된 난자가 한 개의 성숙된 정자와 결합하여 비로소 수정란이 되고, 이 수정란이 점차 인간의 모습으로 변모·발달해 가는 과정이 곧 태아기이다.

태아의 태중발달을 다음과 같이 기록하고 있다.

1월에는 족궐음맥이 보양하여 태가 형성된다.

2월에는 족소양맥이 보양하고, 임산부에게는 신 것을 좋아하고 구토하는 등 악조가 나타난다.

3월에는 수심양맥이 태를 보양하고, 남녀가 이루어지고, 인형이 생기고, 코와 음양의 2기가 분명히 나타나고, 나머지 전체는 은연히 갖추어져 태가 된다.

4월에는 수소양맥이 태를 보양한다. 남녀가 분별되고, 형상이 갖추어지며, 육부가 순성한다.

5월에는 족태음맥이 태를 보양한다. 금정을 받아서 힘줄이 생기고, 눈이 형성된다.

7월에는 수태음패맥이 태를 보양한다. 목정을 받아서, 피모가 일고, 혼이 놀고, 좌수를 움직인다.

8월에는 수양명대양맥이 태를 보양한다. 사정을 받아서 피부가 이루어지고, 형해가 커진다.

9월에는 족소음현맥이 태를 보양한다. 석정을 받아서 피모가 이루어지고, 백절이 다 갖추어지며, 그 몸을 세 번 굴린다.

10월에는 족태양방광맥이 태를 보양한다. 오장과 육부가 일제히 통하여 관절과 인신이 다 구비되어 출생하기를 기다린다. 달이 지나서 나는 아이는 부귀하고 오래 살며, 달이 차지 못하고 나는 아이는 빈천하고 오래 살지 못한다. 또한 달이 지나서 해산하면 반드시 귀한 자식을 낳는다.

현대 태아학에 의하면 태아기의 변화는 다음과 같다.

① **임신 1개월** : 수정된 지 30시간만에 세포분열을 시작한 배란은 3~4일 후에 자궁에 들어가 자궁벽에 착상된다.

② **임신 2개월** : 눈, 코, 입, 귀와 팔다리가 생기고, 내장기관과 신경 계통이 생긴다.

③ **임신 3개월** : 태아라고 부르며, 이가 날 자리가 잡혀지고, 성별이 구분된다. 피부가 투명해져서 태아의 혈관이 보일 정도이며, 자궁에 광선이 들어가면 손으로 눈을

가리는 시늉도 할 수 있다고 한다.

④ **임신 4개월** : 태아는 크기가 현저히 변화하여 키가 출생시의 1/2 정도가 되며, 피부 빛이 붉고 얼굴에 솜털이 돋는다.

⑤ **임신 5개월** : 피부가 어른과 비슷해지고, 전신에 솜털이 돋으며, 손톱과 발톱과 머리털이 생긴다.

⑥ **임신 6개월** : 태아의 피에 태지가 덮여 피부가 보호되고, 눈이 완성되며 혀에 맛봉오리가 생긴다. 태아는 손가락도 빨고, 딸꾹질도 하며, 모체의 심장고동 소리를 들을 수 있고, 소변도 방출하게 된다. 이 때 출산을 하면 태아는 숨도 쉴 수 있고, 가느다란 울음소리도 낼 수 있다고 한다.

⑦ **임신 7개월** : 태아의 근육, 신경, 순환계의 조직이 거의 완성된다. 이 때 조산된 아기는 이미 쓴맛, 단맛, 짠맛과 신맛을 알며, 냄새와 소리에 조금씩 반응을 보인다고 한다. 온도에 대한 반응에는 만삭으로 태어난 아기와 별 차이가 없으며, 피부의 주름이 펴지고 살이 찌며, 외부의 생활에 대한 준비가 되는 시기이다.

⑧ **임신 8개월** : 8개월에서 10개월 사이에는 발달상의 변화가 없고, 다만 태아가 성숙해 간다. 8개월에 조산하면 아기는 근육에 탄력이 없고, 전신의 움직임이 약하며, 불빛이나 소리를 피하려는 경향을 나타낸다. 엎드려 누이면 고개는 들 줄 알지만 호흡이 약하고 불규칙적이며, 잠자는 것과 깨어나는 것이 분명하지 않고 잘 울지도 못한다. 젖을 빨고 삼킬 수는 있으나 계속적으로 하지는 못한다.

⑨ **임신 9개월** : 9개월에 태어나면 아기의 움직임이 확실하고, 근육에 자극을 주면 반응을 하며, 강한 자극에 놀란다. 엎드려 누이면 고개를 들어올리고, 엉덩이도 들 수 있다. 손바닥을 자극하며 쥐기반사를 보이고, 배고플 때는 울기도 한다.

⑩ **임신 10개월** : 출생할 준비를 다하여 태어난다. 이 때 태어난 아기는 활발히 오래 운동을 할 수 있고, 근육에 탄력이 있으며, 물체를 따라 움직일 수 있다. 자극에 놀라기도 하고, 엎어 놓으면 고개를 쳐든다. 자고 깨는 시간이 분명하고, 배가 고프거나 불쾌하거나 큰 소리가 들리면 울며, 젖을 물리면 힘차게 빤다. 또 어루만져 주면 좋아하고, 항상 주먹을 꽉 쥐고 있으며, 손바닥에 자극을 주면 더욱 세게 쥔다.

(2) 출산 이전의 교육

(가) 여상법(女相法)

한국 전통사회에서는 자식을 구하는데 있어서 여자의 상을 남자의 상보다 매우 중요시하였다. 자식을 낳을 수 있는 여상에 대하여 신체적인 면에서 매우 구체적으로 언급하고 있음을 볼 수 있는데 이를 얼굴부분, 상체와 하체로 나누어 살펴보면 다음과 같다.

① 얼굴부분

먼저 자식을 낳을 상에 대하여 「중보산림경제」에서 구체적으로 언급하고 있다.

"…… 눈동자가 길고 눈이 밖으로 튀어나지 않으며 살갗이 부드럽고 윤택하며, 얼굴이 거위 알처럼 생기고 …… 코가 높고 봉의 눈에 눈썹이 휘고 이마는 평평하고 목소리는 화하고 기가 충만해야 한다. …… 눈이 샛별 같고 입술이 주홍색으로 붉고 …… 여자의 인당이 평평하고 똑바르며 색깔이 윤택하며, 저녁 무렵에 붉은 기운이 감돌며, 눈썹이 청숙하고 입술이 붉고 산근이 끊어지지 않으면 남편이 왕성하고 자식 두기에 이롭다. ……머리털은 푸르고 검은 것이 귀하고 긴 것이 좋다. 그리고 머리털은 굵어야 한다.……"

그리고 자식을 낳지 못하게 되는 여자의 얼굴모습에 대해서도 다음과 같이 언급하고 있다.

"……노랑머리, 붉은 머리, 노란 눈동자, 붉은 눈동자와 눈이 깊게 들어가 움푹하며, 이마와 인당에 주름이 있고, 콧잔등에 마지가 있으며, 머리털이 성글고 빳빳한 데다 또 한 자도 되지 않으며, 얼굴은 길고 입이 크며 혹은 얼굴은 큰데 입이 작으며, 광대뼈만 있고 뺨이 없으며 콧속에 털이 나고 귀가 뒤집혀 후골이 튀어나오고 입술이 얇고 색깔이 희며, 입부리가 뿔을 부는 듯 뾰족하고 이가 옥처럼 희고, 음성이 깨진 듯하고 천둥처럼 크며…… 두 눈에 흰창과 검은창이 분명하지 않으며…… 입술이 푸르고 혀가 희며 ……"

② 상체부분 및 하체 부분

자식을 낳을 수 있는 여자의 상체부분에 관해 「중보산림경제」에는 "……손은 봄에 돋아나는 죽순같고 손바닥은 피를 뿌린 듯 붉고 젖꼭지는 검고 단단하며 배꼽은 깊숙하고 뱃살은 두꺼우며 ……배가 커야 한다. ……허리가 곧고 몸이 단단하며 바라보면 위엄이 있다.……"하고 하였으며, 자식을 낳지 못할 상에 대하여 "……어깨가 너무 처지고 몸이 너무 약하며, 허리가 가늘고 몸이 가벼우며, 등이 들어가고 배가 없으며 배꼽이 작고 얕으며 뾰족하고, 젖꼭지가 희고 아래로 향하고, 가슴이 높고…… 피부가 기름처럼 미끄럽고 살이 피둥피둥하고 피가 막히며…… 뼈가 굵고 손이 남자처럼 크고……"라고 하였다.

한편, 하체 부분에 대하여도 나타났는데, "……다리가 포가 없으며 ……너무 살찐 사람은 기름이 자궁에 가득하고, 너무 마른 사람은 자궁에 피가 없으므로 자식을 낳기에 마땅치 않으며"라고 하였다.

(나) 수태시 금기사항

태교 10개월보다 더 중요한 순간이 부부간의 성적 교합, 즉 정자와 난자의 만남이다. 이를 위한 옛조상들의 지혜를 들어 보자(동의보감).

① 금기해야 날(日)
· 음력 매월 초하룻날
· 음력 매월 보름날
· 음력 매월 그믐날
· 정월 초하루, 삼월삼절, 칠월칠석 등과 같이 달과 날이 중복되는 날

② 기피해야 할 때(時)
· 달이 사위어 드는 반달 때부터
· 물이 줄어들고 빠지는 썰물 때(해변마을)
· 큰비, 혹독한 추위, 짙은 안개, 지독한 더위인 때
· 천둥치거나 번개치는 때
· 달무리 채워진 때
· 무지개가 걸렸을 때나 지진할 때

③ 기피해야 할 신체상태(身)
· 술을 마셔서 정신이 혼미할 때
· 과식했을 때
· 허기졌을 때

· 중병을 앓은 후 허약할 때
· 목욕이나 머리감은 후 피부나 모발이 젖어 있을 때
· 크게 기쁠 때나 슬플 때, 또는 신경이 쓰게 되는 꺼림칙한 때
· 마을이나 이웃에 초상이 났거나 친지 집이나 자기 집안에 제사 드는 날

④ 기피해야 할 장소

· 햇빛, 달빛, 별빛 아래
· 큰 화롯불 곁이나 신을 모신 신사나 절간 근처
· 부뚜막이나 뒷간
· 묘지나 시체 곁
· 안방이 아닌 모든 장소들을 기피하여 삼가야 한다.

(다) 수태 후의 금기

· 부부가 함께 자지 않고
· 옷을 너무 덥게 입지 말며
· 먹기를 너무 부르게 말며
· 잠과 눕기를 많이 하지 말고 부디 때때로 걸음 걸으며
· 찬 데 앉지 않으며
· 더러운 데 앉지 말며
· 못 쓸 냄새를 맡지 말며
· 높은 뒤간에 오르지 말며
· 밤에 문 밖에 나가지 말며
· 바람비에 나가지 말며
· 산과 들에 가지 말며
· 우물과 옛 무덤을 엿보지 말며
· 옛 사당에 들어가지 말며
· 높은 데 오르고 깊은 데 가지 말며
· 험한 곳을 지나가지 말며
· 무거운 것을 들지 말며
· 수고하며 힘써서 지나치게 상하도록 말며

· 침과 뜸을 망령되이 쓰지 말며
· 약을 함부로 먹지 말며
· 언제나 마땅히 마음을 밝히며 고요히 있어 따사하고 화기로우며
· 머리와 몸과 입과 눈의 단정함이 한결같아야 한다.

(라) 수태 후 가까이 할 것

귀인, 호인, 흰벽옥, 공작, 빛나고 아름다운 것, 성현의 훈계한 글, 신선그림, 관대, 패억, 예악, 벼슬이 높은 사람, 잘 생긴 사람, 아름답고 귀태나는 새, 돌이나 나무로 만들어진 물소의 모양, 벼슬자리에 임명한다는 임금이 써 보내는 임명장, 난초, 참대 등을 가까이 하거나 몸에 지닌다.

(마) 임신부가 먹으면 좋은 음식

한국 전통사회는 특유의 사고와 신앙체계의 기준에서 정갈하면서도 영양가가 높은 것을 태교에 좋은 식품으로 선정되하였는데, 잉어 또는 붕어, 수탉, 황소의 콩팥과 보리밥, 고추, 대추, 밤, 호도, 잣, 밀감 등으로 밝혀지고 있다.

잉어는 임신부를 위해 최상의 식품으로 여겼으며, 상류층 가정에서는 임신부에게 반드시 먹였고, 형편이 좋지 못한 가정에서는 잉어새끼나 붕어라도 먹였다고 한다.

민물고기 중에서 가장 생김새가 좋고 어류를 대표한다고 여긴 잉어 외에 잉어와 비슷한 생김새의 붕어도 권장되었다. 태몽에 잉어를 보면 귀하게 될 아들을 낳는다고 믿었던 전통사회에서 잉어를 용왕의 아들로 보는 전래이야기도 있을 정도였으니, 잉어나 잉어를 닮은 붕어가 태아형성에 유감적인 효력을 주리라 믿을 수도 있었을 것이다.

뒤랄을 먹으면 총명한 자식이 된다고 전해지는데, 가물치의 옛이름이 아닌가 한다. 가물치는 단백질과 지방이 많은 민물고기로 강에서 쉽게 구할 수 있었으므로 임신 이전에도 여성에게 특효하다고 알려져 복용되고 있다고 한다.

수탉은 온 몸이 빛을 띈 것이나, 전신이 흰빛으로 벼슬이 붉고 우아한 것이 임신부용으로 복용되었는데, 동의보감에 의하면 여태를 남태로 바꾸는데 사용된다고 했다.

황소의 콩팥과 보리밥은 고(高)영양가의 식품으로 태아를 힘세고 슬기롭게 하는 식품으로 권장되었다.

고추는 남성의 상징이므로 남태주술과 관련되는 식품이 아니었을까, 짐작되는데, 남아

를 출산하면 금기에서도 붉은 고추를 사용하기 때문이다.

대추, 밤, 호두 역시 남성을 상징하는 과실로서, 제사에서도 자손의 번창을 위해 사용되는 과일이다.

잣과 밀감은 한국 전통사회가 잣나무, 소나무를 기백 높은 사철수로 인정했기 때문에 이런 과일과 사철수의 높은 기백이 그 열매에 깃들어 있어 태아에게 유감된다고 믿었을 것이다.

(바) 임신부의 금기 음식

· 새와 곤충 등 날 짐승이 쪼아 먹던 과일
· 비뚤어진 모양의 과일과 채소
· 벌레 먹은 것
· 썩어서 떨어진 것
· 참외, 오얏(자두), 날 채소
· 차가운 음식(데우지 않아서 차가운 음식만이 아니라 음식 자체의 성질이 찬, 메밀, 녹두, 우무가사리 등)
· 냄새가 나쁜 음식
· 빛깔이 나쁜 음식
· 설익은 것
· 제철이 아닌 때의 과일과 채소류
· 고기류, 우렁이, 가재
· 염소고기, 뜸부기고기, 비둘기고기
· 나귀고기, 말고기, 비늘 없는 고기를 먹으면 난산할 수 있다.
· 엿기름과 마늘은 태를 삭이고
· 메밀과 용수는 태를 떨어뜨리고
· 마와 순무, 복숭아도 태에 마땅하지 않으며
· 양의 간은 우환이 많게 되고
· 개고기를 먹으면 아기가 소리내지 못하고
· 닭고기 및 알을 찹쌀과 함께 먹으면 아이에게 촌백충이 생기고
· 게나 가재와 단 것을 함께 먹으면 태아와 산모가 죽게 되고

· 오리고기 및 알은 아이 목이 짧아지고
· 게와 가재를 먹으면 아기 입술이 따개지고(언청이가 되고)
· 미역귀는 아이를 감식창 먹게 하고
· 참새고기는 아이를 음란하게 하고
· 생강은 여섯 손가락이 되게 하고
· 산양고기는 병이 많게 되고
· 계피와 건강으로 양념하지 말고
· 비름나물은 손가락이 많게 되고
· 버섯은 경풍하고 쉽게 죽으며
· 노루고기와 말밑조개로 지짐하지 말고
· 쇠무릎과 비름나물과 회닢으로 나물하여 먹지 말 것

(사) 임신부의 금기 행동

· 사람이나 짐승을 해치는 일
· 살아 있는 생물을 죽이려는 마음
· 간사한 생각이나 타인을 속이는 행동
· 부당한 욕심이나 탐심
· 도둑질
· 시기하거나 증오하는 생각과 행동
· 모진 말이나 몹쓸 말
· 화내는 행동
· 종복이나 나이 어린 사람을 심히 꾸짖는 행동
· 종복이나 아이들을 매질하는 행동
· 가축을 꾸짖거나 다치게 하는 행동
· 귓속말
· 말 전가와 타인을 헐뜯기
· 수다떨기
· 말할 때 경박스런 손짓이나 몸짓 또는 눈짓
· 희롱하는 말과 행동

· 잇몸을 드러내며 크게 웃기
· 문구멍으로 엿보기
· 남 몰래 엿듣기
· 곁눈질과 눈흘김
· 입을 삐쭉거리는 비아냥거림
· 선웃음 치거나 코웃음치는 행동
· 소이까리나 말이까리(소나 말에 매달아 놓은 끈)를 넘어 다니는 일
· 자기 몸을 치거나 다치게 하는 행동
· 몹시 서럽고 억울하게 울거나 머리를 풀어헤치는 행동
· 성급한 걸음걸이나 뛰거나 달려가기
· 높은 곳, 낮은 곳을 가리지 않는 짓
· 야밤의 외출과 몹시 허기지거나 과식, 과음의 행동

(아) 임신부가 보고 들어서는 안 될 내용

· 원숭이가 재주를 부리는 것
· 광대놀이
· 난쟁이, 꼽추 등 병신이나 몹쓸 병을 지닌 사람
· 물이 넘쳐 홍수가 나는 것
· 큰불이 붙어 번져 타오르는 것
· 나무가 부러지는 것
· 바윗돌이 굴러 떨어지는 것
· 집이 무너지는 것
· 새나 짐승이 음란한 모습이나 병들고 상한 모습
· 더럽고 애처로운 벌레
· 무당의 굿거리, 시정잡배의 술주정과 분한 욕질
· 함부로 상스럽게 지껄이는 농담
· 아낙네의 잔투정, 사람들의 싸움질
· 서로 희롱하거나 다투거나 형벌 하거나 묶거나 조이거나 죽이거나 해롭게 하는 것

· 서러운 울음소리와 머리를 풀어 헤친 남녀의 모습

(자) 임신부의 마음가짐

· 삼갈 것 : 기쁨, 성냄, 설움, 즐거움이 지나치지 않도록 할 것, 탐내거나 부당한 욕심을 갖지 말 것
· 갖추어야 할 것 : 마음을 고르게 안정시켜 온화하게 가질 것, 공경으로 마음을 보존할 것

◈ 체험담을 통한 태교

⊙ 실제 임신했을 때의 육체적, 심리적 상태

① 졸음이 많이 온다.

② 평소 좋아하던 음식이 싫어지고 임신 전 싫어하던 음식이 먹고 싶은 의욕이 생긴다.

③ 때에 따라 얼큰하고 매콤한 음식이 생각날 때도 있고 아기들처럼 과자가 먹고 싶을 때도 있다.

④ 과일은 무엇이든 가리지 않고 먹는다.

⊙ 태교는 어떻게 했나 ?

① 자극적이지 않고 조용한 음악을 매일 들었다.

② 무거운 물건을 들거나 힘든 일을 하지 않았다.

③ 가벼운 집안 청소 및 걷는 운동을 많이 했다.

④ 뛰지 않았다.

⑤ 충격적인 일이나 말은 될 수 있는 대로 피했다.

⑥ 싸우는 것 또는 사고 난 것을 피했다.

⑦ 오래 서 있지 않고, 누워만 있지 않았다.

<표 12> 섭생이 태육(胎育)에 미치는 영향

직접적으로 영향을 주는것	전통태육	전통 태교에서는 태아의 발육에 해가 된다는 금기식품은 많고 적극적으로 권장하는 것은 적다. • 싱싱한 것, 따뜻한 것, 잘 익은 것 등을 먹을 것 • 잉어 : 얼굴이 단정해진다. • 소콩팥과 보리밥 : 힘이 세고 슬기로워진다. • 해삼 : 총명해진다. • 미역과 새우 : 아기를 낳을 만삭에 먹으면 좋다. • 그 외에도 김, 산나물, 밤, 대추, 호두 등을 권하고 있다.
	현대태육	• 단백질, 지방, 탄수화물의 기본 영양소는 태아의 발육에 중요한 요소이다. ; 보리밥, 현미, 콩, 김, 미역 등이 특히 좋고 동물성 식품인 돼지고기, 우유, 달걀 등은 지나치지 않게 섭취한다. • DHNA는 태아의 뇌세포막을 만드는 데 중요한 요소이다. ; 고등어, 꽁치, 뱀장어, 정어리, 다랑어 등 등푸른 생선에 많이 들어 있다. • 칼슘은 태아의 뼈와 치아를 발육시키고 모체의 신경안정 및 지혈작용도 한다. 임신 후기에는 임신 전보다 약 3배 가량 필요하다. 우유, 멸치, 조개류, 해초 등에 있다. • 철분은 태아가 체내에 철분을 활발하게 축적하므로 임신 후기에는 임신 전보다 약 2배 가량 필요하다. 달걀노른자, 김, 콩, 대추, 해초 등에 많다. • 비타민은 특히 A, B2, B12, C, D 등이 필요하므로 이들이 많이 들어 있는 식품을 먹는다.
간접적으로 영향을 주는것	전통태육	• 모양이 똑바른 것, 빛깔이나 냄새가 좋은 것을 먹는다.
	현대태육	• 임신 중의 정신상태는 모체의 건강과도 밀접한 관계가 있으므로 분노, 불안, 공포 등은 모체의 식욕이나 수면에 장애를 일으켜 태아의 발육에 간접적인 영향을 준다. • 산책을 한다. 산책은 자궁의 규칙적인 수축작용을 가져오므로 피부에 자극을 주고 나아가 뇌에 자극을 주어 뇌신경이 발달한다. 또한 모체와 태아의 건강과 정신적 안정에 도움을 준다. • 가벼운 여행을 한다. 유적지, 수목원, 박물관 등은 모체의 건강과 스트레스 해소에 좋고 태아에게 다양한 경험을 주게 되므로 뇌세포를 발달시킨다.

<표 13> 태보 1 — 금기할 약품과 식품

<table>
<tr><td rowspan="2">금기할 약품</td><td>전통태보</td><td>• 오두, 부자, 반묘, 아갈, 수은, 파두, 우슬, 웅황, 삼능, 사향, 사퇴, 망초, 목단피, 계피, 반하, 통초, 건강, 별갑, 망사, 우황, 용뇌, 대황, 금박, 귀전우, 은박, 규자, 서각, 수지, 망충, 강수, 대극, 완화, 견유, 의이인, 구맥, 봉출, 도인</td></tr>
<tr><td>현대태보</td><td>• 항생제, 항암제, 항경련제, 항갑상선제, 요드화합물, 마취제, 진통제, 환각제, 신경안정제, 수면제(탈리도마이드), 피임약, 니콘틴, 스테로이드제, 키니네, 인슐린, 아스피린, 니코틴, 헤로인, 살바르산(606호) 등 태아에게 해로운 의약품은 무려 1,500종이나 된다. 따라서 약은 되도록 복용하지 않는 것이 좋고 복용하려면 반드시 의사의 처방에 따라야 한다.
• 몸을 보하는 한방의 보약도 삼가는 것이 좋다. 만일 복용하려면 임신 3개월 후에 먹어야 한다.</td></tr>
<tr><td rowspan="2">금기할 식품</td><td>전통태보</td><td>• 과학적 근거가 있는 것
과일 : 찌그러진 것, 벌레 먹은 것, 떨어진 것, 설익은 것, 때가 아닌 것 / 음식 : 찬 것, 상한 것, 냄새나 빛이 나쁜 것, 설 삶은 것, 설익은 곡식, 밥보다 더 많은 고기 / 술: 백가지 맥이 풀린다. / 염분
• 과학적 근거가 적은 것
공손히 주지 않는 것, 던져 주거나 쑤셔 주는 것, 밥상 아래 떨어진 것, 초상집 음식. / 나귀, 말, 비늘 없는 생선, 뱀장어 : 난산 우려 / 방게, 오리고기, 오리알 : 아이를 거꾸로 낳는다. / 버섯 : 경풍으로 죽는다. / 마의 뿌리, 복숭아, 메꽃: 태에 나쁘다. / 엿기름, 달랑이 : 태가 삭는다. / 비듬나물, 메밀, 율무: 태가 떨어진다. / 개고기 : 소리를 못 낸다. / 토끼고기: 언청이가 된다. / 양의 간, 산양의 고기 : 병 많은 아기가 된다. / 찹쌀과 닭이나 달걀을 같이 먹을 때 : 촌백충이 생긴다. / 참새고기 : 아이가 음탕해진다. / 생강 : 손가락이 많아진다. / 메기 : 감질에 걸린다. / 오리고기 : 손가락이 붙는다. / 문어, 낙지, 오징어: 뼈 없는 아이가 된다. / 가재, 게: 피부가 거칠어진다. / 닭고기 : 닭살 피부가 된다. / 명태 껍질 : 주근깨가 많아진다. / 노루고기, 말조개국, 홍당무, 누룽지, 국수꼬리 / 닭발, 생선의 눈이나 아가미 / 계피, 말린 생강가루 양념 / 우슬초나 횟잎나무의 나물
• 전통태교에서 금기로 하는 식품 중 과학적 근거가 적은 것은 너무 가릴 것이 못된다.</td></tr>
<tr><td>현대태보</td><td>• 술 : 알코올의 나쁜 영향은 모체 뿐 아니라 태아에 직접 미침으로써 '태아성 알코올증후군'을 일으켜 장애아를 낳는 원인의 하나가 된다. 정신박약아, 소두증, 발육부진, 기형아가 되기 쉽다.
• 담배 : 니코틴, 일산화탄소, 유화수소 등 유해물질이 모체에 흡수된 다음 태아의 핏속으로 들어가 태아의 심장박동수를 줄이게 된다. 출생 후 영아 사망률이 높고, 발육부진, 학업성적 부진, 심리적 문제들이 많다.
• 커피 · 코코아 · 홍차 : 자극성 기호식품은 삼갈 것
• 당분 : 칼슘을 소모시키므로 삼갈 것
• 염분 : 부종, 임신중독에 걸리기 쉬우므로 적게 섭취할 것
• 고추 · 후추 · 카레 등 향신료 : 너무 과하게 섭취하면 장을 자극해서 유산이나 조산의 원인이 될 수도 있다.
• 수분 : 과다한 수분 흡수는 부종의 원인이 되고, 찬물을 다량 마시면 설사가 우려된다.</td></tr>
</table>

<표 14> 태보 2 — 금기할 행동

전통태보	• 보아서는 안 될 일 : 광대놀이, 난쟁이, 원숭이, 병신이나 병자, 벼락, 번개, 일식, 월식, 별똥별, 혜성, 무지개, 큰불, 큰물, 큰 나무가 부러지는 것, 집이 무너지는 것, 짐승의 교미, 병들고 상한 것, 더럽고 혐오스러운 것, 싸우는 것, 결박짓는 것, 죽이거나 해치는 것 • 들어서는 안 될 일 : 난잡한 노래, 시장의 잡소리, 술주정꾼 소리, 아낙네의 꾸짖는 소리, 욕지거리, 슬피 우는 소리 • 해서는 안 될 일 : 부부동침, 찬데 앉거나 눕거나 자는 것, 오래 눕는 것, 몹시 춥거나 더울 때 낮잠 자는 것, 배불리 먹고 자는 것, 더러운 곳에 앉는 것, 나쁜 냄새를 맡는 것, 높은 측간에 앉는 것, 산이나 들에 나가는 것, 묵은 사당집에 들어가는 것, 깊은 우물이나 무덤을 들여다보는 것, 높거나 깊은 데 가는 것, 험한 데 건너는 것, 건너뛰는 것, 기울어진 길을 가는 것, 뛰는 것, 비바람칠 때 나가는 것, 무거운 것을 드는 것, 과로하는 것, 찬물에 손 넣는 것, 양잠이나 베 짜는 것, 바느질할 때 바늘에 손 다치는 것, 그릇 떨어뜨리는 것, 앉아서 높은 데 있는 물건을 내리는 것, 서서 땅에 있는 물건을 집는 것, 왼쪽의 물건을 오른손으로 잡는 것, 오른쪽의 물건을 왼손으로 잡는 것, 너무 덥게 입는 것, 너무 많이 먹는 것, 산달에 머리를 감는 것, 함부로 탕약을 먹는 것, 침이나 뜸을 뜨는 것 • 해서는 안 될 자세 앉을 때 : 몸을 한쪽으로 치우치는 것, 벽에 기대는 것, 다리 뻗고 앉는 것, 걸터앉는 것, 마룻가에 앉는 것 / 설 때 : 한 발로 서는 것, 기둥에 기대어 서는 것, 위태로운 곳에 서는 것 / 걸어다닐 때 : 올라갈 때 서지 않는 것, 내려갈 때 앉지 않는 것 / 눕거나 잘 때: 엎드려 자는 것, 송장처럼 눕는 것, 꼬부리고 자는 것, 문틈에 얼굴을 대는 것, 옷을 벗고 자는 것 • 가져서는 안 될 자세 화내는 것 : 태아의 허파가 병든다 / 두려워하는 것 : 태아의 정신이 병든다 / 놀라는 것 : 태아가 간질에 걸린다.
현대태보	• 보아서는 안 될 일 : 깜짝 놀라게 하는 것, 불안과 공포심을 일으키는 것, 비통한 감정을 일으키는 것 • 들어서는 안 될 말 : '소음'은 태아의 맥박을 증가시킨다. 지나친 소음은 출생 후 노이로제 발생의 원인이 된다는 연구도 있다. • 해서는 안 될 일 : 무리한 자세나 깊이나 과격한 자극의 부부동침, 산전산후 6주일 이내의 부부동침 및 부부싸움, 하반신을 차게 하는 것, 냉방장치 가까이 있는 것, 의자에 털썩 앉는 것, 누웠다가 급히 일어나는 것, 장거리 여행, 계단을 너무 많이 오르내리는 것, 넘어지거나 구르는 것, 볼링 등 심한 운동을 하는 것, 자전거 타는 것, 무거운 것을 드는 것, 과로하는 것, 배를 압박하거나 차는 것, 미싱을 오래 하는 것, 높은 곳의 물건을 들어 내리는 것, 허리를 구부려 아기를 안거나 물건을 집거나 서랍을 열거나 설거지 등을 하는 것, 꼭 끼는 옷을 입는 것, 뜨거운 욕조에서의 장시간 목욕, 감기나 열이 있을 때 샤워하는 것, X선 방사선에 노출되는 것(임신 중은 물론 임신 전 1년 이내), 연탄가스에 중독되는 것, 배기가스를 마시는 것 • 해서는 안 될 자세 앉을 때 : 상체를 똑바로 하지 않고 앉는 것 / 설 때 : 한 발로 서는 것, 척추를 똑바로 펴지 않고 서는 것, 위태로운 곳에 서는 것 / 걸어다닐 때 : 높은 굽의 신을 신는 것, 척추를 똑바로 하지 않고 걷는 것 / 눕거나 잘 때: 엎드려 자는 것, 임신후반기에 똑바로 눕는 것(복부 대정맥이 압박됨) • 가져서는 안 될 정서 모체의 정서상태는 태아의 성장발달에 직접적인 영향을 미친다. 〈모체의 정서변화 → 교감 및 부교감 / 신경계 자극 → 신경전달물질(아세틸콜린) 분비 / 부신피질호르몬(아드레날린) 분비 → 태아에 영향(태반, 태아의 순환계) 따라서 모체의 심한 불안과 걱정은 과다한 아드레날린을 분비시켜 자궁이 경축되어 태반의 산소 부족으로 태아사망이나 정신박약을 초래하기도 한다. 장기간 지속될 경우에는 출생 후 저체중아, 수면장애, 행동문제 등을 일으킬 수도 있다. • 걸려서는 안 될 질병 : 풍진, 볼거리, 매독, 수두, 당뇨병, 소아마비, 간장염, 결핵, 심장병, 신장병, 질염 등

<표 15> 전통태교와 현대태교의 비교

전통태교	현대태교
• 좋은 것을 듣고 나쁜 것을 듣지 않는다. 좋은 시를 외게 해서 듣는다, 좋은 글을 읽게 해서 듣는다, 예악이나 거문고를 타게 해서 듣는다, 아름다운 말만 듣는다, 나쁜 말을 듣지 않는다. • 좋은 말과 글을 읽고 나쁜 말은 하지 않는다. 성현의 명구를 외운다, 시를 읽는다, 소리지르지 않는다, 악담하지 않는다, 남을 희롱하지 않는다, 꾸짖지 않는다, 거짓말하지 않는다, 근거 없는 말을 하지 않는다. • 좋은 것을 보고 나쁜 것을 보지 않는다. 잉태한 지 석 달만에 아기의 기품이 형성되므로 주옥(珠玉), 명향(名香), 관대(冠帶), 패옥(佩玉), 종고(鐘鼓), 난조(鸞鳥), 봉황(鳳凰), 공작, 뿔, 신선 그림, 성현의 훈계하는 글, 빛나고 아름다운 것들을 가까이 놓고 보도록 한다. 또한 나쁜 일은 보지 않는다. • 착한 마음을 갖고 나쁜 마음을 갖지 않는다. -착한 마음을 가지면 아기가 착하고 재주가 있다. -모체 곁에 착한 사람을 두어 마음과 뜻을 기쁘게 하고 모범된 말과 행동을 하게 한다. -모체의 마음이 바르면 아기의 사람됨도 바르게 되므로 항상 공경하는 마음을 갖는다. -붓글씨를 쓴다. -살해할 마음을 갖지 말며, 간교한 마음을 갖지 말며, 속이려는 마음을 갖지 말며, 험담하는 마음을 갖지 말며, 투기하는 마음을 갖지 않는다. -첩이나 동서의 임신을 시기하지 않는다. -마음 속에 느낀 생각이 나쁘면 나쁜 자식을 낳는다.	• 태교음악을 듣는다. -음악은 감정, 내분비순환, 호흡, 혈압, 기분 등에 영향을 주므로 좋은 태교음악은 모체와 태아에게 유익하다. -효과로는 출생 후 아기가 울음을 잘 그치고 정서적으로 안정되며 머리도 좋아진다는 설이 있다. -태교음악으로는 태교음악용 클래식, 태교명상음악 가곡 등에서 듣기에 편안하고 안도감을 주는 것이면 좋다. • 태아와 대화를 한다. 태아와 애정 넘치는 이야기를 나눈다. 또한 동화책을 많이 읽어 준다. • 좋은 그림을 많이 본다. 좋은 그림을 봄으로써 좋은 감정이 태아에게 전해져서 뇌에 좋은 자극을 준다. • 명상을 한다. -명상은 정신을 맑게 해 주며 마음을 편안하게 해 주므로 모체의 정신건강은 물론 태아에게도 좋다. -정신집중 상태에서 태아와 교감을 시도해 본다.

◈ 현대에 제시되고 있는 태교의 내용

⊙ 임신 전 섭생

① 기초 체온(긴 잠을 잔 뒤 눈을 뜨는 즉시 잰 체온)을 잰다.

② X선을 조심하자.

③ 담배와 술을 삼가자.

⊙ 첫째 달의 태교

① 수정란이 안전하게 착상할 수 있는 컨디션을 유지하도록 의식적 노력이 필요하다.

② X선은 꼭 피해야 한다.

⊙ 둘째 달의 태교

① 일체의 약을 끊는다.

② 술, 담배, 커피, 홍차 등 자극성이 있는 기호품은 과감하게 끊고 대신 우유, 주스, 곡차 등을 애용한다. 야채 생즙과 칼슘이 많은 케일즙이 상당히 좋다.

③ 좋은 책을 읽고, 좋은 음악을 듣고, 좋은 친구들을 만난다.

④ 애완동물은 잠시 다른 곳으로 보내 기형아 출산을 예방한다.

⊙ 셋째 달의 태교

① 주위의 이해와 협조를 구한다.

② 과로하거나 층계를 성급히 오르내리거나 무거운 짐을 무리하게 운반하거나 높은 곳에 있는 것을 혼자서 내리려고 하는 일 등을 삼간다.

③ 부부간 동침을 하는 것이 좋으나 어려울 경우 가급적 자극이 적은 성생활을 하는 것이 태아의 안전에 이롭다.

⊙ 넷째 달의 태교

① 식사와 관련된 태교에 신경을 쓴다.

② 당분과 염분을 과하게 섭취하지 말고 멸치나 우유를 많이 먹는다.

③ 가벼운 운동이나 여행을 한다.

⊙ 다섯째 달의 태교

① 태동이 시작되면 아빠나 아이에게 만져볼 기회를 준다.

② 체중의 증감 정도를 체크한다.

③ 복대를 하고자 하는 사람은 이 때가 적기이다.

⊙ 여섯째 달의 태교

① 비교적 편하고 배를 가려 줄 수 있는 임부복을 구한다.

② 철분을 많이 섭취할 때다.
(간, 녹황색 채소, 시금치, 근대, 부로, 콜리, 당근 등)

③ 가벼운 산책이나 운동을 해서 명랑한 분위기를 유지한다.

⊙ 일곱째 달의 태교

① 숙면하기 힘든 때이므로 잠잘 자는 방법을 강구해야 하나, 수면제 복용은 절대 금물이다.

② 복식호흡으로 복부를 넓혀 준다.

③ 아기 옷이나 기저귀, 기타 용품을 준비할 때다.

⊙ 여덟째 달의 태교

① 자주 휴식을 취한다.

② 남편의 실질적인 도움(사소한 것부터)이 절실히 필요한 때다.

③ 임신 중독증 3요소(부종, 단백뇨, 고혈압)를 조심한다.

④ 〈소학〉에서는 바로 눕는 것이 좋다 하였는데, 이 때는 스스로 편한 자세를 찾도록 노력한다.

⊙ 아홉째 달의 태교

① 변비와 치질 예방을 위해 해조류, 감자, 현미, 과일, 채소를 많이 먹고, 아침식사 전에 냉수를 마신다.

② 분만에 관한 구체적 계획을 세운다(병원, 도우미, 병원비 등).

⊙ **열째 달의 태교**

① 마음을 안정시키고, 스스로 느긋해 지도록 한다.

② 지나친 체중 증가에 조심하고 가벼운 음식을 섭취한다.

③ 분만 예정일 2주전쯤 병원에 가서 검진을 받는다.

⊙ **태교 음악**

① 모차르트(자장가, 세레나데, 아이네 크라이네 나하트 무지크 : 속명 - 론도 알레그로)

② 슈베르트(자장가, 아베마리아, 세레나데)

③ 크라이슬러(자장가, 아 목동아, 로망스, 사랑의 기쁨, 세레나데)

④ 그루버/모로(고요한 밤 거룩한 밤)

⑤ 리스트(사랑의 꿈 제3번)

⑥ 차이코프스키(멜로디, 파노라마 : 잠자는 숲 속의 미녀 등)

⑦ 베토벤(엘리제를 위하여, 아다지오 칸타빌레 피아노 소나타 : 비창 제2악장)

⑧ 요한 스트라우스(라데스키행진곡)

⑨ 하이든(현악 4중주곡 세레나데 바장조 : 작품3의 5 제2악장)

2) 감각 및 동작 훈련단계(출생~3세)

여자의 출생 이후의 교육은 육아로부터 시작이 되어 여자가 자라면서 익히게 되는 여러 가지 생활예절 교육으로 이루어진다. 「사소절(士小節)」에는 "젖먹는 아이가 아무것도 모르고 옹애옹애 울면 성급한 부인은 그것을 그치게 할 방법을 생각할 줄 모르고, 도리어 혀를 차며 중얼거리고 꾸짖기를 마치 지각이 있는 아이가 일부러 우는 것처럼 여긴다. 어쩌면 그다지도 답답한가? 부인의 하는 일이 대체로 이와 같은데, 이는 비록 아주 작은 일이지마는 반성하여 찾아보지 않을 수 없는 것이다." 라고 하여 현명한 어머니는 먼저 유아의 울음을 그치게 하는 방법을 생각할 줄 알아야 함이 중요하다고 하였다.

한편 「규합총서」에는 육아의 10대 원칙이 기록되어 있는데, 다음과 같다.

제일 요법 : 등을 따뜻하게 함이요,

제이 요법 : 배를 따뜻하게 함이요,

제삼 요법 : 발을 덥게 함이요,
제사 요법 : 머리를 차게 함이요,
제오 요법 : 가슴을 서늘하게 함이요,
제육 요법 : 괴이한 것을 뵈지 않음이요,
제칠 요법 : 비위를 늘 따뜻하게 함이요,
제팔 요법 : 울음 갓 그치며 젖먹이지 말며,
제구 요법 : 經粉朱砂(경분주사)든 약을 함부로 쓰지 말며,
제십 요법 : 자주 목욕 감기지 말 것이다.

그리고 「동의보감」에는 수유에 대한 육아 방법이 다음과 같이 나타나 있다.

"……무릇 처음 젖을 먹일 때에는 반드시 묵은 젖은 짜버리고 먹여야 된다. 어머니가 잠이 들려 할 때에는 곧 그 젖을 빼앗아야 하나니, 그것은 수곤하여서 포식을 깨닫지 못하는 때문이다…… 젖먹인 뒤에 밥을 먹이지 말고 밥 먹인 뒤에 젖을 먹이지 말지니, 밥과 젖이 서로 어울리면 소화가 잘되지 않고 뱃속에 맺혀서 통(痛)을 짓나니 ……"

(1) 입 속 닦아내기

아기가 갓 태어나 첫 울음을 울기 전에 조산원은 자신의 검지에 깨끗한 풀솜(명주솜)이나 부드러운 비단을 감아서 아기의 입 속에 있는 좁쌀알갱이를 얼른 닦아 낸다. 이것이 곧 태내에 있을 때 태아가 마신 양수의 찌꺼기 처리인데, 이 방법이 곧 해독법이다. 이렇게 해독을 하면 아기가 무병하게 자란다고 민간에 널리 알려져 있다.

(2) 삼갈기와 배꼽처리

한국 전통사회에서는 삼을 가는 방법에도 태어난 아기의 성별차와 성인들의 소원이 반영되어 있었다. 즉, 태어난 아기가 남아일 때는 끓는 물로 소독한 낫이나 주머니칼(남성용)로 잘랐다. 경남 함양의 산골지역에서는 끓는 물 대신 손잡이가 달린 작은 무쇠솥에다 마른 쑥을 부수어 넣고 불을 붙여 불과 연기로 타는 쑥 속에 남성용 주머니칼을 찔러서 소독을 한 다음에 그것을 따뜻할 때까지 식혀서 탯줄을 잘랐다고 한다.

여아일 경우에는 흔히 여성들이 사용하는 가위를 끓는 물로 소독하여 탯줄 자르기에

사용하였고, 더러는 식칼도 사용했다. 또 다음에는 남아를 동생으로 청하라는 소원에서 여아의 탯줄을 낫으로 자르기도 했다.

신생아의 사망원인이 대개 세이레, 즉 삼칠 전후하여 배꼽을 통해 세균이 감염된 데 있었던 전통사회에서는 신생아를 외부 병균전염으로부터 격리하기 위해서 금줄을 쳤다. 신생아 뿐만 아니라 산모 역시 산후 건강회복을 위해 외인으로부터 격리된 예방 의학적인 방법에 의존할 수밖에 없었다.

배꼽이 아기로부터 떨어지면 그 처리하는 방법이 몇 가지로 발견되었다. 즉 불이 센 아궁이에 던지는 방법, 해 돋는 시각에 굴뚝에 넣는 방법, 정하게 보존했다가 아기가 병을 앓을 때 물을 붓고 달여서 그 물을 먹이는 방법 등의 세 가지 방법이 구전되고 있다.

(3) 금줄치기

한국 전통사회에서는 신생아를 얻게 되면 대문이나 사립에 금줄 또는 금삭줄을 만들어 쳤다. 여이를 자주 출산했을 경우에는 간혹 부엌문이 사립에서도 잘 보이면 부엌문 위에 금줄을 걸어 두는 겸손한 방법을 취하기도 했다. 금줄은 질병귀신과 잡인으로부터 신생아와 산모를 보호하기 위한 목적으로 창안되었고, 그 자체로서 한 가정에 새로운 식구의 출생을 알리는 기쁨의 표시도 되었으며, 새로이 출생한 식구의 성별까지 알리는 표식의 의미도 포함되었다.

금줄은 볏짚으로 만들어졌다. 볏짚은 벼의 줄기로서 사람에게 주된 양식을 공급하는 소중한 식량, 즉 식물의 상징이다. 따라서 출생한 아기가 이러한 식량복을 가지고 태어났음을 기대하고 믿고 싶다는 소원이 깃들어 있었다.

금줄은 왼쪽으로 꼬아 만들었다. 그 이유는 한국 전통사회가 가진 왼쪽에 대한 신앙에서 비롯되었다. 왼새끼 꼬기는 세상만사가 오른쪽의 방위로 움직임을 이용하여, 왼쪽방위라는 반대방위로 만든 금줄을 걸어 두면 산모와 신생아를 노리는 귀신이 길을 찾지 못할 것이라고 생각한 때문이다.

금줄은 양끝을 자르지도 않고 묶지도 않았다. 양끝을 자르는 것은 산모와 아기의 명을 자르는 것이며, 양끝을 묶는 것도 목숨을 묶어 버린다고 생각했기 때문이다.

남아의 금줄에는 붉은 고추와 숯을 3개씩 사용하여 섞바꾸어 가며 꽂았다. 붉은 고추는 벽사의 상징이요, 남근의 상징이기 때문이었다. 여아의 금줄에는 청솔가지 3개와 숯

3덩이를 섞바꾸어 꽂아 걸었다. 청솔가지는 겨울에도 그 푸름이 정절을 상징하는 동시에, 강인한 생명의 색이며, 바늘모양의 잎모양이 벽사의 상징이 되기 때문이었다.

금줄은 해산일이 가까워지면 아기의 아버지될 남성이나 조부될 가장이 정한 볏짚을 골라 잘 간수하여 두거나, 왼쪽 새끼를 미리 꼬아 두기도 했다. 또한 아기가 태어난 즉시 금줄을 꼬기도 했다. 금줄은 그 본래의 목적이 예방 의학적이었으므로 산모와 신생아의 회복에 소요된다고 생각했던 기간만큼 걸어 두었다. 주로 세(3) 이레(7) 동안이었으니 21일간이었고, 지방에 따라 2～3일씩의 차이가 발견되기도 한다.

삼칠이 지나도 곧바로 금줄을 걷어 내지 않고 금줄을 둥글게 감아서 한쪽 기둥이나 벽에 걸어 두는데, 49일 또는 100일이 지나야 완전히 풀어서 치웠다. 그 이유는 비록 삼칠이 지났어도 아직 회복기에 있는 신생아와 산모를 위해 병균감염 가능성이 있는 걸인이나 병을 지닌 행인이 스스로 출입을 자제하고 삼가해 줄 것을 기대하는 표시였다.

(4) 수유하기

한국 전통 수유법의 가장 뚜렷한 특징은 왼쪽 수유였다. 아기는 태중에 있는 약 10개월 동안 모체의 대동맥을 통해 양수에 전달되는 심장의 고동소리를 들으면서 자랐다. 그러므로 출생 후에도 왼쪽으로 안겨 왼쪽 수유를 받으면 모체의 심장고동소리, 즉 태아기 동안 아기에게 친숙했던 리듬을 다시 들을 수 있기 때문에 수유시에 더 큰 만족을 느낄 수 있기 때문이다.

수유방식에 대한 문헌기록을 당시 사회의 의학대사전인 「동의보감」에서 살펴보면 다음과 같다.

「인생의 16세 이전은 혈기가 함께 성하여 날(해)이 바야흐로 오르고 달이 바야흐로 둥근 것과 같되, 오직 음양의 성장이 부족하고 양위가 아직 약하니 수양의 법을 삼가지 아니하여서는 안 된다. 무릇 처음 젖을 먹일 때에는 반드시 묵은 젖은 짜 버리고 먹여야 된다.

어머니가 잠이 들려 할 때에 곧 그 젖을 빼앗아야 하나니, 그것은 수곤하여서 포식을 깨닫지 못하는 때문이다.

아기가 울음을 그치지 아니한때 유모는 젖을 먹이지 말아야 하나니 가슴이 정체하여서 구토를 이루는 수가 있다.

젖먹인 뒤에 밥을 먹이지 말고 밥먹인 뒤에 젖을 먹이지 말지니, 밥과 젖이 서로 어울리면 소화가 잘 되지 않는다.

수유태도를 정리하면 다음과 같다.

· 젖먹이기 전 앞가슴이나 옷섶에 바늘이 꽂혔나 살핀다.
· 젖먹이기 전에 손으로 젖가슴을 여러 번 주물러서 젖이 잘 통하게 하여 먹인다.
· 젖가슴을 잘 주물러서 찬 유두를 아기에게 물리지 않는다.
· 찬 젖을 먹이면 아기에게 안 좋으니, 잘 주물러서 먹인다.
· 먹이기 전에 젖을 조금 짜내어서 젖길을 틔어 주고, 유두를 젖으로 씻는다.
· 유두나 젖가슴으로 아기 코를 누르지 않는다(아기의 코가 납작하거나 들창코가 되지 않도록 주의한다).
· 젖먹이기 전에 아기를 안아 준다.
· 울음 갓 그친 아기나, 울고 있는 아기에게 젖물리지 않는다.
· 밥먹은 아기에게 고대 젖먹이지 않으며, 젖먹은 아기에게 연달아 밥먹이지 않는다.
· 편히 앉아 왼편으로 안고 젖먹이되, 젖먹이는 엄마는 마음을 편히 한다.
· 젖먹일 때 아기를 쓰다듬어 주고, 눈을 맞추고 웃어 준다.
· 젖먹은 아기의 몸을 흔들지 않는다.
· 젖먹는 중의 아기를 웃기거나 울리거나 떠미는 등 몸을 건드리지 않는다.
· 아기의 손으로 어미의 가슴을 주무르고 만지도록 해 준다.
· 엄마가 졸린 때는 젖먹이지 않는다.
· 젖먹는 아기에게 얘기를 많이 해 주어서 아기가 들으면서 느긋이 먹게 한다.
· 젖먹이는 엄마는 인삼이나 엿기름을 먹지 않는다. 그 이유는 이런 식품이 젖샘을 말려 버리기 때문이다.

이상의 내용 이외에도 육아에 대한 교육내용으로는 다음과 같은 것들이 있다.

· 아기 머리를 동향 또는 남향에 누인다.
· 문이나 출입구와 반대방향으로 누인다.
· 사내아기는 하의를 입히지 않고 하체를 단련시키나, 여아는 입혀서 하체를 보호한다.
· 잠잘 때 베개 같은 것을 곁에 눌러 주어 아기가 든든히 여기며 자게 한다.
· 남아의 성기를 희롱거리로 삼지 않는다.

· 소변볼 때, 건드리거나 소리지르거나 하여 중단시키지 않는다.
· 아기 베개를 바로 하여 머리 뒷모양을 비뚤게 하지 않는다.
· 아기를 안고 밥먹거나 무릎에 누인 채 뜨거운 음식을 먹지 않는다.
· 아기를 간지럼 태우지 않는다.
· 아기를 세워 놓고 아기 머리에 물건을 얹지 않는다.
· 아기를 빈 방에 혼자 재우지 않는다.
· 마당이나 마루에 혼자 재우지 말고 곁에 어른이 지켜 있어서, 개나 닭이나 고양이를 가까이 못하게 한다.
· 목화 있는 방이나 고추 있는 방에 아기를 재우면 벌레에 물리거나 귀에 벌레가 들기 쉽다.
· 아기와 많은 이야기를 한다.
· 아기를 두고 맹세하지 않는다.
· 아기를 동냥아치나 중에게 보이지 않는다.
· 남의 아기를 예쁘다고 지나치게 칭찬하지 않는다.
· 아기 자랑을 금한다.
· 아기 일로 요란한 잔치를 하지 않는다.
· 아기의 태발(태 중에서 돋아난 머리털)은 고모가 깎아 준다.
· 아기의 손톱과 발톱은 엄마가 이로 깎아 준다.

(5) 아기 목욕법, 아기옷

아기가 태어나면 즉시 따뜻한 물에 부드러운 풀솜을 적셔서 아기의 전신을 닦아 주어야 한다. 이것은 아기목욕이 아니었다. 전통사회에서는 아기가 태어난 3일이 되면 첫행사로 산모는 이 날 아침 쑥물로 자신의 몸을 씻고 아기는 복숭아 나뭇가지 달인 물로 때를 씻었다.

복숭아나무는 꽃이 잎보다 먼저 피고 열매가 많이 열리기 때문에 동생을 많이 청하라는 소원과 잡귀를 물리친다는 민간신앙이 반영된 것이다. 이 목욕은 일찍할수록 또 빠를수록 아기 발육에 좋다고 했다. 3일부터 매일 아기를 씻기는데 첫날은 위에서 아래로, 다음날은 아래서 위로, 그 이후에는 계속 매일 위아래의 순서를 바꾸어 씻겼다. 그래야만 아기의 상·하체가 균형잡혀 자란다고 하였다.

아기의 출산달에 이르면 임신부는 아기옷과 아기이불을 준비했다. 아기의 이불과 옷은 희고 부드러운 옷감으로 하되, 비단이나 새 옷감으로 짓지 않았다고 한다. 아기의 이불과 요는 솜을 넣어 만들었으나 , 아기옷은 솜을 넣지 않았다. 그 까닭은 아기가 열이 많기 때문에 몸을 너무 덥게 해서는 안 되는 것이다.

(6) 아기 행사

① 초칠(7일째)

초칠은 아기가 태어나서 처음으로 맞이하는 7일째 되는 날이다. 이 날은 아침 일찍 산모가 아기를 씻기고 깃없는 배내옷으로 갈아 입히고 동여매었던 한쪽 옷소매를 풀어 주었다. 그리고 방안을 정돈하고 자신도 몸손질한 다음에 가장과 가족들과 첫 대면할 준비를 하였다.

이 날 새벽에는 흰쌀밥과 미역국을 장만하여 삼신상을 차려 아기의 무병장수와 남동생 청하기, 그리고 산모의 조속한 회복을 빌었다. 그리고 그 집의 어른인 아기의 증조부 또는 조부가 가족을 거느리고 산실에 들어가 아기와 첫 대면을 하면서, 아기에게 복을 빌어 주고 산모에게는 수고의 치하와 몸조섭에 격려의 말을 해 주었다. 또 실꾸리를 아기 곁에 놓아 장수를 빌거나, 댓잎을 방안에 달아서 아기가 대나무처럼 강하고 지조 있게 자라기를 빌었다. 이날은 해질 때까지 걸레나 빨래를 빨지도 삶지도 않았고, 특히 방망이 소리를 내지 않았다. 상류층 가정에서는 태어난 아기가 가문에서 차지하는 비중에 따라 산모에게 옷감이나 반지 등의 선물을 내리기도 하였다.

② 이칠(14일째)

이칠은 흔히 아기 출생 후 두 번째의 칠일, 즉 14일째 되는 날이다. 그러나 지방과 집안의 내력에 따라서는 초칠을 이칠의 첫날로 다시 계산하기도 하는데, 이런 계산법을 '꼽친다'고 한다. 꼽친 계산을 집안의 내력으로 삼는 경우에는 이칠은 아기 출생 후 13일째 되는 날이다.

이 날은 아침 일찍 산모는 아기를 씻기고 배내옷을 벗기고 두렁이로 갈아입히고는 나머지 한쪽 옷소매 끝의 묶은 것을 풀어 주어 아기가 활갯짓을 칠 수 있게 했다.

그리고 방안을 정돈하고 자신의 몸을 간단히 단정하며 가족을 맞이할 준비를 했다. 상류가정이나, 아기와 산모의 건강회복이 늦은 경우에 삼신상을 차려 삼신을 빌었다.

그리고 가부장이 식솔을 거느리고 산실에 들어가 아기 곁에 실꾸리를 놓아 주거나 솔잎이나 댓잎을 달아 주어 아기의 인격이 사군자같이 자라기를 빌면서 아기를 돌아보고 축복하며 산모를 격려했다. 그리고 미역국과 쌀밥으로 식사를 했다.

③ 삼칠(21일째)

꼽쳐서 아기 출생 후, 19일째나 21일째 되는 날이 삼칠이다. 이 삼칠에는 아침 일찍 아기를 씻기고, 아래위의 옷을 갖춰 입히고 몸을 자유로이 움직이게 했다. 초칠과 이칠에는 삼신상을 차리지 않았던 집안에서도, 삼칠에는 반드시 삼신상을 차려 쌀밥 3그릇과 미역국 3그릇을 소반에 담아 아기방 구석이나 문 밖에서 삼신 빌기를 했다.

삼신 빌기를 마치면 금줄을 걷어 외인의 출입을 허용했다. 그리고 가까운 이웃이나 친지를 불러 삼칠연회를 열었는데, 이웃과 친지들은 아기와 산모에게 인사를 나누며 복을 빌어 주었다. 그리고 붉은 수수떡과 속이 빈 송편을 만들어 나누어 먹기도 하고 집의 앞뒤 문 앞에 놓아 두고 길가는 사람에게 나누어 주며 “인부심한다”고 했다. 이때 수수떡은 벽사의 의미이고, 망두떡은 속이 빈 떡으로 아기의 도량이 넓어지라는 축복의 의미를 갖고 있다.

④ 백일(100일)

아기 출생 후 100일째 되는 날에는 외가나 친가에서 준비한 새 옷을 아기에게 입히고, 이웃과 친지에게 잔치를 베풀었다. 백일에는 주로 백색의 흰 음식과 벽사의 붉은 음식을 장만하는 집안도 있었으나, 주로 백설기, 수수떡, 인절미 등의 떡을 하며 이웃과 친지에게 나누어 주고 잔치를 했다.

⑤ 돌과 생일(365일)

돌이란, 아기가 출생 후 해마다 그 날을 맞는 것을 의미한다. 즉 출생 후 1년 되어 첫생일을 맞으면 첫돌, 둘째 해가 되어 두 번째 생일을 맞으면 두 돌이라고 하는데, 해가 거듭됨에 따라 돌이란 표현 대신에 생일이라고 한다.

우리나라 어디에서나 발견되는 돌이란 아기 행사는 아기가 3번째의 위험고비를 무사히 넘겼고, 산모 역시 1년이 되면 모든 기능이 거의 완전히 회복될 수 있어 건강해질 수 있었음을 축하하는 것이다.

(7) 아기 업기와 아기 외출

아기는 생후 2~3개월이 되면 업을 수 있는 아기연령이 되었다고 인정이 되었다.

한국의 전통적 아기 업기는 조모나 어머니의 등에 아기의 앞가슴이 닿도록 하여 업었다. 아기는 자라면서 두 다리를 업은 사람의 양 옆구리로 각기 벌리게 하여 업었지만 어린 아기의 경우에는 그렇게 하지 않고 업은 사람이 좌우 양팔을 각각 자기의 뒤로 돌려서 두 손을 마주잡아 업힌 아기를 받혀 주었다.

아기 업기에 필요한 것은 처네(일명 포대기)와 띠였는데, 부모의 신분이나 자세의 차이에 따라 처네와 띠의 옷감이 다양하였다. 처네와 띠는 아기의 성별에 따라서 또한 평소의 일상적 용도나 외출용도에 따라서 색깔이나 옷감에 차이가 있었다. 즉 일상적인 용도보다는 외출시의 것이 명주나 비단 등으로 만들어졌으며 똑같은 무명옷감이라도 짜임새가 더 섬세한 것이었다. 또한 대체로 처네와 띠는 계절에 따라 솜을 넣은 것, 솜을 넣고 누빈 것, 겹천이나 홑천으로 된 것을 기후에 맞게 사용하였는데, 가세가 높을수록 벽사의 의미의 색인 붉은 색깔을 사용하는 경향이 높고, 신분이 낮을수록 , 검정 또는 흰색이거나 부인네의 치마나 보자기 등이 대신하기도 했다.

아기를 데리고 외출할 때에는 외출하는 아기옷고름에 작은 방울을 달아서 등에 업힌 아기가 무료할 때 가지고 놀 수 있게 하고, 또 업은 이가 걸어가면 흔들려서 소리가 나도록 했다. 외출하는 아기에게는 붉은 상의를 입히거나 홍띠를 두른 상의를 입혔고, 또한 붉은색 처네나 띠를 사용하였다.

젖아기를 등에 업고 외출할 때 아기의 어머니나 어른들은 외출 전에 반드시 뒷간(화장실)을 다녀와서 외출길에 나섰다. 아동인 경우에는 반드시 뒷간에 가서 용변처리를 하라고 지시한다. 아동이 가지 않으려 해도 억지로 다녀오라고 강요한다. 이렇게 함으로써 외출 전에는 뒷간을 다녀오는 것을 외출 준비로 인식시켜 습관이 되도록 하였다.

한국 전통사회에서는 숯검정을 황이라고 했다. 이 검정색을 젖아기의 이마나 두 뺨에 칠하여 보기에 흉한 얼굴이 되도록 했는데, 이를 황칠이라고 불렀다. 황칠의 이유는 숯을 제독용으로 이용했던 전통사회에서는 검정칠을 한 얼굴로 외출길에 오르면 병균을 만나더라도 제독이 된다고 생각했기 때문이다. 그리고 아기의 모습을 되도록 밉고 흉하게 위장하기 위함이다. 외출 도중에 유약한 아기를 노리는 잡귀를 만나게 되더라도 밉고 흉측한 모습의 아기는 잡귀가 탐내지 않으리라는 발상이었다. 또는 외출하는 아기이마에 호랑이를 상징하는 호자를 숯검정으로 쓰거나 먹으로 쓴 다음에 외출길에 오르는 풍속도 있었다.

3) 무릎학교 단계(3~5세)

한국 전통사회에서는 3세에서 5세에 이르는 유아는 조모가 맡아 이유 및 배변훈련 등의 양육과 놀이, 초보적인 기본습관 등의 모든 것을 담당하였다. 유아모에게 동생이 잉태되면 유아는 조모와 함께 기거했다. 그 이유는 먼저 잠자는 동안 유아가 발길질을 하여, 잉태한 모친에게 해를 끼칠 가능성이 있고, 민간에게 구전되는 바아우탄다는 증세로 허약해질 가능성이 있으며 수유모와 함께 기거하면서 이유한다는 것은 사실상 힘들기 때문에 이 시기의 유아는 조모의 방으로 옮겨져 조모와 침식을 함께 하였다. 이와 같이 유아의 양육과 놀이 및 기본습관 등의 교육이 조모의 무릎을 중심으로 하여 이루어지기 때문에 무릎학교 단계라고 부른다.

4) 자발적 학습단계(5~7세)

한국 전통사회에서는 5세에서 7세경에 이르는 아동의 특징을 '미운 일곱살'로 표현했다. 동생의 출생과 무릎학교의 이탈 및 기본 습관의 교육 등으로 아동은 반대되는 언어, 태도 및 행동을 표현한다.

이 시기의 아동은 가끔 식사상이 달라질 수 있었다. 예컨대, 남아는 조부 부친, 기타 성인남성 가족과 겸상함으로써 이들로부터 좋은 식사습관 교육을 받기도 했다. 오른손을 사용하여 식사를 할 것이며, 어른들이 수저를 들고 식사를 시작한 다음이어야 식사하는 버릇, 흘리거나, 흩뜨리거나, 편식하는 등의 지극히 초보적인 식사습관이 바람직하게 습관화되도록 간섭받았다. 이러한 식습관은 장차 성인이 되었을 때 세상에 나아가 사회활동을 하게 됨에 따라, 다른 성씨들과의 사교에서 자기성씨와 문중의 품위와 체모를 손상시키지 않는 교양교육의 기초로서 요구된 것이다. 그러나 7세경에 가까워질수록 식사습관은 식사예절로서 요구되면서 교육이 엄격해지기 시작했다.

식사예절 교육은 다음과 같다.

· 어른께 진지 잡수시기를 고해 올릴 것.

· 어른보다 먼저 밥상 앞의 제자리에 앉아 어른이 오시기를 대기할 것.
· 어른이 들어오시면, 일어섰다가 어른이 앉은 다음에 제자리에 앉을 것.
· 어른이 수저를 들고 식사를 시작한 다음, 또는 먹으라는 지시가 있어야 식사를 시작할 것.
· 음식을 흘리며 먹지 말 것.
· 국과 밥을 비슷한 비율로 먹을 것, 국물만 먹거나 반대로 국물만 남기지도 말 것.
· 음식그릇과 음식상을 지저분하게 하지 말 것.
· 밥숟가락을 크게 떠먹되, 한 입에 다 들어갈 수 없을 정도로 많이 뜨지 말 것.
· 반대로 밥숟가락을 너무 적게 떠서 유아처럼 먹지 말 것.
· 식사 도중에 화장실 출입이나 자리를 뜨지 말 것.
· 반찬투정을 하지 말며, 음식그릇끼리 부딪쳐 소리내지 말 것.
· 수저도 그릇에 닿아 소리나면 안 되며, 던지듯이 그릇이나 상위에 놓지 말 것.
· 그만 먹을 듯이 밥을 잘라 가며 먹지 말 것.
· 오른손에는 손가락이나 젓가락이 항시 들려 있을 것.
· 수저를 너무 멀리 또는 너무 가까이 잡고 식사하지 말 것. 너무 멀리 잡으면 먼 곳으로 시집·장가가게 되고, 너무 가까이 잡으면 너무 가까운 곳에 장가, 시집가게 된다. 즉, 너무 먼 곳에 혼인하면 자주 만나지 못해 서운하고, 너무 가까운 곳과 혼인하면 가치가 하락하여 상것이 된다는 통념 때문이다.
· 식사 전에 자기의 밥을 먼저 덜어 내지 말 것. 이는 자기 복을 덜어 내는 것이다.
· 밥숟가락을 크고 단단하게 떠먹어야 부자가 된다.
· 식사 전에 반드시 간장을 찍어 먹어서 위액의 분비를 촉진시킬 것.
· 음식을 입에 물고 얘기하지 말 것.
· 맛있는 반찬은 어른이 권해야 먹거나, 사양한 다음에 먹을 것.
· 음식 씹는 소리를 내지 말 것.
· 입 속의 음식이 보이지 않게 할 것.
· 손가락으로 음식을 집어 먹지 말 것이며, 그 손을 옷에 닦지 말 것.
· 식사 중에 음식을 상위에나 제 옷에 흘리지 말 것.
· 제 몫의 밥과 국은 이유 없이 남기지 말 것.
· 특정음식만 편식하지 말 것.
· 식사 중에 수족을 떨지 말 것.

· 기대앉아 식사하지 않으며, 어른의 식사 중에는 눕거나 기대앉지 말 것.
· 식사 때 남의 집을 방문(심부름)하지 말 것.
· 남의 음식을 보고 먹고 싶어하지 말 것.
· 형제끼리 음식을 다투어 탐식하지 말 것.
· 남이 나누어 주는 음식은 반드시 사양할 것.
· 식사 도중 어른이 들어오시면, 수저를 음식그릇에 걸쳐둔 채 일어서 맞이할 것.
· 들어오신 어른께 식사를 권할 것.
· 식사가 끝나면 밥그릇에 숭늉을 부어 마실 것(그렇게 하지 않으면 화재가 나고, 농사철 논바닥에 가뭄이 든다고 함).
· 식사가 끝나면 수저를 상위 오른쪽에 가지런히 놓고 밥상에서 물러앉음으로써 알릴 것.
· 식사종료 후에도 남은 음식그릇이 어질러지게 하지 말 것.
· 시중하는 노복이 없으면, 식사상을 스스로 방밖으로 내어다 놓을 것.

소혜왕후(昭惠王后) 韓氏가 지은 內訓에도 다음과 같이 사례를 인용한 식사예절이 소개되고 있다. 우리나라 옛 교육에 이토록 자상한 밥상머리 교육이 있음에 감탄을 금치 못한다. 현대사회의 부모들도 한번쯤 참고해 보면 좋겠다.

"여러 사람이 함께 음식을 먹을 때에는 자기 혼자만 배불리 먹지 말 것이며 또한 여럿이 어울려 함께 밥을 먹을 때에는 불결하게 손으로 먹어서는 안 된다. 혼자서만 한 웅큼씩 집어다 먹지 말 것이며, 밥을 밥통에 다시 쏟아 넣지도 말 것이다. 훌쩍훌쩍 소리를 내며 들이마시지 말 것이며, 입맛을 쩝쩝 다시며 먹어도 안 되고, 뼈까지 아삭아삭 갉아 먹어도 아니 된다. 먹던 어육은 다시 접시에 놓지 말 것이며, 먹다 남은 뼈다귀라도 밥상머리에서 개에게 던져 주는 일이 없도록 해야 한다. 입에 맞지 않는 음식을 구태여 먹으려고 억지 쓰지 말 것이며, 밥이 뜨겁다 하여 후후 불어서 뜨거운 기운을 흩날리게 해서도 안 되고, 기장밥을 먹을 때라도 젓가락을 사용해서는 안 된다. 주인이 보는 앞에서 국그릇에 간을 맞추는 일을 삼가고, 이를 쑤시지 말며, 젓국을 소리나게 훌쩍 들이마시지 말아야 한다."

나이를 먹어감에 따라 식탁예절도 점점 까다로웠다. 한국 전통사회에서는 식사 후 어른들은 자기 몫의 밥을 한 숟가락씩 남겨 손자녀에게 먹임으로써 그 아이의 장수를 기원했는데, 밥순가락, 밥그릇의 수가 곧 수명이라고 믿었기 때문이다. 즉 자신의 수명을 한 숟가락씩 떼어 단명하다는 손자녀에게 보태어 줌으로써 그의 장수를 비는 행위였다.

이처럼 기본습관으로서 요구했던 식사습관이 식사예절로서 강화되는 것은 남아에게는 사회생활에서의 교양이 되었기 때문이며, 여아에게는 출가 후 친정가문의 법도와 체모를 대변했기 때문이다. “세살 버릇 여든까지”, “집에서 새는 쪽박 들에 나가 안 샐까?” 등의 속언이 이 시기 아동의 기본습관 훈련에 사용되었다.

수면 예절은 다음과 같다.

· 어른의 이부자리를 먼저 편 다음에 자기 것을 준비할 것.
· 잠자기 전에 뒷간을 다녀올 것.
· 댕기를 풀고 머리채를 앞으로 하여 반드시 누울 것.
· 여아는 댕기를 왼쪽 목 앞으로 내리고 주로 왼쪽으로 다소곳이 모로 누울 것(이 의 왼쪽은 태교시 남성의 방위로 알려졌기 때문).
· 옷을 다 벗고 잠자지 말며, 반드시 속옷을 입고 잘 것.
· 잠자며 잠꼬대나 코를 골지 말 것.
· 입을 벌려 잠자지 않도록 베개를 머리 위쪽으로 놓을 것(입을 벌리지 말고 코로 숨쉴 것).
· 높은 베개나 목침을 사용하지 말 것.
· 잠자는 도중에 이부자리를 걷어차거나 베개를 버리는 등 상스러운 잠자리는 꿈자리를 사납게 하므로 그리하지 말 것.
· 이부자리를 밟고 다니지 말 것.
· 베개 위에 올라앉거나 밟지 말 것.
· 베개는 누워 있는 것이 바른 자세이므로 세우지 말 것.
· 잠자다가 일어나 음식을 먹지 말 것.
· 어른들의 침실에는 잠자기 전에 자리끼를 준비해 둘 것.
· 노인의 침소에는 요강과 타구(가래침 뱉을 그릇)를 준비해 둘 것.
· 화로를 이불에서 멀리 둘 것.
· 촛대나 담뱃대, 쌈지(담배 담은 주머니), 부싯돌 등을 준비하여, 잠자다가도 필요시에 쉽게 찾아 사용할 수 있도록 윗목에 둘 것.
· 잠자고 일어나 옷을 입고 이부자리를 개켜 제자리에 놓을 것.
· 재떨이와 요강을 비우고, 화롯불을 바꾸어 놓을 것.

잠자고 일어나서, 왼손으로 요강을 잡고 냇가에 나아가 세수와 함께 요강을 씻고 돌아온다. 비첩을 열고 머리를 빗고 난 다음에 비첩을 제자리에 돌려놓되, 머리카락이 방바닥에 떨어져 있으면 안 된다. 머리칼은 몸체 중에 제일 상위의 것으로 타인에게 밟히지 않아야 되며, 특히 출세할 남아의 머리카락이 밟혀선 안 되었다. 머리 빗질 후 머리카락은 모아 빗첩에 뭉쳐 둔다. 이 머리카락은 지역풍속에 따라 섣달 그믐날이나 정월 초하룻날 아침에 불태워 고약한 냄새를 풍겨 잡귀나 전염병의 근접을 예방하는데 쓴다. 남녀아 모두 머리 빗고 땋기와 댕기들이기, 옷고름 매기, 허리띠나 치마끈 매기, 버선 신기, 대님 매기 등을 배웠다. 남아는 놀이 중 풀어진 대님이나 허리띠를 스스로 처리할 수 있어야 했고, 여아는 속옷과 겉옷의 입는 순서와 앉음새와 일어서는 모습 등을 조모를 비롯한 부모 및 성인가족들로부터 배웠다. 즉, 오른쪽 무릎을 세우고, 왼쪽 다리를 접어 오른쪽 무릎 속에 넣고, 두 손을 가지런히 오른쪽 무릎에 올려놓되, 치마 속에 두 발이 모두 가려지도록 앉는 법이 여아의 앉음새였다. 남아는 어른 앞에서는 무릎을 꿇어 앉고, 편히 앉으라는 지시를 받았을 때 조심스럽게 편히 앉았으며, 성인이 되어서의 앉음새도 책상다리 앉기를 습관화였다.

섬새, 즉 서는 모습은 어른이 들어오면 언제나 얼른 일어나 방의 가장자리로 가서 허리를 조금 굽히고 두 손을 앞으로 모아 겸손한 자세로 섰다. 그리고 어른이 앉은 다음이어야 따라 앉을 수 있고, 어른이 방을 나갈 때에도 같은 행동으로 공손과 겸양을 나타내는 행동이 기본습관 교육내용에 속했다.

이 시기 아동은 몇 가지의 심리처방을 알아야 했다. 또한 이와 관련된 전통사회 나름의 신앙체계를 알아야 했다.

맨 먼저 이 시기의 아동은 좌우를 구별할 수 있었다. 전염병을 앓는 집을 지나가야 할 때 왼발로 땅을 세 번 차면서, 그 집 방향에다 침을 세 번 뱉을 줄 알아야 했다.

그것이 곧 돌림병이 자기에게 옮겨 붙지 못하게 하는 처방법이었다. 까마귀 울음소리가 들리면 기분이 상했다. 이 때에는 그 쪽으로 침을 세 번 뱉고, 왼쪽 땅을 세 번 차면 마음이 편안해졌다.

눈에 다래끼가 생기면 길 중앙부에 작은 돌 세 개를 벌려 놓고 그 위에 돌 한 개를 얹어 지나는 이가 모르는 중에 발로 차도록 했다. 이러한 한국 전통사회의 심리처방은 아동에게는 어디서나 위험에서 스스로 자신을 보호하고 지킬 수 있다는 자신감을 키워 주었다. 이러한 자신감의 획득이 곧 성자이며, 독립심 교육이었다.

이 시기의 아동은 조부모로부터 간략한 신상정보를 교육받았다. 조부모는 자신의 본관과 성씨, 자신의 생년월일, 조부, 부친의 함자, 외가의 본관과 성씨, 외조부 및 외조모의 함자 등을 알려 주고 정확히 대답하면 칭찬을 해 주고, 틀리면 고쳐 주는 등의 초보적 훈육을 담당했으며 주로 놀이형식으로 이루어졌다.

"손이 발이면 습성이 된다.", "될성싶은 나무는 떡잎부터 안다.", "나무 날 곳은 초입부터 안다" 등의 속언은 한국 전통사회가 아동의 기본습관 형성에 얼마나 신경을 쓰는지 말해 준다. 그래서 전통사회에서는 이 시기의 아동에게 나타나는 바람직하지 못한 버릇을 되도록 일찍 교정해 줌으로써 바람직한 버릇이 습관화되도록 기대했다. 버릇교정에는 대체로 일상적인 가족생활에서 사용하는 경어, 행방과 소재를 알리는 출필고 반필면(出必告 反必面), 행신하는 집안에서의 가풍에 가까운 금기사항, 수면 및 배변과 관련되는 잡다는 것들이 교정의 범주에 해당되었다.

먼저 경어사용이 이 시기의 아동에게 비로소 요구되었다. 잘못 버릇들면 고치기 어렵다 하여 남・여아 모두에게 조부, 부친, 백부, 숙부 등의 사랑방 가족에게는 반드시 사용하도록 가르친다. 그러나 조모, 모친, 백모, 숙모 등의 여성가족에게는 보다 관용스러운 태도를 취했다.

아동에게는 출필고 반필면(出心告 反必面)이 요구되었다. 즉, 집 밖에 나갈 때 행선지와 용건을 어른에게 고하고, 돌아와서는 어른 앞에 나아가 귀가했음을 알리는 교육이었다. 이 시기 아동의 자발성의 발달, 또래지향성으로 인해 그릇된 버릇을 교정하려는 의도였다.

이 시기의 아동은 형제간의 갈등을 겪기 시작한다. "형 따를 아우 없다", "찬물 한 그릇에도 위아래가 있다" 등의 속언은 이 시기 형제갈등을 표현해 주고 있다. 이 시기의 아동에게는 초보적인 갈등해소 처방인 형우제공(兄友弟恭)이 강조되었다. 형은 동생에게 양보자, 보호자, 지도자 등 손윗사람의 역할을 수행해 줄 것으로 기대되고 장려되었고, 동생은 형에게 공경, 순종 등으로 손아랫사람의 역할이 기대되고 장려되었다.

5) 성역할 교육단계(7~13세)

한국 전통사회에서의 행동지침서요, 아동교육의 교과서인 「소학(小學)」, 「입교(立教)」에 기록된 성차에 따른 역할 교육에 관한 내용을 살펴보면 다음과 같다.

"……여섯 살이 되면 셈하는 방법과 동서남북의 방위이름을 가르치게 한다. 일곱 살이 되면 사내아이와 계집아이를 같이 앉게 하지 않으며 같이 음식을 먹지 않게 한다(男女七歲

不同席). 여덟 살이 되면 집안의 문을 드나들거나 자리에 나아가 식사를 할 때는 반드시 어른이 먼저 드신 뒤에 하게 하여 사양의 미덕을 가르치게 한다. 아홉 살이 되면 날짜 계산하는 법을 가르치게 한다.

열 살이 되면 남자는 스승에게 나아가 사랑방에서 잠자며 글쓰기와 셈본을 배우게 한다. 이 때에 옷은 비단이 아닌 저고리와 바지를 입게 하고, 예절은 스승이 가르친 대로 실천하게 하며 아침 저녁으로 어른 섬기는 법을 배우게 하되, 행하기 쉬운 것부터 청하여 익히게 한다. 열세 살이 되면 음악을 배우고 시를 외우며 작으로 춤추게 한다.

여자는 열 살이 되면 나다니지 아니하고 언제나 집안에서 여사(女師)를 따라 부드러운 말씨와 유순하게 좇는 습관을 배워야 한다. 한편, 삼베를 짜고 누에를 치며 명주를 짜는 일 등 부녀가 할 일을 알뜰히 익혀서 의복을 장만하도록 하며, 제사 지낼 때에는 참관하면서 술·초, 변두, 김치·젓갈 등의 제물을 드려 행례를 도와야 한다. 열네 살이 되면 비녀를 꽂고 스무 살이 되면 시집을 갈 것이나……"

이 시기의 성역할 교육은 먼저 16세경에 실시되는 관례, 즉 성년식에 대비하여 아동을 성인으로 키우고 가르치는 최종단계의 교육이었다. 한국 전통사회에서는 16세경의 남아에게는 관례라는 성년식을, 14세경의 여아에게는 결례라는 성년식을 실시하였다. 이러한 성년식의 준비교육이 곧 7세경에 시작되었다. 남아에게는 성인남성으로서 가정 및 사회생활에 필요한 5대 성역할을 가르쳤고, 여아에게는 성인여성으로서 자격을 갖추도록 전통사회가 요구하는 4대 여성역할을 가르쳤다. 이러한 성역할의 교육이 7세경에 시작됨으로써 한국 전통사회의 아동들은 보다 일찍 성인세계로 진입할 수 있도록 권장했다. '애어른'이란 표현은 곧 이 시기 아동이 보이는 성인역할의 모방, 동일시 모델링 과정을 격려하고 권장하며 또한 칭찬하는 말이다. 즉, 아동답다기보다는 어른스럽고, 점잖고, 속 깊은 태도와 행동을 보일 수 있는 아동에게 이제 다 키웠다는 책임완수의 감회 및 해방감, 안도감 등이 복합된 표현이다. 본인에게도 남아는 상투를 틀고 갓을 쓰며 여아는 쪽찌고 비녀를 꽂아 성인으로서의 책임을 지게 했다.

(1) 남아 교육의 5대 교육목표

남아 교육의 5대 교육목표는 오륜이다. 즉 부자유친(父子有親), 군신유의(君臣有義), 부부유별(夫婦有別), 붕우유신(朋友有信), 장유유서(長幼有序)이다.

부자유친은 부모에 대한 자식의 인륜을 밝힌 내용으로 자식으로서 부모에 대한 효의 도리, 즉 역할을 강조했다. 이 역할은 忠까지도 포함하는 개념이다.

「기언(記言)」에서는 "어버이를 공경하는 사람은 한 번 발을 옮길 때라도 감히 부모를 잊지 않으니, 어두운 곳에서 일을 하다가 잘못을 불러일으키지 말며, 위험한 데를 밟다가 몸을 위태롭게 하지 말아야 하며, 어버이를 사랑하는 사람은 한번 말을 낼 때라도 감히 부모를 잊지 말고, 구차하게 거짓말을 하다가 부끄럽고 욕된 결과를 불러일으키지 말며, 구차하게 웃다가 남의 낯을 찡그리게 하지 말아야 한다."

오륜의 두 번째는 군신유의인데, 인간으로서 특히 남성으로서 행해야 할 도리로 인정되었다. 남성은 가정생활에 한정된 여성과 달라서 사회생활을 하였던 전통사회에서 특히 이 역할은 남아교육에만 포함되었다. 한국 전통사회에서는 일인의 군왕이 장자세습제로 세습된 지위였기 때문에, 곧 하늘이 낸 백성의 부로서의 역할을 한다고 인정되었다. 따라서 백성은 그 누구도 왕으로서 역할이 아닌 충성스러운 신하로서의 역할만을 학습하여 수행하도록 기대되었다. 따라서 남아는 장차 성장하여 신하로서의 역할을 수행함에 필요한 지식과 태도와 기능을 학습하였다.

「해동소학」에서의 신하의 역할을 살펴보면 다음과 같다.

"평화로운 때면 속이지 말고 직분을 다하고, 위태로울 때면 목숨을 내던지는 데 두 마음을 먹지 말라."

오륜 중의 부부유별은 남편과 아내에 해당되는 성역할이다. 즉 남녀 아동이 성장하여 결혼하고 부부로서 각기 서로 다른 성역할을 수행할 것을 가르친다.

남편과 아내의 성역할은 삼강에 포함될 정도로 전통유교윤리의 근간이다. 남편은 그 부인에게 존칭어를 사용하며, 자신과 동등한 인생의 동반자로서 대하였다.

따라서 부인에게 지켜야 할 모든 예절을 지켰고, 부인과는 다른 가내 및 가외의 역할을 수행하였다. 가정사의 총책임자인 가부장의 계승자 및 가부장으로서, 가사 일체의 통솔권과 자녀교육권을 갖는 동시에 모든 책임도 지는 총책임자이기도 했다.

「내훈(內訓)」에서는 "예는 부부를 기초로 한 남녀관계의 확립에서 시작되는 것이니, 집을 지을 때는 안팎을 분별하여, 남자는 밖에 거처하게 하고, 여자는 안에 거처하게 한다. 안채는 깊게 하고 중문도 굳게 하되, 문지기로 하여금 지키도록 한다. 여자의 거처에는 일반남자가 출입하지 않아야 하고, 여자는 규문 안에서 나오지 말아야 한다.

남녀는 횃대, 즉 옷걸이의 사용을 같이하지 않는다. 그러므로 부부 사이라 하더라도 남편의 옷걸이에 옷을 걸지 아니하며, 남편의 옷상자에 옷가지를 넣지 아니하며, 남편과 함께 욕실에도 들어가지 아니한다. 남편이 부재 중에는 그 베개나 이부자리를 정돈하되,

베개는 상자에, 이부자리는 일정한 장소에다 간직해 둔다.

남자는 여자의 집안일에 대하여 말을 내지 않고, 여자는 남자의 밖의 일에 대하여 말하지 않아야 한다. 남녀는 물건을 직접 주고받지 않는다. 제사 등의 예식에 참여하여 주고받는 일이 있으면 여자는 대광주리에 넣은 것을 받고, 대광주리가 없을 때에는 서로가 무릎을 꿇어앉은 다음, 남자가 땅 위에 놓는 것을 기다려서 여자가 받도록 한다.

내외는 우물물을 함께 긷지 아니하며, 욕실도 한 가지로 하여 목욕하지 아니한다. 물건을 서로 통용치 아니한다.

남자는 규문 안에 들어가 휘파람을 불거나 손가락질을 하여서는 아니 된다.

밤에 안으로 출입할 경우는 촛불을 들고 다닐 것이며, 촛불이 없을 경우는 안에 드는 것을 그만둔다.

여자는 문 밖으로 나갈 때, 외부의 사람에게 얼굴이 보이지 않게 가리며, 밤길에는 촛불을 들고 다닐 것이니, 촛불이 없을 경우는 다니는 것을 그만둔다.

도로에서는 남자가 오른쪽으로 여자가 왼쪽으로 통행한다.

장유유서는 연장자에 대한 연하자의 예절과 질서의 관계를 규정한 연하자의 역할이었다.

맹자(孟子)는 "품안에 안기는 2, 3세 되는 어린아이라도 그 어버이를 사랑할 줄 모르는 아이가 없고, 자라게 되면 그 형을 공경할 줄 모르는 아이가 없는 것이다."

"나이 많은 어른과 동행할 때, 천천히 어른의 뒤에서 걸어가는 것을 웃어른께 존경할 줄 아는 사람이라 하고, 빨리 어른의 앞에서 걸어가는 것을 웃어른께 존경할 줄 모르는 사람이라 한다."

「곡례(曲禮)」편에서 말한 장유유서의 내용은 다음과 같다.

"아버지의 벗을 뵐 때에는, 아버지를 대함과 같이 하여 그분이 나오라고 하지 아니하면 감히 나가지 아니하며, 물러가라고 하지 아니하면 감히 물러가지 않는다. 묻지를 아니하면 감히 대답해서도 아니 된다.

나이의 많기가 갑절이면 아버지처럼 섬기고, 열 살이 많으면 형처럼 섬기고, 다섯 살이 많으면 나란히 걷되 조금 뒤지는 듯할 것이다.

웃어른에게 의논할 일이 있을 때에는 반드시 지장을 가지고 어른의 처소로 나아간다. 어른이 무엇을 물었을 경우, 사양하지 아니하고 대답하는 것은 예절이 아니다.

선생을 따라갈 때에는, 길에서 아는 사람을 만나도 길을 사이에 두고 그 사람과 이야기하는 것은 예가 아니며, 길에서 선생을 만났을 때에는, 총총걸음으로 선생 앞에 나아가 바로 서서 두 손을 마주 모아 잡고 인사할 것이다. 선생이 말을 하면 대답을 하지만,

아무런 말이 없으면 총총걸음으로 물러갈 것이다.

웃어른을 따라 언덕에 올라갔을 때에는 반드시 웃어른이 보는 곳을 향할 것이다.

어른이 손을 이끌어 줄 때에는, 어린이는 두 손으로 어른의 손을 붙들고, 어른이 등에 업거나 옆으로 껴안은 듯하고 얼굴을 돌려 말하거든, 냄새가 나지 않게 입을 가리고 대답할 것이다.

대체로 어른의 자리 앞의 먼지를 쓸어 내는 예법은 쓰레받기 위에다 비를 놓아 가지고 가며, 옷소매로 위를 가리고 뒤로 물러가면서 쓸어 어른이 있는 쪽으로 먼지가 나지 않게 한다. 먼지를 쓰레받기에 담을 때에는, 자기 쪽을 향하게 하여 먼지를 담을 것이다.

선생 앞에 나아가 자리에 앉으려 할 때에는 용모를 부끄럽게 말며, 두 손으로 옷을 걷어잡고, 땅에서 한 자쯤 옷깃이 떨어지게 하는 것이 정상이다. 이 때에 옷이 펄럭이지 않도록 하며 옷을 밟거나 건드리지 않도록 한다.

통로에 선생의 서적이 놓여 있거든, 앉아서 그것을 옮기고 조심하여 넘지 말 것이다.

앉는 법을 편안히 하며, 얼굴빛은 움직이지 말 것이다. 어른이 무엇을 말하거든, 그것과 관계없는 말을 하지 말 것이다.

용모를 바르게 하고, 공손한 태도로 선생의 말을 듣도록 한다. 남의 말을 제 말처럼 말해서는 아니 되며, 남의 의견에 덮어놓고 찬성해서도 아니 된다. 반드시 옛일을 본받고 선왕의 밝은 덕을 말하여야 한다.

선생을 모시고 앉았을 때, 선생이 묻는 말이 끝나면 자기의 의견을 진술하며, 학업을 청할 때는 일어나서 묻고, 다시 설명을 청할 때에도 일어나 공손히 청하는 것이 예절이다.

존객 앞에서 개를 꾸짖지 않도록 하며, 음식을 사양할 때는 침방울이 튀지 않도록 한다.

군자를 모시고 앉았을 때, 군자가 하품과 기지개를 펴며 자리 앞에 놓여진 지팡이와 신을 들고 시간에 대하여 마음을 쓰거든, 모셨던 사람은 물러갈 것을 청할 것이다.

군자를 모시고 앉았을 때, 군자가 어떤 일을 묻고 난 다음 다른 것을 물으면, 일어나서 대답하여야 한다.

웃어른을 모시고 술을 마실 때, 술을 따라 놓고 마실 때가 되면 일어나서 절하고 존소에 가서 받는다. 웃어른이 잔을 들고 아직 비우지 아니하였으면 젊은 사람은 마시지 않는 것이 예절이다.

웃어른이 물건을 내려 주면, 젊은 사람과 심부름하는 사람은 사양하지 않고 받는다.

웃어른과 같이 음식을 먹을 때, 비록 거듭 나온 반찬이라도 사양하지 아니하고 먹으며,

마주 앉은 손님이 있을 때에도 사양하지 아니하고 먹는다.

여러 사람이 군자를 모시고 있을 때, 군자의 물음에 대하여 일단 좌중을 둘러보고 나서 대답하는 것이 예법이요, 그렇지 아니하면 예가 아니다.

다음은 붕우유신이다. 「소학(小學)」의 명명우치교(明明友之交)에는 벗과의 사귐이 믿음, 즉 신뢰에 기본을 둔 사랑의 관계임을 밝히고 있다.

공자(孔子)는 "유익한 벗도 셋이요, 해로운 벗도 셋이니, 곧은 사람과 성실한 사람과 많이 아는 사람과 벗을 하면 유익할 것이요, 외면만 차리고 곧지 않은 사람과 아첨하는 사람과 말재주만 있는 사람과 벗을 하면 해로운 것이다."

맹자(孟子)는 "벗과 사귐에는 자기가 연장자라는 것을 자랑해서는 아니 되고 자기의 신분이 귀하다는 것을 자랑해서도 아니 되며, 자기 형제들의 세력이 있다는 것을 자랑하지 말고 사귀어야 한다. 벗을 사귄다는 것은 그 사람의 덕행을 보고 사귀는 것이요, 거기에 아무것도 자랑하는 것이 있어서는 아니 된다."

「곡례(曲禮)」편에서는 "군자는 친구를 사귐에 있어서 환대를 극진히 받지 아니하고, 정성을 극진히 할 것을 바라지 아니하면서 온존한 교제를 하는 것이다."라고 되어 있다.

손님을 맞아들이는 예법은 이렇다. 대등한 손님이 왔을 때에는 문 밖으로 나가 맞이하되, 손님에게 먼저 들어가라고 사양한다. 이같이 하여 손님이 안의 정침의 문에 이르게 되면, 주인은 정침으로 들어가 돗자리를 편 다음 나와서 손님을 맞이하되, 손님이 굳이 사양하면 주인은 손님에게 읍하고 들어가 손님을 맞아들인다. 주인은 문을 들어갈 때 오른쪽으로 가고, 손님은 왼쪽으로 간다. 주인은 동계로 가고, 손님은 서계로 가되, 손님이 만일 주인보다 신분이 낮을 경우에는, 손님은 일단 겸양하여 주인의 층계로 나아갈 것이다. 여기서부터 주인과 손님은 서로 먼저 올라가기를 사양하다가, 결국 주인이 먼저 동계를 오르게 되면 손님은 따라서 서계로 올라간다. 층계를 올라갈 때는 한 걸음 한 걸음 물을 건너듯 발을 옮겨 발길을 맞춘다. 동계로 올라가는 주인은 오른발부터 먼저하고, 서계로 올라가는 손님은 왼발부터 먼저하며 한 걸음 한 걸음 발맞추어 올라간다."

이 역할은 남녀 아동에게 함께 교육되었으나, 특히 남아교육에서 강조되었다. 그 이유는 남아가 장차 성인이 되면 사회생활을 해야 하고, 사회생활에서 친구 사귐은 오복 못지않게 중요하게 인정되었기 때문이다.

이상의 다섯 가지 도리, 즉 성역할은 먼저 가정의 실제생활을 통하여 교육되었고, 다음에 부와 가정이 감당하지 못하는 심층적인 내용은 서당이라는 초등교육기관에 의뢰되어 부를 대신한 스승에게 교육되었다.

(2) 여아 교육의 4대 성역할

① 여식으로서의 성역할

'부자유친'에 속하는 여식으로서의 역할은 남아의 자식으로서의 역할에 준하였다. 오히려 여식으로서 모든 역할 교육조차도 자부(子婦)로서의 역할에 포함되었을 정도로 전통사회의 여아들은 딸로서보다는 며느리로 키워졌다. 출가하기 전에는 딸로서 부모조상에게 효도해야 했고, 출가 후에는 시부모와 시댁가문에 효를 다해야 했다.

딸의 성역할 교육은 남아의 교육이 엄격하였음에 비해 가정의 화초로서 사랑스런 존재로 인식되었다. 또한 혼인하면 만나기 힘들고, 부모 슬하를 떠나 시집살이 고생을 감당해야 하는 애처로움이 전제되어, 부모에게서는 남아보다 너그러운 사랑을 받았다.

출가 후 자부로서의 성역할을 위한 교육은 자애를 기초로 엄격히 실시되었다. "며느릿감 선은 안사돈 선부터"라는 속담처럼 자부로서의 성역할 교육에는 모친의 책임이 더 무거웠다.

자부로서의 역할은 시부모에 대한 효행이라고 말할 수 있는데, 여성생활의 거의 모든 것이 포함되었다. 그만큼 효의 개념은 최상의 개념인 동시에 포괄적인 개념으로 인식되었다. 예컨대, 출가 후 여러 자부들간의 관계, 즉 동서간의 화목과 남아의 출산 및 다산도 자부의 역할에 포함되었고, 요리, 침선 등에 부지런하며, 문중과 화목하고, 이웃과 친밀한 관계를 맺는 것도 효의 개념에 포함되었다.

자부로서의 성역할 교육은 벙어리 3년, 눈멀어 3년, 귀 먹어 3년의 삼대원칙으로 요약되었다.

먼저 시댁의 대를 이어갈 남아를 출산하여 제대로 양육하고 교육해야 한다. 뿐만 아니라 시댁가문의 번창을 위해 다(多)자녀를 낳아 키울수록 효도로 인정되었다. 따라서 남아출산 및 다자녀 출산에 관한 지식, 태도 및 기능이 여아교육에 포함되었다. '씨내리기 좋은 날' 등의 각종 속신과 육아방법 등이 모두 자부의 성역할 교육내용이었다.

뿐만 아니라 「계녀서」의 모든 내용이 곧 자부의 성역할교육에 포함되는 효의 개념이었다. 즉 부모 섬기는 도리, 지아비 섬기는 도리, 시부모 섬기는 도리 , 형제화목의 도리, 친척과 화목하는 도리, 자식교육의 도리, 제사받드는 법, 손님 대접하는 법, 투기하지 말기, 말조심, 재물 쓰는 도리, 일 부지런히 하는 도리, 병환 모시는 도리, 의복과 음식하는 도리, 노비 부리는 도리, 꾸고받는 도리, 사고 파는 도리, 비수 원하는 도리, 종요로운 도리 등 모든 역할과 시부모의 시중에도 그 선대조상으로 이어진 가문의 명예와 체면과 관계되므로 곧 효의 개념에 포함되어 자부의 성역할로 교육되었다.

② 처의 성역할

삼강은 인간됨과 인간 삶의 근간이 되는 3대 강령이다. 한국 전통사회에서는 부위자강(父爲子綱)과 함께 부위부강(夫爲婦綱)을 3강에 포함시킬 만큼 부부의 관계를 중요하게 인식했다. 따라서 여아의 성역할 교육에는 처(妻)로서의 성역할이 대단히 강조되었다.

여아는 일정기간 친정에서 성장한 다음에는 시댁으로 출가할 것이 전제가 되어 있어, 삼종지도의 여성모럴에 따라 출가 후에는 남편을 따르도록 가르쳤다. 뿐만 아니라 '부부는 한몸'으로서 남편에게 적용되는 모든 역할이 곧 처로서 수행해야 할 역할로 인정되었다.

"남편(夫)은 소천(小天)"이라는 속언이 있고, 「내훈(內訓)」에는 "지아비는 곧 하늘"이라 했으며, 지아비 부(夫)자는 하늘 천(天)자보다 더 높은 글자이므로 하늘보다 높은 존재가 곧 지아비라고도 하였다.

또한 「내훈(內訓)」에서는 "지아비가 어질지 못하면 아내를 거느리지 못하고, 아내가 어질지 못하면 지아비를 섬기지 못하며, 지아비가 아내를 거느리지 못하면 위신이 없어지고, 아내가 지아비를 섬기지 못하면 의리가 무너지니, 이 두 가지는 가지런히 함으로써 그 용(用)이 하나이다."라고 아내 역할은 지아비에게 종속됨으로써 동등한 성격임을 강조하였다.

처의 태도는 지아비(남편)를 섬기는 자, 받드는 자, 따르는 자로서 이처럼 유순해야 할 것으로 강조되었고, 「사소절(士小節)」에도 역시 "부인이 순한 연후에 집안이 화해진다"고 하며, 처의 역할이 가정환경의 기초됨을 밝혔다. 즉, 가부장으로서의 남편의 교양과 취향에 따라 가정을 꾸미고 남편의 가치관이나 교육 방침대로 살림을 이끌고 자녀를 교육시키며, 안살림을 맡아 동기, 친척, 이웃과 화목하고 봉제사에 필요한 지식과 태도와 기능의 학습이 곧 처의 성역할 교육이었다.

③ 모친의 성역할

'모(母)'자는 그 생김이 여자에 두 유방이 달린 상형문자라고 한다. 오랜 동안 그 만큼 여성은 곧 모성으로 인식되었다. 뿐만 아니라 여성은 누구나 모가 된다는 생각에서, 참모, 유모, 침모에 주모라는 말까지 쓰였으니, 여성은 누구나 모친으로서 그 운명을 끝내게 마련이라고 인식되었다.

옛말에 '현모양처(賢母良妻)'란 아내로서의 역할에 선행되는 어진 모성의 역할을 강조한 표현이다. 왜냐하면 가계계승을 낳아 잘 키우고 교육하고, 시댁가문의 번창을 위해 다 자녀를 출산, 양육하고 교육하는 것은 모성의 역할보다 더 우선적인 자부로서의 효행이 되기 때문이다. 즉, 자부의 역할을 훌륭히 감당해 내는 데는 반드시 모성으로서의 역할수행이 수반되어야 했고, 처로서의 역할수행도 역시 남편의 자녀를 낳아서 잘 키우는 모성의 역할이 수반되어야 했기 때문이다.

남아교육에서 '부전자전(父傳子傳)'이란 말처럼 '모전여전(母傳女傳)'이란 말은 곧 여아의 교육책임이 일차적으로 어머니에게 귀속되었고, 궁극적으로는 부친의 권한이자 책임이었음을 표현한 말이다.

"그 집 내림이다. 외덩굴에 가지 열릴까? 씨에 씨 낳고, 아름드리나무에 회초리 날까, 좋은 나무에 좋은 그늘, 맹모삼천, 윗물이 맑아야 아랫물도 맑다. 집에서 새는 쪽박 밖에서는 안 샐까? 돈 모아줄 생각 말고 자식 잘 가르쳐라. 효자부모에 효자 난다. 개는 개를 낳지, 바늘도둑이 소도둑 된다. 쑥도 삼밭에선 곧게 자란다. 도둑 때는 벗어도 자식 때는 못 벗어, 이마에 부은 술이 상투꼭지로 흐른다. 자식은 낳기보다 키우기가 더 어렵다. 낳으려 애쓰지 말고 키우려 애써라. 보리술은 보리맛."

이런 말은 여아에게 모성의 역할을 교육시키는 데 사용되면서도 자녀교육 전반에 걸쳐 참고되었다고 한다. 또한 자녀를 맡아 키우는 성인 스스로가 부모로서의 역할을 바로 수행하기 위해 필요한 상황과 적절한 경우에 사용했던 속언들이다.

모성의 역할 교육은 먼저 기자(祈子) 속에서 시작된다. 특히 남아를 낳을 수 있고, 가능하면 많은 자녀를 낳을 수 있는 전래의 비법에 대한 지식과 태도 그리고 기능을 갖추도록 교육했다. 그 다음이 태교에 관한 교육이었다.

둘째는 모성의 역할교육은 잘 양육함이 강조되었다. '낳은 자랑보다 키운 자랑'은 그만큼 한국 전통사회가 유아 사망률이 높았던 특징을 지녔기 때문이다.

마지막으로 모성으로서의 역할교육에는 낳아서 키우며 교육하는 모성의 역할이 포함된다. 즉, 양육이 자녀의 몸을 건강히 키우는 모성의 역할이라면 이 교육은 자녀의 정신을 건강히 키우는 역할이었다. "경주돌이 다 옥돌이냐, 좋은 나무에 좋은 열매, 삼밭의 쑥대(麻中之蓬 不扶而自直)" 등의 속언은 자녀교육이 그 부모의 됨됨이에 달렸음을 비유하고 있다. 이렇게 자녀의 교육은 모성의 역할에 전적으로 달렸음을 비유하고 있다.

(3) 사덕(四德)

사덕은 여성의 사대성역할 교육목적을 위해 세분화된 교육목표라고 할 수 있다. 그 사덕에는 부덕, 부공, 부용, 부언이 있다.

부덕은「內訓」에서 재질이 총명함보다 맑고 조용하고 정정하여 자기 몸가짐에 좋고 부끄러움을 가릴 줄 알아, 움직임과 멈춤에 법도가 있는 것으로 보았다. 부언도 말을 잘하는 것보다는 그 말함을 가리어 하되, 나쁜 말과 남이 싫어하는 말을 입밖에 내지 않음으로써 다른 사람에게 불쾌감을 주지 않는 것이다. 부용도 얼굴의 꾸밈이 좋고, 몸에 때가 묻지 않도록 목욕하고 옷을 산뜻하게 하고 깨끗이 입는 것이며, 부공은 재주보다 길쌈에 힘쓰고 술과 음식을 정갈하게 만들어 손님을 정성껏 대접하는 데 있다고 하였다.

(4) 여성도덕

① 삼종지도

유교적인 여성관에 근거한 삼종지도는 여성은 사회생활이 필요 없거나 해서도 안 되는 존재이므로, 출생에서부터 사망에 이르는 일생에 걸쳐 남성의 보호를 받도록 한 도덕이었다. 즉, 어려서 출가하기 전에는 부친을 따르며 보호와 지도를 받고, 출가 후에는 지아비의 보호와 지도를 받고, 지아비가 죽은 뒤에는 자식의 보호와 지도를 받는다는 세 가지의 삶의 방법이었다. 오늘날 남녀평등사회에서는 더 이상 강조될 수 없는 것이 되었다.

② 오불취

「소학」에서 제시된 여자의 오불취는, 다음의 경우에 해당하는 여자는 취하여 아내로 삼지 않는다는 것이다.

· 반역한 집안의 자녀

· 음란한 집안의 자녀

· 대대로 형을 받은 집안의 자녀

· 아버지가 죽은 집안의 자녀

③ 칠거지악

일곱 가지 악에 해당하는 행동을 한 여자는 출거시킨다는 기준인데, 칠출 또는 칠거라고도 한다.

· 불순구고(不順舅姑) : 시부모 잘못 섬기는 것
· 무자(無子) : 아들을 낳아 키우지 못하는 것
· 음행(淫行) : 부정한 행동
· 질투(嫉妬) : 질투하는 것
· 악질(惡疾) : 나쁜 질병이나 유전병
· 구설(口舌) : 수다스러운 것
· 도절(盜竊) : 남의 것을 훔치는 도둑질

④ 삼불거

비록 칠출 또는 칠거에 해당되는 일곱 악행을 지은 아내라도 내치지 못하는 세 가지 기준을 제시하였다.

· 돌아가 의지할 부모나 친정이 없는 아내는 내치지 못한다.
· 부모의 삼년상을 함께 치른 아내는 내치지 못한다.
· 장가들 때 가난했으나, 후에 부귀하게 되면 내치지 못한다.

제3절 결 언

지금까지 한국 전통사회의 특징과 가족사회의 특징 및 한국의 전통적 자녀교육 방법에 대하여 살펴보았다.

한국 전통사회는 남성 위주의 가부장제이기 때문에 일찍부터 남아는 집안을 이끌고, 사회활동 및 입신양명을 위해 교육을 받았다. 이에 반해 여아는 남편을 지아비로 섬기고, 시부모를 봉양하고, 자식을 잘 키우는 방법을 위한 교육을 받았다. 전통사회의 교육은 주로 예절교육에서 이루어졌는데, 잠자는 것에서부터 말하고 행동하는 것까지 일상생활의 모든 것에 걸친 예절교육을 받았다. 그러나 기본적인 예절교육은 남아와 여아가 같지만 무릎학교를 지나 자발적 학습단계인 아동기가 되면 남아는 남아로서의 교육을 여아는 여아로서의 교육을 다르게 받았다. 교육의 목표가 다를 뿐 아니라 교육의 내용이나 교육방법에도 차이가 있었다. 남아의 교육이 적극적 교육이라면 여아의 교육은 소극적 교육이었는데, 주로 여아의 교육은 지아비의 성공과 가정의 화목만이 성취의 모든 것이었다. 여자 자신을 위한 삶보다 남을 위한 삶에 더 많은 노력을 했다. 헌신과 봉사로서 지아비와 시부모를 섬기고 자식을 교육시켜, 그 자식이 성공을 하면 그 성공이 자기 것인 양 만족하고 주위사람들로부터 존경을 받았다. 그리고 한 지아비만을 섬기면 열녀라 추앙받았고, 어릴 때 시집와 시어머니의 시집살이에 곱던 살결과 피부가 다 망가지고, 나이 들어선 노망든 시부모를 헌신·봉사하여 모시면 효부라 하여 칭송을 받았다.

이런 여성의 삶에서 행복이란 결국 무엇이었을까? 여자는 가족을 위해 희생하며 살아야 하는 것이 당연한 세상에서 여성 자신의 진정한 행복이란 무엇이었을까?

전통사회에서 여성은 그림자이다. 항상 주인공은 되지 못하고 성공한 남편, 성공한 자식, 죽은 남편, 시부모, 자식, 친지들의 그림자이다. 약방의 감초처럼 없어서는 안 되고, 있어도 표가 나지 않는 그런 존재였다.

이 시대에 여성이 지금처럼 표현의 자유와 능력의 평등이 있었다면 역대의 유명한 스승은 드물었을 것이고, 반면에 지금보다 더 우리의 문화나 역사가 발전되었을지도 모른다. 한국 전통사회의 여성 교육이 한편으론 답답하게 느껴지지만 '가화만사성(家和萬事成)'이란 옛말을 보면 여성의 이런 교육과 삶이 우리 사회가 지금처럼 뿌리를 내릴 수 있게 한 원동력이 아니었을까 생각한다.

그리고 여아로서 배우고 익혀야 할 교육내용이 남아가 배우고 익혀야 할 교육내용보다 하위에 있는 것은 결코 아니다. 인생을 살아가는데 있어 여아의 성역할 교육내용과 남아의 성역할 교육내용은 모두 절대적으로 필요한 것이고 서로 조화를 이루어야 삶이 풍요롭고 행복해 질 수 있다.

현대사회에서 이러한 교육내용을 액면 그대로 실천할 수는 없을 것이다.

다만, 동양과 한국의 전통사회에서 철저하게 수행했던 자녀교육 방법의 원리를 현대화시켜 그 정신이라도 계승되기를 바랄 뿐이다.

각 가정마다 가훈과 독특한 교육방법을 개발해 보면 좋겠다.

또한 화랑도 교육법(道德相磨, 歌樂相悅, 山水遊娛)을 오늘의 청소년 교육에 적용해도 좋을 것이다.

제 6 장

청소년을 위한 가치교육

- 청소년 가치관의 의미
- 사회 변화와 청소년의 가치관
- 청소년의 영역별 가치관
- 청소년 가치간 변화의 과정과 전망

제1절 청소년 가치관의 의미

1) 청소년 가치관 진단의 필요성과 의의

올바른 가치관의 확립은 청소년기의 주요 발달 과업 중 하나이다. 청소년기에 형성되는 가치관은 청소년 개인에게 올바른 인격과 삶의 질을 결정한다.

종종 잘못된 가치관 형성으로 말미암아 사회적응에 어려움과 문제를 일으키기도 한다.

급격한 사회변동의 과정에서 특히 뚜렷하게 나타나는 영역이 청소년의 적응곤란이다. 이는 그들이 전통적인 가치, 규범, 생활목표를 점점 상실해 가고 이에 대체할 새로운 가치, 규범 그리고 생활목표를 아직 확립하지 못한 공백기에 놓여 있기 때문이다(권이종, 1995).

오늘날 가치관은 행동과학의 분야에서 고차적인 심리과정으로 이해되고 있다. 그것은 인간의 내적 특성과 행동에 깊이 관련된 것으로 본다. 즉 가치관은 사회, 문화적 차원의 인간행동으로서 개인행동평가 기준이라고 할 수 있다. 따라서 한 사회의 구성원이 어떤 가치관을 가졌느냐에 따라 그 사회의 독특한 문화가 형성된다(최애숙, 1994).

우리나라의 경우 전통적 가치관과 현대적 가치관이 공존함으로써 이질적인 것의 동시적 요구가 가치관의 혼란을 야기시키고 있다. 또한 청소년들의 경우 그들이 당위적으로 생각하는 가치판단과 지각하는 현실간에 큰 차이를 보이고 있어 가치와 인식간의 심한 갈등을 경험하고 있음을 보여주고 있다.

오늘날 청소년들이 경험하게 되는 가치영역과 범주는 여러 요인들로 인해서 매우 다양해지고, 청소년들은 자신의 뚜렷한 가치관을 정립하지 못해 목적의식이나 방향감을 상실하고 있다. 따라서 청소년들의 건전한 성장과 발달을 위해서는 올바른 가치관을 정립하도록 하는 것이 매우 필요하다(이재창, 1998).

이질적인 외래문화와의 접촉이나 사회구조적 변동이 진행되는 사회에서는 전통적인 가치체계에도 심각한 변동이 일어나고 전통적 가치와 새 가치관 사이에 갈등과 긴장이 발생한다. 즉 기성가치관과 새 가치관 사이에 공통분모가 없는 것이다. 어느 사회든 세대가 교체되는 과정에서 기성세대와 신세대 사이의 갈등은 있기 마련이다. 그와 같은 가치의 갈등과 긴장은 다음과 같은 몇 가지 특성으로 설명할 수 있다.

첫째로, 개별적인 가치들은 전체로서 통합된 체계를 이루기 때문에 가치요소들은 일관성과 통합성을 가지고 조직되어야 한다는 것이다. 때문에 개별적인 가치요소들은 쉽게 취사선택될 수 있는 것이 아니고 전체적인 가치체계와의 연관성에서 일관성 있게 변화 조정되어야 한다.

둘째로, 가치는 단순한 관념이나 덕목의 나열이 아니고 사회화의 과정을 통해 개인의 인성 속에 내면화되어 개인의 모든 행위에 일관성 있는 성향(disposition)을 부여하는 것이기 때문에 가치의 변화와 통합, 또는 재통합은 관념적인 차원에서 간단하게 이루어지지 않는다는 점이다. 적어도 가치관의 변화는 새로운 가치를 수용하거나 종래의 가치관에 수정을 가하는데 필요한 최소한의 개인적 경험, 즉 재사회화의 과정을 요구하는 것이다.

셋째로, 가치체계는 사회구조와 적합성(relevancy)을 갖추어야 한다. 다시 말해 사회구조적 특성과 일관성을 갖지 않는 가치는 개인의 환경이나 경험과도 일치하지 않기 때문에 개인에게 내면화될 수 없는 것이며 가치와 구조간의 부조화로 인한 긴장을 발생시키는 원인이 된다. 그러므로 사회구조의 변화는 가치체계의 변화를 일으키고 가치체계의 변화는 사회구조의 변화를 수반하는 것이다.

넷째로, 가치체계를 구성하는 가치요소들은 전체체계 속에서의 중요성이나 가변성에 있어 서로 다양하다는 점이다. 특정한 가치요소들은 기존가치체계 속에서 핵심적인 지위를 갖는 것이어서, 가치체계의 전반적인 변화 없이는 개별적으로 변화될 수 없는 성격이 있는가 하면, 다른 가치들은 전체체계의 변화 없이도 부분적인 변화가 가능한 것들도 있다.

인간은 가치를 지향하고 또 그 가치를 삶 속에서 실현하며 살아간다는 점에 있어서 동물과 다른 본질이 있다. 그러므로 인간의 삶에서 일차적이고 본질적으로 중요한 것은 각 사람의 가치관일 것이다. 가치관이야말로 한 개인에게 자아실현의 방향을 설정해 주고 그의 인격과 인생을 형성하는 핵심적 요소라고 볼 수 있다. 한 개인의 가치관은 일생을 통해 형성되고 또 변화되기도 하지만 청소년기가 가치관 형성에 결정적인 시기이며 또 일단 수용되어 인격으로 내면화된 개인의 가치관은 성년기에 들어서도 쉽게 바뀌기 어렵다(임희섭, 1987).

청소년기에 형성되는 가치관은 청소년 개개인에게는 올바른 인격과 삶의 질을 결정해 주기도 하지만 왜곡되고 부적합한 가치관 형성으로 말미암아 사회적응을 어렵게 하고 문제를 야기시키기도 한다. 또 사회적으로 미래사회의 주역인 청소년들이 내면화한 가치관은 사회변화를 일으키는 원동력이 되는 한편 너무 급진적이거나 이상적일 경우 사회불안을 야기할 수도 있다.

청소년은 세대의 변화에 있어서 최전선에 서 있는 세대로 표현되는데 이것은 청소년의 환경에 대한 민감한 감수성을 묘사하는 것이다. 즉 청소년은 변화의 영향을 많이 받고 그 방향을 조정하며 또 새로운 변화를 주도하는 전위적인 역할도 담당하게 된다. 따라서 청소년들의 가치관이 어떻게 형성되는가에 대한 정확한 진단은 미래사회 변화의 향방을 가늠할 수 있게 하고 또 대응능력을 준비시켜 준다고 볼 수 있다.

또 기성세대가 청소년의 가치관을 이해하고 또 그 변화의 과정을 알아야 할 중요한 이유 중에 하나는 그들에 대한 이해 없이는 효과적인 지도가 어렵다는데 있다. 청소년들의 생각, 취향에 맞지 않는 기성세대 중심의 교육과 지도는 청소년의 부적응과 이탈 현상을 초래할 가능성이 높다.

그러므로 청소년의 문제를 해결해 주고 그들을 전전하게 육성시키는데 있어서 단지 외형적인 정책 · 제도 등의 마련이나 성인 중심의 교육 방식만으로는 효과를 거두기 어렵다. 먼저 청소년들이 무엇을 생각하고 어떻게 바라보고 있는지, 또 어떤 취향을 가지고 있는지 알아보는 일, 즉 그들의 가치관을 진단하고 파악하는 일이 무엇보다도 중요하다고 볼 수 있다.

2) 가치관의 개념과 영역

가치가 경험과학의 연구대상으로 취급된 이후 사회과학에서 중요한 연구영역을 점유할 수 있게 된 이유는 다른 어떤 개념보다도 인간행동에 관련된 모든 분야의 다양한 관심을 통합시킬 수 있는 변수가 되기 때문이다. 이와 같이 적용의 범위가 광범한 만큼 개념의 정의도 다양하게 지워지고 있으나 일반적으로 가치는 '행위의 이용 가능한 제 목표, 수단 및 양식의 선택에 영향을 미치는 개인이나 집단이 특유하게 소유하고 있는 바람직한 것에 대한 명시적 · 묵시적 개념'이라고 말할 수 있다.

대부분 가치연구가들은 이와 유사한 내용으로 가치의 개념을 사용하고 있지만 연구가 심층화하고 구체화함에 따라 그 개념적 특성을 요약한다면 ① 다양한 개념을 통해서

관념적으로 재구성된 추상성(抽象性), ② 특정상황을 초월하는 궁극적 인지로서의 특성(特性), ③ 제 가치의 체계적 통합성 및 서열성(序列性), ④ 일시적 감정에 의해서 쉽게 변하지 않는 지속성(持續性) 등을 지적할 수 있을 것이다. 따라서 가치는 동기의 한 측면으로서 인간행위를 결정하는 판단작용을 수행하고 지속적 궁극적이기 때문에 행위에 대한 영향력을 광범하게 미치는 중요한 요소이다. 한편, 가치는 추상적이기 때문에 구체적 행위를 설명하는 데 있어서는 사회심리적 제 요인을 고려해야 하는 한계를 갖고 있다.

가치는 인성체계의 한 구성요인이지만, 그것이 경험을 통해서 학습되고, 그 경험은 개인의 사회적 조건 속에서 이미 지워진다는 점, 그리고 사회적으로 공유되는 것이라는 점에서 문화, 사회 구조 및 인성을 연결하는 개념이 되는 것이다.

적절한 행동의 선택에 관련된 판단기준으로서의 가치는 개인의 사회화 과정을 통해서 획득되며, 그 주요 공급원은 사회구조와 문화이다. 가치는 문화현상의 일부분이지만 바람직한 관념으로서 상징화된 가치는 문화체계의 핵심 속에 내포되어 있기 때문에 가치의 운반자로서의 문화체계는 가치와 구별되는 것이다. 또한 문화체계 내에 함축된 가치는 사회체계 안에 제도화되고 개인간 또는 집단간의 상호작용의 유형으로서 사회구조에 반영된다. 사회구조는 가치보다는 보다 낮은 특수한 제 규칙과 규범에 의해서 기능하는 것으로서 역시 사회구조와는 밀접한 관계를 가지면서도 서로 구별되는 개념이다. 또 가치와 유사한 개념으로 사용되고 있는 '태도(attitude)'는 그것이 경험을 통해서 조직된 정신적 · 신경적 구조라는 점에서는 가치와 유사하지만, 개인에의 배타적 귀속성과 바람직한 것에 대한 선택성이 결여되거나 약하다는 점에서 가치와 구별된다.

가치관이라는 말은 여러 분야에서 다양하게 사용되고 있지만 명확히 개념규정이 어렵다. 의식구조, 가치 성향, 행동 성향, 태도 등 유사한 개념들이 뚜렷한 구분 없이 복합적으로 쓰이는 경우가 많다. 대개 가치관은 어떤 의식과 취향을 가진 개인이 가치 판단 과정을 거쳐 가치행동을 함으로써 드러나는 경우가 많다. 따라서 가치관이 인간의 외형적 행동과 내면적 의식, 취향 사이에서 어떤 관계로 어떤 영향을 받아 형성되었는지, 또 내면적 과정에서 어떤 대상에 대한 선호나 취향과 관련된 정의적 특성과, 대상을 어떻게 인식하고 판단하는가에 관련된 인지적 특성들이 서로 어떻게 다르게 가치관과 관계를 맺고 있는지에 대한 명확한 구분이 어렵다. 그럼에도 많은 학자들은 가치관을 정의하기 위해 노력했다. 특히 McGuire(1959)는 태도와 가치를 다음과 같이 구분하고 있다. 즉, 태도는 특수대상에 초점을 둔 몇몇 신념의 지속적인 조직으로서 사람들로 하여금 어떤 선호의 방식으로 응답하게 하는 것인데 비하여, 가치는 어떤 특수대상이나 상황을 초월하는 것으로써 행위의 양식이나 존재의 목적 상태에 관련이 있다고 한다. 관심의 초점이 특수대상이나 사태에 국한되어 있는가 혹은 초월해 있는가를 태도와 가치의 중요한 차이점으로 보는 것이 McGuire의 견해이며, Rokeach(1973)도 이와 비슷한 견해를 표명하고 있다. 이와 함께 태도가 보다 정서적인 경향임에 반하여, 가치관은 보다 평가적이라는 점이 황정규(1968), 박용헌(1973) 등에 의하여 지적되고 있다. 가치관은 태도 또는 가치보다도 더욱 일반적이고 조직적인 것으로, 문화내용이 개인에 있어서 내면화된 복합적이고 추상적인 행동영역으로 알려져 있다(Newcombs, 1965).

가치관은 가치지향성(value orientation), 또는 가치체계(value systems)라는 용어와 흔히 혼용된다. 가치지향성이란 Kluckhohn과 Strodtbeck(1961)에 의한 정의로서, "부단히 계속되는 인간행동의 흐름에 대하여 질서와 방향을 주며, 공통적인 인간 문제를 해결하는데 의견을 주는 것으로, 분단적으로 구별할 수 있는 평가과정의 세 요소—인지적, 정의적, 방향적—의 완전한 상호작용에 의하여 생기는 복합적이면서 동시에 일정한 유형을 가진 원칙이며, 이러한 평가과정은 공통된 인간문제의 해결에 관련되어 끊임없이 계속되는 인간행위와 사상에 대하여 질서와 방향을 준다는 기능적 설명과 함께 인지적, 정의적, 방향적 요소의 복합체라고 하는 구조적 요소가 동시에 파악될 수 있는 것"이다(한국교육개발원, 1981).

가치관은 태도, 신념, 성격 등과 함께 유전에 의해 타고나는 것이 아니라, 개인을 둘러싸고 있는 사회적, 경제적, 정서적인 다양한 여러 환경과의 상호작용을 통하여 형성된다. 가치, 태도 및 가치관은 구조적·성격적으로 공통성을 지니며, 이들의 문화 내용이 개인에게 내면화되어 사회적 행동에 영향을 미치는 동기적 기능을 한다는 점은 앞에서도 지적했다. 가치관이란 인간의 태도와 행동방향의 선택에 영향을 주는 가치 지향성 여부를 의미하는 것으로써 여러 가지의 행동 덕목, 행동형태, 행동방법을 내포하고 있는 상황에서 어느 한 방향을 선택 결정하고 행동하게 되는 것을 말한다(김낙중, 1995).

이러한 기존의 개념 정의를 통해 볼 때 가치관은 인간의 성장과정에 있어서 환경과의 상호작용을 통해 형성된 것으로 성격상으로는 가변성과 지속성의 양면을 지니고 있으며, 또한 구조상으로는 인지적, 정의적, 행동적 요소를 지니고 있고 행동의 표준, 지침, 선호의 기준, 평가의 기능을 지닌다. 가치관은 주로 외형적 행동 성향보다는 개인의 내재적 인지 과정 및 취향을 강조하고 있고 또한 인지적 특성보다는 정의적 특성을 주로 관계지어서 규정하고 있는 경우가 많음을 알 수 있다(최윤진, 1998).

가치관이란 삶의 선택과정에서 기준이 되는 우선 순위를 뜻한다. "있어야 할 것, 바라야 할 것, 행해야 할 것"으로서의 당위성을 가르친다. 고가르텐은 "of, for, with, by" 등 네 전치사의 대답, 즉 내인생의 주인이 누구인가, 무엇을 위해 사는가? 누구와 더불어 사는가? 무엇을 삶의 수단으로 삼는가? 등 을 보면 그의 가치관을 알 수 있다고 하였다. Rokeach는 가치를 "사람이 마땅히 하여야 할 것과 하지 말아야 할 것에 관한 혹은 어떤 존재의 최종상태가 성취할 만한가에 대한 한 개인의 전체 신념체계 속의 중심"이라고 보았다.

이상 가치관에 관해 알아본 것들을 다시 정리하면 다음과 같다. "가치관이란 일정한 상황 사건 및 사물이 좋다. 나쁘다. 바람직하다. 바람직하지 못하다고 지적하는 개념으로 정의한다"(Williams, 1952).

"가치관이란 정의적인 성질을 띤 속성으로서 시비, 선악의 판단적 방향을 갖는 내면화된 가치가 여러 가지 사태에서 방향감각을 가지고 일관성 있게 내형, 외형 되도록 일반화, 조직화된 개념이다"(황규정, 1972).

따라서 가치관의 의미에 대해 외형적인 행동 성향보다는 내면적인 의식 구조에 초점을 두고자 한다. 즉 청소년들이 일상 공간 속에서 어떻게 행동하고 반응하는가 등의 생활 실태에 관한 것보다는 그들이 대상을 어떻게 지각하고 판단하는가에 관한 인지적 측면이나 무엇을 선호하고 또 무엇이 바람직하고 좋은 것이라고 생각하는가에 관한 정의적 측면을 포함하는 청소년들의 내면적 사고 방식과 가치 성향을 알아보고자 한다.

가치관은 그 대상과 상황에 따라 다르게 형성된다고 볼 수 있다. 그러한 대상과 상황에 따른 가치관의 영역을 범주화시켜 보는 것이 필요하다. 기존 연구들은 다양한 틀에 의해서 광범위한 영역을 포함하고 있기 때문에 가치관의 일관성 있는 범주화가 용이하지 않다. 그렇지만 기존 연구에 제시된 여러 영역을 크게 세 분야(사회 구조 및 현상에 대한 가치관, 자아・타인 및 인간에 대한 가치관, 도덕・윤리 및 인생에 대한 가치관)로 분류해 줄 수 있을 것이며 각 영역에 세부 내용들이 다음과 같이 제시될 수 있을 것이다.

① **사회 구조 및 현상에 대한 가치관** : 직업관, 교육관, 경제관, 가정 생활, 학교 생활, 종교관, 결혼관, 사회 풍토 및 사회 문제 의식, 사회관, 국가관 등이다.

② **자아, 타인 및 인간에 대한 가치관** : 자아관, 자아개념, 부모관, 교사관, 교우 및 또래 집단관, 이성관, 인간관 등이다.

③ **도덕, 윤리 및 인생에 대한 가치관** : 도덕 및 윤리관, 효경심, 부양관, 장유유서관, 행복관, 인생관 등이다.

교육의 목적에 대해서도 가치관에 따라 다양하게 진술될 수 있다. 시대적 상황과 선호하는 가치관에 따라 여러 학자들은 그들 나름으로 교육에 대한 목적을 밝히고 있다. Thompson(1951)은 그러한 진술들을 다음과 같이 요약해서 제시하고 있다.

① 인격, 도덕성 : Plutarch, Herbart
② 완전한 발달 : Platon, Rabelais, Montaigne, Comenius, Locke,
③ 행복 : Aristotles, James Mill
④ 진리 : Socrates
⑤ 시민적 자질 : Luther, Milton
⑥ 자연의 지배 : Bacon, Huxley
⑦ 종교 : Comenius
⑧ 지적 능력, 수양 : Locke, Van Dyke, Rendign
⑨ 미래를 위한 준비 : Kant
⑩ 습관 : Rousseau, William James
⑪ 계발 : Froebel, Hegel
⑫ 거룩한 생활 : Froebel
⑬ 흥미 : Herbart
⑭ 지식 : L. F. Ward
⑮ 완전한 생활 : Spencer
⑯ 문화, 자유교육 : Dewey
⑰ 숙련 : Nathaniel Butler, E. C. Moore
⑱ 문화의 유산 : N, M. Butler
⑲ 사회화 : W. T. Harris, Dewey
⑳ 사회적 효율성 : Dewey, Bagley
㉑ 적응 : Dewey, Rendign, Chapman, Counts
㉒ 성장 : Dewey
㉓ 경험의 조직 : Dewey
㉔ 자아실현 : Dewey, Tufts
㉕ 욕구충족 : Thorndike, Gates
㉖ 통찰력 : Gentile

3) 청소년 의식구조의 실상

여기에는 청소년 의식구조에 대한 선행 연구(권이종, 김문조 1994 : 이재창, 1981, 1983, 1986 : 이훈구, 1980, 정원식 등, 1985 : 차재호 1986) 결과를 중심으로 청소년들의 의식구조 특성과 변화추이를 살펴보도록 한다.

먼저 차재호(1986)는 6.25 이전 50년대, 60년대, 70년대 그리고 80년대까지 다섯 시대로 구분하여 이 기간에 이루어진 가치관 연구를 개관하여 40년 간의 가치관 연구의 전반적인 경향을 보았다. "인생을 즐겁게 산다"는 반응은 점차 높아지는 반면에 "국가사회를 위해서 봉사한다"는 가치관은 점차로 줄어드는 경향을 보였다.

80년대에 이루어진 연구결과에서 나타난 청소년들의 의식구조의 특성을 보면 다음과 같다.

첫째, 이기적, 개인주의적 성향을 보이고 있다.

다수의 청소년들이 인생을 살아가는 방법에 있어서 "나 좋을 대로 살아가겠다"고 응답하였고, 청소년들이 자신을 평하는데 있어서는 75.1%가 "요즈음의 청소년들은 이기적이다"라고 반응하였다. 이러한 경향은 Rokeach의 가치관 검사를 통해서 청소년의 가치관을 조사한 데서도 잘 나타나 있다. 즉 우리나라 청소년들은 '가족의 안전'과 '성취감'을 1위와 2위의 가치 항목으로 선택한 반면, 미국 청소년들은 '세계 평화'와 '자유'를 각각 1, 2위로 꼽고 있다(이재창, 1981).

둘째, 요령 및 편법주의적 성향을 가지고 있다.

이훈구(1980)의 조사결과에 의하면 청소년들이 "노력에 의해서 출세하려는 것은 바보나 하는 것이다"(91.1%). "우리 도덕은 너무 고리타분하다"(71.9%). "요즘 세상에서는 출세하기 위해서 방법을 가릴 필요가 없다"(65.4%)로 반응하여 청소년들이 상당한 정도로 요령주의, 편법주의적 성향을 가지고 있음을 알 수 있다.

셋째 물질주의적 성향이 강하다.

다수의 청소년들(79.3%)이 세상에서 가장 중요한 것은 돈으로 여기고 있으며(이훈구, 1980), 상당수 청소년들(85.2%)이 사회를 황금만능주의가 지배한다고 보고 있다(김병성, 1982). 또한 청소년들에게 '일을 해야 할 목적이 어디에 있는가' 라는 질문을 한 결과 "자기의 재능을 살리기 위하여"가 36.4%로 1위를 보였으며 "돈을 벌기 위하여"가 28.5%로

2위를 보이고 있고, 인생의 목표에서는 "열심히 돈을 벌어 부자가 되는 것"(12.2%)으로 3위를 들고 있다(청소년대책위원회, 1984).

넷째 기성세대에 대한 불신의식을 가지고 있다.

이재창(1986)의 조사에 의하면, 성인들은 "존경받을 만하고 모범적이다"라고 보는 청소년들은 12.9%밖에 안 되고, 29.5%는 "청소년들에게 오히려 나쁜 영향을 더 많이 준다"고 보았으며, 57.7%는 "그저 그렇다"라는 반응을 보여 기성 세대를 부정적으로 보는 경향을 나타내고 있다. 또한 청소년들이 자신의 개방적, 자유주의적, 이기적, 이상적, 개성적, 현실적, 의욕적, 저항적, 진취적인 경향이 보다 더 강하다고 생각하는 반면, 기성세대는 폐쇄적, 권위적, 이기적, 감각적, 획일적, 순종적, 보수적이라고 평가하여(이재창, 1983) 자신들은 좀 더 근대적이고 긍정적으로 보는 반면, 기성세대는 보다 전근대적, 부정적이라고 인식하고 있음을 알 수 있다.

4) 가치관 상실

한국교육개발원의 한 연구에 의하면 청소년들은 다음과 같은 가치관을 가지고 있는 것으로 나타났다. 목적적인 가치관 중에서는 가족의 안전, 성숙감, 우정 등의 순으로 높은 가치를 부여하고 있으며, 수단적 가치로는 포부와 근면, 정직과 성실, 능력 등의 순으로 높은 가치를 부여하고 있다. 이 연구를 보면 청소년들은 가족의 안전을 가장 중요한 목적적 가치로 보고 있다는 점에서 가족 중심주의 사상을 엿볼 수 있다.

도시의 청소년들은 물질적 안락을 비롯하여 자유, 사회적 인정, 능력, 사리분별, 자기통제 등과 같은 것을 아주 중요시하고 있다. 이와는 대조적으로 농촌의 청소년들은 국가의 안위, 즐길 수 있는 여유 등을 도시 청소년들보다 더욱 중요하게 여기고 있는 것으로 나타난다.

정규학교를 다니고 있는 청소년들은 가족의 안전, 평화, 성숙감 같은 것을 중요한 가치로 보고 있는데 반해서 비정규학생이나 근로 청소년들은 물질적 안락을 아주 중요하게 여기고 있다. 남자들은 이성과의 사랑, 즐길 수 있는 여유와 같은 쾌락 지향적인 가치와 국가의 안위 등에 높은 가치를 두고 있는 반면, 여자는 가족의 안전, 심미(審美), 종교적 구원 등에 높은 가치를 부여하고 있어서 좋은 대조를 이루고 있다.

사회－경제적 지위가 낮을수록 물질적 안락, 청결, 즐길 수 있는 여유 등을 중요하게 여기고 있으며, 반면에 사회 경제적 지위가 높을수록 성숙감, 사회적 안정, 자기 통제 등을 더 중요시하고 있다.

이렇듯 가치관이란 세대간에만 차이가 있는 것이 아니고 지역간, 남녀간에도 차이가 있다. 우리가 살고 있는 현대는 매우 복잡하고 빨리 변화하는 사회이다. 그리고 매우 당연한 생각을 가지고 살며, 서로 매우 다르게 행동하면서 사는 사람들이 모여사는 것이 현대사회이다. 그러다 보니 옛날처럼 한두 가지 기준을 가지고 사람을 이해하려 하거나 평가하려 하면 곤란하게 되었다. 옛날에 우리 할아버지나 아버지가 살던 사회는 주로 농경사회이고 보니 직업이라고 하는 것도 대부분이 농업이고, 온 식구가 이 농사일에 매달려서 살았다. 이 때에는 가치기준도 단순해서 옳고 그른 것이 분명했다. 그러나 오늘날은 직업의 종류도 다양해서 2만 종류가 넘고 가치 기준도 아주 다양해졌다고 할 수 있다. 그래서 현대사회를 다원적 사회라고 하지 않는가?

그러다 보니 사람들은 남의 일에 함부로 왈가왈부할 수 없게 되었고, 때로는 남의 문제에 대해서 무관심하게 되었다고 하겠다. 그 한 가지 예를 들면, 다방 같은데서 가끔 젊은 남녀가 껴안고 앉아 있는 것을 목격해도 누구하나 말리려 들거나 미관상 좋지 않으니 밖에 나가서 껴안으라고 말하는 사람이 없다. 사회가 너무 빨리 변화하니까 그 변화 속에 사는 사람들의 의식도 변화를 겪고 있지만 바깥의 변화에 잘 따라가질 못하거나 따라간다 해도 아주 힘겹게 따라 가는 경우가 많다. 이러한 사회 변화와 우리의 의식행동의 변화간의 차질로 인해서 사람들은 많은 갈등을 겪게 된 것이다. 그 중에서도 가장 심각한 것이 우리의 윤리관이나 도덕적 가치의 변화와 갈등이다. 이것은 청소년들의 도덕적 가치와 윤리의식의 확립문제가 가장 심각한 교육문제요 사회문제라고 할 수 있다.

청소년은 성장과정에 있는 존재이고, 과거와 현재의 중간 위치에 있다고 하겠다. 어릴 때에는 과거의 세대인 부모의 가치관과 윤리의식을 물려받는 것으로 만족했으나, 지금은 부모의 것이 부정하되 위치에 놓이게 된 것이다. 그러면서 아직은 자기 자신의 것을 소유하고 있지도 못하다. 따라서 과거의 것에서 벗어나면서 새로운 것을 획득하려는 과도기에 있다고 할 수 있다.

청소년의 이와 같은 위치 때문에 대체로 어린아이나 어른에 비해서 갈등이 많은 것이 사실이다. 이 갈등이 언젠가는 해결이 되어야겠지만 이 시기의 젊은이들에게는 그리 간단한 문제가 아니다. 왜냐하면 어른의 것을 무조건 받아들이기에는 어른들의 윤리의식과 행동 사이에 모순이 많아 보이고, 그렇다고 자기 자신의 세대에 맞는 윤리관을 가지기에는 아직 성숙하지 못한 것이다.

이런 이유로 인해 젊은이들은 갈팡질팡하고 우유부단해지고, 때로는 극단으로 나아가기도 하는 것이다. 거기에 지도자들의 탈선, 각종 게이트 등 사회의 부조리는 젊은이들로 하여금 갈피를 못 잡게 하는 것도 사실이다. 이러한 상황에 대하여 젊은이들에게 가치관 확립이 안 되어 있다는 것을 어른들이 입에 올리곤 하면 대개는 반발을 한다. 그것은 전적으로 어른들 탓이지 우리 젊은이들 탓이 아니라고 말한다. 자기네가 실수하는 것은 사회 탓이고 우리가 올바른 가치관, 윤리관, 도덕관을 못 가진 것도 부모나 어른 탓이라고 생각한다. 이렇게만 믿는다면 이 사회는 어떻게 될 것인가?

걱정되는 것은 지금의 청소년들이 어른이 되었을 때에 다시 자기의 자녀들에게 뭔가 가치 있는 것, 소중한 것을 물려줄 수 있는 어른이 되어야 함에도 불구하고 그렇지 못하다면 우리 사회는 장래 어떻게 될까 하는 점이다. 그러니 젊은이들이 어른 핑계나 사회 핑계를 하지 말자고 말하고 싶다.

이 문제는 이렇게 생각해 보는 것이 어떨까? 오늘날처럼 청소년들이 극단적인 이기주의로 계속 성장해간다고 생각해 보자. 그렇게 해서 어른이 되었을 때, 지금 우리 사회가 겪고 있는 것 보다 더 악화된 상태의 사회적 부조리를 갖게 될 것이 아닌가? 자기의 이익을 위해서는 수단 방법을 안 가리는 사람, 이웃이나 국민은 전혀 생각하지 않는 사회, 나라가 잘 되든 못 되든 관계없이 혼자만 치부하는 사람, 다른 나라빚 얻어서 외제 물건 사는 사람, 자기 자식만 소중해서 비밀과외하는 사람이 많아진다면 그 사회는 뿌리부터 송두리째 썩어 버리는 사회가 되지 않을까?

지금 우리가 걱정하는 것처럼 사람들이 내일을 생각하지 않는 찰나주의와 극단적인 현실주의에 기운다고 하면 이 사회는 관능적 문제가 창궐되고 향락주의에 빠져 미래에 대한 희망을 잃은 사람들이 들끓게 되고 말 것이다. 이 찰나주의와 향락주의는 곧 범죄를 낳는 동기가 될 수 있다. 내일이 없는 사람에게는 법 따위가 무섭지 않기 때문이다. 또 지금 우리가 걱정하는 것처럼 자제력과 유혹에 대한 저항력이 없는 사람이 장차 이 사회의 주인이 된다면 이 사회는 온통 범죄 천지가 될 것이다.

어른에 대한 존경, 낳아 주고 길러 주신 부모에 대한 감사의 마음을 갖지 못하는 배은 망덕한 사람이 이 사회의 주인이 된다면, 사람들은 모두가 경쟁자로 살뿐이지 협조하는 사람들이 되지 못할 것이다. 민주 사회란 것은 자기의 권리도 주장해야 하지만 남의 권리도 그만큼 인정해 주는 사회여야 한다.

자기 주장만 하고 자기가 갚아야 할 정신적 빚은 안갚는 사람만이 산다면 우리는 민주시민이 될 수 없다.

제2절 사회 변화와 청소년의 가치관

1) 사회변화와 가치갈등

사회가 급격히 변화하게 되면 낡은 가치와 새로운 가치 사이에 심한 문화적 충돌 현상이 나타나게 된다. 가치관은 전반적인 사회 구조와 문화 체계, 그리고 개인의 인격 등과 밀접한 관계를 갖고 변화하게 되는데 이러한 변화들이 질서 정연하게 이루어지지 않는 한 사회변동과 문화변동 과정에서 가치의 갈등과 긴장은 불가피하다.

특히 청소년들은 민감한 감수성을 가지고 사회 변화의 최전선에 있는 전위 집단으로서 다른 어떤 세대보다도 가치갈등과 긴장을 먼저 경험하며 새롭게 독특한 사회적응 양식을 형성해 나가는 집단이라고 볼 수 있다. 그 동안 한국 사회의 급격한 변화 속에서 청소년들도 전통적 가치와 근대적 가치간의 갈등과 혼란을 겪어 왔으며 전통성과 근대성이 혼재하는 가운데 이제 다시 미래 사회적 요소를 암시하는 새로운 가치 변화에 직면해 있다고 볼 수 있다.

따라서 오늘의 청소년 가치관의 성격을 진단하기 위해서는 과거, 현재, 미래 사회의 특성과 그에 따라 다르게 나타나는 가치들을 구분하여 가치관 변화과정을 추적해 보는 일이 필요할 것이다.

2) 전통적 가치와 근대적 가치

그 동안 청소년의 가치관이 보다 근대적, 서구적인 방향으로 변화되고 있음이 자주 지적되고 있다. 그러한 서구 및 근대적 가치는 과거의 전통사회의 특성 및 가치와의 비교를 통해 규정되곤 하였는데, 그 동안 가치관 변화와 관련해서 제시되어 온 대표적인 전통적 가치와 근대적 가치의 특성과 내용을 대별해 보면 다음과 같다(임희섭, 1980 : 김경동, 1979 ; 한국교육개발원, 1983 ; 정원식 외, 1985).

(1) 권위주의 대 평등주의

권위주의에서는 인간 관계와 사회 윤리를 규정하는 기본 원리를 상하 위계적인 서열 관계로 인식하고 기본적인 인간 관계로 종적인 지배－피지배 관계로 파악하는 반면에 평등주의는 공정하고 평등한 기회 부여와 수평적 인간관계를 지향한다.

(2) 집합주의 대 개인주의

개인주의가 개인의 이익과 이해 관계를 중심으로 생각하는 가치지향이라면 집합주의에서는 개인의 이해보다 집합체의 이해에 더 큰 비중을 두고 특정 집단이나 전체를 위해서 개인의 이익을 희생할 수도 있다고 본다.

(3) 인간주의 대 물질주의

물질을 중시하고 선호하는 물질주의는 물질보다는 정신적 가치나 도덕적 가치를 지향하는 성향을 포괄적으로 일컫는 비물질주의나 혹은 인간의 도리나 인간적 가치를 강조하는 인간주의와 대비된다.

(4) 도의적 의례주의, 명분주의 대 실리주의

도의적 의례주의, 혹은 명분주의는 도의적인 인간 관계와 의례, 체면, 명분 등을 중시하는데 비해 실리주의는 현실 상황에 근거해서 실제 이해관계를 중시해서 외형적 체면이나 명분 등에 좌우되지 않는 가치 성향을 의미한다.

(5) 귀속주의 대 업적주의

사회현상이나 행동방향이 능력이나 업적을 위주로 결정되어지는가 혹은 가정의 배경이나 연줄 등의 귀속적 요인에 의해 좌우되는가에 대하여 후자의 경우 귀속주의의 특성을 보여주는 반면 전자의 경우는 업적주의적 특성을 보여 준다.

(6) 온정주의, 비합리주의 대 합리주의

온정주의 혹은 비합리주의란 규율보다는 정서적 만족을 추구하며 대인관계에 있어서 감정적 유대를 중요시하는 것을 의미하고 합리주의는 규율을 중시하며 대상자의 능력에 따라 일반적 기준에 입각하여 공평하게 취급하고자 하는 가치지향을 의미한다.

이렇게 대별되는 가치관을 기준으로 볼 때, 전통사회에서 근대사회로 넘어올수록 보다 평등주의, 개인주의, 물질주의, 실리주의, 업적주의, 합리주의적 특성을 보여준다고 보고 있다.

3) 근대적 가치와 미래사회의 가치

앞으로 도래할 미래사회의 특성에 대해서는 일치된 모습을 그리기가 어렵기 때문에 미래사회의 가치가 근대적 가치와 어떻게 다른가에 관해서는 정확히 대별하기가 어렵다. 그러나 이러한 사회의 가치 변화의 징후들을 보여주고 있는 몇몇 연구 결과들을 중심으로 새로운 가치관의 특성을 파악해 보고자 한다.

고범서(1992)는 미래사회의 특성을 물질적 풍요, 개인의 중요성 증대 등 8가지로 꼽고 있는데 이에 따라 미래사회가 요구하는 가치관을 정신, 지식, 개인성, 창의성, 공동체 의식, 개방성, 장기적 안목, 통합적 사고 등 8가지로 지적하고 있다.

일본청소년연구소장 다모츠 센고꾸는 최근 일본 청소년의 가치관 변화의 특성을 목적주의적 가치관으로부터 현실 만족주의로 변화되는데 두고 있다. 사회적 지위 상승이나 목적 달성을 중요시하는 미래 지향적 가치관과 행동 양식은 현재의 행복한 생활을 추구하는 현실 중심적 가치로 변해 가고 있다는 것이다. 즉 근검, 절약, 인내 등의 과거 가치는 퇴색해 가고 쾌락과 행복 추구 성향이 강해지고 있다. 과거 결핍 동기에 의한 가치지향은 결핍이 어느 정도 충족된 오늘날과 미래에는 차별 동기에 의한 가치지향, 즉 다양한 취향과 개성에 따른 욕구 충족의 다양화, 개별화 등의 특성을 나타낸다고 본다(마모츠 센고꾸, 1990).

서구 유럽 사회에서도 이러한 청소년 가치관 변화의 특성이 잡혀지고 있다. 스웨덴의 한스 제터버그 등의 연구에서는 이러한 가치관의 특성을 자기 표현 중심주의라고 지칭하고 있다. 즉 자신을 희생해 가면서 큰 목적을 쟁취하고자 하는 노력으로부터 멀어지면서 우선 자신에게 충실해야 한다는 의식의 변화를 나타낸다. 이러한 자기표현 중심주의의 대표적 양상들로써 '창조성의 발휘', '권위를 배척하는 태도', '지위보다 자기표현에 충실', '쾌락추구의 중시', '자기 내면적 성장의 관심' 등을 들고 있다(이윤구, 1990).

일본 NHK사가 매 5년마다 실시한 일본인 의식 구조 조사 결과에 의하면 의식 변화의 방향이 ① 가까운 인간관계를 중요시하고, ② 조직적 상하 관계를 피하고 수평적 평등관계를 지향하는 권위중심에서 평등중심 가치를 지향하고 있으며, ③ 능력이나 능률을 중시하는 합리주의로부터 인간성, 정서 등을 존중하는 온정주의로 변하고 있음을 지적하고 있다.

권위중심에서 평등중심 가치의 지향은 근대사회의 가치가 그대로 지속되고 있다고 볼 수 있지만 근대사회의 원리인 능력, 합리주의로부터 정서, 온정주의 등으로 변화되는 것은 근대에서 벗어나 탈 근대로의 지향을 보여주는 것으로 볼 수 있다. 또 '가까운 인간관계'의 중시 현상도 넓은 사회나 국가 등 커다란 사회로부터의 이탈 성향의 증대와 보다 작은 단위의 개인의 자립과 개인생활의 충실 등 개인중심에로의 변화의 중간 과정에서 나타나는 현상으로 보며 이것 역시 근대사회와 탈근대사회 사이의 어떤 접합 현상으로 보고 있다.

미래사회의 가치관 변화와 관련된 위의 몇몇 연구결과를 종합해 보면 근대사회에서 탈근대사회 혹은 미래 사회로 진입해 감에 따라 근대사회의 원리인 권위주의로부터 평등주의로의 지향, 사회중심, 집단중심으로부터 개인중심으로의 지향성 등은 계속 확산될 것으로 전망한다.

그러나 후기산업사회 혹은 탈근대사회적 특성으로 보여지기도 하는 새로운 가치관 변화의 징후들이 나타나고 있다고 볼 수 있는데 대표적으로 미래목표 달성보다는 현재생활을 중시하는 현실 만족주의 경향과 각 개인의 개성과 욕구가 중시되는 개별화 경향이 확산될 것으로 보여지고 이성과 합리주의를 중시했던 근대적 가치지향이 줄어들고 감성, 정서적 가치지향이 증대될 것으로 예측한다.

제3절 청소년의 영역별 가치관

청소년들의 가치관을 알아보기 위한 몇몇 조사와 실증적 연구들이 있어 왔으나 그 실시 시기와 대상영역들이 다양하여 일관성 있는 결과나 변화의 추이를 찾아 내기가 어렵다고 볼 수 있다.

본 절에서는 지금까지의 실증적 연구들 중에서 비교적 최근에 이루어진 연구물과 청소년 가치관의 변화와 연계성이 있다고 보여지는 1980년대 중반에 이루어진 연구물들을 중심으로 영역별 청소년의 가치관과 그 변화를 찾아보고자 한다.

대표적인 연구물들은 한국갤럽조사연구소의 청소년 가치관을 세계 10 개국과 비교한 것으로서, 「한국과 세계 청소년의 의식」에 관한 제1차(1985), 및 제2차(1991) 보고서와 서울대사회과학연구소의 '청소년 의식구조 조사연구'(1985), 한국교육개발원의 '청소년 의식구조 및 형성 배경'(1983), MBC의 '91 MBC청소년 백서'(1991), 교육부가 발표한 '교육월보'의 청소년 의식과 태도에 관한 설문조사 보고(1992), 한국청소년연구원의 '한국 청소년의 실태와 문제'(1991) 등의 결과이다.

각 연구들의 조사 대상이었던 청소년들의 수, 연령, 성별, 직업 등 표본의 성격에 있어서 조금씩 차이가 나지만 모두 청소년을 대상으로 유사한 영역의 의식 및 가치관을 알아보고 있기 때문에 종적, 횡적 비교 분석이 가능하다고 보여진다.

다루어질 가치관의 대상 영역은 앞부분에서 예시된 여러 영역 중에서 보다 포괄적이면서 사회변화에 따른 가치관의 변화 추이를 대표적으로 잘 보여줄 수 있다고 생각되는 ① 자아 및 타인관, ② 직업관, ③ 사회 및 국가관, ④ 윤리관, ⑤ 인생관의 다섯 영역을 중심으로 살펴보고자 한다.

1) 자아 및 타인관

청소년들이 자신을 어떻게 보며 또 자신과 관계가 깊은 타인을 어떻게 보느냐에 관한 자아와 타인의 관심을 알아보는 내용은 지향하는 이상적인 모습이나 상(像)에 관한 것과 또 실제 자신이나 타인의 능력, 특성 등에 대해 어떻게 인식하고 있는가에 관한 것이 주류를 이루고 있는데 후자의 경우는 긍정적인 혹은 부정적인 관점 등으로 구별하여 측정되는 경우가 많다.

(1) 자아관

우리나라 청소년들의 자아 인식이나 자아상에 있어서 두드러진 현상은 자신의 능력, 사회성 등 능력 요인이라고 말할 수 있는 면에 대해서는 상당한 자신감을 가지고 있으면서도 규범 요인으로 볼 수 있는 면에 대해서는 부정적인 입장을 취하고 있는 점이다(정원식 외, 1985).

1985년 서울대사회과학연구소의 '청소년 의식구조 조사연구'의 결과에 따르면 응답자 중 89.8%가 "노력만 하면 나는 무엇이든지 할 수 있다"고 생각하고 있었고 "나는 친구들과 비교적 잘 어울린다"고 생각하고 있는 청소년들도 75.8%나 되었다.

이 점은 최근에 청소년들의 인생에 대한 자신감 정도를 알아보았던 한 조사 결과(MBC, 1991)에서도 "자신의 인생을 마음대로 움직일 수 있다"고 생각하는 청소년들이(37.1%), "아무리 애써도 자신의 인생이 마음대로 되지 않는다"는 의견(21.2%)보다 우세한 것으로 나타나고 있다.

그러나 "나는 어떻게 사는 것이 옳은 것인지 잘 모를 때가 많다"는 청소년이 많은 점(61.4%) 등은 자신의 행동이나 삶에 대한 규범적 측면에서도 자신감이 결여되어 있음을 알 수 있다.

(2) 부모관

근대의 바람직한 부모의 상이 조금씩 변화하고 있음을 알 수 있다. 1983년과 1988년 두 차례에 걸쳐 실시한 한국갤럽조사연구소의 「한국과 세계 청소년의 의식」 조사보고서에 따르면 부모상을 엄격형과 친구형으로 구분할 때 한국 청소년은 친구형의 부모를 엄격형 부모보다 훨씬 선호하는 것으로 나타나고 있다. 그러나 서구 국가들에 비하면 아직 가부장적 권위를 갖는 아버지상의 강도가 한국에서 두드러지게 나타나고 있으며 엄격형 부모를 선호하는 경향이 높게 나타나고 있다. 특히 엄격형 어머니를 선호하는 비율은 11개국 중 2위로 높게 나타나고 있다(한국갤럽조사연구소, 1991).

또한 요즈음 청소년들은 부모에 대해 매우 긍정적이고 건전한 인식을 하고 있는 것으로 나타나고 있다. 서구 지향적이고 이기적 성향이 큰 자신들에 비해 부모들은 한국 지향적이고 이타적 성향이 크며 이성적이고 합리적이라고 파악하고 있는 것으로 타나나고 있다(최운실, 1992).

(3) 기성 세대관과 또래 집단관

부모에 대한 청소년들의 긍정적인 인식과는 달리 일반 기성세대에 대해서는 일관성 있게 부정적인 시각을 보여주고 있다. 1983년 한국교육개발원의 「청소년 의식구조 및 형성 배경」 조사연구 결과에서 청소년들은 기성세대가 폐쇄적이며 권위주의적이고 획일적이며 보수적인 것으로 보는 등 부정적이고 전근대적으로 평가하고 있으며, 이 점은 1985년의 「청소년 의식구조 조사연구」에 있어서도 비슷하게 나타났다.

전체 응답자의 52%가 어른들은 자기만 알고 남은 생각하지 않는다고 주장하고 있으며, 68%가 어른들은 말과 행동이 다르다고 보고 있으며 80%가 어른들은 공중도덕을 잘 지키지 않는다고 지적하고 있다(정원식 외, 1985).

이러한 기성세대에 대한 부정적인 시각은 최근의 조사 결과에서도 유사하게 드러나고 있는데, 청소년들은 일반 기성세대들이 이기적이며 자신 밖에 모르고 소극적이며 보수적이고 감정적이며 비합리적인 것으로 평가하고 있다.

같은 세대에 속한 주위 또래집단에 대한 청소년들의 관점은 긍정적인 시각에서 점차 부정적인 시각으로 변해 가고 있음을 알 수 있다. 1983년 조사에서도 청소년은 같은 또래의 청소년들이 대체로 개방적, 자유주의적이고 이성적, 현실적, 의욕적, 진취적으로 보는 등 긍정적으로 평가하고 있었으며(이재창 외, 1983), 1985년 조사에서도 자신의 주위에 많은 친구들이 '자기만 알고 남을 생각할 줄 모르냐'는 질문에 그렇지 않다고 답변한 청소년(52.6%)이 그렇다(47.4%)고 답변한 청소년보다 더 많다.

그러나 근래에 와서는 청소년들은 스스로 점차 부정적으로 바라보고 있는데, 자신들의 또래집단에 대한 서구 지향적이며 진취적인 근대적 성향과 함께 이기적이고 소극적이며, 감정적이고 이성보다는 정에 끌려 판단하고 행동한다고 인식하고 있다.

위의 조사 결과를 토대로 오늘날 우리 청소년들의 자아 및 타인관을 정리해 보면 청소년들은 스스로의 지적, 사회적 능력에 대해서는 비교적 자신감을 갖고 있으나 도덕적,

규범적인 면에서는 확신이나 자신감이 부족한 것으로 보여진다. 부모들을 보는 눈은 전통적이고 가부장적인 엄격형보다는 점차 민주적이고 근대적인 친구형 부모를 선호하고 있지만 서구 국가들과 비교해 보면 여전히 가부장적이고 엄격한 부모를 선호하는 비율이 상대적으로 높게 나타나고 있는데, 이는 아직 우리 청소년들에게 전통적이고 권위주의적인 가치관과 부모상이 잔재해 있음을 시사해 준다.

기성세대에 대한 청소년들의 지속적인 시각에는 세대간의 불신감과 함께 다른 세대에 대한 부정적 고정관념도 영향을 주었으리라는 추측을 가능케 한다.

기성세대 뿐만 아니라 자신들의 또래집단에 대해서도 점차 부정적인 시각이 증가하고 있는데 이것은 청소년 세대들의 제반 능력 면에 있어서보다는 생활태도나 행동 등에서 보이는 도덕적, 규범적 측면에 대한 부정적 시각을 더욱 반영하고 있다고 볼 수 있다.

2) 직업 및 근로관

청소년의 직업 및 근로관에 관한 조사 내용은 주로 청소년들의 직업 선택 기준은 무엇인가? 청소년들은 어떤 형태의 직업을 선호하며 또 실제 어떤 종류의 직업을 갖기 원하는가? 청소년들은 근로의 목적을 어디에 두고 있으며 근로의 필요성과 당위성에 대해 어떻게 생각하고 있는가? 등의 문제를 많이 다루고 있다.

위의 질문들에 대한 청소년들의 관점들을 정리해 보면 다음과 같다.

우선 직업 선택의 기준은 근래에 들어오면서 수입보다는 점점 더 직업 안정성을 중요시함을 알 수 있다. 통계청의 사회통계 조사의 자료에 따르면 1980년에는 취업자의 절반에 가까운 48%가 수입이 제일 중요하다고 생각했고 그 다음은 안정성(27%), 발전성(14%)을 지적했다. 그러나 3년 뒤인 1983년엔 안정성이 제일 많이 지적되었고(39%) 그 다음에 수입(23%)과 발전성(15%)을 지적했다. 5년 후인 1988년엔 안정성이 제일 중요하다고 생각한 사람의 비율이 더 높아져서 43%나 되고 그 다음에 수입(25%)과 발전성(15%)을 지적하는 순으로 변함이 없었다(송광성 외, 1991).

또한 수입보다는 자기 발전성이나 사회적 기여도 및 보람 등을 중요시하는 경향도 뚜렷이 나타나고 있는데, 85년 조사에 따르면 "보람 있는 일을 할 수 있다면 돈을 많이 벌지 못하는 직업이라도 택하는 것이 좋다"는 문항에 "그렇다"라고 한 응답자가 전체의 79%에 달하고 있고(정원식 외, 1985), 또 최근의 조사결과에 따르면 직업 선택의 준거 및 요건으로 '장래 및 자기 발전성'(55.7%)과 '사회 기여도 및 보람'(14.1%)을 지적한 청소년 수가 '보수'(8.4)를 지적한 청소년보다 훨씬 더 많이 나타나고 있다.

둘째로, 청소년들이 선호하는 직업의 형태에 있어서, 보수는 높지만 위험하고 힘들고 지저분한 일들보다는 비록 보수가 낮더라도 안정된 사무직의 일을 더 선호하는 것으로 나타났으며 '일이 쉽고 바쁘지 않은 대신 책임과 권한이 주어지지 않는 일'보다는 '비록 일이 고되고 바쁘더라도 권한과 책임이 위임되는 직장'을 훨씬 더 선호하고 있는 것으로 나타나고 있다. 특히 11개국의 국가들과 비교해 볼 때 고된 일을 감수하더라도 책임과 권한을 위임해 주는 직장을 선호하는 비율은 우리나라가 1위를 차지하고 있는 것으로 나타나고 있다(한국갤럽조사연구소, 1991).

또한 청소년들이 원하는 직업의 종류도 다양해지고 있는데 1991년 조사에 따르면 청소년이 장래 희망하는 직업은 선생님이 가장 높게(14.0%) 나타났으며 그 다음 회사원, 기술자, 사업가, 컴퓨터 프로그래머, 디자이너 등의 직업을 종래의 선호 직업이던 의사, 판사, 변호사 등보다 더 선호하고 있는 것으로 나타났다(MBC, 1991).

셋째로, 사람이 왜 일을 해야 하는가에 관한 근로의 목적에 관한 청소년들의 생각에 대해서는 돈을 벌기 위해서(44.7%), 자기 자신의 발전을 위해서(36.7%), 사회 일원으로의 역할을 담당하기 위해서(18.0%)의 순으로 응답하고 있다(한국갤럽조사연구소, 1991).

이러한 반응은 5년 전과 비교해 볼 때 돈을 벌기 위해 일한다는 응답률은 증가한 반면 '사회 일원으로서의 역할을 담당하기 위해서" 일한다는 응답률은 감소하였음을 보여 준다. 그러나 다른 나라들과 비교해 볼 때 전자의 응답률은 최하인 반면 후자의 응답률, 즉 사회 일원으로서의 역할을 담당하기 위해서 일한다는 비율은 매우 높게 나타나고 있다.

또한 근로의 당위성에 대해서, 우리나라 청소년들은 '돈만 있으면 일하지 않는다'(17.6%)는 청소년보다 '돈이 있어도 계속 일을 한다'(81.2%)는 청소년이 훨씬 많은데 이점 역시 다른 나라와 비교해 볼 때 매우 높게 나타나고 있다.

위의 조사 결과를 종합해 볼 때 오늘날 한국 청소년들은 직업을 선택하거나 선호하는데 있어서 수입보다는 안정성, 개인적 발전과 보람을 중요시함으로써 물질주의적 특성보다는 비물질주의적 가치관을 보여주고 있다고 볼 수 있다.

또한 외국과 비교해 볼 때 '사회 일원으로서의 역할을 담당하고자' 일하는 한국 청소년의 비율이 매우 높게 나타나고 있다. 그리고 외국과 비교해 볼 때 일에 있어서 책임과 권한이 주어진다면 어렵고 힘든 일을 감수할 수 있다는 생각과 근로의 중요성과 당위성을 높게 인식하고 있는 점등에서 비교적 건전한 직업과 근로관을 가지고 있다고 볼 수 있는 한편 아직 근대 산업 사회적 가치관이 우리나라 청소년들에게 많이 잔재해 있음을 시사해 준다.

3) 사회 및 국가

청소년이 사회를 바라보는 관점은 사회에서의 성공요인을 무엇으로 보는가? 사회가 어느 정도 건전하고 정의롭다고 보는가? 사회에는 어떤 문제들이 있다고 보는가? 사회 생활에 어느 정도 만족하고 있으며 불만이 있다면 그 이유는 무엇인가? 등의 질문에 그 초점이 맞춰지고 있으며 국가에 관해서는 청소년들이 자국 및 자국민에 대해서 어떤 이미지를 가지고 있고 국가에 대한 긍지나 애국심을 어느 정도 가지고 있는지에 관한 질문이 기존 연구물에서 주로 다루어지고 있다.

우선 사회에서 성공 요인에 대해 요즈음 청소년들은 개인의 능력이나 노력을 중요하게 지적하고 있다. 1991년과 1992년에 이루어진 3종류의 조사(송광성 외, 1991 ; MBC, 1991 ; 최운실, 1992) 결과 응답자의 50% 이상 청소년들이 학력이나 신분, 가문 등의 귀속요인보다는 개인의 능력이나 노력을 사회적 성공의 주요 요인으로 꼽고 있다.

그러나 둘째로, 이러한 긍정적 시각과는 대조적으로 청소년들이 우리 사회의 건전성 정도와 문제를 보는 시각은 매우 어둡고 부정적이다. 1985년도 조사에서 전체 응답자 중 84.8%가 우리 사회가 각박해졌다는 데 긍정하고 있으며, 75.2%가 우리 사회는 잘사는 사람과 못하는 사람의 차이가 심하다고 보고 있고, 68.0%가 오늘날의 사회에서는 정직하면 오히려 살기 힘들다고 생각하며, 75.9%가 공해가 심하다는 데 동의하고 있다(정원식 외, 1985).

최근의 조사에서는 우리 사회가 퇴폐적이라고 보는 청소년이 82.8%나 되고 부당하고 불공정한 사회라고 보는 청소년도 80.2%에 이르고 있는데 이는 청소년 대다수가 현재의 사회를 '문제 사회'로 인식하고 있음을 보여 준다. 이러한 문제 중에 '지도자의 부정부패와 비리' '사회 폭력 및 사회 범죄의 증가', '과열 입시경쟁과 입시 위주의 교육' 등을 주요하게 지적하고 있다.

셋째로 청소년들이 그들이 속한 사회에 얼마나 만족하고 있는가에 관해서는 불만율이 만족률보다 훨씬 높은 것으로 나타나고 있다. 갤럽의 조사 결과를 보면 1983년도에 비해 1988년도의 조사에서는 만족률은 크게 줄고(53.0%에서 17.2%), 불만율은 크게 늘어났음(42.7%에서 79.3%)을 알 수 있다. 이러한 청소년들의 사회에 대한 불만율은 세계 11개국 가운데 가장 높은 것으로 나타나고 있다. 불만의 이유로는 ① 대부분의 일들이 서열에 의해 결정되고 가문이나 배경이 너무 중시되고 있기 때문, ② 올바른 일이 통하지 않는 경우가 많기 때문, ③ 빈부격차가 너무 심하기 때문 등이 지적되고 있다.

외국의 경우 사회적 불만의 이유가 주로 '빈부의 극심함'이나 '환경 보호 무관심' 등에 있는데 비해 우리나라는 유독 '서열, 가문, 배경 중시'가 청소년들의 중요한 사회적 불만 요인이 되고 있음을 알 수 있다.

넷째로, 우리나라 청소년들은 사회에 대한 불만은 매우 높으나 국가에 대한 이미지는 매우 긍정적이며 한국인으로서의 자부심도 큰 것으로 보여진다. 대부분(86.0%)의 청소년들이 자신이 한국 사람임을 자랑스럽게 여기고 있었으며 '한국을 위해 공헌하고 싶다'는 청소년들도 87.4%나 되었다. 이러한 응답률은 세계 11개국 중 2위로 높은 것으로 나타나고 있다. 그러나 특이할 만한 것은 '한국을 위해서라면 나 자신의 이익을 희생해도 좋다'라는 항목에 대한 긍정률이 5년 전에 비해 크게 떨어졌다(72.9%에서 62.2%)는 사실이다(한국갤럽조사연구소, 1991).

위의 조사 결과를 요약해 보면 오늘날 한국의 청소년들은 사회에서의 성공은 신분, 가문 등의 귀속요인보다는 개인의 능력이나 노력 등의 업적주의적 요인에 의해 좌우된다고 보고 있다. 그러나 청소년들은 아직도 우리 사회는 '서열, 가문, 배경 중시' 등 귀속요인에 의해 많은 영향을 받고 있다고 생각하고 있으며 청소년들이 사회에 불만은 갖는 주요 원인이 되어 세계 11개국 중 청소년들의 사회에 대한 불만율은 제일 높게 나타나고 있다. 부정적인 인식과는 달리 우리나라 청소년들은 긍정적인 국가관을 가지고 있고 또 외국 청소년에 비해 애국심도 매우 높지만 국가를 위해서 희생할 의사는 점차 줄어드는 것으로 나타나고 있다.

이것은 한국 청소년들의 사회 중심적 가치관은 감소되나 개인중심적, 국가중심적 사고와 가치관은 높게 유지하고 있다고 볼 수 있을 것이다.

4) 도덕 및 윤리관

청소년의 도덕 및 윤리관을 알아보기 위해서 기존 연구물마다 그 다루는 내용을 살펴보면 다음의 두 가지 분야로 정리해 볼 수 있다.

첫째로, 전통 윤리라고 볼 수 있는 효경심, 부양관, 장유유서관 등에 관한 것으로서 우리의 전통 윤리를 청소년들이 어느 정도 수용하고 있으며 서구적 가치관의 영향을 어떻게 받고 있는지에 관한 것과 이와 관련해서 남을 생각할 줄 모르는 이기주의나 편법주의 경향이 어느 정도 나타나고 있는지에 관한 것이다.

우선 전통 윤리에 관해서, 한국의 청소년들은 아직 전통 윤리를 수용하고 따르는 경향이 짙은데 세월이 흐름에 따라 점차 약화되고 있음을 알 수 있다. 1979년과 1984년 두 차례에 걸쳐 청소년대책위원회에서 조사한 결과에 따르면 부모님 말씀에 대해 무조건 복종해야 한다고 생각하거나 우선 복종하고 나중에 말씀드려야 한다고 생각하는 청소년이 대다수이고 옳지 않은 경우 거부해야 한다고 한 경우는 약 30%에 지나지 않고 있다. 그러나 1979년보다 1984년 조사에서 복종해야 한다고 한 응답률이 조금씩 감소하고 있음을 알 수 있다(최일섭, 1986).

부모의 부양관에 있어서 1983년도와 1988년도 갤럽조사에서 우리나라 청소년들은 부모님이 연로하시게 되면 "어떤 어려움이 있더라도 부모님을 돌봐드리겠다"고 한 응답률이 전체의 69.4%를 차지하고 있어서 세계 11개국 중 2위를 기록하고 있다(한국갤럽조사연구소, 1991). 그러나 1991년에 한국청소년연구원에서 실시한 조사결과에 따르면 "반드시 모시고 살겠다"는 청소년은 30.6%에 그치고, "모시고는 싶지만 어떻게 될지 모르겠다"(37.4%), "아직 생각해 보지 않았다"(21.9%), "부모님과 떨어져 살게 될 것이다"(9.6%) 등 다양한 반응을 보이고 있다.

장유유서관에 있어서도 1973년과 1984년의 청소년대책위원회의 조사에 따르면 차안에서 노인이나 연장자에게 자리를 "양보하지 않아도 된다"라고 응답한 청소년은 1973년 조사에서는 극소수이고 대부분 "무조건 양보한다" 혹은 "되도록 양보한다"고 응답하고 있음을 알 수 있는데 이 역시 양보하겠다는 응답률이 1984년도 조사 결과에서 조금씩 감소하고 있음을 알 수 있다(최일섭, 1986).

둘째로, 오늘날 우리나라 청소년들은 남을 생각할 줄 아는 이타정신이 적어지고 있고 필요에 따라서는 편법도 마다하지 않는 것으로 나타나고 있다. 길을 잃고 헤매는 사람을 보고 어떻게 하겠느냐고 물어 본 1983년과 1988년의 갤럽조사에서 도움이 필요한지 물어 보아서라도 도와 주겠다는 적극적 반응은 1983년 37.9%의 응답에서 1988년 34.2%의 응답률로 줄어든 반면 그가 도움을 청해 오면 길을 알려 주겠다는 소극적인 반응은 60.8%에서 64.2%로 늘어났음을 알 수 있다.

이러한 결과를 외국과 비교해 보면, 호주, 미국, 스웨덴 청소년들이 적극적 의사가 60% 정도로 많은 반면 한국은 매우 낮은 것으로 나타나고 있다. 또한 1992년 조사 결과에 있어서도 '급한 볼일을 보러 가던 중 길가에서 아파 신음하고 있는 사람을 발견했을 경우에 "무조건 돕겠다"는 응답은 39.2%에서 그치고 있고 어떻게 행동할지 모르겠다거나(35.7%) 연락이나 해 주겠다는(17.9%) 경우가 많고 심지어는 돕지 않겠다는 응답도 7.2%나 나타나고 있다. 또한 '만일 상대방이 부탁받은 일을 들어주는 대가로 부당하게 금품을 요구할 경우 어떻게 하겠느냐는 질문에 "돈이나 대가를 치르더라도 일을 성사시키겠다"는 편법주의 경향이 51.1%로 나타나 "절대 그런 편법을 쓰지 않겠다"는 정당주의 성향에 비해 높게 나타나고 있다(최운실, 1992).

셋째로, 청소년의 '관념상의 도덕 및 윤리관'과 '행동상의 도덕 및 윤리관'이 일치하지 않는 경우가 많다. 이 점은 1983년에 실시한 한국교육개발원의 '청소년 의식구조 및 형성 배경'에 관한 연구 보고서에도 잘 알 수 있는데 청소년들이 가치지향과 현실 인식의 괴리가 있음을 잘 보여 준다. 즉 청소년들이 관념적으로는 강한 도덕주의적 지향을 나타내고 있는 듯 하지만 실제 현실의 행동에 있어서 미치지 못하는 경향이 있음을 시사해 준다고 볼 수 있다.

위의 조사 결과에 비추어 볼 때 오늘날 우리나라 청소년들에게는 효경심, 부양관, 장유유서관 등의 전통적인 윤리들이 점차 약화되어 가고 있음을 볼 수 있다. 그러나 외국과 비교할 때 한국 청소년들에게는 전통윤리와 가치관이 높게 유지되고 있음을 알 수 있다. 그러나 현대사회의 기본 윤리라고 볼 수 있는 공중도덕 정신이나 남을 생각할 줄 아는 정신 등은 외국에 비해서 부족하며, 설혹 관념적으로 인식하고 있더라도 현실에서 따르지 못하는, 즉 생각과 행동의 불일치 성향을 보여주고 있다.

5) 인생관

청소년의 인생관을 가장 잘 반영해 주고 있다고 보는 청소년들의 인생목표에 대한 관점은 개인 지향적인 것과 사회 지향적인 것으로 나누어 볼 수 있다.

1970년대 이후 '국가나 사회를 위해 봉사하는 것'을 인생의 목표로 삼는 청소년들은 점차 줄어들고 있으며 반면에 '자신의 인생을 즐겁게 사는 것' 혹은 '자기하고 싶은 대로 하는 것' 등을 인생 목표로 삼는 청소년들이 점차 증가하고 있다.

청소년보호대책위원회에서 1973년, 1979년, 1984년도의 3차에 걸쳐 실시한 의식 조사의 결과를 보면 "인생을 즐겁게 산다"를 인생 목표로 삼는 청소년들은 그 응답률이 19.3%(1973년), 40.2%(1979년), 46.7%(1984년) 등으로 점차 뚜렷하게 증가하고 있는 반면에 "국가나 사회를 위해 봉사한다"를 목표로 삼는 청소년들의 응답률은 32.7%(1979년)에서 26.2%(1984년)로 감소하고 있음을 보여 준다.

한국갤럽조사연구소에서 1983년도와 1988년도에 걸쳐 조사한 결과에 있어서도 청소년들이 인생목표로서 '자기가 하고 싶은 대로 하는 것'(59.4%), '사회적 지위가 높은 것'(7.2%) 순으로 꼽고 있다. 특히 1983년도와 1988년도의 결과를 비교할 때 '자기가 하고 싶은 대로 하는 것'의 응답률은 49.1%(1983년)에서 59.4%(1988년)로 대폭 늘어난 반면 '사회를 위해 봉사하는 것'은 21.0%(1983년)에서 16.3%로 감소되었음을 알 수 있다.

언제 삶의 보람을 느끼는가에 대해서 우리나라 청소년들은 ① 일에 몰두할 때, ② 사회를 위해 도움되는 일을 할 때, ③ 친구와 함께 있을 때, ④ 가족과 함께 있을 때 등을 꼽고 있다. 서구 국가들의 경우 친구와 함께 있을 때에 삶의 보람을 느낀다는 청소년들이 많은데 비해서, 한국, 중국에서는 적게 나타나고 있으며, '사회를 위해 도움되는 일을 할 때' 보람을 느낀다는 응답률은 한국이 11개국 중 제일 높게 나타나고 있다.

MBC에서 1991년 청소년들에게 선호하는 삶의 유형을 조사한 결과 행복한 가정생활(36.9%)이나 자신의 취미에 맞는 생활(27.6%)의 응답률이 높았고 경제적으로 풍요로운 생활(8.4%)이나 높은 사회적 지위(1.8%)를 지적한 청소년은 적은 것으로 나타났다.

위와 같이 청소년들의 인생 목표나 좋아하는 삶의 유형들에 관한 조사들은 오늘날 우리나라 청소년들이 사회 지향적 가치관에서 개인 생활의 보람과 즐거움을 추구하는 개인적 삶의 방향으로 점차 변모해 가고 있음을 뚜렷이 보여주고 있다. 그러나 선진국 청소년들에 비해 한국 청소년들은 사회 봉사를 중요한 삶의 목표로 삼는 등 여전히 사회 지향적 가치관과 의식이 강하다는 것을 보여 준다.

제4절 청소년 가치관 변화의 과정과 전망

여기에서는 청소년의 가치관을 청소년들이 인간과 사회의 제반 현상들을 어떻게 바라보며 또 어떤 것을 선호하는가에 관한 인식 및 신념체계, 그리고 정의적 성향 등을 중심으로 가치관의 다양한 영역 중에서 자아 및 타인관, 직업 및 근로관, 사회 및 국가관, 도덕 및 윤리관, 인생관 등 다섯 영역을 중심으로 청소년 가치관의 내용을 알아보았다.

한국 청소년 가치관의 변화는 종적인 측면과 횡적인 측면의 양면에서 분석해야 할 것이다. 종적인 측면에서는 시간의 흐름에 따라, 즉 과거에서 현재까지 시기별로 가치관이 어떻게 변화되어 왔는가에 초점을 두게 되고 횡적인 측면에서는 동시대, 혹은 같은 시기에 다른 나라 청소년들의 가치관과 어떻게 같으며 또 다른지 비교를 통해 가치관의 성격이 파악될 수 있을 것이다.

우선 청소년 가치관의 시간 변화에 따른 종적인 변화는 다음과 같이 요약할 수 있다.

첫째, 인생관이나 근로관에 있어서 집합주의, 혹은 사회중심적 가치관이 약화되어 가고 개인중심적 가치가 점점 더 증가해 가고 있다. 인생의 목표를 '사회에 봉사하는 것'에서 찾기보다는 '자기가 하고 싶은 대로 하는 것' 혹은 '인생을 즐겁게 사는 것' 등에 두는 청소년들이 점차 증가하고 있고 선호하는 삶의 경향도 '행복한 가정생활'이나 '자신의 취미에 맞는 생활'을 추구해 가고 있다. 또한 일을 하는 목적을 사회 일원으로서의 역할을 담당하는데 두는 청소년보다 '자기 발전을 위하는데' 두는 청소년들이 점차 증가하고 있다.

둘째, 부모와의 관계에 있어서 권위주의적인 가치보다는 민주주의적이고 평등주의적인 가치를 지향하는 경향을 보이고 있다. 전통적으로 가부장적인 엄격형의 부모보다는 근대적이고 민주적인 친구형의 부모를 선호하는 청소년들이 점차 늘어나고 있다. 전통적인 장유유서관이 점차 약화되어 가고 있는 점도 이러한 경향을 반영하고 있다고 볼 수 있다.

셋째, 직업관에 있어서 물질주의적 성향보다는 비물질적 성향이 증가하고 있다. 직업을 선택하는 조건으로 수입보다는 안정성이나 일의 보람 등을 고려하는 청소년들이 늘고 있고 직업의 종류 중에 수입이 많지만 지저분하고 힘든 일은 기피하는 반면 비록 수입이 적더라도 안정되고 전문적인 일을 원하는 경향이 늘고 있다.

넷째, 우리나라 청소년들의 사회관에 있어서, 우리 사회가 귀속주의적 성격보다는 업적주의적인 성격이 강하다고 느끼고 있는 경우가 많다. 사회에서의 성공요인에 대해 학력이나 신분, 가문 등의 귀속요인보다는 개인의 능력이나 노력을 성공의 중요 요인으로 꼽고 있다. 그러나 사회에 대한 불만은 점차 증가해 가고 있으며 기성세대나 자신들과 같은 청소년 세대에 대한 부정적인 시각도 증가하고 있다.

다섯째, 우리나라 청소년들의 전통적인 윤리 의식이 점차 약화되고 있다. 효경심, 부양관, 장유유서관 등 전통 윤리의 각 부문에 있어서 수용하고 따르고자 하는 청소년의 비율이 점차 낮아지고 있다.

위와 같은 5가지 특징들을 종적인 측면에서 분석해 본 우리나라 청소년들의 가치관 변화의 추이로 볼 수 있다. 이제 다른 나라, 특히 선진 외국과의 횡적인 비교와 대조적인 결과를 보여 준다. 즉 우리나라 청소년들은 선진 외국 청소년들에 비해서 사회중심적 가치, 권위주의적 가치를 지향하는 특성이 강하게 나타나고, 또 외국 청소년들에 비해서 우리 사회를 귀속주의적 성격이 강한 사회로 보고 있으며, 전통 윤리를 훨씬 더 수용하고 잘 따르고 있는 것으로 나타난다.

이러한 특성을 반영해 주는 11개국 청소년을 대상으로 한 한국갤럽조사연구소의 대표적인 조사 결과들을 소개해 보면 다음과 같다. "사회를 위해 도움이 되는 일을 할 때" 삶의 보람을 느낀다고 응답한 청소년의 비율이 한국이 세계 11개국 가운데 가장 높게 나타나고 있으며 근로의 목적을 '사회 일원으로서의 역할을 담당하고자' 일하는데 두는 청소년의 비율도 상대적으로 매우 높게 나타나고 있다.

또한 엄격형 부모보다 친구형 부모를 선호하는 한국 청소년들이 많지만 서구국가들에 비하면 아직 가부장적 권위를 갖는 아버지 상이 강조되고 있으며 엄격형 부모를 선호하는 비율이 높게 나타나고 있다. 특히 엄격형 어머니를 선호하는 비율은 세계 11개국 중 2위를 기록하고 있다. 부모님이 연로하시게 되면 "어떤 어려움이 있더라도 돌봐드리겠다"고 응답한 청소년의 비율이 세계 11개국 중 2위를 기록하고 있다.

우리나라 청소년들의 사회에 대한 불만율이 세계 11개국 중 가장 높은 것으로 나타나는데 제일 높은 이유를 유독 우리나라 청소년들만이 '서열, 가문, 배경 중시' 등 사회의 귀속적 요인에 두고 있다.

우리나라 청소년들에게는 서구 외국 청소년들에 비해 아직 전통적 가치관이나 윤리의식이 많이 잔재해 있음을 알 수 있다. 또 선진 외국 청소년에게 뚜렷이 나타나고 있는 현실 및 개인 중심적 현대 가치관들이 우리나라 청소년들에게는 덜 보여지고 있으며 여전히 일과 사회 봉사 활동을 중시하고 또 사회적 목적의 성취를 위해 노력하고자 하는 근대 산업사회적 가치관의 영향을 많이 받고 있는 것으로 보여진다. 따라서 이러한 종적인 비교와 횡적인 비교의 결과를 종합해서 청소년의 가치관을 요약해 보면, 오늘날 우리나라 청소년들의 가치관은 점차 사회중심에서 개인중심으로, 권위주의에서 평등주의로 변하고 있고, 전통적 윤리의식은 점차 약화되어 가고 있음으로써 보다 서구적이고 근대적 가치로 지향되고 있다. 그러나 동시대의 선진 외국 청소년들에 비해서 상대적으로 전통 윤리의식과 근로의식 등이 강하고 사회중심적 가치관을 높게 형성하고 있다.

이러한 사실은 우리나라 청소년들의 가치관이 아직 근대산업 사회적 특성을 많이 보여주는 반면, 선진 외국 청소년들에 비해 탈근대적이고 후기산업 사회적 성격이 아직 덜 나타나고 있는 것으로 판단된다. 또한 이것은 앞으로 우리 청소년들의 가치관이 어떻게 변모해 갈 것인가를 전망하는데 중요한 시사점을 준다고 볼 수 있다. 사회적 지위 상승, 목적 달성을 중요시하고 근검, 절약, 인내 등을 중요 덕목으로 삼는 가치가 퇴색되어 가고 자기 자신의 삶과 현실에서의 쾌락이나 행복 추구 성향이 강해지는데 현실 만족주의나 자기표현 중심주의 등의 공통적인 특성이 있다.

그 동안 추구되어 왔던 엘리트주의적이고 출세지향적 청소년관이 퇴색되면서 보다 대중적 인간으로서의 역할과 기능을 중요시하고 그에 따라 각 개인의 개성이 강조되는 개별화, 다양화된 삶 속에서 자기의 표현과 내면적 성장에의 관심이 증대될 것이다.

이것은 또한 기존의 권위체계나 수직적 인간 관계의 약화와 함께 보다 더 민주적이고 평등한 인간 관계가 지향되고 또래 집단의 문화에 동조하려는 성향이 커지게 될 것이다.

이와 같이 앞으로 예측되는 현실만족주의, 자기표현 중심주의로의 가치관 변화의 양상은 벌써 그 조짐들이 보이는데 사회적 지위나 경제적 성공보다 행복한 가정생활이나 자신이 만족하는 삶을 인생의 목표로 삼는 청소년들이 점차 증가하고 있는 점이라든지 비록 수입이 많아도 힘든 일들은 기피하고 있는 현상들, 상담 상대로 부모보다는 친구들을 많이 선택하고 있는 점, 선호하는 부모상, 친구상 등이 변해 가고 있는 점 등 최근의 조사 결과를 통해서도 그 징조를 파악할 수 있을 것이다. 따라서 이러한 청소년 가치관의 변화 양상과 그 특성에 대한 깊은 이해를 바탕으로 앞으로의 청소년 지도와 대책의 방향이 적절히 마련되어야 할 것이다.

부록

가치명료화 프로그램

가. 가치명료화의 개념

가치명료화(value clarification)는 사람들이 어떤 해답을 내리도록 도와 주는 하나의 과정이다. 가치명료화는 진, 선, 미와 같은 궁극적인 가치관에 관심이 있는 것이 아니라, 자신의 가치관을 스스로 결정하도록 도와 주는 방법을 강조한다. 가치명료화는 대안들이나 다양한 처지들 사이에서 자유롭게 선택하도록 도와 주는 과정이다. 가치명료화는 결정을 내리고, 행동을 하고, 무엇이 의미가 있는 것인지를 느끼도록 도와 주는 방법이다.

가치명료화는 재평가 상담(re-evaluation counseling)과 참만남 집단상담(encounter group) 또는 상호작용 집단상담(interaction group)으로 알려진 인간중심 심리학 및 사회학 이론들의 하나로서, 보다 크게 보면 인본주의 운동의 한 접근이다. 이 이론은 20세기 초 Freud와 Adler 심리학에서 분리 발달된 제3세력의 부산물들이다. 이들 제3세력은 과거보다는 현재와 미래에 훨씬 더 많은 관심을 두고 있다.

가치명료화 과정이 의미하는 것은 무엇인가? 가치명료화는 현재와 미래에 중점을 두고 있기 때문에 긍정적이고, 인간에 대한 존중감을 가지며, 개인에 초점을 맞추고 성공 지향적이다. 성공이라는 말은 직업에서의 성공 이상을 의미하며, 그것은 또한 인간관계나 자연을 즐기는 개인의 성장을 의미한다.

모든 가치명료화 활동들은 '가치란 무엇인가?'하는 기본적인 정의에서 나온다. 가치라는 것은 몇 가지 엄격한 기준을 충족시키지 못하는 한 어떠한 것도 가치라고 불리어질 수 없다. 가치화에 대한 이러한 표준은 Louis Raths가 만들었는데, 그가 정의한 7가지 과정에 근거하고 있다. 그 과정들은 다음과 같은 가치와 결합된 세 가지 핵심 단어로 요약된다.

선택하기(Choosing)	존중하기(Prizing)	행동하기(Acting)

모든 가치명료화 활동들은 이 세 과정, 즉 선택하기, 존중하기, 행동하기에서 전개되는 7가지 하위 과정에서 나온다. 이 7가지 기준을 만족시키지 못하는 것은 어떠한 것이든 가치가 아니며 가치를 포함하고 있는 것으로 여겨지는 가치지표(Value Indicator)에 불과하다. 가치지표란 목표 또는 목적, 열망, 태도, 관심, 느낌, 신념이나 확신, 활동, 걱정거리나 문제들, 장애 등을 포함한다. 가치지표란 정확하게 말하면 하나의 가치가 되어 가는 과정을 나타내어 주는 설익은 가치라고 할 수 있다.

어떤 것이 완전한 가치가 되려면 다음과 같은 준거들이 반드시 충족되어야 한다.

① 자유선택 : 자유로운 선택을 했는가?
② 대안탐색 : 대안 중에서 선택을 했는가?
③ 결과고려 : 결과를 고려한 후에 선택을 했는가?
④ 긍지존중 : 긍지를 가지며 존중히 여기는가?
⑤ 외적공언 : 공적으로 누구에게 확언하는가?
⑥ 행동실천 : 행동으로 실천했는가?
⑦ 빈복실행 : 반복적으로 실행하는가?

이러한 일곱 가지는 가치가 되기 위한 필수 기준이다.

사람들은 가치지표를 많이 가지고 있지만, 실천하고 있는 가치는 거의 없다. 가치지표를 가진 것도 좋겠지만, 가치를 갖는 것이 더욱 좋다. 의식적 또는 무의식적으로 가치가 우리의 삶을 이끌어 가는 것이라는 것을 확실히 깨닫고 나면 가치관을 갖지 않은 사람들은 무감동적이고, 순응적이고, 일관성이 없으며, 양가감정(예 : 사랑과 미움이 동시에 존재하는 것)의 경향이 있다는 것을 알 수 있다. 우리가 가치관을 정립하지 못할수록, 삶을 더 혼란스럽게 산다. 우리가 가치관을 명확히 알수록 보다 만족스러운 선택과 적절한 행동을 취할 수 있다.

가치관을 명료화한 사람은 생에 열의가 있고, 독립적이고, 일관성이 있으며, 용기 있는 행동으로 매우 적극적이고 공공연하게 영웅주의적 행동을 하는 것이 아니라 할 말을 하고 해야 할 일을 하는 행동으로서 용감하고 결단력 있는 행동을 하게 된다.

우리가 미지의 세계를 경험하고, 어떻게 해야 하는지를 알면 행동을 잘 할 수가 있다.

나. 가치명료화 프로그램

가) 고이 잠드소서

이 활동은 비석이나 사망기사에서 볼 수 있듯이, 한 많은 세상의 괴로운 삶이란 죽을 수밖에 없고, 결국은 죽음으로 끝나게 된다는 것을 말해 준다. 너무 주관에 빠져서 이 활동을 고찰하지 말라. 차라리 가능한 한 초연하고 객관성 있게 죽음을 고찰해 보라. '고이 잠드소서'는 삶의 질에 대해 예리한 질문을 한다. 당신이 불가피한 죽음을 당하기 전에 인생의 의미를 보다 깊게 조명해 보도록 해 준다. 이 활동은 실존적 한계인 자신의 능력과 현실여건을 깨닫게 해 주므로, 그 한계상황에서 의미롭고 생기 넘치는 삶을 영위해야 한다는 것을 일깨워 준다. 만약에 자신이 절실하게 그러한 삶을 살아가기를 갈구한다면 그런 삶을 살수가 있다.

아마도 주요 뉴스거리를 수집하는 언론매체들은 명망있는 사람들의 죽음을 알리는 통지문인 부고기사를 다루는 전문기자를 많이 거느리고 있다. 그들의 임무는 모 저명인사가 사망했을 때 또는 연예계 스타가 죽었을 때, 그들의 사망 소식과 그에 따른 정보를 언론매체와 통신사에게 즉각 이용 가능하도록 새로운 정보를 계속적으로 수집하는 것이다.

자신이 어떤 대도시 신문의 부고 광고 직원의 한 사람인데 갑자기 자신의 부고장을 쓰도록 요청받는다고 가정해 보라. 무슨 얘기를 쓰겠는가? 물론 가능한 한 객관적으로 쓸 것이다. 아래 간단한 양식이 있다.

성명:(　　　), 나이(　　)세, (　　　　)로 인해 오늘 사망

: 그는 ______에 의해 살아왔다.

: 사망 당시 그의 주요 노력은 ______이었다.

: 그는 ______에 대해서 존경을 받을 것이다.

: 그는 ______때문에 ______로서 기억될 것이다.

: 그는 ______영역에서 공헌을 했다.

: 그는 그가 ______이 되기를 항상 기원했다.

: 그의 묘소는 ______곳이 될 것이다.

: 조화를 ______가 보내 올 것이다.

: 조화 대신에 ______가 ______을 보내 올 것이다.

부고 쓰기를 끝낸 후, 이 부고장에 대해 몇 가지를 생각해 보라. 몇몇 가까운 친구들에게 자신의 부고장을 쓰도록 하고, 그 다음에 그것을 서로 비교함으로써, 각각의 저변에 있는 삶의 스타일과 내용을 알 수 있을 것이다.

여기에 의미 있는 하나의 방법을 변용해 보자. 종이 한 장을 꺼내어 중간에 선을 하나 그어라. 왼쪽에는 자신이 오늘 죽는다면, 일간 신문에 게재하는 것과 마찬가지로 사망기사를 써라. 그런 뒤, 오른쪽에는 오늘부터 5년 후에 죽는다면, 신문에 게재하기를 원하는 대로 당신의 사망기사를 써라. 그것들을 비교해 보라. 당신이 5년만 더 살 수 있다면 무엇을 할 수 있겠는가? 자신의 생은 스스로가 책임져야 한다는 것을 잊지 말라. 고이 잠들기 위해서는 먼저 생기 있게 살아가야 한다.

오늘이 어떤날인가? 어제 죽은 어떤 사람의 입장에서 보면 그토록 살기를 원했던 한 날이다. 그러니 오늘을 이렇게 살라. 내 생애 최초의 날처럼, 그리고 내 생애 마지막 날처럼…….

<‘고히 잠들다’ 부고장>

활동 요령	
① 자신이 지금 죽은 것으로 상상하여 내용을 정리한다. ② 부고장 서식에다 내용을 상세히 기록한다. ③ 현재 부고문을 작성한다. ④ 5년 후 부고문을 작성한다.	
성명:(　　　), 나이(　　)세, (　　　　)로 인해 오늘 사망 : 그는 ________에 의해 살아왔다. : 사망 당시 그의 주요 노력은 _______이었다. : 그는 ________에 대해서 존경을 받을 것이다. : 그는 _______때문에 _______로서 기억될 것이다. : 그는 ______영역에서 공헌을 했다. : 그는 그가 _______이 되기를 항상 기원했다. : 그의 묘소는 ________곳이 될 것이다. : 조화를 _________가 보내 올 것이다. : 조화 대신에 ______가 _____을 보내 올 것이다.	
현재 사망기사	5년 후 사망기사

나) 가치목록

가치목록 활동은 여러 사람과 함께 마음을 나누기 위한 일기이다. 이 활동은 가치명료화 7단계 중 두 가지 과정을 강조한다. 자신의 신념과 행위에 대해 긍지와 존중감을 간직하고, 그것을 공적으로 확언하는 것이다. 이 활동은 우리가 가지고 있는 여러 가지 가치관을 가치목록으로 봄으로 각자가 귀중히 여기는 것을 알게 해 준다.

가치목록의 형식은 솔직하고 철두철미한 것이다. 여러 시간에 걸쳐 하루에 한번 또는 일주일에 두 번 정도 자신이 중요하다고 생각하는 몇 가지를 적어라. 가치목록을 쓰는 것은 대개 석 달 혹은 그 이상의 기간 동안 계속 쓰는 것이 좋다. 지나온 날들을 돌이켜 보면, 이 기록은 그 기간 동안 자신의 삶과 사고의 형태 및 질을 나타내게 될 것이다.

친구를 사귈 때는 당신이 듣고 싶어하는 가치와 사고를 가진 사람을 선택하라. 2~3주 후에 모든 가치와 생각들을 친구와 함께 검토하고 토론하라.

그것들은 이러한 질문으로서 명료화된다. 가치목록의 내용 중에서 어느 것이 자신의 가장 소중한 신념이나 태도를 반영하는가? 지금 이 순간에 철저하고 상세하게 다시 쓰기를 원하는 것은 어떤 내용인가?

자신을 대표하는 것들이 가치목록에 나타났을 때, 그 가치목록에서 어떤 형태를 발견할 수 있는가? 자신이 표현한 강하고도 긍정적인 의견 하나를 선택하라. 자신은 그 확신 위에서 행동하기 위해 어떤 것을 실행했는가?

◉ 가치목록의 내용을 생각하면서, 생활 중에서의 다음과 같은 측면에 대해 몇 가지 요약 형태의 진술문을 써 보라.

① 나는 보통 하루의 시간을 평균적으로 어떻게 보내는가?
② 내가 정말로 흥미 있어 하는 일은 어떤 것들인가?
(최소한 다섯 가지)
③ 나는 인생 전체를 어떤 관점에서 보는가?
④ 내가 솔직히 말할 수 있는 단기목표와 장기목표는 무엇인가?
궁극적으로 내가 꼭 성취하고자 하는 것은 무엇인가?
⑤ 내 인생에 있어서 주요 관심사는 무엇인가?
(중요성의 순서대로 나열하라)

⑥ 나는 어떤 것을 심사숙고하며 선택하며 또 그것을 상상하면서 즐거워하는가?
⑦ 내 인생에서 가장 귀중하게 여기는 5가지는 구체적으로 어떤 것인가?
⑧ 나는 삶에 어떤 갈등이나 문제가 있는가? 내가 개인적으로 만든 것은 어떤 것인가? 또 나의 책임과 통제 밖에 있는 사람과 상황에 의해서 만들어진 것은 어떤 것인가?

이런 것들은 쭉 훑어보고 그냥 지나치기가 쉽다. 그러나 되돌아가서 어느 것이든 두 가지 질문을 선택하여 적어도 5분간의 시간을 투자하라. 나의 높고 강력한 실행력은 삶의 과정에서 어떤 투쟁을 통해서 얻어진다고 할 수 있다. 이 질문은 당신의 가치가 투쟁을 어떻게 해야 할지를 분명히 알게 해 준다.

<가치목록>

활동 요령

다음 질문에 구체적으로 답하라.

① 나는 보통 하루의 시간을 평균적으로 어떻게 보내는가?

② 내가 정말로 흥미 있어 하는 일은 어떤 것들인가? (최소한 다섯 가지)

③ 나는 인생 전체를 어떤 관점에서 보는가?

④ 내가 솔직히 말할 수 있는 단기목표와 장기목표는 무엇인가? 궁극적으로 내가 꼭 성취하고자 하는 것은 무엇인가?

⑤ 내 인생에 있어서 주요 관심사는 무엇인가? (중요성의 순서대로 나열하라)

⑥ 나는 어떤 것을 심사숙고하며 선택하며 또 그것을 상상하면서 즐거워하는가?

⑦ 내 인생에서 가장 귀중하게 여기는 5가지는 구체적으로 어떤 것인가?

⑧ 나는 삶에 어떤 갈등이나 문제가 있는가? 그것들 중 내가 만든 것과 타인이나 상황이 만든 것을 구분하라.

다) 가치도표

가치명료화의 유용한 효과 중의 하나는 명료화 과정이 일상생활에서 일어나는 결정에 적용될 수 있다는 것이다. 가치명료화의 최종 결과는 도덕적 영역이든 일상생활 영역이든 간에 당신이 가치로운 결정을 내리도록 도와 주며 심지어 상품구입까지 결정하게 도와준다. 그러므로 가치명료화는 인생의 전 영역에 걸친 가치관에 영향을 미친다.

우리가 이 상표의 치약이나 저 상표의 자동차를 왜 사는지에 대해서 아는 것이 중요하다. 또 우리가 어떤 영화를 왜 보는지 그 이유를 아는 것도 중요하다. 우리가 강요에 의해서라기보다는 스스로 결정을 내릴 수 있다는 것을 아는 것은 정말로 중요하다.

가치 도표는 자신의 선택이 단순히 가치지표인지 혹은 7가지 모든 가치과정에 적용되는 진정한 완전 가치인지를 알도록 해 준다.

가치도표 작성은 영속적인 참고 자료를 만드는 것이고 우리의 신념 또는 행동의 대부분은 모든 가치 과정에 거의 들어맞지 않다는 것을 상기시켜 준다. 이 발견활동을 더 강력하고 명확한 가치들을 위해 가져야만 하는 단계들을 나타내 준다.

가치도표를 만들기 위해서, 종이 한 장을 가지고 다음 쪽의 문장처럼 그것을 두 부분으로 나누어라. 첫 번째 부분을 논제라고 표시하라. 종이의 두 번째 부분에는 가장 윗부분에 가로로 1～7까지 숫자를 써라. 이 난은 가치명료화 7가지 과정을 나타낸다.

정치나 경제의 부패, 대기오염, 인구문제, 인종문제, 특정 선거 및 지역사회 문제처럼 현재 자신이 느끼고 있는 일반적 논제들의 제목을 몇 개 적어라. 단순히 이 논제들의 목적을 사용하지 말고 관심이 있는 논제들을 결정하라. 개인적으로, 그리고 지역사회의 한 구성원으로서, 무엇이 자신에게 영향을 미치고 있는지를 생각해 보라. 그리고 가치 도표의 왼쪽에 있는 선 위에 그 논제들을 나열하라. 그 논제들 다음에는 각각 그 논제에 관한 당신의 입장이나 견해를 요약할 수 있는 몇 가지 주요 단어를 적어라.

이제 각 논제와 관련해서 7가지 과정으로 된 각 질문에 답하라. 첫 번째 질문에 긍정적인 생각을 가지고 있다면 적절한 칸에 표시하라. 만약에 그 질문에 긍정적으로 답할 수 없다면 빈 칸으로 두라. 당신의 신념을 변명할 필요는 없다. 차라리 이것은 당신이 어떤 입장에 서 있으며 그 입장을 진정한 가치가 되도록 하기 위해서 무엇을 해야 하는지를 알려주는 척도가 된다. 이 척도는 자신이 어떻게 확신에 이르렀는지 뿐만 아니라 얼마나 굳게 그것을 믿는지에 관해 많은 것을 알게 해 준다. 그 과정들을 음미하면서 즐겨라. 우리 모두가 행하는 것을 어떻게 나타내게 되는가에 대한 신비감을 즐겨라.

① 나의 결정은 외부의 힘이나 강요 없이 자유롭게 이루어졌는가?
② 모든 가능한 대안들을 검토한 후에 결정을 내렸는가?
③ 나의 일에 대한 결정을 내리면서 그 결정에 대한 장·단점을 주의 깊게 평가하고 또한 결과들을 깊이 생각해 보았는가?
④ 내가 취했던 입장을 소중하게 여기는가?
⑤ 내가 믿는 것을 공적으로 확언했는가?
⑥ 나는 나의 확신과 신념에 따라 행동해 왔는가?
⑦ 나의 행동은 신념들에 따라 반복적으로 한 것이며 어떤 명확한 형태와 개인적 책임을 나타내는가?

이 7가지 과정들은 자신이 행하고 있는 가치 발견 활동에 어느 정도의 근거가 되는가? 기억으로부터 7가지 과정에 대한 리스트를 만들 수 있는지 알아보라. 기록지를 보관해 두었다가 나중에 그것을 살펴보라. 그러면 당신의 신념에 어떤 변화가 일어나는지를 알게 될 뿐만 아니라, 보다 더 중요한 것은 확신의 질과 정도에도 어떤 변화가 일어났느냐를 알 수 있다는 것이다.

가치도표에서 생각해 볼 수 있는 몇 몇 논제들은 다음과 같은 질문들로부터 변용될 수 있을 것이다.

<가치도표>

활동 요령

① 자신의 입장이 능동적이고 자유로운 선택을 했는지 여부를 ○, × 표시한다.
② 자신의 입장이 대안들 중에서 여러 가지를 탐색했는지 여부를 ○, × 표시한다.
③ 자신의 입장이 대안의 결과를 고려하여 선택했는지 여부를 ○, × 표시한다.
④ 자신의 입장이 선택에 대해 긍지를 갖고 존중하는지 여부를 ○, × 표시한다.
⑤ 자신의 입장이 선택에 대해 외적으로 공언했는지 여부를 ○, × 표시한다.
⑥ 자신의 입장이 선택을 행동으로 실천했는지 여부를 ○, × 표시한다.
⑦ 자신의 입장이 선택을 반복적으로 실행했는지 여부를 ○, × 표시한다.

논 제	자신의 입장	가 치 화 과 정						
		1	2	3	4	5	6	7
		자유 선택	대안 탐색	결과 고려	긍지 존중	외적 공언	행동 선택	반복 실행
1. (10) 안락사	안락사 찬성	○	○	○	×	×	○	×
2.								
3.								
4.								
5.								
6.								
7.								
8.								
9.								
10.								

(1) 당신은 자녀들과의 대화에 어려운 점이 있는가?

(2) 당신은 학교 환경이 학습과정에 영향을 미친다고 생각하는가?

(3) 당신은 교과과정의 일부로서 성교육을 실시하는 것에 대해 찬성하는가?

(4) 당신은 어떤 정치적인 이유 때문에 돈을 기부하는가?

(5) 당신은 성(性)적인 문제에 대하여 자녀들과 솔직하고도 자유롭게 대화한다고 생각하는가?

(6) 당신은 무전 여행자를 숙박시키는 것은 위험스러우므로 피해야 한다고 생각하는가?

(7) 당신은 건강식품을 애호하는가?

(8) 당신은 부모의 종교적 신념을 따르는가?

(9) 당신은 이 나라의 도덕적 규준이 심각하게 타락했다고 믿는가?

(10) 당신은 안락사를 찬성하는가?

(11) 당신은 젊은 사람들이 미래를 위하여 학교에서 경쟁하는 것을 배워야 된다고 생각하는가?

(12) 당신은 연로하고 경험 많은 사람들로부터 자주 충고나 상담을 구하는가?

(13) 당신은 개인적인 결정을 내리는 데 불안감을 느끼는가?

(14) 당신은 종종 자신의 장래와 세계의 장래를 궁금하게 생각하는가?

(15) 당신은 몸무게를 유지하는데 어떤 어려움이 있는가?

(16) 당신은 여성해방운동의 당위성을 지지하는가?

(17) 당신은 어떠한 종류의 상품 불매운동에 참가할 것이라고 생각하는가?

(18) 당신은 조세체재가 부당하다고 생각하는가?

(19) 당신은 뉴스미디어가 일반적으로 진실을 왜곡한다고 느끼는가?

(20) 당신은 6개월 내지 일년 동안의 계약결혼하는 것을 찬성하는가?

(21) 당신은 요즘 젊은 세대가 구세대보다 더욱 개방적이고 정직하다고 믿는가?

(22) 당신은 자기 스스로 하는 훈련이 다른 사람이 부과한 훈련보다 더 좋다고 느끼는가?

(23) 당신은 학교행정가와 교육과정을 함께 짜는 것보다 혼자 교육과정을 짜는 것이 더 좋다고 생각하는가?

(24) 당신은 대화할 때 욕을 자주 하는 사람을 싫어하는가?

(25) 당신은 체벌이 때로는 필요한 훈육방법이라고 생각하는가?

(26) 당신은 부모와 친구들에게 개인적인 문제를 자유롭게 상의하는가?

(27) 당신은 경제적인 성공보다 우정을 더 소중하게 여기는가?

(28) 당신은 TV 프로그램을 선별하여 시청하는가?

(29) 당신은 TV의 폭력장면이 폭력에 일조한다고 믿는가?
(30) 당신은 주간지를 정기구독하여 그것을 진지하게 읽는가?
(31) 당신은 집을 방문한 친구들을 즐겁게 해 주는가?
(32) 당신은 값비싼 레스토랑에서 식사하기를 좋아하는가?
(33) 당신은 재정적인 안전에 관하여 걱정하는가?
(34) 당신은 장래에 대해 큰 야망을 갖고 있는가?
(35) 당신은 가족과 함께 시간 보내기를 좋아하는가?
(36) 당신은 소비자로서 대기업에 기만당하고 있다고 느끼는가?
(37) 당신은 학교시절의 즐거운 추억을 간직하고 있는가?
(38) 당신은 현재 학교의 입시체제가 학습과정에 방해가 된다고 생각하는가?
(39) 당신은 사적인 일을 혼자서 깊이 생각하기를 좋아하는가?
(40) 당신은 침묵할 때 편안함을 느끼는가?
(41) 당신은 노조가 이기적인 목적달성을 위해 힘을 남용하고 있다고 생각는가?
(42) 당신은 벅찬 학교 수업이 아동들의 전인교육에 중요한 요소라고 생각하는가?
(43) 당신은 우리나라도 빈곤한 국가에 재정적인 원조를 해야 된다고 생각하는가?
(44) 당신은 동성연애자들을 차별하는 것이 부당하다고 생각하는가?
(45) 당신은 사장이나 윗사람에게 자신의 의견을 자유롭게 표현할 수 있는가?
(46) 당신은 정치가들이 정직하지 않다고 생각하는가?
(47) 당신은 다른 사람의 이야기를 경청하고자 의식적인 노력을 하는가?
(48) 당신은 자기 연민을 느끼지 않고도 개인적인 비난을 받아들일 수 있는가?
(49) 당신은 경제적 캠페인에 적극적으로 참여할 수 있는가?
(50) 당신은 노름이 합법화되어야 한다고 생각하는가?
(51) 당신은 자신과 의견을 달리하는 사람을 무시하는가?
(52) 당신은 지역, 성별, 국적에 관해 편견을 갖고 있다고 생각하는가?
(53) 당신은 고전음악을 즐기고 감상하는가?
(54) 당신은 언제쯤 내 집 마련을 원하는가?
(55) 당신은 현재의 생활 스타일에 만족하는가?
(56) 당신은 인간의 가치관이란 가르치지는 못하지만, 학습될 수 있는 것이라고 믿는가?
(57) 당신은 십대의 결혼을 찬성하는가?

(58) 당신은 현재의 삶과 미래의 전망에 대해 낙관적으로 보는가?
(59) 당신은 자녀들이 원하지 않더라도 종교를 가지도록 해야 한다고 생각하는가?
(60) 자녀가 결혼할 의향이 없는 사람과 살고 있다면 대단히 분노할 것인가?
(61) 당신은 담배를 피우는가?
(62) 당신이 자란 방법과는 다르게 자녀들을 키울 것인가?
(63) 당신은 혼전에 임신한 자녀에게 합법적인 유산을 시키도록 권유할 것인가?
(64) 현재의 수입보다 매년 100만원을 더 많이 벌 수 있다면 다른 직업으로 이직할 것이라고 생각하는가?

라) 우선 순위

우선 순위 발견 프로그램은 식사 중에도 실시할 수 있는 활동이다. 이 프로그램은 일상적인 결정에 적용할 수 있는 흥미로운 것이다. 이것은 저녁식사 때 가족들과 또는 점심식사에 동료들과 함께 여러 가지 자기가 해야 할 일들의 순위를 정하고, 사이좋게 토론을 하면서, 자기가 한 선택을 변호하도록 한다.

이 프로그램은 먼저 해야만 하는 일들을 극적으로 묘사한다. 이것은 가치를 명료화하기 위한 가치화 과정이다. 여기에서는 맞거나 틀린 대답은 없지만, 각각의 행동들은 우선 순위를 정할 필요가 있다는 것을 알려 준다. 어떤 결정을 하든지 간에 보다 나은 가치에 따라서 결정을 해야만 한다. 이것은 행동 결과를 수용해야만 하기 때문에 어렵게 될 수 있다. 아주 매력적인 선택들이라도 그 중 일부는 포기해야만 한다. 그것은 신중한 작업이다.

그러나 또한 재미있다. 이 프로그램은 자신이 상상의 나래를 펴고 재치를 발휘하도록 한다. 이 프로그램의 적용은 가정주부의 요리에서부터 심지어는 행정가의 바쁜 업무에 이르기까지 광범위하게 적용할 수 있다. 가치선택의 모험에서 얻을 수 있는 교훈은 사생활이나 직장생활에서도 도움을 줄 수 있다.

우리가 직면하고 있는 많은 문제들은 우리가 투자하는 이상의 시간과 생각을 필요로 한다. 우선 순위를 정하는 것은 선택을 하고 활기찬 토론을 통해 선택을 변호하면서 모든 영역을 다시 검토하게 한다.

당신은 다음의 선택들 중 어디에 우선 순위를 두겠는가? 당신의 친구들은 어떻게 그것들의 우선 순위를 정하겠는가? 여러 대안들에서 우선 순위를 매기는 것은 수 없이 많다. 이 우선 순위는 돈에서부터 섹스, 정치, 종교, 죽음 그리고 인종에 이르기까지 인생의 모든 분야에 걸쳐 있다. 이러한 종류를 서열화하는 것은 개인의 인생에 있어서 가장 유용한 가치명료화 기술 중의 하나이다.

그것을 충실히 실행하면, 나의 실제 생활을 둘러싸고 있는 여러 가지 문제에 그것을 적용할 수 있다. 식당에서 메뉴를 고를 때도 그것을 사용할 수 있다. 여름방학을 보낼만한 장소를 선정하는데 그것을 사용할 수 있을 뿐만 아니라, 저녁식사에 초대 대상으로 단지 4쌍만을 결정하려고 할 때도 사용할 수 있다.

자신이 부모라면 자녀들이 원하는 것을 알 수 있을 뿐만 아니라, 그들에게 인생의 행로에서 수많은 대안들의 서열을 정하고 그들의 우선권을 매기는데 다양한 경험을 갖게 하는 귀중한 유산을 물려줄 수 있는 것이다.

<우선 순위 매기기>

활동 요령
① 다음 예시된 질문에 대해서 우선 순위를 1, 2, 3으로 매겨라.
② 한 문장도 빠뜨리지 말고 모두 선택하여라.

1. 부모님의 25회 결혼 기념을 축하하려고 한다. 부모님을 위해 무엇을 하겠는가?

( ) · 멋진 식당에 부모님을 모신 후 영화나 쇼 티켓을 구입해 드린다.
( ) · 부모님과 그분들의 친구들을 위하여 잔치를 열어 드릴 계획을 세운다.
( ) · 그들이 늘 원했던 값비싼 선물을 사 드린다.

2. 한쪽 부모만 살아 계시는데 그분은 아주 늙었고 노쇠하다. 그러나 나는 우리 가족과 배우자에 대한 개인적인 책임을 갖고 있다. 어떻게 하겠는가?

( ) · 가까이 있는 양로원으로 부모님을 보내겠다.
( ) · 조그마한 아파트나 단독주택을 사 드리겠다.
( ) · 함께 살도록 하겠다.

3. 생일이 다음 주로 다가오고 있다. 배우자가 당신에게 무엇을 해 주기를 바라는가?

( ) · 본인이 직접 선물을 사도록 10만원을 받는다.
( ) · 배우자가 선택한 10만원 어치의 선물을 받는다.
( ) · 배우자가 손수 만든 선물을 받는다.

4. 당신이 직장을 구하기 위해 사방으로 찾아다니고 있다. 다음의 직장 중 어느 것을 선택하겠는가?

( ) · 60만원의 봉급을 받으면서 일하기 쉬우나 육체적으로 힘들고 천한 일이기 때문에 의욕이 생기지 않는 직장
( ) · 80만원의 봉급을 받지만 어렵고 장시간 더러운 일을 하는 직장
( ) · 40만원의 봉급을 받더라도 즐겁고 단순한 일을 하는 직장

5. 당신은 자신을 선하고 종교적인 사람이라고 생각한다. 일요일 아침이다. 종교적 믿음을 가장 잘 나타내기 위해 무엇을 하겠는가?

( ) · 고전적이고 종교적인 음악을 듣겠다.

( ) · 감동적인 설교를 듣기 위해 교회에 가겠다.

( ) · 전 가족을 위하여 푸짐한 점심을 준비하겠다.

6. 남태평양에 있는 외딴 섬에 완전히 혼자 있다고 상상하라. 어느 것을 가지고 가겠는가?

( ) · 백과대사전

( ) · 성경

( ) · 유명한 소설가의 작품들

7. 부모나 가까운 친구의 죽음을 수용하는 것이 어렵다. 어느 것이 수용하기 가장 고통스러운 것이겠는가?

( ) · 아버지나 어머니의 죽음

( ) · 남편이나 부인의 죽음

( ) · 가장 친한 친구의 죽음

8. 만약에 당신이 많은 유산을 받게 되었다는 소식을 방금 들었다면 어떻게 할 것인가?

( ) · 다양한 교육 사업에 쓰겠다.

( ) · 전 세계로 멋진 여행을 다니겠다.

( ) · 개인적으로 좋아하는 일과 유흥에 쓰겠다.

9. 만약에 당신이 어떤 선택을 어쩔 수 없이 해야만 한다면 다음 중 어느 것을 가장 싫어하겠는가?

( ) · 하반신 불구 환자

( ) · 귀머거리 또는 벙어리

( ) · 장님

10. 다음 중 어떤 집단이 현 사회에서 가장 큰 문제를 야기하는가?

( ) · 마약 중독자

( ) · 미혼모

( ) · 인신매매 및 폭력 조직

11. 당신은 어떤 식으로 돈을 쓰는가?
( ) · 쉽게 벌어서 쉽게 쓴다.
( ) · 각 계절의 바겐세일 기간에만 물건을 산다.
( ) · 철저히 아낀다.

12. 배우자의 어떤 특징이 가장 짜증스러운가?
( ) · 모든 면에 지저분한 것
( ) · 얘기할 때 항상 가로막는 것
( ) · 책을 정돈하지 않았거나 돈을 너무 많이 쓰는 것

13. 만약에 지난 2년 동안 꾸준히 사귀어 온 사람과 관계를 끝내고자 한다면, 어떤 식으로 하겠는가?
( ) · 절교 편지를 쓴다.
( ) · 만나서 얘기한다.
( ) · 전화로 통화한다.

14. 어느 직업이 가장 흥미 있고 재미있을 것 같은가?
( ) · 도시 빈민촌의 학교 교사
( ) · 특수아를 가르치는 교사
( ) · 진보적이고 부유한 도시 교회의 사회 운동가

15. 초등학교 저학년 학생이었을 때 무엇을 가장 싫어했는가?
( ) · 토론 및 발표 시간
( ) · 휴식 시간 및 체육 활동
( ) · 공부시간에 큰 소리로 책읽기

16. 다음에서 하나를 포기한다면, 어느 것을 가장 쉽게 포기하겠는가?
( ) · 매사에 적극적으로 참여하는 활동의 자유

( ) · 사유재산을 축적하는 소유의 자유
( ) · 원할 때마다 예배드릴 수 있는 종교적 자유

17. 만약에 당신이 부모라면, 자식에 대한 다음 소식 중에 어떤 것이 가장 두려운가? 또 남아와 여아에 따라 우선 순위는 어떻게 달라지겠는가?
( ) · 성(性)적으로 난잡하다.
( ) · 도벽이 있다.
( ) · 학업을 그만두려고 한다.

18. 당신은 국가 예산에 있어서 어떤 부분을 삭감하고 싶은가?
( ) · 국방예산
( ) · 교육예산
( ) · 국외 경제 원조 예산

19. 당신은 우정에 있어서 어느 것이 가장 중요하다고 생각되는가?
( ) · 성실
( ) · 관대함
( ) · 정직

20. 당신은 차라리 어떤 사람이 되고 싶은가?
( ) · 단순한 어린이
( ) · 철없는 어린이
( ) · 너무 철이든 아이

21. 당신은 어느 것이 가장 싫은가?
( ) · 아주 가난한 것
( ) · 아주 신체가 약한 것
( ) · 얼굴이 못생긴 것

22. 어느 것을 개선시키고 싶은가?

( ) · 자신의 인상
( ) · 시간활용 방법
( ) · 나의 사회적 생활

23. 만약에 방을 꾸미기 위해 50만원을 갖고 있다면, 당신은 어디에 쓰겠는가?
( ) · 기본 페인트칠을 하는데 20만원을 쓰겠다.
( ) · 가구에 40만원을 그리고 기본 페인트칠을 하는데 10만원을 쓰겠다.
( ) · 가구 구입에 돈을 몽땅 다 쓰겠다.

24. 만약에 자신도 모르게 죽을 운명에 처해 있다면 어떻게 그 소식을 전해 듣고 싶은가?
( ) · 직접 이야기를 듣는다.
( ) · 익명의 쪽지를 받는다.
( ) · 이야기를 듣지 않는다.

25. 오늘날 우리 지역사회에 있어서 무엇이 가장 심각한 문제인가?
( ) · 직업과 주택에 있어서 차별
( ) · 교통수단
( ) · 배고픔

제 7 장

청소년을 위한 상담교육

- 미래사회의 모습
- 청소년 세대의 특성
- 신지식 청소년상
- 새로운 상담모형
- 결 언

제1절 미래사회의 모습

"Bloody revolution, Peaceful evolution" 현대인은 이 두 가지 중 하나를 택해야 하는 기로에 서 있다. AP통신은 90년대를 규정할 뚜렷한 말을 찾지 못하겠다고 보도했다(1998. 7. 21). 그러나 1900년대에 들어서면서 10년 단위로 시대적 특성을 규정하는 제목들이 생겨났다.

자본주의의 호황기를 누렸던 1920년대는 '포효(roaring)의 시대'요 경제공황을 겪었던 1930년대는 '우울한(depressed)시대'요, 전쟁의 비극으로 점철된 1940년대는 '전쟁(war)의 시대'였다. 전후 평화를 회복한 1950년대는 '평온한(placid)시대'요, 1960년대는 '격동(turbulent)의 시대'요, 1970년대는 '자기중심(me)의 시대'였으며, 1980년대는 '탐욕(greed)의 시대'였다고 규정하고 있다.

그러나 1990년대는 명확한 규정어가 없었다. 그만큼 모호하고 불확실한 시대였는지도 모른다. 실험적으로 미국 스와스모 대학의 티모시 버크 교수는 '대중 문화(pop culture)의 시대'로, 경제학자 알렌 시나이는 '돌아온 아이들(comeback kids)의 시대'로 규정했으며 '컴퓨터의 시대' 또는 과거와 역사를 잊어버렸다고 하여 '알츠하이머병(Alzheimer's disease)의 시대'라고도 부른다.

그러나 우리 앞에 현실로 다가온 서기 2000년대의 디지털사회는 어떻게 명명될 수 있으며 어떤 성격의 시대상을 이어갈 것인가?

지구온난화와 기상이변으로 세계의 기존 기후현상이 뒤바뀌어 이상난동, 폭우, 가뭄, 식량위기와 질병, 산소부족, 공해로 인한 기형아 출산, 생명위험 등이 증가일로에 있고 핵무기와 북한의 대포동 1호 미사일 실험 발사 등 과학과 문명의 역기능현상, 인간들의 자아중심과 이기주의 팽배, 물질과 화폐제일주의로 치닫는 가치서열의 뒤바뀜 등이 우리들의 감각 안으로 주춤주춤 다가와 있다.

학자들은 불투명 혹은 불확실성의 시대가 될 것으로 보고 있으며, 정상과 비정상, 혼란과 질서, 선과 악, 가치와 무가치, 법칙과 우연, 확정과 불확정, 고귀와 비천, 정신과 물질, 옛 것과 새 것, 동양적인 것과 서양적인 것, 자유와 통제, 죽임과 살림, 문명과

야만, 공과 사, 교양과 거칠음 등과 같은 것들이 같은 시간, 하나의 현상 속에 함께 존재하는, 즉 양극단이 공존하는 모순과 혼합 복잡성의 시대가 될 것이라고 보았다(김조년, 1998).

사회학자들은 21세기의 미래사회를 '정보기술사회'와 '포스트모더니즘 사회'로 규정하고 있는데 정보기술사회에서는 보편적 가치평가의 기준이 정보적 가치기준으로 바뀔 것이고, 정보고속도로가 질병 진찰이나 원격교육에는 편리함을 주지만 인간관계는 기계적으로 되고 종교나 형이상학적 가치들은 무시될 것으로 보인다. 포스트모더니즘 사회는 여가시간의 증가와 함께 도시문화의 발생, 전통종교의 붕괴를 가져올 것으로 보인다(김광률, 1998).

따라서 21세기의 사회는 ① 지구적인 삶의 구조와 사고 ② 다원사회 다양한 삶의 방식 ③ 멀티미디어 환경 ④ 가정의 위기 ⑤ 죄와 갈등 속에 묶여 있는 사태 등으로 규정될 수 있다(이문균, 1998). 또한 21세기의 인간모습은 여전히 불신, 교만, 탐욕, 거짓, 미움, 차별, 폭력 등의 문제와 씨름하게 될 것이다.

일본의 요시나가 요시마사(吉永良正)는 21세기의 모습을 복잡계(complex system)의 출현으로 설명한다. 이는 세계적으로 가장 주목을 받는 '최첨단 과학의 key word'로서 사물을 보는 시각과 사회의 존재양식을 새롭게 바꾸도록 요구하는 것이다. 그는 복잡계를 설명하는데 빠찡꼬, 암세포, 담배연기, 개미 및 낙엽을 예로 들고 있다. 즉 ① 빠찡꼬 쇠구슬의 방항결정이 보여주는 카오스적 성격의 복잡계 현상, ② 암세포와 정상세포 사이에 이루어지는 무수한 상호작용으로 인한 복잡계 현상, ③ 담배연기가 만드는 아름다운 기하학적 곡면의 복잡계 현상 ④ 개미의 국소적인 상호작용을 통해 행렬이라는 대역적(大域的)인 복잡계 현상 ⑤ 행방을 알 수 없는 낙엽이 낙하할 때의 복잡계 현상 등을 제시하고 있다. 이는 기존 우리의 생존 양식에 구조조정을 요구하는 것이다. 또 수많은 가능성과 피할 수 없는 도전 앞에서 그 어느 때보다 예리한 분별력과 지혜가 필요하며 선택과 창조가 연계되어야 하기 때문에 미래인에게는 새로운 패러다임이 요구되고 있다(맹용길, 1998). 1966년 Gordon Helmer가 델파이 기법으로 2000년대를 예측했을 때는 ① 세계 인구는 약 61억으로 증가되고 ② 합성단백질의 제조로 새로운 식량을 제공하며 ③ 핵발전을 통해 새로운 에너지가 공급되고 ④ 새로운 광물들이 해저에서 발굴될 것이며 ⑤ 원초적인 생활양식이 개발될 것이고 ⑥ 자동화로 인해 로봇 가정부와 고지능 기계가 나타날 것이며 ⑦ 자동의사소통의 수단으로 세계공용어가 개발될 것이고 ⑧ 총알속도와 맞먹는 지상운송수단이 생길 것이며 ⑨ 군사적 목적으로 날씨의 조작이 가능할 것으로 보았다.

Howard A. Snyder가 쓴 「지구동향」(Earth Currents, 1995)에서는 2000년대 지구동향의 연구주제로 환경, 기술, 정치, 경제, 대중문화, 과학, 종교, 인구 문제를 다루고 있다. 그리고 2000년대에 연구할 내용으로써 ① 온라인의 등장과 즉석 접속(엑세스)문화 ② 세계경제의 출현 ③ 급격히 팽창하는 여성의 영향과 그들의 새로운 역할 ④ 환경의 취약성과 그 인식의 증가(녹색혁명) ⑤ 물질 자체에 대한 과학적인 인식의 진전 ⑥ 컴퓨터 문화의 등장 ⑦ 서구 사회의 급격한 퇴보 ⑧ 세계적 정치에서의 기초적 권력이동을 제시하고 있다. 21세기에 대해서는 낙관론과 비판론이 엇갈린다. Snyder는 거시적 이해를 위해 생각의 기준을 제시했다고 본다. 그러나 다른 한편 미시적인 이해도 필요하다. 지구 전체가 아니라 한국에서의 과제, 미래의 예측에 앞서 현재 순간에서 할 일이 무엇인가를 알아보는 것도 중요한 일이다. 헌팅톤 교수는 21세기에 문명의 충돌, 즉 아랍문명과 기독교문명, 미국문명과 중국문명의 충돌을 예견하고 있다. 이는 2001. 9. 11 미국에 대한 아랍계 사람들의 항공기 테러로 새로운 관심을 일으키고 있다.

또한 경제적으로 세계시장화가 계속 무규제의 상태로 진행되면 세계의 막다른 골목인 대도시에 집중한 무력한 시민층이 불평등과 불합리에 분노하고 미래에 대한 절망으로 폭동을 일으킬 수 있고, 그러한 사태가 전지구적 정보화 덕분에 급속히 세계 전역으로 확산될 수 있는 가능성이 높다. 글로벌 자본의 논리가 세계를 지배하면 할수록 국가간의 분쟁은 줄어드는 반면 글로벌화된 도시의 소요가 21세기의 세계대전 양상으로 자리잡을 수도 있다. 글로벌 자본이 고도성장을 계속하다가 잠시 멈추기라도 하면 소요는 더욱 심각해질지도 모른다. 그만큼 21세기를 향해 지성인들이 던지는 질문들은 과거 어느 역사의 전환기보다도 더 절실하고 심각한 문제이며, 다양한 시나리오의 형태로 예측되고 있다. 그리고 그 중심에서 우리가 경험하게 될(이미 경험하고 있는) 21세기는 20세기를 주도했던 시각과 행동양식으로는 문제를 진단하기도 어려울 뿐 아니라 대응 방안도 찾기 힘들다는 현실을 알고 있다.

21세기의 주역인 청소년 교육의 기초자료로 '정보화 사회'와 '국제화 사회'에 대한 논의를 정리해 보고자 한다.

1) 정보화 시대

"산업화는 늦었더라도 정보화는 앞서가자"라는 구호는 21세기가 정보화 사회를 중심으로 재구성될 것임을 극명하게 나타내 주고 있다. 정보화 사회를 논하고 예측하는 학자들은 매우 많다. 그 중에서도 하버드 대학의 사회학자인 다니엘 벨은 사회변동이론의 틀을 바탕으로 정보사회를 포함한 현대사회의 제반 특징을 다각도로 설명하고 있다.

현대사회의 변화를 분석하기 위해 벨은 '전(前)산업사회', '산업사회', 및 '탈(脫)산업사회'라는 세 가지 단계적 개념으로 유형화했다. Alvin Toffler의 「제3파도」와 비슷한 유형론으로 볼 수 있다.

이 분석틀에 입각해서 벨은 앞으로의 사회를 '정보화 사회'라고 규정하고, 상품생산, 지적 활동, 상호간에 의사소통에 있어 점차 '정보'가 중심적인 역할을 차지하게 될 것이라고 전망하고 있다. 정보가 중시되는 사회의 출현은 그간에 일어난 일련의 '기술 혁명'에서 비롯된 것이다.

벨에 의하면 지금까지 세 차례에의 기술혁명이 있었다. 최초의 기술 혁명은 200여 년 전 James Watt의 '증기기관'의 발명과 더불어 시작되었다. 이 기술 혁명에 의하여 인간은 '속도' 개념을 갖게 되었고, '공간'을 지배할 수 있게 되었다.

<표 16> 다니엘 벨의 사회변동의 틀

	전산업사회	산업사회	탈산업사회
해당지역	아시아, 아프리카, 라틴아메리카	서유럽, 소련, 일본	미국
경제부문	채취산업부문 (농업, 임업, 광업, 어업)	재화생산부문 (제조업, 가공업)	서비스 산업부문
주요작업	농부, 광부, 어부, 미숙련 노동자	반숙련 노동자, 기사	전문적, 기술적 직업 과학자
주요자원	원재료	에너지	정보
상호작용	자연과의 상호작용	가공물과의 상호작용	인간간의 상호작용
이론틀	상식, 경험	실증주의	추상적 이론 : 모델, 체계분석, 의사결정이론
시간지향	과거지향적	현실적응적	미래지향적, 예측
중추원리	전통주의	경제 성장	이론적 지식의 부호화

* 출처 : Daniel Bell, [The Coming of Post-industrial Society], 1973, p. 117

이어서 100여 년 전 '전기'와 '화학'분야를 중심으로 제 2차 기술혁명이 일어났다. 인조 조명의 발명으로 낮과 밤의 생활양식을 바꾸어 '시간'을 지배할 수 있게 되었고, 전선을 통해 부호화된 메시지를 보내는 전신도 가능해졌다. 또한 화학에 의해 인류는 처음으로 자연에서 구할 수 없는 합성물질(예 : 나일론, 플라스틱)을 만들게 됨으로써 인간은 점점 더 자연으로부터 독립하게 되었다. 이러한 과정을 거쳐 지금 우리는 제3차 기술혁명의 시대에 살고 있다. 이 기술혁명의 주역은 '컴퓨터'와 '전기통신'인데 이 두 가지를 통합시킨 기본 요소가 바로 '정보'라는 것이다.

따라서 정보화 사회에서는 정보와 지식이 지닌 전략적 중심성, 혁신성 등이 사회변화를 주도해 가게 된다. 벨은 정보와 지식을 통해 물질적 쾌락주의만이 남아 있는 현대사회에서 자신에 대한 반성적 성찰과 자신이 속한 지역사회에 대해 공공선의 원리에 입각해서 생각할 줄 아는 '자율적인 인간'의 출현이 무엇보다 필요한 과제라고 주장한다. 이는 모든 사람에게 정의의 감각과 지역사회에의 귀속의식을 부여하는 노력을 통해 가능해질 것이다. 지식과 더불어 그 지식을 선용할 지혜가 필요하다. 그리고, 새로운 패러다임 위에서의 균형잡힌 인간, 건강한 인간, 즉 지성 · 감성 · 영성의 조화를 이룬 성숙한 인간이 그 어느 때보다 필요해졌다. 이런 맥락에서 청소년들이 갖추어야 할 정보능력을 다음과 같이 정리할 수 있다.

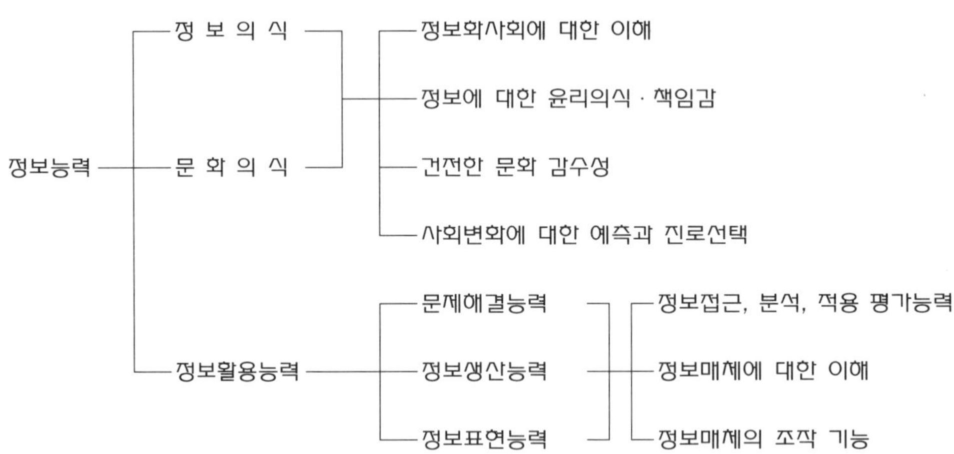

2) 국제화(Golbalization) 시대

이제는 사회의 모든 영역이 지구를 포괄하는 하나의 세계로 나아가고 있다. 실제로 국제화는 현대사회의 역동성을 이해하는 중심 개념으로 등장하여, 인류의 생산과 소비 및 유통의 구조적 재생산을 창출하고 있다. 그리하여 global society, global money, global neighborhood 등 다양한 용어가 등장하고 있다.

국제화의 일차적 의미는 세계가 하나로 되는 것이다. 전 세계가 하나로 연결되고 그 속에서 상호 의존이 심화되면서 두 가지 차원에서 우리 생활의 변화를 초래한다.

첫째는 공간적 개념의 변화이다. 사회, 정치, 경제활동의 영역이 지구 구석구석까지 뻗어 있음으로 인해 세계의 어느 한 곳에서 일어나는 것들이 멀리 떨어져 있는 다른 곳에 즉각 영향을 미친다. 즉 전 지구를 대상으로 하는 상호 연관 및 상호의존이 심화된다는 것이다. 따라서 국제화 사회에서는 내가 어디에 있는가 하는 공간적 위치보다는 어떻게 연결되어 있는가 하는 상대적 위치가 더 중요한 것이다.

둘째는 시간적 개념의 변화이다. 이는 자본주의 역사 발전의 속성인 사회 경제 변화의 가속화를 보여주는 것으로 객관적 시간 개념보다는 주관적인 시간개념이 점차 중요해진다.

이와 같이 현대사회에서 진행되고 있는 국제화 현상은 그 규모나 내용 및 범위에서 옛날과는 비교가 되지 않는다. 전 세계를 대상으로 하면서 시간과 공간의 응축이 가속화되는 것이다. 그러나 국제화가 전 세계의 동형화(isomorphism) 혹은 표준화(standardization)로 해석되어서는 안 된다. 국제화는 세계적 통일체를 위한 표준화 과정도 아니며, 단선형적인 발전궤적을 따라가서도 안 된다. 오히려 유동성, 비결정성, 개별성을 기본 골격으로 하는 다원화가 추진되어야 한다. 즉 인간의 상호작용, 상호연관 및 상호인식을 세계라는 하나의 단일 공간 위에 펼쳐 놓으면서 상대방의 존재가치를 인정하는 공존의 논리에 기초해야 한다. 미국도 melting pot정책에서 mosaic culture로 바꾼 바 있다. 따라서 국제화의 생명력은 세계적인 것과 지역적인 것의 조화에 있다.

미국은 화성을 탐사하고 있는 데 한국은 매년 겪는 수해피해도 해결이 안 된다. 사계절 꽃시장이 기업화하는데 지하철역과 거리에 구걸자가 계속 늘고, IMF 전 GNP가 10,170달러에서 6,500달러로 떨어져 세계 11위에서 46위로 밀려났었으며, 29번째로 OECD 가입국이 됐지만 아직도 고아들을 해외로 수출하고 있다는 불명예를 안고 있다. 홍수가 나면 물은 넘쳐나지만 정작 먹을 물은 없는 것처럼 '풍요 속의 빈곤', '외화내빈', '군중 속의 고독'이란 현실이 되고 있다.

제2절 청소년 세대의 특성

청소년 세대란 말은 산업화와 더불어 나타났다. 옛날 농경문화시대엔 아동기를 벗어나면서 바로 성인기에 진입했다. 18세면 남편과 아내가 되고 가장(호주)이 됐으며 집안식구를 먹여 살려야 했다. 지금은 청소년기(학생시기)가 연장됐고, 신체적으로는 어른이지만 사회적으로나 경제적으로는 자립하지 못한 경우가 많다. 이 같은 청소년세대를 X세대라고 부르게 됐다. 이 말은 캐나다의 작가 더글러스 코르페인의 소설「Generation X」에서부터 사용된 것 같다. 그들의 특징을 한 마디로 표현하기 어려우며 궁금하고 알다가도 모를 세대라는 의미이다. 기성세대는 냉소적으로 이 말을 사용하고 청소년세대는 자기 옹호적으로 이 말을 쓴다.

최근에 X세대 이외에 영상세대란 말도 쓴다. 문자 세대의 반대개념이다. 그들의 의식구조나 생활태도 혹은 가치서열이 기성세대와 판이하게 다르기 때문이다. TV와 컴퓨터 그리고 비디오 등을 통한 영상의 자료로 양육된 세대는 라디오와 유성기 그리고 주판을 튀기던 아버지 세대와 불상용의 간격을 만들었다. 정원근은 세대 차이, 즉 문자세대(아버지)와 영상세대(아들)의 차이를 다음과 같이 요약했다.

"문자세대가 이성적이라면 영상세대는 감성적이다. 문자세대가 옳고 그름으로 판단한다면 영상세대는 좋고 싫음으로 판단한다. 문자세대가 심사숙고하여 논리적으로 판단한다면 영상세대는 감각적으로 판단한다. 문자세대가 동질지향의 가치관(남들처럼 살고 싶다)을 갖고 있다면 영상세대는 이질지향의 가치관(남과 다르게 살고 싶다)을 갖고 있다. 문자세대가 자기를 절제한다면 영상세대는 자기를 표현한다. 문자세대가 남이 창조한 가치에 동의한다면 영상세대는 스스로의 가치를 창조한다. 문자세대가 타인에 대한 의식이 강한 반면 영상세대는 자기에게 충실하다. 문자세대가 변화에 대해 수동적 향유라면 영상세대는 변화의 생산, 소비에 참여한다. 문자세대가 소유가치를 중시한다면 영상세대는 사용가치를 중시한다."

농경사회의 우리 민족은 자연과 조화를 이루며 살아왔고 생명을 소중히 여기는 민족이었다. 자연과 더불어 살아왔고 자연의 일부로 존재하였다. 자연에 순응하고 조화를 이루려고 노력하였지만 그것을 인위적으로 통제하고 정복하려고 힘쓰지는 않았다. 순박하고 온유하였으며 자연의 시련을 참고 견디는 인내심이 강하였고 근검절약하는 삶을 살아왔다.

그런데 산업화사회로 변하면서 도시의 인구집중, 전통적인 가족구조의 와해, 치열한 생산성 경쟁, 황금만능주의가 팽배하면서 우리의 심성이 변하였는지 각종 범죄행위가 늘어나서 사람들을 놀라게 하고 있다. 재산범죄도 많지만 인간의 생명을 소홀히 하는 폭행, 살인행위가 증가하고 있다. 특히 최근에는 자녀 안심하고 학교 보내기 운동을 학교가 아닌 검찰에서 추진해 주어야 등·하교가 가능할 정도로 청소년 문제는 심각해지고 있다. 이러한 현상에 대해 延文熙 교수(연세대)가 제시하는 가설들을 들어보자.

가설 1) 산업화 사회의 필연적 결과

자연을 통제하고 정복하여 인류의 복지와 안녕을 보장하려는 서구문명의 도입이 인간성을 거칠게 만들었다는 가설이다. 그래서 패륜적 범죄가 증가한다는 주장이다. 고도로 발달한 기계문명이 산을 옮기고 강을 막아서 국토개발을 가능하게 만들었다. 자연의 정복이나 국토개발이 물질적으로 풍요로운 삶을 가져온 것이 사실이다. 홍수나 가뭄을 극복하고 대단위 공장지대를 만들어 농경사회의 가난을 이겨내게 한 것을 부인할 수 없다. 그러나 그 부작용은 공격적인 삶의 자세를 정당화하고 절제와 인내보다는 무절제한 욕구충족과 퇴폐적인 소비생활을 현대인의 사회규범으로 만들었다는 것이다. 공격적이고 인위적인 자연환경의 정복은 자연환경의 파괴와 더불어 자연의 일부인 인간과 인간성마저 파괴하는 것이 아닌가?

가설 2) 치열한 생산성 경쟁의 산물

산업사회의 가장 중요한 덕목은 생산성이다. 남녀노소 할 것 없이 생산성 경쟁에서 앞서가야 한다. 한 인간의 존재가치는 생산성이 얼마나 높으냐에 달려 있다. 생산성 경쟁에서 이기는 회사는 번영하고 지는 회사는 문을 닫아야 한다. 개인도 마찬가지여서 생산성 경쟁에서 두각을 나타내면 남보다 먼저 진급하고 물질적인 보상이 뒤따른다. 학생들의 생산성은 점수로 나타난다. 수행평가 모의고사에서 받은 점수가 그 학생의 생산성을 증명하고 그 학생의 존재가치와 중요성을 보장한다. 치열한 입시위주의 학교생활이나 산업현장의 생존경쟁에서 지는 사람은 존재가치를 상실하고 자기 자신을 학대하거나 남들을 증오하게 만든다. 경쟁이 치열할수록 경쟁대상자인 동료를 불신하게 만들고 시기 질투하기 쉽다. 경쟁사회의 낙오자들이 흔히 경험하게 되는 시기질투, 증오, 혹은 적대감이 건전한 인간성 발달을 저해하고 비행행위를 유발할 수 있다는 가설이다.

가설 3) 생명 경시풍조의 확산

복제기술의 발달로 생명을 거의 창조할 수 있을 것 같은 착각을 느끼게 한다. 책상 위에 꽂혀 있는 조화를 자연생인 줄 알고 향기를 맡으려 한 적이 있다. 그 만큼 정교한 물건들을 만들어 내는데 성공하고 있다. 아니 꽃의 향기마저 실험실에서 만들어 내는 날이 올 것이다. 그런 날이 온다면 정원에 핀 꽃의 소중함을 배울 수가 없을 것이다. 계절이 바뀌어도 시들거나 질 줄 모르는, 언제나 향기로운 꽃을 대할 수 있는 사람들은 생명의 귀중함을 체험할 수가 없을 것이다.

학교 정문 앞에서 파는 병아리를 '장난감'으로 사가는 초등학교 어린이들은 제대로 키울 줄 몰라서 죽게 되면 이 병아리를 '고쳐 달라'고 한다니 이 얼마나 무서운 현실인가? 생물과 무생물을 혼돈하며 자라난 아이들은 생명의 존귀함을 알 턱이 없다. 돈이 있으면 싸구려 병아리를 또 사면되지 무엇이 걱정이냐고 말하는 어린이나 어른들도 얼마든지 있다. 자연과학의 발달은 병아리의 대량생산을 가능하게 만들었고 흔해빠진 생명체는 그 소중함을 상실하게 됐다. 자연과학의 발달은 인간의 복지를 향상시키고, 생명을 연장하는데 큰 기여를 한 반면에 생명을 경시하는데 적지 않은 역할을 해온 것도 사실이다. 임신중절 수술이나 산아제한은 인간의 생명을 인위적으로 통제할 수 있다고 믿게 만들었고, 결과적으로 인명을 경시하는 풍조를 조장하고 있다.

가설 4) 물질주의의 팽배

생산성 경쟁은 우리에게 물질적으로 풍요로운 삶을 보장하는 것 같다. 더 많이 생산하는 사람이 유능하고 중요한 사람이고 더 많이 생산하는 기업이 훌륭한 기업체이다. 유능하고 훌륭한 사람의 특징은 물질적으로 부유한 사람이다. 그래서 유능한 야구선수나 골프선수의 '몸값'은 수억대에 이른다. 증권회사 사원의 유능한 정도는 그가 받는 월급과 성과급으로 표시된다. 남편이 아내를 사랑하는 정도도 결혼기념일에 사다 주는 선물값으로 결정된다고 믿는 이들이 많다. 타고 다니는 자동차의 크기와 값이 그 사람의 중요성을 결정한다고 단정하는 어린이와 어른들이 얼마나 많은가? 소유하고 있는 물질이 그 사람의 존재가치를 결정하는 세상이다. 따라서 인간됨됨이는 별로 중요하게 생각되지 않는다. 물질이 그 사람의 인간됨됨이 조차 달리 보이게 한다. 물질이 만능인 세상이기에 뺑소니차에 치여 신음하는 여인을 놓아 두고 행인들은 그 여인이 놓친 돈만 주어 가지고 가지 않았던가? 사람의 생명보다도 물질적인 가치를 더 중요시하기 때문에 비행 탈선 행동이 자주 발생한다는 가설이다.

가설 5) 과정보다 결과만을 중요시하는 사회

우리는 모로가도 서울만 가면 된다는 믿음을 가지고 있다. 성취지향적인 산업사회에서 결과만을 중요시하다 보니 일의 과정은 별로 관심의 대상이 되지 않는다. 수단과 방법을 가리지 않고 경쟁이 치열한 사회에서 우리는 눈에 보이는 성과나 결과만을 높이 평가하고 있다. 고속도로가 예정보다 앞서 완공되고 고층아파트가 놀랄 만큼 짧은 기간 안에 완성된다. 혁명을 통하여 하루아침에 새로운 지도계층이 탄생한다. 권력이 그늘 아래서 한탕주의로 새로운 재벌들이 등장하기도 한다. 결과만 보면 모두 놀랄만한 성공이다.

서두르고 독촉하여 우리는 정말로 짧은 시간 안에 엄청난 발전을 거듭해 왔다. 전 세계에서도 우리의 경제발전을 경이에 찬 눈으로 지켜보고 있다. 그러나 경제발전의 상징인 다리가 무너지고 지하철공사장에서 대형사고가 나며 사람이 살고 있는 아파트가 갈라지고 있다. 윤리와 도덕의 불감증으로 사회지도자들이 줄줄이 수갑을 차는 모습을 보여주고 있다. 목적 달성도 중요하지만 목적에 도달하는 수단과 방법이 정당한 것이어야 한다. "성경을 읽기 위해 촛불을 훔치지 말라"는 말이 있다. 젊은이들이 그 동안 보고 배운 것이 무엇일까? "수완이 좋고 유능하다."고 평가받는 지도자들의 도덕 불감증적인 처세술이 아니던가? 큰고기는 놓치고 작은 고기만 잡는 그물이 아니던가? '유전무죄 무전유죄', '고관무죄, 무관유죄'란 말이 있지 않던가?

가설 6) 인간관계의 와해

가정교육이 안 되는 것은 부모와 자녀관계가 실패하기 때문이고, 학교교육이 제대로 안 되는 것은 스승과 제자 사이의 관계가 돈독하지 못하기 때문이라고 말할 수 있다.

인간은 자기가 신뢰하고 좋아하지 않는 사람이 하는 말은 진실을 말할지라도 귓전에 들리지 않게 마련이다.

오늘날 자녀들로부터 진심으로 신뢰받는 부모가 얼마나 되며 제자들로부터 마음에서 울어 나오는 신뢰와 존경을 받는 교사가 얼마나 되는가? 수단방법을 가리지 않고 성취지향적으로 살아가는 어른들은 윤리 도덕적으로 모범이 되지 못하는 경우가 부지기수이다. 어른들의 생활태도가 젊은이들의 신뢰와 존경을 상실하기에 충분한 사람들이 많지 않은가?

그리고 격변하는 사회에서는 기성세대들이 젊은 세대들로부터 존경받기가 훨씬 어려워졌다. 어른들의 경험과 지식은 새로운 세대들에게 그 중요성이 떨어지거나 아니면 무용지물이 될 때가 많기 때문이다. 오히려 젊은 세대들에게 어른들이 자동차 운전이나 컴퓨터 작동법을 배워야 한다. 가전제품의 사용법을 두 세 번씩 설명하는 젊은이들의 음성을 경청해 보아야 한다. "그것도 모르냐?"는 짜증이 섞여 있음을 쉽게 감지할 수 있다. 오늘날처럼 급변하는 사회에서는 어른들의 권위가 여지없이 무너지기 쉽다.

서로 신뢰하고 존중하며, 진실하게 말하고 행동하고, 상대방을 이해하려고 노력하는 어른들이라야 청소년들과 돈독한 관계를 형성할 수 있다. 그리고 도덕적으로 모범을 보이고 권위 있는 말과 행동을 할 수 있어야 존경받을 수 있다. 그런 인간관계 속에서 청소년들은 건전하게 성장·발달할 수 있다.

그러나 성취지향적인 사회에서 일 중심으로 사는 어른들은 자녀나 제자들과의 관계를 너무 소홀히 하게 된다. 바쁘고 분주한 어른들은 사람을 사무적, 기계적으로 대할 수밖에 없다. 인간은 생산의 수단으로 대하고 소유의 대상으로 생각하기 쉽다. 따라서 사람을 그 자체로서 존중하거나 사랑하지 못한다. 부부관계, 부모-자식관계, 스승과 제자관계, 노사관계도 마찬가지다. 신뢰하고 존중하며 사랑하는 인간관계라야 서로 긍정적인 영향을 주고받게 되는데 현대사회의 사람들은 피상적이고 형식적인 관계만 유지하며 지낸다. 인간관계의 와해가 탈선 행동을 야기하기 쉽게 한다는 가설이다.

가설 7) 대중매체에 의한 폭력물의 남발

일에 얽매여 생산성 경쟁을 치열하게 하는 부모들은 자녀들과 대화할 시간이 없다. 자녀들은 일찍부터 텔레비전을 보는 시간이 부모와 보내는 시간보다 많아진다. 글을 읽을 나이가 되면 만화나 전자오락을 즐기는 시간이 아버지나 어머니와 함께 하는 시간보다 많아진다. 결과적으로 부모와 공유하는 시간이 적어져서 돈독한 관계 형성이 어려운 것도 안타까운 일이다. 그런데 더 심각한 문제는 대중매체를 통하여 남발하는 향락물과 폭력물을 너무 많이 접하게 된다는 사실이다. 사람 죽이기를 재미로 하는 게임이나 잔인한 만화는 아이들에게 비인간적인 행동에 대한 면역이 생기게 하고, 비슷한 상황에 처했을 때 모방행동을 가능하게 만든다. 후배를 때려 죽게 하는 초등학교 어린이, 동료들을 폭행하고 착취하는 여중생, 칼부림을 일삼는 폭력배들은 그와 같은 행동을 만화, 영화 혹은 소설에서 배울 수 있다. 본의 아니게 우리는 젊은 세대들에게 대중매체를 통하여 향락, 폭력 행위를 가르치고 있는 것은 아닌가?

가설 8) 인구의 도시집중

산업화사회의 특징 중 하나가 인구의 도시집중이다. 좁은 공간에 많은 사람이 모여 살면 익명사회가 되게 마련이다. 서로가 서로를 몰라주는 사회이다. 하루에도 수백 명 수천 명씩 스쳐지나 가면서 사람들을 다 알고 인사하고 사귀고 지낼 수가 없는 상황이다. 출근길의 지하철이나 버스 안에서 우리는 사람으로서의 대우를 받기가 어렵고 남들을 사람으로 대우하기가 힘들다. 다같이 물건처럼 취급당하고 그렇게 남들을 대한다.

도시생활에서 우리는 개인의 심리적 영토를 주장할 수도 확보할 수도 없는 상황이어서 긴장과 불안을 자주 느끼게 되니 방어기제의 일환으로 주위의 사람들을 물건시하는데 익숙해진다. 남들에게 일일이 신경을 쓰지 못하고 무관심해지며 획일적으로 대하는 것은 곧 심리적으로 물건시하는 과정이나 다름이 없다. 그래서 대도시의 인간은 대체로 사무적이고 무관심하고 냉정하다. 그 곳에서 비인간적 행동이 자주 발생하는 것은 통계 숫자가 증명해 준다.

이상의 가설들은 관점에 따라서 달리 표현할 수도 있을 것이다. 그러나 비인간적 행동이 자주 발생하게 하는 어떤 요인을 다각적으로 설명하고 있음을 알 수 있을 것이다. 그렇다면 어떤 대책이 있는가?

증명하기가 쉽지 않은 가설들이어서 앞으로 계속적인 연구가 필요하리라 믿는다. 그러나 정확한 해결책을 제시할 수는 없으나 직관으로 생각해 볼 수 있는 대책은 다음과 같다.

첫째, 자연보호, 자연사랑, 인간사랑을 실천하는 일이 시급하다. 생명의 존엄성을 자연에서 배워야 한다. 고급 종교의 교리와 무위자연하는 삶의 철학을 가르칠 수 있어야 한다. 정부차원에서 자연환경의 보전과 개발의 균형 및 조화를 강조해야 한다.

둘째, 자유경쟁과 더불어 상호부조하고 협력하는 삶을 강조해야 한다. 이기주의적인 생활태도는 자유경쟁을 지나치게 부채질하는 풍토에서 조장된다. 불필요한 경쟁을 지양하고 상호부조하고 공존하는 생활태도를 길러 주어야 한다. 낙오자를 예방하고 빈부의 차이를 줄이기 위하여 다각적인 방법을 강구하여야 한다.

셋째, 윤리와 도덕을 강조하고 사회지도자와 어른들이 모범을 보여야 한다. '수완이 좋고 유능한 지도자'는 편법과 불법을 자행하는 사람으로 착각하지 않도록 윤리 도덕적으로 솔선수범하는 어른들이 늘어나야 한다. 정직하고 성실하게 살아가는 사람이 인정받는 사회가 되도록 노력하여야 한다. 자기 집 찢어진 문틈으로 내다보면서 이웃집 문 바르라고 소리칠 수는 없다.

넷째, 교육의 인간화이다. 학교교육, 가정교육, 사회교육이 지식 전달에 급급하고, 경쟁위주의 교육방법과 대량생산을 일삼아 바람직한 인간성 함양을 소홀히 하고 있다. 지·정·의가 균형 있게 발달하는 교육을 지향해야 한다. 태도나 가치관 교육 등 정의적 영역에 대한 인간교육을 중시하여야 한다.

또 다른 측면에서 요즘 청소년들이 거의 쓰고 있는 PC 통신과 그를 통한 상담현황을 알아보려고 한다.

한국청소년상담원 연구과제(김병석 외 2인, 1998)로 2,003명(초등학생 386, 중학생 487, 인문고생 391, 실업고생 396, 대학생 343명)을 대상으로 PC 통신상담에 관한 설문조사를 실시했다. 그 결과를 요약하면 다음과 같다.

첫째, PC통신의 경험을 알아본 결과 40.8%가 유경험자이고, 한 달 1회 미만(31.4%), 1주일에 1～2회(26.7%), 한 달에 2～3회(21.4%) 매일 1회 이상(20.3%)이었다. 그들은 관련자료나 정보를 얻기 위해(42.5%), 심심해서(21.4%), 친구를 사귀기 위해(15.8%) PC통신을 하고 있었다. 그리고 24.9%의 청소년이 음란물에 접속한 일이 있다고 응답했다.

둘째, PC통신의 사용 효과 면에서 PC통신의 사용으로 정보화시대에 함께 사는 것 같다(41.9%), 다른 사람과 친해지는 느낌이다(29.7%), 상쾌하다(18.0%), 시간을 많이 써 후회된다(17.8%), 더 유능해진 느낌이다(8.8%), 짜증난다(8.4%), 환상의 날개를 편다(6.5), 머리 속에 상이 지워지지 않는다(3.9%)는 응답이 나왔다. 또 PC통신 때문에 주위 사람들과 갈등을 겪는다(29.7%), PC통신 이용을 스스로 자제할 수 있다(64.6%)는 응답도 볼 수 있었다.

셋째, PC통신에 대한 기대 면에서 어떤 점이 가장 도움이 될 것 같은가에 대해, 필요한 정보를 쉽게 찾을 수 있다(27.1%), 정보교환(13.7%), 최신자료 얻는 것(13.0%, 컴퓨터에 대한 흥미개발(12.6%), 친구 사귐(11.5%), 시간 보내기(10.8%), 의견표현 능력 증가(13.9%)로 나왔다.

PC통신의 가장 좋지 않은 점으로서는 계속 빠져들게 된다(49.6%), 공부에 몰두하지 못한다(13.2%), 혼자서만 지내게 돼 우정관리가 안 된다(12.3%), 음란물 접속기회가 늘어난다(8.8%), 주위가 산만해진다(3.8%), 등이었다. 또 PC통신이 미래사회를 살아가는데 도움이 될 것이다(94%), 친구를 사귀는데 도움이 된다(70.5%)는 것도 살펴볼 일이다.

넷째, PC통신 상담실의 인식정도를 보니 5명 중 1명 정도는 알고 있다(21.8%)로 대답했다. 실제 상담경험자는 10.8%로 나왔다.

다섯째, PC통신 상담의 효과를 측정해 보니 58.0%의 응답자가 만족한다고 대답했다. 만족하는 이유로는 상대방을 모르니 편안하다(32.6%), 어디서든 상담가능(23.3%)하고 싶을 때마다 할 수 있다(18.6%), 나를 알리지 않고 고민을 털어놓을 수 있어서(16.3%), 다양한 정보를 얻음(16.3%), 다양한 사람으로부터 상담가능(14.0%) 등이었다.

여섯째, PC통신 상담에 대한 기대로는 74.7%의 응답자가 자기 문제해결에 도움을 줄 것으로 알고 있었다. PC통신 상담으로 도움받을 분야에 대해 진로·진학문제(25.2%), 공부문제(15.2%), 친구관계(14.2%), 성문제(10.8%), 성격문제(8.3%), 학교폭력(8.0%), 놀이활동(6.7%), 가정문제(4.2%), 자신의 외모·신체(2.7%), 술·담배·약물(1.8%), 가출문제(1.8%) 등이었다.

희망분야로는 각종 정보를 얻고 싶다(48.7%), 각종 검사를 받고 싶다(31.7%), 구체적인 문제해결 방안을 얻고 싶다(19.5%)고 하였다.

개선 희망사항은 통신사용료 부담경감(44.3%), 손쉽게 이용할 시설확충(21.4%), PC통신 상담실 이용 방법계몽(11.1%), 상담프로그램이 알차야 된다(10.8%), 접속용이(4.5%), 부모님의 이해 필요(3.4%) 순이었다.

위의 조사결과를 토대로 김병석(1998) 등의 연구진들은 다음과 같은 시사점을 제시하고 있다.

첫째, PC통신으로 인한 갈등을 해결하는 방법을 모색해야 한다.

PC통신 사용자들 중에서 PC통신으로 인해 주위 사람들과 갈등을 겪고 있는 경우가 3명 중 1명으로 나타난다. 갈등의 원인으로는 주변 사람들의 간섭, 사용료, 장시간 사용으로 공부 시간이 줄어드는 것 등을 들 수 있는데 이를 해결하기 위한 하나의 방법으로

PC통신의 효율적 이용에 대해 학생들에게 교육할 수 있겠다. 특히 학교 내에서 PC통신을 이용할 수 있는 시설을 갖추어 관련 수업 중에 교사들로부터 지도를 받을 수 있도록 하면 좋을 것이다.

둘째, PC통신 상담의 수혜자를 확대할 수 있는 방법을 모색해야 한다.

사회·문화적으로 불리한 조건에 있는 학생들의 경우 PC 구입에 대한 비용, PC통신 사용료와 전화료 등과 같은 경제적인 이유 때문에 PC통신에 대한 접근이 상대적으로 어려우므로 PC통신 상담의 혜택을 받지 못할 확률이 높다. 이들이 PC통신 상담을 통해서 도움을 받을 수 있도록 지원하는 제도적인 뒷받침이 필요하다.

셋째, PC통신 상담의 활성화를 위해 효율적인 홍보 전략을 마련해야 한다.

PC통신 상담의 확대와 발전을 위해서는 우선적으로 PC통신 상담이 하는 일에 대해 일반인들이 정확하게 인식하고 있어야 한다. 학생들이 PC통신 상담실에 대한 인식을 얻는 주요 경로가 TV나 라디오, 신문이나 잡지 등과 같은 대중 매체와 PC통신의 게시판인 것으로 보아 이러한 매체들을 이용하여 PC통신 상담실을 홍보해야 한다.

또한 교사를 통해 PC통신 상담실을 알게 된 학생들의 비율은 학년이 높아짐에 따라 감소하는데(초등학교 ; 11.5%, 중학교 ; 5.4%, 인문고 ; 2.1%, 실업고 ; 5.6%, 대학교 ; 9.0%) 후속 연구가 이루어져야겠지만 이는 PC통신 상담에 대한 교사들의 인식 부족에 기인하는 것으로 보여진다. 학생들의 PC통신 상담실 사용을 확대시키기 위해선 우선 교사들에게 PC통신 상담을 홍보하여 그들이 PC통신 상담에 대해 올바른 인식을 갖도록 해야 한다.

상담경험이 있는 학생들이 무경험자들에 비해 PC통신 상담실을 두드러지게 많이 이용하는 것으로 나타나는데 이를 통해 상담에 대한 학생들의 사전 인지도가 PC통신 상담의 이용에 영향을 미친다고 생각해 볼 수 있다. PC통신 상담의 확대를 위해서 먼저 상담에 대한 인식의 전환을 위해 상담을 홍보하고 대중화시키려는 노력이 있어야 한다.

넷째, 전문성을 갖춘 PC통신 상담자를 확보해야 한다.

PC통신 상담에 대한 불만족의 이유로 들고 있는 것 중 가장 많은 비중(20%)을 차지하고 있는 것이 '상담자의 전문성에 대한 확신이 덜 들기 때문에'이다. 내담자의 입장에서는 상담자가 자신의 문제를 해결하는 데 도움을 줄 수 있는지를 확인하고 싶어한다. 내담자는 상담자의 전문성에 대한 공신력 있는 정보를 확인함으로써 상담에 대한 신뢰를 갖게 되며 상담의 효과 또한 증가될 것이다.

다섯째, 효율적인 PC통신 상담을 위한 방법의 개발이 이루어져야 한다.

현재 PC통신에서 이루어지고 있는 상담은 체계적인 연구를 바탕으로 PC통신이라는 특수한 상황에 적합하게 개발된 것이라기보다 일반적인 개인상담이나 집단상담을 단지 PC라는 매체를 빌어서 이루어지고 있다. PC통신이라는 한계 내에서 상담의 효과를 최대화하기 위한 방법에 대한 연구가 진행되어야 할 것이다.

학생들이 PC통신 상담을 통해서 가장 도움을 잘 받을 수 있으리라고 생각하고 있는 것들이 진로/진학 문제(25.2%), 공부문제(15.2%), 친구관계(14.2%), 성문제(10.8%)로 나타나고 있는데 PC통신 상담의 보편화를 위해서는 이러한 분야에 대한 도움을 PC통신을 통해서 효율적으로 제공할 수 있는 방법들에 대한 연구가 필요하다.

청소년들은 상담자 - 내담자간의 직접적인 상호작용이 있는 대화방을 통한 상담을 가장 선호하며(66.1%), 직접적인 상호작용이 없는 나홀로 상담프로그램이나 서신상담을 다음 순위의 상담방법으로(24.2%) 선호하는 것으로 볼 수 있다. 따라서 학생들이 원하는 상담의 형태에 따라 상담자 - 내담자간의 상호작용을 가장 촉진시킬 수 있는 방법을 개발해야 한다.

여섯째, PC통신 상담실의 상담 영역을 다양화하고 각종 정보의 제공이나 검사 실시를 확대할 수 있다.

학생들은 PC통신 상담에서 각종 정보의 제공과 검사 실시가 확대되기를 바라고 있는데 이는 청소년 상담의 초기에 문제해결보다 각종 정보 제공이나 각종 검사의 실시에 많은 관심을 보였던 것과 유사한 것으로 보여진다.

한편 학년별로 초등학생은 도움을 원하는 두 번째 순위로서 '구체적인 문제해결 방법'에 37.1%가 응답하여 다른 집단에 비해 두드러진 현상으로 나타났다. PC통신 경험자들이 PC통신을 이용하는 가장 큰 이유로 '관련 자료나 정보를 얻기 위해서'로 나타났는데 학생들이 얻고 싶어하는 자료나 정보가 구체적으로 어떤 것들인지를 조사하여 PC통신 상담을 통해 이러한 정보들을 제공해 줄 수 있다. 또한 이들을 지나치게 사용함으로 인터넷 중독증의 문제도 생겨났다. 이에 대한 예방 및 치료 방안도 강구되어야 할 것이다.

제3절 신지식 청소년상

김대중정부에서는 새 학교문화 창조를 위해 '교육비전 2002' 운동을 전개한 바 있다.

이는 학교학생들의 자아실현을 최대, 최적으로 실현할 수 있도록 하여 주지주의 획일화 교육에서 창의성 신장으로, 기술적 훈련에서 인성교육의 강화로 개선해 나가자는 교육실천 운동이었다. 이 운동은 ① 자율과 참여의 학교 공동체 만들기 ② 입시부담이 적은 교육과정의 운영 ③ 학습자의 자기 주도적 학습능력 기르기 ④ 체험학습의 활성화 ⑤ 평가제도의 개선 ⑥ 교원의 전문성과 책무성 제고 등 총 6개 영역으로 구성되어 있었다.

또한, 신지식 청소년을 발굴하고 양성하자는 운동도 전개된 바 있다. 신지식이란 어떤 분야에서든지 가치창조의 원천이 되는 자신의 방법적 지식(know-how)을 터득하고 이를 남과 공유하며 현장에서 이 지식을 활용하여 부가가치를 창조하고 그 과정에서 다시 자신의 방법적 지식을 고도화시키려고 노력하는 사람이다. 지금까지는 지식과 그것의 생산성만 강조했으나 21세기를 위해선 지·정·의의 통합적 조화를 더욱 중요시해야 된다는 것이다.

이러한 개념의 연장선상에서 신지식 청소년을 정의한다면 "자신이 잘 감당할 수 있는 영역을 발견하고, 그 영역에서 자기 잠재력을 최대로 발휘하고자 하며, 이를 위해 필요한 마음가짐, 생활방식, 주요 능력을 연마하여 미래의 가치창조와 자아실현을 준비하는 청소년이다." 이런 사람이 되기 위해서는 ① 자기만이 할 수 있는 독특한 영역을 개척해야 되고, ② 자기의 영역에 실험적인 연구와 도전을 지속적으로 하며, ③ 주위의 압력이나 비판에도 잘 견디는 꿋꿋함이 있고, ④ 자기의 영역에 대한 정보수집과 분석을 하며, ⑤ 자기와 이웃을 소중히 여기고 사랑하는 청소년이어야 한다.

1) 신지식 청소년의 덕목

신지식 청소년상에 대해 박경애(1999)는 다음과 같이 7개 덕목을 제시하고 있다.

① 건강한 몸과 강건한 마음을 지닌 청소년으로서 좋은 생활습관을 익히는 청소년, 올바른 가치를 지향하는 청소년, 역경을 극복하는 청소년을 뜻한다.

② 일을 사랑하고 몰두하는 청소년으로서 진로를 진지하게 탐색하는 청소년, 삶의 목표가 뚜렷한 청소년, 잠재력을 극대화하는 청소년을 뜻한다.

③ 아름다움과 새로움을 추구하는 청소년으로서 여유 있고 개방적인 청소년, 창의적인 청소년, 열정이 있는 청소년을 의미한다.

④ 더불어 사는 청소년으로서 인간관계를 소중하게 여기는 청소년, 공동체 의식을

지닌 청소년, 환경을 아끼는 청소년을 가리킨다.

⑤ 과거를 이해하고 현재를 바라보며 미래로 나아가는 청소년으로서 역사를 바로 보는 청소년, 현실을 직시하는 청소년, 미래를 예견하는 청소년을 지칭한다.

⑥ 옳고 그름을 알고 행동하는 청소년으로서 분별력 있는 청소년, 사회적 정의를 존중하는 청소년, 양심에 따라 행동하는 청소년을 뜻한다.

⑦ 진리를 추구하는 청소년으로서 자기개발을 끊임없이 하는 청소년, 항상 배우려는 청소년, 깊게 넓게 생각하는 청소년을 의미한다.

2) 신지식 청소년의 특성

신지식 청소년의 특성들은 연역적 추리를 통해 뽑은 덕목들을 실천하고 있다고 생각되는 청소년들을 실제로 면접하여 귀납적으로 해석한 것으로써, 신지식 청소년들은 다음과 같은 특성을 보이고 있음을 발견했다고 한다(박경애, 1999).

<표 17> 신지식 청소년의 특성

	마음가짐(정서)특성	사고특성	행동특성
신나는 삶	자유로운	상상력, 창의력	독특한 영역 개발
확신에 찬 삶	자기확신	자기주도성	부단한 노력
열정적인 삶	열정	단순성	도전적/실험적 행동
배우는 삶	포부	목표의식	정보력
더불어 사는 삶	사랑	공동체의식	유대관계(나눔, 베품)

그들의 삶은 〈신나는 삶〉, 〈확신에 찬 삶〉, 〈열정적인 삶〉, 〈배우는 삶〉, 그리고 〈더불어 사는 삶〉의 모습을 띄고 있었다. 각 삶의 모습은 다음과 같이 설명될 수 있다.

(1) 신나는 삶

그들은 어떤 구속이나 외부의 억압에 얽매이지 않고 자유로운 마음가짐을 지니고 있으며 무한한 상상의 세계와 연결되어 있고 이 세계는 그들 나름대로의 독특한 영역을 개발하는 데 주요한 토대가 될 것으로 보인다.

(2) 확신에 찬 삶

그들은 자신만이 잘 할 수 있는 영역을 발견하고 그것에 대해 확신과 신념을 지니고 있다. 그 영역을 앞으로 계속해서 생애 진로로 삼을 수 있을지에 대해 고민하는 모습도 보이며 무엇인가를 해낼 수 있다는 신념을 보여주고 있다. 이러한 자기확신은 자신의 삶에 대한 주도성을 갖게 되고 외부 압력에 굴복하지 않는 꿋꿋한 행동으로 이어지고 있다. 우수한 능력과 탁월한 소질이 있다 하더라도 꾸준히 개발되지 않으면, 그 능력과 소질은 빛을 잃게 된다. 부단히 노력하는 자세는 확신에 찬 삶의 원동력이다.

(3) 열정적인 삶

그들은 열정이라는 에너지가 샘물 솟듯이 넘쳐 보인다. 자신의 여러 가능성 중에서 특히 잘 할 수 있는 영역을 발견하여, 꾸준히 도전하고 실험해 보는 행동을 보여주고 있다. 자신의 가능성을 여러 가지 각도에서 탐색하고 있으며, 자신에게 맞는 길을 모색하기 위해 많은 시간을 보내고, 실천으로 옮기고 있다.

(4) 배우는 삶

그들은 성장기에 있는 만큼 여러 가지 호기심의 해답을 추구하고 자신의 성숙을 위해 꾸준히 배우는 태도를 보인다. 이것은 앞으로 자신이 되고 싶은 '꿈'과 '포부'를 이루기 위한 중요한 자세이다. 자신의 소망을 성취하기 위한 장단기별 구체적 목표가 있고 이를 달성하기 위해 필요한 정보를 수집하고, 분석하고, 재구성하며 새로운 정보나 지식을 창출하는 능력이 뛰어나다.

(5) 더불어 사는 삶

'집단따돌림'이나 '왕따'와 같은 비적응적 형태들이 청소년들 사이에서 등장하고 있지만 신지식 청소년들은 더불어 행복하게 사는 삶을 지향하고 있다. 그들은 내 친구와 내 이웃의 행복 속에서 나의 행복을 느끼는 소위 '더불어 함께'라는 중요한 공동체 의식을 소유하고 있다. 이웃에 대한 사랑이 강하였고 인간과 인간 사이의 강한 유대관계를 형성하고 있다.

결국, 신지식 청소년의 특성을 요약하며 다음과 같다.

① 마음가짐(Mind set)

- 긍정적, 적극적 사고 → 자기 확신감, 자기 효능감
- 기존의 틀에 얽매이지 않는 자유로움 → 자기 개방성, 창의적 발상
- 자신의 일에 몰두하는 순수한 열정

② 생활습관(Habit set)

- 자신에게 충실한 삶의 방식 : 개별화 → 자기 개성
- 철저한 시간관리와 자기관리
- 끊임없는 탐색적, 도전적, 실험적 행동 → 강인성, 유연성

③ 기본능력(Skill set)

- 자기 결단력, 자기 선택능력 : 목표탐색 및 설정
- 관련정보의 수집과 가공, 생성능력
- 주변자원의 활용능력 및 관계능력

제4절 새로운 상담모형

"새 술은 새 부대에 담아야 한다."는 말이 있듯이 상담대상인 청소년들의 내면적 변화가 있고, 또 그들에게 기대하는 교육목표도 새로워지고 있으며, 그들이 살아갈 사회환경과 요구도 계속 달라지고 있다. 따라서 창조적 진화를 위해 상담도 점진적인 변화가 필요하다고 본다. 특히 신지식 청소년을 지원하는 창의적 자기실현 상담모형이 개발·제시되면 좋겠다. 또 WASP(White Anglo-Saxon, Protestant) 중심의 상담이론들이 각 지역 고유문화와 특징에 여과되면서 토착화되거나 한국적 상담모형이 빨리 제시되면 더욱 좋겠다. 현재도 동양적 상담론, 본성실현상담론 등이 나와 있지만 널리 보급되기 위한 노력이

필요한 실정이다. 우선 새로운 상담모형의 특성을 들어 보기로 한다(이숙영 · 김광수, 1999).

① 청소년의 자기개발을 위해 창의성을 강조해야 한다. 창의성이란 무조건 새롭거나 남하고 비교하여 상대적으로 다른 것을 발견해 낸다는 의미보다는 보다 적극적인 방식으로 자신의 잠재력과 특성을 최대한 활용하여 자신만이 생각할 수 있는 고유한 진로영역 또는 삶의 길을 발견, 추구하는 의미가 강조된다. 따라서 전통적인 교육이나 훈련을 통해 정해진 진로를 선택하는 것이 아니라 어떤 분야에서건 청소년 개인이 스스로 자신에게 적합하거나 최적의 진로 또는 직업 창출을 할 수 있는 힘을 길러 주는 상담이어야 한다.

② 청소년 개인의 진로개발 또는 성공이란 측면과 동시에 다른 사람 또는 사회 발전에도 유익이 될 수 있는 사회적 가치창조의 측면을 강조해야 한다. 예컨대, 인명을 해치는 무기나 재료의 개발은 창조적 가치라고 볼 수 없다. 즉, 자기개발은 청소년 본인과 이웃과 국가, 인류를 위해 필요한 인류공영의 측면을 중요시하는 상담지도이어야 한다.

③ 새로운 상담을 통해 추구되는 가치는 청소년 개인의 삶에서 진로의 성공, 효율적 삶이라는 경제적 측면과 진리와 정직, 아름다움 등의 정신적 가치를 강조해야 한다. 즉 청소년의 지적, 인지적, 기술적 측면의 개발만을 강조하는 것이 아니라 정서적, 도덕적, 인성적 측면의 전인적 성장을 중요시해야 한다.

④ 새로운 상담모형은 기존의 생각, 통념들을 벗어나 새로운 시각으로 다양하게 실험해 보는 자유정신과 실험정신을 토대로 해야 한다. 이는 특별히 청소년에게 내재하는 에너지, 힘, 정신 등의 청소년 특성에서 발견된다. 청소년들에게 내재된 모험, 포부, 의욕, 용기, 정의감, 의지, 자신감, 자유로움 등의 특성을 격려하고 자유와 실험정신, 도전의식 등을 격려하는 상담이어야 한다.

⑤ 새로운 상담모형은 청소년기의 학업과 취미생활, 가족이나 또래와의 관계, 노동, 체험, 자원봉사 등의 전체적인 삶의 맥락 속에서 즐거움과 의미를 동시에 추구해야 한다. 즉 진학 또는 취업의 협의가 아니라 전체적인 삶의 맥락에서 자아와의 관계, 일과 놀이의 세계를 통합하는 광의의 진로관을 가져야 한다.

⑥ 이 상담모형은 재능과 진로의 개발을 통한 청소년의 개인적 성장과 더불어 가족과 또래, 이웃, 공동체, 나아가 환경과의 관계 속에서의 성장을 자아실현으로 이끄는

핵심과정으로 강조해야 한다. 즉 청소년의 가치개발은 남하고 비교하여 이기려고 하는 경쟁의 원리에 의해서가 아니라 청소년을 둘러싼 다양한 관계 속에서의 협동, 존중, 봉사, 배려 등의 성숙된 관계성 또는 사회성의 원리에 의해 이루어짐을 강조하고 있다. 즉 청소년 개인이 더욱더 성공적으로 또는 효율적으로 살아가는 삶 뿐만 아니라 이웃과 환경을 생각하고 더불어 살아가는 삶의 중요성을 강조하여 자아실현 과정에서의 청소년 개인내적(intrapersonal) 측면과 대인관계적(interpersonal) 측면의 성장에 균형을 이루고자 한다. 청소년의 개인내적 측면(동기, 태도, 가치, 사고 등)과 개인외적 측면(공감, 갈등해결, 의사소통 등)의 체계적인 배양에 초점을 두는 심리교육 중심의 집단상담이나 훈련을 좋은 예로 들 수 있다.

⑦ 이 상담은 이와 같은 관계적 측면의 성장과 더불어 기존의 진로상담에서 강조했듯이 정보를 수집, 활용하는 소극적 차원의 정보력을 확대하여 수집한 정보를 다른 삶과 공유하고 평가하고 활용하는 정보와 관련된 관계망(networking)을 강조해야 한다. 즉 자신만의 방법을 터득하고 개발한 후 방법과 지식을 다른 사람과 나누어 함께 활용하게 하고 다른 사람으로부터의 평가나 피드백을 통해 자신이 개발한 방법의 활용가치를 높이는 한편, 나눔을 통해 지식의 공유적 가치를 높이는 것을 강조해야 한다. 이 상담모형은 진로개발과 관련된 사회적 통념이나 시각을 벗어나 청소년의 잠재력 개발 또는 추구방향에 대해 개방적인 이해와 다각도의 지원을 해줄 수 있는 사회적 지지체제의 역할을 강조해야 한다. 이러한 지지체제로서는 상담자, 가족, 또래, 교사, 선후배, 이웃 등과 더 나아가 교육제도와 사회체제까지 포함하는 것이다.

21세기를 향해 질주하는 현실 속에 세계의 정신계 지도자들은 〈영성, 공동체, 치유, 만남〉 등의 주제를 강조하고 있다. 이것들은 곧 종교와 교육에 대한 중요성의 재인식이다. 우리나라는 어느 나라보다 교육열이 높고 취학 인구가 많은 나라이다.

근대화는 자원이 없어도 고급인력의 양성으로 이루어졌다. 그러나 오늘날 고급인력이 취업난을 극심하게 겪고 있으며 이미 직업인이 된 사람도 직장으로부터 밀려 나오는 역류현상이 생겼다. 당분간 이런 현상은 계속되거나 더 심화될 전망이다. 그렇다면 상담활동도 새로워져야 내담자의 미래 생활을 성공적으로 지원할 수 있을 것이다. 스트레스 상황에 노출되는 인간에게 적응능력, 갈등상황 대처능력을 길러 줘야 되고 서로 다른 상황에서 상이한 사람끼리 살아가도록 인간관계 능력을 훈련시켜야 할 것이다.

세계인과 살기 위한 국제예절, 시대적 요청인 환경보호와 공해방지 및 건전한 가정을 지키기 위한 성도덕, 배우자와 직장동료 사이의 인간관계 등이 강화돼야 한다. 그러나 이런 내용이 기존 상담활동에는 충분치 않으며 학교교육 과정의 개편도 실제 상황변화의 속도를 따라가지 못하고 있다. 이 때 신축성 있는 학생생활지도, 즉 상담프로그램이 기존 교과중심 학교교육의 경직성을 보완하면서 인간성의 고급화 작업을 시도할 중요 교육활동으로 부각되어야 한다. 교과학습지도의 실패는 용서될 수 있어도 생활지도의 실패는 용납될 수 없는 것이다. 인간 본연의 파산이기 때문이다. '난사람(doing)'보다 '된사람(being)'이 중요한 것이다. 이를 위한 상담교육의 많은 영역 중 사이버 상담과 예방상담을 생각할 수 있다. 사이버상담은 많은 청소년들이 각종 PC통신과 인터넷을 이용해 정보를 얻고 익명의 타인들과 대화를 나누는 현실인식에서 생겨난 상담유형이다. 사이버 세계에서는 새로운 인간관계가 가능하고 가상인격체와 상호작용이 생긴다. 이런 의사소통은 익명성, 개방성, 시간과 공간의 초월성, 동시적 – 비동시적 상호작용성, 다자간 공동 상호작용, 정보의 질적 – 양적 다양성 등의 특징이 있다.

1) 사이버상담의 새로운 기법

박성익(1988) 교수가 제시하는 2000년대의 PC통신 상담(사이버상담)의 기법들을 소개하겠다.

(1) 상담사례의 데이터베이스를 구축하여 자율상담체제 제공

상담의 과정에서 일차적 과업 중의 하나가 수용, 공감적 이해, 신뢰로운 상담관계 등을 다루는 래포(rapport) 형성이다. 사실 이러한 상담관계를 형성하는 데는 많은 시간과 노력이 요구된다. 왜냐하면 내담자가 자신의 문제를 상담의 시작과 동시에 모두 털어놓는 것이 쉽지 않기 때문이다. 상당히 많은 내담자들은 자신의 문제에 대하여 스스로 도덕적인 죄의식을 지니고 있는 경우도 있고, 사회적 윤리나 규범에 벗어나는 경우라는 점을 어느 정도 인식하고 있는 경우도 있고, 스스로 부끄럽다는 생각을 가지는 경우도 있으며, 또는 내성적인 성격 때문에 자신의 내면세계를 잘 드러내지 않는 경우도 있어서 상담자와 내담자 간에 래포의 형성에 어려움을 겪게 된다. 한편으로는 내담자가 상담자에 대하여

전문성은 인정하지만 혹시라도 내담자가 자신의 문제를 드러낼 때, 상담자가 내담자를 어떻게 받아들일까에 두려움을 지니는 경우도 있고, 일반적으로는 내담자 자신의 문제가 어떤 경로를 통해서 외부에 누출되지나 않을까 하는 염려에서도 내담자는 자신의 문제를 속시원히 드러내 놓지 않게 된다. 이와 같은 면대면(面對面)의 상담과정에서 직면하게 되는 어려움을 효율적으로 해결하는 방식으로 사이버 세계의 기반인 컴퓨터 데이터베이스를 이용하면 매우 효율적인 상담접근이 이루어질 수 있다.

어떠한 문제라 하더라도 인간은 자신의 인간적 존엄성과 양심을 지니고 있기 때문에 자신의 문제를 다른 인간 앞에 털어놓기를 주저하게 된다. 그리하여 사이버 세계에 상담관련 데이터베이스를 구축하고 내담자가 활용토록 하는 것은 점차 확대되고 일반화될 것으로 예상된다. 상담사례의 데이터베이스를 활용하는 대표적인 하나의 예가 미국에서 1980년대 초반부터 시도해온 상담-진로지도 정보체제(CGIS : Counseling and Guidance Information System)이다. 이러한 시스템은 상당히 많은 상담사례를 상담문제의 사안별로 유목화하거나 키워드로 입력된 데이터베이스로 구축해 둠으로써 내담자가 사이버 세계의 익명성, 즉시성, 정보의 다양성이라는 속성을 이용하여 쉽게 접속하게 된다. 예를 들면, 내담자가 직면하게 되는 가정의 문제, 인간관계문제, 이성관계문제, 약물복용문제, 성폭력관련문제, 진로문제, 성격문제, 미혼모문제, 도벽문제, 법적인 문제 등 다양한 문제에 자연스럽게 접속하여 손쉽게 내담자의 문제를 해결하는 경우를 찾아볼 수 있다. 이와 같이 데이터베이스를 활용한 상담의 방식은 이제부터 적극적으로 연구 개발할 필요가 있다.

(2) 전자우편(E-mail)을 이용한 실시간 대화방식

상담자와 내담자간에 일대일의 상호작용을 하는 상담에서는 전자우편(E-mail)을 이용하여 시간과 공간을 초월한 의사소통을 하게 된다. 이 경우의 의사소통은 시간적인 격차를 두고 상호작용하는 방식과 동시적 상호작용의 방식이 있다. 동시적 상호작용의 방식은 실시간 대화로 이루어지며, 실시간 대화 방식은 상담자와 내담자간에 음성 및 동화상을 통하여 동시에 쌍방 대화를 하는 것으로 IRC(Internet Relay Chat)를 들 수 있다.

(3) 전자게시판(Bulletin Board)을 이용한 언-라인 공개토론 형식의 상담

다수의 상담자와 다수의 내담자간에 공통의 문제를 중심으로 공개적으로 의사소통하면서 상호작용을 하는 상담의 형식으로 전자게시판(Bulletin Board)을 들 수 있다. 이러한 전자게시판에서는 집단상담이 가능하다. 전자게시판을 통한 상담에서는 특정의 상담문제와 관련된 정보를 다수의 내담자들이 동시에 활용할 수 있도록 사이버 세계에 게시하고, 게시된 정보에 대하여 상담자나 내담자가 동시에 의견을 제시하고 의견을 수렴할 수 있는 기능을 제공한다. 이러한 상담의 형식은 공개적 가상토론을 통한 문제해결의 과정이기 때문에, 참여의 대상이나 상담문제의 유형에 제한이 없어서 누구든지 참여할 수 있다는 장점이 있다.

언-라인 공개상담의 경우에 내담자는 여전히 익명성을 살려서 부담 없이 자신의 문제를 솔직히 표출할 수 있는 계기가 마련되며 또한 상담광장이라는 홈페이지를 개설하게 되면 관심 있는 많은 사람들이 자신의 문제를 해결한 사례를 소개해 주게 됨으로써 설득력 있고 실감나는 상담정보를 내담자가 얻을 수 있게 된다. 다시 말하면, 다양한 경험과 배경을 지닌 내담자들을 하나의 토론과정에 참여시킴으로써 풍부한 정보교환이 이루어지는 상담환경을 구축할 수 있다. 이러한 상담체계를 도입하게 되면, 세계 각국의 전문가들이나 공통의 문제를 갖고 있는 사람들과 정보교환 및 상담을 받을 수 있다. 이러한 공개상담에는 상담전문가가 아닌 '동료상담'을 직접받아 볼 수도 있고, 그러한 상담은 상담전문가의 전문적 지도, 조언보다도 실제적인 경험의 사례이기 때문에 상담정보의 구체성을 지닌 '체험상담'이 가능한 것이다. 이것은 사이버 세계의 전자우편 또는 편지함 기능을 이용하는 것과 유사하다.

이러한 공개토론 형식의 상담과정에 활용되는 전자게시판으로는 List Serv와 Usenet가 있다(권성호, 1997). ListServ는 전자우편 주소를 개설하고 있는 상담집단의 모든 사람들에게 컴퓨터를 통하여 상담정보를 전송하는 것을 말하며, 이 경우에는 상담문제의 유형별로 토론의 내용을 구조화해서 정리하지 못한다는 약점이 있다. ListServ의 예로는 상담전문가들 간에 다양한 주제에 대하여 토론하거나 사례자문을 구하는 ICN(Internal Counselor Network)을 들 수 있다. Usenet는 공개적으로 하나의 상담문제에 대하여 다수의 사람들이 동시에 의견을 제시하고 토론하는 형식으로서, 주제별로 구성된 전자우편 목록이 있는 것이 아니라, 관련 정보를 저장하는 컴퓨터가 따로 지정되어 있기 때문에, 상담자가 해당 컴퓨터에 관련 정보를 주제별로 전송하면 모든 사람들이 이용할 수 있도록 지정된 컴퓨터에 저장된다.

(4) 면대면의 '원격 화상상담'

원격 화상상담(Distance Conferencing Counseling)의 형식을 생각해 볼 수 있다. 이것은 원거리에 있는 상담자와 내담자가 일대일 또는 집단과 집단이 상호작용하면서 공통의 상담문제를 토론, 강의, 포럼 형식으로 풀어 가는 방법으로써, 원격지의 전문가들과 면대면 상담이 가능하다는 장점이 있다.

2) 청소년 사이버상담(PC통신 상담)의 방향

김병석(1998) 교수가 제시하는 청소년 사이버(PC)상담의 방향을 알아보자.

사이버상담의 발전 속도는 거의 예측할 수 없을 정도로 빠르다. 미국의 경우 수년 전까지만 해도 사이버 상담은 교과서에서 상담의 미래 형태로 소개되는 정도였지만, 컴퓨터의 급속한 보급과 컴퓨터 통신의 빠른 발달에 힘입어 불과 수년 사이에 국내는 물론 국제적인 네크웍을 통해 다양한 사이버 상담이 제공되고 있다. 이미 수많은 상담자들이 마치 사무실을 개업하듯이 PC에 홈페이지를 개설하거나 컨소시엄처럼 서로 연결되어 있다. 그들에게 사이버상담은 이미 활발한 사업이 되었다. 이는 불과 수년 이내에 생긴 현상이다. 미국에서 사이버상담이 이토록 빨리 발전하게 된 이유는 첫째, 이미 대중들이 상담을 필요하고도 유익한 서비스로 인식하고 있었다는 점, 둘째, 컴퓨터의 보급과 기술발전이 급속히 이루어졌다는 점, 셋째, 사회적으로 상담의 전문적 기준이 마련되고 이를 바탕으로 상담이 중요한 서비스 사업으로 정착되어 있었다는 점을 들 수 있다.

우리나라 상담시장의 사정은 조금 다르다. 국가적으로 상담은 이제 겨우 그 효과를 인정받기 시작하는 단계이며, 대중에게도 이제 정신과의사가 하는 일과는 다소간 다르면서 문제들에 따라서 정신과의사의 치료를 받는 것보다는 상담을 받는 것이 더 유용하다는 인식이 조금씩 이루어지고 있는 동시에 많은 분야의 사람들이 상담을 배우려는 동기가 무르익어 가는 단계이다. 그러나 상담관련 학자들이 한국상담학회를 조직해(2000년 : 초대회장 李炯得 박사) 상담자의 자격기준을 정하고 년차대회와 분과학회의 활동을 강화하고 있는 중이므로 곧 미국처럼 정착될 수 있을 것이다. 상담소도 중앙이나 지방자치단체의 전적인 지원으로 공공기관으로서 청소년상담원을 비롯한 시・도청소년 종합상담실이 완비되어 있으므로 곧이어 중소도시와 군・구까지 청소년 종합상담실이 구비되어 갈 것이다. 그 외 주로 전화상담을 하는 봉사단체로서 '생명의 전화'(Life Line)가 있으며, 영리를 위한 사설상담 시설은 설립자나 전문상담자의 자격 기준이 없이 임의로 운영되고 있는 형편이다. 그러므로 상담소비자로서의 내담자들이 어디를 가서 누구를 찾아야 하는지를 알려 줘야 한다. 한 마디로 상담이 개인들이나 단체에게 서비스산업으로 인식되기 시작한 단계라고 할 수 있다. 이러한 상황에서 사이버상담을 이용해 본 사람들이 전체 조사집단의 약 10%라는 것은 사이버상담이 청소년들에게 얼마나 잘 수용될 수 있는지를 쉽게 말해 주는 증거라고 생각된다. 따라서 앞으로 사이버상담이 상담서비스를 계몽하고 보급하는데 대단히 효과적인 매체라고 주장해도 틀리지 않을 것 같다.

그러나 사이버상담이 활발하게 보급되기 위해서는 몇 가지 제한점이 해결되어야 한다.

첫째, 컴퓨터 보급이 확대되어야 한다. 이것은 TV처럼 거의 모든 사람이 컴퓨터를 소유하고 PC통신을 사용하기 위해서는 물론 우리나라의 전반적인 경제적 수준이 향상되어야 하지만 우선 학교나 공공기관, 또는 사업체에서 이미 충분하게 보급되어 있는 컴퓨터를 활용하는 방안을 생각해 볼 수 있다.

둘째, 사용료가 청소년들에게 부담스럽지 않아야 한다. 현재는 사용료의 부담이 청소년들에게 PC통신을 사용하지 못하거나 충분히 활용하지 못하는 이유가 되어 있다.

셋째, 풍부하고 만족스러운 상담프로그램이 개발되어야 한다. 현재에도 학습이나 진로 혹은 심리적 문제에 대한 여러 가지 정보가 제공되고 있다. 그러나 그 내용이 더 전문적이고 적절해야 하며 또한 풍부해야 한다. 사이버상담은 대면 상담보다 제한적인 만남 속에서 이루어지기 때문에 피상적인 상담이 될 가능성이 높다. 이를 극복하기 위해서는 잘 훈련된 상담자가 많이 길러져야 한다. 문자나 화상을 이용하는 상담은 익명성을 보장하여 내담자가 보다 자유롭게 자신을 표현할 수 있다는 장점은 있지만 감정의 포착, 공유 그리고 문제의 파악과 개입에 있어서 제한적이기 쉽다. 또한 신세대 청소년들의 문화가 제한 없이 표현되는 상황에서 얼굴을 보지 않고 그들을 파악하고 보조를 맞춘다는 것은 충분히 훈련되지 않은 상담자로서는 쉽지 않은 과제이다. 현재 아주 미미한 단계에 있는 즉시적인 채팅과 같은 상담이 진행되기 위해서는 아주 숙련된 전문적 상담자가 많이 배출되어야 한다.

넷째, 사이버상담이 활성화되기 위해서는 상담자 자신들이 사이버 세계에서 활발한 활동을 함으로써 대중들에게 상담의 여러 가지 수준의 활동 내용을 노출할 필요가 있다. 따라서 학술논문들의 초록이나 학술대회나 서비스의 공고, 학회 활동 등이 사이버 세계에서 대중들에게 알려질 필요가 있다. 또한 상담학자들이 서로의 공동연구나 세미나 등을 사이버 세계에서 함으로써 사이버 세계가 상담 학문의 발전에 주요한 매개가 되도록 해야 한다.

다섯째, 앞으로 컴퓨터와 통신 기술의 발전이 비약적으로 발전해 나갈 것이므로 상담자들이 이러한 기술의 발전을 활용할 수 있는 능력과 윤리적 수준을 갖추어 나가야 한다. 대중뿐만 아니라 많은 학문분야들이 정보화 사회의 발전에 보조를 맞추려고 노력하고 있다. 상담학자들도 이러한 노력을 적극적으로 해 나갈 필요가 있다.

마지막으로 상담을 전통적인 심리치료의 모형에서 파악하는 일이 극복되어야 한다. 심리치료란 상담의 한 기능에 지나지 않는다. 상담은 인간의 발달을 촉진하기 위하여 교육적, 심리적, 사회적, 문화적 방법과 노력을 활용하는 다양하고도 실제적인 학문이다. 따라서 학급경영이나 산업체의 생산성 향상, 건강한 가정을 이끄는 일, 창의성이나 우월성을 개발하는 일 등 개인과 우리 사회의 전반적인 활력과 생산성을 향상시키는 일이 상담의 과제이며, 이런 과제를 수행하기 위한 방법과 원리는 대단히 다양하다. 그러므로 사이버상담을 심리치료나 심리교육에 국한시키기보다는 다양한 과제와 방법을 개발해야 한다. 청소년들의 문제를 단순히 개인이나 가정의 문제로 개념화할 수 있지만 학교, 사회, 국가의 문화와 전통, 혹은 사기의 문제일 수 있고 이는 다시 국제적인 상황의 문제로 개념화될 수 있다. 따라서 사이버상담은 그 영역과 방법에 있어서 다양한 프로그램이 다양한 방법으로 개발됨으로써 발전될 수 있다. 이것은 점점 더 빠른 속도로 발전하는 기술과 상담학의 발전으로 실현되어 갈 것이다.

제5절 결 언

"새 술은 새 부대에 담아야 술도 좋고 부대도 보존된다."는 성경을 상고해 보자. 21세기가 주춤추춤 다가와 있다. 전 지구가 하나의 공동체로 가까이 밀착되면서 만인의 만인에 대한, 각국의 각국에 대한 양보 없는 경쟁과 상호의존의 모순된 현실 속에 살고 있다.

또 정보화, 국제화의 새로운 판도 앞에서 준비되지 못한 개인들은 옛날보다 훨씬 더 무능감과 좌절감 및 실패를 경험하고 있다. 그리하여 21세기에 대해서는 절대낙관론과 절대비관론의 두 흐름이 모두 영향력을 갖고 있는 새로운 혼돈 그 자체가 되고 있다. 오늘의 청소년들은 이와 같이 신바람 나는 세계이면서도 동시에 두려움으로 가득 찬 세계를 살아가야 한다. 컴퓨터 하나로 세계를 아는 것 같으나 사실은 점점 더 지혜롭지 못한 현상에 빠져들고 있다.

지금의 청소년은 세계인이면서 한국인으로, 전체를 보되 각 개인을 소중히 여기며, 경쟁과 협력을 지혜롭게 해내야 하는 세대이다. 그들을 성공적으로 길러 내기 위해 상담자들이 해야 할 일은 한두 가지가 아니다. 가변성과 불변성을 가려낼 수 있게 해 주고, 새로운 도전에 잘 대응해 나갈 수 있는 실제적인 능력을 길러 주어야 한다. 그런 방법의 하나로 사이버상담을 살펴보았다. 그러나 이것 또한 여러 가지 실험적 대안의 하나일 수밖에 없다는 한계를 절실히 느끼게 된다.

제 8 장

청소년을 위한 성교육

- 서 언
- 성과 성교육
- 성교육 상담의 내용
- 성교육 상담의 실제
- 결 언

제1절 서 언

성의 문제는 동서양, 남녀, 모든 신분과 연령층에게 예외 없이 해당되는 인류공통의 문제요 초국경적 주제이다. 그러면서도 선과 악, 정과 사의 양면성을 함께 갖고 있는 문제이기도 하다. 같은 성생활이라도 정당한 부부생활로 이루어지면 축복이요 기쁨인데 혼외, 혼전 문제로 시행됐을 때는 죄악이요, 불륜이요, 퇴폐가 되는 것이다. 모든 인간에게 일평생 관련되는 일이면서 이렇게 이중의 가능성을 갖고 있고 축복이면서 범죄가 될 수 있는 사안이기 때문에 그 무엇보다도 정확하고 체계 있게 교육하고 상담되어야 할 문제이다.

성을 보는 입장은 다양하다. ① 성을 종족 보존의 차원에서 보아 자손을 번식시키는 본능적 욕구로 보기도 하고, ② 성을 사랑의 표현행위로 보아 사랑하는 사람간에 이루어질 때만 도덕적이고 윤리적인 것으로 이해하기도 하며, ③ 성을 성행위를 통한 성적 쾌감 추구로 이해하여 각종 의무로부터의 자유를 주장하기도 한다(대한가족계획협회, 1993).

최근에 유치원의 한 학급에서도 자위를 하는 아이들이 2~3명씩 발견될 정도로 신체적 발달이 빨라졌고 성문화 환경이 크게 달라져 청소년들이 음란문화 속에 계속 노출되며 생활 속의 여러 장면에서 남녀노소 누구에게나 구분 없이 성문제가 발생되고 있다.

성교육문제에 대해서도 그 필요 유무에 대한 논란은 있고, 성을 과학적으로 가르칠 것인가, 도덕적으로 가르칠 것인가에 대해서도 의견이 갈린다. 따라서 성교육이나 성상담을 위해서는 성교육 내용과 성교육 대상 연령 및 성교육 실시 순서 등에 대한 세밀한 검토와 일관된 규범이 있어야 한다. 최근 계속되어지는 청소년의 성적 문제, 성폭력, 성적 탈선과 사회분위기의 퇴폐문화로의 오염 등에 대해 염려하는 사람이 많고 성교육과 성상담을 청소년교육 현장에서 어떻게 다루어야 할 것인가에 대해 의견이 분분한 상태이다. 그러므로 현대사회에서 성에 대해 부정적으로 나타나고 있는 이혼(divorce), 남색(sodomy), 유산(abortion), 피임(contraception), 간음(fornication), 강간(adultery), 불임(sterilization), 매춘(prostitution) 등을 긍정적이고 적극적인 덕목으로 바꾸어 주는 교육 상담 프로그램들을 개발하고 적용해야 될 것이다.

또한 좁은 의미의 성교육(Sex Education)을 넓은 의미의 가정생활교육(Family Life Education)으로 바꾸어야 한다. 유럽인들과 IPPF(International Planned Parenthood Federation) 같은 기구에서도 이 같은 개선을 강조하고 있다(Randy Engel, 1989). 따라서 청소년에 대한 성교육과 성상담을 보다 효율적으로 실시하여 행복한 결혼생활을 할 수 있도록 청소년 성교육상담에 대해 기본적인 이해를 돕고, 그 동안 각 기관에서 실시해 온 성교육 내용을 검토한 후 구체적인 상담 프로그램을 제시하여 현장교육상담자들을 지원할 필요성이 제기된다.

제2절 성과 성교육

1) 성의 개념

한자어 성(性)은 마음 심(心)과 낳을 생(生)의 합성어로서 마음과 몸을 합쳐 인간 전체를 이룬다는 의미이다(김형태 외, 1998).

영어의 '성'은 크게 sex, sexuality, 그리고 최근의 경향인 gender로 나누어진다. Sex는 생물학적 성으로서 감정을 수반한 성행위, 즉 성교의 의미를 갖는 협의의 개념이다. Gender는 남성다움 혹은 여성다움에 대한 성정체감 차원을 의미한다. 이는 Sex보다는 넓은 의미로서 사회과학이나 행동과학 측면에서 다루어지는 성이다.

Sexuality는 앞의 두 가지를 포괄하는 개념으로서 성행위, 성에 대한 우리의 태도, 가치관, 문화, 경험, 임신과 출산 및 양육 등 '성'과 관계된 전체를 포함한다. 즉, 생물적, 심리적, 행동적, 문화적, 임상적 차원까지 포괄하는 성의 개념이다.

각 차원별로 포괄하는 내용을 정리하면 다음과 같다.

① 생물적 차원에서는 남녀의 생식기 구조와 작용, 성적 흥분과 월경주기, 성호르몬 관계, 인간의 번식과 관련된 것들, 출산, 조절, 피임 등에 관한 것들, 연령 증가에 따른 성 발달이 포함되어 있다.

② 심리적 차원에서는 심리발달과 성적 성숙, 성역할과 성주체성, 성적 행동, 사랑과 결혼 등이 다루어진다.

③ 행동적 차원에서는 "남녀간의 또는 독신 혹은 동성간의 성관계가 어떻게, 왜, 무엇이 일어나는가?"에 관심을 두며, '성도착'이나 혹은 성폭력, 근친상간과 같은 이상 성행위 등을 다룬다.

④ 문화적 차원에서는 문화적 차이에 따른 성역할, 성행동, 성적 매력, 남녀의 성역할 차이, 성폭력, 성도착에 대한 기준, 예술, 대중매체, 종교의식, 사회계층에 따라 성에 대한 관점이 어떻게 달라지는가? 등을 다룬다.

⑤ 임상적 차원에서는 임상적 병리와의 연관성, 성기능 장애와 치료, 질병 장애와 성과의 관계, 성행위와 관련된 질병 등을 취급한다.

2) 성교육의 개념

성교육이란 남녀 일반의 성적 특성과 역할에 대한 이해뿐만 아니라 남녀가 각자 자기 자신의 성적 욕구가 있고, 성행동을 할 수 있는 존재로서 이해하고 받아들이며, 나아가서는 이성을 배우자로 선택하여 원만하고 행복한 가정생활을 영위할 수 있게 도와 주며 성적 피해를 방지할 수 있도록 가르치는 과정이다(김형태 외, 1998).

성교육의 올바른 개념은 남녀 양성으로 구분되어 있는 인간사회에서 가치 있는 생활을 영위하기 위해 남녀가 각 성의 특성과 역할을 이해하고 신뢰와 존경과 협력을 바탕으로 하는 인간관계, 그 중에서도 특히 남녀간의 인간관계를 원만하게 유지하는 동시에 올바른 성의식, 건전한 성태도, 분별력 있는 성습관을 지님으로써 우리의 생활양식이나 문화 그리고 사회적 규범에 어울리는 진실한 생활을 할 수 있도록 이끌어 가려는 것이다(서울시 교육연구원 교사용 자료).

성교육의 사전적 의미는 성에 관한 과학적 지식과 함께 관련된 사회규범을 지도하는 것이다. 남성 및 여성간의 정신적 및 육체적인 관계를 건전하게 하기 위한 지도 또는 대책을 말한다. 성교육은 성과학을 바탕으로 하여 과학적이고 합리적이며 그 사회에 알맞게 지도함으로써 건전하게 성장하고 훌륭한 정신생활로 승화시키도록 이끌어야 한다. 성교육을 간혹 순결교육이라고 부르는 까닭이 여기에 있다(김형태 외, 1998).

이상에서 성교육이란 개념에 대한 공통된 정의는 남녀의 성적 특성과 역할을 올바르게 이해한다는 것과 이를 통해 남녀간 인간관계에 있어서 원만하고 건전한 생활양식을 영위할 수 있도록 가르치는 것이라고 보고 있다. 따라서, 성교육이란 남녀의 신체적, 생식생리적 특성을 올바르게 앎으로써 남녀의 생물적, 심리적, 및 문화적 차이를 이해하고 수용하며 더 나아가서 건전한 성가치관, 성태도, 성윤리를 형성하여 궁극적으로 남녀 상호간에 올바른 인간관계를 형성하고 원만한 생활을 영위할 수 있도록 가르치는 과정이라고 말할 수 있다.

(1) 성교육의 필요성

얼마 전까지만 해도 우리나라에서 성을 사회적으로 이야기하는 것은 상당히 조심스럽고 어려웠다. 구성애씨의 아우성(아름다운 우리들의 성) 강좌에서 이 금기를 깬 것은 매우 다행한 일이었다. 특히, 기성세대들은 자녀들에게 성에 대해 이야기하는 것을 매우 위험한 일 또는 부끄러운 일로 치부하였고, 혹 자녀가 성에 대한 궁금증을 물어 올 때는 당혹함을 감추지 못하고 "이 다음에 크면 자연히 알게 돼!" 하면서 더 이상 그런 질문을 하지 말라고 금지시키다시피하였다. 기성세대들은 성교육이라 하여 특별히 교육받은 일이 거의 없었으며—물론 각종 잡지, 선배, 친구 등의 방법으로 성 정보를 얻었겠지만—또 그런 교육을 받지 않아도 자연히 알게 되었으며, 별 탈 없이 성인이 되었다고 여겼다. 따라서 청소년들에게 성교육을 해야 한다는 필요를 느끼지 않았다. 오히려 성교육을 했다가는 그들의 호기심을 자극하여 엉뚱한 일을 저지를지도 모른다는 소극적 생각을 갖고 있었다.

기성세대들이 그렇게 방심하고 있는 사이, 지금의 청소년들은 기성세대들의 상상과는 정반대의 양상으로 나타나고 있다. 매스미디어와 각종 매체의 발달과 그에 편승한 성적 자극물의 홍수 속에서 살아가고 있는 청소년들은 의지에 관계 없이도 쉽게 저질 성문화를 접하게 되었다.

그 결과 1990년대에 들어서면서 청소년의 성범죄가 증가하고 있으며 또한, 소위 원조교제(미성년자 매매춘) 등 그 연령이 저학년으로 내려가고 있다. 유아를 대상으로 하는 성인 성범죄도 급격히 증가함에 따라 성문제가 사회에서 커다란 문제거리로 떠올랐고, 이제부터라도 성교육을 강화해야 한다는 공감대가 사회전반에 걸쳐 형성되어, 지금은 일선 학교에서 일정 시간을 할애하여 성교육을 실시하고 있으며, 또한, 성교육에 관련된 각종 도서와 자료도 쏟아져 나오고 있다.

성에 대한 호기심은 3세 이후에 자연스럽게 생겨난다고 한다. 연령이 증가함에 따라 성과 관련된 호기심과 고민도 많아지게 된다. 지극히 본능적인 것이다. 호기심 자체를 억압한다는 것은 무모한 일이며, 또한 멀티미디어가 발달한 현 사회에서 성적 자극원 자체를 없앤다는 것은 더욱 어려운 일이다. 그러면서도 저질 성문화로 인한 잘못된 성가치관의 형성과 성범죄의 증가를 막아야 할 사회적 필요성이 절실히 생긴 것이다.

(2) 성교육의 목적

성교육의 목적은 곧 성교육의 필요성에서 드러나게 된다. 즉, 청소년들이 성에 대해 올바른 인식을 가지며, 각종 성에 관련된 고민을 해결하고 문제에 부딪혔을 때 적절하게 해결해 나갈 수 있게 하는 것, 그리고 남녀간의 건전한 인간관계를 형성할 수 있도록 돕는 것이다. 이것들은 궁극적으로 개인에게는 올바른 가정(부부) 생활을 영위할 수 있게 하며 사회적으로 올바른 문화 형성을 도모하고자 하는데 목적이 있는 것이다.

3) 성교육의 내용

대한가족계획협회(1993)에서는 성교육 내용의 일반적 원리를 다음과 같이 제시해 놓았다.

- 아이는 남자와 여자가 결혼하여 같이 살면서 만드는데, 아기는 엄마가 낳고 아빠와 함께 기른다.
- 남자와 여자는 서로 도와 가면서 살아야 한다.
- 남자의 몸과 여자의 몸이 어떻게 생겼는가 안다.
- 생식이 이루어지는 방법을 안다.
- 아버지와 어머니의 역할을 안다.
- 남녀가 서로 어떻게 대해야 되는가를 안다.
- 성교의 자세와 과정 그리고 사정과 월경을 안다.
- 성병, 자위, 동성애가 무엇인가 알고 성병의 예방과 치료법을 안다.
- 성에 대한 호기심을 어떻게 충족시켜야 하나, 성충동은 어떻게 해결하나를 안다.
- 성과 사랑의 관계를 안다.

· 성 때문에 일어나는 여러 가지 문제들(동성애, 성폭력, 근친상간, 피임, 성태도)을 안다.

서울 YMCA 청소년 상담실(1992)의 성교육상담 자료집은 다음과 같은 내용을 다루고 있다.

I부 : 성과 사회, 성개념의 형성과정, 임신과 출산, 피임법, 비뇨기과와 산부인과 질환, 후천성면역결핍증, 성적 장애 문제와 치료, 이상성심리 및 성도착의 문제
II부 : 성관련법의 내용과 문제점, 불평등사회와 왜곡된 성의 실상(성폭력), 청소년 약물남용 실태와 대처 방안
III부 : 성교육사담자의 자세, 성교육의 실제, 성상담의 실제
부록 : 청소년 공동체 훈련 프로그램, 외국의 성교육, 성교육 도서 및 시청각 자료, 주요 상담기관

김숙영(1988)의 안양소년원 성교육 학습지도안의 주요 내용은 다음과 같다.

① 가족 일원으로서의 나(나의 성장과 가족, 가족과 나의 역할, 나의 설계)
② 사춘기의 신체발달(사춘기의 특성, 남자생리와 위생, 여자생리와 위생)
③ 사춘기의 개성신장(사춘기 정서의 특징, 청소년의 생명력, 개성신장과 청소년 문화 형성)
④ 성적 관심과 충동(신체 성숙과 성적 관심, 성충동과 사고, 성행동 고민과 해결, 성적 질병과 예방)
⑤ 이성교제(사춘기 교우관계, 남녀교제, 떳떳한 교제, 사랑과 책임)
⑥ 성과 성윤리(남녀의 정결, 올바른 성윤리)
⑦ 남녀의 역할 성장(성역할 성숙의 과정, 사춘기의 성역할)
⑧ 새로운 남녀관계(남녀의 협력과 조화, 인격체로서의 남녀)

서울시 교육청(1986)의 성교육 사례집의 내용 개요는 다음과 같다.

① 여성의 생리(2차 성징, 월경불순과 건강, 월경 중의 청결, 월경통과 처치, 대하/냉)
② 남성의 생리(남성의 생식구조, 남성의 생리현상, 포경, 남성의 성적 충동)

③ 이성간의 교제(청소년기의 정서적 특징, 이성간의 우정과 연애, 동성연애, 순결의 의의, 순결성의 기준)
④ 성생활의 윤리(남녀의 성심리, 자위행위, 임신 중의 성생활, 성생활에서의 몸가짐, 성변태 행위)
⑤ 성병(성병의 종류, 성병의 예방과 치료)
⑥ 결혼(결혼의 조건, 결혼초야의 행동과 마음가짐, 근친결혼과 유전)
⑦ 가족계획(이상적인 가족계획, 피임의 종류와 방법)
⑧ 임신(배란, 임신의 증세, 임신 중의 생활, 태교의 중요성, 유산과 후유증, 불임증)
⑨ 분만(분만과정, 기형아의 출산, 조산과 사산)

오세원(1990)은 「십대의 성교육」에서 그 내용을 다음과 같이 구성하고 있다.

① 성의 본질로서 윤리와 과학 사이의 성, 성을 결정하는 염색체, 성의 존재형태, 생물학적 성차, 심리학적 성차, 행동으로서의 성
② 성교육의 의의와 배경으로서 성교육의 이유, 성교육의 방법
③ 가정에서의 성교육
④ 학교에서의 성교육
⑤ 성에 대한 궁금증은 이렇게 풀어 주라.
⑥ 나쁜 버릇은 좋은 말로 고쳐 주라.
⑦ 성기의 구조와 역할
⑧ 성 발육의 표징
⑨ 성의식의 발달과 행동
⑩ 성비행과 성피해의 방지
⑪ 성비행을 부르는 마약
⑫ 성기의 보건
⑬ 성교육 현장

위에서 열거한 성교육과 성상담 커리큘럼들은 매우 광범위하게 성과 성문제들을 다루고 있다. 가정과 학교 및 전문 성교육기관에서는 폭넓게 성교육상담을 실시해 오고 있지만, 이런 교육과 상담의 직접 수혜자인 학생들은 이런 교육에 대해 어느 정도 알고 있으며,

어떤 평가를 내리고 있는가를 알아볼 필요가 있다.

4) 성교육에 대한 평가

김광일, 정동철이 서울과 부산에 사는 98명의 성인을 대상으로 혼외 성관계에 대한 태도를 요인별 분석방법으로 연구한 결과를 보면 다음과 같다(김형태, 1998).

현대적 자유주의 입장은 성을 되도록 즐기며 성에 대한 화제를 공개적으로 토론하고 남녀평등을 믿으며, 이혼도 불사하는 급진적 경향을 보이는 집단이다. 이들은 주로 대학교육을 받은 젊은 남자들이다.

도덕적 보수주의 입장은 성을 즐기는 것을 용납하지 않고 남녀의 불륜을 패륜으로 본다. 남녀평등을 믿으면서도 성에 대해 폐쇄적이고 도덕적이고 이상적인 태도를 갖고 있다. 고등교육을 받은 중년 여성들이 이 집단에 속한다.

반보수주의 입장은 남성의 방종한 성행위에 대해서 관대한 반면 여성의 순결을 강요하며, 이혼을 용납하지 않는 남존여비사상에 강하게 반대하는 것이 특징이다. 즉, 여성의 자유와 해방을 원하며 성을 즐기고 성의 도덕적 가치를 부정한다. 중등교육을 받은 중년 여성이 여기에 속한다.

정통적 자유주의 입장은 성의 즐거움을 인생의 중요한 부분으로 보고 여성에게는 순결을 강하게 요구하면서도 남성의 혼외정사는 당연한 것으로 인정하는 남녀 성에 대한 이중적 기준을 갖고 있다. 이들은 대부분 중등교육을 받은 중년 남성들이다.

여권주의 입장은 성에 관한 전통적 규제와 속설을 부인하고 성의 즐거움과 자유를 추구한다. 남존여비사상에 강력히 저항하고 오히려 여존남비적인 사상에 가까울 정도로 남녀평등을 주장한다. 그러면서도 이상적이고 질서와 윤리를 강조한다. 이들은 대학졸업, 대학원졸업 등 아주 높은 교육수준의 젊은 여성들이다.

합리적 자유주의 입장은 성에 대한 정확한 지식이 있고 성에 대해 자유로우면서도 이에 대한 책임을 강조한다. 남녀평등을 주장하고 현실적 여건을 중요하게 생각하는 합리적인 태도를 보인다. 이 집단은 전부 대학출신의 남자들이다.

이상의 내용들은 물론 적은 수의 인원을 대상으로 혼외정사에 관해 조사한 연구이지만, 유교적 가치관에서 탈피하여 개방화되어 가는 과도기 시점에 성에 대한 의식이 다양해지고 있음을 보여주고 있다고 할 수 있을 것이다.

다음 표 안의 내용들은 대한가족협회 발행물에서 발췌한 상담 사례들이다.

- ◦ 어렸을 때 한 번 '엄마 나 아기를 어디로 낳는지 알아'라고 말을 했다가 혼이 난 적이 있다. 그 뒤로 나는 그 이야기를 한 적이 없는 것 같다. 나는 커가면서 성에 대한 말을 함부로 해서는 안 된다고 배웠다. 그래서 지금도 성에 대한 이야기를 잘 하지 않는다. 아니 말하는 것이 어렵다(20세 남자 대학생).
- ◦ 큰 애는 성에 대해 별로 신경 쓰이게 한 일이 없다. 그런데 요즘 작은딸 애가 뾰족한 걸 보기만 하면 '고추다' 하고 돌아다닌다. 한 번은 손님이 있는 데서도 그래서 그런 말하면 창피한 거라고 야단을 쳐서 못하게 했다(35세 주부).
- ◦ ○월 ○일 월요일. 맑았다가 흐림. 캔터키 집주인 여자는 브레지어를 하지 않는다. 그걸 노브래지어라고 부른다. 상철이 말이 브래지어의 순수한 우리말이 젖싸개라기에 한국어 사전을 찾아보았다. 그러나 그런 낱말은 숫제 나와 있지도 않았다(「사춘기의 비밀」).
- ◦ 포르노를 보는데 주로 사진이나 만화다. 한 명이 가져오면 몇 명이 달려들어 우르르 보고, 순진한 애들은 안보는 척 하지만 결국 집에 가기 전쯤이면 반 전체 애들이 거의 다 돌려보게 된다. 주로 쉬는 시간이나 점심시간에 보지만 공부 시간 중에도 본다.

위 사례들은 우리의 일상에서 일어나고 있는 흔한 일들로서 이것을 통해서 알 수 있는 것은 중년의 부모들은 그들이 체계적으로 성교육을 받아 본 경험이 거의 없기 때문에 지금의 아이들에게 성에 대해 자연스럽게 가르치기를 꺼린다는 것, 그리고 유아에서 청소년에 이르기까지 그 내용이 어떤 것이냐를 떠나서 우선 많은 호기심과 궁금증을 갖고 있다는 점이다.

지금은 인터넷을 통해 더욱 노골적인 자료에 무제한 접속할 수 있는 상황에 가 있다.

(1) 청소년의 성에 대한 의식

현대산업사회 특히, 20세기 중반 이후에 멀티미디어와 신문, 잡지, 각종 광고 등을 통한 성문화의 홍수 속에서 청소년들은 성적 자극의 환경에 완전히 노출되었다.

누구든지 성적 자극물에 쉽게 접할 수 있는 현 사회는 청소년들의 성태도에 다음과 같은 영향을 끼쳤다(김형태, 1998).

① 청소년들은 또래들과 성욕의 표출과 관련된 내용을 자연스럽고 보다 솔직하며, 공개적으로 얘기한다. 그들은 또한 매춘이나 동성애와 같은 사회적으로 민감한 주제를 토론하기도 하면서 보다 나은 성교육을 원하고 있다.

② 청소년들은 혼전이나 혼외 성관계를 보다 쉽게 생각하므로 기본적으로 사랑보다도 쾌락추구를 위하여 상대를 잘 알지 못하는 상태의 우연한 기회에서도 성행위를 가진다.

③ 청소년들은 과거보다 개인적인 선택을 즐기고 있다. 그들은 사회적인 가치나 기준, 규범 등에 개의치 않고 '내가 원하는 바를 하겠다'는 입장을 취한다. 곧 결혼과 같은 제도 등을 토대로 성욕을 억제하는 관습에 저항하는 힘이 커지고 있다. 우리나라 청소년들도 규범에 대한 저항이 매우 높은 편인데, 특히 청소년기 후반에 접어들면서 저항 성향이 더욱 커지고 있다.

대한가족계획협회의 '청소년상담전화'에 청소년들이 자신들의 성에 대해 고민하고 있는 사례들 중 일부를 발췌해 보면 다음과 같다.(대한가족계획협회, 1997년, 성상담).

남자 청소년들의 고민으로는 "손이 자꾸 갑니다. 어떻게 자위행위를 합니까? 나는 자위행위할 때마다 죄의식을 느껴요, 남자들만 자위행위를 한다고 들었는데, 여자도 자위행위를 합니까? 자위행위를 하면 머리가 나빠진다고 들었습니다. 자위행위하는 데 부작용은 없는가요? 자고 일어나면 팬티에 이상한 게 묻어 있어요. 그게 뭐예요? 몽정이란 무엇입니까? 왜 몽정이 있게 되나요? 정액과 소변은 함께 나올 수 있습니까?" 등이었다.

여자 청소년들의 고민으로는 "친한 남성친구가 성행위를 요구할 때에는 어떻게 해야 합니까? 처녀막은 언제 어떻게 파열됩니까? 월경은 며칠이나 계속 됩니까? 임신은 어떻게 이루어지나요? 임신을 방지할 수 있는 방법을 가르쳐 주세요. 불행하게 순결을 잃었다면 결혼생활에 어떤 영향을 주나요?" 등이었다.

남녀 공동의 고민으로는 "고등학교에 들어가서부터 이상한 짜릿짜릿한 기분이 듭니다. 친구들은 제가 성욕을 느끼고 있다고 하는데 이것이 정상입니까? 오르가즘은 무엇입니까? 제가 성병에 걸린 것 같아요. 성병은 전염병인가요? AIDS는 어떻게 감염됩니까? 남성들이 할 수 있는 피임에는 어떤 방법이 있나요?" 등이었다.

한편, 이순열(새교육 96-11호)이 청소년들의 성 고민을 분석한 결과를 살펴보면 다음과 같다(김형태 외, 1998).

<표 18> 학생들의 성고민 유형(고민 사례수)

성별	이성 교제	성관계	신체	성충동	자위 행위	성적 성숙	성병	성적 공상	음란물	계
남	28	13	21	8	8	6	6	1	1	92
여	52	7	24	3	2	19	·	·	·	107

〈표 18〉을 보면, 우리나라 청소년들은 첫째, 성에 대한 고민이 다양하다. 둘째, 자신의 생식 생리적 변화에 어떻게 대처해야 될지 몰라 고민하는 경우가 많다. 셋째, 성과 관련된 행위 혹은 성폭력에 적절히 대처하지 못해 갈등하고 있다. 넷째, 학교의 성교육에 불만족을 나타내고 있음을 알 수 있다. 반면, 우리 학교의 성교육은 첫째, 성교육 내용이 피상적이어서 학생들의 고민들을 충분히 해결해 주지 못하고 있다. 둘째, 대부분의 교사들이 체계적인 성교육을 받고 자란 세대가 아니어서 학생들에게 성교육을 가르친다는 것을 매우 꺼리고 있는 편이다. 셋째, 교육방법이 다양하지 못하다는 것이다. 성교육은 일반교과와 달리 대부분의 내용이 일상생활과 직결되기 때문에, 학교 성교육은 내용과 교수방법에 있어서 좀더 실질적이고 체계화되어야 한다. 다음으로, 여러 학자들과 사회단체들이 내놓은 성교육의 내용을 살펴보도록 하자.

다음 〈표 19〉의 내용은 우리나라 중·고등학교 학생들이 학교에서 실시해 온 성교육에 대한 불만의 이유를 제시한 것이다. 결국 이미 알고 있는 것을 다루기 때문에 지루하고 진정 알고 싶은 내용들은 가르쳐 주지 않는다는 것이다.

이제 청소년에 대한 성교육이 조금 더 실제적이며 솔직해져야 할 것 같다. 공식적으로 안 가르치니까 비공식적으로 배우며 비정상적인 것을 배우고 있는 것이다.

신은숙, 조명실(1998)이 대학생 579명을 대상으로 성에 대한 태도, 성지식, 성고민과 성경험, 성교육 등에 대해 설문조사 한 결과를 요약하면 다음과 같다.

<표 19> 학교에서 받은 성교육이 불만족스러운 이유

남 학 생	여 학 생
· 구체적으로 가르쳐 주지 않는다. · 성교육을 하지 않는다. · 수준이 낮다. · 내용이 미흡하고 자료가 부족하다. · 내용이 너무 단순하다. · 너무 조심스럽고 별로 도움이 되지 않는다. · 여자에 대한 모든 것을 다 알고 싶다. · 시간을 좀더 늘려 주었으면 좋겠다. · 좀더 세련되고 적극적인 성교육이 있으면 좋겠다. · 현실에 맞지 않는다. · 너무 기초적인 지식과 이론 중심이다. · 배우려면 확실하게 배워야 하는데 그렇지 못하다. · 단순히 틀에 박힌 것만 VTR로 하다가 사진이 끝나면 설명도 없이 꺼버린다. · 너무 상식에 치우쳐 있다. · 초등학생들도 다 아는 것을 중학생에게 가르치는 것이 불만이다. · 좀 심한 내용은 설명하지 않고 대충 의학적 용어로만 설명해 주는 것 같다. · 여자에 대한 임신, 피임 그런 것에 대한 내용이 없다. · 성교육을 거의 안 하는 것 같다. · 너무 이론적(원론적)이다. · 새로운 내용이 없다. · 우리 수준에 맞는 내용이 아니다. · 시원스럽게 알려 주지 않을 바에는 하지 않음만 못하다.	· 일반적인 것만 가르친다. · 비디오 한 편 보여주고 끝이다. · 선생님부터 창피하다고 생각해서인지 뭘 물어봐도 크면 안다고 하신다. · 우리 수준에 맞는 내용이었으면 한다. · 초등학교 때부터 지금까지 같은 내용만 반복한다. · 무조건 남자는 짐승이니까 가까이 하지 말라고 한다. · 우리를 너무 과소평가 한다. · 더 많은 정보와 지식을 갖고 싶다. · 좀더 구체적으로 자주 해 주었으면 좋겠다. · 단지 사춘기의 심리적, 신체적 변화만 말해 주어서 실제 성폭력을 당하면 어떻게 하는지 현실성이 없다. · 우리가 이미 알고 있는 것만 알려 준다. · 실질적이지 못해 도움이 안 된다. · 새로운 내용이 없다. · 초등학교 때부터 되풀이되는 내용이 많다. · 너무 시시하다. · 너무 형식적이다. · 실질적이지 못하다. · 폭넓게 가르쳐 주지 않는다. · 내용이 너무 상징적이다. · 성행위에 대해서 나쁘게만 이야기한다. · 재미없다. · 정자와 난자가 어떻게 만나는지 알려주지 않는다.

① 여성순결에 대해 지켜져야 한다(48.5%), 상황에 따라 다르다(40.8%), 지킬 필요가 없다(5.5%)로 보고 있다.

② 남성순결에 대해 지켜져야 한다(43.0%), 상황에 따라 다르다(43.7%), 지킬 필요가 없다(7.1%)로 나타났다.

③ 혼전 성관계에 대해 사랑하는 사이라면 괜찮다(38.2%), 상황에 따라 다르다(32.6%),

절대로 있을 수 없다(20.6%), 사랑과 관계없이 가능하다(3.3%)로 나타났다.

④ 낙태에 대해 성폭력 임신과 산모나 태아의 건강 이상 때만 허용해야 한다(67.0%), 본인이 원하면 허용해야 한다(18.7%), 허용해선 안 된다(7.4%)로 보고되었다.

⑤ 동거에 대해 사랑하는 사이라면 가능하다(41.8%), 결혼 전엔 피해야 한다(29.5%), 절대로 안 된다(11.2%)로 나타났다.

⑥ 성지식을 얻는 경로는 친구(57.9%), 음란비디오나 대중잡지(13.3%), 교과서나 전문서적(11.1%), TV나 라디오(7.3%), 부모나 선생님(2.1%)으로 나타났다.

⑦ 가장 알고 싶은 성의 내용은 남녀 성행위기법(30.1%), 성기관의 정상성 여부(15.7%), 피임방법(14.0%), 임신・출산(13.6%), 성병(5.4%) 등으로 나타났다.

⑧ 바람직한 피임방법은 콘돔(36.8%), 모른다(24.2%), 주기법・체온조절법(14.2%), 피임약・기구(13.3%), 질외사정(8.6%) 등으로 보고되었다.

⑨ 성충동에 대한 대응 방법은 윤리나 도덕심으로 자제한다(23.5%), 느껴본 적이 없다(16.8%), 취미생활로 해결한다(13.0%), 자위로 해결(11.7%), 애인과 함께 해결한다(10.0%), 에로영화・음란비디오・출판물로 해결한다(8.8%)로 나왔다.

⑩ 성경험 정도는 경험한 적이 없다(25.4%), 직접경험 했다(24.0%), 가벼운 애무나 접촉까지 했다(18.3%), 키스까지 했다(15.9%), 손만잡았다(15.4%) 등이다.

⑪ 성관계 대상은 배우자와만 해야 한다(41.5%), 사랑한다면 누구와도 무방하다(37.3%), 매력을 느끼면 할 수 있다(11.1%)로 나타났다.

⑫ 성고민 해소방안은 친구나 선배(43.0%), 아무에게도 말하지 않는다(37.0%), 부모님(3.3%), 교사(1.0%) 등으로 나타났다.

⑬ 성교육 경험과 평가로는 크게 도움되지 않는다(43.0%), 너무 형식적이어서 불만스럽다(41.1%), 성교육을 받아 본 적이 없다(11.4%), 성지식과 성가치관에 도움이 되었다(4.3%)로 나타나고 있다.

⑭ 성교육 방법은 소집단 강의와 토론을 통해서(52.7%), 시청각교육으로(39.4%), 강의를 통해(4.0%), 책과 팜플렛(3.3%)으로 나타났다.

⑮ 필요한 성교육 부분은 이성과 배우자에 대해 올바른 시각을 갖도록(45.4%), 남녀의 신체 및 심리 차이(17.1%), 피임방법(14.9%), 성병과 예방(6.9%) 순으로 나왔다.

종합해 볼 때 성지식과 성가치관을 함께 다루고 상담과 집단토의를 통해 실시됨이 좋겠다. 기존의 산발적, 부분적, 강의식, 개론과 표층수준의 성교육은 크게 도움을 주지 못한 것으로 판단된다. 종합적이고 구체적이며 현장적인 교육과 상담방법으로 개선될 필요가 있다.

제3절 성교육 상담의 내용

기존 성교육 교재와 자료의 내용 구성들은 매우 광범위하게 다루어져 있다. 그럼에도 불구하고 청소년들과 부모들의 성교육에 대한 의견과 수용태도엔 적지 않은 비판과 무용론이 지적되고 있다. 그렇다면 성교육의 전달방법이나 교육의 현장적 요인에 문제가 있지 않을까 싶다.

성교육은 일반 주지과목의 수업처럼 교사중심의 강의로 진행되어서는 안 될 것이다. 내용을 철저히 구성하되 전달과정은 교육공학적 입체자료를 활용해 현장감 있게 구성되어야 하고, 집단상담의 형태를 취해 왕복 커뮤니케이션, 질의와 응답, 심화학습 등이 활발히 이루어져야 할 것이다. 그리고 그 내용에 대해 정확히 과학적 진술을 하되 그 지식이 개념화와 원리화 단계를 거쳐 가치구조화 되도록 내면화 과정을 잘 다루어야 할 것이다. 많은 소재들이 있지만, 본고에서는 남녀 성기의 구조와 기능, 성병의 종류 및 피임법과 성폭력 등 제한적인 주제에 대해 설명하고, 상담장면에서 활용할 수 있도록 프로그램으로 제시해 보려고 한다.

1) 남자의 생식구조와 작용

사춘기는 9~15세 사이에서 시작된다. 외적 변화로서 고환이 커지기 시작하며 음낭 피부가 빨갛고 거칠어진다. 남성호르몬(testosterone)은 근육을 발달시키며 키가 크게 하여 점차 체형을 변화시킨다.

11~16세 사이에 음경은 길어지기 시작하며 고환이 커지고 음낭 길이도 커짐과 함께 굵어지기 시작하고, 음모가 자란다. 키가 커지며 어깨 폭이 넓어지고 허리는 가늘어진다. 후두가 커짐에 따라 음성은 낮아지기 시작한다. 피지방에 의해 여드름이 생기며, 수염과

겨드랑이 털이 생긴다. 내생식기관도 성숙하여 정액이 처음으로 나온다. 보통 18세까지 발달하여 성인 남성이 되어 가는데 20세까지 발달하는 사람도 있다.

(1) 남자의 생식기 구조

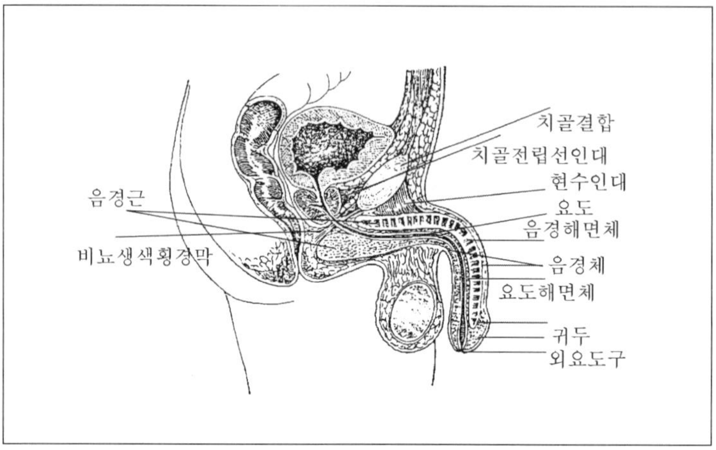

〈그림 2〉 남성 성기구조 1

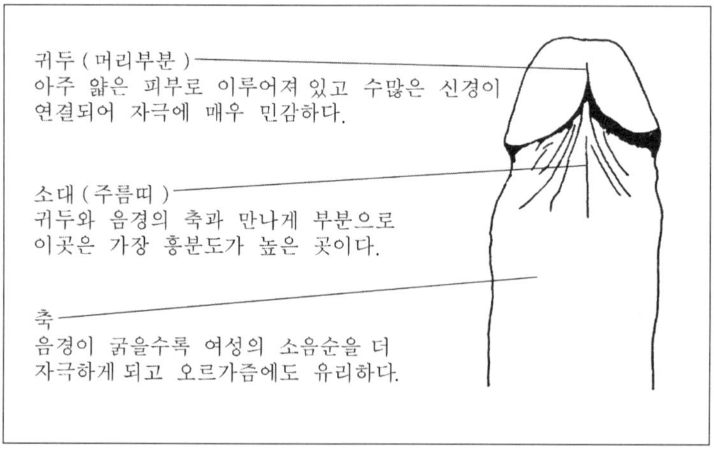

〈그림 3〉 남성 성기구조 2

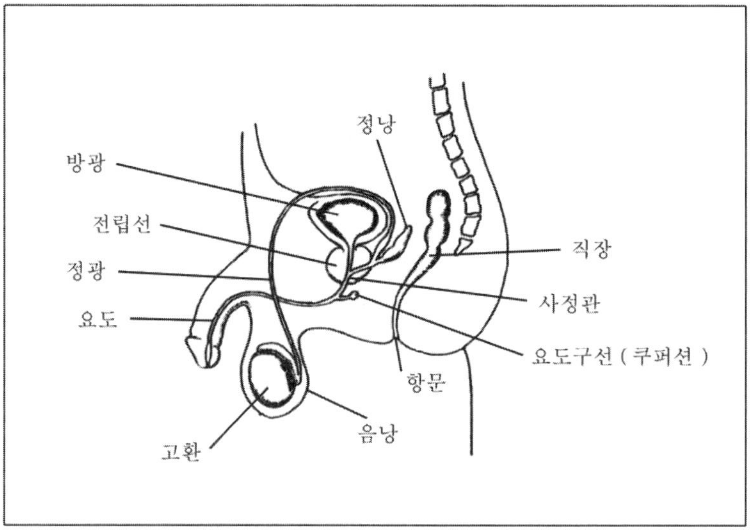

〈그림 4〉 홍분되지 않은 남성 내부 생식기(측면)

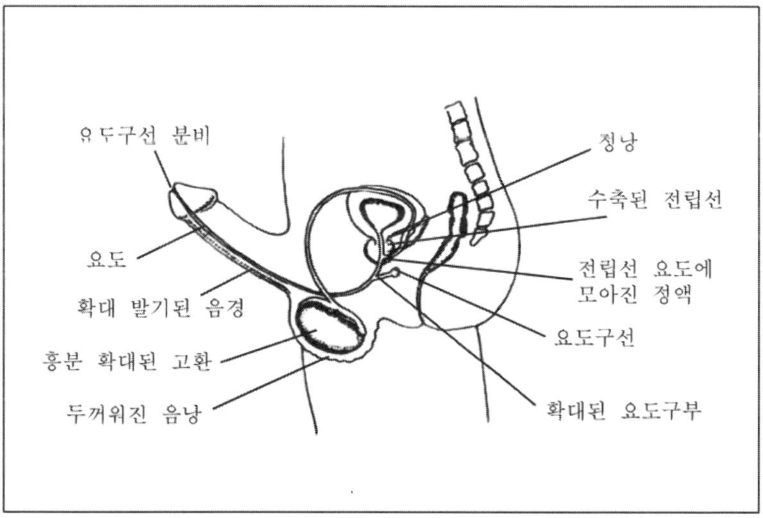

〈그림 5〉 홍분된 남성 내부 생식기(측면)

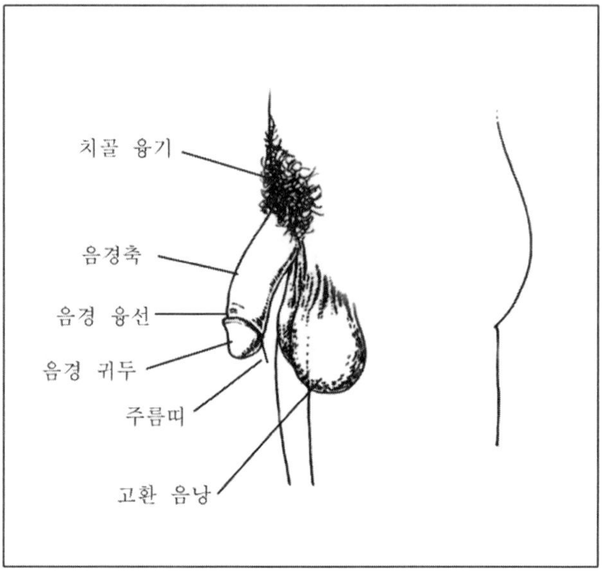

〈그림 6〉 남성 외부 생식기(측면)

고환은 작은 달걀 만한 크기(3.7×2.5×2cm)로 무게는 약 10g이며 타원형을 하고 있으며 좌우 2개이다. 두 가지의 기능, 즉 정자를 생산하여 종족보존의 본능을 달성하게 하고 남성호르몬을 분비하여 남성으로서의 외모를 갖추게 하며 성교 등 남성의 구실을 할 수 있게 한다. 고환에서 만들어진 정자는 부고환을 거쳐 정관으로 배출되며 같은 고환에서 만들어진 남성호르몬은 바로 혈관을 통하여 혈액 속으로 들어간다. 그러므로 정관수술을 하였을 경우에 정자는 배출되지 않아도 남성의 기능에 지장이 없는 것이 바로 이것 때문이다.

부고환은 고환의 후외측에 위치하는 기관으로 육안으로는 약 5cm 정도 밖에 안 되지만 늘려 펴면 6m나 되는 하나의 가는 관이 마치 라디에타처럼 꼬불꼬불 곡선을 그리며 주행한다. 고환에서 생산된 정자가 이곳을 통과하면서 성숙되고 운동성을 획득하게 된다.

정관은 부고환의 마지막 부분에서 시작되는데 길이는 30~40cm이고 굵기는 가는 국수 정도 혹은 좀더 굵은 정도이며 길이의 반은 하복부 속을 주행하고 정관의 마지막 부분은 팽대하여 생산된 정자가 이곳에 저장되어 있다가 사정과 함께 밖으로 배출된다.

정낭은 정관이 끝나는 부위에 있고 방추형의 4×1.6×0.9cm 크기이며 정액을 만드는 곳으로서 사정 액의 약 2/3는 정낭에서 나오는 분비액으로 구성되며 정낭의 분비액

중 과당은 사정된 정자가 잘 움직이도록 활동에너지를 부여한다.

전립선은 방광 바로 아래 위치하며 밤 비슷한 모양을 하고 있고 3×3.5×2cm의 크기이며 정낭과 같이 정액을 만드는 곳으로서 사정 액의 약 1/3은 이곳에서 나오는 분비물로 구성된다. 전립선 분비액은 질의 강한 산성을 중화시켜 사정된 정자가 질 속에서 살아남도록 하고 또한 정자의 운동성을 촉진시킨다.

음경은 좌우에 있는 2개의 발기해면체와 1개의 요도해면체로 구성되어 있다. 발기해면체는 평상시에는 특별한 기능이 없으나 성적으로 흥분되면 그 곳에 혈액이 충만되어 음경발기를 일으키며 요도해면체는 그 속을 요도가 통과하므로 단순히 요도를 보호하는 역할을 한다. 음경귀두부는 요도해면체의 연장으로 요도해면체가 말단부에서 팽대된 것이며 발기해면체와는 전혀 별개의 것이다.

음경혈관은 혈액이 유입되는 동맥과 유출되는 정맥이 있다. 음경동맥은 좌우 한 쌍이 있으며 음경 내로 진입하면서 요동동맥, 배부동맥 및 중심동맥으로 3분된다. 이중 중심동맥은 발기해면체 내를 통과하면서 음경발기에 관여하는 주된 혈관으로서 직경이 0.5mm로 매우 가늘다.

(2) 남자의 생식기능

① 음경발기

남성의 생리적 음경발기에는 심인성 발기, 반사성 발기, 야간의 수면 중 발기의 3가지 종류가 있다. '심인성 발기'는 매혹적인 여성을 보거나 눈앞에 여성이 없더라도 성적 충동을 일으키는 그림이나 영화를 볼 때, 냄새를 맡을 때, 또는 소리를 들을 때, 눈을 감고 아름다운 여성을 대상으로 에로틱한 상상을 할 때 음경이 발기되는 것을 말한다.

'반사성 발기'는 성기에 애무나 자극을 가하면 이 자극이 척수로 전달되고 다시 척수에서 기원하는 부교감신경을 통해 음경에 전달되어 일어난다. 성관계 때는 심인성 발기와 반사성 발기가 복합적으로 작용하여 더욱 힘찬 발기를 일으키게 된다.

'야간의 수면 중 발기'는 심인성 발기나 반사성 발기와는 전혀 성격이 다르며 정상 남성이면 연령에 관계없이 누구나 나타나는 생리적 발기로서 왜, 어떻게 일어나는지에 대해서는 아직 명확히 밝혀져 있지 않다.

음경발기는 심인성 발기 또는 반사성 발기를 받으면, 대뇌피질이나 척수에 그 흥분이 전달되고 다시 대뇌피질이나 척수에서 자율신경을 통해 음경에 전달되면 음경의 신경말단

부에서 신경전달물질이 분비된다. 이 물질의 작용으로 음경동맥이 능동적으로 확장되고 평상시보다 4~10배나 많은 혈액이 음경 내로 유입되고 스폰지 모양의 망상구조를 가지는 발기해면체의 확장된 공간 내에 혈액이 충만됨에 따라 음경은 팽창되며 발기해면체 내압이 상승함에 따라 단단하게 되고 마지막으로 출구인 정맥이 완전 폐쇄되어 유입된 혈액이 갇히게 됨으로써 완전발기가 이루어진다.

② 사정

심리적 혹은 신체적으로 성적 자극을 계속받으면 척수 신경반사에 의해 일차적으로 교감신경의 자극을 받는 정관, 전립선, 정낭 등의 내생식 장기가 급격하게 수축된다. 이 때 이들 장기에 고여 있던 정액이 사정관을 통해 후부요도로 압출되며 순간적이지만 곧이어 회음부 근육의 극렬한 수축에 의해 요도에 고여 있던 정액이 요도 밖으로 힘차게 사출되어 사정이 이루어진다. 사정과 쾌감에 소요되는 시간은 불과 8～9초로 평생 이 즐거움을 맛볼 수 있는 시간은 모두 합해 봐야 15～18시간에 지나지 않는다.

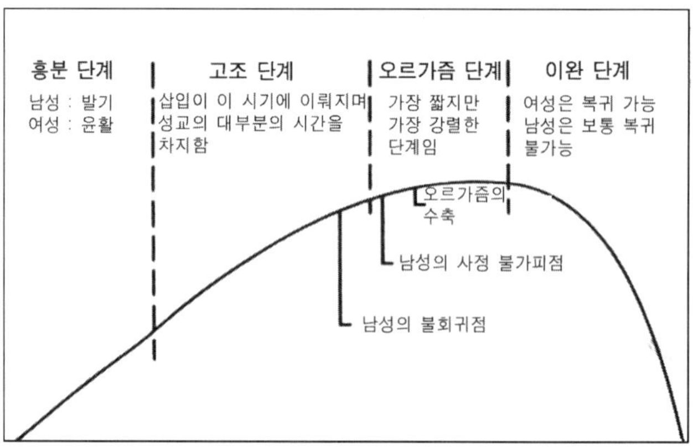

〈그림 7〉 **성 반응 양식**(매스터즈와 존슨의 양식을 수정함)

③ 정액과 정자의 생성

사정액은 유백색의 약간 노란색을 띠며 밤꽃 냄새와 비슷한 비린내가 나는 끈적끈적한 액체로 1회 사정량은 2～3cc이다. 고환에서 정자가 생성되는데는 74일이 소요된다. 고환에서 생산된 정자는 부고환과 정관을 약 20여 일에 걸쳐서 통과하며 정관말단 팽대부에 저장되었다가 사정 때 배출된다.

1회 사정으로 방출되는 정자 수는 2～3억 마리이지만 질 속에 사정된 정자의 75～90%

는 죽고, 나머지만이 자궁경관에 도달한다. 그러나 난자와 결합하는 것은 한 마리이다. 정자는 사정 후 질 내에서는 40분～4시간, 자궁 내에서는 7～14일간, 나팔관에서는 3일간 살 수 있다. 그러나 정자가 여성 생식기 내에서 임신능력을 가질 수 있는 시간은 3일간으로 보고 있다.

<표 20> 남자의 성반응 양상

흥분단계	고조단계	오르가즘단계	이완단계
외부생식기 : 피가 혈관으로 몰려들면서 음경이 단단해지며 발기한다. 정자를 함유한 정액이 음경에서 음낭이 두꺼워지면서 부분적으로 팽대된다. 내부생식기 : 별다른 반응 없음 몸전체 : 60퍼센트의 남자들의 유두가 선다. 특징 : 성적 흥분	외부생식기 : 음경이 좀 더 커지면서 짙은 색깔을 띤다. 정자를 함유한 정액이 음경에서 나온다. 음낭이 두꺼워진다. 내부 생식기 : 고환이 커진다. 부풀어지면서 오른쪽 고환이 먼저 회전하고 다음 왼쪽이 회전한다. 혈관 울혈과 충혈의 전립선이 수축한다. 저장낭이 수축한다. 몸전체 : 흉부, 목, 그리고 얼굴의 피부가 상기된다. 발이 아래쪽으로 수축한다(수근과 발의 강직) 심장 박동이 빨라진다. 혈압이 상승한다. 골반이 긴장한다. 근육이 긴장한다. 특징 : 삽입이 어느 때라도 일어날 수 있다. 전희의 연장을 위해서 사정의 조절을 반드시 배워야 한다.	외부 생식기 : 음경이 수축되면서 정액을 방출한다. 내부 생식기 : 정관 조직(체계)이 수축한다. 몸전체 : 직장 괄약근이 수축한다. 발의 강직이 계속된다. 심장 박동이 빨라진다. 혈압이 상승한다. 호흡이 빨라진다. 안면 근육이 수축한다. 가쁜 숨을 몰아 쉰다. 특징 : 짧지만 가장 격렬한(열정적인) 단계이다. 내적인 경험	외부 생식기 : 음경이 줄어든다. 음낭이 얇아지며 원위치로 간다. 내부 생식기 : 고환이 원위치로 내려가고 정상의 크기로 된다. 직장 괄약근이 수축한다. 몸전체 : 혈관 울혈과 충혈이 경감되고 땀이 난다. 근육이 이완된다. 특징 : 긴장이 풀어진다. 보통 재시도가 어렵다(재시도를 위해서는 휴식이 필요하다).

* 주 : 매스터즈 & 존슨에서 발췌, 인간의 성반응, 보스톤 : 브라운 & 리틀회사, 1996.

2) 여자의 생식구조와 작용

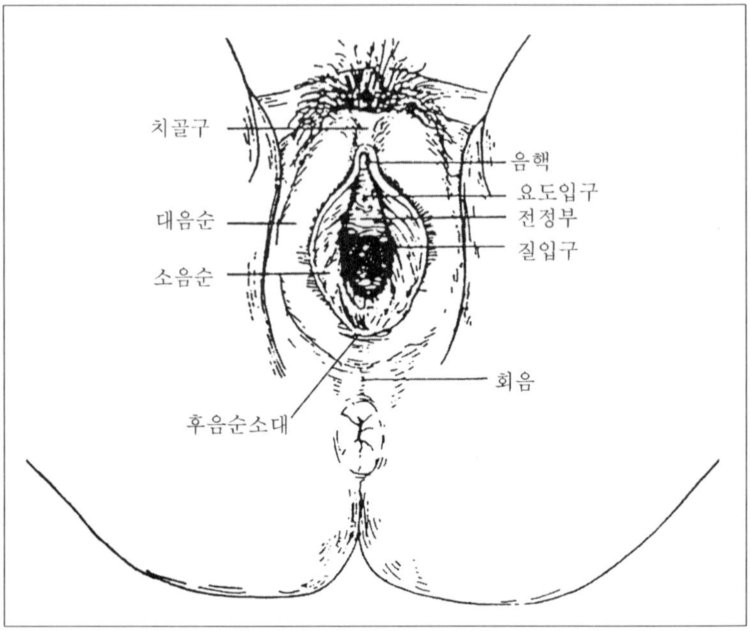

〈그림 8〉 여자의 성기

(1) 외생식기

외생식기는 외부에서 볼 수 있는 부분으로서 다음과 같이 구성되어 있다.

대음순은 치골 하단에서 회음부에 이르는 좌우로 길게 융기된 지방조직으로 검게 착색된 피부로 덮여 있다. 이 대음순은 남성의 음낭에 해당하는 기관으로 사춘기에 뚜렷하게 발육되나, 사춘기 전에는 편평하며 소음순이 오히려 더 뚜렷하게 보인다.

소음순은 음핵에서 회음부에 이른 좌우측의 긴 주름으로 역시 검게 착색되어 있다. 소음순을 덮고 있는 피부에는 털이 없고 많은 피지선이 있다. 소음순은 성적 흥분 때 발기하지만 음핵의 발기기능과는 비교가 안 될 정도로 미약하다.

음핵은 남성의 음경에 해당하는 기관으로 귀두부는 직경이 약 6~8mm 정도이고 성적 흥분 때 발기한다.

전정부는 음순을 양쪽으로 벌릴 때 그 사이에 보이는 부분으로 이 안에 질 입구가 보이고 그 위쪽으로 요도입구가 보인다. 처녀일 때의 질 입구는 처녀막에 의해 부분적으로 폐쇄되어 있다.

질은 길이가 약 9~10mm이고 기립 자세에서 후상방을 향하며 자궁경부로 이어진다. 처녀에게서는 질전벽의 점막은 횡으로 주름들이 보이며 중앙에 수직으로 하나의 융기가 깊게 나타나는데 이 융기는 출산 후 없어진다.

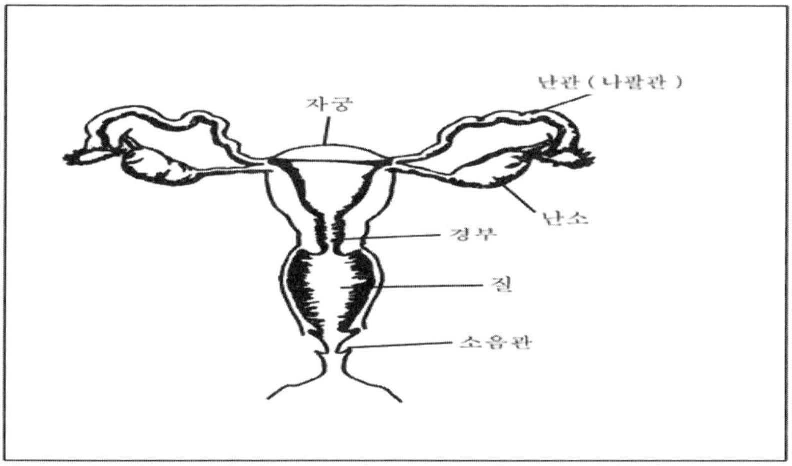

〈그림 9〉 여자의 내부생식기 구조(정면)

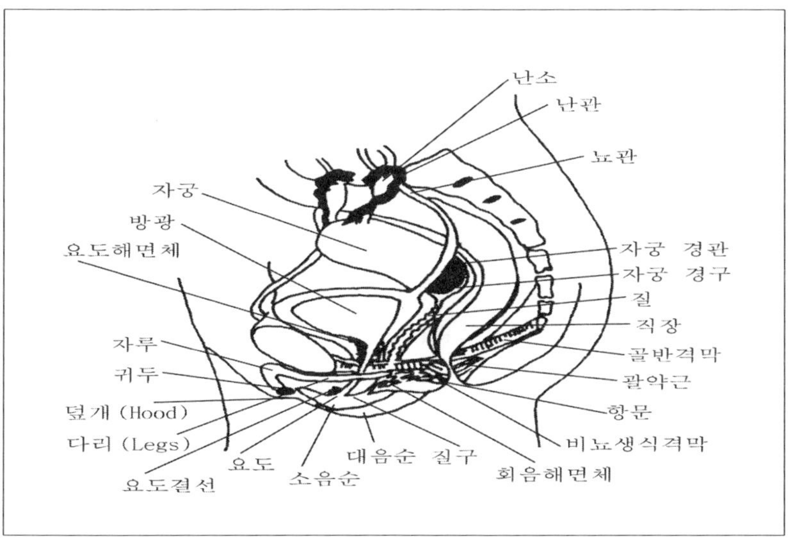

〈그림 10〉 자궁 내부구조

(2) 내생식기

내생식기는 내부, 즉 몸 속에 있는 부분으로서 다음과 같이 구성되어 있다.

자궁은 골반강 내에 위치하는 두꺼운 벽으로 둘러싸인 장기로서 질과 대략 직각으로 연결되어 있으며 전방에 방광, 후방에 직장이 위치한다. 처녀에서 자궁의 길이는 약 8~9cm, 폭이 6cm, 두께는 약 4cm 정도가 된다. 자궁은 자궁체부와 자궁경부로 나뉘어 사춘기 전과 폐경기 후의 여성에서 자궁체부는 매우 작으며, 월경 연령층에서는 자궁경부보다 자궁체부가 훨씬 크다.

난관(나팔관)은 자궁에서 좌우로 뻗어 있으며 난소로부터 난자를 자궁으로 운반하는 좌우 두 개의 관으로, 길이는 약 11~12cm이며 악기의 나팔관처럼 생겼다고 하여 난관을 나팔관이라 부르기도 하며 이것은 남성의 정관에 해당하는 기관이다.

난소는 난관의 끝 부분에 좌우 하나씩 있는 회백색의 타원형기관으로 난자를 생산하는 곳이며 고환과 같은 역할을 하는 곳이다. 난소의 크기는 평균 2.5×2×1.5cm이나 사람에 따라 상당히 차이가 있으며 무게는 약 7g 정도이다.

(3) 여성의 사춘기 발육 단계

8~11세 사이에서 시작되는 변화는 거의 신체 내부적인 것이다. 뇌에서 성선(난소)자극호르몬이 난소에 발육신호를 보냄에 따라 여성호르몬인 estrogen의 생산량이 증가하며 그 결과로 난소를 비롯한 내생식기관의 변화가 일어난다.

9~15세 사이에는 먼저 젖꼭지 둘레(유륜)와 유방이 커지며 보다 둥근 모양으로 발육한다. 성모는 아직 엉성하지만 짙게 나타난다. 키는 계속 크며 체지방은 몸의 윤곽을 둥글게 해 준다. 질 분비가 두드러지며 땀샘과 피지방은 보다 활동적으로 되어 여드름이 생길 수 있다. 내생식기와 외성기는 발육하여 질을 보다 크게 하고 음순을 돌출시킨다.

10~16세 사이에는 유륜과 젖꼭지가 커지면서 둥근 유방으로 돌출한다. 성모는 세모꼴 모양으로 치구의 중심부를 덮을 만큼 성장한다. 겨드랑이 털이 출현한다. 초경이 보이며 내생식기관은 계속 발육하여 난소는 수태 가능한 성숙난을 배출하기 시작한다.

12~19세 사이에는 유방은 성인의 크기와 형상으로 발육하며 성모는 치구를 거의 덮고 허벅다리의 뿌리께 까지 확대한다. 월경주기는 보다 규칙적으로 된다. 체형의 변화는

20대 초반까지 계속된다.

(4) 여성의 성반응

여성은 성반응의 각 단계가 남성처럼 분명하지는 않지만 역시 흥분기, 고조기, 절정기, 회복기의 4단계로 구분된다.

흥분기에는 근육이 긴장하고 혈관이 확장 충혈되며 효과적인 성적 자극을 받으면 10~30초 내에 질 분비물이 나와 질 내면을 매끄럽게 한다. 혈관충혈에 의하여 음핵과 자궁이 커지며 위로 올라간다. 이에 따라 질도 음경이 질 내로 들어오는데 적합하도록 확장 팽창되어 용적이 커진다.

고조기에는 국소적으로 나타나는 혈관 충혈현상이 최고 수준에 이르며 충혈된 소음순은 짙은 적포도색이나 자주색을 띤다. 이 때 자궁은 더욱 위로 올라가며 음핵도 치골접합부 뒤쪽으로 당겨 올라간다.

절정기에는 질 주위와 회음부 근육 및 항문괄약근이 0.8초 간격으로 반사적인 율동적 수축을 하며 이런 수축은 특히 질의 바깥쪽 1/3에서 현저히 일어난다. 남성과는 달리 여성은 오르가즘을 느낀 후에도 성적 자극을 계속 주면 곧바로 다시 오르가즘을 느낄 수 있다. 실제로 여성은 육체적으로 지쳐서 더 이상 성행위를 계속할 수 없는 상태가 될 때까지 오르기즘이 나타난다.

흥분기와 고조기에 분비물이 나와 질이 매끄럽게 되고 외성기가 팽창하는 현상은 오르가즘이 없더라도 나타날 수 있다. 그러나 남성은 발기가 되지 않더라도 사정이 가능한 것처럼 여성도 질 분비물이나 외성기의 팽창 외에 전신반응으로는 유방이 커지고 젖꼭지가 발기되며 팽창된다. 흥분기에는 붉은 반점이 명치부위에서 시작해서 전신으로 퍼져 나가며 절정기에는 모든 여성의 약 2/3에서 이런 현상이 분명하게 나타난다. 남성과 마찬가지로 절정기에는 전신근육이 긴장하며 고조기에는 과호흡이 있고 절정기에는 이런 현상이 더욱 현저해진다. 맥박수와 혈압도 성적 흥분의 정도에 일치해서 서서히 증가한다.

남성은 불수의적으로 땀이 나지만 여성에게는 이런 현상을 볼 수 없으며 때때로 손바닥에 국한해서 땀이 나는 경우가 있다. 남성은 절정기에 성행위를 멈추게 되지만 여성은 계속할 수 있는 특징이 있다.

회복기에는 모든 신체적 변화가 원상태로 되돌아간다. 음핵은 보통 10초 안에 제위치로 돌아가며 질도 빠르게 충혈현상이 없어지지만 질이 원상태로 회복되고 자궁이 제위치로 내려오는 데는 10～15분까지 소요되는 경우도 있다.

<표 21> 여자의 성 반응 양상

흥분단계	고조단계	오르가즘단계	이완단계
외부생식기 : 음핵이 늘어난다. 대음순이 납작하게 펼쳐진다. 소음순은 커진다. 내부생식기 : 질에서 액이 나와 부드러워진다. (10-20초 이내에) 자궁이 수축한다. 몸전체 : 유두가 선다. 유방이 커진다. 특징 : 성적 흥분	외부생식기 : 음핵이 음순 뒤로 움추러든다. 소음순이 밝은 빨간색으로 변하고 커진다. (오르가즘 반응 있기 전 1분 동안) 수축한다. 내부 생식기 : 질내 2/3가 팽창한다. 질 바깥쪽 1/3이 두꺼워지며 수축하여 오르가즘의 전 단계를 형성한다. 자궁이 완전히 수축한다. 몸전체 : 복부 전체, 가슴 등의 피부가 상기된다. 발이 아래쪽으로 수축한다. (수근과 발의 강직) 심장 박동이 빨라진다. 혈압이 상승한다. 골반이 긴장한다. 근육이 긴장한다. 특징 : 삽입이 어느 때라도 일어날 수 있다.	외부 생식기 : 특이한 변화 없음 내부 생식기 : 질의 바깥쪽 1/3이 3-12번 수축한다. 자궁이 수축한다. 몸전체 : 직장 괄약근이 수축한다. 발의 강직이 계속된다. 심장 박동이 빨라진다. 혈압이 더 상승한다. 호흡이 빨라진다. 안면 근육이 수축한다. 가쁜 숨을 몰아쉰다. 특징 : 짧지만 가장 격렬한 단계이다. 내적인 경험	외부 생식기 : 음핵이 정상 크기로 돌아간다. 대음순과 소음순이 정상 크기와 위치로 돌아간다. 내부 생식기 : 자궁 경관이 약간 열리면서 고였던 정액을 내보낸다. 수직이 되었던 자궁이 골반 앞쪽으로 돌아온다. 질이 줄어들면서 얇아진다. 몸전체 : 혈관 울혈과 충혈의 경감 피부에 땀이 난다. 근육이 이완된다. 유방과 유두가 자극 전의 모습으로 돌아온다. 특징 : 긴장이 풀어진다. 재시도가 가능하다.

* 주 : 매스터즈 & 존슨에서 발췌, 인간의 성반응, 보스톤 : 브라운 & 리틀회사, 1996.

<표 22> 일반적 오르가즘

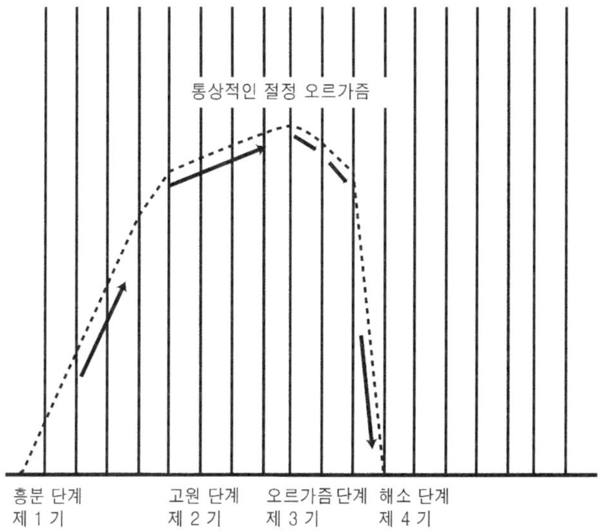

<표 23> 생물학적 오르가즘

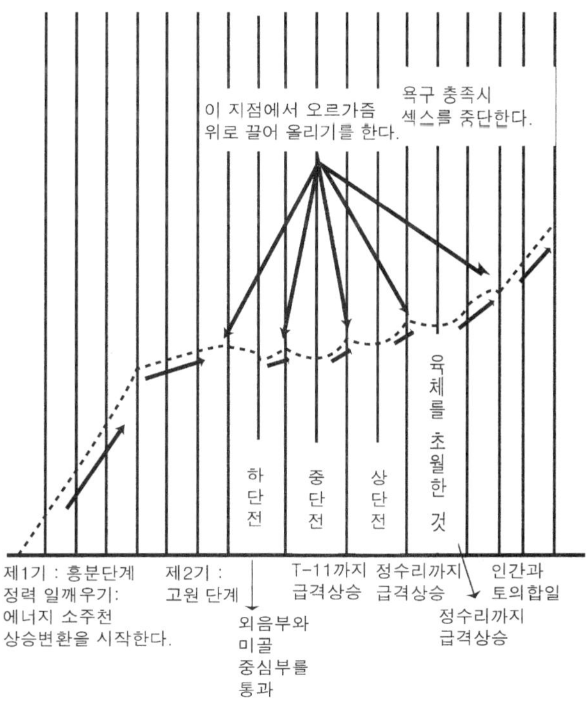

3) 성병의 종류와 증상

(1) 성병의 종류

성병이란 성병에 감염된 사람과의 성행위 또는 접촉으로 인해 전파되는 전염성 질환이다. 성병은 한 번 걸려서 치료했다고 면역이 생기는 것이 아니며, 성기에만 감염되는 것이 아니라 항문, 입술, 손, 가슴 등 어느 부위에도 생길 수 있으며 그 종류는 다음과 같다.

매독(syphilis)은 크레포네마팔리듐이라는 나선형 세균에 의한 성인성 질환이다. 매독균을 보유한 사람과의 신체적 성적인 접촉과 수혈, 침, 정액, 질분비액 등을 통해서, 또한 임산부로부터 신생아에게로 감염되기도 한다. 전염성이 강하고 초기에는 단순한 궤양으로 시작하여 반점, 구진, 농포, 탈모증 등의 피부증세를 보이다가 별다른 치료를 하지 않아도 병변이 저절로 사라진 다음 수년 후에 다시 여러 형태의 국소적인 병변이 나타나기도 한다.

임질(gonorrhea)은 임균에 감염되는 것으로서 성교시의 성기나 오럴섹스시의 구강을 통해 감염된다. 간혹 변기씨트나 타월에 묻어 있는 임균에 의해 감염될 수도 있다. 임균은 습한 실내온도에서 약 24시간 생존하며, 40도 이상에서 5시간 내에 모두 사멸된다. 임질에 감염되면, 1～14일 안에 증상이 나타나는데 요도에 불쾌감이나 통증이 수반되며 크림색의 진한 고름이 나오고 소변을 볼 때 마치 불에 데인 듯한 '작열감'을 느낀다. 요도 끝이 빨갛게 부어 오르기도 하고 평소보다 자주 화장실을 가게 된다.

비임균성요도염은 임균 이외의 세균(폐렴구균, 결핵균, 포도상구균 등)과 바이러스(허피스바이러스, 간디다 등), 기생충, 곰팡이 등에 의해 발생한 모든 요도염을 총칭한다. 불결한 성접촉 후 2～30일이 지나면 불쾌감, 작열감, 가려움증을 느끼며 배뇨 곤란을 호소하기도 한다.

비특이성 질염은 가드네렐라 바지날리스라는 세균에 의해 발생한다. 가벼운 가려움증, 작열감, 질 불쾌감을 느끼기도 하며 때로는 성교 불쾌증을 호소한다.

질 칸디다증은 칸디다 알비칸스라는 곰팡이의 감염을 말한다. 피임약, 부신피질호르몬제나 광범위 항생제를 오랫동안 복용했을 때 혹은 임신말기에 자주 감염된다. 잠복기가 불명확하며 소량의 진한 질 분비물을 볼 수 있다. 성행위를 할 때 불쾌감을 느끼거나 배뇨 곤란을 호소하기도 한다.

에이즈(AIDS)란 에이즈 바이러스(HIV)가 우리 몸에 침입하여 병원균에 대항하여 싸우는 항체를 생산하는 T-세포를 파괴시켜 면역기능을 떨어뜨리게 하므로 그 동안 인체 내에서 활동하지 못하고 숨어 있던 병원체가 나타나게 되고, 또한 새로운 병원체가 침입해도 이를 막아 내지 못하게 되어 결국 사망하게 된다. AIDS 바이러스의 감염 경로는 혈액, 정액, 질 분비물 등 3가지로 밝혀졌으며, 주로 성기, 항문, 입, 상처 난 곳, 주사바늘 등을 통해 감염된다. 즉, 다음의 조건에 해당될 때만 감염된다. ① 감염된 사람을 통해, ② 감염된 혈액제제나 혈액의 수혈을 통해, ③ 감염자가 사용한 주사바늘 사용시 또는 상처 난 곳을 통해, ④ 임산부를 통해서 태아에게 감염되거나 수유를 통해서 아이에게 감염된다. 그러나 AIDS 감염의 80% 이상은 성행위에 의한 것으로 보고되고 있다. 항간에 AIDS 동성연애자들에게만 나타난다는 인식을 하고 있었는데, 이는 잘못된 것이며 연령과 성별에 구분 없이 누구나 감염될 수 있다.

AIDS의 증상은 환자마다 다르지만 가장 흔하게 나타나는 증상은 설사가 잦거나, 열이 계속 나고, 피로감을 느끼고, 10% 이상의 급격한 체중감소가 나타나고, 임파선이 부어오르고, 카포시 육종이라는 피부암, 폐렴, 뇌막염, 기억상실, 정신분열, 발작, 혼수상태 등으로 진전되어 결국 죽는다.

AIDS 감염 경로는 앞에서 살펴본 바와 같이 단순하고 확실하기 때문에 책임감 있고 건전한 성생활을 한다면 예방할 수 있다.

(2) 성욕도착증의 종류

성욕도착증은 강력한 성적 충동과 함께 성적 흥분을 위하여 성행위에 있어 비정상적 상상, 대상, 행위 또는 방법을 사용하는 성적 장애이다. 이는 지속적이고 반복적이며(최소한 6개월 이상) 소수의 인구에서만 나타난다. 성욕도착증의 50%는 18세 이전에 발병하고 남자에 많다. 대개 셋 이상의 도착증을 동시에 보인다. 도착행위는 15~25세 사이에 가장 많이 나타나고 이후 감소한다. 50세 이후에는 고립적인 생활을 하거나 도와 주는 파트너가 없는 사람을 제외하고는 도착행위가 드물다.

원인으로는 인격발달 과정 중 구순기나 항문기 수준에서 고착된 것으로 보거나 Oedipus complex와 관련시키는 역동적 설명이 있다. 어머니와 이별 또는 어릴 때 받은 성적

폭행이 원인이 된다는 주장도 있다. 기질적 원인으로 성호르몬의 장애 혹은 대뇌장애와 관련된다는 연구보고가 있으나 아직 객관성은 없다.

노출증(exhibitionism)은 예기하거나 경계하지 않고 있는 낯선 사람에게 성기를 노출하고 싶은 강한 충동을 갖거나 실제로 노출하는 행위를 말한다. 발병은 사춘기 이전부터 중년 사이에 일어난다.

절편음란증(fetishism)은 성적 흥분과 만족을 위하여 어떤 물건에 의존하는 경우이다. 거의 남성에서만 볼 수 있는 도착증으로 여성의 브래지어, 내의, 슬립, 팬티, 스타킹, 헤어핀 또는 밴드 등과 같이 이성의 몸과 친밀히 연관될 수 있는 여성의 옷가지 등이 주 대상이다. 대개 사춘기 시절에 시작되며 만성화 경향이 있다.

소아기호증(pedophilia)은 사춘기 전의 소아(13세 이하)와 성행위 또는 그에 대한 공상이 성적 흥분에 되풀이 애용되거나 유일한 방법이 될 때이다. 법적으로 문제가 되는 도착증 중 가장 흔한 유형으로 중년 이후에 잘 일어난다.

절시증(voyeurism)은 노출증과는 반대로 타인의 성행위나 성기를 반복적으로 훔쳐봄으로써 성적만족을 갖는 경우이다. 극치감은 보통 자위행위로써 경험한다. 일명 관음증(scoptophilia)으로도 알려져 있다.

성적 가학증(sexual sadism)은 성적 흥분을 위하여 타인에게 심신의 괴로움을 주는 것으로 3가지 특징이 있다. ① 동의하지 않는 상대자에게 심신의 고통을 반복적으로 줌으로써 성적 흥분을 얻는다. ② 합의된 상대자와는 독특한 모욕과 거짓 혹은 신체상의 가벼운 상처를 반복해서 일으킨다. ③ 합의된 대상자의 신체의 상처는 심하고 영구적 혹은 생명을 위협할 정도일 수도 있다. 이는 강간, 난폭한 성행동, 성적 살인행위와 관련될 수 있다.

성적 피학증(sexual masochism)은 성 파트너로부터 괴로움을 당함으로써 성적 만족을 찾는 도착증이다. ① 모욕, 구타, 채찍질, 묶임, 기타 고통을 당하는 방법이 성적 흥분을 얻기 위해 애용되거나 또는 유일한 방법이 될 때, ② 성적 흥분을 얻기 위해 신체적으로 상처를 입거나 생명의 위험을 받는 행동에 의도적으로 몸을 내맡기는 경향이 있을 때가 특징이다.

4) 피임의 종류와 방법

피임이란 배란, 수정, 착상을 막는 것을 말하며, 자연적인 방법과 약제, 기구를 이용한 방법이 있다.

<표 24> 피임의 방법과 장·단점

방 법	성공률	단 점
불임수술	99.9%	요통, 골반염증, 난소에 혹 잘 생김, 월경불순, 자궁외 임신
피임약	98%	매일 복용해야 함, 주근깨, 기미, 소화장애, 살이 찐다, 고혈압, 당뇨, 유방암, 뇌빈혈, 뇌출혈
자궁내 장치(루프)	95%	요통, 냉증가, 월경량 증가, 자궁천공
콘돔	80∼95%	성감의 감소, 성공률 높음
질외사정	85%	성공률 낮음
주기법	70∼80%	성공률 낮음
젤리(Foam)	70∼80%	성공률 낮음
질 정	70%	성공률 낮음

성의식의 개방으로 혼전 성교가 만연되어 가고 있으며, 이러한 사회적 분위기 속에서 미리 준비하지 않은 여성들의 경우 여러 가지 문제를 낳을 수 있다. 청소년들은 일시적 성충동만 있을 뿐 그로 인한 결과에 대해서는 전혀 알고 있지 않다. 최근 청소년들의 성에 대한 개방화된 의식구조는 호기심에 의한 충동으로 혹은 맹목적인 사랑을 핑계로 책임이 결여된 성교를 행하고 있으며 피임법을 거의 사용하지 않기 때문에 낙태, 미혼모의 발생률이 높아져 가고 있다. 여기서는 올바른 피임방법을 살펴보고자 한다.

피임의 방법으로는 자연피임법, 약제이용법 및 기구이용법 등이 있다.

(1) 자연피임법

자연피임법 중 첫째, 질외사정은 남성이 사정을 할 때쯤 성관계를 멈추고 여성의 질 바깥쪽에 사정을 하는 것이다. 준비가 필요 없고 언제든 사용이 가능하나, 걱정으로 인한 긴장감이 조성되어 만족을 얻지 못할 수가 있으며, 질외사정을 하더라도 정자가 질 내로 흘러 들어갈 수도 있으며, 또한 적절한 시기를 찾기가 어렵다. 이 방법은 피임에 그리 효과적이지 못하다.

둘째, 월경주기 조절법은 여성이 임신가능 시기를 피하는 방법이다. 그러나 안전한 시기를 정확히 예측하기가 어렵다.

〈월경주기가 28~32일인 여성에서의 주기법사용을 위한 계산법〉

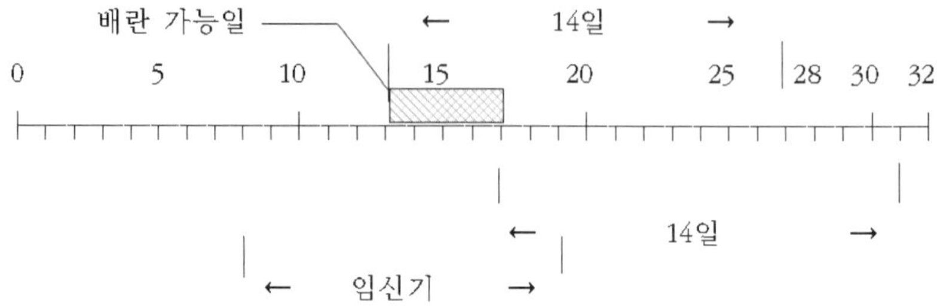

(2) 약제를 이용한 방법

약제를 이용하는 방법으로 첫째, 젤리, 크림, 발포성제제가 있는데 이러한 성분들은 질내 정자를 죽이는 작용을 한다. 쉽게 사용할 수 있고 값이 비싸지 않으나 피임실패율이 30%를 넘기 때문에 효과면에서 떨어진다.

둘째, 먹는 피임제제는 여성 스스로 임신을 조절할 수 있어 세계적으로 가장 많이 이용되는 피임법 중 하나이다.

(3) 기구를 이용한 방법

기구를 이용하는 방법으로 첫째, 콘돔의 사용이 있다. 성교 전에 음경 귀두에 씌운다. 정자가 고일 정도의 공간을 남겨야 한다. 사정 후에 음경이 수그러들기 전에 빼야 한다. 번거로움이나 감촉의 불만을 호소하나 가장 단순하고 안전한 방법이다. 성병의 예방효과가 있고 값이 싸고 처방 없이 쉽게 구입이 가능하며 피임 효과는 95% 이상이다.

둘째, 다이아프라금(질격막)은 얇은 고무로 만든 컵모양의 질격막을 질 속에 넣어 앞면은 여성의 치골 부위 뒤에, 후면은 자궁경관 뒤 질후벽에 끼워 넣는 방법이다. 여성 각자에 맞는 적당한 크기를 선택해야 하는데 너무 작은 것을 넣으면 성교 도중 위치가 이동하여 효과적인 피임을 기대할 수 없다.

피임은 흔히 여자들만 하는 것으로 잘못 인식되어 왔었다. 또한 완전한 피임방법은 없다. 따라서 피임의 효과를 높이기 위해서는 남녀의 체질에 맞아야 하고, 남녀 모두가 동시에 해야만 한다.

5) 성폭력에 대한 이해

(1) 성폭력의 심각성

성폭력은 피해여성에게 치명적 상처를 줄 뿐만 아니라 가정, 나아가 사회전체를 황폐하게 만드는 사회적 범죄인데도 줄어들지 않고 계속 증가하여 사회불안을 야기시키고 있다(대한가족계획협회, 성상담, 1997).

성폭력은 다른 범죄와 달리 여성에게 신체적 경제적 손상 외에도 심각한 정신적 후유증을 남긴다. 성폭력을 당한 나이, 지속 정도, 가해자와의 관계, 성폭력 정도에 따라 차이는 있지만 대체로 여성들은 강간쇼크 증후군을 앓고 있다. 공포와 우울, 좌절과 죄의식, 수치심, 남성에 대한 혐오, 복수심, 배우자와의 성관계 거부 등으로 시달리며 정신병으로 발전하거나 자살하는 경우도 있다. 9살 때 이웃집 아저씨에게 성폭력을 당한 후, 21년만에 가해자를 살해할 수밖에 없었던 김부남 여인 사건 등은 성폭력 피해 후유증이 얼마나 심각한지를 보여 주었다.

어린이 성폭력은 청소년문제 매매춘 등의 사회적 문제를 야기한다. 사춘기에 처음으로 자신의 피해사실을 인식하면서 사회적 순결관에 의해 방황하다가 가출, 비행청소년이 되며 때로는 매춘여성이 되기도 한다. 딸이나 아내가 성폭력 피해를 입은 경우 당사자인 여성뿐만 아니라 그 가정 전체가 비탄에 빠지거나 파괴되는 경우가 허다하다. 결국 성폭력은 불행한 가정, 불행한 사회를 야기한다. 혼전 성폭력 피해 여성들은 결혼 후, 원만한 부부관계를 유지 못하는 경우가 많다. 구타 혹은 이혼으로 발전하기도 한다.

1995년 발표된 여성개발원의 통계에 의해 연구된 성폭력 피해 영향에 따르면, 피해당한 직후 초기영향에 있어서는 피해자의 89.5%가 정서적 영향을 호소하였으며, 80.2%가 신체적 영향을, 77.1%가 사회적 기능에의 영향을 호소하였고, 약 32.3% 정도가 성적 기능과 가족관계에의 영향을 호소하였다. 장기적 영향에서는 신체적, 사회적, 가족관계의 영역에서는 초기에 비하여 다소 호소율이 떨어졌으나(각각 66.3%, 50.6%, 30.1%), 정서적 영역(81.9%)은 보다 만성적 증상의 호소율이 높아졌고, 성적 기능에 있어서는 오히려 초기에 비하여 거의 2배나 높은 호소율을 보였다. 특히 강간/윤간/성적 가혹행위의 피해자들은 다른 피해자와는 달리 초기의 호소율에 비하여 장기적 영향의 호소율이 상당히 높아 이들 폭행이 시간이 지날수록 피해자에게 누적적으로 끼치는 장기적 악영향의 심각성이 있음을 드러내었다(대한가족계획협회, 1997).

<표 25> 성폭력 피해 직후의 단기적 영향(강간/윤간/성적 가혹행위)

영 역	영 향
정서적 반응	남성에 대한 공포, 혐오감, 부끄러움, 죄책감, 적개심, 의욕상실, 행동이 자연스럽지 못하게 됨. 소리가 날 때마다 깜짝 놀란다. 자신을 죽이고 싶도록 미워하고 열등감에 사로잡힘 타인에 대해 공격적으로 되었다. 여사로 태어난 것이 원망스러웠다. 식구가 눈치채지 않았나 불안함 주변 사람들의 눈치를 자주 보게 되고 소극적으로 변했다. 결벽증, 자신에 대한 혐오감, 대인기피증
신체적 영향/증상	임신에 대한 불안감, 임신, 임신으로 낙태에 대한 걱정 식음 전폐, 불면, 식욕상실 처녀막 손상, 세균감염, 온몸에 멍이 들었다. 말이 없어짐, 온몸이 쑤신다. 심한 건망증, 머리와 목이 아팠다. 누가 알까봐 항상 얼굴이 달아올랐다. 속옷을 자주 갈아입고 자주 씻는다.
사회적 기능에의 영향	남성에 대한 불신, 혐오감이 생김 남성기피증 학습장애, 집중력 상실, 무단 결석·결근, 가출시도, 친구나 친척 기피
가족관계 및 가족원에의 영향	부모 : 걱정이 많아지고 우울해졌다. 더욱 잘해 주려고 함 어머님의 보살핌이 많아졌다. 분노하고 동정했다. 부끄럽게 생각하고 노골적이지는 않지만 비난하는 태도이다. 형제 : 더욱 가까워졌다. 예전과 같음 가족원 전체 : 가족원과 경제적·심리적으로 어려워함. 위로해 주고 이해해 줌 부정적 견해, 신경 쓰이게 함 걱정을 많이 해주나 대화가 없어짐 우울하게 지냄, 서로 피함, 정신이상으로 봄 가족과 거의 연락이 안됨
성적 발달에의 영향	성행위에 대한 혐오감, 성에 대한 두려움이 생김 성적으로 자신을 포기하게 된다. 남편과의 성관계의 어려움

<표 26> 성폭력의 장기적 영향(강간/윤간/성적 가혹행위)

영 역	영 향
정서적 반응 자기인식	자포자기, 자살시도, 신경질적임, 낮은 자아존중감, 건망증 혼자 있을 때가 많아지고 우울하고 잡념이 많다. 모든 가족으로부터 고립됨을 느낌 의존적 성향이 높아졌다. 자기파괴적, 정신분열증, 대인기피증 정신과 치료를 받았으나 마찬가지임
신체적 장애 해리	불안증, 공포증, 신경쇠약, 머리가 아프고 악몽에 시달림 원치않은 임신으로 건강, 신경쇠약 증세, 신경질과 짜증이 늘어남 병적 식욕과다, 식욕감퇴 신경이 예민해지고 날카로와짐
성(性)에의 영향	성불감증. 성적 죄의식, 성적 불안감, 성적 자아존중감 낮음 성행위에 대한 혐오감, 성에 대한 증오와 두려움 과도한 성행위 추구
사회적 기능에의 영향	직장생활 포기, 타인과 교류를 싫어하고 피하게 됨 남자들이 모두 동물처럼 느껴짐 술, 담배를 하게 됨. 학업 중단 가출하여 윤락행위에 빠짐 약물중독, 알코올중독
대인관계의 영향	가해자에 대한 증오와 복수심, 남자를 무서워하게 되었다. 친구들과 어울리지 못한다. 타인에 대한 불신 고립감으로 인해 모든 관계가 원만치 못함 대인관계 단절, 모든 사람이 알 것 같은 두려움
가족관계 가족에의 영향	부모 : 걱정과 보호. 부끄럽게 여긴다. 놀라고 당황했으나 곧 사태 수습. 대화가 안되고 숨긴다. 시부모 : 결연 남편 : 이혼, 술이 늘고 거칠게 대한다. 생활비를 주지 않는다. 형제 : 더욱 가까워졌다. 평소와 다름없이 대해줌, 대화가 없어졌다.

(2) 대 책

성폭력은 우리나라 뿐만 아니라 외국에서도 점차 증가하는 추세를 보이고 있기 때문에 계속적인 대책마련이 절실한 형편이다.

성폭력 문제의 해결을 위해서는 지금까지 감추어져 온 성폭력을 드러내고 개인적으로나 사회적으로 문제의 본질을 바로 인식하는 것이 중요하다. 이러한 변화를 이끌어 내기 위해서는 ① 교육의 제도적인 변화 ② 성폭력 특별법의 보완 ③ 홍보를 통한 국민들의 의식변화 유도 ④ 전문성폭력상담소의 활성화가 이루어져야 한다.

교육의 제도적인 변화로는 청소년들, 특히 학교의 학생들에게 성교육과 성상담이 필수적이어야 한다. 잘못된 성지식과 성의식 및 그릇된 성행위로 인한 당사자와 피해자에게 돌아갈 과오를 막기 위해서, 또한 사회에서 남녀간 건전한 인간관계의 형성을 위해서도 학교의 성교육 교육과정이 제도적으로 마련되고 체계화되어야 한다. 현재의 성교육에 대해 학생들이 느끼는 바를 바로 직시하여 좀더 효율적이며 개선된 올바른 학교 성교육을 정착시켜 나가야 한다. 성교육과 성상담은 문제해결보다 예방에 더 큰 비중을 두는 것이기에 그 중요성이 크다 하겠다.

성폭력 특별법의 보완이 필요하다. 성폭력은 일반 형사 소송 절차와 똑같아 가정과 개인의 프라이버시 권리가 보장되지 못하고 있다. 또한 담당 남성 경찰관들이 갖고 있는 강간에 대한 통념에 의해 피해 여성은 수사과정 중 상처를 입게 되어 포기하는 수가 많다. 또한 반복적 진술, 공개재판에서의 피해자 중심의 재판과정은 피해여성에게 또 다시 강간당하는 느낌을 갖게 만들어 쉽게 포기하게 만든다. 이러한 결과는 성폭력 근절의 한계성을 느끼게 만든다. 물론, 최근 개정된 법의 시행으로 피해 당사자가 아니더라도 신고가 있으면 수사를 할 수 있게 된 것은 참으로 다행한 일이라 하겠다. 하지만, 이것도 미흡한 형편이다. 따라서, 성폭력에 대한 처벌 형량을 높이는 일, 수사과정에서 피해자의 인권을 보호하는 일 등의 법률적 장치가 보완되어야 한다.

홍보를 통한 국민들의 의식변화 유도가 필요하다. 전체 성폭력 피해자의 절반 가량이 미성년자임을 감안해 볼 때 이들에게 성폭력 피해 방지에 대한 일상적인 행동지침을 알려줄 필요가 있다. 특히 어린이들은 가해자가 동정심을 유도하는 말이나 행동에 넘어가 피해를 당하는 경우가 많기 때문에 구체적으로 조심해야 할 행동을 어린 시절부터 가르쳐 주어야 한다. 특히 대중매체를 통해 성폭력예방 공익광고를 함으로써 여성들이 성폭력으로부터 자신을 보호하는 방법을 깨닫게 함으로써 피해를 줄여 가며, 일반인들이 알고 있는 성폭력의 잘못된 통념을 바로 잡아야 한다.

전문 성폭력상담소의 활성화가 필요하다. 피해자들이 손쉽게 찾을 수 있고 이들이 안심하고 상담할 수 있으며 치료가 충분히 이루어질 수 있는 상담소가 늘어나야만 피해자들이 보호받을 수 있으며 신고건수도 증가될 것이다. 우리나라에서 운영되고 있는 성폭력

상담소는 국가에서 운영하는 것은 없는 상태이고 여성단체에서 운영하는 것이 몇 개 정도인데 이중 성폭력만을 중점적으로 다루고 있는 곳은 한두 군데에 지나지 않는다. 또한 민간단체의 운영은 이사들과 후원자들의 후원회비에 의해 운영되고 있으며 정부의 보조금이 기관에 지급되고 있으나 그 보조금만 가지고는 상담소를 운영하기에는 절대 부족한 형편이다. 그리고 피해자들을 위한 보호시설도 꼭 필요하다.

(3) 성폭력 피해자와 그 가족이 알아야 할 사항

① 집에서

- 입구에 불을 켜 놓는다.
- 창문을 잠궈 놓는다.
- 모든 문에 자물쇠를 단다.
- 남자가 숨어 있을 만한 곳을 확인한다.
- 우편함에 이름을 써 놓지 않는다.
- 응급상황에서 믿을 수 있는 이웃을 알아 놓는다.
- 문을 열기 전에 누구인지를 확인하고 문을 열러갈 때 '여보, 제가 문 열께'라고 말함으로써 집안에 다른 사람이 있음을 알린다.

② 거리에서

- 자신의 주위에서 일어나고 있는 일을 인식한다.
- 일정한 속도로 걷는다.
- 자신이 찾아가고 있는 곳이 어디인지 알고 있는 것처럼 행동한다.
- 너무 많은 소지품을 가지고 다니지 않는다.
- 움직이거나 뛰기에 편한 옷을 입고 다닌다.
- 길 중앙으로 다닌다.
- 어두운 곳이나 남자들 무리사이로 걷지 않는다.
- 위험을 느끼면 '불이야!', '도와 주세요' 혹은 '치한이야!'라고 외친다.
- 호각을 갖고 다닌다.

③ 차를 탈 때

- 자신의 차를 타기 전에 항상 뒷좌석을 확인한다.

· 차를 운전하는 동안 문을 잠그고 있는다.
· 대중 고통수단을 이용할 때 남자들 무리의 근처에 서지 않는다.
· 주위를 잘 살펴보고 잠들지 않는다.
· 자신이 내려야 할 곳을 모를 때는 운전기사에게 물어 보고 앞쪽에 앉는다.

④ 보호 방법으로서의 '법적 무기'

· 불이 켜지는 담배, 플라스틱 레몬, 암모니아 스프레이, 싸고 투박한 반지, 모자핀, 우산 등은 모두 유용하게 쓰인다.

⑤ 자동차 편승

· 가능하다면 모르는 사람의 차를 얻어 타지 않는다. 그것은 매우 위험하다. 만약 그럴 경우에는 문의 손잡이를 확인하고 창문을 열어 놓는다.
· 한 사람 이상의 남자와 같이 타지 않는다.

제4절 성교육 상담의 실제

상담은 인간관계요 집단활동을 통한 자기의 객관적 이해이며, 집단 의사결정 과정의 체험이며, 새로운 통찰과 각성을 통해 자기의 인지 · 정서 · 행동 측면의 개선을 도모하고 생산적인 공동체 생활을 이루어 내는 활동이다. 따라서 진솔한 커뮤니케이션과 열린 마음, 수용적 태도, 적극적 참여 자세, 자기 변화의 각오가 매우 필요하다.

학교와 가정, 교회나 동아리 모임 등 집단 활동이 가능한 상황에서는 일방적인 강의나 주입식 교육보다는 참가자 전원이 자기 의견을 개진하고 남의 의견을 수용함으로 생각의 틀과 의견의 폭을 다듬어 가는 상담활동이 가장 바람직하다. 이제 성교육 상담활동으로 가능한 프로그램을 다음에 4가지를 제시한다.

1) 남녀 성기의 구조와 그 역할에 대해 알아보기

① 목　적	지적인 측면에서 어렴풋이 알던 남녀 성기구조와 명칭 및 그 역할을 정확히 이해하고 설명할 수 있게 한다. 행동적인 측면에서 자기 성기를 청결하게 유지하고, 배우자의 성기를 예의바르게 대할 수 있게 된다. 정서적으로 부끄럽거나 숨길 것이 아니라 편안하고 기쁜마음으로 담담하게 대하고 느낄 수 있게 한다.
② 준비물	연필이나 펜, 노트 크기의 활동 용지, 성교육사전 (성상담 지침서)
③ 시　간	교실상황에 맞추어 60분~90분
④ 방　법	4~6명의 그룹으로 둘러앉아 활동 용지에 성기의 명칭을 적고 그 기능을 기록한다. 돌려 가면서 말로 설명하고 각 기관의 중요성과 위생적 대처 방안을 토론한다. 성기의 청결이 행복한 결혼생활과 출산, 그리고 개인 건강에 얼마나 중요한가를 이해하고, 자기의 대응계획을 작성한다.

2) 성병과 피임법의 이해

① 목　적	지적인 측면에서 성병의 종류와 증상 및 그 피해 정도, 그리고 피임법에 대해 이해하고 설명할 수 있게 한다. 행동적인 측면에서 성병 예방방법과 감염시 치료를 위해 개인이 해야 할 내용들을 알고 실천하게 한다. 또한 피임법을 구체적으로 활용할 수 있게 한다. 정서적인 측면에서 성병감염이 가져오는 절망감, 낭패감 및 고생하는 것을 간접 체험하게 하고, 피임이 필요한 경우가 되지 않도록 자기의 성기 관리, 이성에 대한 예절, 성충동 조절법을 생각하게 한다.
② 준비물	연필이나 펜, 노트 크기의 활동 용지, 성교육자료집
③ 시　간	교실상황에 맞추어 60분~90분
④ 방　법	성병의 종류별로 원인, 감염경로, 증상, 피해상황을 도표로 작성케 한다. 피임약의 종류와 사용법, 사용시의 장단점을 기록하게 한다. 돌려 가면서 말로 설명하고, 구체적인 방법을 익힌다. 성병에 관한 신문기사나 투병기 등 타인의 사례를 소개하여 그 고통과 피해의 심각성을 공감한다. 피임법의 실제 도구를 관찰하고 그 사용법을 익힌다.

<자료 1>

MALE REPRODUCTIVE SYSTEM DIAGRAM

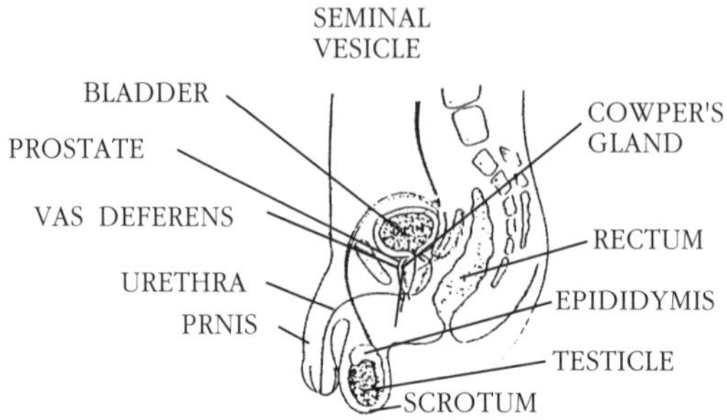

FEMALE REPRODUCIVE SYSTEM EXTENAL VIEW

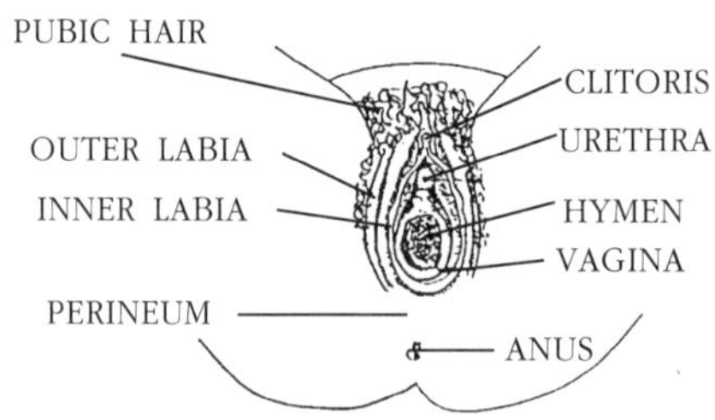

FEMALE REPRODUCTIVE SYSTEM DIAGRAM

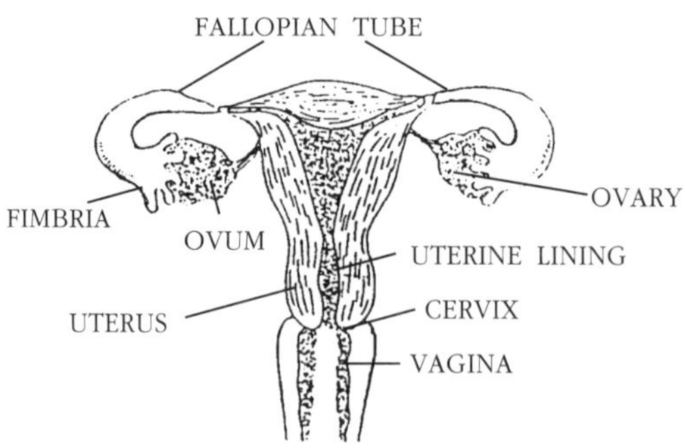

<자료 2>

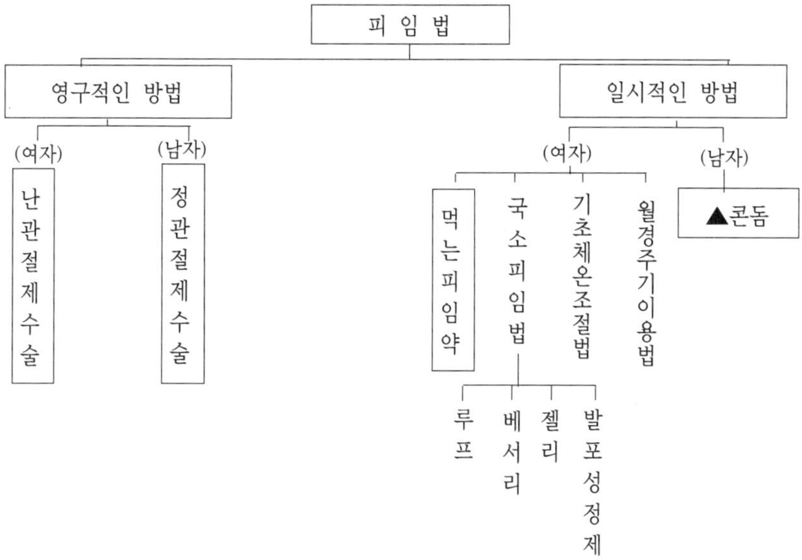

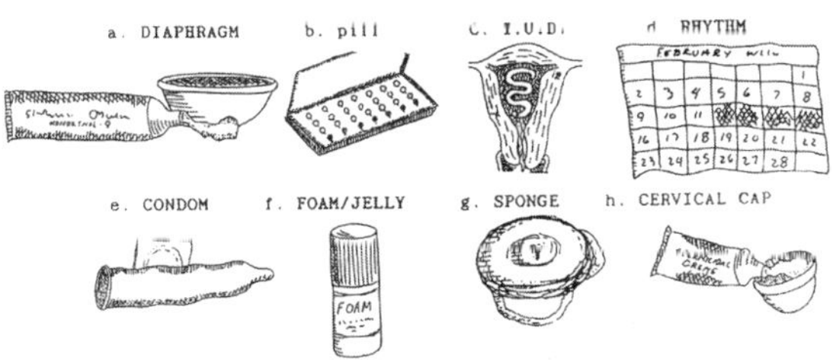

콘 돔		정자가 들어가지 못함
먹는 피임약		난자가 나오지 않음
루 프		정자가 들어가지못하고 착상못함
정 관 수 술		정자가 나오지 않음
난 관 수 술		난자가 들어가지 못함

<자료 3>

CONTRACEPTION COMPARISON CHART

METHOD	CATEGORY	HOW IT WORKS	SIDE EFFECTS	% OF EFFECTIVE-NESS	COST
Fill	Chemical	Prevents ovulation	Weight gain. Nausea. Don't use if over 35 and a smoker	〉99	$20 per month
Spermicides : foam, jelly, cream	Chemical	Spermicidal barrier	May cause irritation	78	$10 per kit
Norplant	Chemical	Rods implanted in arm. Hormone released to prevent ovulation.	Irregular bleeding	〉99	$600-$800 every 5 years
Condom	Mechanical	Rubber sheath over penis. Sperm barrier	Loss of sensation	85	50-60 cents each
Diaphragm	Mechanical	Fitted by a GYN. Sperm barrier used with jelly	May cause irritation	85	$25 plus exam fees
IUD	Mechanical	Uncertain : May stop egg implantation	Initial discomfort. Irregular bleeding	97	$400 every 4 years
Sponge	Chemical and Mechanical	Sperm barrier treated with spermicide.	May cause irrritation	85	$1.65 each
Total Abstinence	Abstinence	No intercourse	None	100	-
Withdrawal	Abstinence	Ejaculation occurs outside of the vagina	None	〈75	-
Rhythm	Abstinence	No sex during ovulation	None	〈75	-
Tubal Ligation	Permanent	Fallopian tubes cut and tied Egg cannot reach uterus.	Initial discomfort	〉99	$1,500-$2,000 onetime fee
Vasectomy	Permanent	Vas deferens cut and tied. No sperm in semen	Initial discomfort	〉99	$300-$500 one-time fee

3) 어항 모델을 통한 남녀관계의 이해

① 목 적	지적인 측면에서 동성집단에 소속되어 있음을 재확인하고 천편일률적인 성역할의 인식을 새롭게 하며 상대성의 입장에 대한 이해를 증진시킨다. 행동적으로는 동성집단원들과의 토론에 적극참여하고, 남녀 데이트나 인간관계에 대해 상대성에 대한 편견과 궁금증을 써 본다.
② 준비물	연필이나 펜, 노트 크기의 활동 용지, 두 개의 작은상자 혹은 바구니
③ 시 간	교실상황에 맞추어 60분~90분
④ 방 법	이 상담은 어항모델을 사용한다. 여성들은 원안의 바닥에 앉고 남성들은 그 바깥쪽의 의자 위에 앉는다. 남자들은 안에 있어 항 속을 보듯 여성들의 토론을 들여다볼 수 있게 된다. 그 다음에 남녀의 좌석을 바꾸어 여성들이 남성들의 토론을 관찰할 수 있게 하는 것이다. 처음에는 남녀가 따로 모인다. 동성들끼리 함께 모여 상대 집단에 물어 보고 싶은 질문들을 수집한다. 주제는 남녀 데이트나 인간관계 등에서 찾는다. 남성들의 대답을 원하는 여성팀의 질문지를 모아 한 상자에 넣고 여성들이 대답해야 할 남성 질문지도 다른 상자에 모은다. 그 다음에, 여성들이 원안의 바닥에 앉고 남성 들은 그 뒤편 의자에 앉는다. 여성들이 남성의 질문 상자에서 질문지를 하나씩 꺼낸 후 큰 소리로 읽고 토론하여 대답을 정리한다. 이제 남녀간 역할을 바꾸어 남성들도 같은 절차를 밟는다. 상담자는 어항 모델에서 활동하는 집단 옆에서 관찰자로 참여한다. 이는 남녀 성에 대한 개인적 편견을 극소화하면서 이해의 폭을 넓힐 수 있다. 성기의 청결이 행복한 결혼생활과 출산, 그리고 개인 건강에 얼마나 중요한가를 이해하고, 자기의 대응계획을 작성한다.

<자료 4>

〈질문 예〉

당신은 데이트에서 어떤일 하기를 좋아하나?

다른 사람이 당신을 좋아할 때 당신은 어떻게 말할 수 있는가?

남(여)자가 어떤 스타일의 옷 입기를 원하는가?

4) 혼전성교에 대해 알아보기

① 목 적	지적인 측면에서 남녀의 차이와 교제의 절차 및 상응한 이성예절에 대해 생각해 본다. 행동적 측면에서 이성에 대해 할 수 있는 것과 해선 안 될 것을 구별하여 실행케 한다. 남녀의 성적 접촉을 갖기 전에 그로 인해 나타날 수 있는 모든 가능성을 열거해 보게 한다.
② 준비물	연필이나 펜, 노트 크기의 활동 용지, 성교육자료집, 가정의학사전
③ 시 간	교실상황에 맞추어 60분 ~90분
④ 방 법	4~5명씩 집단으로 나누어 성적 접촉(성교 포함)으로 인해 나타날 수 있는 모든 결과를 브레인스토밍으로 수집한다. 각 집단이 전체로 모여 집단별 대표가 토의 내용을 수집해 모아서 발표한다. 영역별로 분류한 후 그에 대한 각자의 대처방안, 행동계획을 수립한다.

<자료 5>

〈다루어질 질문들〉

"나는 자녀를 갖기 원하는가?"

- 그렇지 않다면 산아제한 방법을 사용할 것인가?
- 그렇다면 어떤 방법이 가능한가?
- 각 방법의 장단점은 무엇인가?
- 어디서 피임법을 배울 것인가? 그 비용은 얼마인가?
- 만약 임신한다면 그것 때문에 결혼할 것인가?
- 아이를 낳을 것인가?
- 그 아이를 다른 곳에 입양시킬 것인가?
- 우리 부모들은 이 문제에 대해 어떻게 말할까?
- 여자 측에서는 유산시킬 것인가?
- 어디서 유산을 시킬 것이며 그 비용은 얼마인가?
- 성병이 감염됐으면 어떻게 할 것인가? 그 증상은 어떠하며 어떻게 치료받을 수 있나?
- 만약 AIDS라면 어떻게 할 것인가?

제5절 결 언

성(Sex)의 문제는 예외자가 없는 만인 공통의 문제인데 실제로는 열어 놓고 다루기를 거북하게 여기는 사정이고 비밀스런 문제로 다루어 왔다. 중요성을 인정하면서도 체계적으로 통합교과적인 지도는 미흡한 상황이다. 또한 사회문화적 현장변화, 청소년들의 발달상 조숙현상, 커버린 자신의 능력과 욕구를 합법적으로 활용(발산)할 수 있는 기회의 원천적 봉쇄 등으로 결국 비정상적인 성생활이 자꾸만 늘어나고 있다. 결국 청소년의 성문제에 대한 자기관리 능력을 길러 주지 못하고 사회나 기성세대가 올바른 모범을 보여주지 못한데서 오는 해악과 역기능이 점점 심해지고 있는 것이다. 이에 대해 보다 깊은 관심과 정공법을 통한 성의 일반화를 지도해야 될 때이다. 더 이상 비밀영역이나 사적인 문제로 두지 말고, 부모와 자녀, 교사와 학생, 상담자와 내담자, 성직자와 교인들이 공개적으로 토론하고 가르치고 상담할 수 있도록 우리의 기존관념과 선입관을 과감히 수정해 나가야 할 것이다. "엄마 어디로 밥을 먹나요?"와 "엄마 어디로 아기가 나와요?"의 질문에 똑같은 느낌으로 담담하게 대답할 수 있어야겠다. 따라서 이후로는 지하층의 성 비밀을 지상화 시키고 공개화시킴으로 필요 이외의 관심과 호기심과 무지의 영역으로 두지 않아야겠다. 이런 목적을 갖고 앞으로도 계속 성문제를 일상대화의 소재로 다루는데 공동 노력을 기울여야 할 것이다. 공개적으로 가르쳐 주지 않으면 비공개적으로 배운다. 그런데 비공개적으로 또는 인터넷이나 이상한 잡지 등 공인되지 않은 채널 등을 통해 배우는 것은 비정상적이거나 과장된 것을 다루는 것들이 많다는 부작용이 있다.

<자료 6>

청소년 성폭력 피해의 예방과 지도

– 청소년상담원, 「청소년 상담교육 지침서」에서 발췌

(1) 성폭력에 관한 잘못된 상식과 바른 이해

① 성폭력 피해는 주로 낯선 사람에게 당하는 것이다.

그렇지 않다. 청소년 성폭력 피해는 가정, 학교, 직장, 이웃 등 청소년 가까이 있는 사람들로부터 훨씬 더 많이 당한다.

② 성폭력의 가해자는 겉보기에도 정상인과 다르다.

그렇지 않다. 성폭력 가해자 중에는 겉보기에는 지극히 평범하거나 심지어 사회적으로 인정받고 존경받는 사람들도 있다 교육 정도, 경제 수준, 사회적 지위, 덕망 등과 관계 없이 누구나 성폭력의 가해자가 될 수 있다.

③ 성폭력의 가해자는 젊은 사람들이다.

그렇지 않다. 성폭력 가해자는 어떤 연령의 사람도 될 수 있다.

④ 성폭력 피해는 언제나 신체적인 위협이나 폭행으로 시작된다.

그렇지 않다. 잘 알거나 믿던 사람이 성폭행의 가해자인 경우 물리적인 힘을 굳이 써야 할 필요가 없다. 대신 말로 은근히 위협하거나, 무엇인가 해 주겠다고 약속하거나, 거절할 수 없을 정도로 간절하게 애원하기도 한다.

⑤ 성폭력 피해는 한 번에 그친다.

그렇지 않다. 성폭력 피해는 되풀이되는 경우가 더 흔하다.

⑥ 성폭력은 10대・20대의 여자들에게 주로 일어난다.

그렇지 않다. 성폭력 피해는 초등학교 저학년이나 취학전 아동, 심지어 갓난아이들에게도 일어난다.

⑦ 남자 아이들은 성폭력 피해의 대상이 되지 않는다.

그렇지 않다. 남자 청소년들도 성폭력 피해의 대상이 되고 있다. 여자들과 달리 남자 청소년들은 피해 과정에 본인이 동참했다고 생각하기 쉽기 때문에 정서적 혼란과 죄책감에 빠지고 심각한 정신적 고통과 신체적 후유증을 겪게 된다.

⑧ 성폭력 피해는 피해자에게도 책임이 있다.

그렇지 않다. 청소년이 미리 조심을 하거나 위험 상황에서 적절한 대응을 하면 피해를 줄일 수도 있겠지만, 피해자가 적절한 저항을 못하거나 하지 않았다고 해서 피해자에게 책임이 있는 것은 아니다.

⑨ 성폭력 피해는 문제 가정에서나 문제 청소년에게만 일어난다.

그렇지 않다. 청소년의 성폭력 피해는 겉으로 보기에 지극히 정상적이거나 모범적인 가정과 청소년에게도 일어난다.

⑩ 어렸을 때 성폭력은 세월이 지나면 자연히 잊혀진다.

그렇지 않다. 오랜 세월이 지나도 성폭력 피해의 상처는 치유되기보다는 더욱 깊어져 심지어 정서, 학업, 취업, 결혼생활 등 생활 전반에 걸쳐 지속적으로 남는 경우가 있다.

⑪ 성폭력 피해를 당했다는 청소년의 말은 대부분 사실이 아니다.

그렇지 않다. 성폭력 피해를 당했다고 청소년이 말할 때 그 말은 대부분 진실이다. 청소년이 성폭력을 당했다는 사실을 말하기는 대단히 어려운 일이라 그 사실을 꺼내지도 못하는 청소년들이 훨씬 더 많다.

(2) 청소년에 대한 성폭력의 예

① 성폭력 피해는 성에 관련된 말, 즉 음란한 이야기, 음란한 욕설 등으로 이루어질 수 있다.

② 성폭력 피해는 음란한 눈짓이나 몸짓으로도 일어난다.

③ 성폭력 피해는 음란물이나 성에 관련된 도구 등을 판매하거나, 유흥업소의 접대행위나 매춘행위 등 정상적인 것처럼 보이는 상행위에 의해서도 일어난다.

④ 성폭력 피해는 신체적 접촉이나 상호적 관계가 없어도 음란물을 청소년이 있는 곳에서 보는 것, 청소년이 볼 수 있는 곳에서 자위행위를 하거나 성관계를 갖는 것 등에서도 일어난다.

⑤ 미성년자인 청소년과의 성적인 행위는 어떤 경우를 막론하고 성폭력이다. 예를 들면, 옷 입은 상태에서 성적인 접촉을 하는 것, 옷을 벗기거나 벗도록 요구하는 것, 청소년으로 하여금 가해자의 성기나 다른 신체부위를 만지게 하는 것 등이다.

(3) 청소년이 성폭력 피해를 당하기 쉬운 상황들

① 청소년 성폭력 피해는 가해자의 집이나 청소년 자신의 집에서도 일어난다.

② 아주 가까이 다른 사람들이 있더라도 눈에 띄지 않는 장소라면 성폭력 피해가 생길 수 있다. 예를 들어, 거실에 가족이 있더라도 문이 닫힌 아이방은 성폭력의 장소가 될 수 있다.

③ 사람이 많이 모인 곳에서도 성폭력은 일어난다. 예를 들어, 주변 사람들의 무관심과 냉담한 태도는 어느 곳에서도 성폭력이 일어날 수 있는 환경을 제공한다.

④ 청소년의 성폭력 피해는 특별한 상황에서도 많이 이루어진다. 예를 들어, 명절 잔치 등 가정에 큰 일이 생겼을 때, 가족이나 본인에게 어려운 일이 생겼을 때,

여행이나 축제, 생일, 연말연시 등 일상적인 생활궤도를 벗어났을 때 등이다.

⑤ 성폭력 피해는 인적이 드문 골목이나 산길, 지하통로, 밤거리, 엘리베이터 안, 지하주차장 및 지하시설, 공원, 화장실, 가건물, 빈 집 같은 곳에서도 일어난다.

⑥ 범죄자들에 의한 성폭력 피해는 폭력이나 위협을 수반하여 장소나 때에 관계없이 일어나기도 한다.

(4) 청소년 성폭력 피해의 예방 방법

① 성폭력 피해가 일어날 가능성을 사전에 막는다.

- 청소년은 외출시에 반드시 만나는 사람과 장소, 목적, 귀가 시간을 사전에 정확하게 집안 어른들에게 말씀드린다.
- 가정에서 보호자는 야간통행금지 시간을 정하여 엄격하게 실천한다.
- 학교에서는 방과 후에 학생들을 즉시 귀가시킨다. 학생들이 방과 후나 공휴일에 학교에 있어야 할 경우, 반드시 그 목적과 귀가시간을 보호자에게 사전에 알려야 한다.

② 성폭력이 일어나기 쉬운 상황을 아예 피하도록 한다.

- 해가 진 이후에는 외출을 삼간다.
- 격리된 공간이나 장소에 이성과만 단 둘이 있지 않도록 한다. 피치 못할 경우 다른 친구들이 주변에서 기다리게 한다.
- 충분히 납득할 수 있는 이유가 없음에도 불구하고 이성의 어른이 단 둘이서만 있는 상황을 만들어 내려고 하면 무언가 적당한 핑계를 대고 그 자리를 피한다.
- 이성과는 어떠한 경우에도 한 방에서 자지 않는다. 꼭 그럴 수밖에 없는 상황이 된다면 동성의 보호자가 옆에서 같이 자야 한다.
- 낯선 사람이 필요 이상의 호의를 베풀며 음식을 사주거나 차를 태워 주려고 할 때에는 이를 단호하고 정중하게 사절한다.
- 뒷골목이나 인적이 드문 곳을 물으며 안내해 주기를 원하는 사람이 있을 때는 말로만 친절히 가르쳐 주고 동행하지 말아야 한다.

(5) 성폭력 피해의 위험에 대처하는 방법

① 피하기 어려운 위기 상황에서는 적절한 공격방안이나 도구로 신속한 방어와 공격을

할 수 있도록 준비한다.

② 호신술을 익히고, 호루라기 등 호신용 도구를 지니고 다닌다.

③ 화난 얼굴로 노려보며 "안 돼요"라고 크고 단호하게 외친다.

④ 위험을 감지하면 재빨리 도망쳐서 파출소나 큰 가게 등 안전한 곳으로 피신한다.

⑤ 위급한 상황이 닥쳐올 때는 "불이야!" "사람 살려!" 등의 큰 소리로 주위 사람에게 도움을 요청한다.

⑥ 설령, 목욕을 하거나 옷을 벗고 있을 때라도 위험이 있으면 맨발이나 벗은 몸으로라도 안전한 곳으로 도망쳐서 도움을 요청한다.

(6) 성폭력을 당할 때 피해를 줄이는 방법

① 될 수 있으면 빨리 그 자리를 떠나 더 이상의 피해를 막도록 한다.

② 성폭력 가해자가 더 이상 성폭력 행위를 할 마음이 없어지도록 할 수 있는 가령, "당신이 지금 하는 행위는 성폭력입니다." "당신은 짐승보다 더 나쁜 짓을 하고 있습니다." 등의 말이나 '간질 발작이나 신체적 경련이 일어나는 것 같이 이상한 행동을 하는 것', '임질이나 매독 등의 성병이나 에이즈 감염자인 것처럼 행동하는 것' 등의 말이나 행동을 한다.

③ 낯선 사람으로부터 성폭력을 당할 때 잘못 대응하면 오히려 피해가 더 큰 경우가 많다. 성폭력 가해자가 낯선 사람인 경우는 세심한 주의와 각별한 대책이 필요하다. 즉, 가해자를 더 흥분시키거나 폭력적으로 만들만한 말이나 행동은 삼가는 것이 오히려 피해를 줄일 수 있다.

(7) 청소년이 성폭력을 당한 후에 흔히 보이는 반응

① 피해가 너무 커서 전혀 감당할 수 없는 경우에는 자살, 정신적 장애 등의 극단적인 비극적 결과가 생길 수 있다.

② 갑자기 성에 관련된 이상한 반응을 보인다.

- 성기 부분을 가려워하거나 아파한다.
- 여자청소년의 경우 가슴 부분을 아파한다.
- 갑자기 성에 대한 관심이 높아진다.
- 이전과 달리 나이에 맞지 않는 성행동을 한다.

③ 일상생활에서 적응상의 곤란을 보인다.

- 학교공부나 직장일에 집중하기 어려워한다.
- 학교성적이 내려간다.
- 친하던 친구들과도 잘 만나지 않는다.
- 밖에 나가는 것을 꺼린다.

④ 평소와 다른 행동을 집에서 보인다.

- 씻는 시간이나 횟수가 지나치게 늘어난다.
- 다른 사람과 목욕을 하지 않으려 한다.
- 옷을 자주 갈아입거나 아예 갈아입지 않는다.
- 속옷 빨래감을 내놓지 않으려 한다.
- 갑자기 밥맛을 잃는다.
- 옆사람의 몸이 조금 닿기만 해도 과민한 반응을 보인다.
- 옆에 사람이 가면 깜짝 놀란다.
- 남자(또는 여자)에 대한 혐오감이나 적개심이 담긴 말을 무심코 내뱉는다.

⑤ 평소에 보이던 것과 다른 여러 가지 정서적 반응을 보인다.

- 밤에 잘 때 불을 끄는 것을 두려워한다.
- 혼자 있기를 두려워하거나 피한다.
- 악몽에 시달리거나 식은땀을 흘린다.
- 잠결에 이상한 헛소리를 낸다.
- 신경이 예민해져서 공연히 화나 짜증을 낸다.
- 특정한 사람, 장소, 물건 등을 갑자기 두려워하거나 피한다.
- 눈의 초점이 흐리고 멍한 상태에 빠져 있다.

⑥ 성폭력 피해는 단기적인 것만 아니라 평생 지속될 정도로 장기적인 것도 있다.

- 만성적인 정신질환으로 고통받는다.
- 만성적인 정서혼란에 빠진다.
- 피해자는 다른 사람을 신뢰하지 못하여 어른이 되어서도 따뜻한 인간관계를 맺지 못한다.
- 이성에 대한 불신감과 적대감이 지속되어 원만한 성생활이나 행복한 결혼생활이 어렵게 된다.

- 이성에 대한 비현실적 판단이나 자포자기적 심리 때문에 문란한 이성관계에 빠지게 되기도 한다.
- 성폭력에 대한 과도한 피해의식으로 자녀들을 지나치게 통제하거나 정상적인 감정표현을 억제하여 자녀의 발달을 크게 그르치기도 한다.

(8) 청소년이 성폭력 피해를 당한 것 같은 느낌이 들 때는 다음과 같이 한다.

① 성폭력 피해란 부모나 선생님에게라도 말을 꺼내는 것 자체가 대단히 어려운 일임을 인정하고, 피해 청소년에게 수용적인 자세로 다가가 도움을 줄 수 있도록 한다.
② 어떤 경우에도 성폭력 피해자에게는 아무런 책임이 없으며 가해자에게만 모든 책임이 있음을 인식시켜, 자녀가 안심하고 피해 사실을 말할 수 있도록 한다.
③ 일단 청소년이 성폭력 피해 사실에 관해서 이야기를 하면 부모도 충격을 받고 이성을 잃기 쉬우나, 냉정하고 침착을 유지해야 한다.
④ 부모는 수용적이며 공감적인 태도로 끝까지 경청하는 인내심을 보여야 한다.

(9) 청소년의 성폭력 피해에 대처하는 방법

① 응급상황에 대한 대처

- 성폭력 피해로 극심한 신체적 상처, 자실위기, 불안발작, 심한 정신적 혼란 등의 응급상황이 발생하면, 도움을 줄 만한 사람(친지, 이웃사람 등)이나 기관(전문상담소, 병원, 경찰서 등)과 연계하여 신속하게 필요한 조치를 취한다.
- 성폭력 피해의 응급조치 이후에는 신체적 · 정신적 · 가정적 안정을 회복하여 피해를 최대한 극복할 수 있는 후속조치(전문기관에 협조 요청, 관계자 이외에는 비밀 보장, 증거나 참고자료의 수집을 통한 법적 대응 등)를 준비한다.

② 신체적 피해에 대한 대처

- 신체적 피해는 육안으로 확인하기 어려운 경우가 많기 때문에 반드시 병원에 가서 전문적 진단을 받는다.
- 매독, 임질 등의 성병이나 에이즈, 피부질환 그 밖의 질병 감염 여부를 정확하게 진찰받는다.
- 여성 피해자의 경우는 처녀막 파열이나 손상 및 임신 등 각별히 신경써서 다루어야 할 신체적 문제가 있다. 이것은 신체적인면 뿐만 아니라 정신적으로도 큰 타격을

줄 수가 있기 때문이다.

③ 심리적 피해에 대한 대처

- 피해 청소년은 죄의식, 수치심, 자기혐오감, 무력감 등 자신을 비하하는 감정을 가질 수도 있기 때문에 피해자에게는 어떠한 책임도 전혀 없다는 사실을 분명히 이해해야 한다.
- 피해 청소년은 가해자에게 증오심, 배반감, 혐오감, 복수심, 공포감 등을 많이 지니게 된다. 따라서 이들의 정서적 상처가 가능한 한 조속히 아물도록 전문가의 도움을 받는다.
- 피해 청소년이 자신에 대해 느끼는 감정은 혼란스럽다. 따라서 피해자의 아픔을 이해하여 따뜻이 위로하고 감정의 기복이나 극단적 감정폭발이라도 감싸주며 수용한다.
- 가해자에 대한 동정심이나 친밀감 또는 고마움 등이 남아 있는 경우, 피해 청소년의 마음은 더욱 복잡하고 혼란스럽다. 따라서 납득하기 어려운 감정이나 생각이라도 귀 기울이고 공감하며 이해해 준다.

④ 교육적 · 사회적 피해에 대한 대처

- 성폭력 피해 청소년은 학교나 직장에 정상적으로 가기 어려운 경우가 많다. 따라서, 큰 병에 걸린 경우와 마찬가지로 학교나 직장을 상당한 기간 쉬더라도 안정을 되찾을 수 있는 조치를 취한다.
- 피해 청소년은 가족, 친구, 그 밖의 여러 인간관계에서 이전과 달리 고립과 소외에 빠지기 쉽다. 따라서 가족은 물론 친구들도 인내심을 갖고 다가가서 함께 고통을 나누는 관계를 유지한다.
- 성폭력 피해는 일반적으로 알려져 있는 것보다 훨씬 더 많이 발생한다. 따라서, 성폭력에 관한 통계자료나 서적 등을 이용하거나 비슷한 피해를 당하였거나 극복한 경험이 있는 사람들과의 공감대 형성 등을 통하여 피해자가 자신의 상황을 객관화하고 상처를 극복할 수 있는 길을 함께 찾도록 한다.

⑤ 성폭력 피해에 대한 법률적 대처

- 경찰에 신고한다.
- 경찰서에 가서 진단서를 제출하고, 고소에 필요한 절차를 밟는다.

<자료 7>

성지식 테스트*

어떠한 문제를 다룰 때 우리는 자신이 그것을 알고 있는지, 그것이 맞는지 등에 관해 모호할 때가 있다. 성에 대해서도 어떤 때는 많이 아는 듯하여 자신 만만하다가 어떤 때는 무지에 기가 죽는다. 아래에서 만나게 될 문항들은 성에 대한 자신의 지식을 다섯 개의 분야별로 테스트해 볼 수 있도록 준비되었다. 대부분의 문항들은 거의가 상식 수준으로서 이미 확실히 알고 있는 것일 수 있다. 또 추측으로도 쉽게 알아맞힐 수 있다. 그러나 중요한 것은 단순히 알아맞히는 것이 아니라, 이런 문제를 다루어 봄으로써 소홀히 하였던 점들에 관해 생각해 보고, 보다 과학적인 지식을 얻고, 이를 바탕으로 장래 또는 현재의 성생활을 부드럽고 만족스럽게 바꾸어 가야 한다는 것이다.

아래의 성지식 테스트는 독일 베를린에 있는 Robert Koch연구소의 소장이며 성교육 분야의 세계적 권위자인 Haeberle 박사가 제시한 문항들과 성관련 전문서적 및 국내외 연구들을 참조하여 우리나라 여건에 맞는 문항들을 분야별로 엮어서 만든 것이다. 읽고 옳은지, 틀리지 확인해 보자.

◉ 성기관의 구조와 기능에 관한 문항

1. 정자는 남성의 고환에서 생성된다.
2. 정자는 사정시에만 방출된다.
3. 전립선은 남녀 모두에게 있는 성기관이다.
4. 남성호르몬 테스토스테론은 남성에게만 분비된다.
5. 여성호르몬 에스트로젠은 여성에게만 분비된다.
6. G반점은 여성의 질 안에서 발견된다.
7. 처녀막은 첫 성교시에만 파열된다.
8. 난소는 자궁의 좌우에 하나씩 있다.
9. 여성은 일생 동안 배란할 난세포를 갖고 태어난다.
10. 여성의 경우 요도와 질구는 다른 통로이다.
11. 남성의 경우 요도와 정액 분출로는 다른 통로이다.

---

* 홍성묵 박사의 「아름다운 사람과 성」(pp. 46~51) 인용.

12. 정자나 난자 속에서 23개의 염색체가 있다.
13. 남성은 일반적으로 2개의 Y염색체를 가지고 있다.
14. 모든 여성은 처녀막을 갖고 태어난다.
15. 일반적으로 여아가 남아보다 사춘기에 일찍 도달한다.
16. 남성은 일생 동안 정자를 생산해 낸다.
17. 여성은 일생 동안 계속하여 난자를 생산해 낸다.
18. 음낭(불알)의 온도는 몸의 다른 부위에 비해 약간 높다.
19. 남성의 음경과 여성의 음핵은 유사한 구조조직이다.
20. 음경은 하나의 음경 해면체와 하나의 요도 해면체로 구성되어 있다.
21. 여성의 성적 기능은 젖가슴 크기와 직접 관련 있다.
22. 처녀막은 태어날 때부터 모든 여자에게 있다.
23. 여성의 성기 구조상 질의 안쪽 깊은 곳이 더 민감하다.

◉ 임신 및 출산에 관한 문항

1. 월경 주기의 중간 부분이 임신 가능 기간이다.
2. 유방이 클수록 임신 가능성이 높다.
3. 난자는 배란된 후 24시간 내에만 정자와 수정이 가능하다.
4. 아기의 성은 난자와 정자가 수정되는 순간에 결정된다.
5. 임신을 위해서 여자는 성관계시 오르가즘을 느껴야 한다.
6. 임신의 마지막 3개월 동안에 성관계를 하면 태아에게 해롭다.
7. 일반적으로 아이가 태어날 때 머리가 먼저 나온다.
8. 콘돔을 사용하면 완전한 피임이 보장된다.
9. 여자는 매달 한 개의 난자를 성숙시켜 배란한다.
10. 남성의 염색체는 정자의 꼬리 부분에 있다.
11. 한 번의 성교만으로도 임신이 가능하다.
12. 인공 유산 후에 여성은 불임이 될 수 있다.
13. 인공 유산은 수술을 받지 않고 조제약물로도 가능하다.
14. 1회 사정시 정자의 수는 수만개 정도이다.
15. 출산 후 월경이 없는 기간에는 피임을 하지 않아도 된다.

16. 정자의 생존 기간은 대략 48~72시간이다.
17. 여자에게 있어 배란은 일반적으로 생리하기 직전에 일어난다.
18. 여자로 하여금 임신하게 하려면 남자는 사정을 해야 한다.

◉ 성건강에 관한 문항

1. 키스를 통해서는 성병이 전염되지 않는다.
2. 한 번의 성교만으로도 성병이 감염될 수 있다.
3. 헤르페스(허피스) 성병은 항생제로 완치될 수 있다.
4. 임질은 항생제를 먹거나 주사를 맞으면 완치될 수 있다.
5. 매독의 증상이 일시적으로 사라지는 잠복 기간에는 타인에게 전염되지 않는다.
6. 항우울제(신경 안정제 등)의 복용은 성기능 약화를 예방할 수 있다.
7. 비만은 발기장애의 원인이 될 수 있다.
8. 흡연은 성기능 장애의 원인이 된다.
9. 비아그라는 최근 미국에서 개발한 남성 정력제이다.
10. 여성이 경험하는 성기능 장애 중 가장 많은 것은 성욕상실이다.
11. 여성의 오르가즘 장애는 치료되지 않는다.
12. 성병에 길렸던 사람은 불임이 될 수 있다.
13. 성병에 감염된 산모는 신생아에게 성병을 감염시킬 수 있다.
14. 성병에 한 번 걸린 후에 치료가 제대로 되지 않으면 죽을 수도 있다.
15. 성병을 완치한 후에는 그 성병에 대한 면역성이 생긴다.
16. 성관계 전이나 후에 항생제를 먹으면 성병이 예방된다.
17. 에이즈 감염자와 깊은 키스를 하면 에이즈에 감염될 수 있다.
18. 에이즈의 주요 원인은 동성연애에 기인한다.
19. 에이즈 감염자와 같은 방(교실, 사무실 등)을 쓰면 에이즈에 감염될 수 있다.
20. 에이즈 감염자와 면도기를 같이 사용할 때 감염될 수 있다.
21. 성관계 후 성기를 비누로 깨끗이 씻으면 성병에 걸리지 않는다.
22. 임신 2개월 내의 인공 유산은 여성의 건강에 해롭지 않다.
23. 발기 장애는 중년 이후의 남성에게만 일어난다.
24. 몽정은 성적으로 문제가 있음을 말해 준다.

◉ 성행위에 관한 문항

1. 남자는 사춘기 이전에 사정을 할 수 있다.
2. 여성이 오르가즘을 느낄 때 질벽 근육에 강렬한 경련이 일어난다.
3. 남성은 한 번의 성교에서 여러 번의 사정이 가능하다.
4. 여성은 한 번의 성교에서 오르가즘을 여러 번 경험할 수 있다.
5. 성관계시 남성의 흥분 속도는 여성보다 빠르다.
6. 여성의 경우 성교를 하지 않아도 오르가즘을 경험할 수 있다.
7. 여성의 경우 폐경기 이후 성적 욕구가 거의 없어진다.
8. 남성의 발기력은 노인의 경우에도 유지된다.
9. 자위행위는 알반적으로 건강에 해롭다.
10. 자위행위는 남녀 누구에게나 자연스런 현상이다.
11. 남성은 여성에 비해 성적 욕구가 강하다.
12. 출산 직후 여성은 성적 욕구가 증가된다.
13. 아기에게 젖을 먹일 때 어머니가 성적 쾌감을 느낄 수 있다.
14. 남성은 완전히 발기해야 사정할 수 있다.
15. 여성이 느끼는 오르가즘의 강도는 남성의 성기 크기와 직접 관련 있다.
16. 정관 수술을 하면 오르가즘은 오를 수 있으나 사정은 하지 않는다.

◉ 성적 성향에 관한 문항

1. 성적 성향은 이성애, 동성애, 양성애 세 가지이다.
2. 동성연애는 성도착증의 일종이다.
3. 개인의 성적 성향(예 : 동성애)은 치료에 의해 쉽게 바뀔 수 있다.
4. 동성애적 사랑을 한 번 경험하면 동성애자가 된다.
5. 여성 동성애자들은 파트너와 비교적 안정적이고 지속적인 관계를 유지한다.
6. 남성 동성애자들은 파트너와 비교적 안정적이고 지속적인 관계를 유지한다.
7. 남자가 동성연애자가 되는 원인은 남성호르몬이 부족하기 때문이므로 남성호르몬 주사를 맞으면 치유될 수 있다.

〈성지식 테스트 정답〉

- **성기관 구조와 기능**

  옳은 문항 1, 6, 8, 9, 10, 12, 15, 16, 19
  틀린 문항 2, 3, 4, 5, 7, 11, 13, 14, 17, 18, 20, 21, 22, 23

- **임신 및 출산**

  옳은 문항 1, 3, 4, 7, 9, 11, 12, 16, 18
  틀린 문항 2, 5, 6, 8, 10, 13, 14, 15, 17

- **성건강**

  옳은 문항 2, 4, 7, 9, 11, 12, 16, 18
  틀린 문항 1, 3, 5, 6, 9, 11, 15, 16, 18, 19, 21, 22, 23, 24

- **성행위**

  옳은 문항 1, 2, 4, 5, 6, 7, 10, 13, 14
  틀린 문항 3, 8, 9, 11, 12, 15, 16

- **성적 성향**

  옳은 문항 1, 5, 6
  틀린 문항 2, 3, 4, 7

<자료 8> 여러 가지 성관계

1 정상위

세계인의 70%가 활용하는 남성 상위이다. 기본 체위로서 여성이 가장 즐기는 체위이다.

정상위

성교의 도입, 사정, 후희에 적절한 정상위 단위체위로의 변형이 무수하며 자극부위와 깊고 얕게 복운동을 함으로 수백 가지 스타일로 바꿀 수 있다. 부부성교의 다양성은 정상위 체위의 이치를 충분히 연구 터득하는데 있다.

2 여성상위

결혼부부의 70% 이상이 사용하는 여권신장의 상징이다. 여성이 주도하는 체위이다.

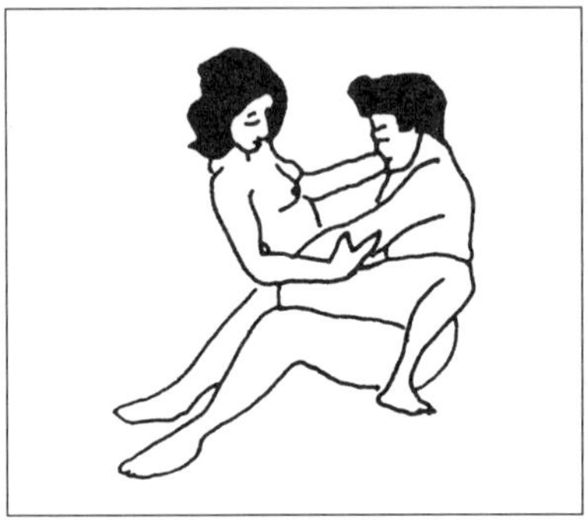

사랑의 눈으로 성교 동작을 서로 감상한다.

남성이 여성의 허리를 지탱하면서 상체를 약간 밀면 페니스의 뻗은 상태와 질과의 왕복운동을 생생하게 볼 수 있다. 서로 보는 느낌과 율동이 성적 자극을 상승시킨다. 이 자세는 좌위같지만 좌위와는 상당히 다르다.

3 좌위

심장과 허리에 부담이 적고 체력소모가 적으며 다양한 자극을 질에 줄 수 있다.

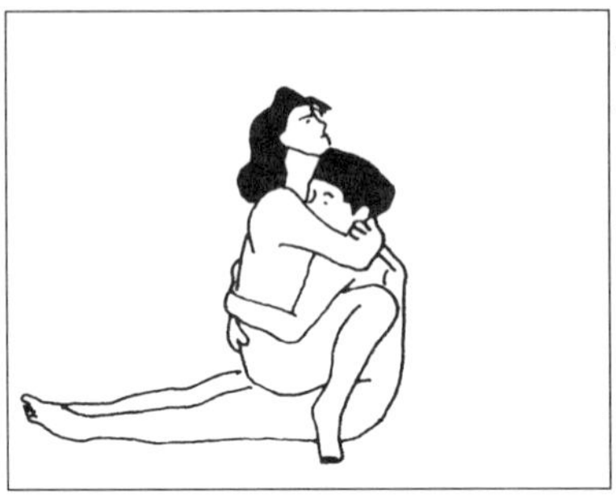

좌위로서의 결합 체위

좌위는 일본인이 좋아하는 체위로 알려져 있다. 모든 체위는 전희로서 성감이 고조된 다음 이기에 좌위가 비교적 성기 결합이 쉬운 체위이다. 성기 결합, 키스, 손으로의 애무를 동시에 할 수 있는 체위이다.

4 축와위

임신부와 비만형 부부에게 좋다.
키 차이가 많이 날 때도 이용한다. 대개 나가는 형으로 이용하며 안식위라고도 한다.

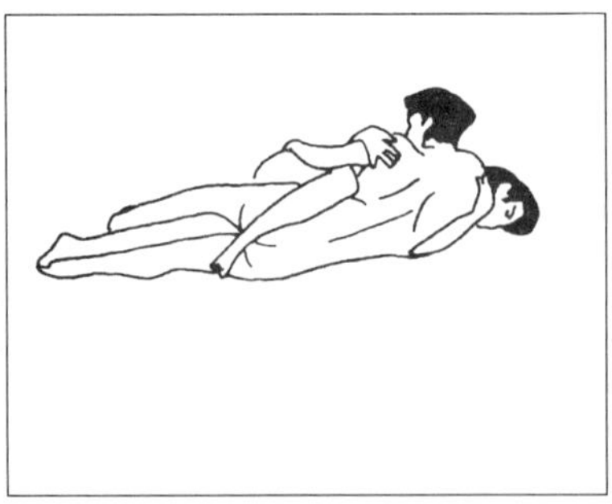

임신 중 가장 많이 쓰는 체위이다.

임신 중에 태아에게 압박을 아니하는 성교체위이다. 그러나 측위와는 전위 측와위건 후위축와위건 그 자체 체위 하나로 성교의 전체를 마치는 경우는 드물다. 임신 중에는 예외이다.

5 후배위

연산군이 즐겼다는 체위이다.
시각과 청각을 자극하는 체위이며 성경험이 적거나 경건한 여성에게는 수치심을 느끼게 할 수 있다.

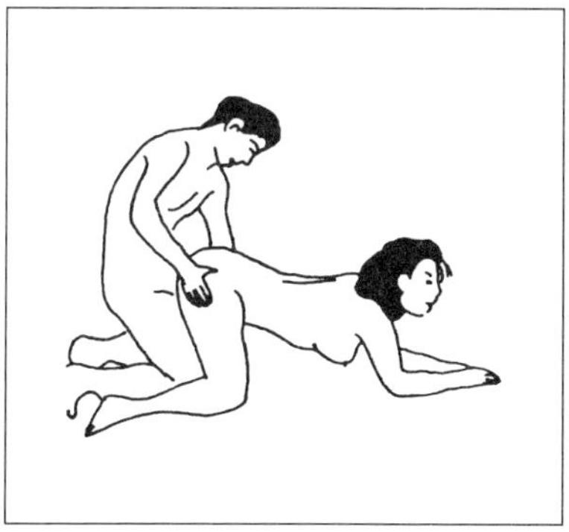

성기 결합이 쉬운 후배위

깊은 삽입, 시각적 쾌감, 모험과 기대감, 비만한 체격에 적합한 체위로서 체위종류가 정상위 다음으로 많다. 다만 흠이라면 음핵자극이 후배위에서 여의치 않다. 음핵자극만 적당할 수 있다면 그 다양성에 많은 이용도가 있다.

6 입위

매우 불안정하고 결합도도 약하다.
야외에서의 성교시 사용될 수 있다.
침대에서는 사용되지 않는다.
빌딩벽, 나무 등에 기대어 선채로 행할 때 이용된다.

시각적 자극과 성감을 높이는 체위

여성이 다리를 벌려서 뻗은 상태로 엎드리게 한 다음 질근육을 수축하도록 시킨다. 이 자세는 삽입이 깊어 통증을 수반할 수 있으니 과격한 왕복은 파트너의 기능에 맞추어야 한다. 상하운동 중 항문주위가 자극되면 쾌감은 상승한다.

7 구순체위
(Oral Sex)

서양에서 많이 활용되고 인도의 「카마수트라」에도 나온다.
입으로 성기에 키스하거나 흡입 또는 빨기 등의 서비스를 하는 것이다. 남녀가 동시에 할 수 있다.

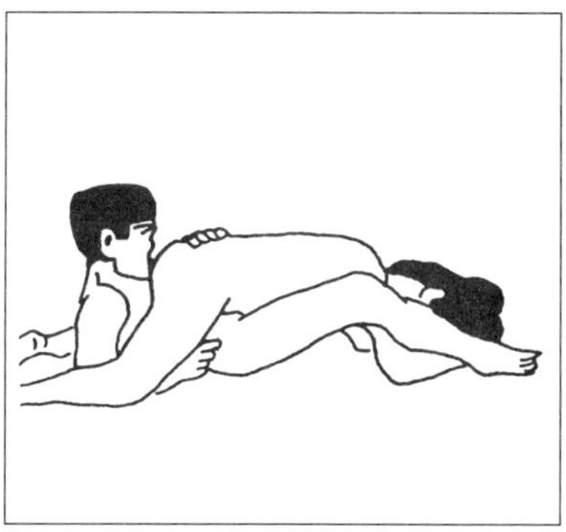

오럴섹스의 시작 체위(구순체위 ①)

오늘날 세계의 부부들 중에 50%가 넘게 오럴섹스를 한다는 통계가 있다. 미국의 80% 이상이 이 섹스를 한다고 한다. 제2의 성혁명이 일어난다면 오럴섹스 분야라는 학자도 있다. 우리나라도 젊은이들은 많이 쓰고 있다. 후배위와 더불어 성교 때 가능한 시도해 볼만한 체위이다.

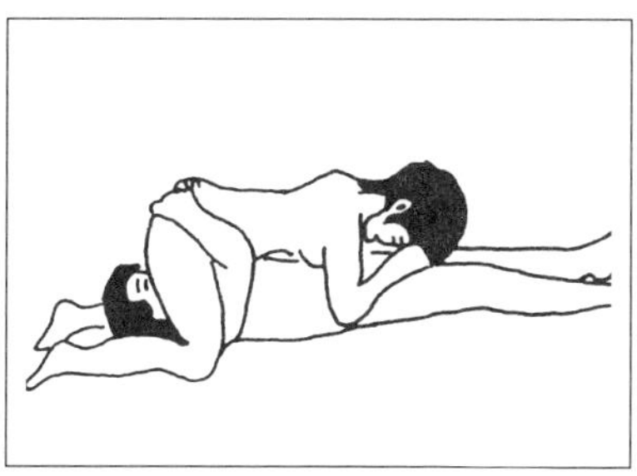

최대의 서비스를 필요로 하는 체위(구순체위 ②)

이 체위는 ①의 체위 다음에 오는 체위이다. 남성은 여성의 음핵을 혀로 치켜 올리고 여성은 손으로 남성의 성기를 애무한다. 이 체위는 ①번의 변형 체위하고 할 수 있다.

제 9 장

부모들의 애정교육

- 서 언
- 가정의 정의
- 아빠와 엄마의 인간관계
- 부부역할 고등고시

제1절 서 언

고상한 부부는 상호 존칭어를 사용한다. 또 자녀교육을 원하면 그 자녀의 어머니를 사랑하라는 말이 있다. '사랑이 샘솟는 가정'을 위해 '사랑'과 '샘솟다'와 '가정'이라는 세 단어를 생각해 보자.

1) 사랑을 생각해 보자.

"영혼 없는 몸은 사람이 아니듯 사랑 없는 가정도 가정이 아니다."(에이브리)

"연기나 재채기를 감추기 어렵듯 사랑의 감정도 오래 감출 수 없다."(독일 속담)

"사랑은 동그라미를 닮았다. 동그라미엔 끝이 없다."(Russia 격언)

"인간의 모든 실패는 '받는 것보다 주는 것이 더 행복하다'는 사실을 모르기 때문에 온다."(Adler)

이렇게 사랑은 가장 소중한 것이면서도 흔하게 듣는 말이다. 공기 · 물 · 햇빛처럼 너무 자주 들으니 귀한 줄을 모른다. 희랍인들은 사랑을 구별했다. 육체적 정욕과 탐욕(epithumia), 남녀의 연애 · 정신적 사랑(eros), 부모 · 자녀의 공동체적 사랑(storge), 학문이나 물건에 대한 애착과 우정(phileo), 조건 없는 절대적 · 신앙적 사랑(agape) 등이다.

E. Fromm은 「사랑의 예술」에서 사랑의 단계를 관심(concern)→이해(understand)→존경(respect)→책임(responsibility)→희생(giving)으로 구분했으며 미숙한 사랑은 "필요하기 때문에 그를 사랑하고", 성숙한 사랑은 "사랑하기 때문에 그를 필요로 한다"고 논했다. 생떽쥐페리는 "초보사랑은 서로 맞보면서 상대방으로부터 사랑을 갈구하고, 고급사랑은 나란히 서서 제3의 목표를 향해 동행하는 것으로 사랑을 확인한다"고 가르쳤다. 예를 들어, 부부의 사랑은 컴퍼스의 두 다리(脚)처럼 상호의존적인 동반관계이다.

이밖에도 사랑의 정의로는 '부드럽게 되는 것' '가만히 있지 못하는 것' 'makes something grow' '7대 영양소의 하나' '온전하게 매는 띠' '주고받는 것' '눈물의 씨앗' '거룩한 낭비' 등이 있다. 성경의 정의를 보자. "사랑은 오래 참고 온유하며 시기하지 않고 자랑치 아니하며 교만하지 않고 무례하지 않으며 자기의 유익을 구하지 않고 성내지 아니하며 악한 것을 생각지 않고 불의를 싫어하며 진리와 함께 기뻐한다. 사랑은 모든 것을 참고 믿으며 모든 것을 바라고 견딘다."(고전 13 : 4~7)

사이토 시게타(齊藤茂太)는 사랑받는 사람들의 9가지 공통점으로 ① 완고하지 않은 사람, ② 무리가 없는 사람, ③ 무리하게 요구하지 않는 사람, ④ 기다릴 수 있는 사람, ⑤ 혼자서도 즐길 수 있는 사람, ⑥ 지난 일을 잊어버리는 사람, ⑦ 넘어져도 다시 일어서는 사람, ⑧ 의지가 되는 사람, ⑨ 다른 사람을 높여주는 사람 등을 들고 있다.

2) 샘솟는 것을 생각해 보자.

이는 자기발전적 현상, 즉 외부의 자극이나 도움이 없어도(in spite of) 스스로 행동하고 움직이는 삶의 역동성이다. "샘이 깊은 물은 가뭄에도 메마르지 아니하니 꽃도 좋고 열매도 많다"는 옛 글 그대로이다. 하나님은 믿음의 조상 아브라함의 가정에 복의 근원, 즉 샘솟는 복을 계속 보장해 주었다. 샘물은 퍼낼수록 계속 새물이 고이는 법이다. 오히려 아껴 두면 썩는다. 샘솟는 복을 누리는 자는 다음과 같은 사람들이다.

① 친구의 사업이나 자녀가 성공했을 때 내 일처럼 흐뭇함을 느낀다.
② 남을 위해 돈이나 시간을 쓸 때 아깝지 않고 기뻐한다.
③ 자녀들이 정상적으로 성장하고 있는 것만으로도 늘 감사한다.
④ 식사 때마다 먹는 음식 하나하나에 대해 고마워한다.
⑤ 자연의 아름다움을 느끼며 새소리, 꽃과 풀의 생김새에 감탄한다.
⑥ '모자란다', '더 있어야 하겠다'는 생각보다 '이만하면 충분하다'고 느낀다.
⑦ 남을 비평하고 헐뜯는 횟수보다 칭찬하고 격려하는 횟수가 더 많다.
⑧ 과거나 현재를 후회하기보다 내일에 대한 소망을 갖고 다짐한다.
⑨ 사람 앞에 보이는 모습보다 하나님께 보이는 모습을 더 생각한다.
⑩ 잘 사느냐보다 바르게 사는가에, 무엇을 가졌느냐보다 무엇을 나누어 줄 수 있는가에 대해 더 관심을 갖는다.

샘솟는 복은 부귀(富貴), 다남(多男) 등 물질적 소유나 삼재팔난(三災八難)을 모면하는 소극적 안일함이 아니다. 어려워도 올곧게 사는 것, 온유하고 순결한 것, 마음이 깨끗하고 정직한 것, 정의를 위해 핍박받는 것, 하나님의 뜻에 합하는 것이다(마 5 : 3~12, 시 1편).

3) 가정을 생각해 보자.

하나님은 인류의 최초 가정을 직접 만드셨다. 창조역사의 소감으로 계속 "보시기에 좋았다"고 했는데 유일하게 "보시기에 좋지 않았다"는 것이 하나 있었다. 바로 아담이 홀로 있는 것이었다. 그래서 돕는 배필(the better half)을 만드셨고, '뼈 중의 뼈, 살 중의 살'로서 서로 적합하고(suitable), 서로 상응하며(corresponding), 서로 감당할 수 있는(adequate) 일심동체가 되게 했다. 남자는 부모를 떠나 아내와 연합하여 둘이 한 몸을 이루었고 그들은 벌거벗었으나 부끄러워하지 않는 유일한 인간관계가 되었다. 'Honey' 'La bonne'의 호칭을 생각해 보자. '나라'를 표현할 때 서양에선 'STATE나 STAN(토지)'으로 동양에선 '國家(가정조직의 확대)'로 한다. 서양인은 땅(영토)만 있으면 국가가 되는 것으로 알고, 동양인은 가정조직이 기초가 된다고 생각했다. 동양에선 효(孝)와 충(忠)을 같은 맥락에서 이해한다. '구충신효자지문(求忠臣孝子之門)'이나 군부부형(君父夫兄) 중심사상이 나온 이유이다. '자효쌍친락 가화만사성(子孝雙親樂, 家和萬事成)'도 우리들의 문화를 표현하는 격언이다.

'가정적'이라는 말은 칭찬이다. 어느 인간이든지 평생 소속되는 기초 조직이기 때문이다. 부모-자녀(수직적 관계)와 남편-아내(수평적 관계)의 십자가 구조가 가정의 기본 모델이다. 이는 또 '하나님과 인간관계'와 '인간과 인간관계' 나타내는 교회의 십가가 와도 상통한다.

세계에서 가정교육의 모델이 되는 가문 중 하나가 미국의 조나단과 사라의 가문이다. 가난했던 신랑 조나단과 신부 사라를 위해 그 부모가 통나무를 베어 지어줬던 신접살림집인 작은 시골의 통나무집이 현재 유명한 관광지가 되었다. 그들의 후손들이 5대에 걸쳐 엄청난 수의 유명인들을 길러냈기 때문이다.

즉, 부통령 1명, 주지사 3명, 대도시 시장 3명, 대학총장 13명, 목사 89명, 의사 68명, 교수 66명, 의과대학장 1명, 법과대학장 1명, 차관급 고급공무원 83명, 변호사 139명,

판사 33명 등이었다.

이렇듯 그 후손들은 덕망이 높고 가정적으로 행복했으며 인류를 위해 헌신하는 사람들이었다고 한다.

당신의 가정은 다음 중 어디에 속하는가 생각해 보자.

① 가족들의 표정이 밝고 의사소통이 편안하며 집안에서 웃음소리가 자주 들린다.
② 가족들 사이에 관심을 표현하고 친하며 서로의 필요에 대해 민감한 반응을 보인다.
③ 가족간에 표정이나 친밀한 대화는 많지 않으나 서로 필요할 때는 나눈다.
④ 잔소리나 침묵이 많고 꼭 필요한 일도 서로 나누지 않는다.
⑤ 서로 무시하고 큰 소리가 가끔 나며 필요한 일들도 나누지 않는다.
⑥ 서로 의사소통이 막혀 있고 금방이라도 분노가 폭발할 듯 불안하다.
⑦ 서로가 힘으로 물리적 공격을 하며 누군가의 마음, 몸, 물건에 상처를 준다.
⑧ 사는 의미를 느낄 수 없어 함께 사는 것보다 헤어지는 것이 나을 것 같다.
⑨ 위협을 느끼거나 불만은 견딜 수 없어 실제로 집을 나간 적이 있다.

제2절 가정의 정의

1) 가정의 정의

가정은 House가 아니라 Home이어야 한다. 가정은 사회, 국가의 기본단위이다. 가정이 건실하면 다른 기관이 무너져도 재건이 가능하다. 그러나 가정이 붕괴되거나 와해되면 국가가 발전해도 모래 위의 집처럼 오래 가지 못한다. 박한상 군의 부모는 100억 재산을 모았어도 가정관리에 무능해서 실패한 인생이며, 김성복 교수는 상처받은 인격이라 아버지를 살해했다. 로마대제국이 멸망한 원인도 빈번한 이혼으로 혼인 질서가 문란했기 때문이다.

건강한 가정의 15가지 특징을 열거하면 다음과 같다.

① 대화를 나누며 상대방의 말을 경청한다.
② 서로를 인정해 주고 지원해 준다.
③ 서로에 대한 존중을 가르친다.
④ 신뢰감을 발달시킨다.
⑤ 유희 감각과 유머 감각을 지니고 있다.
⑥ 공동의 책임의식을 발휘한다.
⑦ 옳고 그름에 대한 판단을 가르친다.
⑧ 관습과 전통이 넘치는 강한 가족의식을 발달시킨다.
⑨ 가족간 조화로운 상호작용을 지닌다.
⑩ 종교적 교제를 함께 나눈다.
⑪ 서로의 사생활을 존중한다.
⑫ 다른 사람에게 봉사하는 것을 가치 있게 여긴다.
⑬ 식탁에서의 대화를 권장한다.
⑭ 휴가시간을 함께 나눈다.
⑮ 문제를 곧바로 인정하고 그 문제에 대한 도움을 구한다.

에드워드 퓨링톤의 행복한 가정의 9개 원리를 제시하면 다음과 같다.

① 체육관(건강한 육체를 길러 주는 곳)
② 등대(인생의 항로를 제시해 주는 곳)
③ 운동장(마음놓고 뛰놀 수 있는 곳)
④ 공장(각자마다 할 일감이 있는 곳)
⑤ 공회당(터 놓고 이야기할 수 있는 곳)
⑥ 비밀결사(가정의 비밀을 대외로 공개 않는 곳)
⑦ 협동적 동맹(함께 문제를 풀어 가는 곳)
⑧ 피난 항구(지친 식구들이 쉴 수 있는 곳)
⑨ 성전(함께 예배를 드리는 곳)

부부는 알고 살려고 할 때 실패한다. 그냥 믿고 살아야 성공한다. 같아지려 하지 말고 하나가 되려고 힘써야 한다.

2) 가정헌장

새로운 세기를 맞으면서 인류는 금빛 찬란한 미래를 꿈꾸고 있다. 그런데 그 꿈의 실현을 위한 터전인 가정은 갈수록 허물어져 가고 있으며, 이로 인해 인류의 미래는 불확실성에서 벗어나지 못하고 있다. 이러한 현실은 가정 제도를 세운 창조자의 창조질서를 거스르는 반생명적 현상이며 나아가 인류문명을 파국으로 이끄는 위기적 징후이다.

이에 가정을 지키고 보전하는 일은 이 시대의 그 어떤 일보다 소중하고 시급한 것이다. 가정은 온 가족이 함께 가꾸어 가는 생활의 보금자리일 뿐만 아니라 궁극적으로 인류문명의 실질적인 산실이기 때문이다. 이런 이유에서 우리는 가정의 중요성, 가정의 존재의의, 가정의 기능, 가정 구성원들의 의무 등을 밝히는 가정헌장을 마련하였다. 이 가정헌장의 정신이 우리 모두의 삶의 나침반이 될 때 이 땅의 가정들이 굳건하게 설 수 있을 것이다.

국가를 이루는 세포조직, 즉 최소단위인 기초공동체가 가정이다.

가정을 건강하게 가꾸는 것은 신앙적으로도 매우 중요하다.

가정에서 가르쳐야 할 지혜의 한 토막을 소개한다(잡보장경 제3 : 4～436). "유리하다고 교만하지 말고, 불리하다고 비굴하지 말라. 무엇을 들었다고 쉽게 행동하지 말고, 그것이 사실인지 깊이 생각하여 이치가 명확할 때 과감히 행동하라. 벙어리처럼 침묵하고, 임금처럼 말하며, 눈처럼 냉정하고 불처럼 뜨거워라. 태산 같은 자부심을 갖고 누운 풀처럼 자기를 낮추어라. 역경을 참아 이겨내고, 형편이 잘 풀릴 때를 조심하라. 재물을 오물처럼 볼 줄도 알고, 터지는 분노를 잘 다스리라. 때로는 마음껏 풍류를 즐기고, 사슴처럼 두려워할 줄 알고, 호랑이처럼 무섭고 사나와라. 이것이 지혜로운 사람의 삶이니라.

(현각, 「하버드에서 화계사까지」)

주여! 이런 남편이

다 남자겠느냐? 다 남편이겠느냐? 너희는 더욱 큰 은사를 사모하라. 내가 또한 제일 좋은 길을 너희에게 보이리라.

아내 : 아무리 성공한 사람이 되고 다른 사람으로부터 존경과 추앙을 한 몸에 받는다 할지라도 아내의 존경과 사랑을 받지 못하면 소리나는 구리와 울리는 꽹과리에 불과합니다.
남편 : 여보! 그게 사실이오.
아내 : 많은 지식을 소유하고 모든 사람에게 뛰어난 능력 있는 사람으로 인정받고 다른 사람을 다스리는 탁월한 힘을 지녀 세계를 제패한다 할지라도 한 사람을 사랑할 수 없다면 아무것도 아닙니다.
남편 : 정말 그렇다오.
아내 : 가진 모든 것으로 아내를 위해 제일 좋은 옷, 가장 훌륭한 집을 제공하고 심지어 가정부를 고용해 주며, 자가용을 사준다 할지라도 아내의 마음을 헤아려 읽어 주는 사랑이 없으면 아무 유익이 없답니다.
남편 : 깨닫고 있소, 때문에 하나님 앞에서 나의 새로운 서약으로 새 출발을 약속하고 싶소.
하나님의 뜻을 따라 당신의 남편이 된 나 OOO는 다음과 같이 약속하오.
나는 당신에게 변화하라고 결코 잔소리하지 않겠소.
나는 당신을 실족시킬 어떠한 일도 하지 않으려 애쓰며 친절하게 당신을 대하겠소.
나는 당신 앞에서 나를 높이거나 자랑하지 않겠소.
나는 나의 출세나 성공을 위해 당신을 이용하거나 나의 욕심을 위해 당신을 착취하지 않겠소.
나는 쉽게 짜증을 부리거나 화를 폭발하지 않겠소.
나는 당신이 상했을 때 같이 아파하며 당신이 불행할 때 당신을 위로할 것이오.
나는 내가 틀린 것은 언제라도 틀렸다고 인정하며 결코 거짓을 꾸미지 않겠소.
나는 항상 당신 곁에서 당신과 더불어 살게 해 주셔서 감사합니다.

부부관계의 최선은 사랑이며 사랑은 모든 것을 참으며, 모든 것을 믿으며, 모든 것을 바라며, 모든 것을 견디느니라.

남편 : 내가 이전에는 당신을 위하는 것이 어린아이와 같이 나 중심적이었고, 당신의 필요와 요구를 깨닫는 것이 어린아이와 같고, 가정을 생각하는 것이 어린아이와 같다가 이제는 그 모든 나의 잘못을 버리기로 결심하였소.
아내 : 주여! 감사합니다.
함께 : 지금은 거울을 보는 것 같이 희미하고 우리의 사랑과 부부 관계가 부분적일 수밖에 없으나 그 때에는 주께서 나를 아신 것 같이 우리가 서로를 온전히 알리라.

그런즉 믿음, 소망, 사랑 이 세가지는 항상 있을 것인데 그 중에 제일은 사랑이라(고전 13 : 13)

주여! 이런 아내를

누가 현숙한 아내를 얻겠느냐? 그녀의 값어치는 진주들보다 더 소중하다.

남편 : 그런 여자의 남편은 아내를 믿기 때문에 아무것도 부족한 것이 없을 것입니다.

아내 : 그런 아내는 남편에게 평생 동안 선을 행하고 남편을 해치지 않습니다.

남편 : 주여, 이런 아내를 주옵소서.

아내 : 하나님의 뜻을 따라 당신의 아내가 된 나 OOO는 양털과 삼을 구해 부지런히 일하며 무역상의 배 같아서 먼데서 양식을 가져오고 날이 밝기도 전에 일찍 일어나서 가족들을 위해 아침식사를 준비하며, 여종들에게 할 일을 일러 주고, 나가서 밭에 대해 심사숙고하였다가 그것을 사고, 그 손의 열매로 포도원을 만들고 언제나 강인하며 언제나 근면하며 언제나 열심히 일할 것입니다.

남편 : 주여 이런 아내를 주신 것을 감사드립니다.

아내 : 하나님의 뜻을 따라 당신의 아내된 나 OOO는 가사일들을 진행시켜야 할 것을 알고 밤에도 등불을 끄지 않고 손수 물레질을 하여 실을 뽑고 배를 짜며 가난하고 불쌍한 사람들을 도울 것입니다.

남편 : 주여! 진실로 감사합니다.

아내 : 하나님의 뜻을 따라 당신의 아내된 나 OOO는 모든 가족에게 입힐 깨끗한 옷을 마련해 놓았으므로 겨울이 닥쳐도 염려하지 않습니다.

남편 : 여보, 고맙소. 그리고 진심으로 사랑하오.

아내 : 당신의 아내가 된 나 OOO는 항상 침실을 아름답게 꾸미며 아름답고 고운 모시옷과 자색옷을 입어 당신을 즐겁게 해 줄 것입니다.

남편 : 주여! 감사합니다. 당신이 허락하신 아내 OOO에게 늘 만족하게 해 주소서.

그 남편은 지도급 인사로 알려져 존경을 받게 된다.

아내 : 하나님의 뜻을 따라 당신의 아내가 된 나 OOO는 옷과 허리띠를 만들어 상인들에게 팔기도 하며 능력과 품위를 지니며 앞날을 걱정하지 않으며 말을 지혜롭고 친절하게 하고 집안일을 잘 보살피며 놀고 먹지 않을 것입니다.

그 자녀들은 자기 어머니를 고맙게 생각하며 그 남편도 그녀에게 "세상에는 훌륭한 여성들이 많이 있지만 당신은 그 중에서도 가장 위대한 여성이오"라고 칭찬한다.

함께 : 고운 것도 거짓되고 아름다운 것도 헛되지만 두려운 마음으로 여호와를 섬기는 여성은 칭찬을 받을 것이다. 그녀는 자기가 행한 일에 대한 보상을 받고 모든 사람에게 칭찬을 받을 것이다.

복되어라 야훼를 경외하며 그의 길을 걷는자. 네 손으로 일하여 그것을 먹으니 그것이 네 복이며 네 행복이다. 너의 집 안방의 네 아내는 포도알 푸짐한 포도나무 같고 밥상에 둘러앉은 네 자식들은 올리브 나무의 햇순과 같구나. 보아라. 야훼를 경외하는 자는 이렇게 복을 받으리라(시편 128 : 1-4).

〈가정헌장〉

① 가정은 인간이 태어나서 성장해 나가는 생명의 터전으로 하나님이 창조하셨습니다. 그래서 가정에는 소중한 생명의 터가 마련되어야 하고 그 생명이 올바르게 양육되는 보살핌이 있어야 하며 분명한 성장 목표가 있어야 합니다.

② 가정은 신앙의 출발이자 도달점입니다. 그래서 가정에는 기도 소리와 성경 말씀을 읽는 소리, 그리고 신앙에서 우러나오는 사랑의 행동이 있어야 합니다.

③ 가정은 가족을 보호하는 피난처이자 쉼을 제공하는 보금자리입니다. 그래서 가정에는 이해와 용서, 위로와 격려 그리고 일과 헌신이 있어야 합니다.

④ 가정은 부모가 모범으로 자녀를 가르치고 양육하는 교육의 현장입니다. 그래서 가정에는 일치된 말과 행동이 있어야 하며, 모든 부모는 자녀에게 신실한 믿음과 올바른 세계관을 심어 주어야 합니다.

⑤ 가정은 부모를 공경하고 부모의 노후를 평안하게 해드리는 효의 실습장입니다. 그래서 가정에서는 자녀를 향한 내리사랑과 부모를 향한 치사랑이 원만하게 교류되어야 합니다.

⑥ 가정은 부부가 서로 존중하고 사랑하며 남편과 아내로서의 의무를 다하는 사랑의 터전입니다. 그래서 가정에서 갈고 닦은 사랑과 이해로 소외된 이웃에게 사랑을 나누는 사랑의 나눔터가 되어야 합니다.

⑦ 가정은 건강한 가정문화를 창조하고 이를 이 땅위의 가정에 보급하는 근원지가 되어야 합니다. 그래서 하나님이 창조하신 가정에는 늘 새로운 꿈과 도전이 있어야 합니다.

제3절 아빠와 엄마의 인간관계

연애는 술취한 상태, 결혼은 술 깬 아침의 두통, 이혼은 두통 때문에 먹는 아스피린이다. 결혼의 조건으로 A(Age), B(Beauty), C(Condition), D(Degree), E(Economy),

F(Faith), G(God)가 합해져야 H(Happiness), I(Ideal), J(Joy)가 가능하게 된다. 이 세상에서 제일 어려운 것은 '대머리에 핀 꼽기'란 말이 있다. 그보다 더 어려운 것이 인간관계요, 인간관계 중 가장 기본적인 것이 부부관계이다. 그래서 배우자를 잘 만나는 것은 가장 확실한 축복이다(잠 31 : 10).

- 잘 생긴 남자와 못생긴 여자가 결혼하면(저 여자 돈 많은가 봐)
- 못생긴 남자와 예쁜 여자가 결혼하면(저 남자 능력 있네)
- 못생긴 남자와 못생긴 여자가 결혼하면(제네들 정말 사랑하나 봐)
- 잘생긴 남자와 예쁜 여자가 결혼하면(정말 잘 어울린다)

천지만물을 창조하신 후 하나님은 항상 보시기에 좋았다고 하셨는데 유일하게 아담이 홀로 있는 것에 대해서만 보시기에 좋지 않았다고 하셨다. 그래서 돕는 배필을 창조해 주셨다. 따라서 이는 평생 동안 영향을 미치는 인간관계이다.

우리는 결혼대상자를 선정할 때 어떤 것들을 살펴보았으며 우선 순위를 어떻게 결정했는가? 이떤 사람이 가장 큰 영향력을 행사했는가 검토해 보자. 건강, 학벌, 경제력, 성격, 신앙, 연령, 용모, 가문, 애정, 궁합, IQ 중 어떤 것을 기준으로 삼았는가? 결혼 당시와 비교해 지금 어떤 변화가 일어났는가? 그때 기분과 지금의 느낌은 달라지지 않았는가? 살아오는 동안에 이혼을 생각해 본 적은 없는가? 다시 태어나 결혼한다면 현재의 배우자인가, 다른 어떤 사람인가? 이런 것은 부질없는 질문 같지만 우리의 결혼생활을 사랑이 샘솟는 가정으로 가꾸고 유지하기 위해서 한번은 짚어 보고 넘어갈 항목들인 것이다. 남편과 아내가 서로 앉아 커피 한 잔을 나누며 진솔하게 나누어야 할 대화의 소재인 것이다.

· 처음 만났을 때보다 좋아진(혹은 나빠진) 점은 무엇인가?
· 초기에 비해 나아진(나빠진) 점은 무엇인가?
· 배우자의 어떤 점을 칭찬(비난)할 수 있는가?
· 고쳤으면 좋겠다고 느낀 점은 어떤 것인가?
· 고맙게 느끼고 있는 점은 어떤 것인가?
· 배우자한테 어떤 소리를 들을 때 가장 기쁘고 행복한가?
· 어떤 소리를 들을 때 가장 속상함을 느끼나?
· 배우자의 장점과 단점을 하나씩 지적해 보자.

배우자는 어떻게 보면 영원한 타인일 수 있다. 가장 가깝게 느끼면서도 가깝게 하기에는 너무나 먼 당신일 수도 있다. 그래서 촌수를 따질 수가 없어 '무촌지간'이라고 불렀나보다. 남녀관계는 신비한 것이다. 알다가도 모를 것이 그것이고 상식적으로 "그럴 수가 있느냐"고 물을 때 "그럴 수 있다"는 것이 또한 남녀관계이다.

· 10대의 남녀는 서로가 꿈 속에서 그리며 산다.

· 20대의 남녀는 신이 나서 산다.

· 30대의 남녀는 환멸을 참으면서 산다.

· 40대의 남녀는 체념하고 산다.

· 50대의 남녀는 서로 가엾어서 산다.

· 60대의 남녀는 없어서는 안 되어 산다.

· 70대의 남녀는 고마워서 산다.

나의 경우 어떤 경우에 속하는가 생각해 보자.

남녀 문제는 영원한 수수께끼 같은 것이다. 부부문제는 한 개인과 가정의 유지에 절대로 중요하다. 한 예로, 대전 생명의 전화에서 8년간 전화 상담한 총 45,466건을 문제 영역별로 보면 다음과 같다.

① 법률문제(7562) — 이혼수속(2491), 교통사고(1221), 임대관계(1158), 동성동본(239)

② 부부문제(7294) — 배우자 부정(3602), 폭력(886), 성생활(703)

③ 가족갈등(6057) — 가족갈등(2720), 자녀교육(1448), 노인문제(401)

④ 남녀문제(5038) — 연애(1463), 육체관계(1391), 결혼(1012)

⑤ 인생문제(3045) — 종교(1814), 고독(517), 삶의 의미(435)

부부관계나 가족간 인간관계(부모-자녀, 고부간, 동서간, 시누이-올케, 형제간)가 인간의 삶에 있어서 얼마나 중요한가를 쉽게 알 수 있다. 남편들은 진정 남의 편(아내 편)에 서서 생각하고 처신하는가? 아내들은 진정 안 해(집안의 태양)로서 집안 분위기를 위해 자기 기분과 언행을 조심했는가? 그래서 결혼(結婚)을 결혼(結魂)까지로 승화시켰는가? 멍에를 같이 멘 소처럼 방향과 보폭을 공유했는가? 2인 3각 경기하듯 발걸음을 맞추었는가? 컴퍼스의 두 다리같이 상대방의 결점을 나의 결점으로 생각하고 감싸 주었는가?

Washington Irving의 「Sketch Book」에 그려낸 「아내」의 내용 〈굴참나무와 담쟁이 넝쿨〉처럼 살아오고 있는가를 검토해 보자.

남자와 여자는 머리를 길렀거나 젖가슴이 크다든지, 수염이 나거나 골격이 장대한 것 등의 신체적 차이만 있는 것이 아니다. 여러 가지 면에서 서로 다르다. 이 엄연한 차이를 우리는 흔히 망각하고 산다. 남편(아내)도 나와 똑같을 것으로 착각하고 내 입장과 내 기분을 기준으로 하여 말하고 생각하고 처신한다. 그러나 세상에서 이만큼 큰 착각이 있을 수 있을까? 남자와 여자는 공통점보다 차이점이 더 많다. 절대로 같을 수가 없다. 아무리 과학이 발달해도 아무리 여자가 바지를 입고 남자가 머리를 길러도 같아질 수가 없다.

· 남자가 독립적이라면, 여자는 의존적이다.
· 남자가 경쟁적 – 목표지향적이라면, 여자는 수용적 – 동기지향적이다.
· 남자가 공격적이라면, 여자는 양육적이다.
· 남자가 죄의식을 느낄 때, 여자는 수치심을 느낀다.
· 남자가 지배적이고 우월성을 추구할 때, 여자는 복종적이고 열등감을 느낀다.
· 남자가 포괄적이라면, 여자는 작은 일에 세심하게 집착한다.
· 남자가 물건지향일 때, 여자는 사람지향이다.
· 남자는 활동을 함께 함으로 친구가 되지만, 여자는 감정을 함께 나눔으로 친구가 된다.
· 남자는 여성에 대한 매력을 시각과 후각으로 느끼는데, 여자는 남성 매력을 청각과 촉각으로 감지한다.
· 남자는 사실에 집착할 때 여자는 느낌에 집착한다.
· 남자가 순발력이 뛰어나다면, 여자는 직관력에서 뛰어나다.

이외에도 얼마든지 차이점을 제시할 수 있을 것이다. 남성의 sex가 쉽게 달아오르는 주전자라면, 여성의 sex는 점진적으로 뜨거워지는 다리미와 같다. 남자는 sex를 목표로 관계를 견딜 때, 여자는 관계유지를 위해 sex를 견딘다. 남자는 존경받고 싶어할 때, 여자는 보호받고 싶어한다. 남녀의 성능력 발달곡선도 차이가 분명하다.

여기에다 동양과 서양, 기성세대와 신세대, 지역 간, 가문 간 또 성장배경이나 개인성격에 따라 차이점은 훨씬 더 커질 수 있다. 그러나 그럼에도 불구하고 화이부동(和而不同)할 수 있다. 거문고의 줄처럼 같은 음을 내진 않으나 어울려 질 수 있다. 여기에 결혼의 신비가 존재하는 것이다. 1+1=2가 아니라 1+1=1인 결혼공식이 존재한다. 그래서 서양인들은 배우자를 'the better half'라고 부른다.

Kahlil Gibran의 「예언자」에서도 〈결혼〉에 대해 다음과 같이 언급하고 있다.

"서로 사랑하라, 그러나 사랑으로 얽어매지는 말라. 차라리 그대들 영혼의 두 기슭 사이에 출렁이는 바다가 있게 하라. 서로의 잔에 술을 채우되 잔 하나에서 함께 마시지는 말라. 서로가 자신의 빵을 주되 같은 조각을 먹지는 말라. 함께 노래하고 춤추며 즐기되 그대들 각자가 따로 있게 하라. 비록 같은 가락을 울릴지라도 현악기의 줄들이 서로 간섭을 받지 않듯이 그대들의 마음을 주라. 그러나 서로서로 그 마음을 지니려고 하지 말라. 오직 '생명'의 손만이 그대들의 마음을 간직할 수 있나니, 함께 서라. 그러나 너무 가까이는 서 있지 마라. 성전의 기둥들도 서로 떨어져 서는 것이요, 참나무 삼나무도 서로의 그늘에선 자라지 못하기에."

1) 부부 싸움 10계명

① 두 사람이 동시에 화를 내지 말라.

던지는 사람이 있으면 받는 사람이 있어야 한다. 두 사람이 동시에 던지면 받을 손이 없다. 화를 내야 할 경우라면 교대로 하라.

② 집에 불이 났을 때 이외에는 고함을 지르지 말라.

음성은 둘이 모일 때 점점 커지는 버릇이 있다. 저쪽에서 소프라노로 나오면 베이스로 화음을, 테너로 나오면 낮은 엘토로 하모니를 내라.

③ 눈이 있어도 흠은 보지 말며, 입이 있어도 실수를 말하지 말라.

상대방의 장점을 보고 결혼한 사람보다 자기와 비슷한 단점을 발견하고 결혼한 사람이 지혜롭다. 사랑의 안경으로 보면 흠은 매력이며 실수도 구수하다.

④ 아내나 남편을 다른 사람과 비교하지 말라.

아내를 어머니와 비교해 생각한다든지 남편을 친정 아버지나 오빠와 비교해 보는 것은 아직 어른이 되지 못한 증거이다. 결혼 전의 이성친구와 비교해 보는 것은 유령을 끌어들여 자멸을 원하는 것과 같다. 가정에서 내 남편, 내 아내가 최고라는 긍지를 갖고 살라.

⑤ 아픈 곳을 긁지 말라.

한 번에 한 가지 주제만 갖고 싸우라. 기왕 긁으려면 가려운 곳을 긁어라. 상처는 싸매 주는 것이지 바악박 긁는 것이 아니다. 함께 산다는 것은 등뒤의 가려운 곳을 긁어 주고 아픈 상처를 감싸 주는 관계이다.

⑥ 분을 품고 침실에 들지 말라.

싸우다가 밖으로 나가지 말라. 분은 하루를 넘기면 이틀을 가고 이틀을 넘기면 나흘간 지속하는 기하급수적 성격이 있다. 확대를 막는 비결은 그날 잠들기 전에 푸는 것이다.

⑦ 처음 사랑을 잊지 말라.

물리적 행동이나 위협을 삼가라. 연애 시절 혹은 결혼 초기의 로맨틱한 기분과 달콤한 일들을 가끔 회상하는 것이 애정생활 지속의 묘약이 된다. 결혼식을 마치는 목사의 축도는 이제 로맨스가 끝났다는 뜻이 아니라 로맨스가 영원히 머물러 있기를 비는 기원이다.

⑧ 결코 단념하지 말라.

너무 가열되면 일정기간 생각한 다음 다시 다루어라. "부부싸움은 칼로 물베기"란 우리 속담을 생각하라. 큰 것 같아도 지극히 작은 것이 부부의 불화이다. 복잡하게 얽힌 것 같아도 쉽게 풀어지는 것이 부부의 사이다. 내가 먼저 풀려고 하면 뜻밖에 실마리가 빨리 풀린다. 기다리는 것은 금물, 먼저 웃고 손을 내밀자

⑨ 숨기지 말라.

자녀들이 안보는 데서 싸워라. 부부 사이에 숨기는 것이 얼마나 되느냐 하는 것이 애정의 척도이다. 숨기는 것은 버릇이 된다. 나중에는 별 것 아닌 것까지 비밀에 붙였다가 불씨를 만든다. 부부는 서로 진솔하고 신뢰성이 있어야 한다. 딴주머니를 차는 것도 숨김의 하나이다.

⑩ 본래의 중매자를 따돌리지 말라.

남자와 여자를 짝지어 주신 이는 하나님이시다. 가정에는 부부 이외에 또 한 사람 창조자 하나님이 계신다. 부부를 간섭하려는 것이 아니라 사랑의 중개인 역할을 하신다. 그분을 따돌릴 때 애정의 반석에 금가기 시작한다. 그렇기 때문에 부부는 즐거울 때나 괴로울 때나 함께 손을 잡고 기도하는 믿음의 가정을 만들어야 행복이 샘솟는다.

2) 아내에게 사랑받는 방법

① 아내가 좋아할 일을 하루에 한 가지씩 생각해 보라.

② 꽃을 찾아다니는 나비가 되지 말라. 계속 추구하는 남자는 다 망한다.

③ 아내의 실수는 단 둘이 있을 때 충고하되, 침실에 들어갈 때는 절대 하지 말라.

④ 아내의 인격을 존중해 주어라. 더욱이 자녀 앞에서!

⑤ 아내를 다른 사람 앞에서 여편네, 밥쟁이 등으로 부르지 말라.

⑥ 아내의 등급은 남편이 만든다(마누라, 여편네, 사모님, 부인).

⑦ 당신의 아내를 세계 최고의 미녀로 만들어라. 당신은 미녀와 살것이다.

⑧ 아내의 마음에 상처를 주는 농담이나 행동을 삼가라.

⑨ 아내를 하루에 한 번이라도 칭찬해 주라.

⑩ 아내의 등을 토닥거려 주며 "수고했다"라고 귓속말을 해 주라.

⑪ 아내가 해 주길 바라지 말고 스스로 먼저 해 보라.

⑫ 아내에게 즐겁고 보람있는 이야기를 해 주라.

⑬ 아내의 나쁜 점보다는 좋은 점을 보도록 노력하여라.

⑭ 건강한 남편이 되라. 건강이 있는 곳에 행복이 있다.

⑮ 술, 담배를 줄이고 그 돈으로 가정 행복에 사용하라.

⑯ 아내가 살찌거나 야위는 것은 남편인 당신의 책임이다.

⑰ 아내에게 폭력을 행사하지 말라. 미련한 자가 폭력을 쓰는 것이다.

⑱ 바깥에서의 일은 집에 가지고 가지 말라. 집은 당신의 성역이다.

⑲ 아내를 깊이 사랑해 주라. 여자는 사랑을 받고 싶어한다.

⑳ 아내가 기다린다. 늦을 것 같으면 사전에 연락해 주라.

㉑ 절대 비교하지 말라. 못난이는 일평생 비교하다가 불행한 일생을 마친다.

㉒ 신앙생활을 하라. 신앙생활은 행복의 지름길이다.

㉓ 당신이 갖고 있는 것은 아내의 것이다. 아내한테 있는 것은 당신의 것이다. 아무 곳에나 엉뚱한데 사용하지 말라.

㉔ 일생 동안 아내를 사랑하고 아내를 위해서 건강을 사용하라.

㉕ 여자는 모든 면에 연약하므로 난폭하게 다루지 말라. 여자는 사랑과 분위기에 약하므로 사랑과 분위기를 적절히 사용하라.

㉖ 아내의 개성과 위치를 존중해 주고 키워 주도록 하라.

㉗ 가정에서 난폭한 독재자가 되지 말라. 말로가 불쌍해진다.

㉘ 아내가 없을 경우를 생각해 보라. 앞이 캄캄할 것이다.

㉙ 아내를 위하여 당신의 일생을 바쳤다고 해서 아무도 당신을 비웃지 않는다.

㉚ 날마다 마치 최후의 순간이 찾아온 것처럼 생각하라. 그리고 따뜻한 키스를 해 주라. 가끔 안아 주라.

㉛ 외식이나 등산을 1년에 몇 번이라도 계획해 보아라.

㉜ 결혼기념일과 아내의 생일을 잊지 말라. 5,000원 짜리라도 좋다.

㉝ 가정경제는 아내가 맡게 하여 보람을 갖게 하라.

㉞ 대화의 시간을 가지라. 대화가 없으면 가정분규가 일어난다.

㉟ 완전주의를 버려라. 세상에 당신 마음에 100% 맞는 사람은 존재하지 않는다.

㊱ 너무 예리하게 살지 말고 따뜻한 남편이 되라.

㊲ 아내가 만든 음식에 감사하라.

㊳ 살림살이는 아내에게 일임하여 주관하게 하라.

㊴ 아내의 취미를 존중하고 그 취미를 키워 주라.

㉚ 집안의 의식주를 책임질 수 있어야 한다.

㉛ 외도가 없어야 한다.

3) 남편에게 사랑받는 방법

① 남편이 물건을 사다 주면 고맙다는 인사를 할 줄 알라.

② 남편이 흥분했을 때는 맞서지 말라. 동시에 화를 내면 끝장이다.

③ 남편의 실수에 대한 충고는 아무 때나 하지 말라.

④ 남의 남편과 자기의 남편을 비교하여 말하지 말라.

⑤ 남편보다 더욱 시댁을 위하라. 훌륭한 며느리가 훌륭한 아내다.

⑥ 남편 앞에서 친정 오빠나 아버지 자랑을 하지 말라.

⑦ 남편이 밤늦게 돌아오면 불을 켜고 기다려라.

⑧ 남편의 의복에 때가 묻은 것은 아내의 책임이다.

⑨ 남편을 즐겁게 할 일을 항상 생각하라. 남편을 위로해 주라.

⑩ 남편의 좋은 점을 자주 칭찬해 주라. 남편에게 용기를 북돋아 주라.

⑪ 부지런하라. 일찍 일어나라, 근면은 여자의 미덕이다.

⑫ 남편의 시중은 아내인 당신이 직접하라. 최고의 멋진 여비서처럼!

⑬ 음식준비에 정성을 기울이고 남편건강에 최대한 신경을 쓰라.

⑭ 남편이 남에게 자랑스럽게 보일만한 것을 사 주라.

⑮ 가정이 어려울 때 짜증내지 말고 도리어 어진 아내가 되라.

⑯ 남편이 손님을 데리고 왔을 때는 위신을 세워 주어라.

⑰ 가정의 분위기를 항상 밝게 만들라. 여자의 상냥함이 최대의 멋이다.

⑱ 이발소 아가씨보다 더 멋진 안마를 할 줄 아는 아내가 되라.

⑲ 부정한 수입을 경계하라. 아내의 허영이 남편을 망친다.

⑳ 여자는 여자다워야 사랑을 받는다. 여자가 남자다우면 안 된다.

㉑ 남편에게 애정이 담긴 눈길을 보내라. 남편의 관심을 뺏기지 말라.

㉒ 여자의 지나친 결백성은 병이다. 약간의 비밀은 매력 포인트다.

㉓ 남편이 피곤할 때 남편의 발을 씻어 주라. 발은 피로회복의 지름길이다.

㉔ 남편의 잘못에 대하여 관대하게 대하라.

㉕ 원만한 부부생활은 서로의 인격을 존중하는 데서 싹튼다.

㉖ 남편을 성공시키는 천재가 되라. 바보 온달도 부인 때문에 성공했다.

㉗ 잘 사는 이웃을 부러워하지 말라.

㉘ 즐거운 대화는 길게 하고 언짢은 이야기는 짧게 끝내라.

㉙ 식탁에서는 남편이 평소 듣지 못했던 뉴스나 정보를 전해 주라.

㉚ 남편을 위해 간절히 기도할 줄 아는 아내가 되라.

㉛ 당신 나름대로 특별한 특기를 가져라(운전, 매듭, 예능).

㉜ 남편 앞에서 최대의 섹시함을 보이라. 매력을 지녀라.

㉝ 남편이 요구할 때 특별한 경우를 제외하고는 최대의 쾌락을 즐겨라. 그것은 두 사람만의 특권이다.

㉞ 못난이는 남의 집 행복만 보는 것이다. 당신 가정에 행복의 샘을 파라.

㉟ 출퇴근할 때 반드시 배웅을 해 주라. 누구도 욕하지 않는다.

㊱ 남편은 가정의 왕이다. 행복한 가정을 원하거든 하루 빨리 왕위쟁탈전을 끝내라. 왕이 있어야 왕후가 있다.

㊲ 아내는 자신과 가정을 꾸미는 재치와 아이디어를 가져야 한다.

㊳ 남들 앞에서 남편의 결점을 늘어놓거나 지나친 자랑을 하지 말라.

㊴ 남편에게 할말이 있을 때는 먼저 남편의 심리 상태를 파악하라.

㊵ 중요한 가정문제를 결정할 때에는 남편의 의사를 최대한 존중하라.

㊶ 남편의 수입에 맞춰 규모 있게 살림을 꾸리고, 월말에 그 달 수지결산을 알려 주라.

4) 남편의 자기평가 항목

송길원 목사의 「행복의 수레바퀴」를 중심으로 요약 정리해 보겠다.

① 이름은 곧 인격이다. 나는 아내의 이름을 다정하게 불러 주는가?
② 부부란 마주 보면 한없이 가까운 사이지만 돌아누우면 지구를 한 바퀴(10만리) 돌아와야 만난다. 나는 잠자리에서 너무 쉽게 등을 돌려 잠들지 않는가?
③ 아내에게도 배움을 통한 성장의 기회를 주는가? 세상에서 가장 심각한 두뇌 유출처는 부엌 개수대다. 수많은 여성들의 기지와 꿈과 재능이 개수대를 통해 흘러나가고 있다.
④ 속옷이나 양말을 뒤집어 놓지 않는가? 당신의 아내는 노예가 아니라 신부여야 한다. 아내의 가사노동을 덜어줄 줄 아는 이가 참된 신사다.
⑤ 실망했다는 말을 너무 쉽게 쏟아 놓지는 않는가? 메아리쳐 돌아오는 것은 한숨밖에 없다.
⑥ 자신의 기호식품(술, 담배 등)을 가족들도 좋아할 것이라는 착각에 빠져 있지는 않는가?
⑦ 한 마디 따뜻한 말이면 삼동(三冬)을 훈훈하게 할 수 있다. 아내에게 "고맙다"고 말해준 적이 있는가?
⑧ 아내의 신체적 약점을 꼬집어 놀려 대지는 않는가? 입술의 30초가 가슴의 30년이 된다.
⑨ 직장(회사)일을 핑계삼거나 거짓말로 상가집 가출(?)을 시도하지 않는가? 거짓은 반드시 불신이란 열매를 맺는다.
⑩ 자꾸만 과거를 캐묻지 않는가? 과거 캐묻기는 자살행위나 마찬가지다.
⑪ 아내에게 화장품을 사준 적이 있는가? 가장 좋은 화장품은 애정표 화장품이다.
⑫ 하루 중 아내와 눈을 한 번이라도 맞추어 보았는가? 눈길을 주지 않는 동안 아내의 마음은 메말라 간다.
⑬ 아내에게도 사생활이 있다는 것을 인정해 주었는가? 가장 기분 나쁜 말은 "어디 싸돌아다녔느냐?"는 말이다.

⑭ 결혼이란 처음에는 얼굴을 보고 만났다가 나중에는 소리가 들리고 마지막 남는 것은 마음이라고 한다. 나는 아내의 마음을 읽어 주고 있는가?

⑮ "당신 고마워", "다 당신 덕분이야" 이 한 마디를 던져 보았는가? 생명의 잉태는 말 한 마디로 시작된다.

⑯ 잘못했음을 알게 되었을 때 "미안해"라고 사과했는가? 초라한 승리자보다 떳떳한 패배자가 되어라.

⑰ 아내의 감정을 다치게 하는 침실 폭력은 없었는가?

⑱ 아빠가 자녀들에게 줄 수 있는 최고의 선물은 그 아이들의 어머니를 사랑하는 것이다. 출퇴근 때 아내를 껴안아 주었는가?

⑲ 아무것도 겨냥하지 않으면 아무것도 명중시킬 수 없다. 나는 가족들에게 명확한 목표를 제시해 주었는가?

⑳ 일어나자마자 이불을 개켜 주었는가? 예수님도 부활하자마자 자신을 덮었던 수건을 개켜 놓고 나오셨다.

㉑ 식사시간에 신문을 펴들고 있지는 않는가? 가려진 얼굴 속에서 읽혀지는 것은 절망밖에 없다.

㉒ 아내가 가장 듣기 좋아하는 말은 "내가 다시 태어나도 당신을 선택할 수밖에 없어'란 한 마디다. 아내한테 사랑을 확인해 주며 사는가?

㉓ 아내가 아플 때 약을 사다 주며 어루만져 주었는가? 마음이 말하지 않으면 몸이 말한다. 몸이 말하지 않으면 위장이 점수를 매긴다.

㉔ 처가에도 시댁과 같이 용돈을 주거나 똑같은 비율로 안부를 묻는가? 처가가 무시될 때 아내는 한없는 절망을 되씹는다.

㉕ 외출할 때 화장할 시간을 배려해 주었는가? 바로 그 시간이 당신의 인내와 사랑이 테스트되는 순간이다..

㉖ 아내한테 별도의 품위 유지비를 지출해 보았는가? 조그마한 사업체에도 기밀비가 있고 판공비가 있는 법이다.

㉗ 아내는 매달 한 번씩 홍두깨비 마술에 걸린다. 바로 그 날을 알고 있으며, 그런 날 부엌에 들어가 물장구(설거지)를 치는 여유를 보였는가?

㉘ 가만히 누워 잔심부름(물, 신문 등)을 시키지는 않았는가? 아내는 당신의 비서가 아니다.

㉙ TV 채널권을 독점하지는 않는가? 작은 배려가 사람을 감동시킨다.

㉚ 밥숟갈을 놓고 먼저 일어서 버리지는 않는가? 가장 외로운 여자란 버림받은 여자가 아니라 식탁에 내팽겨쳐진 여자다.

㉛ 예고 없이 손님을 데리고 들어와 아내를 당황케 하지는 않는가? 준비 없이 맞는 손님은 뒷꼭지까지 미워지는 법이다.

㉜ 아내는 가장 좋은 사업의 동반자와 같다. 의논 없이 독단적으로 결정 내리고 일방적인 통보를 하지는 않는가?

㉝ 결혼기념일, 생일 등을 기억해 주었는가? 아내에게 있어 결혼기념일이나 생일 등은 곧 생존의 의미와 같다.

㉞ 가정은 쉼터지 일터가 아니다. 집에 들어와서까지 직장일을 연장시켜 놓지는 않는가?

㉟ 아내는 총알받이가 아니다. 곤란한 일을 아내한테 미루어 희생양을 삼지는 않는가?

㊱ 돈은 애정의 표시가 된다. 아내의 가계부를 훔쳐보거나 감사하듯 따져 묻지는 않는가? 아내가 진짜 듣고 싶어하는 말은 "힘들지 않아?" 이 한 마디다.

㊲ 부부의 삶이란 눈 높이, 키 높이, 귀 높이를 맞추는 것이다. 보행 중 아내보다 먼저 걸어가 버리지는 않는가?

㊳ 교육은 공육이다. 아이가 아플 때나 성적이 좋지 않을 때 아내의 책임으로만 돌려대지 않는가?

㊴ 아내와 동행 중 다른 여자들을 넋이 빠져라 쳐다보지는 않는가? 가장 큰 경멸은 바로 그 눈길로부터 시작된다.

㊵ 식탁에서 함부로 방귀를 뀌지 않는가? 불청객을 반기는 사람은 아무도 없다.

㊶ 아내한테 함부로 반말을 쓰지는 않는가? 말투는 곧 그 사람을 드러낸다 (Your speech betray you).

5) 아내의 자기평가 항목

① 칭찬은 귀로 먹는 보약이다. 남편에게 칭찬을 해 주었는가?

② 비교는 비참만을 낳는다. 다른 남자들과 비교하는 말을 하지는 않았는가?

③ 이를 닦고 침실에 들었는가? 탈무드에는 남편은 구취(입냄새)를 가진 아내와 결혼을 파기하고 이혼해도 좋다고까지 말하고 있다.

④ 남편의 지갑을 뒤지지는 않았는가? 작은 불씨가 큰 화재를 일으킨다.

⑤ 너무 재촉하고 다그치지는 않았는가? 제트기도 나는 데는 시간이 걸린다.

⑥ 키스는 한순간이지만 요리는 영원하다. 밥상에 사랑과 정성이란 양념을 넣었는가?

⑦ 부스스한 얼굴로 남편을 쳐다보지는 않았는가? '준비된 얼굴'에 돌아오는 것은 언제나 사랑이다.

⑧ 자녀들 앞에서 남편을 흉보지 않았는가? 가장 훌륭한 교육은 아버지를 큰 바위 얼굴로 만들어 주는 일이다.

⑨ 늦잠이나 낮잠 자는 것을 게으르다고 비꼬지 않았는가? 위대한 삶은 의문부호나 마침표에 있지 않고 쉼표에서 비롯된다.

⑩ 남편 앞에서 함부로 드러눕거나 뱃살을 내비치지는 않았는가? 최소한의 품위와 절제된 행동이 행복을 가져다 준다.

⑪ 차를 운전하는 남편에게 이래라 저래라 간섭하지는 않는가? 그럴 것 같으면 차라리 직접 운전하라.

⑫ 출근하는 남편을 정성스레 배웅했는가? 옆집 강아지 쳐다보듯 하면 결국 돌아오는 것은 '똥'밖에 없다.

⑬ "말끝을 좇는 멍멍개가 되지 말고 마음을 덮치는 사자가 되어라"는 말이 있다. 감정대로 내뱉지는 않았는가?

⑭ 남편의 일에 작은 관심을 주었는가? 지나친 간섭도 문제지만 무관심은 가장 큰 형벌이다.

⑮ 침실에서 남편을 쉽게 거절하지는 않았는가? 잘못된 거절은 성범죄의 원인이 된다.

⑯ 엄마의 미소는 절망의 골짜기에 띄워 놓은 일곱 색깔 소망의 무지개다. 나는 미소로 가족들을 맞이하는가?

⑰ 스타킹을 벗어 경대 위에 올려놓지는 않았는가? 경대와 빨래통은 구별되어야 한다.

⑱ 아빠가 자녀를 야단칠 때 끼어 들지는 않았는가? 아이들로 하여금 줄타기를 하게 하는 것은 위험하다. 차라리 같이 야단쳐라.

⑲ 피는 건드려서는 안 된다. 혹 시댁 식구들을 비난하지는 않았는가?

⑳ 남편을 이웃 사람들에게 흉보지 않았는가? "두루 다니며 한담하는 자는 남의 비밀을 누설하나 마음이 신실한 자는 그런 것을 숨기느니라"(잠 11 : 13).

㉑ 부부싸움에 있어 지구전은 소모전일 뿐이다. 침묵으로 남편을 모질게 고문하지는 않았는가?

㉒ 문제 인간은 없다. 인간이 가진 문제만 있을 뿐이다. 나는 남편을 문제 인간으로 취급하여 그 약점을 지나치게 꼬집지는 않았는가?

㉓ 몸매를 가꾸는 일을 게을리하지 않는가? 중년의 아름다움은 미모가 아니라 자신을 가꾸는 마음에 달려 있다.

㉔ 월급봉투를 받아들고 감사하다는 말을 전했는가? 남편은 집안의 머슴이 아니라 왕이어야 한다. 남편은 하늘보다 높다.

㉕ 아내는 남편에게 생명유지 장치와 같다. 남편보다 먼저 잠자리에 드러누워 잠들어 버리지는 않는가?

㉖ 말을 끝맺기도 전에 가로막지는 않는가?

㉗ 남편의 말을 건성으로 듣지는 않는가? "적당한 말로 대답함은 입맞춤과 같으니라"(잠 24 : 26). "온유한 입술에 악한 마음은 낮은 은을 입힌 토기니라"(잠 26 : 23).

㉘ "To rule is to serve!"(지배한다는 것은 섬기는 것이다). 남편에게 참된 서비스 정신으로 다가가 보았는가? 가장 좋은 서비스는 플러스 원 서비스다. 하나 더 보태 주라.

㉙ 아름다운 여인은 하루에 세 번 화장(아침화장, 퇴근화장, 침실화장)한다. 부스스한 얼굴로 남편을 맞이하지는 않았는가?

㉚ 정직은 최선의 무기다. 생활비 등을 잘못 쓰고 핑계대거나 변명하지는 않았는가?

㉛ 시어머니를 비난하지는 않았는가? 남편에게 가장 큰 격려는 시어머니와 정답게 사는 것이다. '시'자를 빼고 나면 모두가 한 가족이 된다.

㉜ Wife란 life가 되기도 하지만 knife가 되기도 한다. 남편에게 격려의 말을 자주 하는가? "여보, 힘내세요", "나는 당신을 믿어요", "여보, 아이들이 당신 존경하는 것 아시지요?"

㉝ 20대가 하는 것이 화장이고 30대는 분장, 40대는 변장, 50대는 환장이라는 우스갯소리가 있다. 혹시 찌푸린 얼굴을 보이지 않았는가? 이제는 화장품이 아니라 표정으로 승부를 걸어라.

㉞ 침실에서 남편을 화나게 하지는 않았는가? 화난 상태에서는 발기조차 안 된다.

㉟ 남편에게 공손하게 대답했는가? 악처는 소크라테스 부인 한 사람으로 족하다.

㊱ 여자는 순종함으로 명령한다. 남편의 말을 고분고분 들어주었는가?

㊲ 남편의 호주머니에 가족사진을 넣어 주는 아내야말로 현명한 지혜자다. 남편에게 가족사랑을 상기시켜 주었는가?

㊳ 생일날 남편을 저울질하지는 않았는가? 큰 일을 하는 남자일수록 작은 일에 소홀하기 쉽다. 아예 적극적으로 나아가라. "여보, 오늘 내 생일인 것 기억하시죠?"

㊴ 초심으로 살면 평생이 신혼이다. 나는 신혼의 약속을 잊어버리지 않았는가? "슬플 때나 기쁠 때나 병들 때나 건강할 때……."

㊵ 남편의 옛날 일을 자꾸만 들추지 않는가? '낚시 금지'란 상표가 붙은 용서야말로 최상품이다.

6) 부부의 성생활 10계명

'성화만사성(性和萬事成)'(Sex is everything)이다. SEX는 창조사역에 동참하는 것이므로 성맹(性盲)이 되지 않아야 한다. 송길원 목사는 bed time이 bad time이 되지 않도록 노력하라고 일러 준다.

(1) 남성들이 참고할 일

① 선심후생(先心後生) 작전을 펴라.

한자로 성(性)은 마음(心)이 먼저고 몸(生)은 나중이다. 마음이 열리면 몸은 저절로 열린다. 그러므로 몸을 열기 전에 마음부터 열어라. 기술이나 기법보다 더 중요한 것은 사랑하는 마음이다.

② 작은 말로 상처를 주지 말라.

말 한 마디의 상처가 평생을 괴롭힐 수 있다. 신체적인 약점을 지적하거나 모욕적인 언어로 상대방의 마음을 짓밟지 말라. 지나친 농담도 성적 희롱이 될 수 있고 혐오감을 불러일으킬 수도 있다.

③ 성감대부터 잘 찾아라.

성감대란 프랑스어로 '성행위의 준비'란 의미를 갖는다. 실제로 여성에게는 수백 개의 성감대가 있다. 여성에게 성적 쾌감이 가장 큰 곳부터 찾아라. 그러기 위해서는 여러 코스의 성감대 지도를 잘 연구해 두는 것이 좋다.

④ 초인종을 누르고 들어가라.

성의 초인종은 클리토리스다. 그러므로 전희를 잊지 말라. 남성들은 5분 이내에 성관계를 원하지만 여성은 최소한 15분이 지나야 준비가 된다.

⑤ 강한 것보다 부드러운 것이 낫다.

여성들은 강한 자극에 끌리기보다 부드러운 터치에 매혹 당한다. 강한 자극은 오히려 불쾌감을 줄 수도 있다. Tender(부드럽게), Loving(사랑), 그리고 Care(돌봄)로 아내를 대하라.

⑥ 규칙적으로 아내와 만나라.

시도 때도 없이 덤벼드는 것보다 합의된 한 번의 만남이 아내를 감동시킨다. 계획에 따라 움직여라. 더구나 남성은 사용하지 않으면 약해진다.

⑦ 운동을 게을리하지 말라.

술이나 담배를 끊어라. 골초들의 정자를 현미경으로 조사해 보면 200마리의 정자 중 199마리가 졸고 있다. 보신탕이나 정력제보다 좋은 것은 평소의 유산소 운동이다.

⑧ 성생활은 AS가 필수다.

끝나자마자 코를 골고 잠에 빠져들거나 이내 돌아눕는 행동은 아내에게 강간당했다는 불쾌감을 줄 수 있다. 좀더 아내와 눈빛을 맞추고 부드럽게 속삭이는 대화를 나누는 것이 성행위의 애프터서비스(AS)이다.

⑨ 홈런보다는 안타를 노려라.

항상 홈런을 날릴 수는 없다. 점수를 올리는 데는 번트나 플라이 볼이 더 효과적일 때도 있다. 중요한 것은 무리하게 배트를 휘두르지 말고 상대방의 약점을 골라 공격을 결정지으라는 것이다.

⑩ 아내를 존중하라.

성은 한 사람만의 집착으로 완성되지 않는다. 또한 생명을 다루는 성스러운 부분이기에 경박한 마음으로 대해도 안 된다. 따라서 자신만의 생각을 고집하지 말고 아내의 감정 상태와 느낌을 존중해 주는 것이 좋다.

(2) 여성들이 참고할 일

① 성은 하나님의 선물이다.

성행위란 남성과 여성을 연결해 주는 언어이며 두 사람간의 사랑의 표현이자 새로운 생명을 창조하는 행위이다. 그러므로 본능충족 이상의 메시지가 담겨야 한다. 성으로 남편을 축복할 수 있는 아내는 가장 아름다운 여인이다.

② 성에서도 남녀평등을 실천하라.

끌려가는 사랑은 노예의 사랑이다. 수동적이기보다는 능동적으로 나아가라. "여자는 절대로 자기의 성적 느낌을 이야기해서는 안 된다"는 따위의 고정관념이나 편견을 없애는 일에서부터 성적 자결권은 보장된다. 그러므로 연극적 테크닉으로 자신을 감추기보다 자신의 의사를 분명히 하는 것이 좋다.

③ 남편을 화나게 하지 말라.

화난 상태에서는 발기조차 안 된다. 남편의 자존심을 잘 세워 주어 항상 용기를 갖게 하라. "남자가 그것도 하나 못하고", "당신 잠자리에서 별로인 것 알아요" 등의 말로 상처를 주거나 화나게 하지 말라. 잦은 잽도 KO펀치 못지않게 남편을 쓰러지게 만들 수 있다.

④ 잠자는 숲 속의 공주보다 꽃 파는 아가씨가 행복하다.

잠자는 숲 속의 공주가 되지 말라. 성행위는 여성에게 더할 나위 없는 스포츠다. 몸에 필요한 분비물이 원활히 분비될 뿐 아니라 질의 형태를 유지하도록 하는데 최선의 방법이기 때문이다. 또 생리주기를 규칙적으로 만들고 몸매를 아름답게 가꾸어 주기도 한다. 그래서 성행위는 에어로빅보다 더 중요한 운동이다.

⑤ 성적 차이를 존중하라.

여성에게 있어 성은 9개월 동안 지속되지만 남성에게는 9분 동안이다. 남편의 성적 욕구는 건초더미에 불을 지피는 것과 같다. 남편에게 있어 성적 자신감은 자신의 자존감을 결정짓는다. 따라서 성적 트러블은 차이를 존중해 주는 것에서 극복된다.

⑥ 반드시 오르가즘만이 좋은 것은 아니다.

오르가즘 강박관념은 오히려 섹스를 망친다. 섹스란 오르가즘에 그 목표가 있기보다 사랑의 대화와 친밀감에 그 목적이 있다. 그러므로 오르가즘에 도달하지 않아도 그 자체에 감사를 드려라.

⑦ 거절의 지혜를 잘 터득하라.

잘못된 거절은 성범죄의 원인이 된다. 대화로 남성다움을 채워 주고, 보챌 때는 다독거려 주라. 뿌리쳐야 할 경우에 마음의 상처 없이 그로 하여금 절제하도록 도와 주라.

⑧ 성적 치유를 경험하라.

성희롱의 경험이라든지 부정적 이미지(섹스는 추하다는 생각, 자신이 추하게 보인다는 생각)나 성에 대한 환상(영화 속의 주인공과 같은 로맨스)에서 벗어나라. 성 관계에는 어떤 모범 기준도 없으며 둘만의 기준이 가장 최고의 것이다.

⑨ 즐거운 성을 위한 요령을 가져라.

성은 의무도 무기도 아니다. 성을 의무방어전으로 치르지 말라. 남편의 성욕을 채워 주기 위해서가 아니라 즐거움을 함께 누리기 위한 부부 스포츠와 레크리에이션이 되도록 하라.

⑩ 성지식을 쌓아가라.

누구나 춤을 추고 노래 부를 수 있다. 그러나 더 잘 추고 더 잘 부르기 위해서는 별도의 교육과 연습이 필요하듯 완전한 성을 위해서는 특별한 교육이 필요하다. 기회가 닿는 대로 건강한 성지식을 쌓을 수 있도록 책을 읽는 것이 좋다.

7) 부부 경제생활 10계명

돈이 행복을 보장하진 못한다. 행복이 돈을 보장할 수는 있어도, 적은 수입으로도 웃으며 사는가 하면 호의호식하면서도 불행한 사람들이 있다. 돈은 행복의 필요조건이다. 충분조건으로 착각하지 말자. 그러나 돈 때문에 많은 부부싸움이 발생한다. 따라서 돈 다루는 것도 사랑이 샘솟는 가정의 한 요소일 것이다.

① 돈을 우상으로 섬기지 않는다.

십계명의 첫 번째는 하나님 외에 다른 신들을 섬기지 말라는 것이다. 돈만 있으면 무엇이든 할 수 있다는 식의 물질만능주의도 알고 보면 일종의 우상이다. 돈 때문에 강도짓을 하고 스스로 목숨을 끊는 것도 돈이 우상이 되고 있다는 증거다. 흔들리는 가정경제를 일으켜 세우려면 먼저 돈에 대해 초연할 수 있는 자세가 필요하다. 돈은 좇아갈수록 달아나지만 멀찌감치 거리를 두고 관리할 때 모여들기 때문이다.

② 행복의 개념을 바로 안다.

물질은 행복한 삶을 살아가도록 도울 수는 있으나 행복 자체가 될 수는 없다. 가난하다는 것은 돈이 없는 것이지 그 사람이 형편없다는 뜻은 아니다. 성경은 "다투는 여인과 함께 큰 집에서 사는 것보다 움막에서 혼자 사는 것이 나으니라"(잠 21 : 9)고 가르친다. 그러므로 편안(comfort)보다는 평안(peace)을 선택하는 것이 좋다.

③ 자족하는 마음을 배운다.

풍요에 처할 줄도 알고 궁핍에 처할 줄도 아는 자족의 마음을 배워야 한다. 어려울 때일수록 가족의 화목이 빛을 발하는 법이다. 아침마다 거울을 보며 이렇게 외쳐 보자. “나는 부자다”, “나는 행복하다” 그만큼 마음도 부유해질 것이다.

④ 가정에서 ‘아나바다’를 실천한다.

아(아껴 쓰고) 나(나눠 쓰고) 바(바꿔 쓰고) 다(다시 쓰는)는 가정에서부터 시작되어야 한다. 미국 가정은 평균적으로 TV를 11년, 냉장고를 15년, 세탁기는 13년, 가스 레인지는 18년을 사용한다는 점을 기억하자.

⑤ 삼사일매(三思一買)란 말이 있다.

세 번 생각하고 난 다음에 한 마디 말을 하라(三思一言)는 말이 있다. 가정경제를 일으켜 세우기 위해서도 세 번 생각하고 한 번 구매하는 습관을 들여야 한다. 지갑을 열기 전에 먼저 ‘이것이 꼭 필요(need)한지, 아니면 욕망(desire)에 의한 것인지’를 생각해야 한다. 그래야만 열등감에서 비롯된 과시소비, 무비판적인 모방소비, 무계획적인 즉흥소비를 줄일 수 있다.

⑥ 어릴 때부터 자녀에게 경제개념을 심어 준다.

10대는 이미 소비주체가 되었다. 기업마다 10대를 대상으로 판촉전을 벌이고, 10대가 주도하는 소비문화가 어른의 소비문화를 앞서가고 있을 정도다. 이런 때일수록 아이들 스스로 돈의 가치를 깨닫고 지혜롭게 관리하는 요령을 기를 수 있도록 적당한 교육이 필요하다. 집안에서 용돈을 스스로 벌게 하거나 용돈 가계부를 적도록 하는 것도 좋은 방법이다.

자녀 경제교육 요령으로 ㉠ 9세전까지 돈에 대해 가르치고 16세부터는 자기 재산을 갖게 하라. ㉡ 자녀들에게 원가(原價)의식을 심어 주라. ㉢ 빌린 돈이 아닌 자기 자본의 필요성을 가르치라. ㉣ 자신의 장점과 개성이 자본이다. ㉤ 위험부담(risk)없는 이익(profit)은 없다는 것을 가르치라. ㉥ 평생직업의 시대를 준비시켜라. ㉦ 20대부터 노후에 대해 준시비켜라. ㉧ 경제적 성공의 이유는 남을 돕기 위함을 일러 두라. ㉨ 아이의 경제 생활의 모델은 부모다. ㉩ 한국인이 아니라 세계인으로 살게 하라는 10가지가 있다.

⑦ 공동가계부를 적는다.

가계에 비자금을 두지 말라. 불투명한 재정이 가정경제를 좀먹는다. 자녀들도 볼 수 있도록 가계부를 공동으로 작성하라. 가장 이상적인 방법은 냉장고에 매달 수입과 지출을 공동 기록할 수 있는 가계부를 붙여 놓는 일이다.

⑧ '이 달의 알뜰상'을 시상한다.

일하기 싫거든 먹지도 말아야 한다. 성경은 이른다. "게으른 자는 개미에게 가서 배우라." 때문에 우리는 열심히 일하여 번 정당한 수입에 관심을 가져야 하며 재물을 지혜롭게 관리하여 유용하게 쓸 줄도 알아야 한다. 이를 위해 물과 전기를 아끼는 등 절약 운동에 앞장선 알뜰 주부나 절약 남편을 골라 이 달의 알뜰상을 시상해 보라. 온 식구들이 절약 운동에 앞장서게 될 것이다.

⑨ 불로소득을 기대하지 않는다.

다른 사람을 속이거나 빼앗는 방법으로 모은 재물은 수입이 아니라 오히려 손해다. 처음엔 수입이 생긴 것 같지만 그런 돈은 이내 새어 나가게 마련이다. 하나님께서는 불의한 방법으로 모은 재물을 용납하시지 않기 때문이다. 부당한 방법으로 생긴 재물은 속히 돌려주고 정당한 노력을 기울여 번 돈으로 소득을 삼아야 한다. 물론 복권이나 경품, 부동산 투기나 불필요한 신용카드 사용도 금해야 한다(시 128편).

⑩ '하나 빼기 전략'을 시도한다.

조선시대에 벼슬을 지낸 이규안은 무엇이든 한 가지씩 줄여 쓰는 '하나 빼기 철학'으로 사람들의 존경을 받았다. 집도 한 칸 낮게 짓고 옷도 한 치수 작게 만들어 입었다. 마찬가지로 집안의 온도를 1도라도 낮추거나 반찬의 가짓수를 한 가지 줄이고, 전화통화도 1분씩 줄여 짧게 하거나 TV시청을 한 시간씩 줄이는 등 무조건 하나씩 빼는 '생활 다이어트'를 시도해 보라.

8) 부부 언어생활 10계명

2001년 4월호 「중국조선어문」이란 잡지를 할빈시 조선족 제일중학교 도서관에서 보았더니 부부간 삼가야 할 어법으로 "① 리혼하자. 갈라서자. ② 등신이다. 맹추다. ③ 애초에 내가 눈이 멀었지. ④ 아무개 남편 좀 보아요. ⑤ 썩 물러가라. 영영 집에 오지 말아. ⑥ 닥쳐. ⑦ 당신이 상관할 바 아니야. ⑧ 보라. 당신이 화장한 꼬락서니를. ⑨ 그사람 보고파." 등을 예시하고 있었다. 중국교포나 북한동포들의 부부간 언어생활을 알아볼 수 있는 자료였다. 성경적 근거에 의해 부부 언어 생활의 10계명을 생각해 보자.

① 상대의 말이 끝나기 전까지 대답하지 말고 경청하는 자가 되라(잠 18 : 13, 약 1 : 19).

② 말하기를 더디하고 먼저 생각하라. 말하기를 너무 서두르지 말라. 당신이 말하는 것을 상대방이 수용하고 이해할 수 있는 방법을 사용하여 말하라(잠 15 : 23, 28, 21 : 23, 29, 약 1 : 19).

③ 언제나 진실을 말하되 사랑 안에서 하고 과장하지 말라(엡 4 : 15, 25, 골 3 : 8-9).

④ 상대방이 지쳐 버릴 만큼 침묵을 사용하지 말라. 당신이 그때 왜 말을 주저하게 되었는지 설명하라.

⑤ 다투지 말라. 다투지 않고도 동의하지 않음을 표현할 수 있다(잠 17 : 14, 20 : 3, 롬 13 : 13, 엡 4 : 31).

⑥ 화를 내면서 대답하지 말라. 부드럽고 친절한 응답을 훈련하라(잠 14 : 29, 15 : 1, 25 : 15, 29 : 11, 엡 4 : 26, 31).

⑦ 당신에게 잘못이 있을 때 그것을 인정하고 용서를 구하라(약 5 : 16). 상대가 당신에게 잘못을 고백할 때, 당신은 그를 용서한다고 말해 주라. 용서받음이 서로에게 확인되는 것이 부부관계에 있어 중요함을 명심하라(잠 17 : 9, 엡 4 : 32, 골 3 : 13, 벧전 4 : 8).

⑧ 잔소리(짱짱거림)를 하지 말라(잠 10 : 19).

⑨ 상대방을 비난하지 말고 오히려 그를 회복시키려 하고 격려해 주라(롬 14 : 13, 갈 6 : 1, 살전 5 : 11). 만일 상대가 말로 공격하거나 비난하더라도 동일한 방법으로 대응하지 말라(롬 12 : 17, 벧전 2 : 23, 3 : 9).

⑩ 상대방의 의견을 이해하려고 노력하라. 차이를 수용하라. 그리고 그의 장점에 대해 관심을 두라(엡 4 : 2, 빌 2 : 1～4).

부부 사이의 바람직하지 않은 대화태도 10가지는 다음과 같다.

① 회피형 : 방을 떠나거나 잠을 자버리거나 바쁜 척하는 사람

② 가짜 적응형 : 양보하거나 아무 일도 아닌 것 같이 행동하는 사람

③ 주제변경형 : 대화가 갈등영역에 접근할 때마다 주제를 바꾸는 사람

④ 상대 마음을 엉터리로 읽는 형 : 상대방의 마음을 다 읽고 있다는 태도를 취하는 사람

⑤ 보따리를 메고 다니는 형 : 화가 났을 때 바로 표현하지 않고 차곡차곡 보따리 속에 쌓아 두었다가 한꺼번에 마구 퍼붓는 사람
⑥ 허리 아래를 치는 형 : 상대가 가장 민감하게 생각하는 약점, 즉 외모, 가정배경, 과거의 행동 등을 들추는 사람
⑦ 움켜쥐는 형 : 분노를 직접 표현하는 대신 밥을 안해 주거나 성행위를 거부하거나 인사를 안 하는 등 상대가 원하는 행동을 움켜 쥐고 놓아 주지 않는 사람
⑧ 항상 옳다고 주장하는 형 : 상대의 말을 전혀 들으려 하지 않고 무조건 자신이 옳다고 말하는 사람
⑨ 애정 고집형 : '우리가 정말 사랑한다면 이런 게 뭐가 문제야' 식으로 사랑이 모든 걸 해결해 준다고 주장하는 사람
⑩ 비위만 맞추는 형 : 상대의 비난을 견디지 못해 항상 기쁘게만 해 주려고 하는 사람

언어는 예술이다. "동냥은 못 주나마 쪽박을 깨지 말라"라는 명언이 있다. 언어는 신비한 힘을 발휘한다. 훌륭한 사람은 사상을 말하고 보통사람은 사건을 말하나, 못난 사람은 사람을 말한다. 1 · 2 · 3대화법이 있다. "나의 말은 1분 이내로 끝낼 것, 상대방은 2분 이상 말하도록 허용할 것, 상대방이 말하는 동안 3번 이상 공감을 표시할 것"이 그것이다. 듣는 것의 중요성을 지적한 것이다. 판단하며 듣거나, 대화를 재촉하거나, 속단하거나, 자기 말만 계속하거나, 딴 일하며 듣거나, 반대의 말을 생각하며 듣는 것은 좋은 태도가 아니다. 마음을 열고 신뢰감을 갖고 친근하게 듣는 것이 좋다. 우리 대화는 사실언어에서 감정언어로, 폐쇄언어에서 개방언어로, 부정언어에서 긍정언어로, 추종언어에서 이해언어로, 명령언어에서 권면언어로, 위협언어에서 설명언어로, 직접언어에서 간접언어로, 혀의언어에서 몸의언어로, 죽이는 언어에서 살리는 언어로 바꾸어 행복과 성공을 만드는 언어로 가꿔야 한다. 행복한 가정생활도 언어를 통해 만들어진다.

LOVE(Laugh-Obedience-Victory-Enrichment)와 FAMILY(Father And Mother, I Love You)의 뜻을 새겨 보자.

• 뼈 없는 혀는 작고 연약하지만 모든 것을 박살내고 죽일 수 있다.
(그리스 속담)
• 혀는 군마보다 빠르다.(중국 속담)

• 유순한 대답은 분노를 쉬게 하여도 과격한 말은 노를 격동시킨다. (잠 15 : 1)
• 지혜자의 혀는 지식을 선히 베풀고 미련한 자의 입은 미련을 쏟는다. (잠 15 : 2)
• 미련한 자의 입술은 다툼을 일으키고, 그 입은 매를 자청한다.(잠 18 : 6)
• 경우에 합당한 말은 아로새긴 은쟁반에 금사과와 같다.(잠 25 : 11)
• 어리석은 자는 그 분노를 다 드러내어도 지혜로운 자는 그 분노를 억제한다.(잠 29 : 11)
• 말은 고통과 고민을 고치는 의사이다.(빅토르 위고)
• 결혼이 위기에 처했다는 초기 신호는 부부의 상호비난이다.(고트먼)
• 언중유골, 남아일언중천금(言中有骨, 男兒一言重千金)

(1) 남편의 기를 살리는 말 10 가지

• 내가 시집하나는 잘 왔지.
• 당신은 다른 남자들과는 수준이 달라요.
• 다시 태어나도 당신과 결혼할거예요.
• 당신과 함께 있으면 시간가는 줄 모르겠어요.
• 내가 시어머니 복 하나는 타고났지.
• 우리 아이는 당신 닮았나 봐요. 저렇게 똑똑한걸 보니…….
• 당신은 어쩜 그렇게 못 하는 게 없어요?
• 당신, 언제나 날 지켜줄 거죠?
• 죽을 때까지 당신을 왕처럼 모실거예요.
• 당신이 원하는 것은 뭐든 할거예요.

(2) 아내의 기를 살리는 말 10가지

• 당신 요즘 왜 그렇게 예쁘지?
• 내가 처복 하나는 타고났지?
• 당신은 뭘 입어도 맵시가 있어.

- 당신이 만들어 준 음식 먹다가 다른데선 못 먹겠어.
- 이만큼 사는 게 모두 당신 덕분이야.
- 당신 살림살이 하는데는 타고 났나봐.
- 우리 장모님 같은 분이 어디 또 있을라구.
- 아이들이 저렇게 잘 자라는 것은 모두 당신 덕분이라구.
- 당신은 쳐다보고만 있어도 마음이 편안해져.
- 당신 잠든 모습은 정말 천사 같다니까!

(3) 남편의 기를 죽이는 말 10 가지

- 당신 식구들은 왜들 그래요 ?
- 아는 건 고함치는 것밖에 없지.
- 아이들이 뭘 보고 배우겠어요 좀 제대로 해요.
- 저러고도 안 짤리는 게 신기하지.
- 옆집 남자는 돈 잘 벌어. 성실해. 좀 배워요. 배워.
- 남자라고 성질머리는 밴댕이 속 같아 가지고.
- 아이들도 당신 들어오면 다 피하는 거 알아요 ?
- 내가 미쳤지. 그때 그 사람하고 결혼하는 건데.
- 당신은 크게 되기는 텄어요.
- 아는 건 반찬 투정 뿐이지.

(4) 아내의 기를 죽이는 말 10 가지

- 하루종일 뭐했어 ? 왜 집안이 이 꼬라지야.
- 화장품만 바르면 뭐해. 호박이 수박되냐 ?
- 그 엄마의 그 딸이라더니, 뭐 제대로 할 줄 아는 게 있어야지.
- 딴 여자들 하고 다니는 것 좀 봐.
- 좀 징징거리지마. 집구석에 들어오면 편안한 날이 있어야지.
- 당신도 돈 한번 벌어 봐. 얼마나 치사한지.
- 뭘 안다고 따져. 가만히 있기나 해.

- 도대체 할 줄 아는 게 뭐야?
- 작작 좀 먹어. 바지 터지겠어.
- 애들이 웃겠다. 애들 부끄럽지도 않아?

(5) 부부 사이에 피해야 할 말 10가지

- 하는 일마다……당신은 장모님과 어찌 그리 똑같지?
- 다른 여자들은 그렇지 않던데…….
- 내가 돈 벌어 오면 됐지 아이까지 돌보라고?
- 물론 남자와 여자는 동등하지 그러나 여자란…….
- 어머니가 그러는데 그건 당신 잘못이라는 걸.
- 일요일에는 잠이나 자야겠어.
- 기분이 어떠냐고? 도대체 내 기분이 어땠으면 좋겠어?
- 여자 태도가 그게 뭐야?
- 근사한 다른 남자를 찾아보시지 그래.
- 글세, 말하고 싶지 않다니까!

(6) 시부모 앞에서 명심할 20가지

- 까다롭지 않고 이해성 있는 며느리가 되라.
- 나들이 할 때는 반드시 어른에게 이야기하고 나서라.
- 남편의 실수와 결점을 어른의 마음이 불편할 때나 몸이 불편할 때 하지 말라.
- 숙명적으로 이 집에서 일생을 마쳐야 한다는 것을 명심하라.
- 스스로를 타이르고 계속해서 반성하라.
- 시어머니 앞에서 남편에게 애정 표시는 삼가라.
- 시어머니 앞에서 식모를 부리는 것은 불손이다.
- 시부모 앞에서 남편을 욕하고 깎아 내리면 안 된다.
- 시가에서 친정을 자랑하지 말아라.
- 시집의 험담을 딴 곳에 가서 하지 말아라.
- 시집살이의 불만을 내색하지 말아라.

• 시부모의 용돈을 며느리가 드려라.
• 시동생에게 어려운 형수가 되지 말아라.
• 시부모가 아쉬워하는 게 없나 유심히 살펴라.
• 시아주버니와는 외간 남자 못지않게 예절을 지켜라.
• 시부모의 꾸중에 대꾸하지 말고 공손하게 들어라.
• 시부모의 빨래는 시기를 놓치지 말고 하라.
• 어른 앞에서 남편을 칭할 때는 존대말을 쓰지 말라.
• 인내하고 견디도록 한다.
• 자기가 곱고 귀하게 자랐음을 자랑하지 말아라.

제4절 부부역할 고등고시

다음 질문은 Thomas A. Campion이 쓴 「언제가 남편(아내)을 위한 마지막 때였는가」(When Was the Last Time for Husbands〈Wives〉)를 참고하여 만든 것이다.

1) 나는 몇 점짜리 남편인가?(지난 한 달간 생활을 평가해 보자)

① 아내와 함께 기도했는가?
② 자녀들 앞에서 아내를 칭찬했는가?
③ 화장실 등 집안 청소를 도와 주었는가?
④ 결정을 하기 전에 아내의 의견을 들었는가?
⑤ 가족과 함께 교회에 나왔는가?
⑥ 아내에게 키스를 해 주었는가?
⑦ 개인적으로 아내를 칭찬해 주었는가?
⑧ 아내에게 뜨거운 사랑을 베풀어 주었는가?
⑨ 아내나 자녀들과 함께 가끔 외식을 하며 대화했는가?

⑩ 아내에게 정성어린 카드를 보냈는가?

⑪ 아내가 외출할 수 있도록 아이들을 돌보아 주었는가?

⑫ 식사를 준비한 일이 있는가?

⑬ 가족(아내)과 함께 휴가를 다녀왔는가?

⑭ 가계부를 결산해 보았는가?

⑮ 자녀들을 훈계하였는가?

⑯ 가족과 함께 저녁을 먹었는가?

⑰ 자녀들에게 사랑을 전했는가?

⑱ 아내와 좋은 의미의 열띤 대화를 나누었는가?

⑲ 가족과 함께 독서시간을 가졌는가?

⑳ 슈퍼마켓에 쇼핑을 갔었는가?

㉑ 보다 나은 남편이 되기 위해 무엇을 해야 할 것인가 아내에게 물어 보았는가?

㉒ 아내가 차를 탈 때 문을 열어 주었는가?

㉓ 아내에게 데이트를 요청했는가?

㉔ 아내에게 친어머니보다 더 사랑한다고 말했는가?

㉕ 아내가 요청하지 않아도 집안 잡일을 했는가?

㉖ 아내에게 마음대로 쓰도록 돈을 주었는가?

㉗ 아내에게 꽃을 선물했는가?

㉘ 아내가 아름답다고 고백했는가?

㉙ 저녁에 TV를 보지 않고 가족과 함께 시간을 보냈는가?

㉚ 직장에서 아내에게 전화를 걸어 사랑을 전했는가?

㉛ 직장에 다녀와서 포옹을 해 주었는가?

㉜ 자녀들과 기도했는가?

㉝ 당신과 결혼한 게 큰 행운이었다고 아내에게 고백했는가?

㉞ 요즘 자녀들이 어떻게 지내는지 물어 보았는가?

㉟ 자녀나 아내의 말을 경청했는가?

㊱ 아내와 산책을 했는가?

㊲ 설거지를 도와 주었는가?

㊳ 아내의 생일이나 결혼기념일을 기억하는가?

㊴ 어떠한 일이 있어도 아내를 끝까지 신뢰하고 사랑하는가?

㊵ 아내의 과거의 잘못을 되풀이하여 말하지 않았는가?
㊶ 식사 전에 가족과 함께 기도를 드리는가?
㊷ 아내가 하고 싶은 일을 하도록 해 주었는가?
㊸ 가족과 함께 가정예배를 드렸는가?
㊹ 하나님께 남편과 아빠로서 사명을 다하도록 기도했는가?
㊺ 아내에게 사랑한다고 고백했는가?

합계 (해당 문항수×2+10점) : 점

0~50점 : 낙제 남편 50~70점 : 보통 남편

70~90점 : 우수 남편 90~100점 : 최고 남편

2) 나는 몇 점짜리 아내인가?(지난 한 달간 생활을 평가해 보자)

① 시어머니와 포옹을 했었는가?
② 남편과 좋은 열띤 대화를 나누었는가?
③ 성생활에 보다 적극적이었는가?
④ 남편이 직장에 갔을 때 그를 위해 기도했는가?
⑤ 냉장고에 남편이 좋아하는 음식을 채워 놓았는가?
⑥ 남편의 수입에 만족하다고 감사했는가?
⑦ 남편이 직장에 나갈 때 키스해 주었는가?
⑧ 집 밖의 활동이나 친교를 잘하고 있는가?
⑨ 늘 기분이 좋고 평안한가?
⑩ 다른 사람 앞에서 남편을 비판하지는 않는가?
⑪ 남편이 자는데 귀찮게 하지는 않았는가?
⑫ 자녀를 훈계하는 데 남편을 도왔는가?
⑬ 남편이 직장에서 돌아와 스트레스를 풀 수 있는 기회를 주었는가?
⑭ 시가 식구들을 이해하고 용납하고 있는가?
⑮ 남편을 판단하기 전에 말하는 것을 조심스럽게 경청하는가?

⑯ 집안을 깨끗이 잘 정리하는가?

⑰ 남편이 기대하지 않을 때 키스를 해 주었는가?

⑱ 나의 일보다 남편이나 자녀를 먼저 생각하는가?

⑲ 남편을 존경하고 있다는 것을 표현하고 있는가?

⑳ 남편과 함께 말씀과 기도의 시간을 갖고 있는가?

㉑ 남편과의 성생활을 만족하게 즐기고 있는가?

㉒ 남편이나 자녀들의 비판을 기분 좋게 받아들이는가?

㉓ 남편이 몰두하는 일에 관심을 보여 주는가?

㉔ 남편의 구두나 차를 청소해 주었는가?

㉕ 나의 취미생활을 가지고 있는가?

㉖ 체중 등 외모에 관심을 갖고 있는가?

㉗ 남편에게 부부생활의 만족을 표현했는가?

㉘ 나의 현재의 위치에 보람을 느끼고 있는가?

㉙ 남편의 기분이 안 좋을 때 사랑을 베풀어 기분을 풀어 주었는가?

㉚ 남편의 농담을 잘 받아 주는가?

㉛ 남편이 자랑스럽다고 말한 적이 있는가?

㉜ 가정일에 피곤을 느끼지는 않는가?

㉝ 남편이 퇴근할 때는 하고 있던 전화를 끊는가?

㉞ 화가 났을 때 분노나 침묵보다는 조용히 대화를 하는가?

㉟ 남편이 좋아하는 옷을 입는가?

㊱ 남편이 직장에서 돌아올 때 미소로 맞이하는가?

㊲ 성생활을 무기로 삼지는 않는가?

㊳ 남편의 과거의 잘못을 들먹이지는 않는가?

㊴ 쇼핑을 나가기 전에 남편과 의논하는가?

㊵ 아내와 엄마로서의 현재의 역할에 만족하는가?

㊶ 남편이 늦게 집에 돌아올 때 이해해 주는가?

㊷ 남편의 리더십에 확신을 가지고 있는가?

㊸ 남편의 실망된 행동을 용납하고 있는가?

㊹ 남편의 피로를 안마 등을 통해서 풀어 주었는가?

㊺ 남편에게 사랑한다고 고백했는가?

합계 (해당 문항수×2+10점) : 점
0~50점 : 낙제 아내 50~70점 : 보통 아내
70~90점 : 우수 아내 90~100점 : 최고 아내

3) 쉬어 가는 코너

◉ 웃음 예찬론
(부부간에는 무슨 말과 무슨짓을 하든지 웃을 수 있는 삶이어야 한다.)

우리 옛말에 "웃는 집에는 만복이 온다(笑門萬福來).", "한번 웃으면 한번 젊어 지고, 한번 성내면 한번 늙어 진다(一笑一少, 一怒一老)."라는 말이 있다. 웃음의 효능을 분명하게 밝혔고 또 웃음을 권하는 말이다. 모든 동물이 화를 낼 수 있지만 웃는 것은 인간만이 할 수 있다. 그래서 사람들은 웃을 땐 인간적 수준에서 살고 성낼 땐 동물적 수준에서 사는 것이라고 들 한다.

사람이 찡그릴 때는 72개의 근육이 움직여야 하는 반면 웃을 때엔 14개의 근육만이 필요하다고 하니 웃는 일이 훨씬 편하고 쉽지 않은가! 찡그리면 쉽게 지치고 피곤해진다. 사람들은 웃을 때와 감사를 느낄 때, 엔돌핀이라는 건강 호르몬이 분비되고 이 호르몬에 자극을 받아 임파구의 생성이 활성화되며 면역능력과 병균에 대한 저항력이 강화된다. 너무 심오한 진리를 깨닫고 그 내용과 기쁨을 말로 표현할 수 없어 그냥 웃음으로 표현했다는 염화미소가 석가여래와 가섭 사이의 비언어적 의사소통이었다.

레오나르도 다빈치가 그린 '모나리자'의 미소도 보이는 이의 상황과 심정에 따라 축복의 웃음과 비웃는 웃음으로 다르게 이해된다니 "웃음의 미학"이나 "웃음의 예술"이란 말이 나올 만도 하다. 그러나 제일 중요한 웃음의 역할은 역시 인간관계에서 윤활유요, 사회분위기의 개선에 있을 것이다.

새 천년 새해 새 학년 새 학기를 맞이하는 모든 사람들이 첫 시작과 첫 만남을 웃음으로 대하자. 웃자. 웃게 하자. 웃음을 즐기자. 그리고 웃음을 퍼뜨리자. 웃을 수 있는 축복을 누리자. 웃을 수 있을 때만 웃지 말고 웃을 수 없을 때도 웃는 연습을 하자. "웃는 얼굴에

침 못 뱉는다."는 속담처럼 인간 관계의 엉킨 올무와 막힌담을 헐 수 있도록 부담 없는 웃음의 소재를 개발하자. 우리 주변의 사회나 학교나 가정에 기쁘고 활기찬 분위기를 만들어 가자. 온도계 같은 사람은 추우면 오그라들고, 더우면 늘어나면서 환경과 조건에 수동적 반응을 보인다. 모든게 남의 탓, 환경탓이 된다. 그러나 에어컨 같은 사람은 더운 환경도 시원하게 만드는 능동적, 주관적 반응을 보인다. 또 환경과 조건을 관리할 수 있다. 이런 사람이 참여하면 어떤 상황도 은혜롭고 감사하고 기쁜 것이 될 수 있다. 웃을 이유가 없을 때 웃는 사람이 진짜 웃는 사람이다. 사실 인간관계나 의사결정, 그리고 세상사의 결과들은 사소한 것, 별것 아닌 일들이 시시가각 누적됨으로 큰 차이를 만드는 경우가 많다. 그래서 시간에는 時·分보다 초(抄)를 중요하게 여겨야 하고, 인간 관계에서는 개개인 한 명 한 명을 아낄 수 있어야 한다. 미국 록키 산맥의 410년 된 거목이 어느 날 힘없이 쓰러졌다. 14번이나 천둥벼락을 맞고 여러 번 허리케인의 도전을 받았어도 잘 견딘 나무가 허망하게 쓰러졌는데 알고 보니 작은 딱정벌레들이 나무 속을 보이지 않게 갉아먹은 것이 원인이었다고 한다. 천둥과 허리케인이 나무를 쓰러뜨린 것이 아니라 보이지 않는 딱정벌레가 나무를 쓰러뜨린 것이다. 이만큼 사사로운 것, 혹은 별것 아닌 것들이 중요하다.

이제 웃을 수 있는 방법과 이유를 만들어 보자. 남의 도움을 받을 때보다 남을 도와줄 때에 더 많이 웃을 수 있다. 섬김의 축복을 행사하자. 모든 사람을 아끼고 축복하고, 섬겨 보자.

먼저 손을 내밀고, 먼저 인사하고, 먼저 손해 보는 쪽을 택하자. "after you!"란 말을 자주 하면서 양보해 보자. "누가 해도 할 일이면 내가 하자. 언제라도 할 일이면 지금하자. 지금 내가 할 일이면 더 잘하자. 심성은 온유하게, 심지는 굳게, 꿈은 크게, 준비는 혹독하게 하자, 빈자루는 홀로 설 수 없다. 내용물(실력)을 갖추자, 향나무는 자기를 찍는 도끼날에 대해서도 향기를 풍긴다." 이런 말들을 우리 생활지침으로 삼아 되씹어 보고 실천해 보자. 함석헌 선생님은 "함께 탔던 배가 침몰해가는 순간 구명대를 서로 양보하면서 너만은 제발 살아다오라고 말해 줄 사람을 그대는 가졌는가?"라고 물으셨다. 이런 친구, 스승, 사상가, 이웃을 만난 사람은 파안대소하고 웃을 수 있을 것이다.

우리 사회가 새롭게 변화되고 인간이 살 수 있는 복된 곳을 이루려면 먼저 사람들이 새로워지고 사랑스러워지는 기쁨이 있어야 한다. 그리고 기쁨으로 인한 웃음을 가질 수 있어야 한다. 그래서 2000년대 사회운동과 교육지침으로 웃음 운동을 벌여 보자. 그리고 이 운동을 새롭고 참신한 가정생활과, 자녀교육에서부터 시작해 보자. 하루에

10번 이상 웃어 보자. 상대방이 웃을 때 답례로 웃어 보자.

삼천리 금수강산. 그리고 이 지구 위의 60억 인구들이 항상 웃음으로 만나고 웃음으로 헤어지는 웃음천국을 만들어 보자. 다음 글을 읽으면서 독자께서도 한번 더 웃어 보시기를 바란다.

(1) 당신의 사랑을 느낄 때

김인숙

당신의 사랑을 느낄 때
난 한 줌의 소금이
되고 싶습니다.
은혜 가운데 맛을
고르게 하고 자신은 녹는
한 줌의 소금이.

당신의 사랑을 느낄 때
난 한 다발의 안개꽃이
되고 싶습니다.
장미꽃을 받쳐
더욱 돋보이게 하고
조연으로 만족하는
겸손한 안개꽃이.

당신의 사랑을 느낄 때
나 한 은쟁반이
되고 싶습니다.
믿음 소망 사랑의
열매를 담은 은쟁반이

당신의 사랑을 느낄 때
난 속삭이며 흐르는
시냇물이 되고 싶습니다.
즐거운 노래로
산새들의 합창에 반주하는 시냇물이

당신의 사랑을 느낄 때
난 한 그루의 나무가
되고 싶습니다.
주님을 향해
늘 깨어 있는 푸른 나무가.

당신의 사랑을 느낄 때
난 아름다운 별의 무리가
되고 싶습니다.
밤 하늘을 쳐다보는
모든 이에게
꿈을 주는 별의 무리가.

(2) 돈으로 살 수 없는 것

- 돈으로 아름답고 푹신한 침대 커버를 살 수는 있지만, 달콤한 숙면을 살 수는 없습니다.
- 돈으로 좋은 책을 살 수는 있지만, 사고하는 머리를 살 수는 없습니다.

- 돈으로 먹을 것을 살 수는 있지만, 식욕을 살 수는 없습니다.
- 돈으로 아름다운 장식품을 살 수는 있지만, 내면의 아름다움을 살 수는 없습니다.
- 돈으로 훌륭한 아파트를 살 수는 있지만, 따뜻한 가정을 살 수는 없습니다.
- 돈으로 몸에 좋은 약을 살 수는 있지만, 건강을 살 수는 없습니다.
- 돈으로 골동품을 살 수는 있지만, 좋은 예술품을 감상하는 안목과 교양을 살 수는 없습니다.
- 돈으로 오락을 즐길 수는 있지만, 행복을 살 수는 없습니다.
- 돈으로 할 수 있고, 살 수 있는 것은 많지만, 그것을 누릴 수 있는 마음은 결코 살 수 없습니다.

(3) 사랑의 비결

(기자)	선생님 댁의 부부간 사랑의 비결은 무엇입니까?
(소방관)	우리는 별빛처럼 반짝이는 불빛이 모든 것을 태워 버리는 화염으로 바뀌지 않도록 자나깨나 조심합니다.
(목수)	튼튼한 기초가 가장 중요합니다.
(교사)	서로가 상대방에 대해 연구하고 이해하려고 노력합니다.
(전기공)	단선이 될 가능성은 있지만, 언제든지 바로 연결할 수 있도록 늘 다른 선을 준비해 놓습니다.
(숙박업자)	따뜻한 환경, 즐거운 분위기, 사적인 비밀을 보장합니다.
(약사)	사랑이라는 영양제를 매일 빠뜨리지 않고 처방합니다.
(열차기관사)	항상 생각합니다. 동반자와 함께 하는 즐거운 여행이 힘들고 멀고 고독한 여행으로 변하지 않도록 하기 위해 내가 뭘 해야 할지를…….
(집배원)	사랑이 늦지 않게 무사히 배달되도록 늘 근면·성실하게 일합니다.

(4) 간 큰 남자

- 아침에 밥 달라고 식탁에 앉는 남자
- 아내가 잔소리 좀 한다고 말을 끊는 남자
- 아내의 눈을 똑바로 쳐다보며 말대꾸 하려드는 남자
- 반찬투정하는 남자

- 아내에게 전화를 건 남자한테, 누구냐고 묻는 남자
- 외출하고 귀가한 아내에게 행선지를 물어 보는 남자
- 아내가 칫솔을 변기에 빠뜨렸다고 인상을 긁는 남자
- 술친구를 집에까지 데려오는 남자
- 아내가 보는 신문을 빼앗아 낱말풀이 하는 남자
- 같이 야한 비디오를 보고도 그냥 곯아떨어지는 남자
- 병원에 가서 엑스레이를 찍어 보니 실제로 간이 부어 있는 남자
- 아이들에게 모처럼 용돈 한 번 주면서, "너 엄마가 좋아, 아빠가 좋아 ? "하고 묻는 남자
- 결혼한 지 한참이 지나도록 수첩의 여자 전화번호를 지우지 않는 남자
- 아내 앞에서 여성지 속옷 광고를 뚫어져라 응시하는 남자
- PC통신에 정기적으로 '간 큰 여자 시리즈'를 올리는 남자

(5) 간 큰 여자

- 아침밥을 안 챙겨 주는 여자
- 신혼여행 첫날밤에 과거의 남자를 고백하는 여자
- 회사일로 녹초기 된 남편에게 초저녁부터 '그것'을 하자고 떼쓰는 여자
- 첫날밤 행사를 치르는 데 테크닉이 월등하게 뛰어난 여자
- 남편이 프로야구를 보고 있는데, 연속극을 보자며 채널을 돌리는 여자
- 남편이 외박을 하면 직장 동료에게 전화를 하여 알리바이를 캐는 여자
- 낮에는 기죽은 척 지내다가도 밤에는 꼭 '여성상위'를 실천하려드는 여자
- 외출할 때 딸의 옷을 차려입고 나가는 여자
- 출장 떠난 남편이 전화를 하면 꼭 자정이 넘어서야 전화를 받는 여자
- 남편도 O형, 자기도 O형이면서 A형인 아이를 낳아 놓고 끝끝내 우리 아이라고 우기는 여자
- 애 키운다고 남편을 큰애 취급하려드는 여자
- 밤마다 본전을 뽑으려고 남편이 원치도 않는 갖가지 보약을 해다 먹이는 여자
- 남편 수입이 적다며 "당신은 집안 일이나 해요, 내가 나가서 벌테니까"하는 여자
- 몰래 남편 앞으로 생명보험을 들어 놓은 여자

(6) 간 큰 시어머니

- 새벽에 출근하는 남편한테 꼬박꼬박 아침밥을 챙겨 먹이라는 시어머니
- 아들 장가 보내면서 집안일 하나 가르치지 않은 시어머니
- 아침에 출근할 때마다 아이 간식비를 타내는 시어머니
- 낮에 아들 직장 찾아가서 점심 얻어먹고 용돈까지 타내는 시어머니
- 병든 시아버지의 병 수발을 며느리에게 맡긴 채 동네 친구들과 단풍놀이 가는 시어머니
- 틈만 나면 아들을 붙잡고, 다 늙도록 해외여행 한 번 못해 봤다고 푸념하는 시어머니
- 먼 친척이 상을 당했다며, 만삭의 며느리더러 가서 일손을 거들라고 시키는 어머니
- 아픈 곳도 없이 젊고 팔팔하여 며느리보다 오래 살 것 같은 시어머니
- 아들이 바람을 피우는 데도, "다 내 아들이 잘나서 그런 것 아니냐"며 오장육부를 뒤집어 놓는 시어머니
- 휴일 아침마다 전화해서, "내 지금 그리로 갈 테니, 음식 너무 장만하지 말아라" 하는 시어머니

(7) 천생연분

- 화장실에 들어갈 때 치마 먼저 올리고 문을 여는 성급한 여자와 화장실에서 나올 때 문을 먼저 열고 바지 지퍼 잠그는 느긋한 남자
- 손톱 밑의 때를 빨간 매니큐어로 감추는 여자와 일주일 전에 감은 머리를 무스와 젤로 위장하는 남자
- 퐁퐁으로 머리감고 샴푸로 설거지하고 린스로 헹구는 여자와 빨래비누로 세수하고 세수비누로 빨래하는 남자

(8) 협박

편지 한 통 배달하느라 외딴 섬의 먼 등대까지 꼬박 하루 걸려 배를 저어간 집배원이 투덜거렸다. 그러자 등대지기가 한 마디 했다. "자꾸 불평하시면 일간지 신문을 신청할

겁니다.”

(9) 우표를 붙이는 이유

우체국 직원이 손님에게 말했다. “이 편지에는 우표 한 장을 더 붙이셔야겠네요. 중량초과라구요.” 그러자 손님이 물었다. “우표를 붙이면 더 무거워질텐데요.”

(10) 여자는 태어나서 3번 칼을 간다.

① 사귀던 남자친구가 바람필 때
② 결혼한 남편이 바람필 때
③ 사위녀석이 바람필 때

(11) 남자는 부인에게 3번 미안해 한다.

① 카드대금 청구서 날아올 때
② 아내가 분만실에서 혼자 힘들게 애 낳을 때
③ 부인이 비아그라 사올 때

(12) 여자는 남자에게 3번 실망한다.

① 시도 때도 없이 귀찮게 할 때
② 운전하다 딴 여자 한테 한눈 팔 때
③ 비아그라 먹고도 개선되지 않을 때

(13) 부모님은 자식을 보며 3번 속상해 한다.

① 어린 자식이 아플 때
② 시집간 딸이 부부싸움하고 친정으로 올 때
③ 장가간 아들이 집나간 부인데리러 처갓집으로 갈 때

(14) 잘해도 걱정

학점이 늘 1.8~1.9 사이를 오가던 달수가 2.2를 받자 그의 친구가 말했다. "달수야 축하한다. 드디어 2.0 고지를 넘었구나." "난 지금 걱정이야." "왜?" "우리 부모님은 2.0이 만점인 줄 알고 계시거든."

(15) 우리 애는 백발백중

"골목에서 댁의 아이가 내게 돌을 던졌어요."
"맞았나요?"
"맞지는 않았지만 맞을 뻔 했다구요."
"그럼, 우리 애가 아니에요. 우리 애는 백발백중이라구요."

(16) 사람과 사람 사이의 관계에서 환영받는 사람이 되려면

① 겸손해야 하며 남과 다투지 말아야 한다.
② 부드러워야 하며 악담을 하지 말아야 한다.
③ 도리가 있다 하여 상대방을 궁지에 몰아놓지 않아야 한다.
④ 존경할 줄 알아야 하며 틀거지를 없애야 한다.
⑤ 언행에 주의를 돌리며 남이 사사로운 일을 캐묻지 않아야 한다.
(중국 조선어문 2001. 4월호에서 인용)

(17) 크리스마스의 정신(The spirit of christmas)

① 가정에서는 친절 ② 일터에서는 정직 ③ 사회에서는 남돕기 ④ 불행한 이에게는 구제 ⑤ 연약한 이에게는 분담 ⑥ 악인에게는 전도 ⑦ 강자에는 신뢰 ⑧ 후자에게는 용서 ⑨ 자신에게는 절제 ⑩ 하남님께는 경위, 예배, 사랑 ⑪ 모든 동기의 근본은 예수정신이라고 적혀 있었다.

(18) 애처가와 간 큰 남편과 엽기 남편의 차이

① 아내가 동창회에서 술이 만취가 돼 들어 왔을 때

· 애처가 : "어이구, 마시지도 못하면서 웬 술이야!"하며 등 두들겨 주고 꿀물 타 준다.

· 간 큰 남편 : "가지가지 하는군!"하면서 현관문을 잠근다.

· 엽기 남편 : 아내를 거꾸로 들어 술 깰 때까지 흔든다!

② 오랜만에 시댁에 가려는데 아내가 싫다고 할 때

· 애처가 : "자기 많이 힘들구나"라고 하면서 일단 부인의 마음을 이해한 뒤 설득한다. 그래도 아내가 싫다고 하면 "그럼 다음에 가지 뭐!"라고 말한다.

· 간 큰 남편 : "니, 지금 내랑 호적 정리하고 싶어서 그러지?"라고 말하면서, 독기 품고 아내를 노려본다.

· 엽기 남편 : 아내 몰래 커피에 수면제를 넣어 먹인 후에 잠들면 쥐도 새도 모르게 시댁에 데려다 놓는다.

③ 아내가 그윽한 눈길로 "자기, 나 사랑해?"묻는다.

· 애처가 : 담박에 아내를 깊게 끌어안아 주며 달콤하게 속삭인다. "그걸 꼭 말해야 알아?"

· 간 큰 남편 : "아아, 걱정하지 미리! 니 사랑 안 해도 평생 먹여 살려 줄 테니깐!"

· 엽기 남편 : 당장 아내를 과격하게 들어서 침대에 던진 후에 죽지 않을 만큼만 깔고 앉아 있는다. 사랑의 표현으로…….

④ 아내가 채팅을 한다.

· 애처가 : "자기야, 그게 그렇게 재미있어? 나랑 놀자, 앙~"

· 간 큰 남편 : "그래…… 니 쪼매만 더 해 봐라! 내 콱 그 컴퓨터 뽀사 분질 끼다!"

· 엽기 남편 : 방안에 아내와 컴퓨터를 가두고 평생 못 나오게 못박는다.

(19) 뛰는 놈 위에 나는 놈 있다.

공자 – 뛰는 놈은 나는 놈한테 공손해야 한다.

부처 – 뛰는 놈이나 나는 놈이나 내 손바닥 안에 있다.

홉스 – 뛰는 놈과 나는 놈을 가만히 놔두면 반드시 싸운다.

헤겔 – 뛰는 놈과 나는 놈의 변증법적 발전으로 희한한 놈이 나올 것이다.

다윈 – 뛰는 놈이 진화하면 나는 놈이 될 것이다.

성철스님 – 뛰는 놈은 뛰는 놈이요, 나는 놈은 나는 놈이다.

마르크스파 – 뛰는 놈은 나는 놈에게 착취당한다.

약장사 – 이 약 한 번 먹어 봐! 뛰는 놈이 날 수 있어!

학생주임 – 복도에서 뛴 놈은 어떤 놈이고, 자율학습 시간에 날은 놈은 누구냐?

양반 – 뛰는 놈이나 나는 놈이나 다 쌍놈들이다!

미국인 – 나는 놈은 덤핑이다! 슈퍼 301조 발동이다!

일본인 – 뛰는 놈이 나는 놈을 모방하면 더 높이 날 수 있을 때가 온다.

한국인 – 나는 놈만 보면 뛰는 놈은 배 아프다.

(20) 에덴동산에서 생긴 일

아담에 에덴에서 우울한 모습으로 방황하자 신은 아담에게 그 이유를 물었다.

아담은 혼자이기에 항상 외롭다고 대답했다.

신은 이어서 "이 창조물은 너를 위해 요리해 줄 것이며 옷을 빨아 줄 것이다.

너의 아이를 낳고 기르며, 아이들을 돌보라고 한밤중에 널 깨우는 일도 없을 것이다.

너에게 신경질을 내고 잔소리를 하거나 바가지를 긁는 일도 없으며 너의 결정에 항상 순종할 것이며 너에게 영원한 사랑과 연민을 보낼 것이다"라고 말했다

이에 아담이 물었다. "그 대가는 무엇입니까?

신은 아담에게 한 팔과 한 다리를 요구했다.

"갈비뼈 하나 정도로 얻을 수 있는 건 없을 까요?"

신은 한참 생각하더니 그렇게 하겠다고 했다. 그 대가는 컸다.

여자는 신이 당초 얘기했던 것과는 많이 달랐다.

제 10 장

청소년의 예절교육

- 예절에 있어서의 동서남북
- 남좌여우(男左女右)의 비밀
- 의례에서의 자리배정
- 세시풍속
- 상 례
- 제 례
- 기타 예절

제1절 예절에 있어서의 동서남북

1) 생활과 방위

인간이 생활을 영위함에 있어서의 방향과 방위의 중요성은 다시 말할 필요가 없다. 그러나 그렇게 중요한 방위를 표현하거나 지시하는 방법은 일정하지 않다. 다만, 이조시대 좌의정 · 우의정이라 부르던 벼슬부터 방위와 관련이 있다.

(1) 특정위치를 중심 · 기준으로 하는 전후좌우

방위를 지시 · 표현할 때 특정위치를 중심 · 기준으로 하는 경우는 그 전후좌우(前後左右)와 상하로 한다. 말하는 사람이 자기를 중심으로 나의 앞 · 뒤 · 좌(左) · 우(右)로 지시하는 경우도 있고, 특정의 위치를 기준으로 해서 그 앞, 그 뒤, 또는 그 좌(左) · 우(右)로 지시하기도 한다.

이와 같이 그 기준을 분명히 전제할 때는 방위의 인식에 아무런 문제가 없다.

(2) 기준이 없는 전후좌우

그러나 분명한 특정기준이 없이 전후좌우(前後左右)로 표현하면 문제가 달라진다. 예를 들어, 서로 마주 본 상태에서 좌(左)측이라고 표현하면 자기의 좌(左)측인지 상대의 좌(左)측인지를 분간할 수 없게 된다. 자기의 좌(左)측은 상대의 우(右)측이기 때문에 정반대의 방향으로 인식할 위험이 있다.

따라서 특정기준이 없는 경우의 전후좌우(前後左右)의 방위표현은 정확성이 결여된 방위개념이 된다.

(3) 자연의 동서남북

자연의 방위는 천체(天體 · 星座)의 회전축(回轉軸)인 별(사실은 중심 축에서 1도의 거리임)의 위치를 북(北)이라 명해 그 별을 북극성(北極星)이라 하고, 그 반대쪽을 남(南)이라 하며, 해가 뜨는 지구의 자전방향을 동(東)이라 하고 해가 지는 쪽을 서(西)라 해서 동서남북(東西南北)이라 한다.

인간이 생존하는 지구의 자전축은 북극성 쪽의 극이 북(北)이고 반대편의 극이 남(南)이 되므로 지구상에서의 방위표시에서 동서남북(東西南北)이라 표현하며 어디에서 어느 곳을 향하고 있든 모두에게 공통적으로 인식되어 특별한 혼란이 없다.

2) 禮書에서의 방향표기

예(禮)는 인사지의칙(人事之儀則), 즉 인간의 생활규범이므로 예(禮)를 서술한 예서(禮書)에도 당연히 수많은 방위표기가 나온다.

예서(禮書)에서의 방향표기를 보면 특정의 인간을 기준으로 할 때는 "주인에게 어머니가 있으면 특별히 주부의 앞에 위치하고, 주인에게 여러 아버지가 있거나 여러 형이 있으면 특별히 주인의 우(右)측 조금 앞에 위치한다"고 전후좌우(前後左右)로 표기했지만 특정의 기준이 없이 방위를 지시하는 기타의 경우는 "군자가 집을 지으려면 살림집의 동(東)쪽에 먼저 사당을 세우고"라든가 "아버지는 동(東)쪽에 앉고 어머니는 서(西)쪽에 앉는다"와 같이 동서남북(東西南北)으로 표기했다.

이와 같이 특정의 인간을 기준으로 할 때에 전후좌우(前後左右)로 표기하는 이유는 방위를 인식하는데 혼란의 염려가 없으며 이해에 편리한 경우에 한할 뿐 아니라 극히 일부에 국한되어 있다.

반면에 대개의 방위표기가 동서남북(東西南北)으로 되어 있는 바 그 이유는 특정의 인간을 기준으로 하지 않는 경우의 방위표기가 더 빈번할 뿐 아니라 인식과 이해에서도 혼란을 야기하지 않기 때문이다.

3) 의례상의 동서남북의 기준

그러나 여기에서 '의례(儀禮)의 동서남북(東西南北)'이라고 밝힌 까닭은 예서(禮書)의 기록이나 실제 의례를 행할 때의 사실적인 동서남북(東西南北)이라는 표현이 자연의 동서남북과 일치하지 않기 때문에 그것을 해명하기 위한 것이다.

물론 의례에 있어서의 동서남북(東西南北)과 자연의 동서남북(東西南北)이 일치하는 것을 요구하고 있기 때문에 동서남북이라는 방위표현을 쓰고는 있으나 지형(地形)이나 지리(地理)적 사정으로 그렇게 할 수 없는 경우에도 당연하게 동서남북이라는 방위표현을 쓸 때가 있다.

(1) 자연의 방위와 일치를 요구

예서(禮書)에 의하면 가정의례에 있어서 방향의 기본으로 북향을 요구하고, 모든 방위 표기가 동서남북(東西南北)으로 표기된 이유도 방위의 기준인 기본위치(上位·上座·主壇)가 남향인 것을 전제로 하고 있다.

이와 같이 의례 장소가 되는 집의 방향을 반드시 남향으로 하면 예서(禮書)에 표기된 동서남북과 자연의 동서남북은 일치된다.

(2) 상위(上位)·상좌(上座)·주단(主壇)을 중심으로 간주

그러나 실제에 있어서는 지형 지리적 여건이나 주택구조 등의 사정에 의해 반드시 南향으로 할 수 없는 경우가 많다.

南향을 원칙으로 해서 집을 지었을 때는 "또 유서, 의복, 제기를 두는 창고와 신위께 드릴 음식을 만드는 부엌을 동(東)쪽에 짓고(중략)"라든지, "만일 집이 가난해 터가 좁으면 사당을 한 칸만 짓고 부엌과 창고를 짓지 않으며 東쪽과 西쪽의 벽 아래에 두 개의 궤를 놓고(중략)"라고 말한 것과 같이 될 것이다.

하지만 그렇지 못할 경우를 고려해서 동서남북으로 방위를 설정하는 기준을 달리 정하고 있다. "무릇 집의 제도는 집이 어느 쪽을 향하고 등진 것은 묻지 않고 다만(그 집의)

앞을 남(南)이라 하고 뒤를 북(北)이라 하며 좌(左)측을 동(東)이라 하고 우(右)측을 서(西)라 한다. 이 뒤는 모두 여기에 따른다"라고 말해 분명히 밝혔다.

여기에서 말한 전후좌우(前後左右)의 기준이 되는 그 집은 중심(中心)이 되는 것이고 중심이란 바로 의례를 행하는 정위치이며 상좌이며 주단이 되는 것이다.

따라서 의례의 방위는 상위(上位)·상좌(上座)·주단(主壇)을 기준으로 전후좌우(前後左右)를 설정하며, 자연의 방위와는 관계없이 그 기준이 향한 방향이 남(南)이고 등진 곳이 북(北)이며 그 좌(左)측이 동(東)이고 우(右)측이 서(西)임을 알 수 있다. 다시 말하면 의례 장소의 전후좌우(前後左右)는 상위(上位)·상좌(上座)·주단(主壇)의 전후좌우이고 의례 장소의 동서남북은 자연의 동서남북과 관계없이 상위(上位)·상좌(上座)·주단(主壇)의 전(前)이 남(南)이고 후(後)가 북(北)이며 좌(左)가 동(東)이고 우(右)가 서(西)쪽으로 설정된다.

4) 의례에서의 동서남북 방위의 실제

이상과 같이 의례(儀禮)의 동서남북(東西南北)과 자연의 동서남북(東西南北)이 일치하는 것이 바람직하지만 실제적으로는 반드시 일치시킬 수 없는 경우가 많으므로 의례의 동서남북(東西南北)은 자연적 방위와의 일치여부를 고려할 것 없이 의례(儀禮)를 행하는 장소의 여건에 따라서 설정한다.

(1) 주택구조에 있어서의 동서남북

주택이 자연적 방위의 어디를 향했든 주택의 정면이 남(南)향한 것으로 간주해 의례상(儀禮上)의 방위를 설정한다.

실제 예서(禮書)에 보면 "중문(中門) 밖에 두 층계를 두는데 모두 3층계로 하고 동(東)쪽에 있는 것을 東階라 하고 서(西)쪽에 있는 것을 西階라 한다"고 했다. 자연의 南향을 한 집이라면 문밖 정면에 두 층계를 설치할 때 자연히 동(東)쪽과 서(西)쪽에 한 개씩 위치하겠지만, 이 집이 자연의 동(東)쪽을 향했다면 정면의 두 층계가 북(北)쪽과 남(南)쪽에 있을 것이다.

그래도 정면을 향해서 좌(左)측이 동이니까 비록 그것이 자연의 북(北)쪽에 위치하더라도 동계(東階)라 하고 우(右)측이 서(西)니까 우(右)측에 있는 층계는 비록 자연의 남(南)쪽에 있지만 서계(西階)라고 한다. 여기에서의 동서(東西) 좌우(左右)를 의미하는데 그 좌우(左右)가 상대가 보는 위치에서의 좌우(左右)가 아니라 주택 자체를 기준으로 해서 좌우(左右)를 말하는 것이다.

(2) 공공건물의 구조상 동서남북

정부의 청사라든가 회사 건물 등도 그 방위를 의례상(儀禮上)으로 말할 때는 정면이 남(南)쪽을 향한 것으로 간주한다. 예를 들어, 1948년 8월 15일에 대한민국 정부수립 선포식을 중앙청(현 중앙박물관)의 정면 뜰에서 거행했었다. 다행히 그 건물은 정면이 자연의 남(南)쪽을 향했기 때문에 의례(儀禮)의 동서남북과 자연의 동서남북이 일치한다. 그러나 그 건물이 동(東)향이나 서(西)향을 했더라도 대통령의 선서대가 놓인 곳이 북(北)쪽이고 일반석이 남(南)쪽이 되는 것이다.

(3) 가족모임에서의 동서남북

가족의 모임에서도 가장 어른인 가장(家長)이 앉으신 상좌(上座)를 북(北)에서 남(南)향한 것으로 간주해서 상좌(上座)인 가장의 좌(左)측에 남자자손이 위치하는데 중앙인 서(西)쪽을 상(上)석으로 하고, 상좌인 가장의 우(右)측에 여자자손이 위치하는데 중앙인 동(東)쪽을 상(上)석으로 해서 차례대로 선다는 점을 미루어 가장인 상좌의 좌(左)측이 동(東)이고, 우(右)측이 서(西)쪽임이 분명히 드러난다.

따라서 식탁, 거실의 좌석배치 등에도 어른이 앉으시는 상좌를 북(北)으로 간주해서 남자는 상좌의 좌(左)측인 동(東)쪽에 앉고 여자는 상좌의 우(右)측인 서(西)쪽에 앉아야 함을 알 수 있다.

(4) 사무실 좌석 배치상의 동서남북

사무실에 책상 의자의 배치나 응접실의 의자배치 등도 그 장소에서 가장 상급자가 앉는 자리를 상좌라 하고, 그 상좌가 북(北)에서 남(南)향한 것으로 간주한다. 따라서 최상급자 좌석의 좌(左)가 동(東)이고 우(右)가 서(西)이며 앞이 남(南)이고 뒤가 북(北)이 된다. 응접실도 상석이 북(北)이 되고 상석의 앞이 남(南)이며 좌(左)가 동(東)이고 우(右)측이 서(西)쪽이 된다.

(5) 관(冠) · 계례(笄禮)와 성년례의 동서남북

고례(古禮)의 머리를 올리는 성년(成年)의식은 冠 · 笄禮이고 현대의 성년의식은 성년식(成年式)이다. 고례(古禮)의 冠 · 笄禮에 보면 의례(儀禮)장소가 남(南)향한 것으로 간주해 의례 장소의 앞이 남(南)이고 좌(左)가 동(東), 우(右)가 서(西)임을 명시하고 있다.

(6) 혼례(婚禮)와 혼인의식의 동서남북

고례(古禮)의 婚禮에 보면 "신부 측 사람은 동(東)쪽에 신랑의 자리를 펴고 신랑 측 사람은 서(西)쪽에 신부의 자리를 편다." 또 "여자 신부가 성장을 하고 방밖에 남(南)향해 서고 아버지는 동(東)쪽에서 서(西)쪽을 향해 앉으며 어머니는 서(西)쪽에서 동(東)쪽을 향해 앉는다. 여자의 자리를 어머니의 동북(東北)쪽에 북(南)향해 펼친다"고 했다.

역시 의례장소를 기준으로 뒤가 북(北)이고 앞이 남(南)이며 좌(左)가 동(東)이고 우(右)가 서(西)라는 말이다.

미루어 현대의 혼인예식장의 동서남북은 어떻게 설정할 것인가를 생각해 보면 의례장소는 주례와 신랑 · 신부가 올라서는 주례단이므로 주례의 뒤가 북(北)이고 앞이 남(南)이며 주례의 좌(左)가 동(東)이고 우(右)가 서(西)쪽이 된다.

그렇다면 전통혼례(傳統婚禮)와 같은 위치에 신랑 · 신부가 서려면 주례의 우(右)측인 서(西)쪽에 신부가 서야 할 것이다.

(7) 제례(祭禮)에서의 동서남북

고서(古禮)에 의하면 "사당(祠堂) 안의 북(北)쪽 가까운 곳에 하나의 칸막이를 하고 네 개의 감(龕 : 신주뫼실 곳)을 둔다. 매 감의 안에 탁자 한 개씩을 놓고 신주를 모두 독(櫝 : 신주궤) 속에 넣어 탁자의 북(北)쪽 끝에 남(南)향해 놓는다. 고조(高祖)는 서(西)쪽에 모시고 증조(曾祖) 다음, 조(祖)가 그 다음, 부(父)가 그 다음이다." 또 "주인(主人)이하 성복(盛服)하고 문으로 들어가서 자리에 선다. 주인(主人)은 동(東)쪽 층계 아래서 북(北)쪽을 향하고 주부(主婦)는 서(西)쪽 층계 아래서 북(北)쪽을 향하고(하략)"라고 했다.

여기에서도 신위(神位)는 상좌인 북(北)쪽에서 남(南)향해 모시고 남자는 신위의 좌측인 동쪽에서 북향하고 여자는 신위의 우측인 서쪽에서 북향한다고 되었다. 역시 상좌를 기준으로 동서남북이 설정됨을 알 수 있다.

(8) 각종 종교의식에서의 동서남북

불교(佛敎), 기독교와 가톨릭 및 기타의 모든 종교(宗敎)에서도 신앙의 상징(십자가)을 안치한 곳, 성직(聖職), 교직(敎職) 제사장(祭司長)이 선 곳을 상좌로 해 북쪽으로 간주하고 그 좌측을 동, 우측을 서, 전면(前面)을 남쪽으로 설정한다.

(9) 공공행사 · 식장의 동서남북

공공행사나 기념식 등의 의식행사장도 예외 없이 주단(主壇)을 상좌로 해서 상좌는 북(北)쪽에서 남향한 것으로 간주하고 주단의 뒤가 북이고 좌가 동이며 우측이 서쪽으로 설정된다.

제2절 남좌여우(男左女右)의 비밀

1) 생활과 남좌여우(男左女右)

언제부터라고 고증할 길은 없지만 동양문화권, 그 중에서도 한국, 중국, 일본에 있어서는 일상생활에서 남자는 좌(左)이고 여자는 우(右)라는 개념이 정립되어 자연스럽게 행해지고 있다. 뿐만 아니라 공손한 자세를 취할 때의 손의 모습도 평상시에는 남자는 왼손을 위로하고 여자는 오른을 위로해서 맞잡아 공수(拱手)하는 것이 상식화되었다. 또한 양복(洋服)의 앞섶을 여미는 것도 남자는 왼쪽 섶을 밖으로 여미는 것으로 보아 남좌여우(男左女右)의 관습은 동서양이 같은 것이 아닌가 하는 생각을 하게도 한다. 이와 같은 남좌여우(男左女右)의 개념은 우리의 생활 각 분야에 깊이 침투되어 자연스럽게 정착된 것으로 알고 있고, 현대생활에 있어서도 그것이 특별히 불편하다거나 어떤 장애요인이 아닌한 변경되어야 할 이유가 없다 할 것이다.

2) 의례(儀禮)상의 남좌여우(男左女右)

일반생활을 의식화한 것이 의례이므로 위와 같은 생활에서의 남좌여우(男左女右)가 의례에 있어서도 그대로 행해진다. 고례에 의하면 '장부는 왼쪽에 있고 부인은 오른쪽에 있는다'고 했고, 이 원칙은 혼례, 상·제례에서도 한결같이 지켜진다.

3) 좌우(左右)의 근거

앞의 '의례(儀禮)에 있어서의 동서남북'과 같이 좌우(左右)의 기준, 즉 근거가 어디에 의한 것인가를 밝히지 않으면 좌우는 위치결정에 있어서 혼동을 가져온다. 서로 마주 본 상태에서의 좌우(左右)는 한쪽의 좌(左)가 마주 본 상대의 우(右)가 되기 때문에 누구, 어디를 기준으로 할 것인가를 미리 정할 필요가 있다.

(1) 특정인을 기준으로 하는 경우와 특정인 개인의 경우

특정인을 기준으로 해서 좌우(左右)라 할 때는 기준이 되는 특정인의 좌우를 말하는 것이다. 제례에 있어서 '축을 읽는 사람은 주인의 왼쪽에 꿇어앉는다'고 했는데 이 경우는 자연인 제주(祭主)의 좌측에 앉는다는 말이 되어 혼동의 염려가 없다. 어떤 자연인의 좌우를 말할 때도 그 자신의 좌우이기 때문에 다른 문제가 없다. 예를 들어, 공수할 때 '왼손으로 오른손을 잡는다'고 한 것은 자기의 왼손으로 자기의 오른손을 잡는다는 뜻이므로 역시 달리 생각할 것이 없다.

(2) 기준이 없는 좌우(左右)

그러나 예서(禮書)에 보면 특정 기준이 없이 좌우라고 표기한 경우가 드물게 보인다. 앞 장에서 밝힌 바와 같이 기준이 없는 방위표기는 전후좌우(前後左右)를 쓰지 않고 동서남북(東西南北)으로 하고 있으나 '장부는 왼쪽에 자리잡고 부인은 오른쪽에 자리잡는다'고 한 것은 어떤 기준이 없이 좌우(左右)가 된다.

이 경우는 가장(家長)이 상좌에 앉고 그 앞에 남녀자손이 도열하는 위치를 정한 예이므로 여기에서의 좌우(左右)가 자손들의 좌우(左右)인가 아니면 가장(家長)의 좌우(左右)인가 하는 점이다. 그러나 자상하게도 그런 혼동을 막기 위해 '좌우(左右)란 가장(家長)의 좌우(左右)를 말한다'고 분명히 주(註)를 달아 놓았다. 여기에서 분명히 알 수 있는 것은 특정의 기준을 명시하지 않고 좌우(左右)라 말할 때는 '상좌(上座)', 즉 어른의 좌우(左右)라는 것이다.

4) 동서남북과 좌우

특정의 기준이 있는 좌우(左右)는 자연이나 의례상의 동서남북과 아무런 관계가 없으나 특정 기준이 없는 좌우(左右)는 동서남북의 개념과 일치시키고 있음을 예서에서 볼 수 있다. '의례상의 동서남북의 기준'에서 밝혔듯이 상좌(上座), 상위(上位), 주단(主壇)의 '뒤가 북이고 앞이 남이며 좌가 동이고 우가 서인 것'과 같이 상좌(上座)는 남향(南向)하기 때문에 동쪽이 좌이고 서쪽이 우가 된다.

5) 남(男)이 좌(左)이고 여(女)가 우(右)인 이유

이상에서 본 바와 같이 남좌(男左)란 남자가 동(東)이라는 뜻이고, 여우(女右)란 여자가 서(西)라는 말과 상통하는 것이다. 남좌여우(男左女右)란 남동여서(男東女西)를 동서(東西) 아닌 좌우(左右)로 표현하는 것인데 구태어 동서로만 말하지 않고 좌우로도 말하는 것은 동서남북과 관계없이 공수(拱手)할 때의 좌수(左手), 우수(右手)와 같이 각 개인의 좌우(左右)를 말하는 때문에 남동여서(男東女西)라고 하지 않고 남좌여우(男左女右)라고 말한 것이다.

그렇다면 왜 남자가 동쪽이고, 여자가 서쪽인가를 살펴보기로 한다. 동쪽은 해가 뜨고 밝음이 오는 곳이기 때문에 양(陽)이고, 남자는 양(陽)이니까 남자는 동에 해당되며 동쪽이 좌측이니까 남자는 좌가 된다. 서(西)쪽은 해가 지고 어둠이 깃드는 곳이기 때문에 음(陰)이고, 여자는 음이니까 여자는 서(西)에 해당되며 서쪽이 우측이니까 여자는 우측이 된다. 그런 까닭으로 모든 의례에서나 일반생활에서 양(陽)인 남자는 동쪽, 즉 좌(左)에 위치하며 좌측을 앞세우고, 음(陰)인 여자는 서쪽, 즉 우(右)에 위치하며 우측을 뒤세운다.

6) 사자(死者)는 생자(生者)의 반대

생자(生者)는 양계(陽界)에 있기 때문에 양(陽)의 방위인 동쪽을 상(上)으로 해서 양(陽)인 남자(男子)가 동(東)이고 음인 여자(女子)가 음의 방위인 서(西)이어서 남동여서(男東女西)이지만 죽은 사람은 이미 음부(陰府)로 갔기 때문에 음(陰)의 방위인 서(西)쪽에 남자가 위치하고 양(陽)의 방위인 동쪽에 여자가 위치한다.

제례(祭禮)에 있어서 부모(父母), 즉 고비위(考妣位)의 신위를 모실 때는 고위(考位), 즉 부(父)를 서(西)쪽에 모시고 비위(妣位), 즉 모(母)를 동(東)쪽에 모시며, 묘지에 시체를 매장할 때도 남자인 부(父)를 서(西)쪽에 모시고 여자인 모(母)를 동(東)쪽에 모신다.

7) 남좌여우(男左女右)의 실제

(1) 남좌여우의 정의

① 남좌여우란 양동음서(陽東陰西)의 원리에 의한 남동여서(男東女西)를 말한 것이다.

② 남좌여우란 생자(生者)의 경우이고, 사자(死者)는 그 반대인 남우여좌(男右女左), 남서여동(男西女東)이 된다.

③ 의식장소 및 의례상의 좌우(左右)란 의례상의 동(東)이 좌(左)이고 서(西)를 우(右)

라 한다.

④ 특정의 사람을 기준으로 한 좌우(左右)는 기준이 되는 사람의 좌우(左右)이다.

⑤ 특정의 기준이 없는 좌우는 그 장소의 상좌 · 단상의 좌우에 의한다. 그 장소에 참석한 각 사람의 좌우가 아니다.

(2) 혼인예식장(婚姻禮式場)에서의 신랑과 신부의 정위치

전통혼례에 보면 '신부측 사람은 동(東)쪽에 신랑의 자리를 펴고, 신랑측 사람들은 서(西)쪽에 신부의 자리를 편다'라고 해서 신랑이 동쪽, 신부가 서쪽, 즉 우측이라고 명시되었으며 도한 실제 행사에 그렇게 하고 있다. 이 경우도 북(北)쪽에 병풍을 치고 병풍 친 곳의 좌측이 동이며 우측이 서가 된다. 그러므로 병풍의 앞인 남쪽에서 하객들이 볼 때는 신랑이 우측이고 신부가 좌측이지만 좌우란 상좌의 좌우이며, 동(東)이 좌측이고, 서(西)가 우측이기 때문에 전통혼례에서의 신랑과 신부의 위치가 그렇게 된다. 비록 전통혼례뿐 아니라 천주교의 '혼배성사'의 미사를 보아도 집례자인 제사장(신부)의 좌측에 신랑이 서고 우측에 신부가 서서 집례한다.

순수 기독교식이나 불교식의 혼인의식도 모두 집례자를 상좌로 해서 집례하는 목사나 스님의 좌측이 동쪽이기 때문에 신랑이 서고, 우측이 서쪽이므로 신부를 세우고 집례한다.

동서양과 고금이 모두 이와 같이 통일되어 있는 데 유독 우리나라의 양식 혼인예식장에서는 그 반대로 되었다. 주례가 선 곳이 상좌이며 북쪽이 분명한데 주례의 우측인 서쪽에 신랑을 세우고 주례의 좌측인 동쪽에 신부를 세운다. 이것은 바로 사자(死者)의 위치인 것이다. 단 아래에서 보면 신랑이 좌측, 신부가 우측이지만 좌우란 상좌의 좌우이지 아래서 보는 좌우가 아니고 신랑과 신부는 혼자가 아니라 둘이기 때문에 의식장소의 전후좌우, 즉 동서남북에 따라야 하는 것이다. 단 아래에서 볼 때에 남자가 좌측이고 여자가 우측으로 위치하는 것은 신주나 묘지에 시체를 묻을 때나 그렇게 하는 것이지 생자(生者)는 그래서 안 된다.

마땅히 주례의 좌측에 신랑이 서고 주례의 우측에 신부가 서며, 신랑의 부모도 신랑이 선 쪽인 동쪽에 위치하고, 신부의 부모는 신부가 선 쪽인 서쪽에 위치해야 한다. 하객도 남녀가 구별되려면 신랑이 선 동쪽에 남자손님, 신부가 선 서쪽에 여자 손님이 자리잡아야 한다.

제3절 의례에서의 자리배정

1) 전통적 의례석차

(1) 석차의 원칙

전통의례에서의 배석에는 다음과 같은 몇 가지 원칙이 엄격하게 적용된다.

① 북(北)과 남(南)에서는 북(北)이 상(上)이다(생(生)・사(死)가 같다.).
② 동(東)과 서(西)에서는 생자(生者)는 동(東)이 상(上)이고, 사자(死者)는 서(西)가 상(上)이다.
③ 중앙(中央)과 양단(兩端)에서는 중앙이 상(上)이다.
④ 남과 여의 석차는 생자(生者)는 남동여서(男東女西)이고, 사자(死者)는 남서여동(男西女東)이다.

(2) 죽은자(死者)의 석차

한 채의 사당(祠堂)에 고조까지 4대의 신주(神主)를 봉안하는 경우는 고조(高祖)를 제일 서(西)쪽에 모시고 다음이 증조(曾祖), 다음이 조(祖), 제일 동(東)쪽에 부(父)의 신주를 모셔 서(西)쪽을 상(上)으로 하는 원칙을 지킨다. 죽은 조상의 고위(考位)와 비위(妣位)의 신주도 서(西)쪽에 고위(考位), 동쪽에 비위(妣位)이며 묘지에 매장할 때의 위치도 남서여동(男西女東)이다.

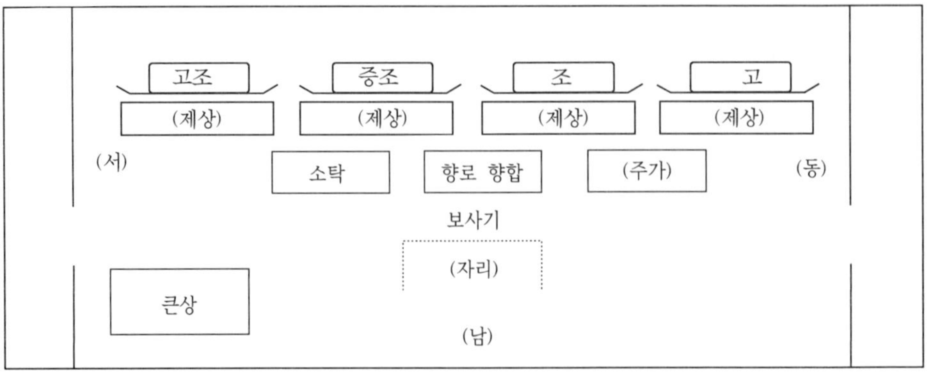

〈그림 11〉 신주의 석차

(3) 산사람(生者)의 석차

제례에서의 남녀자손(男女子孫)의 위치는 상좌(上座)인 북쪽에 신위(神位)를 모시고, 그 남쪽 중앙을 경계로 동쪽에 남자가 위치하고, 서쪽에 여자가 위치해 남동여서(男東女西)의 원칙이 지켜지고 있다.

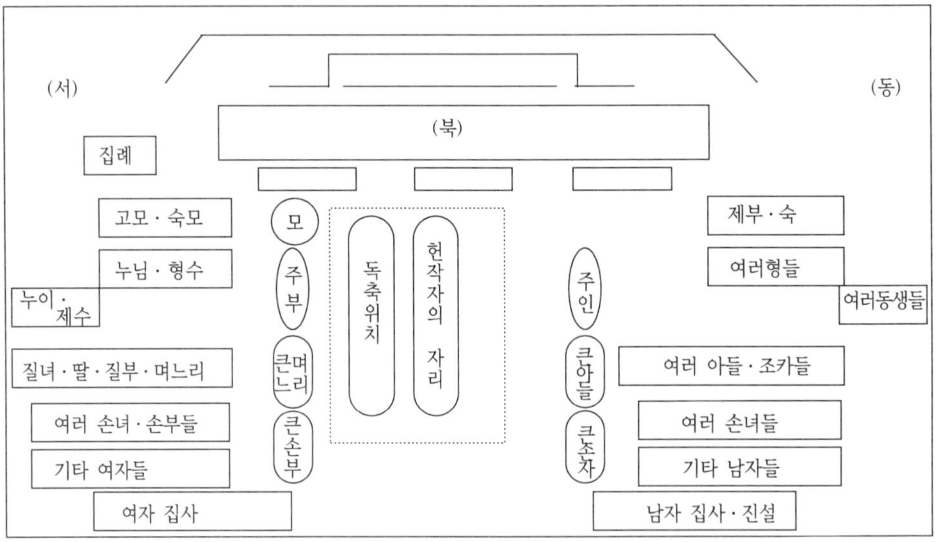

〈그림 12〉 제례에서의 남녀자손의 위치

제례가 아닌 곳에서는 북쪽 상좌(上座)의 신위(神位)의 위치에 존장(尊長)이 앉는데 역시 남동여서(男東女西)로 앉는다.

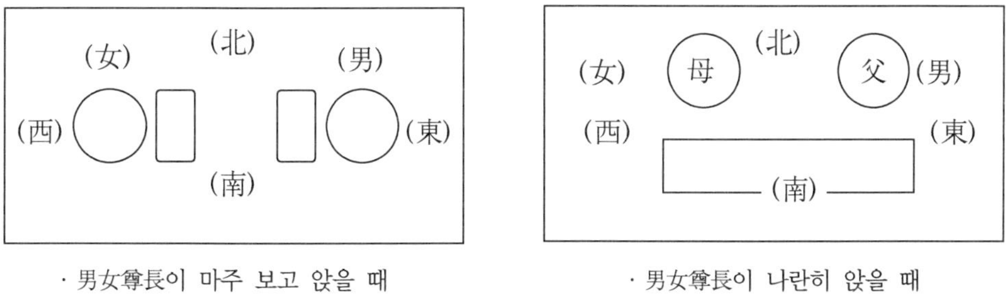

〈그림 13〉 존장(尊長)의 위치

(4) 회갑 때의 정위치

수연회장(회갑잔치)의 남좌여우(男左女右)도 현재 하는 것을 보면 회갑 당사자의 남좌여우가 아니라 단 아래, 즉 헌수를 하는 자손이 볼 때의 남좌여우로 어른을 앉게 해서 흡사 돌아가신 부모를 제사지낼 때 신주 모시는 위치에 당사자를 모시고 있다. 그러나 남좌여우의 이치에 맞게 앉으려면 회갑 당사자 부부가 앉는 자리가 상좌이므로 당연히 북쪽이 되고, 당사자의 좌측이 동쪽이니까 좌측에 남자가 앉고 당사자의 우측이 서쪽이니까 우측에 부인이 앉아야 한다.

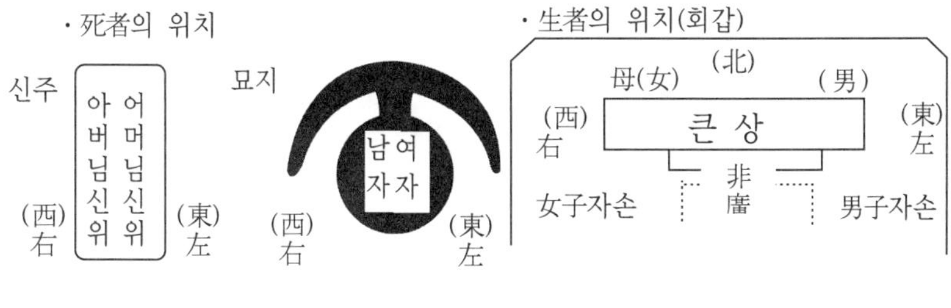

〈그림 14〉 生者와 死者의 정위치

(5) 폐백받을 때의 위치

새며느리가 시부모에게 예를 올리는 폐백에서도 회갑 때의 경우를 그대로 적용해야 한다. 시부모가 앉는 자리가 상좌이므로 상좌의 좌측인 동쪽에 아버지가 앉고, 상좌의 우측인 서쪽에 어머니가 앉아야 산 남좌여우 이치에 맞는 것이다.

2) 의식행사장에서의 석차

(1) 단상(壇上)의 좌석배치

1순위는 최상좌(最上座)로서 부부동반인 때는 남동여서(男東女西)로 상좌에 위치한다. 부부는 동위격(同位格)이기 때문에 함께 1순위로 간주한다. 1순위와 2순위만을 보면 1순위가 상석인 동쪽이고, 2순위가 하석인 서쪽이 된다. 3순위까지를 보면 1순위가 상석인 중앙(中央)이고, 2, 3순위가 양단(兩端)에 위치하고 있다.

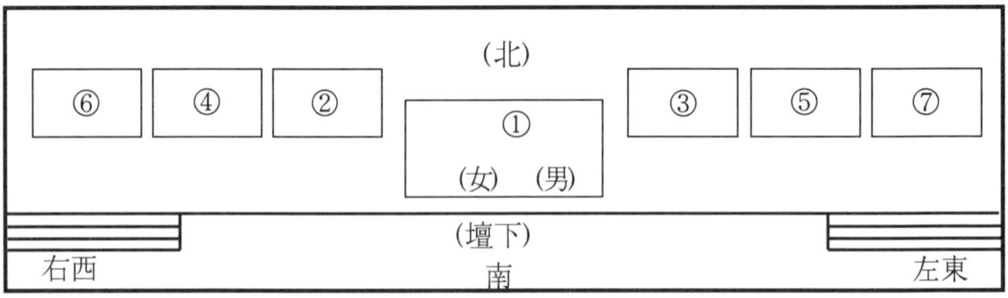

〈그림 15〉 단상의 좌석배치

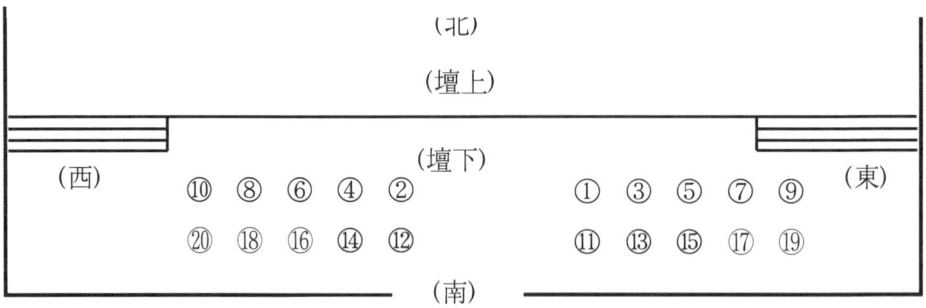

〈그림 16〉 단하(壇下)의 동성(同姓)만의 석차

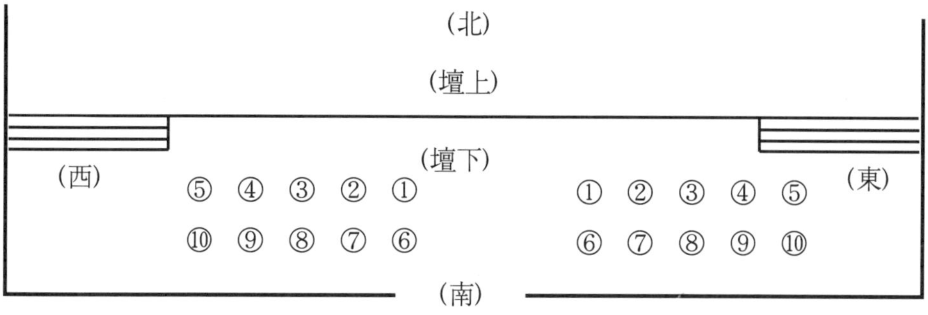

〈그림 17〉 단하(壇下)의 남녀동참(男女同參)의 석차

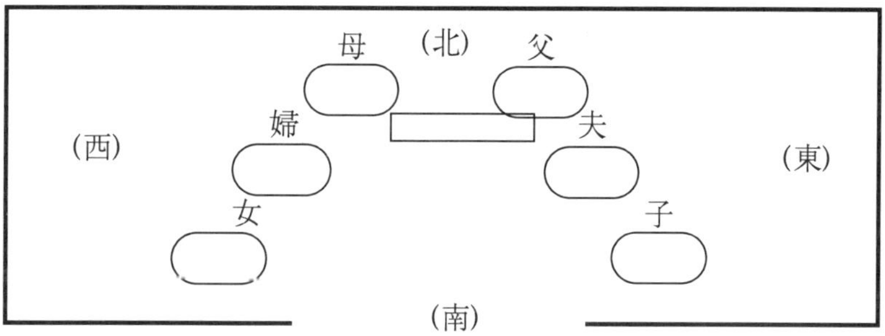

〈그림 18〉 가정(家庭)에서의 석차

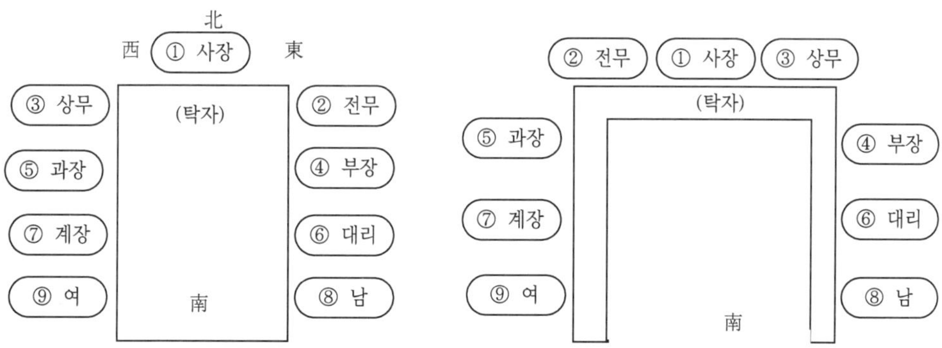

- 사장 혼자 상좌에 앉는 경우 - - 상좌에 3인이 앉는 경우

〈그림 19〉 직장에서의 상하급 석차

제4절 세시풍속

1) '설'의 풍속(風俗)과 예절(禮節)

(1) '설'의 풍속

설날의 풍속은 그 전날인 섣달 그믐날 밤부터 시작된다. '까치 까치 설날은 어저께고요'라는 동요가 말하듯이 섣달 그믐은 '작은설'이라고 해 어른을 찾아뵙고 묵은세배를 한다. 이윽고 해가져서 어둠이 깔리면 온 집안에 다락 벽장, 광, 우물까지도 불을 밝혀 제석(除夕)의 행사가 시작된다. 어둠을 몰아 내는 불을 밝혀 저녁을 받아들이지 않는 것이 제석(除夕)이며, 이것은 가려는 해를 가지 못하게 지키는 부처(付處)의 안간힘이다. 어린이들은 눈썹이 셀세라 뜬눈으로 밤을 밝혀 해를 지키고, 야광(夜光)이라는 액귀가 제 발에 맞는 신의 임자에게 병을 준다고 생각해 신발을 감추며, 체를 문밖에 걸어 야광이 그 구멍을 세다가 날이 밝으라고 액막이를 하기도 한다. 자정이 되면 방방곡곡의 인경(큰종)을 33번 때려 우주공간 삼십삼천이 열림을 알린다. 아무리 수세를 하려고 제석의 안간힘을 썼지만 기어이 새해는 밝고야 마는 것이다.

(2) '설'의 차례(茶禮)—제사가 아니다.—

예서에 보면 명절에는 계절음식을 조상에게 받들어 올린다고 했다. 명절을 맞아 특별식을 해 먹으면서 조상에게 먼저 올리는 일은 자기의 근본에 보답하는 효(孝)사상의 실천행위이다. 제수는 상한선이므로 형편에 따라 조절하고 시접에는 신위 수대로 수저를 담으며, 모사기에는 모래를 담고 띠 한 줌을 묶어 세워 땅을 상징한다. 고위는 남자조상이고, 비위는 여자조상이며, 동서남북은 예(禮)의 방위로서 신위를 모신 상좌를 북으로 간주해 설정한 것이다. 명절차례는 명절특식을 올리는 제례이기 때문에 메(밥)와 갱(국)을 올리지 않고 떡국을 올린다(메와 갱은 제사에만 올린다).

부모 이상의 윗대 조상도 함께 모시는 경우는 서(西)쪽부터 높은 조상순으로 모시고 조상내외분마다 상을 따로 차리되 향단은 중앙에 하나만 놓는다. 지내는 순서는 여러 대를 함께 지낼 때도 한 번에 지내는데 다음 순서로 한다.

① 분향(焚香) : 제주(장자손)가 향을 세 번 살르고 재배한다.

② 강신(降神) : 제주가 강신잔반에 술을 따라 모사기에 세 번에 나누어 모두 재배한다.

③ 참신(參神) : 모든 남자는 재배, 여자는 4배한다.

④ 헌작 · 유식(獻爵 · 侑食) : 제주가 주전자를 들고 서쪽에서 동쪽으로 모든 잔반에 술을 가득 따르고, 주부(제주의 아내)가 서쪽부터 동쪽으로 차례대로 숟가락을 떡국 그릇에 꽂고 젓가락을 시접 위에 고북비남(考北妣南)으로 걸쳐 놓고 재배, 주부는 4배한다.

⑤ 낙시저(落匙筯) : 7~8분 공수하고 서 있다가 주부가 서쪽부터 숟가락을 뽑고 젓가락을 내려 시접에 담는다.

⑥ 사신(辭神) : 모든 남자는 재배, 여자는 4배한다.

⑦ 납주(納主) · 철찬(撤饌) · 음복(飮福) : 신위를 원 위치로 모시거나 태워 향로에 재를 담고, 제수를 상에서 내려 음식을 나누어 먹는다.

(3) 세배와 세배돈

어른에 대한 조석의 문안은 평상시와 같이 여쭙고, 세배는 하나의 의식으로 차례를 지낸 뒤에 온 가족이 모여 거행한다. 상좌(上座)를 북쪽으로 간주해 동쪽에 남자, 서쪽에 여자가 부부끼리 마주 보고 서서 맞절로 세배하고 새해의 인사를 한다. 제일 높은 어른 부부가 남동여서(男東女西)로 남(南)향해 앉으면 아랫사람들이 세배하고 앉아서 새해인사를 여쭙는다(고례에는 어른에게는 말인사를 안했다). 다음 어른이 남자는 남자 웃어른의 동남쪽, 여자는 여자 웃어른의 서남쪽 앞에 남향해 앉고 아랫사람들이 다시 절한다. 이런 순서로 마지막 사람이 그 윗사람에게 절할 때까지 반복한다. 어른은 어린아이들이 형이나 누이에게까지 시키는 대로 절한 것을 칭찬하며 약간의 다과나 푼돈으로 세배돈을 준다. 세배돈은 절값이 아니라 어린아이가 절을 잘한 것에 대한 칭찬이다. 근친이 아닌 제자나 하급자의 절에도 상대가 미성년이 아니면 반드시 답배해야 하며, 실내에서는 전통 배례를 하고, 남자는 두루마기를 갖추고 여자는 두루마기를 벗으며, 목도리를 풀어야 예스러운 한복 차림이다.

2) 추석의 성묘와 차례

(1) 추석의 유래

동국세시기(東國歲時記)에 보면 추석에 대하여 다음과 같이 쓰고 있다(음력으로). 8월 15일을 우리나라에서는 추석(秋夕)이라 하고 또 가배(嘉俳 · 가위)라고도 한다. 신라 때부터 전해져 오는 풍속인데 시골 농촌에서는 일년 중 가장 중요한 명절로 삼으니 새 곡식이 익어 추수가 멀지 않았기 때문이다. 살찐 닭을 잡고 막걸리를 빚어 이웃과 더불어 실컷 먹고 취하며 즐긴다.

경주(慶州)의 풍속인데(그 유래는) 신라(제 3대) 유리왕(儒理王) 때 6부를 둘로 나누어 두 왕녀로 하여금 각기 한쪽씩의 부녀자를 거느리게 하고 7월 15일부터 날마다 넓은 마당에 모여 길삼을 해 밤늦게까지 겨루고, 8월 보름에 그 결과를 견주어 보아 진 편에서 술과 먹을 것을 마련해 이긴 편을 대접하며 즐겼다. 이 때 온갖 노래와 춤 등 놀이를 다 동원하는 데 이것을 가배라 했다.

또 삼국사기 유리왕 9년 조에 보면 이 때 "지방 행정조직을 확정하고 관제를 정비한 후" 위와 같은 행사가 있었다고 적힌 것으로 보아 신라의 중앙정부와 지방행정조직을 정비하고 그것을 축하, 기념하기 위해 서울의 부녀자들을 동원해 산업진흥의 방편으로 길삼내기를 시켰으며 왕녀가 거느림으로써 거국일치의 축하행사가 되게 한 것이 풍속으로 자리를 굳혀 전해진 것으로 풀이된다. 자그마치 2천년을 이어온 우리나라의 풍속이다.

(2) 추석의 풍속

동국여지승람(東國與地勝覽) 제주목조에 보면 "남녀가 함께 모여 편을 갈라 줄다리기를 하고, 그네도 뛰며, 닭을 풀어놓고 붙잡는 내기 놀이를 한다"고 했다. 충청도에서는 씨름판을 벌이고, 전국의 떡집에서는 햅쌀로 송편을 만드는데 쌀가루를 반죽해 넓게 펴고 햇밤, 대추, 콩 등으로 속을 박아 반달모양으로 여며서 솔잎으로 켜를 깔아 시루에 찌면 향긋한 솔냄새를 풍기는 떡이 된다. 무나 호박을 섞어 시루떡도 만들고 찹쌀을 쪄서 메로 쳐 넓게 편 다음 먹기 좋게 잘라 콩이나 깨의 가루를 무쳐 인절미를 만들어 먹기도 한다. 오곡백과가 무르익은 풍성한 산과 들을 보며 한여름의 피로를 푸는 푸짐한 명절이다.

(3) 추석의 성묘(省墓)와 벌초(伐草)

우리 겨레는 조상(祖上)을 섬기는 정성이 자기들이 즐기는 일보다 앞선다. 바쁜 일철이 지났고, 초목(草木)의 성장이 멈췄으며, 한여름의 장마가 지난 이 때가 되면 조상의 산소가 궁금해서 묘지를 돌아보지 않고는 차마 즐겁게 놀 수 없다. 모든 자손들이 낫과 삽·괭이를 들고 조상의 산소를 찾아 막 자란 풀을 깎고, 나뭇가지를 쳐내고 비에 패인 곳을 메우는 성묘와 벌초를 한다. 자기가 사는 집을 돌보듯 부모가 사시는 집도 돌보아야 할 것은 너무 당연한 이치이다. 조상의 산소를 성묘해서 무사하심을 확인해야 비로소 마음놓고 즐길 수 있는 것이다. 참으로 아름다운 풍속이며 자손의 도리이다.

(4) 추석의 차례(茶禮)

햅쌀로 빚은 술과 떡, 알맞게 익은 햇 과실을 먹으며 즐기는 추석이다. 조상이 계시기에 내가 있어 이렇게 먹고 즐기며, 조상이 돌보시어 이렇게 풍성한데 어찌 그것들을 내가 먼저 먹을 수 있단 말인가? 살아 계신 부모님께 먼저 드리는 마음으로 돌아가신 조상께 먼저 올리는 정성을 다한다. 예부터 '속절즉 헌이시식(俗節則 獻以時食)'이라 해서 명절에 계절 특식을 조상께 올리는 차례를 드리는 까닭이다.

(가) 상차림(제수와 진설)

여기에 예시하는 것은 제수(제사음식)는 상한선(上限線)이므로 형편과 교통관계를 고려해 조절할 것이며, 지설은 여러 가지 설(說)이 있으나 일반화된 방식이다. 산소에 가서 지낼 형편이 못되면 집에서 지낸다.

(나) 지내는 순서

① 분향(焚香) : 제주(장자손)가 향을 세 번 사르고 재배한다.

② 강신(降神) : 제주가 강신잔반에 술을 따라 모사기에 세 번에 나누어 모두 재배한다.

③ 참신(參神) : 모든 남자는 재배, 여자는 4배한다.

④ 헌작(獻爵) : 제주가 주전자를 들어 남자조상, 여자조상의 순서로 잔에 가득 따른다.

⑤ 정저(正筯) : 주부(장자손의 아내)가 젓가락을 가지런히 시접 위에 걸친다(신위 쪽에 남자조상, 그 남쪽에 여자조상, 손잡이가 서쪽으로 가게 놓는다).

⑥ 재배(再拜) : 주인(장자손)과 주부가 절한다(남자는 두 번, 여자는 네 번).

⑦ 낙저(落著) : 모두 7～8분간 시립해 섰다가 주부가 정저의 순서로 젓가락을 내려 시접에 담는다.

⑧ 사신(辭神) : 모두 절한다(남자는 두 번, 여자는 네 번).

⑨ 납주(納主)·철상(撤床) : 집에서 지낼 때는 신위를 원 위치로 모시고(지방이면 태우고) 상을 내린다. 그리고 자손들이 한 자리에서 조상의 음덕을 기리며 음복(飮福)한다.

제5절 상 례

1) 전통적 상례(喪禮)

모든 인간은 죽게 되어 있다(生者必滅 會者定離). 죽음에 대해 신앙적·심리적인 준비가 필요하다. 산자들은 죽은 자를 예의바르게 장례해야 한다. 인간의 중요한 삶이기 때문이다. 관혼상제 중 상례(喪禮)에 대해 알아보겠다. 상례란 사람이 죽음에 이르는 순간부터 시체를 매장해 묘지를 조성하고 근친들이 그 죽음을 슬퍼해 근신하며 복을 입는 것 등을 말한다. 상례의 절차를 순서대로 소개한다.

(1) 초종(初終)

초상이라고도 하며 죽음의 시작이요 상례의 시작을 의미한다.

첫째날

① 질병 천거정침(疾病 遷居正寢) : 환자의 머리를 동쪽으로 눕히고 집안을 정숙히 하며 근친들이 모여와 뵙고 환자 곁을 지킨다.

② 유언 · 유서(遺言 · 遺書) : 유언을 청해 듣고 녹음하거나 적어 둔다. 때에 따라 변호사를 입회시킬 수도 있다.

③ 안정 이사기절(安靜 以竢氣絶) : 의사를 입회시켜 조용히 운명을 기다린다. 코와 입위에 탈지면을 얹어 숨의 멈춤을 확인한다.

④ 기절내곡(旣絶乃哭) : 운명이 확인되면 홑이불로 얼굴을 덮는다. 눈을 쓸어 내려 감기고 근친들은 곡한다.

⑤ 복 · 초혼(復 · 招魂) : 상주 아닌 남(여)자가 복을 불러 초혼한다. 지붕이나 마당의 남쪽에서 북쪽을 행해 죽은이의 웃옷을 들고 평소 그의 호칭을 3번 부른 후 그 옷을 죽은이의 가슴 위에 덮는다.

⑥ 사망진단(死亡診斷) : 의사에게 사망을 확인한 후 사망진단서를 받는다. 이 진단서는 매장 · 화상 수속 때 필요하다.

⑦ 수시(收屍) : 시신의 머리를 남쪽으로 바로 누인다. 몸을 반듯이 누이고 손과 발이 굽어지지 않게 붕대로 묶는다 코와 귀 등을 솜으로 막고 깨끗한 홑이불로 덮는다. 시신이 있는 방은 덥지 않게 한다.

⑧ 입상주(立喪主) : 직계존비남자(큰아들, 큰손자)를 상주로 세운다. 아내가 죽으면 남편이, 큰아들이 죽으면 아버지가 상주이다.

⑨ 입주부(立主婦) : 상례의 안주인(큰며느리, 큰손자며느리)을 세운다. 남편의 상에는 삼우제전까지는 아내가, 그 이후엔 큰며느리가 된다.

⑩ 고초우근친(告招于近親) : 복을 입을 근친들에게 연락하여 부른다.

⑪ 정호상(定護喪) : 상례 전반을 주관하는 도우미를 세운다. 복을 입지 않을 사람으로 예의를 잘아는 사람이 맡는다.

⑫ 정집례 · 축(定執禮 · 祝) : 집례는 초상치르는데 의례를 맡을 사람이다. 모든 축문을 쓰고 읽으며 장례를 집행할 사람이다.

⑬ 정사서 · 사화조잡역(定司書 · 司貨助雜役) : 문서를 작성해 줄 사람, 금전출납을 맡을 사람, 조문객안내자, 접대자, 침선자 및 염습할 사람을 정한다.

⑭ 설호상소 · 비장책(設護喪所 · 備帳册) : 상주 근처에 상가의 사무소를 차리고 조객

록, 조위록, 부의록, 금전출납부, 물품수불부, 달력, 축철, 조전록, 기타 장부들을 마련한다.

⑮ 발상・내역복불식(發喪・乃易服不食) : 아들, 며느리, 아내, 시집가지 않은 딸들은 모두 머리를 푼다. 복인들은 고운 옷을 벗고 장식품들을 떼어 낸다. 두루마기를 입을 땐 아버지 상에는 왼팔을, 어머니 상에는 오른팔을 꿰지 않는다. 여자들은 버선이나 양말을 신지 않는다. 아들과 딸은 식사를 굶고 이웃에서 갖다준 팥죽을 조금 먹는다.

⑯ 정상장제절(定喪葬諸節) : 호상과 상주는 상례집행계획을 짠다. 장례방법, 매장(화장), 장지, 발인장소와 시간 의례절차, 부고의 범위, 집례자 등을 정한다.

⑰ 사망신고와 매(화)장수속(死亡申告와 埋(火)葬手續) : 행정관서(읍・면・동)에 가서 한다.

⑱ 치관・상여(治棺・喪輿) : 관을 준비하고 운구수단을 정한다. 상여일 땐 담여꾼도 정해 두어야 한다.

⑲ 수의(壽衣) : 준비된 수의를 점검하거나 구입한다. 수의는 화학섬유가 아니라 천연섬유(삼베, 무명, 명주)로 한다.

⑳ 상복(喪服) : 복인들이 입을 상복을 준비한다(흰색 또는 검정색).

㉑ 부고우친척요우(訃告于親戚僚友) : 죽은이와 상주의 친척, 친지들에게 알리되 호상이 관리한다. 영결일시와 장소 및 장지 등을 알린다.

㉒ 산역(山役) : 묘지공사와 장례당일 산에서의 접대방법 등을 준비한다.

㉓ 설영좌(設靈座) : 소렴전이라도 문상객을 받기 위해 영좌를 설치한다. 망자의 사진과 향로, 촛대, 화환을 설치하고 상주는 거치른 자리 위에 짚베개를 의지해 앉는다. 죄인된 심정으로 근신하는 것이다.

㉔ 접조・문상(接弔・問喪) : 상가의 안내표시나 조등을 설치해 찾기 쉽게 하고 간략한 음식과 대접할 것을 마련한다.

㉕ 각지석(刻誌石) : 묘지 속의 발치에 묻을 표지석으로서 망자의 신분, 약력, 생년월일, 사망월일 등을 새긴다. 요즘은 안하는 경우가 많다.

㉖ 설전(設奠) : 식사 때마다 죽은이에게도 간단히 식사상을 차려 올린다.

㉗ 사자밥 : 상가의 대문 앞에 상을 놓고 밥, 나물, 짚신, 동전을 놓는다. 현대에는 안하는 경우가 많다.

(2) 목욕(沐浴)과 습(襲)

둘째날

㉘ 목욕지구(沐浴之具) : 쑥(향) 삶은 물이나 알코올로 목욕을 시키고 쌀뜨물로 머리를 감기며 손톱, 발톱을 깎아 넣는다.

㉙ 습구(襲具) : 수의를 입히기 쉽게 준비해 놓는다.

㉚ 반함지구(飯含之具) : 구멍이 없는 동전이나 쌀을 준비해 버드나무로 만든 숟가락으로 망자의 입에 넣어 준다.

㉛ 굴감(掘坎) : 목욕과 습을 한 뒤 목욕물과 버릴 것을 묻을 구덩이를 판다. 현대에는 소각한다.

㉜ 진목욕 습 반함구(陳沐浴 襲 飯含具) : 방에 비닐을 깔고 목욕시킬 준비를 갖춘다. 쌀뜨물(현대는 알코올), 빗, 가위, 칼, 수건, 갈아 입힐 옷(수의)을 준비해 놓는다.

㉝ 내목욕(乃沐浴) : 시신을 비닐 위 가운데로 옮기되 머리를 남쪽으로 향한다. 상주들은 밖에서 방을 향해 서고 홑이불을 덮은 채 옷을 벗긴다. 위에서 아래로 목욕을 시키고 손톱, 발톱을 깎아 주머니에 넣는다. 물기를 닦고 간단한 화장을 시킨다.

㉞ 습의(襲衣) : 준비한 수의를 입히되 아래옷부터 입힌다. 옷고름, 허리띠 등을 꼭 매지는 않는다. 바지를 여밀 때와 웃옷의 앞섶을 생시와 반대로(오른쪽이 위로) 여민다. 버선을 신기고 행전을 두르며 토수를 끼고 대님을 두른다. 머리에는 베개를 받치고 홑이불을 덮는다.

㉟ 주인이하위위이(主人以下爲位而) : 상주, 주부 이하 복인들이 곡한다. 남자는 동쪽에서 여자는 서쪽에서 시신을 향해 앉는다.

㊱ 내반함(乃飯含) : 곡이 끝난 복인들이 비껴선다. 상주가 손을 씻고 시신의 왼쪽머리 쪽에 앉아 동전과 씻은 쌀을 버드나무 숫갈로 떠서 입 안에 넣는다. 요즘엔 이 절차를 생략하는 경우가 많다.

㊲ 졸습(卒襲) : 귀막이로 귀를 막고 면목으로 얼굴을 덮는다. 복두로 머리를 싸서 끈을 두른다. 신을 신기고 악수로 손을 싸서 끈을 두른다.

㊳ 치영좌 설혼백(置靈坐 設魂帛) : 명주, 삼베, 모시 43cm 정도를 9등분으로 접는다. 윗 1/3 부분을 백지로 두르고 뒷면에 "上"을 쓴다. 혼백상자를 영좌의 교의 위에 모시고

사진을 그 뒤에 세운다.

㊴ 사진에 검은 리본을 ∧자로 걸쳐서 세운다.

㊵ 입명정(立銘旌) : 누구의 시신이라고 쓴 천을 영좌 오른쪽(西)에 세우거나 병풍에 걸친다.

예) 벼슬 없는 남자 : 學生全州李公之柩

벼슬 없는 여자 : 孺人密陽朴氏之柩

벼슬 있는 남자 : 校長金海金公敬培之柩

벼슬 있는 여자 : 夫人安東金氏玉順之柩

㊶ 집우친후지인 지시입곡가야(執友親厚之人 至是入哭可也) : 가까운 친척과 지인은 습의가 끝나고 영좌가 설치되면 시신앞에 곡하고 영좌앞에 절하며(2번), 상주와 절한다.

(3) 소렴(小斂)

소렴은 습이 끝난 시신을 작은 이불로 싸서 묶는 일이다. 요즘엔 목욕, 습, 소렴, 대렴, 입관까지 연이어 한다.

㊷ 진소렴의금(陣小斂衣衾) : 소렴의 기구는 작은 홑이불(소렴금), 시체를 묶을 속포(束布), 베개, 가위(칼), 머리털, 손톱, 발톱 넣을 오낭 등이다.

㊸ 수소렴(遂小斂) : 소렴금 위 중앙에 시신을 놓고 두 손을 모아

· 배위에서 공수시키는데 남자는 오른손이 위로, 여자는 왼손이 위로 오게 한다.
· 턱밑, 다리 사이, 발등 등 빈곳을 솜, 헌옷, 종이로 싼 짚뭉치, 흙 등으로 보침해 묶을 때 다치지 않게 한다.
· 소렴금의 아래쪽을 위로, 위쪽을 아래로, 왼쪽을 오른쪽으로, 오른쪽을 왼쪽으로 여미어 감싼다.
· 세로매와 가로매(7구비)를 3쪽으로 갈라 21가닥이 되게 한다.
· 머리쪽 3가닥은 지그재그로 여미고 나머지부터는 일곱매로 묶는다.

㊹ 주인주부빙시곡벽(主人主婦憑尸哭辟) : 남자 복인은 시신의 왼쪽, 여자 복인은 오른쪽에 서서 곡한다. 아들과 딸은 시신 위에 엎드려 안고 가슴을 치며 울고 며느리는 시신의 밑에 손을 넣어 받들면서 운다.

㊺ 단괄발면좌우별실(但括髮免髽于別室) : 머리를 풀었던 상주들이 삼베끈으로 묶고

비녀를 꽂는다. 아버지 상에는 대나무 비녀, 어머니 상에는 오동나무나 버드나무 비녀를 민숭하게 깎아서 꽂는다.

(4) 대렴(大斂) · 입관(入棺)

대렴은 시신을 마지막 묶는 일이며 시신을 관 속에 모시는 일이다.

㊻ 진대렴의금(陣大斂衣衾) : 대렴금(큰솜이불)과 속포, 가우, 관, 관끈, 관덮개, 들끈, 받침대, 빈 공간 채울 보침물, 망치 등을 준비한다.

㊼ 내대렴(乃大斂) : 대렴기구를 펼치고 시신을 대렴금 중앙에 모신다.

· 소렴때처럼 다시 한번 여미어 묶는다.

· 관을 열고 백지를 깔은 후 베개(上)와 지요(下)를 깐다.

· 시신의 상 · 중 · 하에 4m쯤되는 삼베나 무명의 들끈을 넣는다.

· 시신을 모신 후 천금(이불)을 덮고 백지로 덮는다.

· 관의 빈 공간을 채운 후 대나무못으로 고정시킨다.

· 관받침을 3개쯤 놓고 그 위에 上이 北쪽을 향하게 놓는다.

㊽ 고례의 초빈(草殯) : 옛날엔 집 안에 임시안치소에다 모셨다 매장했으나 지금은 곧바로 매징한다.

(5) 성복례(成服禮)

상주 이하 복인들이 비로소 정신을 가다듬고 준비한 상복을 입고 서로 복인이 된 것을 확인한다. 이후에는 문상객의 인사를 받을 수 있다.

㊾ 성복(成服) : 상복을 입는다.

㊿ 입취위(入就位) : 상복을 입고 정한 자리에 서서 영좌를 향해 남자는 2배 여자는 4배한다.

51 복인상조(服人相弔) : 남자는 서쪽의 부인들을 향해, 부이들은 동쪽의 남자들을 향해 엎드려 극진히 곡한다.

52 주인급형제시죽(主人及兄弟始粥) : 상주를 비롯한 아들, 딸들이 비로소 죽을 먹기

시작하고 밖을 나다니지 않는다.

(6) 조상과 문상(弔喪과 問喪)

남자가 죽었을 때엔 조객록(弔客錄), 여자가 죽었을 땐 조위록(弔慰錄)이라 한다. 성복하기 전에는 호상소에만 인사하고 성복 후에는 상주에게 인사할 수 있다.

(53) 조문기(弔問期) : 지금은 시기 상관 없이 영좌에 조상하고 상주에 문상한다.

(54) 조문처(弔問處) : 옛날엔 남자가 죽었을 때엔 빈소에 조상하고 상주에 문상했으며 여자가 죽었을 땐 상주에게만 문상했으나 지금은 모두 영좌에 조상, 상주에 문상하고 있다.

(55) 조문유의(弔問留意) : 조문하러 갈 때는 복장을 소박하게 하고 (검은색 넥타이)장식과 악세서리를 뺀다. 공수는 남자는 오른손, 여자는 왼손을 위로가게 맞잡는다. 가무음악, 잡담을 삼가고 고인의 일화나 상주의 효성에 대해 말한다. 근엄, 애도하는 분위기를 유지한다.

(56) 주인유의(主人留意) : 문상객을 잘 안내하고 대접이 소홀하지 않게 한다. 손님을 마중하거나 전송하지 않는다. 영좌를 떠나지 말고 지켜야 한다.

(57) 조상법(弔喪法) : 호상소로 가서 알리고 안내를 받아 영좌 앞에서 남자는 서서, 여자는 앉아서 극진히 곡한다. 영좌에 남자는 2번, 여자는 4번 절한다. 죽은이가 아랫사람이면 곡만하고 절은 하지 않는다 헌화, 분향과 묵념으로 할 수도 있다.

(58) 문상법(問喪法) : 상주와 마주서서 상호 절한다(원래는 상주의 절에 손님이 답배한다).

"얼마나 망극하십니까?" "그저 하늘이 무너진 듯 합니다." 등의 상호 인사말을 나눈 다음 상주를 위로한다.

호상소에 도울일이 없는가 물어 보고 호상소에서는 손님을 접대한다.

(59) 부의 · 부조(賻儀 · 扶助) : 최선을 다해 부의금을 호상소에 전한다.

(봉투양식)

爲 OO大人喪次
賻儀(謹弔 / 謹弔慰).
OOO哭拜

⑥⓪ 제문(祭文) : 간단한 제문이나 조사를 지어 읽기도 한다.

(7) 문상과 분상(聞喪과 奔喪)

객지에서 초상 소식을 듣는 것을 문상(聞喪), 돌아가신 곳으로 급히 달려가는 것을 분상(奔喪)이라 한다.

⑥① 문상즉곡(聞喪則哭) : 인편에 부모의 상을 알게 되면 그쪽을 향해 극진히 곡을 한다. 고운 옷을 벗고 소복을 갈아입고 머리를 풀고 다시 곡한다. 지금도 부모초상 소식을 들으면 넥타이와 악세서리를 풀고 화장을 지운 다음 그쪽을 향해 묵념을 한다.

⑥② 분상(奔喪) : 하던 일을 중단하고 서둘러 간다. 집에 도착하면 시신을 모신 방으로 가서 남자는 2배, 여자는 4배하고 곡한다.

(8) 치장(治葬)

장례를 치르는 일과 묘지에서의 산역을 뜻한다.

⑥③ 택지(擇地) : 장지를 결정한다. 배수가 잘되고 햇볕이 잘들며 왕래하기 편리한 곳으로 정한다.

⑥④ 개영역사후토(開塋域祠后土) : 50㎡ 이내의 영역을 잡아 묘지의 앞쪽을 南쪽으로 간주해 행한다. 묘지예정지의 동북쪽에 단을 마련하고 주과 포혜를 진설하고 제주가 남쪽에 서서 북향하여 재배하고 집사와 함께 앉아 독축하여 산신에게 고한다.

⑥⑤ 고선영(告先塋) : 조상의 묘지 근처일 땐 조상에게도 고한다. 명절 때 차례지내는 식으로 하면 된다.

⑥⑥ 합장고선장(合葬告先葬) : 제수와 절차는 고선영과 비슷하다. 축문을 통해 그 내용을 고한다.

예) "어머님 전주이씨 묘소에 감히 고하나이다. OO는 지극한 죄를 지어 아버님을 뵈올 수 없게 되었습니다. 해와 달이 머물지 않아 장례 모실날이 되었기에 오는 O월 O일에 어머님의 오른쪽에 함께 모시려 하오니 슬픈마음 하늘과 같아 끝을 모르겠나이다. 삼가술과 과일로 공경을 다해 고하나이다."

⑥⑦ 수천광(遂穿壙) : 묘역을 판다.

· 길이 3m 넓이 2m, 깊이 1m 정도의 외광을 파고, 길이 2m 넓이 50cm 정도의 내광을 판다.

· 바닥을 깨끗이 다듬는다.

· 석관을 쓰거나 석회로 회격을 만들 때는 내광을 좀더 크게 판다.

⑥⑧ 합장부처지위(合葬夫妻之位) : 합장 때 위치는 산사람의 반대이므로 남자가 서쪽 여자가 동쪽이다.

⑥⑨ 횡대(橫帶) : 내광에 시신을 하관한 후 내광위를 덮는 횡대를 소나무 80cm 길이로 팔뚝 굵기 35~40개를 준비한다. 관까지 매장할 땐 횡대가 필요 없다.

⑦⓪ 작주(作主) : 신주(죽은이를 표시하는 위패)를 준비한다. 옛날엔 밤나무로 만들었다 (길이 30cm, 넓이 12cm, 두께 2cm). 위패함을 만들어 중앙에 신주를 세운다. 지방을 써서 대신할 수 있다.

셋째날

(9) 천구(遷柩)

시신을 상여나 영구차로 장지에 옮기는 절차이다.

⑦① 봉구조우조(奉柩朝于祖) : 사당이 있으면 사당에, 없으면 임시로 선조의 위패를 모신 곳에 떠날 것을 아뢴다.

⑦② 설조전(設祖奠) : 다시 원자리로 관, 혼백, 명정을 옮기고 아침전을 올린다. 상주 이하 복인들이 극진히 곡한다. 집례가 술을 따르고 축을 읽는다.

예) 영원히 떠나는 예를 행하겠나이다. 혼령께서 오래도록 머무실 수 없으시기에 이제 영구차에 받들어 모시고자 하나이다.

⑦③ 수천구(遂遷柩) : 상여나 영구차에 관을 옮겨 싣는다.

(10) 발인(發靷)

발인은 관을 상여(영구차)에 싣고 장지를 향하는 것이다.

(74) 견전(遣奠) : 발인제를 드린다. 상여 앞에 영좌를 설치하고 차례지낼 때 같이 지낸다.
(75) 구행(柩行) : 장례행렬
· 두 개의 방상씨(方相氏)가 서고 그 뒤에 명정이 선다.
· 그 뒤에 혼백이 따른다(요즘엔 사진이나 초상화로 대신한다).
· 혼백 뒤에 만장(挽章)이 따르고 그 뒤에 삼베로 만든 공포(功布)가 따르는데 이 공포는 상여멘 사람들에게 길의 상태를 알리는 신호기이다.
· 공포 뒤에 상여(영구차)가 따르고 그 뒤로 상주와 복인들이 따른다.
· 영구차에 함께 탈 경우엔 시체의 왼쪽에 남자, 오른쪽에 여자가 앉는다.
· 복인들 뒤에 친척과 조객들이 따른다.
(76) 노제(路祭)
· 죽은이의 연고지를 지날 때는 잠시 멈추어 그 사실을 알린다.
· 친지들이 도중에 주과포를 차려 놓고 죽은이의 유덕을 기리기도 한다.

(11) 급묘 · 구지(及墓 · 柩至)

급묘는 묘지에서의 준비절차요, 구지는 장례행렬이 묘지에 도착하는 절차이다.

(77) 설영악(設靈幄) : 묘지 앞의 서쪽에 남향해서 교의, 제상, 향상을 놓고 영좌모실 준비를 한다. 묘지의 서쪽에 장막을 치고 여자 복인들이 머물 곳을 만든다.
(78) 구지(柩至) : 방상이 도착해 사방을 창으로 치며 잡귀를 쫓아낸다. 혼백을 영좌에 모시고 관을 묘지의 남쪽, 영좌의 동쪽에 上을 북쪽으로 모신다. 명정으로 관을 덮는다.

(12) 하관(下官) · 성분(成墳)

시체를 내광에 모시고 봉분을 쌓아 묘지를 조성하는 일이다.

(79) 내폄(乃窆) : 명정을 걷고 관덮개를 벗기고 관 묶음을 푼다. 시신을 들끈으로 들어 머리(上)가 북쪽으로 가게 내광에 모신다. 내광 안은 백지를 깔아 정결케 한다.

(80) 주인증(主人贈) : 주상이 폐백을 넣는다. 주상이 시체의 가슴 위에 청색폐백을, 다리 쪽에 붉은폐백을 얹는다. 주상이 2배하고 모든 복인들이 극진히 곡한다. 내광을 횡대로 덮고 그 위에 석회를 덮는다(석관을 쓸 때는 횡대대신 석관 뚜껑을 덮는다). 흙은 한켜씩 다져 넣으면서 외광을 완전히 채운다.

(81) 사후토(祠后土) : 산역시작 전 묘지의 동쪽에서 주상이 산신제를 지낸다.

(82) 하지석(下誌石) : 외광위 시체의 발쪽에 지석을 반듯하게 놓고 흙으로 봉분을 지은 후 떼를 입힌다.

(13) 제주(題主)

준비된 위패에 누구의 신위인가를 쓰는 일이다. 사진 혹은 영좌가 누구의 것인지를 써야 한다.

(83) 제주(題主) : 신주의 뒷부분에 누구의 신주인가를 쓰고 앞면에 신위를 쓴다.

뒷부분 :	故 校長 金海金公 諱敬培 神主
앞부분 :	顯考 校長府君神主 孝子OO奉祀

(84) 제주제(題主祭) : 묘지 앞에 영좌를 설치한 후 신주를 혼백상자 앞에 모신다. 차례 때 같이 제상을 차린다. 꿇어앉아 술을 따른 다음 축문을 읽는다.

(14) 반곡(反哭)

주상, 상주, 복인들이 신주와 혼백(사진)을 모시고 집으로 돌아오는 것이다.

⑧⑤ 봉영거(奉靈車) : 상주일행이 신주와 혼백(사진)을 모시고 갔던 길로 되돌아온다. 천천히 걸으며 수시로 곡한다. 집에서는 미리 궤연(几筵)을 준비해 두었다가 혼백과 신주를 모신다. 상주들이 극진히 곡한다.

⑧⑥ 상식 · 삭망(上食 · 朔望) : 매일 아침과 저녁 생시와 같이 궤연에 상을 올리고 곡한다. 매월 초하루와 보름엔 상식상에 주과포를 더 올려 곡한다. 새로운 음식이 있으면 먼저 궤연에 올린다.

⑧⑦ 조석곡(朝夕哭) : 생시와 똑같이 일어날 때와 잘 때, 출입할 때마다 궤연에 곡하고 절한다. 살아계실 때와 똑같이 한다.

⑧⑧ 시묘(侍墓) : 묘지 옆에 여막(廬幕)을 짓고 3년간 모셨다. 현대는 할 수 없는 고례중 하나이다.

2) 현대적 상례

한편 현대식 장례법에 대해 알아보겠다. 임종만 목사는 「기독교장례교본」을 통해 교회에서의 장례 절차를 다음과 같이 제시하고 있다.

(1) 임종시

사람의 일생 가운데서 가장 엄숙한 시간은 죽는 순간이다. 고로 임종하는 순간부터 하관식을 마칠 때까지의 모든 순서를 최선을 다하여 실수함이 없이 준비해야 한다.

(가) 환자가 위독할 때

환자의 병세가 위독하여지면 근친 중에서 유언서를 작성하고 또 그 유언에 따라서 친족과 가까운 친지들에게 기별하여 만나 볼 수 있으면 만나 보게 하여야 한다. 깨끗한 흰색의 한복으로 갈아입히고 한복이 준비되지 않았을 경우 단색옷으로 갈아입힌다.

교회의 지도자들을 청하여 환자를 위하여 기도회를 가짐으로써 내세의 영생을 확실히 믿게 하고, 앞으로 임종 후부터 장례식까지 모든 절차를 준비할 장례위원을 구성한다.

병세가 위독하면 근친자는 환자실을 깨끗이 한 후 환자를 안정시키고 환자가 좋아하는 찬송가를 불러 주고 성경말씀을 읽어 주어서 평안한 마음으로 영혼의 본향으로 돌아가게 한다. 혹 찬송가 카세트를 조용하게 틀어놓는다.

이 때는 침착하게 행동해야 한다. 답하기 쉽게 묻고 그것을 기록한다. 직계 존 비속, 친지에게 기별하고 마지막 운명을 지켜본다.

(나) 임종 후

임종하면 곧 친근자는 손으로 가만히 눈을 감기고 사지를 바르게 잡아서 똑바로 눕게 하고 분비물이 나오지 않게 입과 코, 귀를 솜으로 막아 둔다.

깨끗한 옷을 못갈아 입혔을 경우엔 이때 갈아입힌다.

· 칠성판(七星板)

시신을 바르게 펴기 위하여 시신을 올려 받쳐 놓는 판

(폭은 30cm 정도, 길이는 180cm 정도)

칠성판 밑에 벽돌 3장 정도 깔고 시신을 안치한 후 손과 발을 묶어 놓는다(영안실이나 자택이나 공통).

① 병풍

영좌를 설치하는 곳에 세워 놓으나 병풍의 앞면(문자표시)과 뒷면(그림)을 혼돈되지 않게 하여야 한다.

시신을 안치하고 흰 휘장이나 병풍이 있으면 그것을 친 후에 앞에 작은 상을 높고 그 위에 고인의 사진을 세워 두고 고인의 성경, 찬송가를 펴 놓는다. 사진을 중심으로 촛불과 향을 피우거나 꽃을 놓아 두기도 한다. 향을 피우는 것은 악취를 없애기 위함이요, 꽃이나 촛불은 고인에 대한 존경의 뜻을 표시하는 것이다.

그 후 교회의 근조기나 화환으로 장식한다.

② 조등(弔燈)

상가(喪家)임을 표시하기 위하여 집앞의 대문이나 아파트벽에 걸어 놓는 등

③ 수시(收屍)

운명 즉시 탈지면으로 코와 귀를 막고 눈과 입을 다물게 한 후 시신 주위에 소렴(수시)을 한다. 병풍이나 가리개로 가리고 고인의 사진을 모신 후 촛불을 켜고 분향을 한다.

④ 발상(發喪)

가족들은 수시가 끝나면 검소한 옷으로 갈아입고 근신하며 애도한다.

기중(忌中), 상중(喪中)이란 글로써 초상을 당했음을 알린다.

⑤ 상제(喪制), 복인(服人)=고인의 배우자와 직계비속은 상제가 된다.

주상은 장자가 되고 장자가 없을 경우에는 장손이 주상이 된다.

복인의 범위는 망인의 8촌 이내 친족으로 한다(상처(喪妻)한 경우에는 남편이 주상이 된다).

⑥ 호상(護喪)=상가에는 호상소를 설치한다.

주상은 교회의 장로나 장의부장이나 상례 경험이 많은 사람을 호상으로 정하고 혹은 장의사에 의뢰하여 부고, 택일, 사망진단서, 묘지, 사망신고, 매(화)신청을 주관하도록 한다. 손님 받을 장소와 접대할 음식을 준비한다.

⑦ 부고(訃告)

장일과 장지가 결정되면 가까운 친지와 친족들에게 구두, 서신, 전화, 전보로 알린다.

상(喪)을 당한 사실을 일가친척, 친치들에게 알리는 일을 부고라고 한다. 부고의 첫 머리에는 상주의 성(性)은 쓰시 않고 이름만 쓴다(현대에는 통신의 발달로 전화 등을 주로 사용한다).

호상(護喪)이 상주의 8촌 이내면 호상의 위치에서 상주와 관계를 나타내는 칭호를 이름 위에 쓴다.

8촌이 넘으면 상주와의 관계를 쓰지 않고, 상주의 이름으로부터 시작한다.

어머니는 "大夫人"이라 쓰고, 할아버지를 승중(承重)했을 때는 "王大人", 할머니는 "王大夫人"이라 한다. 망인이 노인이 아닐 때에는 숙환(宿患)이라 하고 별세(別世)를 소천(召天) 이라고도 한다.

사람을 시켜 부고를 보내지 않고 다른 방법으로 부고를 보낼 때에는 전인(全人)이라 하지 않고 위서(僞書)라고 한다.

망인의 아들과 손자는 이름만 쓰며, 딸은 출가 했으면 사위의 성명을 쓰나 출가하지 않은 딸은 쓰지 않는다. 동생이나 조카는 쓸 수도 있고 뺄 수도 있다.

3) 장례식 준비

(1) 장례일과 장지 결정

장례일자는 3일장을 원칙으로 하고 그 외는 사정에 따라 친근자들이 교회 지도자와 상의하여 결정한다. 장지는 교회묘지로 하되 교회묘지가 없으면 공동묘지 혹은 선산이나 공원묘지로 하고 경우에 따라서 화장도 한다.

(2) 부고

장례일과 장지가 결정되면 곧 부고를 보낸다. 부고는 친척들과 친지들에게 개별적으로 보낼 수도 있고 공적 전달수단(신문 등)을 이용하여 알릴 수도 있다.

(3) 사망신고

운명한 후 24시간이 경과하면 법적으로 매장할 수 있다.

운명하면 의사의 사망진단서(사체검안서)와 사망신고를 관계관청에 제출하여 사망신고 및 의료보험 삭제용으로 쓴다.

4) 입 관

시신의 수의를 입힌 후 삼베 이십자 한 필을 일곱 쪽으로 잘라서 다시 각 한쪽의 반 정도를 3등분하면 21매끼가 되는데 이것으로 시신을 결박할 때 사용한다.

(1) 수의(壽衣)

고인에 입히는 옷으로서 남자인 경우는 바지, 속바지, 저고리 속저고리, 면포, 악수, 조발랑, 장매, 두루마기, 도포, 천금, 지금, 금침, 버선의 14가지이며 삼베의 경우 220자가 소요되며 갖은 수의는 440자가 소요된다.

그리고 여자인 경우에는 바지, 속바지, 저고리, 속저고리, 원삼, 치마, 속치마, 면포, 악수, 조발랑, 장매, 천금, 지금, 금침, 버선의 15가지이다.

· 천금(天金) = 이불

· 지금(地衾) = 요

· 금침(衾枕) = 벼게

· 오랑(조발랑이) = 대렴 입관 때 고인의 손톱 머리털을 깎아 담는 삼베로된 주머니입니다.

(2) 염습

수의는 무색으로 하고 생시에 입는 것과 같은 종류를 만들어 입힌다.

솜에 알코올을 묻혀서 시신을 깨끗이 씻고 매장끈 7줄 또는 8줄을 먼저 깔고 이불을 깔고 벼개를 깔고 바지나 치마부터 입힌다. 머리카락 주머니, 손톱·발톱주머니에 의식을 행한 후 접어 넣고 양말 장갑을 착용한다. 그리고 상의를 입히고 이불을 덮고 매장끈으로 묶는다. 머리부터 첫 번째와 발부분 첫 번째는 3줄로 묶는다. 후에 얼굴만을 내어 놓았다가 유족과 친지들에게 마지막으로 보게 한 후에 가리고 면포를 싸고 묶어 관에 넣는다.

염습시 주비사항은 다음과 같다.

· 창호지로 삼각표접기 약 12개 정도(매장끈 마무리용)

· 창호지 끈 大 1, 中 4

· 솜방망이 大 2, 中 2, 小 2

· 문구용 칼 2개

시신을 묶을 때 반듯이 틀어지지 않도록 묶어야 하며 창호지나 솜을 남김없이 사용할 부분에 사용한다.

관위에 창호지 10장 정도 접어 끼워 둔다(하관식 때 필요하다).

관위의 명칭은 관위에다가 머리 쪽을 향하여 십자가 “十”를 그리고 그 아래 성도 OOO(직분)의 구(柩)라 쓴다(기독교식 장례용품이 있음).

(3) 명정(銘旌)

빨간천에 흰색으로 십자가 “十”를 그리고 그 아래 성도 OOO(직분)의 구(柩)라 쓴다.

① 상복(喪服)

일반적으로 한복일 경우 바지, 저고리, 두루마기 또는 검정양복 검정넥타이를 하고 가문에 따라 두건, 행전, 지팡이(버드나무, 대나무) 완장을 한다. 또는 직계자손은 재래식 관습을 폐지하고 남녀가 같은 평복에 검은색이나 아니면 검은색에 가까운 색으로 하고 넥타이 색도 밝은색을 피하고 검은색으로 한다. 한복의 경우에는 검은색이나 흰색의 상복을 입는다(기간은 표준 의례에 준한다).

② 복인

복인은 평상복에 검은 나비상 표시나 평완장을 왼쪽팔에 착용한다. 남녀가 양복 한복의 구별없이 화려한 색상은 착용치 않는다(단 해당 상가의 실정에 따라 간소한 상복을 착용함도 무방하다).

곧바로 직계자손은 상복을 갈아입고 모여서 입관예배를 드린다.

5) 상여

도시에는 장의사나, 기독교 상조회를 통해서 영구차를 이용하겠으나 지방에서는 재래식 상여를 이용하거나 교회가 전용으로 상여를 활용할 수 있다.

6) 장례식

(1) 장례식 장소

장례식 장소에 대하여는 보통 집에서 지내는 것이 상례가 되어 있다. 그러나 장례식은 인생의 마지막 길이므로 보다 엄숙하고 경건하게 지내기 위하여 항존직인 경우 고인이 평소 섬기던 교회에서 거행할 수도 있으나 유족들의 의견에 따르는 것이 좋을 것이다. 아파트에 주거할 경우 최근에는 장례식장을 선호하는 경우도 있다.

(2) 출관절차

출관 때는 머리가 먼저 나가고 행렬차례는 주례자가 유해 앞에 서고 유해 운구위원들이 두 줄로 서서 유해를 들고 그 뒤에 상주가 서고 복인과 일반조객들이 따라 선다.

① 예배당 안에 들어가는 절차(예배당에서 교회장으로 예배드릴 때)

유해(차)가 예배당에 도착하면 주례자가 유해 앞에 서고, 유해 운구위원들이 두 줄로 서서 유해를 모시며, 그 뒤에 상주가 서고, 복인과 일반조객들이 주악에 맞추어 들어간다.

② 유해 안치

유해는 가로로 안치하는데 머리를 강당에서 우편으로 한다.

관밑에 벽돌 3~4장을 흰색종이로 포장하여 놓고 관을 놓는다.

③ 유해가 예배당에서 나오는 절차

운구위원들은 들어올 때와 같은 순서로 유해를 모시고 차례로 주악에 따라서 나온 후에 상여(영구차)에 안치한다.

④ 예식 집행

예식 집행은 주례자가 예배당에서 행할 때는 강당 위에서 하고 그 외 가정이나 기타 장소에서 행할 때는 유해 옆의 적당한 곳에 서고 상대편에 상주와 가족이 서며, 조객과 교우들이 선다.

7) 장례식을 위한 예절

(1) 상주의 예절

상주는 소리내어 곡하는 것을 금하고 소리내지 않고 손수건으로 가만히 눈물을 닦는다. 상주는 유해를 경건하게 모시고 조객들이 찾아와도 자리를 뜨지 말고 묵례로서 답례한다. 상주가 조객들에게 인사하기 위하여 자리를 뜨는 일 혹은 오락(화투) 같은데 참석하는 것은 금한다.

(2) 조객들의 예절

유해 앞에서 조객은 먼저 나아가 고요히 무릎을 꿇고 조문하거나 조화를 드린 후 묵상기도 한다. 상주 앞에서 상가를 예방한 조문객은 조의금과 조의물을 가져왔으면 그것을 장례위원에게 전하고 상주에게 머리 숙여 묵례하고 악수는 삼가는 것이 좋다. 조용히 "슬픔 중에 큰 위로 받으시기 바랍니다", "위로의 말씀을 무어라 여쭐 길 없습니다." 등으로 조의를 표한다.

8) 하관식

① 성도의 시신을 매장하는 것이 좋으나 경우에 따라 화장하는 것도 무방하며 결코 비성서적인 것은 아니다.
② 영구차가 장지에 도착하기 전에 미리 산역을 시켜 놓는다.
③ 간혹 미신적인 행위를 하려는 사람(지관)이 있는데, 일단 교회 예식절차에 따르도록 권면한다.
④ 영구차가 장지에 도착하면 묘역 평평한 자리에 구를 안치하고 유가족들은 그 옆에서 정중하게 서서 조문객들의 문상을 받는다.
⑤ 산역이 끝나고 지실이 조성되었으면 관을 지실로 운구하고 관띠를 풀고 두 줄로 네 사람이 하관한다.
⑥ 집례자는 묘소 중앙에 서서 주관하며 오른쪽에 유족들을 세우고 왼쪽에 조문객을 서게 하여 자리를 정돈한다.
⑦ 집례자는 세 번째 횡대를 열어서 두 번째 횡대 위에 얹어 놓고 하관예식을 진행한다.
⑧ 화장할 경우 소각문에 들어가면 해당호실에서 예배를 드린다.
⑨ 예식이 끝난 후 횡대를 마지막으로 덮고 취토를 한다. 그 순서는 먼저 집례자, 유족, 조문객 순으로 한다.
⑩ 분묘를 잘하는 것을 보는 것이 좋으나 사정에 따라서 산역하는 사람들에게 맡기고 하산해도 무방하다.
⑪ 화장을 했을 때에는 분골을 적당한 곳에 묻거나 특별한 곳에 보관(납골당)하는 것이 좋다.
⑫ 가까운 교인이 슬픔에 잠긴 상주를 달래고 위로하면서 차례로 산을 내려 온다.

(1) 하관식

하관식은 예문에 의하여 진행하되 하관식 예배를 경건하게 드려야 한다. 유가족과 조객들에게 마지막으로 하나님의 보호하심을 힘 입어서 죽음을 물리치고 그리스도 안에서 영생을 얻을 수 있다는 확신을 믿게 한다.

(2) 화장

화장인 경우에는 하관식에 준하여 한다(영구차에서 6명이 운구하되 아래(다리)쪽부터 화구에 넣는다. 화구에 넣은 후 해당 호실에서 예배를 드린다).

(3) 묘비(비석)

고인의 무덤에는 묘비를 세운다. 묘비는 돌이나 나무로 할 수 있으며 묘비전면에는 "✝"표를 새기고 그 밑으로 (직명) OOOOO의 묘 후면에는 OO년 OO월 OO일 별세 묘주 OO(고인과의 관계) OOO를 기입할 것이며, 큰 비석의 경우에는 고인의 중요한 경력이나 업적을 기입할 수 있다.

(4) 하관식 후의 가정방문

하관식 후 곧 주례자가 돌아오는 예가 많으나 목사는 끝까지 유가족과 같이 가정으로 돌아와서 하나님의 말씀과 기도로서 위안 위로 예배를 드린다.

9) 성묘의례식

① 첫 성묘는 장사를 지낸 지 사흘만에 가는 것이 일반적이나, 성도들은 주일을 피해서 적당한 날로 택하여 행함이 좋다.
② 조상의 유덕을 기리며 감사하는 마음을 가져야 한다.
③ 묘소를 돌아보고 깨끗이 정리한다(묘지를 가꿀 때 나무를 묘소 가까이 심는 것은 좋지 않고, 꽃나무나 상록수 같은 나무는 묘에서 10여 미터 지점에 심어야 한다).
④ 몸과 마음을 깨끗이 하고, 단정한 옷을 입고 준비한다.
⑤ 예배 후에 나눌 고인의 미담을 준비했다가 자라나는 2세 들에게 들려주는 일도

의미있는 일이다.

⑥ 묘지에 둘러앉아 고인의 은공과 교훈을 되새기며 하나님께 예배드린다.

⑦ 조상의 묘를 향하여 재래식 관습을 피하고 절하는 것을 금한다.

⑧ 묘소에 음식을 가지고 갔으면, 하나님께 예배드린 후에 고인의 미담을 나누면서 먹도록 한다.

⑨ 예배를 진행할 때에 찬송가의 선정이나 성경귀절은 고인이 평소 즐겨 부른 찬송이나 애송하던 것을 택하는 것도 의미가 있다.

제6절 제 례

1) 제례의 유래

학자들의 설에 의하면 인간은 무엇인가 초능력적인 절대자에게 의지하려는 속성을 가졌다고 한다. 그래서인지 근래도 남아 있는 민속 가운데 천신제(天神祭), 지신제(地神祭), 용왕제(龍王祭), 거리제, 또는 거석, 고목, 서낭당 등에 제사 지내는 것들이 있으며 조상의 산소를 모신 산(山)에서는 틀림없이 산신제(山神祭)를 지낸다.

이와 같이 자연의 외경대상에 자신의 안전과 소원을 의지하던 습속이 지난날의 역사(力士)나 장수가 용맹하다 하더라도 이미 죽었고, 그 신(神)의 능력은 다른 사람의 신(神)과 다를 것이 없을 것이라는 데에 미쳤고, 그렇다면 자신과 인연이 있는 신(神)이 더욱 바람직하지 않겠는가라는 합리적인 생각을 하게 됐다.

예서(禮書)에 보면 "천자(天子)는 천지(天地)를 제사 지내고 제후(諸侯)는 산천을 제사 지내며 사대부(士大夫)는 조상(祖上)을 제사 지낸다"고 한 바, 이것은 천하를 소유한 천지의 절대자는 하늘과 땅이고, 나라를 가진 제후의 절대자는 산과 강이고, 그렇지 않은 사인(私人)의 절대자는 어떤 신(神)보다도 조상의 신(神)이라는 데에 연유한다. 그래서 천자의 나라에는 하늘을 제사 지내는 천단(天壇)이 있고 제후의 나라에는 토지와 곡식의 신을 제사 지내는 사직(社稷)이 있으며, 사대부의 집에는 조상의 신을 모시는 가묘(家廟)가 있다.

2) 제례(祭禮)의 의의

효(孝)는 백가지 행실의 근본이다. 때문에 인간은 부모나 조부모 등 살아 계신 부조(父祖)를 봉양하는 데는 극진한 정성을 다해 할 수 있는 모든 일을 다한다. 이렇게 살아 계신 조상은 후하게 받들면서 같은 조상인데 돌아가셨다고 해서 박하게 잊어버리는 일은 심히 옳지 못한 일이다. 미루어 제례란 자기를 존재하게 하신 근본에 대한 당연한 보답임을 알 수 있고, 제례를 보본지례(報本之禮)라고 한 예서(禮書)의 취지가 여기에 있음을 알게 된다. 자기가 살아 있을 때의 일이나 죽어서의 일, 즉 생전의 부귀공명(富貴功名)이나 사후의 천당극락이 소중하지 않은 것은 아니지만 이것들은 자기가 존재한 이후의 일이다. 그래서 자기를 존재하게 한 조상을 섬기는 일을 종교(宗敎) 이전이라고 말해도 지나침이 없다 할 것이다.

성인(聖人)·현철(賢哲)과 제왕(帝王)·명사(名師)가 위대하지 않은 것은 아니지만 나에게 있어서만은 나를 있게 하신 나의 조상님을 능가할 수 없다. 때문에 인간이 자기의 조상을 섬기는 일은 그 누구를 섬기는 일보다도 앞서야 할 것임은 말할 것도 없다. 절대신의 표상을 제외한 기타의 상징은 미신이라고 하지만, 실제로 나를 있게 하신 조상을 상징하는 표상이 미신이라면 나의 조상이 아니고 나의 존재와 직접 관계없는 어떤 표상을 무엇이라고 할 것이며 인간의 절대신이란 조상을 빼놓고 어디에 있는 누구일까? 따라서 살아 있는 사람을 섬기는 일이나 죽고 없는 이를 받드는 일은 먼저 자기를 존재하게 하신 조상을 극진히 하고 다른 이에게도 그와 같이 미쳐야 할 것이다.

3) 제례의 종류

가정의례에서의 제례는 그 종류가 다양하다. 살아 계신 조상을 모시는 일은 봉양(奉養)이라 하고, 돌아가신 조상을 받드는 일은 제례라고 간단히 생각할 수도 있지만, 조상이 누구인가에 따른 대상에 의한 구별, 지내는 곳이 어디인가에 따른 구별, 지내는 때가 언제인가에 따른 구별, 제사를 지내는 절차에 따른 구별 등이 있다.

(1) 대상에 의한 구분

(가) 기제사(忌祭祀)

돌아가신 날에 지내는 조상에 대한 제사이다. 시대에 따라 변화가 있었지만 근래의 일반적인 추세는 제사를 지내는 사람의 고조부모(高祖父母)까지를 말한다. 현행 가정의례 준칙에 의하면 조부모(祖父母)까지로 되어 있다.

(나) 세일사(歲一祀)

1년에 한 번만 제사를 지낸다는 뜻인 세일사는 세사(歲祀), 또는 시사(時祀)라고 하기도 한다. 세일사의 대상은 기제사를 받드는 조상보다 윗대의 조상이다. 대개 5대조 이상 시조(始祖)까지 미친다.

(다) 제시조(祭始祖)

자기 성씨(姓氏)의 시조에 대한 제례로써 시조를 처음 할아버지란 뜻의 초조(初祖)라고도 한다. 대개는 동지(冬至)에 지낸다. 동지는 양(陽)인 낮이 길어지기 시작하는 날로 복양지일(復陽之日)이라고도 하므로 자기의 성씨가 처음으로 생긴 일을 양이 길어지기 시작한 생양지시(生陽之始)에 견주어 동지에 시조에 대한 제례를 올린다.

(라) 제선조(祭先祖)

시조의 다음 세대, 즉 제 2세조 이하 기제사를 받들지 않는 조상까지를 선조라 하므로 대개 5대조까지이다. 대개 입춘(立春)에 지낸다. 입춘은 봄의 시작이므로 자손을 번창케한 선조의 제례를 만물이 소생하는 봄이 시작되는 날에 올린다.

(마) 이제(禰祭)

자기의 부모를 제사 지내는 제례이다. 대개 음력으로 9월 15일에 지낸다. 원래 이제를 처음 지낸 동기가 자기 아버지의 생신이 9월 15일이었는데 자손의 도리로 차마 그냥 지내기가 죄송스러워 부모의 제사를 지낸 것이 그 유래가 됐다.

(바) 상중제례(喪中祭禮)

부모나 조상이 돌아가신 날부터 복(服)을 벗고 길제(吉祭)를 지낼 때까지 그 죽은 이에게 지내는 제례로서 전(奠), 우제(虞祭), 졸곡(卒哭), 부제(祔祭), 소(小)·대상(大祥), 담제(禫祭), 길제(吉祭)가 이에 속한다.

(2) 봉제례 장소에 의한 구분

(가) 사당제례(祠堂祭禮)

기제사를 받드는 조상의 위패(位牌)를 봉안(奉安)한 집이나 가묘(家廟) 또는 사당(祠堂)이라고 한다. 독립된 집이나 방을 마련하지 못하고 약식으로 상자같이 만들어 방실의 한쪽에 모시는 것을 감실이라고 한다. 장소나 방법이 어떻든 조상의 위패를 모신 곳에서 신주를 옮기지 않고 지내는 제례가 있다. 일반적으로 차례(茶禮)라고 하는 제례와 참(參)이라 해서 초하루 보름, 또는 민속명절 등에 지내기도 한다.

(나) 정침제례(正寢祭禮)

사당에서 신주를 모셔 내다가 일정한 제사 지낼 곳에서 지내는 제례이다. 대개 돌아가신 날에 지내는 기제사의 경우이다.

(다) 묘제(墓祭)

조상의 묘지에서 지내는 제례이다. 묘사(墓祀)라고도 한다. 세일사나 추석 한식 때의 차례가 여기에 해당된다.

(3) 시기(時期)에 의한 구별

(가) 망일제례(亡日祭禮)

돌아가신 날에 지내는 제례로서 기제사의 경우이다.

(나) 택일제례(擇日祭禮)

특별히 정해진 날이 없이 제례를 올릴 날을 지정해서 지내는 제례이다. 택일하는 방법은 세일사의 경우는 대개 음력 10월 중의 어느 날로 정하고 사당의 사시제(四時祭)는 매 계절의 가운데 달 중의 일진에 '정(丁)'이 드는 날로 정하고, 기타 상중제례는 일정한 방식에 의해 택일한다.

(다) 명절제례(名節祭禮)

시조의 제례를 동지에 지내고, 선조의 제례를 입춘에 지내며, 사당의 차례를 명절에 지내는 경우와 같다.

(4) 지내는 절차에 의한 구분

(가) 제사(祭祀)

제사라고 말하는 제례는 술을 세 번 올리는 삼헌(三獻)이고, 따라서 초헌(初獻), 아헌(亞獻), 종헌(終獻)과 축을 읽는 독축(讀祝), 유식(侑食), 합문(闔門), 계문(啓門), 진다(進茶) 등의 절차가 행해진다.

(나) 차례(茶禮)

제사와 한 가지로 강신(降神), 참신(參神), 삽시 또는 정저, 사신의 절차는 행해지지만 전항 제사에 예시한 절차가 생략된다. 따라서 술을 한 번 올리는 단헌(單獻)이고 일반적으로 축문을 읽지 않는다.

(5) 제수 종류에 의한 구분

(가) 어육(魚肉)을 날것으로 쓰는 제례

동지에 시조, 입춘에 선조에 대한 제례에는 제사음식 중 고기와 생선을 날것으로 쓴다.

기타의 제례에는 익히고 데워서 쓴다.

(나) 반(飯)·갱(羹)을 올리는 제례

메(제삿밥)와 갱(제삿국)을 제상에 올리는 경우와 메와 갱을 올리지 않고 계절 특식을 올리는 제례가 있다. 대개 삼헌(술이 세 번)을 하는 제사에는 반드시 메와 갱을 올리지만, 단헌(술이 한 번)인 차례에는 계절 특식을 올린다. 동지에는 팥죽, 설에는 떡국, 추석에는 송편을 쓰는 것과 같다.

4) 제례의 기구(器具)

여기에 제시되는 기구는 완벽하게 갖추는 경우이므로 각 가정에서는 형편에 따라서 준비하면 될 것이다. 각종 예서(禮書)에 예시한 것 중에서 현대에도 필요하다고 생각되는 것을 열거하거니와 더러는 가전제품의 보급으로 불필요한 것도 있을 것이다.

① 역막(帟幕) : 앙장(仰帳)이라고도 한다. 제사 지낼 장소의 위에 쳐서 먼지나 잡물이 떨어지지 않게 막는 포장이다.

② 병풍(屛風) : 제사 지낼 장소의 정면과 좌우를 둘러치는 평풍이다. 현란한 색채의 것은 피한다.

③ 교의(交椅) : 제사 지낼 조상의 위패를 봉안할 의자이다. 옛날에는 고위(考位 · 아버지)와 비위(妣位 · 어머니)를 따로 모셨기 때문에 2개가 필요했지만 요즘엔 함께 모시므로 1개면 된다.

④ 제상(祭床) : 제사음식을 차릴 큰상이다. 전에는 다리가 높은 상이었지만 낮은 상도 무방하다. 1개면 된다.

⑤ 좌면지(座面紙) : 제상 위에 까는 것으로 기름먹인 종이를 썼다. 요즘엔 식탁보를 써도 무방하다.

⑥ 소탁(小卓 · 작은상) 2개 : 한 개는 동쪽, 한 개는 서쪽에 놓고 제사용구를 올려 놓는다.

⑦ 대상(大牀 · 큰상) : 제상 위에 진설하기 전의 준비된 제사음식을 올려놓는 상이다.

⑧ 향안(香案) : 향로와 향합을 올려놓는 향상(香牀)이다.

⑨ 향로(香爐) : 향을 담아 태울 불을 담아 놓는 화로이다.

⑩ 향합(香盒) : 향을 담아 놓는 그릇이다.

⑪ 향(香) : 분향할 때 향로에 넣어 태우는 향나무를 잘게 썬 것이다. 향합에 담아 놓는다(근래에는 만수향을 잘게 부수어 쓰기도 한다).

⑫ 화저(火筯) : 향을 피울 때 향로의 불을 뒤적이는 화젓가락이다.

⑬ 촉대(燭臺) 2개 : 초를 꽂는 촛대이다. 2개를 준비한다.

⑭ 초(燭) 2개 : 제사 지낼 때 촛대에 꽂고 불을 밝힐 초이다.

⑮ 모속(茅束) : 산에 나는 띠(茅 · 풀의 이름)의 줄기나 잎을 한 움큼 꺾어서 한 뼘의 길이로 가지런히 잘라 가운데를 붉은 실로 묶어 모사기의 모래 위에 세운다.

⑯ 모래 : 모래를 깨끗이 씻어 모사기에 담는다.

⑰ 모사기(茅沙器) : 모래를 담고 모속을 세울 그릇이다. 이 모사기는 땅바닥을 상징하는 것이다.

⑱ 축판(祝板) : 축문을 담아 놓거나 붙여 놓는 판자이다. 너비 20cm에 길이 30cm 정도면 좋다. 바닥 위에 뚜껑을 만들어 여닫게 만들면 더욱 좋다.

⑲ 종이와 필기구 : 축문을 쓸 종이와 필기구이다. 한지와 붓, 먹, 벼루를 준비해 축문(또는 지방)은 한지에 붓으로 쓰는 것이 좋다.

⑳ 세수대야 · 수건 : 제사음식을 진설하고 잔을 올리는 제주(祭主), 주부(主婦), 집사(執事), 헌관(獻官)들이 손을 씻고 닦는데 쓰인다.

㉑ 화로(火爐) · 적쇠(炙鐵) · 화저(火筯) : 뜨겁게 해서 올릴 제사음식을 식지 않게 데우는데 쓰인다.

㉒ 행주 2개 : 하나는 위 기구들을 닦는 데 쓰고, 하나는 동쪽의 작은 상위에 놓고 술병을 닦는데 쓴다.

5) 기제사(忌祭祀)

(1) 제사 행사(行祀)에 필수 인원

기제사의 절차를 동일인이 중복행사하지 않으려면 다음과 같이 여덟 사람이 있어야 한다. 그러나 부득이 참사자가 적을 때는 중복행사해도 무방하다.

① 초헌자(初獻者) : 첫 번째 술잔을 올리는 사람이다. 제사 대상의 장자손(長子孫)이 주인(主人)이 되어 행함을 원칙으로 한다. 장자손이 행사하지 못할 때는 다음 차례의 남자자손이 한다.

② 아헌자(亞獻者) : 두 번째 술잔을 올리는 사람이다. 장자손인 주인의 아내가 주부(主婦)가 되어 행한다. 주인이 미성년인 때는 그 어머니가 행하고, 제사 대상의 직계 며느리로서 해당자가 없으면 남자자손 중에서 주인의 다음 차례 사람이 한다.

③ 종헌자(終獻者) : 세 번째, 마지막 술잔을 올리는 사람이다. 주인과 주부를 제외한 자손 중에서 어른이나 특별한 참사자가 행한다.

④ 독축자(讀祝者) : 축문을 읽는 사람이다. 가급적이면 직계자손이 아닌 방계자손이나 사위가 읽는다.

⑤ 집사(執事) 남자 2인, 여자 2인 : 주인과 주부 및 종헌자가 헌작(獻爵)하고 행사하는 데 협조하는 사람이다. 주인과 남자가 행사할 때는 남자집사가 협조하고, 주부와 여자가 행사할 때는 여자집사가 협조한다.

⑥ 창홀(唱笏) : 기타 참사자가 많은 기제사나 세일사 등 큰제사에는 제례의 행사순서를 읽는 창홀 1인이 더 있어야 한다.

(2) 참사자(參祀者)의 범위

제례에 참사하는 범위는 제사대상의 직계자손과 그 배우자, 방계자손은 말할 것 없고 제사대상의 유덕(遺德)을 기리는 사람이면 누구라도 참사한다.

근래 여자는 참사하지 않는다던가, 아니면 참사하더라도 별실이나 방밖에서 참사하는 경우가 있는데 이것은 다음의 정위치나 행사순서에 여자가 반드시 담당해야 할 역할이 있음을 미루어 옳지 못하다. 여자자손도 자손임이 분명하고, 남자자손의 배우자인 며느리도 이미 자손이 되었으며 당당히 주부의 반열에서 아헌, 유식, 진설, 집사 등의 막중한 역할을 담당하는데 어찌 참석치 않는단 말인가. 반드시 참사해 조상을 받드는 것이 권리이며 의무이자 직분이다. 특히 주부가 아헌과 유식의 삽시정저를 않는다면 마땅히 해야 할 주부로서의 도리를 게을리하는 것이니 명심할 일이다.

(3) 제사장소의 방위와 상하석

신위를 모신 쪽을 북(北)쪽으로 간주하며 상석이다. 부득이 해서 자연의 북쪽에 신위를 모시지 못하더라도 신위를 모신 쪽이 상좌이므로 북으로 간주한다. 따라서 신위의 앞이 남(南)이며 좌측이 동(東)이고, 우측이 서(西)이다. 제상의 남(南)쪽에 놓인 향안(香案) 앞 남(南)쪽 중앙에 자리를 펴고 헌작자(獻爵者)가 절하는 자리인 배석(拜席)이 된다. 배석을 중심으로 동(東)쪽이 남자 참사자의 자리이고 서(西)쪽이 여자 참사자의 위치이다. 배석의 동(東)에 주인이 서고 서(西)에 주부가 선다. 남자는 배석이 있는 서(西)와 신위가 계신 북(北)을 상(上)으로 하고, 여자는 배석이 있는 동(東)과 신위가 계신 북(北)을 상(上)으로 해서 차례대로 북(北)향해 선다. 주인의 작은아버지나 아저씨들은 주인의 동(東)쪽 앞에 서열상으로 해 차례대로 선다. 주인의 어머니가 계시면 주부의 앞 북쪽에 선다. 주인의 작은어머니나 아주머니 고모들은 주부의 서(西)쪽 앞에 동을 상(上)으로 해 선다. 주인의 모든 형들은 주인의 동쪽 약간 앞에, 동생들은 주인의 형들 다음의 약간 뒤에 서(西)를 상(上)으로 해서 차례대로 선다. 주인의 형수들은 주부의 서(西)쪽 약간 앞에 서고 그 다음에 모든 누이들이 서며, 제수는 형수 다음의 약간 뒤에 이어서 여동생들이 동(東)을 상(上)으로 해서 차례대로 선다. 주인의 큰아들은 주인의 뒤에 서며 큰며느리는 주부의 뒤에 선다. 기타 주인의 아래 세대 남녀들은 조인의 형제들과 같은 요령으로 큰아들의 동(東)쪽에 남자, 큰며느리의 서(西)쪽에 여자가 차례대로 북(北)향해 선다. 주인의 큰손자는 큰아들의 뒤에 서고 큰 손부는 큰며느리의 뒤에 서며 기타 손자세대의 남녀들은 위의 요령으로 선다. 직계·방계자손이 아닌 참사자는 자손의 뒤에 남자는 동(東)쪽, 여자는 서(西)쪽에 서되 배석을 상(上)으로 해서 나이 차례대로 선다. 남자 집사는 배석 동쪽의 뒤끝 줄에 서고, 여자집사는 배석 서(西)쪽의 뒤끝 줄에 선다.

(4) 기제사의 행사절차

① 재계(齋戒)

돌아가신 날의 첫 새벽에 지내는 경우는 기제일의 전날이 되고, 돌아가신 날의 초저녁에 지내는 경우는 기제일 당일에 주인과 주부는 목욕·근신한다. 가무음곡은 물론 험한 곳의 출입도 삼가며 오로지 돌아가신 어른을 정성껏 모실 일만을 생각한다. 마땅히 참사해야 할 자손들에게 연락하고 조상의 제수 준비에 협조할 자손은 비용이나 제수를 미리 마련해서 봉사 자손에게 전한다. 제사 지낼 장소와 혹 사당이 있으면 사당 내외를 깨끗이 청소하고 정돈하며 기구들을 점검한다.

② 설위 · 진기(設位 · 陣器)

제사 지낼 장소를 미리 마련하고 기구들을 깨끗이 닦아 배설한다. 바닥에 자리를 깔고 북쪽에 병풍을 친다. 자연의 북쪽이 마땅치 못하면 가장 조강한 곳에 병풍을 치되 신위를 모실 곳을 북쪽으로 간주한다. 병풍의 남쪽 중앙에 신위를 모실 교의를 놓고 교의의 남쪽 앞에 제상을 놓고, 제상 위에 좌면지를 깔거나 상보를 깐다. 제상의 남쪽 중앙에 향안을 놓고, 제상의 동남쪽 끝의 옆에 소탁을 놓으며 서남쪽 끝의 옆에도 소탁을 놓는다. 제상 위의 동남쪽 끝과 서남쪽 끝에 초를 꽂은 촛대를 세우고, 향안 위의 중앙에 향로를 놓으며 향로의 동쪽에 향합을 놓는다. 만수향을 사용할 경우는 향나무를 얇고 잘게 썰거나 가루 내서 담는다. 향안의 남쪽 바닥의 중앙에 모래를 담고 띠묶음을 꽂아 세운 모사기를 놓는다. 제사 지낼 장소의 서남쪽에 마련된 제수를 대기시킬 큰상을 놓고, 동남쪽에는 세수 그릇과 수건을 벌려 놓는다.

③ 수축(修祝)

주인은 복장을 단정히 하고 정좌해서 축문을 쓴다. 가급적이면 한지에 먹으로 내려 쓴다. 한문식, 한글식 중에서 편리한대로 한다. 신주가 없으면 지방도 쓴다. 사진을 모실 경우에도 지방을 쓰는 것이 좋다. 축문은 축판에 붙여서 향안 위의 향로 서쪽에 놓고, 만일 지방을 썼으면 제상의 서남쪽의 소탁 위에 임시로 모신다. 사진을 함께 모실 경우에는 사진도 미리 소탁 위에 모신다.

④ 척기 · 구찬(滌器 · 具饌)

주부는 제사에 사용될 그릇 등을 깨끗이 씻고, 제수를 깨끗하게 정성들여 마련한다. 제사 지내기 전에 제상에 올릴 제수를 먹지 않는다. 마련된 제수는 큰 상위에 올려놓고, 식어서는 아니될 메(밥), 갱(국), 탕 등은 제상에 올리기 직전에 그릇에 담는 것이 좋다. 특히 현주(정화수)를 주가 위에 올리려면 기제일 아침에 준비해야 한다.

⑤ 변복취위(變服就位)

제사 지낼 시간이 되면 주인 · 주부 이하 참사할 사람들이 제복으로 갈아입고 정위치에 공수하고 북향해 선다. 주인 이하 성인남자는 가능하면 도포를 입고 갓이나 유건을 쓰는 것이 좋지만 준비가 없으면 너무 현란하지 않은 평상복도 좋다. 주부 이하 여자는 가능하면 옥색 한복으로 차려입는 것이 좋지만 준비가 없으면 평상복을 입되 현란한 색깔을 피하고 바지나 짧은 옷을 입지 않는 것이 좋다. 남녀 공히 공식제복이 있으면 입고, 훈장이 있으면 패용하는 것이 바람직하다. 주인, 주부, 헌작자, 독축자, 집사 등 직접 제수를 받들어 올릴 참사자는 정위치에 서기 전에 반드시 손을 깨끗이 씻는다.

⑥ 설소과주찬(設蔬果酒饌)

제상 위의 촛대에 불을 켜고 다음 순서로 제수를 차린다. 제상의 남쪽 끝 5열에 바깥쪽부터 과실(과자) 접시를 올린다. 제상의 남쪽에서 둘째 줄인 4열에 포, 조기젓, 나물, 김치, 간장의 순으로 제수를 올려놓는다. 제상의 북쪽 끝 1열의 중앙에 숟가락과 젓가락을 담은 시접을 놓고, 시접의 서쪽에 고위잔반을 놓고, 동쪽 옆에 비위잔반을 놓으며, 비위잔반의 동쪽 옆에 초첩을 놓는다. 제상의 동남쪽 옆에 놓인 소탁 위의 북서에 현주병, 북동에 술병, 중앙에 주전자, 서남에 퇴주기, 동남에 강신잔반을 놓으며 술병의 남쪽 앞에 행주를 놓는다. 모든 제수는 집사가 큰상에서 쟁반에 올려서 가져오면 주인과 주부가 자녀들의 협조를 받아 진설한다. 이상과 같이 식어도 상관없는 제수진설이 끝나면 주인 이하 모두가 제자리에 돌아가 선다.

⑦ 신위봉안(神位奉案)

사랑에서 신주를 모셔야 할 경우는 사당에 가서 분향하고 축문을 읽어 고하고 모셔내다가 일단 제상 서남쪽의 소탁 위에 모신다. 소탁 위의 신위(신주 · 지방 · 사진)를 교의에 모신다. 고위는 주인이, 비위는 주부가 모신다. 지방을 함께 썼거나 신주가 같은 독에 모셔졌을 때는 주인이 모신다. 모두 제자리에 선다.

⑧ 분향(焚香)

주인이 향안의 남쪽 배석으로 나아가 북향해 읍하고 꿇어앉는다. 왼손으로 향로 뚜껑을 열어 향로의 남쪽에 놓고, 오른손으로 향합의 뚜껑을 열어 향합의 남쪽에 놓고, 오른손으로 향을 집어 향로에 넣어 태운다. 세 번을 거듭한다. 향로 뚜껑을 왼손으로, 향합 뚜껑을 오른손으로 덮는다. 주인이 일어나 재배한다.

※ 만일 사당에 모신 신주를 모시고 제사 지낼 때는 분향하기 전에 참신부터 한다.

⑨ 강신(降神)

주인이 신위를 향해 읍한다. 남자집사 1인은 강신잔반을 들고 주인의 서쪽에 앞에 동향해 서고, 1인은 술병을 열고 행주로 닦은 후 주전자에 술을 따르고 그 주전자를 들고 주인의 동쪽 앞에서 서향해 선다. 주인과 집사, 주인이 함께 꿇어앉는다. 서(西)집사가 강신잔을 주인에게 주고, 동(東)집사가 강신잔에 술을 따른다. 주인이 왼손으로 잔대를 잡고 오른손으로 잔을 집어 모사기에 세 번에 나누어 모두 지운다. 만일 잔대에 흘려진

술이 있으면 퇴주기에 쏟는다. 주인은 강신잔반을 서(西)집사에게 돌려 준다. 주인과 집사, 3인이 모두 일어난다. 집사는 주전자와 강신잔반을 원자리에 갖다 놓고, 주인은 재배한다. 모두 제자리로 돌아 간다.

⑩ 참신(參神)

신주지방은 조상의 신이 깃드실 자리였고, 분향해서 천상에 계신 조상의 신이 강림하셨으며 강신을 함으로써 지하에 계실지도 모를 조상의 신이 신위에 임하셨을 것이므로 신주·지방이 곧 조상의 신으로 간주되는 것이다. 주인, 주부 이하 모두 배례한다.

⑪ 진찬(進饌)

주인과 주부는 제상의 서쪽에 서고 남자집사는 육전과 초간장, 여자집사는 면을 받들어 오면 주인은 육전과 초간장을 올리고 주부가 면을 올린다. 주인과 주부가 제상의 동(東)쪽으로 옮겨 서고, 남자집사는 어전을, 여자집사는 편(떡)과 편청(설탕)을 받들어 오면 주인이 어전을 올리고 주부가 편과 편청을 올린다. 주부가 제상의 서쪽으로 옮겨서고, 남자집사는 갱(국)을 받들고 여자집사는 메(밥)을 받들어 오면 주인은 고위의 갱, 비위의 갱 순으로 올리며, 주부는 고위의 메, 비위의 메순으로 올린다. 기타 참사자들이 면과 편 사이에 탕을 올린다. 모두 제자리에 돌아가 선다.

⑫ 초헌(初獻)·독축(讀祝)

첫 번째 잔을 올리는 순서이다. 주인이 한다. 주인이 향안의 남쪽 배석에 나아가 신위에게 읍한다. 남자집사 1인이 주전자를 들고 주인의 동쪽 앞에 서향해 선다. 주인이 제상의 서쪽으로 가서 고위의 잔반을 들고 향안 앞에서 동(東)쪽을 향해 집사와 마주선다. 집사가 잔에 술을 가득 따르고 주인은 잔반을 원자리에 올린다. 이어서 주인이 비위의 잔반을 고위의 잔반과 같이 올린다. 주인이 향안의 남쪽 앞에서 북향해 선다. 동(東)집사는 주전자를 원자리에 놓고 서(西)집사는 고위의 잔반을 받들어 주인의 서쪽 앞에 동향해 서고 동(東)집사는 비위의 잔반을 받들어 주인의 동쪽 앞에 서향해 선다. 주인과 집사, 3인이 함께 꿇어앉는다. 주인이 고위의 잔반을 받아 왼손으로 잔대를 잡고 오른손으로 잔을 집어 모사기에 조금씩 세 번 지우고 만일 잔대에 흘린 술이 있으면 퇴주기에 쏟은 다음 잔반을 집사에게 준다. 서(西)집사는 고위의 잔반을 원자리에 받들어 올린다(술잔을 향로 위에서 돌리지 않는다. 아헌, 종헌도 같다). 이어서 비위의 잔반을 고위의 잔반과 같이 한다. 집사는 제자리로 돌아가고 주인은 일어난다. 다른 참사자가 집사의 협조를 받아 육적과 소금을 받들어 올린다. 집사가 메·갱 등 모든 제수의 뚜껑을 열어 각기 그 남쪽에 놓는다. 독축자가 축판을 들고 주인의 서쪽 앞에 신위를 향해 선다. 주인 이하 모두 꿇어앉는다. 독축자가 축문을 큰 소리로 읽는다. 독축자가 따로 없으면 주인이 직접 읽는다. 읽기가 끝나면 축판을 제상 서남쪽의 소탁 위에 올려놓는다. 독축자가 먼저 일어나 제자리로 돌아가서 꿇어앉는다. 모두 엎드려 고인을 추모한다. 고례에는 곡(哭)을 했다. 추모의 묵념이 끝나는 대로 모두 일어난다. 주인이 일어나 재배하고 제자리로 돌아가 선다. 집사 1인이 퇴주기를 들고 향안 앞에 북향해 서고 집사가 서동으로 나뉘어 고위와 비위의 잔반을 가져다가 퇴주기에 쏟은 다음 잔반을 원자리에 놓는다. 퇴주기도 원자리에 놓는다. 집사가 육적을 퇴한다. 수금은 그대로 둔다.

⑬ 아헌(亞獻)

두 번째 잔을 올리는 순서이다. 주부가 하는 것이 원칙이고 피치못 할 경우에는 주인의 동생이 하기도 한다. 여자가 아헌을 할 때의 집사는 여자가 한다. 모든 절차는 초헌 때와 같으나 독축을 하지 말고, 육적 대신 어적을 올린다. 주부가 아헌하고 절할 때는 4배한다.

⑭ 종헌(終獻)

세 번째 잔을 올리는 순서이다. 주인과 주부 다음의 어른이나 특별한 참사자가 한다. 모든 절차는 아헌 때와 같으나 계적을 올린다. 마지막의 잔 비우기와 계적 퇴하기는 아니한다.

⑮ 유식(侑食)

주인과 주부가 향안 앞의 배석에 나와 북향해 선다. 주부가 아헌하지 않았을 경우에는 주인만 나와 선다. 주인이 신위를 향해 읍한다. 주인이 주전자를 들고 고위의 잔반에 술을 가득 채우고 이어서 비위의 잔에도 첨작하고, 주전자를 원자리에 놓는다. 주부가 고위의 숟가락을 고위의 메그릇 중심에 숟가락 안쪽이 동(東)이 되게 깊이 꽂고, 고위의 젓가락을 골라 손잡이가 서쪽이 되게 시접 위 북쪽에 걸쳐 놓는다. 이어서 비위의 숟가락을 꽂고 젓가락을 시접 위 남쪽에 걸친다. 이 때 수저로 시접바닥을 굴러서 때리지 않고 조용히 한다. 주인과 삽시정저한 사람이 신위를 향해 절한다(남자는 재배, 여자는 4배).

⑯ 합문(闔門)

독축자가 모든 문을 닫는다. 주인 이하 모든 사람이 밖으로 나아가 남자는 문앞의 동쪽에서 서향해 서고, 여자는 서쪽에서 동향해 선다. 나이가 많은 노약자는 별실에서 쉰다. 구식경(아홉숟갈 먹을 동안, 약 7~8분간)을 그렇게 서 있는다. 이 때 잡담하며 서성이지 말고 경건하게 공수하고 시립(侍立)해 있어야 한다. 주인과 주부가 문에서 제일 가까이 선다.

⑰ 계문(啓門)

독축자가 문 앞에 서서 "어흠, 어흠, 어흠" 세 번 기침하고 문을 연다. 모두 들어가 제자리에 선다.

⑱ 진다(進茶)

주부가 고위와 비위의 갱(국)을 퇴하고, 집사가 받들어 온 숭늉을 고위, 비위 순으로 올린다. 숭늉은 맑은 물에 몇 알의 밥을 띄운 것이다. 잠시 시립해 섰다가 주부가 고위의 숟가락을 메에서 뽑아 시접에 담고 고위의 젓가락을 내려놓는다. 이어서 비위의 수저도 그렇게 한다. 모든 제수그릇의 뚜껑을 덮는다. 이 때 밥을 떠서 숭늉에 말지 않는다. 주인과 주부가 제자리에 선다.

⑲ 사신(辭神)

주인 이하 모든 참사자가 남자는 재배, 여자는 4배한다.

⑳ 납주 · 분축(納主 · 焚祝)

신주를 모셨을 때는 신주의 뚜껑을 덮어 사당으로 모신다. 사진을 모셨을 때는 사진을 원자리로 모신다. 지방을 모셨을 때는 독축자가 축문과 함께 태워 향로에 재를 담는다.

㉑ 철찬(撤饌)

제상 위의 제수를 내려서 치운다.

㉒ 음복(飮福)

기제사에 참사한 모두가 세사음식을 나누어 먹는다. 이 때 집안의 어른은 돌아가신 조상에 대한 유덕(遺德), 고사(故事), 일화(逸話) 등을 되새겨 후세들에게 가정과 조상에 대해 자랑과 긍지를 갖게 한다. 육성녹음 자료나 비디오 테이프로 생전의 모습을 볼 수도 있다.

6) 제수(祭需)

제사에 쓰이는 제물을 가리키며 제찬(祭粲)이라고도 한다. 제수음식 장만은 형식에 치우치기보다 정성스럽게 형편에 맞게 하는 것이 좋다.

① 메(飯) : 밥. 추석절 제사에는 송편으로, 연시제에는 떡국으로 대신한다.

② 면(麪) : 국수

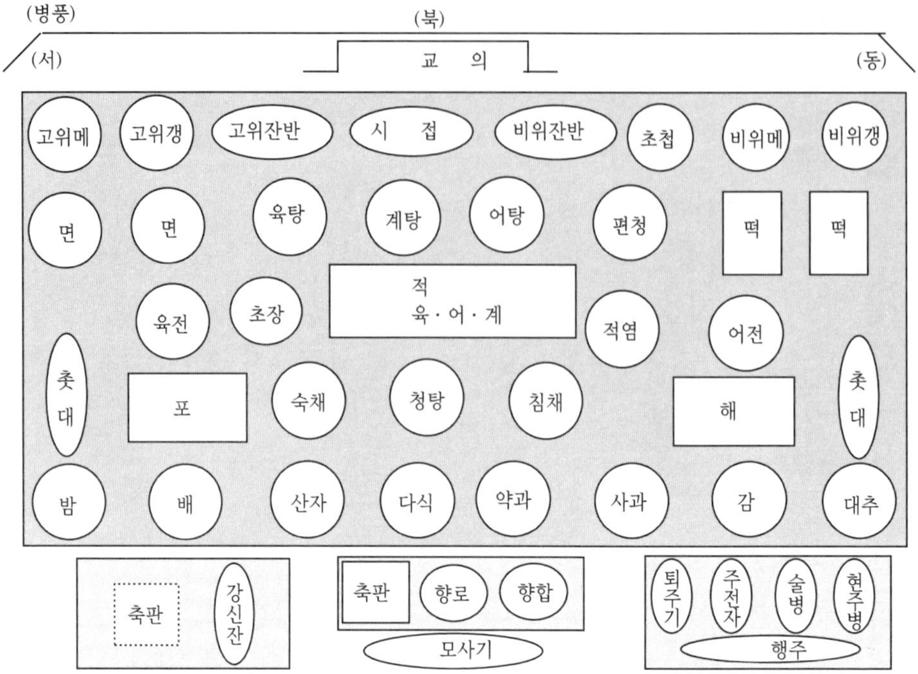

〈그림 20〉 일반적인 제찬도

③ 병(餠) : 떡. 설기는 안 하고 백편으로 한다.

④ 삼탕(三湯) : 육탕(肉湯), 소탕(素湯), 어탕(魚湯)

⑤ 삼적(三炙) : 육적(肉炙), 소적(素炙), 어적(魚炙)

⑥ 채소(菜蔬) 및 숙채(熟菜) : 삼색 나물(시금치, 고사리, 도라지)

⑦ 침채(沈菜) : 동치미

⑧ 청장(淸醬) : 간장

⑨ 식해(食醢) : 젓갈

⑩ 포(脯) : 북어, 건대구, 건문어, 건전복, 건상어, 육포 등

⑪ 갱(羹) : 국

⑫ 유과류 : 약과, 산자(흰색), 강정(검은 깨)

⑬ 당속(糖屬) : 흰색 사탕(오화당, 옥춘, 원당, 빙당, 매화당)

⑭ 다식(茶食) : 녹말다식, 송화다식, 흑임자다식

⑮ 정과(正果) : 연근, 정과, 생강정과, 유자정과

⑯ 과실(果實) : 대추, 밤, 배, 사과, 감(곶감)

⑰ 제주(祭酒) : 청주

⑱ 경수(硬水) : 숭늉

7) 제수 만드는 방법

① 육탕(肉湯)

깨끗이 씻은 양지머리를 냄비에 넣고 물을 10컵 정도 붓는다. 무도 통째로 넣어서 은근한 불에 무가 부드럽게 익을 정도로 1시간 가량 끓인다. 고기와 무를 건지고 국물은 어레미에 면보를 세 겹 정도 깔고 내려서 기름을 깨끗이 걷어 낸다. 쇠고기와 무는 사방 3cm 크기에 1cm 두께로 큼직하게 썰어서 다시 냄비에 넣고 육수를 부은 다음 간장으로 간을 맞춘다. 어슷썰기한 파를 넣고 끓인 다음 탕기에 담아 낸다.

② 소탕(素湯)

두부를 1cm 두께로 썰어서 네모지게 잘라 놓는다. 다시마는 마른 헝겊으로 깨끗이 닦아서 냄비에 넣고 물 5컵을 부어서 끓이다가 다시마를 건지고 간장으로 간을 맞춘다. 건진 다시마는 사방 3cm 정도로 썰어 놓는다. 다시마 국물에 두부를 넣고 끓으면 어슷썰기 한 파를 넣는다. 다시 국물이 끓으면 다시마를 얹고, 한소끔 오르면 불에서 내린다.

③ 어탕(魚湯)

조기(또는 민어)는 비늘을 긁고 내장을 뺀 다음 깨끗이 씻어서 4cm 크기로 도막친다. 다시마는 마른 헝겊으로 깨끗이 닦아서 냄비에 넣고 물 5컵을 부어 끓인다. 5분 정도 끓으면 다시마는 건지고 간장으로 간을 맞춘 다음 조기를 넣고 끓인다. 10분 후에 어슷썰기 한 파를 넣는다. 건진 다시마를 사방 3cm 크기로 썰어 냄비에 넣고 한 번만 끓으면 불을 끈다. 탕기에 조기와 국물을 담고 위에 다시마를 곁들인다.

④ 쇠고기적(肉炙)

쇠고기를 1cm 두께로 넓적하게 포를 떠서 잔 칼집을 앞뒤로 내 고기의 결을 끊어 준 다음 부드럽게 만든다. 손질한 고기를 우묵한 그릇에 담아 간장, 설탕, 파, 깨소금, 청주, 참기름 등 갖은 양념에 1시간 정도 재었다가 석쇠에 굽는다.

⑤ 두부적(素炙)

두부를 1cm 두께로 썰어 소금을 약간 뿌려 둔 뒤 프라이팬에 기름을 두르고 약한 불에 지져 낸다.

⑥ 조기구이(魚炙)

조기는 비늘을 긁고 아가미와 내장을 떼어낸 후 깨끗이 씻어 소금을 약간 뿌려 놓는다. 조기가 꾸들꾸들해지면 불에서 노릇노릇하게 구워 낸다.

⑦ 동태전

동태는 비늘을 긁고 머리와 내장을 빼내고 껍질을 벗긴 다음 넓적하게 포를 떠서 소금을 조금 뿌려 놓는다. 생선에 밀가루와 달걀 옷을 입힌 뒤 프라이팬에 기름을 두르고 약한 불에서 지져 낸다.

8) 제기(祭器)와 제구(祭具)

제사 때 사용하는 여러 가지 제기와 제구는 평소에 일정한 곳에 모두 모아 두었다가 제사 전날 꺼내 깨끗이 닦아 쓰도록 한다.

① 제상(祭床) : 제수를 진열해 놓는 상
② 교의(交椅) : 신주나 혼백함을 올려놓는 의자
③ 향탁(香卓) : 향로와 향합을 올려놓는 작은상
④ 병풍 : 글씨로 된 병풍으로 준비하여 제상 뒤에 친다.
⑤ 돗자리 : 두 장을 준비하여 하나는 제상 밑에 깔고, 다른 하나는 제상 앞에 깐다.
⑥ 향로(香爐) : 향을 피우는 작은 화로
⑦ 향합(香盒) : 향을 담는 작은 그릇
⑧ 모사기(茅沙器) : 모래와 띠의 묶음인 모사를 담는 그릇으로 보시기와 같이 생겼다.
⑨ 촛대 : 두 개를 준비한다.
⑩ 주독(主櫝) : 신주를 모시어 두는 나무 궤
⑪ 신주(神主) : 죽은 사람의 위패(位牌), 고인의 위(位)를 모시는 나무패로서 대개 밤나무로 만든다. 길이는 8치(약 24cm), 너비는 2치(약 6cm) 정도. 나무 대신 종이로 만든 신주를 지방(紙榜)이라 한다.
⑫ 축판(祝板) : 축문(祝文)을 올려놓는 판
⑬ 변(籩) : 실과와 건육을 담는 제기. 원래 대나무로 굽을 높게 엮어서 만들었다.
⑭ 두(豆) : 김치, 젓갈 등을 담는 제기. 굽이 높고 뚜껑이 있다.

⑮ 병대 : 떡을 담는 제기. 위 판은 사각형

⑯ 적대 : 적을 올리는 제기. 나무로 만들고 발이 달렸다.

⑰ 조(俎) : 고기를 담는 제기. 나무로 만들고 발이 달렸다. 위 판은 직사각형

⑱ 탕기(湯器) : 국을 담는 제기

⑲ 시접(匙楪) : 수저를 올려놓는 제기

⑳ 주주 : 술 주전자

㉓ 주병(酒甁) : 술병

㉒ 주배(酒杯) : 술잔. 잔대(잔받침)가 반드시 있어야 한다.

㉓ 퇴주그릇 : 헌작한 술을 물릴 때 따라 붓는 그릇

9) 제찬도(祭粲圖)

(1) 주자가례 제찬도

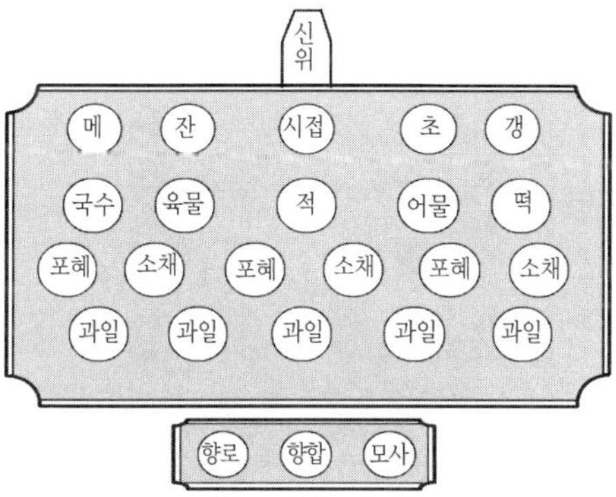

※제수진설 원칙

① 조율시이(棗栗柿梨) : 왼쪽에서부터 대추 · 밤 · 감 · 배의 순으로 놓는다.

② 홍동백서(紅東白西) : 붉은색 과일은 동쪽에, 흰색 과일은 서쪽에 놓는다.

③ 생동숙서(生東熟西) : 김치는 동쪽에, 나물은 서쪽에 놓는다.

④ 좌포우해(左脯右醢) : 포는 왼쪽에, 젓갈은 오른쪽에 놓는다.

⑤ 어동육서(魚東肉西) : 생선은 동쪽에, 육류는 서쪽에 놓는다.

⑥ 두동미서(頭東尾西) : 생선의 머리는 동쪽으로, 꼬리는 서쪽으로 놓는다.

⑦ 건좌습우(乾左濕右) : 마른 것은 왼쪽에, 젖은 것은 오른쪽에 놓는다.

⑧ 접동잔서(楪東盞西) : 접시는 동쪽에, 잔은 서쪽에 놓는다.

⑨ 우반좌갱(右飯左羹) : 밥은 오른쪽에, 국은 왼쪽에 놓는다.

⑩ 남좌여우(男左女右) : 제상의 왼쪽에 남자가, 오른쪽에 여자가 선다.

(2) 시제에서의 제찬도

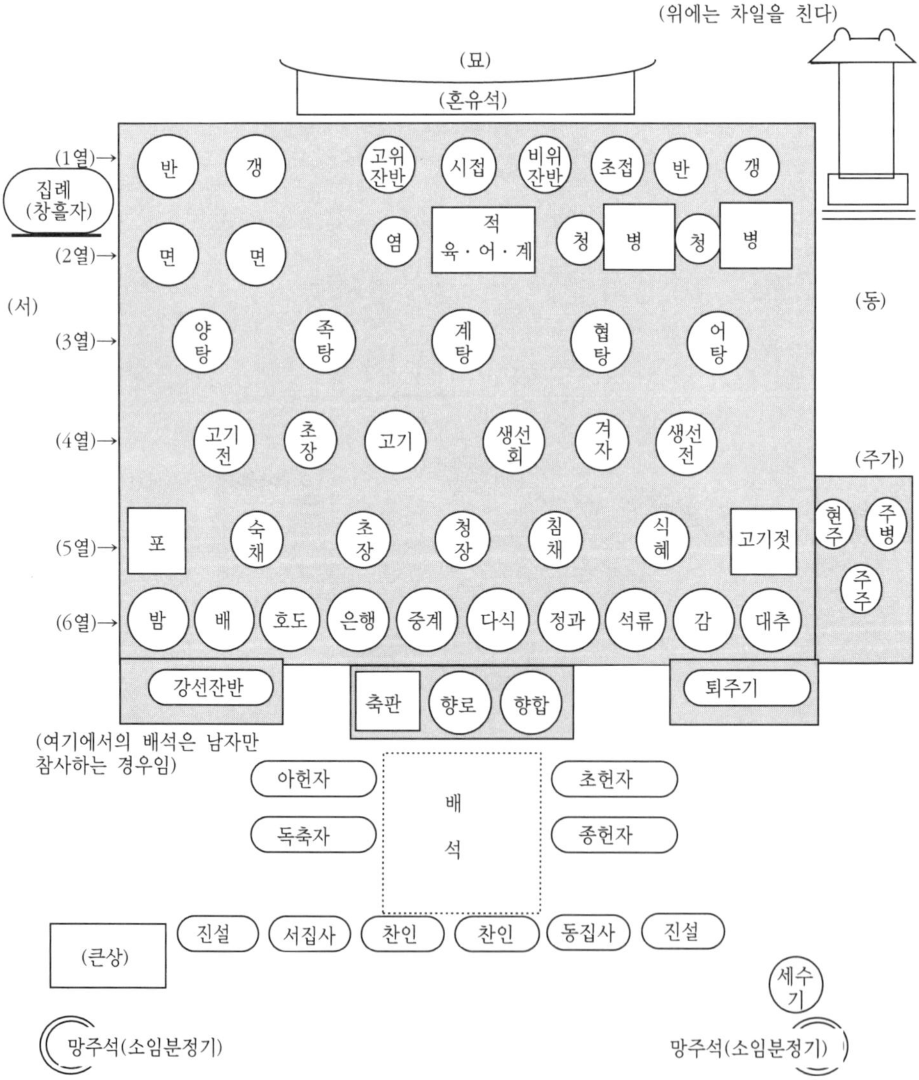

(3) 율곡 격몽요결 제찬도

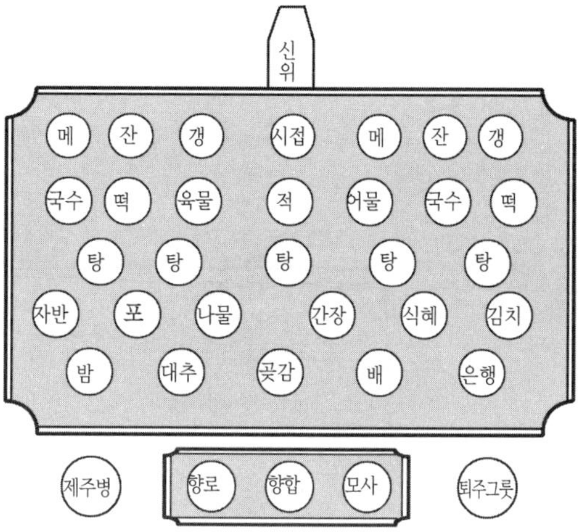

〈두 분을 모실때〉

(4) 가정의례준칙 제찬도

〈한 분을 모실 때〉

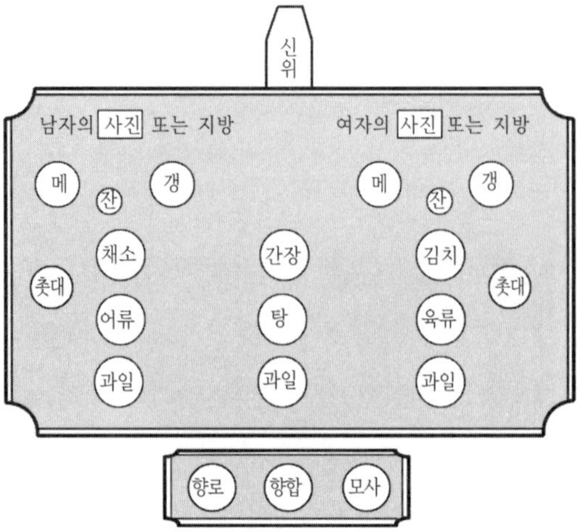

〈두 분을 모실 때〉

10) 전통식 紙榜 쓰는 법

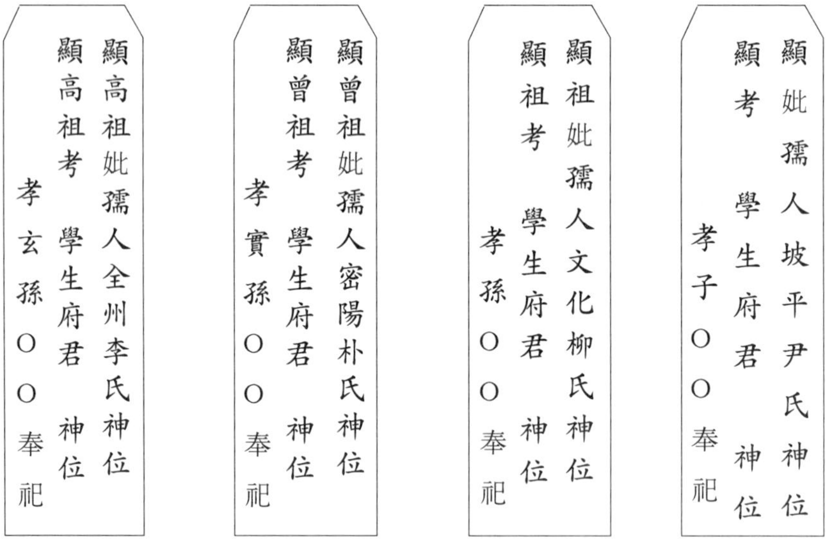

고조부모 증조부모 조부모 부모

顯伯母孺人光山金氏
顯伯父學生府君神位

백부모

顯辟學生府君神位

남편

亡室孺人海州吳氏神位

아내

顯兄嫂孺人全州李氏神位
顯兄學生府君神位

형과형수

한 위패에 벼슬이 있는 고·비위를 함께 쓰는 요령을 예시한다.

顯高祖妣淑人全州李氏 神位
顯高祖考通訓大夫行恩澤顯監府君 神位
孝玄孫○○奉祀

고조부모

顯曾祖妣孺人密陽朴氏 神位
顯曾祖考通仕郎都事夫君 神位
孝實孫○○奉祀

증조부모

顯祖妣夫人全州李氏 神位
顯祖考主事始興洞長府君 神位
孝孫○○奉祀

조부모

顯妣孺人事務官全州李氏 神位
顯考書記官禮山郡守府君 神位
孝子○○奉祀

부모

故室夫人主事世道面行政係長全州李氏 神位
夫○○奉祀

아내

11) 축문

축문(祝文)은 제례를 받드는 자손이 제례를 받으시는 조상에게 제사의 연유와 정성스러운 감회, 그리고 간략하나마 마련한 제수를 권하는 글이다.

살아 계신 어른에게 색다른 음식을 올릴 때도 의당 "무슨 날이기 때문에 누가 누구를 위하여 음식을 드리니 많이 잡수시라"고 말씀을 여쭐 것이다. 이런 것을 돌아가신 어른에게 올리면서 그 연유를 고(告)하지 않을 수 없을 것이다.

(1) 작축(作祝)과 수축(修祝)

축의 글을 짓는 것을 작축(作祝)이라 하고 정갈한 종이에 축문을 쓰는 것을 '축을 닦는다'고 하여 수축(修祝)이라 한다. '쓴다'고 하지 않고 '닦는다'고 하는 까닭은 그만큼 정성을 다해 공경스러운 마음으로 써야 한다는 뜻에서이다.

① 작축(作祝)

축문의 내용은 '언제' '누가' '누구에게' '무슨 일로' '무엇을' 하니 '어떻게 하십시요'라는 줄거리이다. 1년에 한번 돌아가신 날에 지내는 조상의 제사 때 지난 1년간에 있었던 일을 낱낱이 고하고 싶은 것이 조상을 위하는 자손의 심정이겠지만 고례에 의해 사당(祠堂)을 모실 때는 유사즉고(有事則告)라고 해서 일이 있을 때마다 고했으므로 돌아가신 날의 제사에는 추모하는 내용만 기록했었다. 때문에 일정한 서식이 있어서 날짜와 봉사자, 그리고 대상만을 사실대로 써 넣으면 되었다.

근래는 조상의 신위를 모시는 사당이 없는 경우가 많아서 일이 있을 때마다 고하지 못했으니까 기제사에 지난 한해 동안에 일을 조상에게 고하는 내용의 문구를 축문에 써 넣는 것이 마땅하다고 생각된다.

② 수축(修祝)

축문은 전통적인 방법에 따라 흰 한지에 붓으로 내려 쓰는 것이 좋지만 그만한 기구가 없으면 흰 종이에 다른 필기구로 써도 된다. 다만 잡담을 하거나 담배를 피우면서 또는 술을 마시면서 아무렇게나 써 버리는 불경스러운 태도는 안 된다. 복장을 단정히 하고 주변을 정돈한 다음 공경을 다해 정성스럽게 써야 한다.

종이의 규격은 축문의 길이에 따라 다르겠지만 대략 24cm 정도의 폭에다 읽기 쉬운 크기로 쓴다. 주의할 점은 제사를 받드는 봉사손보다 웃어른을 표기하는 첫글자는 다른 줄의 첫글자보다 한 자 정도 높게 쓴다.

예를 들어, 신위를 표시하는 첫 자, 신위의 가상적인 행동 등을 표시할 때는 한 자를 올려 시작한다.

(2) 축문의 내용

고례에 의한 아버지의 기일에 고비위(考妣位) 합사(合祀)의 축문을 예시하면 다음과 같다.

이 경우 연호를 단기 4320년, 세차의 간지를 정묘(丁卯), 월일을 음력 7월 9일로 해서 초하루의 일진을 을사, 9일의 일진을 계축, 제사 지내는 아들의 이름을 갑동, 아버지의 벼슬을 서기관 예산군수, 어머니의 작호와 본관 성씨를 부인 전주이씨로 가정해서 쓰면 다음과 같이 된다.

維(유)
年號(연호) 歲次(세차) (干支)(육갑) 0月(몇월) (干支)(육갑) 朔(삭) 00日(몇몇일)
(干支)(육갑) 孝子(효자) (00)(이름) 敢昭告于(감소고우)
顯考(현고) (某官)(벼슬) 府君(부군)
顯妣(현비) (爵號)(작호) 某封某氏(본관성씨) 歲序遷易(세서천역)
顯考(현고) 某官(벼슬) 府君(부군) 諱日復臨(휘일부림) 追遠感時(추원감시)
昊天罔極(호천망극) 謹以(근이) 淸酌庶羞(청작서수) 恭伸奠獻(공신전헌) 尙(상)
饗(향)

"아뢰나이다.

단군기원 4320년 정묘의 해, 초하루 일진이 을사인 음력 7월의 초아흐레 계축에 맏아들 갑동은 돌아가신 아버님 서기관 예산군수 어른과 돌아가신 어머님 부인 전주이씨 앞에 감히 고하나이다. 해의 차례가 바뀌어 돌아가신 아버님 서기관 예산군수 어른께서 돌아가신 날을 다시 당하오니 돌이켜 추모하옵는 마음 하늘과 같이 높고 넓어 끝간데를 모르겠나이다. 삼가 맑은 술과 간략한 제수를 차려 정성을 다해 제사드리오니 흠향하시옵소서."

維유

단군기원사천삼백이십년 세차정묘 칠월을사
檀君紀元四千三百二十年 歲次丁卯 七月乙巳

삭 초구일계축 효자갑동감소고우
朔 初九日癸丑 孝子甲童敢昭告于

현고서기관예산군수부군
顯考書記官禮山郡守父君

현고부인 전주이씨 세서천역
顯考夫人 全州李氏 歲序遷易

현고서기관예산군수부군 휘일부림 추원감시
顯考書記官禮山郡守父君 諱日復臨 追遠感時

호천망극 근이 청작서수 공신전헌 상
昊天罔極 謹以 淸酌庶羞 恭伸奠獻 尙

饗향

(3) 경우에 따른 응용축문

① 부모가 아니고 조부모의 제사일 때는 효자를 '효손', 증조부모에는 '효증손' 고조부모에는 '효현손'이라고 쓴다. 만일 제사 지내는 자손이 '맏'이가 아니면 '효'자를 빼야 한다. 고조의 제사를 고손이라고 쓰지 않고 '효손'이라고 쓰는 까닭은 아랫사람에게 높다는 뜻의 '고(高)'자를 쓸 수 없어서 '멀다', '아득하다'는 뜻인 '현(玄)'자를 쓰는 것이다. 아내의 제사는 '부(夫)'라고 쓰고, 아들의 제사는 '부(父)'라 쓴다.

② 제사를 받으시는 조상의 표시는 지방쓸 때와 같이 사실대로 고쳐 쓴다. '현고 · 비'의 고 · 비대신 조부모는 '고조', '조비'라고 쓰고, 증조부모는 '증고조', '증조비'라 쓰고, 고조부모는 '고조고', '고조비'라 쓰고, 아내에게는 '현'을 쓰지 않고 '고실', '망실'이라 쓴다. 아들에게는 '망자수재'라 쓰고 '부군'을 쓰지 않는다.

③ '감소고우'도 아내의 제사에는 '감'자를 쓰지 않고 그냥 '고소우'라 쓰고, 아들의 제사는 '고우'라고만 쓴다.

④ 아내나 아들의 제사에는 '휘일부림(諱日復臨)'을 '망일부지(亡日復至)'라고 고쳐 쓴다.

⑤ '휘일부림(諱日復臨)'위의 표시는 실제 기일이 된 조상을 쓴다. 앞에 예시한 축문은 아버지의 기일이기 때문에 아버지를 썼지만 만일 어머니의 기일이면 어머니를 써야 한다.

⑥ 부모가 아니고 조부모 이상의 조상의 제사에는 '호천망극(昊天罔極)'을 '불승영모(不勝永模)(깊이 사모하옵는 마음을 이기지 못하겠나이다)'로 고친다

⑦ 아내 이하의 제사에는 '추언감시 호천망극(追遠感時 昊天罔極)' 8자를 빼고 '불승감(不勝感, 슬픈마음을 이기지 못한다)' 라고만 쓴다.

⑧ 아내 이하의 제사에는 '근이'를 '자이'로 고친다.

⑨ 아내 이하의 제사에는 '공신전헌'을 '신차전의'라고 쓴다.

⑩ 제사 지낼 '효자'나 '효손'이 연고가 있어 다른 사람이 대신 지낼 때는 '효자 OO' 다음에 무슨 연고로 누구를 시켜 지낸다고 쓴다.

⑪ '연호'에 대해서는 근래 일반적으로 쓰지 않는 것이 상식화되었다. 그러나 일제 식민하에서는 우리의 연호가 없었고, 일제의 연호를 쓰기가 부끄러워 쓰지 않았지만 광복해 국권을 되찾은 현대는 반드시 연호를 써야 하다.
외국과의 거래관계상 공용문서에는 '서기'를 쓰고 있지만 순수한 우리의 의례인 제례의 축문에는 우리의 연호인 '단군기원'을 쓰는 것도 바람직하다.

(4) 현대의 축문작법

전항에서 본바와 같이 고례의 축문은 순한문식으로 되었으며, 날짜를 음력으로 표시하고, 천간지지(天干地支, 육갑)로 된 태세간지(太歲干支), 삭일간지(朔日干支), 일진(日辰)을 쓰는 등 현대인이 사용하기가 어렵다는 지적이 있다.

문제되는 몇 가지와 개선 방향을 예시하면 다음과 같다.

① 문자와 용어

물론 이 정도의 한자와 한문용어는 알아듣도록 배워야 하겠지만, 교육제도상으로 한자교육이 제한받는 여건 속에서는 쉽지 않다. 한글세대도 충분히 알도록 국한문 혼용도 좋고 순 우리말의 축문도 무방하다. 다만 반드시 축문을 지어서 읽는다는 기본 정신은 지켜야 할 것이다.

② 연호

연호는 '서기'를 쓰는 것도 좋다.

③ 음력과 양력

고례의 축문양식이 지어질 때는 양력이 없고 음력만 있는 시대였다. 엄격한 의미로 말하면 돌아가신 날의 제사가 사실에 가까우려면 음력보다도 양력이 더 정확하다. 실례를 들어 음력은 3년에 1개월씩의 오차가 있지만 양력은 3년에 1일밖에 오차가 없다. 다만 웃대의 기일을 양력으로 하려면 실제로 돌아가신 해의 양력일자를 정확히 알아서 해야 그 본뜻이 살아날 것이다.

④ 간지(干支)

천간지지(天干地支) 24자로 엮어지는 간지는 옛날에 날짜표시를 숫자보다 간지로 하는 경향이 있었기 때문에 초하루의 간지를 쓰고 그 날의 일진을 써야 날짜를 알 수 있었던 것이다. 따라서 일자를 숫자로 표시하는 경우는 간지를 쓸 필요가 없다.

따라서 음력으로 제사를 지낼 때는 고례대로 간지를 쓰고, 양력으로 지낼 때는 숫자로만 월일을 표시하는 것도 무방하다고 본다.

⑤ 특기사항 삽입

만일 지난 1년 동안에 있었던 일로 조상에게 고해야 할 일(혼인, 출생, 사망 등)들을 써 넣어 고하는 것도 무방하다. 다만 사당이 있거나, 사당이 없더라도 그 때마다 위패를 모시고 고하는 행사를 치렀으면 그럴 필요가 없다. 만일 특기사항을 삽입하려면 '호천망극'과 '근이' 사이에 넣는 것이 좋을 것이다.

(5) 현대 축문의 예시

① 양력으로 지내는 한문서식(큰며느리를 보았음을 함께 고하는 경우)

② 국한문 혼용서식

維(유)
檀君紀元(단군기원) 四千三百二十年(사천삼백이십년) 九月(구월) 一日(일일) 孝子甲(효자갑)
童敢昭告于(동감소고우)
顯考(현고) 書記官(서기관) 禮山郡守(예산군수) 父君(부군)
顯妣(현비) 夫人(부인) 全州李氏(전주이씨) 歲序遷易(세서천역)
顯考(현고) 書記官(서기관) 禮山郡守(예산군수) 父君(부군) 諱日復臨(휘일부림) 追遠(추원)
感時(감시) 昊天罔極(호천망극) 伏惟(복유) 長子淳植(장자순식) 去年(거년) 十月(시월)
十五日(십오일) 娶安東金氏(취안동김씨) 得配虔告(득배건고) 謹以(근이) 淸酌庶(청작서)
羞(수) 恭伸奠獻(공신전헌) 尚(상)
饗(향)

"아뢰나이다.

단군기원 4320년 9월 1일에 맏아들 갑동은 아버님 서기관 예산군수 신위와 어머님 부인 전주이씨 신위 앞에 감히 고하나이다. 해가 바뀌어 아버님 서기관 예산군수께서 돌아가신 날을 다시 당하오니 돌이켜 추모하옵는 마음 하늘과 같이 높고 넓어 끝간데를 모르겠나이다. 엎드려 여쭙건대 지난해 10월 15일에 큰자식 순식이 안동김씨에게 장가들어 짝을지었기에 정성을 모아 고하나이다. 삼가 맑은 술과 간략한 제수를 차려 정성을 다해 제사 드리오니 흠향하시옵소서."

※(여기에서도 며느리 본 것을 고하지 않으려면 '엎드려 여쭙건데'부터 '고하나이다'까지를 빼면 될 것이다.)

(6) 축문의 관리

○ 축판에 붙인다 : 축문을 지어 다 썼으면 뚜껑이 있는 축판에 반듯하게 붙여서 정갈한 곳에 모신다.

○ 서식을 보관한다 : 매년 제사 때마다 내용과 서식이 바뀌는 일이 없도록 서식을 따로 적어 두어 매년 같은 서식으로 쓰도록 한다(다만 고례서식은 간지(干支)를 해마다 고쳐써야 할 것이다).

제7절 기타 예절

1) 가족의 호칭

(1) 아버지와 아들

(가) 자기의 아버지를 말할 때

아들이 아버지를 '아버님'이라고 부르는 사람이 의외로 많다. 그렇다면 친구에게 그 아버지를 말할 때는 어떻게 할 것인가를 생각해야 할 것이다.

① 아버지를 직접 부를 때

'아버지'라고 한다. '아버님'은 남의 아버지를 말하는 것이지 나의 아버지가 아니다. '아빠'라고 부르는 것은 초등학교에 취학하기 전의 어릴 때 배우는 말이지 말을 배운 뒤의 호칭은 아니다.

② 아버지를 편지(글)에 쓸 때

'아버님'이라고 쓴다. "아버님께 올립니다", "아버님 읽으세요", 이것은 옛 글투의 "父主前 上書(부주전 상서)"와 같은 뜻이 된다. "아버님께 올리나이다"라고 써도 된다. 이것은 "父主前 上白是(부주전 상백시)"와 같은 뜻이다. '니다'는 입으로 말할 때의 말씨이고 '나이다'는 글로 쓰는 높임말씨라 할 것이다.

③ 아버지를 일가친척에게 말할 때

'아버지'라고 한다. 일가친척에게 말할 때는 그렇지 않은 남에게 말할 때와는 다르다.

④ 아버지를 남에게 말할 때

말을 듣는 상대가 내가 높여야 할 윗사람이면 '저의 아버지'이고 나와 같은 또래이거나 아랫사람이면 '나의 아버지'라고 한다. 자기의 아버지를 높여서 '님'을 붙이는 것은 옳지 않다. 漢文式으로는 여러 가지가 전하지만 '家親(가친)'이라고 말한다. '우리 집의 어버이'라는 뜻이다.

⑤ 죽은 아버지를 말할 때

죽은 아버지는 살아 계신 아버지에게 편지 쓸 때와 같다. "아버님 신위"라고 지방은 쓰고, 축문에는 "아버님께서 돌아가신 날을 다시 당하니……"라고 쓰면 된다.

한문식으로 축문이나 지방을 쓸 때는 '顯考(현고)'라고 쓴다. 顯(현)은 높다, 밝다, 나타내다의 뜻이고, 考(고)는 죽은 아버지라는 뜻이다. 집안 가족간에 죽은 아버지를 말할 때는 살았을 때와 같이 '아버지'라고 말하면 되고, 집안이 아닌 남에게 말할 때는 '돌아가신 저의 아버지', '돌아가신 나의 아버지'라고 하며, 한문식으로 말하려면 여러 가지가 전하지만 '先考(선고)' 또는 '先親(선친)'이라고 하면 된다. '선고'나 '선친'이나 모두 돌아가신 아버지라는 뜻이다. 다만 '선고'를 쓸 때는 그냥 '선고'라고 말하지만 '선친'을 쓸 때는 '나의 선친' 또는 '저의 선친'이라고 자기를 표시해야 된다. 그 까닭은 상대방과 대화 도중에 제 3자의 죽은 아버지를 말할 때도 '○○의 선친'이라고 하기 때문에 구분하기 위해서이다.

(나) 남의 아버지를 말할 때

① 친구의 아버지에게 직접 말할 때

근래 친구의 아버지를 부를 때 '아버님'이라고 하는 사람이 있는 데 크게 혼동이 오는 호칭이다. '아버님'이란 상대의 아버지를 말하는 것이므로, 친구의 아버지에게 '아버님'이라 하면 '친구 아버지의 아버지'라는 말이 된다. 때문에 친구의 아버지를 직접 부를 때는 '어르신네'라고 해야 한다.

② 남에게 그 아버지를 말할 때

'아버님', '자네 아버님', '댁의 아버님'. '선생님의 아버님'이라고 하면 된다. 상대방의 아버지가 나의 아랫사람일 때는 '님'을 붙일 수 없다. 그러니까 '너의 아버지', '자네의 아버지'라고 해야 한다. 또 '자네 어른', '너의 어른'이라고 말하기도 한다.

손자에게 그 애비인 나의 아들을 말할 때는 보통보다도 낮춰서 말한다. '애비', '너의 애비'라고 하는 것이다. 한문식으로 남의 아버지를 말하는 방법은 여러 가지가 있지만 '椿父丈(춘부장)'이 대표적이다. 椿(춘)은 수명이 긴 참죽나무·대추나무로서 '오래 산다'는 뜻이 있고 父丈(부장)은 '아버지, 어르신'이란 뜻으로서 '오래 사셔야 할 자네의 아버지'라고 축수하는 뜻이 담겼다. 어느 교육부 장관이 모임에서 "우리 춘부장이 기다리고 있어 먼저 가보겠다"고 인사하여 웃음거리가 된 적이 있다고 한다.

상대방과 대화 중에 제 3자의 아버지를 말할 때는 '○○의 아버님'이라 하면 되고, 한문식으로는 '○○의 椿丈(춘장)'이라고 하면 된다. 즉 제 3자의 아버지를 말할 때는 '춘부장'에서 '父(부)'를 빼고 말하는 것이 관례화되어 있다.

③ 상대의 아버지가 죽었을 때

남의 죽은 아버지는 '돌아가신 아버님' '돌아가신 자네 아버님'이라고 말하고, 한문식으로는 '大人(대인)', '先大人(선대인)', '先考丈(선고장)'이라고 한다.

부고서식에 '○○의 대인 ○○공…'이라고 쓰는 경우와 같다. 先(선)은 '먼저'라는 뜻으로 돌아가신이란 말이고 大人(대인)은 상대보다 윗사람이란 뜻이며, 考(고)는 죽은 아버지이고 丈(장)은 어른이란 뜻이니까 '돌아가신 자네의 아버님(어르신네)'이란 내용이다. 대화 중에 제 3자의 죽은 아버지를 말할 때는 '○○의 아버님'이라고 말하고, 한문식으로는 '○○의 先親(선친)'이라고 한다. 여기서 先(선)은 '돌아가신'이고 親(친)은 '어버이'란 뜻으로 '돌아가신 아버지'라는 말이다. 돌아가신 남의 아버지를 글로 쓸 때도 말로 할 때와 같이 하면 된다.

(다) 아버지가 아들에게 말할 때

아버지가 아들에게 자기를 말할 때는 '애비', '나'라고 한다. 글로 쓸 때도 말로 할 때와 같다. 한문식으로는 '父(부)', '予(여)'라고 한다. 父(부)는 '애비'라는 뜻이고 予(여)는 '나'라는 뜻이다.

(2) 어머니와 아들

(가) 자기의 어머니를 말할 때

자기의 어머니를 '어머님'이라고 부르는 사람이 많다. '어머님'이란 어머니를 높여 부르는 호칭으로서 자기를 낳으신 어머니가 아니라 남의 어머니를 높여 부를 때의 호칭이다.

① 자기의 어머니를 직접 부를 때

'어머니'라고 한다. '어머님'은 남의 어머니이지 나의 어머니가 아니다. 어머니와 자식 사이는 공경하는 禮스러움보다 親함이 앞선다. 때문에 '님'자를 붙여 禮를 앞세우지 않고 '어머니'라고 불러 親함을 앞세운다. 어머니를 '엄마'라고 부르는 사람이 의외로 많다. 그것은 말을 배우는 아이들의 호칭이지 어른의 호칭이 아니다. '엄마'란 말을 배우는 아이들이 자연스럽게 오므렸던 입을 벌리면서 내는 發聲音이 '맘마'도 되고, '엄마'도 되는데 뜻이 없는 그 소리에 뜻을 부여해 어머니의 대명사가 되도록 '엄마'라고 반복연습을 시킨 결과이다.

② 자기의 어머니를 편지(글)에 쓸 때

'어머님'이라고 쓴다. "어머님께 올립니다", "어머님 읽으세요." 이렇게 쓰는 것은 옛 편지투의 "慈主前 上書(자주전 상서)"와 같은 뜻으로 '主(주)'는 님이란 뜻의 글씨이다. 직접 대해서 부를 때는 親함이 앞서 '어머니'라고 부르지만 이미 간접방식인 글로 표현해서 부를 때는 禮를 앞세워 '님'을 붙이는 것이다.

한문식 편지투에 아버지는 '父主(부주)'라고 애비 父를 쓰면서 어머니는 '母主'라고 에미 母를 쓰지 않고 '慈主(자주)'라고 사랑 자 · 어여삐할 자(慈)를 쓰는 까닭은 어머니의 지극한 사랑을 기리는 뜻으로 예부터 쓰여졌나.

③ 자기의 어머니를 일가친척에게 말할 때

'어머니'라고 한다. 가까운 일가친척이 아닌 남에게 말할 때는 일가친척에게 직접 부를 때와 같이 한다.

④ 자기의 어머니를 남에게 말할 때

절대로 '어머님'이라고 높여서는 아니 된다. 그냥 '어머님'이라 하면 상대의 어머니가 된다. 상대에 따라서 '나의 어머니', '저의 어머니'라고 말한다. 한문식으로 말할 때는 '慈親(자친)'이라고 한다. 나를 어여삐하시는 어버이라는 뜻이다. '자친'이라고 말하는 경우는 구태여 '나의', '저의'를 붙이지 않아도 된다. 남의 어머니는 '자친'이 아니고 '慈堂(자당)'이고, '자친'은 살아 계신 자기 어머니에 대한 고유호칭이기 때문이다.

⑤ 돌아가신 자기의 어머니를 말할 때

돌아가신 어머니를 직접 부를 일은 없고 글로 쓸 때나 남에게 말하는 경우이다. 제사를 지낼 때 지방에는 "어머님 신위"라고 쓰고, 축문에는 "어머님께서 돌아가신 날을 다시 당하니……”라고 쓴다. 한문식으로 지방이나 축문을 쓸 때는 ‘顯妣(현비)’라고 쓴다. ‘顯(현)’은 높다, 밝다, 나타내다의 뜻이고, ‘妣(비)’는 죽은 어머니의 뜻이다.

집안에서 말할 때는 어머니가 살아 계실 때와 같이 ‘어머니’라고 말하면 되고, 집안이 아닌 남에게 말할 때는 한문식으로 ‘先妣(선비)’라고 하고, 순수 우리말로는 ‘돌아가신 나의 어머니’, ‘돌아가신 저의 어머니’라고 상대에 따라 골라 쓴다. 혹시 축문이나 지방이 아닌 다른 문장에 쓸 때도 남에게 말할 때와 같이 하면 된다.

(나) 남의 어머니를 말할 때

① 친구의 어머니에게 직접 말할 때

요즈음 친구의 어머니를 직접 부를 때, ‘어머님’이라고 하는 사람이 많다. ‘어머님’이란 상대의 어머니를 부를 때의 호칭이기 때문에 “어머님, 언제 오셨어요?”라고 물으면 “당신의 어머니가 언제 오셨느냐?”는 말이 된다. 때문에 친구의 어머니를 직접 부를 때는 ‘어르신네’라고 하는 것이 가장 좋다. ‘어르신네’란 남자에게만 사용하는 것이 아니고 남녀간에 尊丈(존장)에게 하는 말이다.

② 남에게 그 어머니를 말할 때

친구에게 “어머님께서는 안녕하신가?”라고 말하면, “너의 어머니는 안녕하시냐?”라는 뜻이다. 더 분명하게 말하려면 상대에 따라서 ‘너의 어머님’, ‘자네 어머님’, ‘선생님의 어머님’을 골라서 쓰고, 만일 상대의 어머니가 나의 아랫사람이라면 ‘너의 어머님’이라고 하면 아랫사람을 위하는 것이 되어 곤란하다. 손자나 외손자에게 ‘너의 어머님’이라고 하면 며느리나 딸에게 ‘님’을 붙이는 결과가 된다. 따라서 상대의 어머니가 남이지만 나의 제자라든가 기타의 아랫사람이면 ‘너의 에미’ 또는 그냥 ‘에미’라고 하면 된다.

한문식으로 말할 때는 ‘慈堂(자당)님’이라고 한다. 상대가 누구이든 그 어머니가 나의 아랫사람이 아닌 경우는 모두 통하는 호칭이다. 그러나 상대의 어머니가 남이면서 나의 아랫사람이면 ‘님’자를 붙이지 않고 그냥 ‘자당’이라고 한다. ‘자당’이란 너를 어여삐 여기시는 집이라는 뜻이 된다. 대상이 여자이기 때문에 거처하는 집으로서 호칭을 삼는 것이다. 상대와 대화 중 제 3자의 어머니를 지칭할 때는 ‘아무개의 자당’ 또는 ‘아무개의 자당님’이 좋다.

③ 상대의 돌아가신 어머니를 말할 때

‘돌아가신 너의 어머님’ 또는 상대에 따라 ‘자네의……’, ‘선생님의……’가 좋다. 한문식으로는 '大夫人(대부인)'이라고 한다.

(다) 어머니가 자기를 아들에게 말할 때

'에미', '나'라고 말한다. '엄마', '어머니'라고 하는 것은 옳지 못하다. 한문식으로는 '母(모)'라고 쓰는 것이 일반적이다.

2) 사망 통지 친족 범위

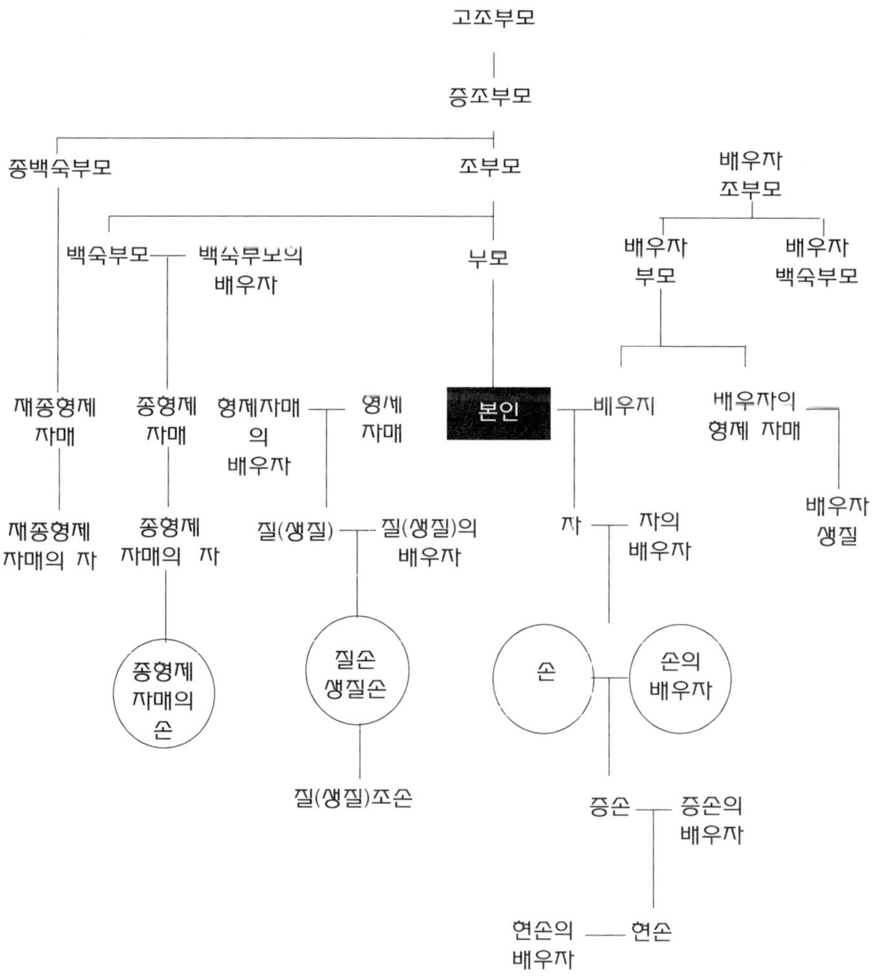

3) 계촌법(系寸法)

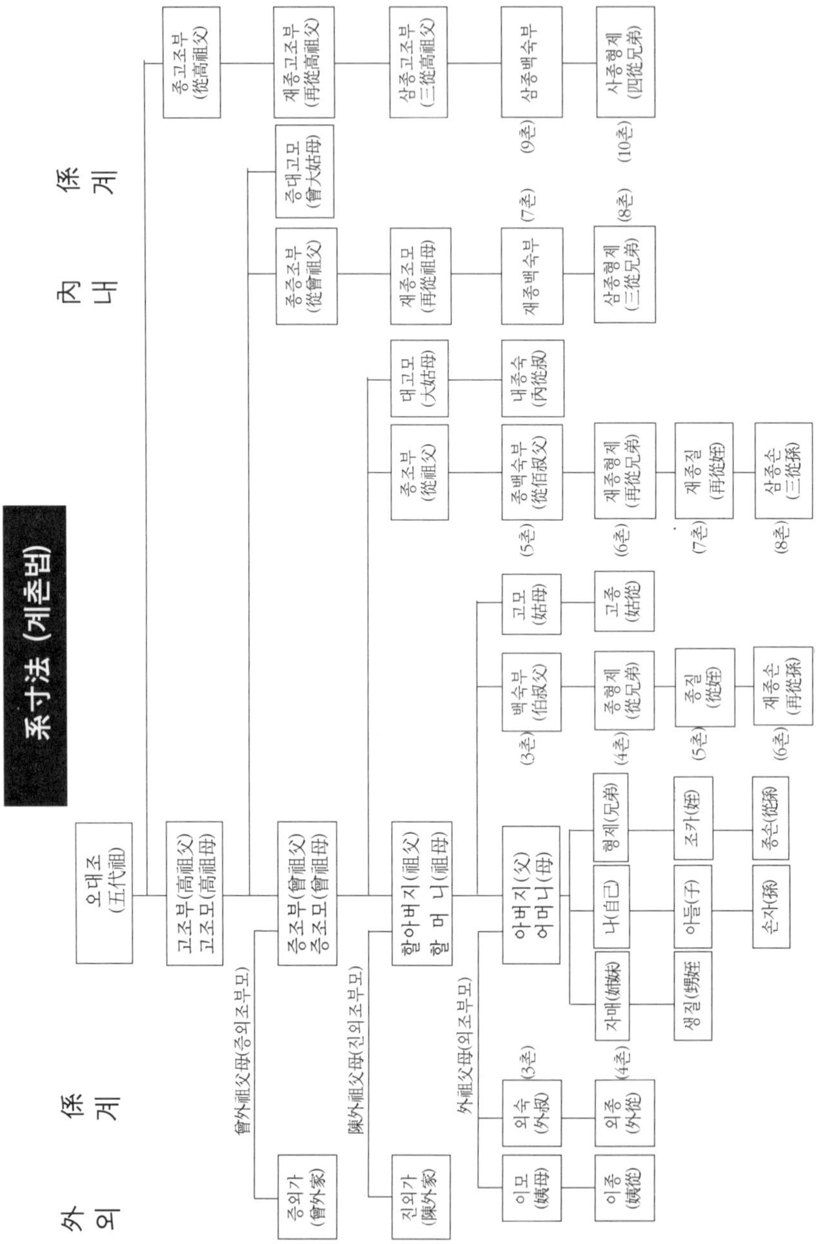

系寸法 (계촌법)
內 내 係 계
外 외 係 계
오대조 (五代祖)
고조부(高祖父) 고조모(高祖母)
증조부(曾祖父) 증조모(曾祖母)
할아버지(祖父) 할 머 니(祖母)
아버지(父) 어머니(母)
나(自己)
형제(兄弟)
자매(姉妹)
아들(子)
조카(姪)
생질(甥姪)
손자(孫)
종손(從孫)
종고조부 (從高祖父)
재종고조부 (再從高祖父)
삼종고조부 (三從高祖父)
삼종백숙부 (9촌)
사종형제 (四從兄弟) (10촌)
증대고모 (曾大姑母)
종증조부 (從曾祖父)
재종조모 (再從祖母)
재종백숙부 (7촌)
삼종형제 (三從兄弟) (8촌)
대고모 (大姑母)
내종숙 (內從叔)
종조부 (從祖父)
종백숙부 (從伯叔父) (5촌)
재종형제 (再從兄弟) (6촌)
재종질 (再從姪) (7촌)
삼종손 (三從孫) (8촌)
고모 (姑母)
고종 (姑從)
백숙부 (伯叔父) (3촌)
종형제 (從兄弟) (4촌)
종질 (從姪) (5촌)
재종손 (再從孫) (6촌)
曾外祖父母(증외조부모)
증외가 (曾外家)
陳外祖父母(진외조부모)
진외가 (陳外家)
外祖父母(외조부모)
외숙 (外叔) (3촌)
외종 (外從) (4촌)
이모 (姨母)
이종 (姨從)

4) 결혼청첩장(結婚請牒狀) 쓰는 법

요즘 청첩장을 보면 거의가 '○○○氏 ○男 ○○君과 ○○○氏 ○女 ○○孃'으로 양가 혼주 및 신랑, 신부의 이름만 들어 있고 제3자인 주례(主禮) 청첩인(請牒人) 또는 우인대표(友人代表)도 없이 혼주가 직접 발신인이 되어 버렸다. 그리하여 혼주 자신이 자기 이름에 氏와 女史를 붙이고 자식이나 딸의 이름에도 君과 孃을 붙였으니 이것은 실례가 된다. 어른 앞에서 "저 장가 갈래요", "저 시집 갈래요"라고 어렵고 부끄러워 감히 함부로 말하지 못했던 일이 어제 같은데 요즘은 신랑신부 당사자가 직접 발신인이 되어 보내는 청첩장도 볼 수 있다. 거기에도 자신의 이름에 어김없이 군(君)과 양(孃)을 붙여 스스로를 높였으니 위의 혼주 이름에 씨(氏)를 붙이는 경우와 전혀 다를 바 없다. 씨(氏)를 혼주 이름에 붙이면 실례라고 들었는지 혼주 이름 아래 씨(氏)를 안 붙인 것까지는 좋았으나 신랑, 신부의 이름에 군(君)과 양(孃)을 왜 붙였는지 그 이유를 알 수 없다. 이와 같은 일들은 가정의례준칙을 만들어 시행함으로써 비롯되었다. 인쇄된 청첩장의 청첩인이 법(가정의례준칙 제10조)의 제재를 받게 되자 신랑, 신부의 친구 또는 주례들이 청첩인 명단에 오르는 것을 꺼려 발신인이 없는 청첩장을 보내는 과정에서 생긴 것이다. 가정의례준칙이 유명무실해진 요즘 예의에 맞는 청첩장을 돌려야 할 것이다.

결론적으로 청첩장의 내용 끝에 우인대표 ○○○올림 또는 청첩인 ○○○ 배상 또는 ○○○(신랑 이름) 친우일동 배상 등으로 하여 혼주가 아닌 제 3자가 되어야 한다. 가정의례준칙에 "알리는 것"은 괜찮고 인쇄된 청첩장은 못 돌리게 한다하여 인쇄물 내용 끝에 알리는 이 ○○○라고 하는 경우를 종종 볼 수 있으나 그것도 가정의례준칙을 존중하는 것이 아니다. 왜냐하면 구두나 사언으로 통지하는 것은 무방하나 인쇄물로 알리는 것은 금지되어 있기 때문이다. 따라서 혼주 이름 아래 씨(氏)와 여사(女史)를 신랑신부에게는 군(君)과 양(孃)을 붙이며 청첩인은 위에 언급한 바와 같이 제 3자가 되어야만 격식에 맞는 청첩장이 될 뿐 아니라 남에게 실례도 되지 않는 것이다.

(1) 격식에 맞지 않는 청첩장

請牒狀

○○○氏 次男 ○○君

○○○氏 次女 ○○孃

이 두 사람의 婚禮를 ○○○博士의 主
禮로 ○月 ○日(○曜日)上午 ○時 ○○
禮式場에서 擧行하게 되었사오니 光臨의 榮光
을 베풀어 주시옵기 敬望하나이다.

年 月 日

右人代表 ○○○

○○氏 座下

(2) 격식에 맞는 청첩장

請牒狀

삼가 아뢰옵니다

○○○氏 長男 ○○君

○○○氏 長女 ○○孃

右兩人은 서로 萬年佳約의 뜻을 이루어여
러어른과 벗을 모신앞에서 華燭을 밝이려
하오니 부디오셔서 福된자리를 더욱빛나
게 하여주시옵소서

時日 ○○○○年 ○○月 ○○日

場所 ○○○○○○

披露宴 ○○○○○

請牒人 ○○○

親戚代表 ○○○

友人代表 ○○○

同令夫人 貴下

※ 청접장(초청장)에는 반드시 청첩인(초청인)이 있어야 하며 초청인의 입장에서 존칭어 등의 합당한 초청 언어를 사용해야 한다.

5) 한복 입는 법

옛말에 '옷을 잘 입기란 반 바느질'이라 할 정도로 옷입기가 어려운 것이다. 특히, 한복은 우리 민족의 생활양식에 따라 만들어진 옷으로 우리 문화의 상징이며 우아한 곡선미가 몸 전체에 흐르게 해야 한다. 그러기 위해서 한복의 평면재단을 입체적인 인체에 맞추기 위해 남는 부분을 주름잡거나 끈으로 조정해서 그 특징을 살려야 한다. 따라서 착용자의 체형과 개성을 올바르게 파악해서 그 사람에 맞는 형태, 색채, 재질을 선택해야 하며, 옷을 입는 사람이 맵시있고 예의바르게 입지 못하면 한복의 아름다움은 사라지고 만다. 우선, 한복을 예쁘고 품위있게 입으려면 때와 장소, 옷의 형태, 착용 목적에 맞게 입어야 한다.

한복은 크게 평상복, 예복, 속옷, 부속품으로 나룰 수 있다.

(1) 남자 한복

① 평상복

남자 한복은 바지 · 저고리가 기본이 되어 있으며, 그 위에 조끼 · 마고자를 덧입는다.

겨울철에는 솜바지 · 솜저고리와 같은 솜옷을 입고 봄 · 가을에는 겹옷을 입으며 여름에는 홑옷을 입었다. 그러나 현재에는 솜옷을 거의 입지 않고 겹옷으로 만들어 입는다.

② 예복

예를 갖추어야 할 때 입는 옷으로 대례복과 상복이 있는데 이는 평복을 두루마기까지 갖추어 입은 위에 예에 따라서 입는 것이다. 그러나 최근에는 특별한 예복이 없기 때문에 보통 두루마기 차림이다. 이 때 모자라도 쓰면 예의를 갖추는 것이 되겠다.

③ 속옷

속저고리, 속적삼, 속바지, 속고의 등이 있었으나, 최근에는 메리야스 내의로 대치되었다.

④ 부속품

버선과 대님, 허리띠가 있었으며 관모와 신이 있었다. 근년에는 모두 양말을 신고 대님을 매며 허리에는 허리띠 또는 혁대를 매고 구두를 신는다.

다음, 남자의 한복 입는법을 보면 다음과 같다.

㉠ 내의와 속고의를 입는다.

㉡ 바지를 입을 때는 앞중심에서 왼쪽으로 주름이 가도록 접어 허리둘레를 조절한다.

㉢ 저고리를 동정니가 잘 맞게 입는다.

㉣ 버선이나 양말을 신고 대님을 친다.

※ 대님 치는 순서 : 마루폭의 솔기를 발목 안쪽 복사뼈에 댄다. 다음, 발목을 싼 끝이 복사뼈에 닿도록 한다. 대님을 발목에 대고 두 번 돌린다. 안쪽 복사뼈에서 한 번 묶는다. 나머지로 고를 만들어 맨 후 바지 끝을 내려 정리한다.

㉤ 조끼를 입는다. 이 때 조끼 밑으로 저고리가 빠지지 않도록 한다.

㉥ 마고자를 입는다. 저고리가 마고자의 소매 끝이나 도련 밑으로 보이지 않게 하고 조끼와 마고자는 여름철이 아니면 반드시 입어야 한다.

㉦ 두루마기를 입는다. 남자의 두루마기는 의례적인 옷이므로 외출할 때에는 반드시 입고 머플러를 단정히 매는 것이 예의이다.

(2) 여자 한복

① 평상복

여자의 한복은 특히 풍신하면서도 선이 곱고 침착하여 우아하고 정적인 미를 충분히 나태내어 주어야 한다.

평상복으로는 치마 · 저고리가 기본이 되는데 나이가 어렸을 대는 다홍치마에 노랑 또는 연두색 저고리에 회장을 달아 입는다. 중년이 되면 남치마에 노랑 또는 연두색 저고리에 회장을 달아 입고 노년으로 접어들면 옥색이나 연회색 치마에 또는 옥색 저고리에 회장을 달아 입는다. 회장에는 삼회장 반회장이 있는데, 부모님이 살아 계시고 남편과 자식이 있는 부인은, 삼회장을 입었으나 부모님이 돌아가셨으면 반회장을 입고 남편이 돌아간 부인은 과부로 색이 있는 옷을 입지 못하고 소복을 하였다. 그러나 현재에는 기호에 따라서 선택되어진다.

겨울에는 솜저고리 · 누비저고리를 입고 봄 · 가을에는 겹저고리 · 박이저고리를 입으며 여름에는 깨끼저고리나 적삼을 입는다. 현재에는 겨울에도 솜옷을 거의 입지 않고 겹옷을 입는다. 또 활동복으로 짧은 통치마가 있고 긴 통치마로 후레아 치마는 특수복으로 사용되고 있다.

② 예복

우리나라 여자의 예복으로는 적의(赤衣) · 원삼(圓衫) · 활옷(華衣) · 당의(唐衣)의 네 가지로 엄연히 구별이 되어 왔으나 현재는 한복 그 자체가 예복화되어 가고 있다. 보편적으로 남치마와 옥색 회장 저고리를 예복화하고 있으나 이는 원래 상궁의 복색이었으니 평복색을 활용하는 것이 좋다. 또 옛날 천담복(淺淡服)이라고 하는 것은 옥색 치마 저고리를 말하는데, 이는 제삿날이나 상을 벗은 후, 또는 문상복으로 예복시 하여도 좋다고 보겠다.

③ 속옷

겉옷을 맵시있게 보이려면 속옷을 제대로 차려입어야 하는데 여자의 속옷 종류는 단속곳, 바지, 속속곳, 다리 속곳이 평상복 밑에 입는 것이고, 단속곳 위에 너른 바지는 외출용이며 대슘속치마와 무지기는 예복용 속옷이었다. 현재 한복에는 한복용 개량바지를 입고 그 위에 속치마를 입는다. 속치마는 겉치마보다 2~3cm 짧게 입으며 파티복 종류의 치마에는 패티코트를 입어 실루엣을 살린다.

적삼이나 속저고리도 연한색의 얇은 옷감으로 겉저고리보다 전체적으로 1cm 정도 짧게 하며, 단추도 작고 얄팍한 것으로 한다. 삼복 여름에도 반드시 속적삼을 입었다. 현재에는 메리야스 내의로 대치되었다.

④ 부속품

버선을 신고 비단신을 신다가 고무신을 신었으나 요즘은 때에 따라서 양말에 구두를 신기도 한다. 그리고 여자에게는 부속품으로 장신구가 있다. 디자인이 단조로운 한복에는 노리개로써 중심을 두고 상하 이색(異色)을 연결해 주어 짜임새를 보여주며, 여자의 한복 입는 순서를 보면 다음과 같다.

한복을 입을 때에는 우선 겉옷의 맵시를 살리기 위해서 속옷부터 잘 갖추어 입어야 한다.

㉠ 짧은 속바지를 입고 브래지어로 바스트포인트를 고정시킨 다음에 긴 속바지를 입는다.

㉡ 속치마를 입는다. 파티용 여섯폭 치마일 경우에는 속에 패티코트의 대용인 무지기를 입는다.

㉢ 치마를 입는다. 뒤트기 치마일 경우 뒷중심에서 양쪽으로 7cm쯤 여며지게 입는다.

㉣ 속적삼을 입는다.

㉤ 버선을 신는다. 수눅(버선 따위의 꿰맨 솔기)이 중앙을 마주 보도록 기울어지게

신어야 한다.

ⓑ 저고리를 입는다. 먼저 동정니를 맞추어 안고름을 매고 다음에 겉고름을 맨다.

ⓢ 진동선의 구김을 정리하고 깃고대와 어깨솔기가 뒤로 넘어가지 않게 약간 앞으로 숙여 입는데 치마허리가 저고리 도련 밑으로 보이지 않게 하고 치마끝으로 버선이 보이지 않도록 정리한다.

ⓞ 노리개를 단다. 노리개에 고리가 있을 때에는 고름코를 들고 긴 고름에 고리를 건다. 끈고리일 경우에는 긴고름에 고리를 끼워 놓고 고름을 맨다.

ⓩ 두루마기를 입는다. 외출할 때에는 두루마기 위에 머플러를 단정하게 매는 것이 예의이다.

제 11 장

신세대의 이해교육

- 신세대의 출현
- 한국에 신세대가 있는가?
- 신세대 그들은 누구인가?
- 21세기의 이해
- 기성세대와 신세대의 가치관 비교
- 신세대를 교육하는 교사의 101 계명

교육자, 상담자, 학부모들은 거시적으로 세계의 현황과 변화 추이를 정확히 이해하고, 미시적으로는 섬세하고 연한 인간내면의 심리적 움직임을 느껴야 한다. 이번 장에서는 거시적으로 21세기 시대상과 X세대로 일컬어지는 청소년층의 특성을 살펴보고자 한다.

T. S. Eliot는 "문화는 종교와 관련되지 않고서는 나타내거나 발전할 수 없다."고 했고 Paul Tillich는 "종교는 문화의 실체이며, 문화는 종교의 형식이다."라고 했다. 문화라는 것은 종교를 포장해 놓은 것이라는 뜻이다. '종교는 모든 문명의 어머니'라는 영국의 속담도 있다. 그 나라 그 지방의 종교를 뿌리로 문명과 문화가 형성되는 것이다. 우리가 공기처럼 누리고 있는 문화의 뿌리에는 종교, 관습, 풍속 등이 깔려 있다.

한편 Owell은 "문화가 감옥이 될 경우 황폐화된다."고 경고했고, Huxley도 "문화가 희극이 될 경우 황폐화된다."고 경고하였다. 그러므로 점점 황폐해지는 X세대와 21세기의 문화를 상세하게 파악하여 우리의 청소년들이 자기도 모르는 사이에 실수하지 않고 잘 성장하도록 이끌어야 하겠다.

제1절 신세대의 출현

한국에서 처음 신세대(X세대)를 쓴 것은 아모레 화장품 광고였다. 1993년 11월 23일, 한국의 TV 시청자들은 전에 보지 못했던 낯선 광고 한 편을 보았다. 방송 3사의 전파를 통해 처음으로 일제히 안방에 침투한 새로운 광고는 태평양화학에서 내놓은 신세대 화장품 아모레 트윈엑스였다. 많은 사람이, 특히 30대 이상의 대다수 기성세대가 "도대체 무슨 광고가 저 모양이야!" 하고 의아심을 가졌다. 그러나 신세대는 그 광고를 아주 자연스럽게 받아들이기 시작했다. 이병헌과 김원준을 등장시켜 효과를 본 이 광고는 LG화장품에 밀리던 아모레가 사내 신세대 사원의 반응을 조사한 결과 과감하게 도입한 작품이었다.

외국에서는 1990년대 초 캐나다의 더글라스 쿠플랜드라는 젊은이가 「X세대(X-Generation)」라는 소설을 펴냈다. 1961년 12월 30일 서독 바덴 쉘 · 겐 지역의 나토 캐나다 기지에서 태어난 한 젊은이가 쓴 「X세대」는 1960년대에 태어난 청년 3명의 이야기이다. 생에 대한 의욕과 방향을 상실하고 방황하다가 답답하고 단조로운 고향에서의 생활을 벗어나 캘리포니아 주 외진 사막으로 탈출하고, 그들이 구속의 끈을 풀어 던져 버리고 서로의 좌절과 번민을 밤낮없이 토론한다는 내용이다. 출간 당시만 해도 이 소설은 주목받지 못했다. 이 소설이 관심을 끌기 시작한 때는 바로 '말보로의 금요일'이 벌어진 다음 날이었다. '말보로 맨'이라는 영화가 나올 정도로 서부 개척시대부터 미국 역사의 상징이다시피 되어 버린 말보로 담배회사가 더 이상 늘지 않는 담배 판매량에 의아해하다가 습관적으로 사서 피우는 기성세대와 전혀 다른 세대가 등장한 것에 눈치를 채고 사상 처음 담배값을 내린 날이 바로 1993년 4월 1일 금요일이었다.

소비시장의 전면에 새롭게 등장한 세대를 연구하던 각 기업의 홍보 담당자나 마케팅 담당자들이 이 정체 불명의 새로운 세대를 뭐라고 부를까 한참 동안 고민했다는 것이다. 그 무렵에 미국에서는 트웬티 썸싱(Twenty Something), 굼벵이들(Slackers), 베이비 버스터(Baby Burster), 맥 잡(Mac Job : 고학력자들의 범람으로 석사 출신들도 맥도널드 햄버거 가게 같은 곳에서 허드렛 일을 해야 하는 세대를 일컬음) 같은 단어가 새 세대를 지칭하는 단어로 사용되었지만 완벽하지는 못했다.

바로 그 때 쿠플랜드의 소설 「X세대」가 눈에 띄었고 메스컴은 거의 열광적인 기쁨으로 X세대를 차용해 새 세대를 지칭하기 시작했다. X세대라는 단어야말로 무엇인지 모호해서 잡히지 않는 세대를 묘사하는 데 최적격이었던 것이다.

미국에서는 제13세대라고 불리는 이들은 일반적으로 호칭하는 10대, 20대, 30대 초반까지가 범주에 들어가게 되는데 1998년을 기준으로 15세에서 33세까지가 해당된다. 이 그룹의 명칭은 베이비 버스터(baby burster : 망가뜨리는 사람, 부수는 사람)라고 불리우기도 했고 둥지족이니 오렌지족이니 하는 말로 표현되기도 했다. 그러나 그 어떤 말을 갖다 붙여도 저마다 개성이 다르고 자유분방한 이 세대를 정확히 표현하기 힘들었을 뿐더러 그들 자신이 그런 호칭을 거부했기 때문에 한동안 막막하기만 했던 것이다. 각자 제멋대로인 것 같다가도 이해관계가 맞으면 기성세대보다 더 확실하게 연합해서는 뜨겁고 열정적으로 목표를 성취해 나가는 그들, 때론 안개처럼 실체가 보이지 않다가도 확하고 나타나서 공연장이고 야구장이고 온통 휩쓸어버리는 그들……, 그들에 대한 명칭으로 X세대가 사용되기 시작한 것이다.

태평양화학 역시 '뭔지 잘 모르지만 좋은 것 같다'는 사내 신세대 사원들의 말에 회사의 사운을 걸었고 결국 트윈엑스라는 화장품은 날개 돋힌 듯이 팔려 나가 전례 없는 대 히트를 기록하게 된 것이다.

아버지가 쓰는 화장품과 다른 무엇, 당신들만 쓸 수 있는 그 무엇, 낯설지만 전혀 새로운 그 무엇이라는 개념(concept)이 그대로 적중하고 만 것이다.

"우리는 X세대에 걸맞은 화장품을 선물했다."하고 이 광고 담당자는 「시사저널」 잡지 인터뷰에서 말했다. 이 X세대가 곧 신세대이다.

태평양화학이 처음 쓰기 시작하면서 극동의 한반도 남쪽에 갑자기 X세대라는 낱말이 유행하게 된 것이다. 새로운 사회사의 한 면이기도 한 이 사건 이후 X세대라는 단어는 놀랄 만한 전파력을 가지고 사회 각층에 퍼져 나가게 되었고 상품 생산자나 흥행업자, 방송제작사 누구 할 것 없이 X세대를 주목, 연구하기 시작했던 것이다. 지금은 Y세대, Z세대, N세대 등의 새로운 호칭도 뒤따라 나타나고 있다.

제2절 한국에 신세대가 있는가?

거의 대부분의 사회평론가들이 '그렇다'라고 대답하는 추세인 것 같다. 우리나라의 경우 일차적으로 광고업계에서 나왔고 이차적으로 신문, 방송 등 저널리즘이 이야기하기 시작한 X세대……. 어떻게 보면 상품 판매와 광고 마케팅의 전략으로 창조되어진 가공의 이미지라는 생각도 들지만 사회 전반에 걸쳐 나타나는 여러 현상들은 X세대의 실체를 하나씩 증명하고 있다.

우리나라의 경우 인구학적 변동이나 특정 연령층 사람들이 가진 기본적인 경험구조의 동질성 같은 것들로 대략 10년 단위로 세대를 끊어서 각 세대의 특징을 관찰해 보면 6·25나 4·19 또는 광주민주 항쟁 같은 것을 겪지 않은 세대가 X세대에 해당되고 X세대의 특징은 곧 그들의 특징인 것이다.

X세대는 young-generation이라든가 new-generation의 번역어인 신세대와 일견 다른 면을 보여주기도 한다. 신세대의 뜻은 그저 과거 기성세대와 다른 세대라는 의미뿐이지만 X세대는 좀더 복잡하면서도 표피적인 양면을 지니고 있다는 것이다.

처음 아모레 화장품 회사에서 'X'라는 단어를 과감히 쓰지 못한 것도 사실은 X가 권위에 대한 저항이나 부정 같은 이미지를 풍기기 때문이었다. 보통 X라고 하면 미지수라든가 부정의 의미(OX시험답안)를 먼저 지적하는 경우도 그와 같은 맥락이라고 하겠다.

X세대를 규정하는 모든 징후, 혹은 행동들의 근거는 체계화할 수도 없고 논리 정연하거

나 예측 가능하지도 않다고 보는 견해가 있다. 왜냐하면 바로 그것이 문화산업의 논리이기 때문이다. 또 X세대는 실체가 아니라 메타 담론의 차원으로 보는 견해도 있다. 즉 X세대가 존재하고 있다는 것이 중요한 게 아니라 사람들이 X세대에 대해 이야기한다는 것이 중요하다는 논리이다. 우리나라에서 X세대의 존재 자체를 부인하는 상당수 사람들은 이렇게 말한다.

"X세대가 어디 있느냐, 광고나 있을 따름이지."

"끊임없이 소비상품을 만들고 읽을거리를 만들어야 하는 언론이 독자에게 팔아먹을 새 대상을 구한 것이다."

그러나 그 반대도 있다.

"광고는 원인이 아니라 결과이기 때문에 X세대가 허상이나 인위적으로 창출되었다는 말은 틀렸다. X세대는 자연발생적으로 만들어졌거나 스스로 형성된 세대이다."

사실 '서른 잔치는 끝났다'라는 시집을 낸 61년 생의 서울 출신 최영미나 최근 작가세계 문학상을 탄 대학생 김연수의 경우를 보면 X세대들이 역사의 전면으로 등장하는 하나의 전조를 느끼게 해 주는 것만은 틀림이 없다. 김연수의 작품 후기를 잠깐 들어 보자.

"이 소설을, 나와 함께 뉴 트롤즈의 아다지오를 들으며, 87년 대통령 선거를 투표권이 없는 눈으로 지켜보았고, '영웅본색'이나 '개같은 내인생', '천국보다 낯선'의 순으로 영화를 보았던 나의 세대에게 바친다."

이 외에도 가성에 불어닥치는 유니섹스 바람과 압구정이나 신촌으로 대표되는 뉴 패션, 확실하게 드러나는 성과 소비 유형 등 X가 가지는 모호성의 의미는 분명 실재한다고 봐야 될 것 같다.

제3절 신세대 그들은 누구인가?

얼마 전 국내의 유명 스포츠지에서 특집으로 'X세대, 그들은 누구인가'를 꾸몄다. 그 중 프롤로그에 나와 있는 김호영 기자의 글을 인용해 본다.

"밖에서 훤히 들여다보이는 카페에 앉아 재즈를 들으면서 금가루가 든 3만원짜리 블랙 커피를 마시는, 미니스커트 차림의 살아 있는 마네킹, 거리에 어스름이 내리면 흰색 고급승용차를 탄 채 "야타'를 외치며 인스턴트 러브 파트너를 찾고 기본이 백만 원이 넘는 나이트클럽에 들러 돈을 물 쓰듯 하는 백만장자, 서울의 압구정동이나 신사동, 홍대 앞 등에서 흔히 마주치는 이들은 과연 누구이며 어디서 왔는가."

이른바 오늘날 X세대의 일그러진 모습이다.

오렌지족이라고 불리는 이들에게 있어 '우리'는 낯선 단어이고 '나'만이 있을 뿐이다. 부모가 번 돈인데도 '내 돈 내가 쓰는데 무슨 상관이냐'며 퇴폐적 소비문화에 빠져든 빗나간 X세대가 이들이다. 섹스는 이들의 자유를 향한 탈출구이며 개성을 추구한다는 패션 스타일은 자기확인을 위한 몸부림이다. 그렇다고 이 땅에 빗나간 X세대만이 있는 건 아니다. 빗나간 X세대가 있는가 하면 건전한 X세대, 이 둘의 혼합적 성격을 지닌 X세대도 혼재하고 있는 것이다. 혼합적 성격인 X세대들은 자유분방하면서도 기성세대의 가치관을 벗어나지 못하는 신세대들. 예를 들어, 가수 박진영이 머리를 이상하게 깎고 나오는 것은 인정하면서도 귀고리를 달거나 투명한 겉옷을 입고 나오는 것에 대해 先거부감을 갖게 되는 경우로 일종의 가치관의 혼란에 고민하는 젊은이들이 아닌가?

송병호 군(22세, Y대 3년)은 "X세대는 1 더하기 1은 2다라는 식의 수직적 사고를 하던 기성세대와는 달리, 1더하기 1은 1이거나 다른 수일 수 있다는 식의 다양성을 인정하는 수평적 사고를 하는 사람들"이라면서 "이런 점에서 어른들과의 갈등은 필연이 아니겠느냐"라고 반문한다. 특히 기성세대는 X세대의 자율적 개성이나 창조성을 이기주의적 방만이나 아집으로 매도, 세대간의 갈등을 더욱 증폭하고 있다는 것이 송군의 얘기이다.

10대 후반에서 20대 중반의 연령층으로 현재 약 5백만 명 정도로 추정되는 국내 X세대들의 존재는 기업에 있어서도 놓쳐서는 안 될 최대 규모의 시장으로 꼽히고 있다는 뉴스 보도가 있었다. 이렇듯 X세대에 대한 관심이 높아지면서 학자들 간의 논쟁도 치열해지고 있다. X세대가 과연 현 기성세대와 같은 호모(homo : 동질적)사피엔스냐 아니면 다른 헤태로(hetero : 이질적)사피엔스냐는 것이다.

또 출판사들이 「혼돈과 질서」, 「신세대, 네 멋대로 해라」, 「신세대, 우리는 즐거운 것만 아름답다 한다」, 「정답은 없는 거야」, 「내 뜻대로 사는 거야」 등을 속속 출간하면서 X세대의 논쟁은 더욱 가열화되고 있다.

· X세대는 다음과 같이 확실히 별나다.

· 국내 소비 패턴의 변화(1993년, : 3P→3F)에 민감하다.

PLACE(장소), PRICE(가격), PERSON(사람) → FEELING(감각), FICTION(허구성), FEMINE(여성)을 주축으로 하는 시장경제.

- We가 아닌 Me, 예민한 색책감각, 음에 대한 리듬감, 희소성, 자기만족
- X세대는 참을성이 없다. — 리셋(reset) 증후군
- X세대는 매스컴 노출 — 활자언어 등한시, 광고 모델과 동일시, 무의식적 상품구매
- X세대는 간섭하지 말라고 한다. — 자유직, 원룸 시스템 선호
- X세대는 Fusion 세대 — 혼합과 융합과 결합의 천재들
- X세대는 사이버(cyber : 가상현실)세대 — 각종 영상 문화에서 즐기는 가상 현실과 실제 현실을 착각하거나 가상 현실을 실제 현실로 옮기려는 세대
- X세대의 약점은 혼돈현상, 포스트 모던 시대, 방치현상, 도피 현상, 우상화, 황금만능, 성의 쾌락추구에 집착
- X세대의 장점은 개방적, 솔직, 열정, 목표지향적, 독립심, 창의적, 실력중시, 자신감, 변화, 감각적 등
- 가수, 운동선수, 탤런트는 X세대의 대통령으로 인식되고 있다(hero-image).

제4절 21세기의 이해

1) X세대

이제 X세대(신세대)는 21세기를 이끌 세대이므로 21세기를 알면 X세대를 위한 교육 방법론을 알 수 있다. 21세기의 특징은 다음과 같이 정리될 수 있을 것이다.

(1) 문화전쟁의 시대

① 문화 이미지가 국가 이미지까지 결정하는 시대, 국가간 문화침략이 노골화되는 시대

② 종교와 세상간의 문화전쟁 — 세속화 논쟁이 활발한 시대

③ 종교와 종교간의 문명충돌 시대(이슬람권 : 중 유교권 : 서방기독권)
(미국의 2001. 9. 11. 항공기 테러사건)

(2) Mass media → Multi media 시대

① 멀티미디어란, 컴퓨터와 오디오 비디오(AV) 기능을 통합하여 게임, 정보, 통신 등 다양한 용도로 사용할 수 있는 21세기 전자산업의 총아이다.

② 영향력 막강 — 가상현실 체험(VR) 등

③ 거대 전자제국 형성 — 스필버그와 루카스, 스필버그와 빌 게이츠 합작(다국적 기업)

(3) 영상문화가 지배하는 감각시대

① 영상기술의 발달, 컴퓨터 그래픽의 발달, 영상매체의 발달 — 과거와 다른 이미지 전달에 성공

② 신세대의 취향 — 듣는 것, 읽는 것에서 모든 문화로

③ 감각의 다양화, 말초신경을 자극하는 문화

(4) TV 중독자, 인테넷 중독자 양산시대

① TV와 함께 자라난 세대 — 막강한 영향

② 정치에까지 영향 — 후보의 이미지 조작으로 당락이 결정(인터넷 선거 홍보전)

③ 감각의 다양화, 말초신경을 자극하는 yellow문화

(5) 컴퓨터 전성시대

① PC 보급률의 신장

② 기술발전

③ 모든 생활 영역에서 활용 — 그림, 음악, 영어회화, 오락, 홈쇼핑, 홈뱅킹, 레저, 과학, 의학, 가계

④ 컴퓨터 통신족(네티즌) 폭발적 증가

⑤ 사이버펑크 증가

⑥ 새로운 인종차별 — 컴맹족의 부적응, 무력감, 박탈감(기성세대 퇴조)

(6) 정보전쟁 시대

① 생활정보지, 삐삐, 핸드폰 등의 사용 증가(교차로, 번영로, 벼룩시장 등)
② 국민의 정보욕구 증가
③ 기업의 경쟁 — 정보전쟁 치열
④ 정보 슈퍼 하이웨이 건설 — 초고속 정보통신망(광케이블로 연결)

(7) 광고전성 시대

① 광고매체의 다양화, 기법의 첨단화
② 잠재의식 수법, 성을 상품화, 소비 부채질

(8) 레저 시대

① 여가시간의 증가(주 5일 근무제)
② 여가에 대한 인식변화 — X세대 의식 변화, 월급보다 여가 선호
③ 레포츠 시설 증가
④ 소득 증가

(9) 결혼관, 가족관의 변화

① 자유분방한 X세대 — 드라마, 가요, 영화 등에 영향
② 이혼율 증가
③ 맞벌이 부부의 증가
④ 성의 왜곡 현상 심화 — 순결의식 퇴조, 동성애 확산, 성전환자, 독신자 증가 등

(10) 플라스틱 머니 시대

① 신용카드 등
② 스마트(통합) 카드

(11) 패션 지상주의 시대

① 자기의 개성을 고려하지 않고 유행과 연예인의 모습, 행동 등을 그대로 흉내내는 행위
② 내실보다 겉모양에 더 신경 쓰는 세대

(12) 정보화 시대

① 사회의 산업구조가 물품이나 재화의 생산에서 정보나 서비스의 생산으로 변함에 따라 사회의 중심적 가치가 자본으로부터 정보로 이행. 따라서 사회 발전이나 사회적 정책 결정분야에서 과학적이고 체계적인 정보나 지식이 중심되는 역할을 하는 시대
② 최신 정보나 정확한 정보를 소유한 사람이 성공하고 세계를 지배하는 시대

X세대는 21세기에 기성세대가 된다. 한편 X세대는 빗나간 X세대라는 부정적 의미를 많이 내포하고 있으므로 건전하고 바람직하고 희망적인 세대라는 뜻에서 신세대라는 용어로 대안적 칭호를 사용하기로 하자.

2) 최근의 신세대 이해

(1) 의미

① 1970년대를 전후해 우리 사회에 축적된 경제풍요를 향유하며 성장한 세대
② 최초의 자본주의 시대

(2) 특징

① CATV 세대 — 영상문화에 익숙, 첨단문화 이용, speed
② 감각세대 — 유행에 민감
③ 자기중심세대 — 개성 존중, 상호관계 방식 철저
④ 소비세대 — 18.8%가 70%의 대중문화 소비
⑤ 외제 문화세대 — 서양영화, 일본 옷차림, 외제차, 커피, 위성방송에 익숙함

⑥ 21세기를 2년 앞둔 시기에 시작된 빗나간 X세대로 인한 가치관의 혼란 혹은 상실
⑦ 포스트 모던 문화세대 — 그것을 먹고 자람, 상대적 가치, 도구적 가치추구
⑧ 퓨전(Fusion) 세대 — 다양한 장르의 음악 혼합, 수정과와 커피의 혼합, 융합, 결합

(3) 약점

① 혼돈현상
㉠ 국내외 정세의 변화로 겪는 혼란(비정치적 세대로서)
㉡ 상업주의적 대중문화에 의해 오염되는 문화위기의 증상
㉢ 경제성장의 혜택으로 새로운 욕구와 절제의 덕목 사이에서 빚어내는 가치관 혼란
② 방치현상
㉠ 기성세대와 별종으로 취급
㉡ 상업주의 문화에 끊임없이 자극받음
㉢ 그들만의 세계(예 ; 컴퓨터 문화 — 윈도우, 창 안)에 갇힘
③ 도피 현상
㉠ 자살충동
㉡ 약물남용 — 담배, 술, 본드, 수면제, 진정제, 대마초, 카페인(커피나 의약품), 신경안정제 등
㉢ 동성애 호기심
㉣ 힘든 일(3D : Dangerous, Difficult, Dirty)의 기피 — 자유직종 선호
④ 우상화
㉠ 스타 모방(가수, 탤런트, 스포츠 선수 등)
㉡ 황금만능(돈이면 처녀 불알도 살 수 있다는 막가파식 의식구조)
㉢ 성(性) 쾌락 — '혼전 성관계도 문제될 것 없다'고 57%가 주장
㉣ 범죄모방 — 10대 폭력, 강력사건 증가

(4) 장점

① 개방적이고 솔직
② 열정적

③ 목표지향적

④ 독립심 강함

⑤ 창의적

⑥ 학력보다 실력 중시

(5) 신세대 교육을 위한 준비

① 구조적 변화

㉠ 대학입시제도 개혁이 필요하다.

㉡ 사회단체의 도움 — 상담, 선도, 모니터, 규제, 감시체제를 확립한다.

㉢ 불건전문화 유통체계 정리, 감시, 고발이 강화돼야 한다.

② 가정의 회복

㉠ 부모의 관심, 대화의 유지가 필요하다.

㉡ 가정에서 건전한 가치관과 세계관을 길러 주어야 한다.

㉢ 부모의 욕구부터 건전화해야 한다.

③ 종교의 역할

㉠ 관심, 투자 — 신세대를 잃으면 내일을 잃는다는 각성이 필요하다.

㉡ 부모교육 — 신앙적 세계관에 입각한 건전한 기대와 가정교육이 중요하다.

㉢ 대안문화 창출 — 그들에게 문화교육을 가르치고 발표의 기회를 넓혀야 한다.

㉣ 신세대가 즐기는 대중음악, 패션, TV프로그램, 컴퓨터 세계 등 각종 세계관을 사악하게 하는 실체를 신세대가 발견하도록 도와 주는 각종 교육자료나 프로그램을 개발해야 한다(예 ; 공동 비디오 감상 및 토론).

(6) 퀀틴 슐츠의 제안–치료 대책

① 새로운 미디어들을 천천히 교회나 가정생활에 편입시켜라.

② 새로운 미디어 사용에 관한 계획을 세우라.

③ 새로운 미디어는 첫 시작부터 가족 전체의 생활에 자리잡게 하라.

④ 미디어에 관한 대화를 나누라.

⑤ 부모의 고집을 일방적으로 강요하지 말라.

(7) 낡은 생각틀(Old Paradigm)을 가진 기성세대의 사고와 행동의 수정 요구

Paradigm의 변화가 있어야 하고, 문화 리더십을 가져야 한다. 즉 new paradigm에 의한 new leadership을 갖춰야 한다. 교육자, 목회자, 상담자, 부모들이 먼저 자기 변화에 적극적이여야 하다.

"Bloody revolution, Peaceful evolution"에 대해 올바른 선택을 해야 된다. 변화에 인색하면 자연도태 당한다. 손자병법의 "자신을 알고 상대방을 알면 백전백승한다"는 말처럼 기성세대는 신세대를, 신세대는 기성세대를 상대방의 경험과 안목에서 보다 깊이, 정확하게 이해할 필요가 있다.

2(이해)+2(이해)=4(사귐)가 되고 5(오해)-3(세번 생각)=2(이해)가 된다는 교제의 공식을 활용해야 한다.

제5절 기성세대와 신세대의 가치관 비교

1) 인성 인격 및 자아 성장관

전통적 가치관	신세대 가치관
· 사람은 인격을 갖추어야 한다. · 사람에게는 의지가 중요하다. · 이성적인 사람이 멋있어 보인다. · 사람에게 중요한 것은 옳은 일을 하는 것이다. · 고통과 인내는 인간을 성장시킨다. · 사람은 신중하고 점잖아야 한다. · 하고 싶은 행동도 상대가 싫어하면 억제한다. · 덕이 있는 사람이 되고 싶어한다. · 보통 사람이 가장 정상이다.	· 사람은 개성과 멋이 있어야 한다. · 사람에게는 창의성이 중요하다. · 감성적이며 정열적인 사람이 멋있어 보인다. · 사람에게 중요한 것은 하고 싶은 일을 하는 것이다. · 유연하고 융통성 있는 사고가 사람을 성장시킨다. · 사람은 자신을 스스럼없이 표현해야 한다. · 남을 별로 의식하지 않고 행동한다.

전통적 가치관	신세대 가치관
· 색깔이 없는 사람이 좋다. · 조화로운 사람이 되고 싶어한다. · 말을 조리 있게 잘하는 사람이 존경스럽다.	· 개성이 있는 사람이 되고 싶어한다. · 보통사람은 정상 이하이다. · 색깔이 있는 사람이 좋다. · 전문성을 가진 사람이 되고 싶어한다. · 컴퓨터를 자유자재로 조작하는 사람이 존경스럽다.

2) 사회생활 및 사고방식

전통적 가치관	신세대 가치관
· 옷을 입을 때 남의 시선을 의식한다. · 음식점을 가거나, 쇼핑을 할 때 단골집을 선호한다. · 나 자신 보다는 집단이나 사회를 우선한다. · 어른은 어른이기 때문에 존경한다. · 괴짜는 고달프다. · 군대와 같은 집단생활은 성격을 단련시킨다. · 외국인을 만나면 주눅이 든다. · 사회생활에서 타인의 평가를 중시한다. · 인생은 무난하고 안전하게 살아야 좋다. · 크고 품위 있는 집을 선호한다. · 심각한 대화가 가치롭다. · 낯선 외국에 나가는 것은 고생스럽다. · 절약은 미덕이다. · 무엇이든 내것이라야 마음이 든든하다. · 하기 싫은 일도 해야 하는 것이 사람이다. · 감성적인 생활보다는 철학적인 생활이 더욱 가치롭다. · 젊었을 때 고생은 가치롭다. · 상업적 행동은 저질적인 것이다. · 미래는 예측할 수 없다. · 역사와 과거는 우리에게 교훈적이다. · 돈은 차근차근 모으는 것이다. · 돈은 고생한 만큼 버는 것이다.	· 남의 시선보다는 내가 좋아하는 옷을 입는다. · 음식점을 가거나, 쇼핑을 할 때 편리한 곳을 간다. · 집단이나 사회보다는 나 자신을 우선한다. · 어른이라는 이유로 존경하지는 않는다. · 괴짜라고 고달프지는 않다. · 집단생활은 개인의 능력을 위축시킨다. · 외국인과 자연스럽게 만난다. · 타인보다 나 자신의 기호와 선호를 중시한다. · 안전보다 항상 새로움을 추구하며 살아야 한다. · 편리하고 일하기 좋은 집이 좋다. · 재미있는 대화가 가치롭다. · 외국에 나가는 것은 즐거움이다. · 나 자신에게 필요한 일에 돈을 쓴다. · 반드시 내것이어야 한다는 것에 집착하지 않는다. · 하기 싫은 일은 하지 않아도 좋다. · 형이상학적, 철학적 생활보다는 감성적 생활이 더욱 재미있다. · 고생 자체는 안 할수록 좋다. · 외식은 삶의 윤활유이다. · 상업적 행동은 필요한 것으로 수용한다.

전통적 가치관	신세대 가치관
	· 세상은 변하므로 예측은 불가능하다. · 현재와 미래의 생활은 역사와 무관하다. · 돈은 기회만 만들면 벌 수 있다. · 돈은 아이디어가 있어야 번다.

3) 친구 및 인간관계

전통적 가치관	신세대 가치관
· 친구 없이 혼자 사는 사람은 외롭다. · 비록 도움은 안 되더라도 친구의 걱정을 함께 고민해야 한다. · 친구가 잘못이 있으면 충고를 해 주어야 한다. · 친구는 의리로 사귄다. · 친한 사람과 만나야 재미가 있다. · 우정은 지속되어야 가치가 있다. · 술은 서로 권하며 마셔야 한다. · 친구는 많이 갖는 것보다 깊게 사귀는 것이 중요하다. · 나쁜 사람과 좋은 사람을 가려서 사귄다. · 나와 유사한 사람을 좋아한다. · 사람을 사귈 때 믿을 수 있는가를 보아야 한다.	· 친구가 없다고 외롭지는 않다. · 도움이 되지 않는 친구 걱정은 불필요한 에너지 소비이다. · 친구의 잘못은 자기가 스스로 알아서 처리할 문제이다. · 친구는 취미와 취향으로 사귄다. · 모르는 사람과도 재미있게 보낼 수 있다. · 우정은 반드시 지속될 필요는 없다. · 술은 자기 주량에 따라 마시는 것이 좋다. · 친구는 폭넓게 사귀어야 한다. · 필요한 사람을 사귀면 된다. · 나와 다른 사람을 좋아한다. · 사람을 사귈 때는 능력이 있는 사람인가를 보아야 한다.

4) 직장 · 직업관

전통적 가치관	신세대 가치관
· 직업은 남에게 존경받는 직업이 좋다. · 직장을 옮기는 것은 바람직하지 않다. · 직장생활은 반드시 필요한 과정이다. · 한 사람은 한 직장에 속해야 한다.	· 내가 좋아하는 일을 할 수 있는 직업이 좋다. · 직장을 옮기는 일 자체는 문제가 안 된다. · 직장을 택할 때 품위는 그리 중요치 않다. · 직장생활은 필요할 때만 하면 된다. · 한 사람이 여러 개의 작장에 속할 수 있다.

5) 이성관계 및 결혼관

전통적 가치관	신세대 가치관
· 미혼자가 기혼자와 결혼하는 것은 수치이다. · 여성은 여성다와야 하고 남성은 남성다와야 한다. · 사랑에는 정신과 영혼이 깃들어 있어야 한다. · 연애하는 사람과 결혼하는 것이 도덕이다.	· 기혼여부는 결혼에 중요한 조건이 아니다. · 남자와 여자의 특성을 구분하는 것 자체가 중요치 않다. · 정신과 영혼이 깃들지 않은 사랑도 있다. · 연애와 결혼은 구분된다.

6) 성공・행복관

전통적 가치관	신세대 가치관
· 능력이 있어도 때와 기회가 맞아야 성공한다. · 미래의 성공을 위하여 오늘의 행복은 희생할 수 있다. · 행복은 아름다운 추억으로 구성된다.	· 때와 기회는 주어지는 것이 아니라 잡는 것이다. · 미래의 성공보다는 오늘의 행복이 중요하다. · 행복은 하고 싶은 일을 하는 즐거움이다.

7) 가족관

전통적 가치관	신세대 가치관
· 정상적인 사람이면 결혼하고 자식을 두어야 한다. · 듬직한 남편이 좋다. · 현모양처가 좋다. · 남자는 출근을 해야 한다. · 자식과 아버지간에 거리가 있다.	· 독신생활을 하는 사람도 정상이다. · 재미있는 남편이 좋다. · 톡톡 튀는 부인이 좋다. · 남자라고 반드시 출근할 필요는 없다. · 자식과 아버지는 동료관계처럼 가깝다.

제6절 신세대를 교육하는 교사의 101계명

교육의 수준은 교사나 학부모의 수준을 넘을 수 없다.

(1) 학습자의 눈 높이에서 이야기하여 학생의 마음이 열리게 한다.
(2) 학습자가 중얼거리는 데에 관심을 가져 그들을 더 잘 이해한다.
(3) 유머로 학습자의 창의성을 길러 준다.
(4) 학습자 스스로 자료를 수집하게 하여 학습의욕을 높여 준다.
(5) 때로는 교사의 의도적인 실수로 학습자의 마음을 열게 한다.
(6) 시기 적절한 칭찬으로 학생을 쑥쑥 자라게 한다.
(7) 다양한 시청각 자료로 수업을 풍부하게 한다.
(8) 그림지도로 그리기 능력이 부족한 학습자를 격려한다.
(9) 발로 뛰는 자료 수집으로 수업에 대한 자신감을 갖는다.
(10) 대답하는 목소리만으로도 학습자의 건강이나 마음상태를 파악한다.
(11) 규칙을 가르치기보다 만들게 함으로써 게임수업의 재미를 높인다.
(12) 수업에 실물을 도입하여 학습자의 참여도를 높인다.
(13) 체험을 통한 학습으로 학습자의 학습의욕을 높이고 지식을 견고하게 정착시킨다.
(14) 때로는 작은 목소리로 이야기하여 조용히 시킨다.
(15) 추궁하기보다는 해결책을 생각하게 함으로써 학습자의 학습능력을 이끌어 낸다.
(16) 인사 대신 음악적 멜로디를 이용하여 학습자의 음악세계가 좀더 넓어지도록 한다.
(17) 실패를 분석하면서 다음 수업의 힌트를 얻는다.
(18) 교사가 재미있다고 느껴도 학생에겐 재미없는 수업일 수 있다는 사실을 기억한다.
(19) 초반에 의미상이나 놀라움을 느끼게 하여 후반부의 설명이 학습자의 머리 속에 남게 한다.
(20) 작은 발전을 인정하는 교사의 태도가 학습자를 자라게 한다.
(21) 모순된 자료를 제시하여 학습자의 토론이 활발하게 한다.

(22) 학습자의 작업시간은 교사의 예상시간보다 길어지기 쉽다는 사실을 명심한다.
(23) 학습자의 체험을 수업에 도입해 본다.
(24) 발상이나 구상 단계에서의 의견 교환이 창의적 작품을 탄생시킨다는 것을 명심한다.
(25) 좋은 환경으로 학습능률을 향상시킨다.
(26) 이번 시간의 끝은 다음 시간의 시작임을 언제나 기억한다.
(27) 서로의 생각을 교환하게 하여 다양한 사고를 길러 준다.
(28) 때로는 불가능한 문제를 제시해서 학습의욕을 높인다.
(29) 교사는 학습자에게 언제나 배움의 의욕을 고취시킬 의무가 있음을 기억한다.
(30) 교사는 자신이 끼칠 영향에 대해 항상 생각한다.
(31) 자신의 재능을 신뢰하고 자신감을 가진다.
(32) 좀 더 많은 기대를 갖도록 격려하고 위로한다.
(33) 기대가 오랫동안 너무 낮거나 너무 높게 설정되면 다른 것들에 손상을 준다는 사실을 기억한다.
(34) 기대는 사랑에 의해 이끌어질 때 다른 이들에게도 힘을 준다는 것을 명심한다.
(35) 학습자가 최상의 것을 기대하게 한다.
(36) 학습자에게 기대하고 있다고 말한다.
(37) 교과서를 원론으로 상황을 이해시켜 수업에 흥미가 넘치도록 한다.
(38) 적절한 접촉을 통해 학습자에게 사랑을 느끼게 한다.
(39) 언어를 정확하게 선택한다.
(40) 시선을 마주친다(Out of sight, out of mind).
(41) 신체언어를 조심스럽게 전달한다.
(42) 가르치기 전 학과 준비에 성의를 다한다.
(43) 학습자가 배운 내용을 기억하는 것은 교사의 책임이라는 것을 명심한다.
(44) 기억은 이해된 다음에 효과적이라는 것을 기억한다.
(45) 학습자가 잘 기억하도록 내용의 연관성을 인식하게 한다.
(46) 초점을 강조한다.
(47) 교사와 생각이 다르더라도 법이 바뀌면 법을 지킨다(예 : 공공장소에서 금연).
(48) 주제를 효과적으로 이해시키기 위해 구체적인 이야기를 통해 표현한다.
(49) 극적인 효과로 내용에 대한 인상을 남긴다.

(50) 적절한 음악을 통해 강조한다.

(51) 도표와 그래프를 사용한다.

(52) 적절하게 호기심을 자극하라.

(53) 신세대적 사고를 되도록 인정하도록 노력한다.

(54) 문어체보다 구어체를 잘 쓴다.

(55) 드라마를 만들거나 보여줌으로 현장성을 익히도록 한다.

(56) 봉사를 강조한다.

(57) 교사의 덕은 잘 가르칠 수 있는 기술적 역량에 있음을 명심한다.

(58) '잘 생각해 봐'가 아니라 '잘 생각할 수 있게 하는 수업'을 한다.

(59) '잘 봐라'가 아니라 '잘 볼 수 있게 하는 수업'을 한다.

(60) 지식에서 지혜로 옮겨가도록 돕는 수업을 한다.

(61) 학습자의 감각을 부정하지 않는다.

(62) 학습자의 희망을 저버리지 않는다.

(63) 학습자의 기호를 조롱하지 않는다.

(64) 학습자의 성격을 무시하지 않는다.

(65) 학습자의 가치를 떨어뜨리지 않는다.

(66) 학습자의 의견을 비웃지 않는다.

(67) 학습자가 경험한 것을 비하시키지 않는다.

(68) 학습자의 느낌을 존중해 준다.

(69) 학습자의 욕구를 안다.

(70) 신세한탄을 하지 않는다.

(71) 경솔하게 말하지 않도록 한다.

(72) 툭하면 꾸짖는 것을 조심한다.

(73) 말꼬리를 잡아 실망시키지 않는다.

(74) 학습자의 마음에 상처를 주지 않도록 각별한 주의를 한다.

(75) 모든 기회를 살려서 이용한다.

(76) 때로는 교사의 일을 분담시켜서 사무적 경험을 쌓게 하고 교사와의 사랑이 교통하게 한다.

(77) 비교하지 않는다.

(78) 학습자로 하여금 사고를 자극받도록 개방적인 질문을 한다.

(79) 물어 보고 나서 생각할 틈을 준다.

(80) 예절을 가르친다.

(81) 경직된 자세를 버린다.

(82) IQ에 대한 맹신을 버린다.

(83) 밝게 웃는 연습을 자주 한다.

(84) 상투적인 급훈(예 : 할 수 있다 혹은 근면 성실)보다 기독교 세계관이 담긴 급훈(예 : 넓고 깊고 높은 생각 틀로 평화를 만드는 사람)으로 학급을 운영한다.

(85) 학습자가 즐기는 문화 읽기에 게을리하지 않는다.

(86) 자신을 항상 개방한다.

(87) 학습자 한 사람, 한 사람을 잘 파악해 둔다.

(88) 결석생을 방치하지 않는다.

(89) 소명의식을 확인한다.

(90) 용모에 늘 신경을 쓰되 교사와 학생이 함께 좋아하는 옷을 입는다.

(91) 학습자의 부모, 다른 교사와 협력하는 자세를 가진다.

(92) 결과도 중요하지만 과정에 눈길을 둔다.

(93) 목표를 잃지 않는다.

(94) 학습자에게 구원의 확신을 심어 준다.

(95) 모든 학습자의 이름을 기억한다.

(96) 난폭한 권위보다는 해박한 지식으로 교사를 경외하게 한다.

(97) 명령보다는 감동으로 행동하게 한다.

(98) 교실에 들어서는 순간 학습자의 눈이 존경하는 눈빛을 갖게 해야 수업에 성공한다는 것을 명심한다.

(99) 학생과 놀아주기도 하는 교사가 된다.

(100) 학생을 위해서는 말도 빨리 한다.

(101) 기독교사로서 기독교 세계관과 상충되는 교과 내용에 대한 적절한 지도를 할 수 있는 능력을 쌓는 일을 게을리하지 않는다.

제 12 장

작은 습관과 자녀교육

- 작은 습관이 운명을 결정할 수도 있다.
- 좋은 습관의 얼개에서 삶의 힘이 나온다.
- 어울려 살면 세상이 밝아진다.
- 의지와 절제의 지혜를 기른다.

제1절 작은 습관이 운명을 결정할 수도 있다.

1) 좋은 습관이 성공을 가져온다.

좋은 습관은 자기가 이루고자 하는 일들을 보다 쉽고 만족스럽게 성취하게 하는 밑거름이 된다. 가정에서 뿐만 아니라 직장에서도 마찬가지이다. 좋은 습관은 밝고, 만족스럽고, 활기찬 생활태도를 길러 준다.

2) 나쁜 습관은 능률을 저해하고, 건강과 생활을 해친다.

나쁜 습관은 어떤 불안이나 긴장을 해소하려는 무의식적인 의도로 지속되므로 생활의 능률을 떨어뜨리고 다른 사람에게 피해를 주며 자신의 신체적, 심리적 건강까지도 해친다.

3) 자녀에 대한 신뢰를 가지고 따뜻하고 관대하게 대한다.

편안하고 허용적 분위기에서 자녀들은 자기들의 잠재적 가능성을 최대한 발휘한다. 부모가 강압적이거나 방임적이면 자녀들은 시키는 대로만 하거나 제멋대로 하여 좋은 습관을 기르기 어렵다.

4) 확고한 원칙을 가지고 정해진 바를 일관성 있게 밀고 나간다.

부드러우면서도 흔들림 없는 확고한 태도로 올바른 것과 좋은 행동의 기준을 분명하게 세우고 반복적으로 일깨워 준다.

5) 자녀의 성장에 맞추어 융통성 있게 대화한다.

대화를 통하여 자녀의 생각, 감정, 욕구를 이해하고 존중한다. 자녀들은 부모에게 이해와 존중을 받는다고 느낄 때, 보다 자발적으로 자신을 조절하고 부모님을 존중하게 된다.

6) 좋은 습관을 기르기 위한 방법

좋은 습관을 형성하려는 노력은 언제나 고무하고 격려해야 한다. 부모가 일관성 있는 태도를 지니고 지속적으로 지도하여야 한다. 연령에 따라서 규칙은 조정되어야 하며 지도하는 방법도 달라져야 한다. 커 갈수록 자율적으로 규칙의 내용을 정하여 지도한다. 부모는 말보다는 행동으로 좋은 습관을 보여 준다. 인정과 칭찬을 많이 해 준다. 부모의 기대에 미치지 못하더라도 다음에 더 잘할 수 있다는 격려를 해 주어야 한다.

7) 나쁜 습관을 고치기 위한 방법

나쁜 습관은 사소하고 문제될 것이 없다고 생각될 때라도 즉시 고치도록 해야 한다. 불안이나 긴장의 원인을 이해하도록 한다. 어려움을 표현할 수 있도록 분위기를 만들어 주고 말을 끝까지 들어 준다. 현실적으로 가능한 대안들을 함께 찾아본다. 자녀의 노력은 언제나 넉넉한 마음으로 인정하고 격려한다.

- 부모의 생각대로 하루아침에 자녀가 바뀌기를 기대하지 말아라.
- 자녀가 부모의 기대만큼 못했다고 해서 잔소리를 하거나 화내지 말아라.
- 지나친 기대를 보여서 자녀에게 부담과 좌절을 주지 않도록 하라.
- 나쁜 습관을 고치는데 주력하기보다는 좋은 습관을 길러 주도록 하라.
- 돈이나 물건이 좋은 습관을 형성하는 조건이 되지 않도록 조심하라.
- 아무런 설명 없이 무조건 따르게 하지 말아라.

제2절 좋은 습관의 얼개에서 삶의 힘이 나온다.

1) 시간을 다스리는 사람만이 자신을 다스릴 수 있다.

(1) 계획을 실천하는 삶은 활기차고 보람 있다.

하루의 계획은 아침에 세우고, 일년의 계획은 봄에 세우며, 일생의 계획은 어린 시절에 세운다고 한다. 시간관리란 생활의 관리이며 삶의 관리이기도 하다. 시간을 짜임새 있게 사용하면 어려운 상황에서도 자신이 바라는 바를 이룰 수 있는 힘이 생긴다.

(2) 되는대로 시간을 쓰면 능력을 충분히 발휘하지 못한다.

시간을 낭비하면 능력을 키울 수 없다. 그때 그때 적당하게 시간을 사용하면 당장은 편리하지만 중요하고 큰 일은 하지 못한다.

(3) 활동을 중심으로 시간계획을 짜는 것이 좋다.

시간계획은 시간표 이상의 것이다. 구체적인 활동을 중심으로 그 활동의 양까지 생각하여 짠다. 하루하루의 계획뿐만 아니라 일주일, 한 달, 일년의 계획과 생활리듬을 고려한다. 우선 순위를 정하여 중요하고 시급한 일부터 먼저 하도록 한다. 안정된 마음으로 생활을 반성하고 계획하는 시간을 매일 별도로 갖는다. 기억해야 할 사항을 메모하고 항상 다음에 할 일을 염두에 둔다.

2) 정돈된 삶이 아름답다.

(1) 공간이 정돈되어야 생활도 정돈된다.

정돈된 공간에서는 할 일에 바로 집중할 수 있다. 자기 공간을 짜임새 있게 정리하여 지켜 나갈 때 다른 사람들도 그 영역을 존중하게 된다.

(2) 정돈하지 않는 사람은 책임 있는 삶의 주인이 될 수 없다.

주변을 정리하는 것은 몸을 돌보는 것과 같다. 다른 사람이 대신하게 되면 스스로를 돌보고 책임지는 능력을 기를 수 없다.

(3) 스스로 하는 뒷정리가 가장 중요하다.

뒷정리하는 습관을 익혀야 일의 시작과 끝을 미리 준비하고 마무리하는 지혜가 생긴다. 부모가 먼저 잘 정리하는 본을 보일 때 자녀도 따라 한다. 자녀가 정리 정돈을 잘못했을 때 분명하게 지적하여 스스로 정리하도록 한다. 처음에는 부모가 함께 해줄 수 있지만 점차 혼자 할 수 있게 한다. 시험이나 급한 일을 핑계로 정리 정돈을 뒤로 미루지 않도록 해야 한다.

3) 외모는 정신의 표현이다.

(1) 몸은 마음을 담는 그릇이다.

올바른 행동은 깨끗하고 정결한 몸에서 나온다. 자신의 몸을 단정하게 가꾸는 것은 자기관리의 시작이다.

(2) 단정한 몸 가꾸기는 예절의 기초이다.

옛 어른들은 깨끗한 신발, 잘 다려 입은 옷, 단정하게 빗은 머리를 바람직한 모습으로 생각하여 사람을 보는 기준으로 삼았다. 장소와 상황에 알맞는 복장과 행동을 알고 실천해야 어디서나 환영받고 잘 어울리는 사람이 될 수 있다.

(3) 가꾸지 않은 겉모습은 아름다운 내면을 드러낼 수 없다.

"외모야 아무려면 어때!" 하는 생각에는 게으른 마음이 숨어 있다. 단정하지 않은 외모를 가진 사람에게서는 흐트러지지 않은 마음과 생활의 기틀을 찾기 어렵다.

(4) 깨끗한 몸과 마음으로 하루를 시작하고 마감하는 습관을 길러 준다.

씻어야 할 신체부분과 시기를 동성의 부모가 구체적으로 가르쳐 준다. 신체의 보이지 않는 부분을 깨끗이 하는 것이 더 중요하다. 공부나 피로를 이유로 씻기를 거르지 않도록 한다.

- 비싼 옷과 신발로 외모를 가꾸는 것은 도리어 낭비벽을 조장한다. 겉멋보다는 검소하고 절제된 아름다움을 가꾸도록 하는 것이 중요하다.
- 지나치게 겉멋을 부리는 것은 자신감의 결여를 나타낸다. 정신적으로 성숙한 태도를 먼저 기르는 것이 중요하다.

4) 식사습관에 인격이 나타난다.

(1) 식사예절은 인격과 교양을 나타낸다.

식사예절은 그 사람의 생활교양을 보여주는 거울이다. 식사습관을 보면 그 사람의 가정교육이 어떠하며, 또 어떤 사람인가도 알 수 있다.

(2) 식사습관은 성격 형성에 큰 영향을 준다.

어떤 음식을 어떻게 먹는가 하는 것은 성격에 영향을 미친다. 편식을 하면 건강을 해치기도 하고, 치우친 성격을 가지기도 쉽다. 아무 데서나 아무렇게나 먹는 습관이 당장은 편하지만, 인내와 절제를 갖춘 인격을 길러 주지 못한다.

(3) 좋은 습관은 예절과 절제를 배우게 한다.

식사예절은 고마워하는 마음과 상대방에 대한 배려에서 비롯된다. 식사예절은 그때그때 올바르게 가르치고 고쳐 준다. 윗사람에게는 물론 친구에게도 먼저 권하도록 한다. 골고루 먹도록 한다. 정해진 시간과 장소에서 규칙적으로 먹도록 한다. 꼭 먹을 양만 덜어서 남기지 않도록 한다.

· 식사시간은 언제나 즐겁고 다정한 시간이 되도록 해야 한다.
· 식사시간에는 꾸짖거나 기분 나쁜 이야기를 피해야 한다.
· 식사시간은 모든 가족이 한 자리에 모이는 작은 축제의 자리가 되도록 한다.

5) 용돈 쓰기는 경제생활의 시작이다.

(1) 아이들에게도 용돈은 꼭 필요한 것이다.

아이들도 나름대로 돈을 쓸데가 있다. 용돈 쓰기는 자기만의 생활 영역을 키워가고 관리할 수 있게 해 준다. 돈을 지혜롭고 규모 있게 쓰는 훈련은 어릴 때부터 꾸준히 해나가야 한다.

(2) 지나치게 적거나 많은 용돈은 아이를 그르친다.

자유롭게 써 볼 수 있는 돈이 너무 부족하면 위축될 뿐만 아니라 돈이나 물건을 훔칠 수도 있다. 반대로 너무 많은 용돈은 무절제와 낭비벽을 기른다.

(3) 용돈의 액수와 주는 횟수는 나이와 절제력에 맞추어야 한다.

미리 계획해서 용돈을 사용하지 못하는 시기에는 필요할 때마다 의논해서 준다. 용돈을 정기적으로 줄 때의 유의 사항은 다음과 같다.

- 처음에는 하루나 이틀에 한 번 주고, 점차적으로 그 간격을 넓혀 한 달에 한두 번 정도 준다. 어떻게 용돈을 쓸 것인가에 대해 생각할 시간을 갖게 한다. 용돈을 어디에 썼는지 항상 기록하여 정리하도록 한다. 용돈을 지혜롭게 쓰는 방법을 가르쳐 주되 지나치게 간섭하지 않도록 한다.
- 기분에 따라 필요 이상으로 주는 용돈은 자녀에게 나쁜 영향을 미친다.
- 잘한 일에 대한 칭찬과 고마움은 그때 그때 적절한 말로써 표시한다.
- 잘한 일에 대한 상으로 돈을 줄 수는 있으나, 돈을 주는 조건으로 일이나 공부를 하도록 하면 뇌물처럼 자녀를 망칠 수도 있다.

6) 독서는 삶의 폭과 깊이를 더 한다.

(1) 폭넓게 책을 읽을 때 조화로운 교양인이 된다.

책에는 다양한 삶과 생각이 담겨 있다. 폭넓게 책을 읽으면 많은 사람들의 삶과 생각에 접하게 되어 자신의 삶이 풍부해진다.

(2) 어른이 될수록 책을 다양하게 읽을 기회는 적어진다.

학창시절에 폭넓게 책을 읽지 않으면 나중에 다양하게 책 읽을 시간이 부족하다. 폭넓은 독서로 소양을 다지지 않으면 자기분야에서 성공하기가 어렵다. 폭넓은 교양은 전문지식이 뿌리를 내릴 수 있는 토양이기 때문이다.

(3) 커 갈수록 책읽기를 놀이보다 더 즐기도록 한다.

놀이처럼 독서에도 재미를 붙여야 한다. 평소 부모가 책을 읽고 즐거워하는 모습을 보인다. 흥미와 관심을 채워 주는 책을 스스로 골라 읽도록 한다. 자녀가 책을 읽는 것을 부모가 알고 있으며, 흐뭇해한다는 것을 일러 준다. 책의 내용을 자연스럽게 이야기할 수 있는 기회를 준다. 읽은 책의 내용과 느낀 점을 간략하게 정리해 두도록 한다.

- 나쁜 책은 마음의 양식이 아니라 독이 될 수 있다.
- 깊게 생각하지 않고 독서하면 내용을 소화하기 어려우며, 위험한 결과를 초래할 수도 있다.

7) 생활리듬에 맞는 공부는 배움의 왕도이다.

(1) 생활리듬에 맞는 공부가 효과적이다.

수면과 식사처럼 공부도 규칙적인 생활의 일부가 되어야 한다. 규칙적인 공부는 자연스럽게 얻어지는 것이 아니다. 놀고 싶고 쉬고 싶은 마음을 이겨 내고, 생활리듬에 맞추어 규칙적으로 공부하는 습관을 기르면 인내와 절제도 익힐 뿐만 아니라 학습의 효과도 높아진다.

(2) 규칙적으로 공부하지 않으면 삶의 바른 태도를 형성할 수 없다.

공부를 규칙적으로 하는 습관을 기르지 않으면 매사를 쉽게 포기하거나 충동적인 태도를 지니게 된다. 지식과 정보의 습득도 부족하게 되어 현대사회에 적응하기가 어렵다.

(3) 공부는 조금씩이라도 규칙적으로 꾸준하게 해야 한다.

해낼 수 있는 것에서부터 시작해야 지속할 수 있다. 공부의 양과 시간은 적절하게 늘려 나가도록 한다. 아무리 적은 시간이라도 규칙적으로 공부하면 격려를 아끼지 않아야 한다. 공부를 계획대로 했을 때 좋아하는 활동을 하도록 배려한다. 공부하는 의미를 분명히 깨닫게 한다.

- 다른 아이들의 성적과 비교하는 것은 공부하려는 의욕을 떨어뜨린다.
- 지나치게 공부에만 몰두하는 것은 전반적인 성장에 오히려 방해가 된다.

8) 숙제는 자기보조에 맞추어 학습하는 기회이다.

(1) 숙제는 개별화 학습의 기회이다.

숙제는 집단으로 하는 학교공부를 보완하는 개별학습이다. 숙제시간을 자신의 능력 수준에 맞추어 줄이거나 늘일 수 있으므로 학습과제를 충분히 소화할 수 있게 한다.

(2) 숙제가 다소 많거나 적합하지 않다고 불평하지 않는다.

이러한 불평을 하면 자녀는 선생님을 불신하게 된다. 선생님에 대한 불신은 공부의 태도와 습관 형성에 부정적인 영향을 준다.

(3) 숙제는 미루지 않고 스스로 하게 한다.

학교에서 돌아오면 숙제를 할 수 있는 분위기를 만들어 준다. 학습과정에서 다소 힘이 들더라도 정성껏 숙제하도록 한다. 숙제를 내 주신 선생님의 의도를 충분히 파악한 뒤에 그것에 따라 성의껏 여러 가지 자료를 참고한다. 숙제는 필요에 따라 도와줄 수 있지만 부모가 대신해 주지 않는다.

- 먼저 숙제를 정성껏 마치고 난 뒤에 다른 활동을 하도록 지도한다.
- 놀이는 숙제를 마친 뒤에 하도록 한다.

9) 집안 일 돕기는 사회봉사의 초석이다.

(1) 집안 일 돕기는 함께 사는 지혜를 기른다.

작은 일이라도 집안 일에 참여하는 경험은 스스로를 가치로운 사람으로 여기게 하고 가족공동체 의식을 형성한다. 이것은 사회의 건강한 구성원으로서 자라게 하는 밑거름이 된다.

(2) 집안 일을 하지 않으면 자기만 아는 사람이 되기 쉽다.

어려서부터 집안 일을 할 기회를 갖지 못하면 부모의 수고로움을 모르고, 가족구성원으로서의 공동체의식을 느끼지 못하여 이기적인 사람이 되기 쉽다. 집안의 허드렛일이라도 해보지 않은 사람은 일의 가치와 즐거움을 알 수 없다.

(3) 감당할 만한 일을 스스로 책임 있게 하도록 한다.

이불 개기, 자기방 청소, 옷장 정리 등과 같은 주변 일부터 하게 한다. 자녀가 감당할 만한 일을 찾아서 적절히 시킨다. 조그만 일이라도 집안 일을 함께 하면 도움이 된다는 것을 이야기한다. 일의 결과에 대하여 "수고했다", "애썼다" 등의 치하를 한다.

- 공부를 핑계로 집안 일에서 배제하지 않도록 한다.
- 집안 일을 돕다가 실수하더라도 나무라기보다 도우려는 자세 자체를 격려한다.

10) 놀이는 생활의 새로운 활력소이다.

(1) 놀이를 통하여 삶이 풍부해진다.

놀이를 통하여 삶이 풍부해진다. 놀이는 일이나 공부를 잘하기 위해 더 없이 중요한 요소이다. 어릴 때부터 자녀들이 공부와 놀이 시간에 에너지를 배분하는 능력을 기르면 활기 있는 생활을 할 수 있다.

(2) 공부만 하고 놀 줄 모르면 편협한 사람이 되기 쉽다.

놀이를 통하여 협동성, 사교성, 지도력 등을 기를 수 있도록 지도한다. 자녀들이 스스로 하고 싶어하는 놀이를 권장하고 지켜본다. 하나의 놀이에만 빠지지 않고 다양한 놀이를 하도록 한다. 놀이 시간과 공부하는 시간을 적절히 배분하도록 가르친다. 가족이 모두

하는 놀이를 개발한다. 친구와 함께 하는 놀이를 권장한다.

- 공부만 하라고 강요하기보다는 놀이도 반드시 하도록 지도한다.
- 부모가 일방적으로 놀이의 종류나 시간을 정하지 않는다.

제3절 어울려 살면 세상이 밝아진다.

1) 약속과 질서는 공정하게 어울려 살기 위한 규칙이다.

(1) 규칙은 깨뜨리기 위한 것이 아니라 지키기 위한 것이다.

함께 어울려 살기 위해서 꼭 지키지 않으면 안 될 약속과 질서가 있다. 제멋대로 하는 행동은 사회의 기초적 질서를 무너뜨린다. 사회의 질서를 배우고 지키는 것은 자기 자신을 가꾸고 키우는 것이다. 꾸준한 노력과 희생이 있을 때에만 규칙은 지켜진다.

(2) 약속과 질서를 지키지 않으면 어울려 살기가 어려워진다.

약속과 질서를 지키지 않으면 다른 사람의 생활을 방해하고 사고도 유발할 수 있다. 어울려 사는 데 가장 기본적인 질서를 지키지 않고 제멋대로 행동하면 사람들로부터 소외되고 마음에 병이 들 수 있다.

(3) 약속과 질서지키기는 부모가 모범을 보여주어야 한다.

사회에서 어울려 살아가는데 약속과 질서는 반드시 지켜야 함을 가르친다. 자녀에게 한 약속은 꼭 지키도록 노력한다. 지켜야 할 공공질서를 부모가 직접 실천하는 모습을 보여 준다. 약속과 질서를 지키지 않을 때 생길 결과에 대해 같이 이야기한다.

2) 다정한 말은 사람 사이를 따뜻하게 한다.

(1) 정답고 예의를 갖춘 말은 인간관계의 기초이다.

말은 인격을 만든다. 말을 가려서 쓸 줄 아는 사람은 생각과 행동을 다스릴 줄 아는 사람이다. 말은 사람간의 관계를 이어주는 통로이다. 상대방을 존중하고 이해하며 배려하는 말과 태도를 익혀야 삶이 아름다워지며 인간관계도 성숙하게 된다.

(2) 함부로 내뱉는 말은 사람을 비뚤어지게 한다.

상대가 잘하면 내 말이 다정해지고 상대가 잘못하면 내 말도 함부로 되기 쉽다. 그러나 함부로 내뱉는 말은 사람의 마음을 떠나게 하고 관계를 상하게 한다. 실수를 이해하고 어떤 경우에도 존중의 태도를 잃지 않는 사람에게 우리 마음은 열린다.

(3) 따뜻한 마음을 진솔하게 전한다.

정답고 예의바른 말은 상대방을 아끼고 존중하는 태도에서 나온다. 부모가 우선 사녀를 존중하고, 자녀에게 정답고 예의바른 말을 써야 한다. 귀한 자녀일수록 귀한 말로 대해야 한다. 항상 다정하고 따뜻한 마음을 전하도록 노력한다. 자녀가 잘못을 범했을 때일수록 깊이 생각해서 말해야 한다. 즉시 말을 내뱉지 말고 적어도 서너 번 깊이 생각한 후에 그 잘못에 대해서 지적하고 부모의 깊은 마음을 분명하게 전해야 한다. 자녀가 좋지 못한 말을 쓴다고 험한 말로 자녀를 야단치는 것은 모순이다.

3) 공손한 인사는 예절의 기본이다.

(1) 인사는 만남을 의미 있게 한다.

인사란 웃어른에게 존경을, 부모님께는 효심을, 친구에게는 신의를 두텁게 한다. 인사는 예절의 기본이다.

(2) 공손치 못한 인사는 관계를 불편하게 한다.

인사는 만남의 시작이자 마무리이다. 건성으로 하거나 공손치 못한 인사는 불쾌감과 오해를 낳는다.

(3) 바르게 인사하는 습관도 훈련이 필요하다.

인사는 중요한 대화수단이므로 어법에 맞게 존대말을 쓰듯, 때와 장소에 따라 바른 인사예절을 가르쳐 준다. 인사를 잘하는 좋은 습관도 부모에 의해서 어릴 때부터 길러진다. 경례, 목례, 악수, 절 등의 인사법을 정확하게 익히도록 한다. 상황에 맞는 여러 가지 인사법에 대하여 익숙하도록 지도한다. 충분히 숙달될 때까지 꾸준히 반복하도록 한다. 부모를 비롯한 주위 사람들이 모범을 보이는 것이 중요하다. 잘못된 인사법은 그때 그때 바르게 잡아주어야 한다. 자녀의 틀린 인사예절을 바로 잡을 때 자존심이나 감정이 지나치게 상하지 않도록 조심하고, 부드러우나 확고한 태도로 연습시키는 것이 좋다.

4) 존대말은 윗사람에 대한 존경의 표현이다.

(1) 존대말은 존경과 사랑을 나타낸다.

존대말은 상대방을 존중하고 귀하게 여기는 마음을 전한다. 성숙한 사람만이 남을 존중할 줄 안다.

(2) 윗사람에 대한 반말은 인간관계의 질서를 깨뜨린다.

어린 자녀에게 반말을 쓰도록 내버려 두면 성장해서도 부모님이나 다른 윗사람에게 반말을 하게 된다. 적절한 존대말을 쓰지 못하면 윗사람과 아랫사람의 조화로운 관계를 맺을 수 없다.

(3) 존대말을 하는 습관은 반드시 어린 시절부터 길러야 한다.

상황과 어법에 맞게 존댓말을 쓰는 바른 예절을 익히도록 그때 그때 지도한다. 부모 자신이 항상 웃어른께 존중 어린 마음을 품고, 존댓말을 잘 사용한다. 자녀가 존대말을 할 때 부모가 느끼는 대견함을 전하고 칭찬한다. 자녀가 함부로 말을 하는 경우 대신할 수 있는 존대말을 구체적으로 제시한다. 존대말은 일관성 있게 반복적으로 숙달하게 하다. 자녀가 부모님이나 선생님에게 존대말을 하지 않을 때에는 엄히 꾸짖으며, 다음에는 존대말을 쓰겠다는 약속을 하도록 한다.

5) 부모님에 대한 예의는 예절의 으뜸이다.

(1) 효는 도덕의 출발이다.

집을 나설 때 반드시 부모님에게 알리고, 돌아왔을 때 반드시 부모님께 말씀드린다. 예로부터 부모님께 효도하는 것을 모든 행동의 근본으로 삼아 왔다. 오늘날에도 부모를 대하는 태도는 다르지 않다.

(2) 부모님께 순종할 줄 아는 자녀만이 사람다운 사람이 된다.

부모님께 효도할 줄 모르면 자신뿐만 아니라 다른 사람을 존중할 줄 모르게 된다. 나아가 반항자나 독선자가 될 수 있다. 부모님에 대한 예의를 배우지 못한 사람은 윗사람에 대한 예의도 길러질 수 없다. 부모님에게 순종하기를 배우지 못한 사람은 빗나간 사람이 된다.

(3) 부모 스스로 사소한 일에도 정성을 들이는 겸손한 태도를 지닌다.

부모에 대한 예의는 부모 자신이 먼저 모범이 되어야 길러진다. 자녀가 어렸을 때부터 존대말을 쓰도록 그때 그때 교정하여 주는 것이 효과적이다. 부모와 다른 의견이 있더라도 다른 기회에 자신의 의견을 표현할 수 있도록 타이른다. 자녀가 예의바르지 않은 행동을 할 때에도 부모의 권위와 평정을 잃지 않고 반복해서 가르친다. 부모는 자녀에 대해 엄격하면서도 자애로운 모습을 안정감 있게 보이는 것이 필요하다.

6) 선생님에 대한 존경만이 배움을 굳건하게 한다.

(1) 기쁜 마음으로 순종할 줄 아는 사람은 성숙한 사람이다.

기쁜 마음으로 스승에게 순종하고 배우는 것은 누가 시켜서 억지로 되는 일이 아니다. 옳다고 일러주는 것을 옳게 받아들일 줄 알고, 받아들인 대로 자신을 갈고 닦을 줄 아는 것이 바로 성숙한 사람의 모습이다.

(2) 선생님을 낮추는 것은 자신을 망치는 길이다.

선생님을 귀하게 여기지 못하는 사람은 자기 자신에 대해서도 귀하게 여기지 못하고, 자신을 귀하게 여기지 못하는 사람은 성공적인 삶을 살기 어렵다. 우리에게 무엇을 많이 주는 사람은 더 좋아하고 적게 주는 사람은 덜 좋아하는 것이 요즘의 세태이다. 그러나 가르치는 분은 가르치는 것 자체 때문에 존경받아야 마땅하다.

(3) 보이지 않는 곳에서도 존중과 감사의 태도를 가진다.

부모는 평소 자녀 앞에서 선생님에 대해 말할 때 항상 존중의 태도를 지녀야 한다. 자녀가 선생님의 뜻을 잘 이해하지 못한 듯할 때, 선생님이 시키신 대로 자녀가 우선 따르는 것이 중요함을 일깨워 주어야 한다. 선생님에 대한 불만을 토로할 때에는 자녀의 말을 잘 듣고 상황을 이해하려고 노력하면서 동시에 선생님에 대해 예의에서 벗어난 언행을 하지 않도록 주의시켜야 한다. 선생님의 의견과 부모의 의견이 같지 않을 경우에도 아이 앞에서 선생님을 깎아 내리는 말을 해서는 안 된다. 선생님과 부모는 아이의 성장이란 한 가지 목적을 위해 노력하는 협력자라는 점을 잊어서는 안 된다.

7) 친한 벗 사이의 예의는 우정을 더욱 돈독하게 한다.

(1) 친한 사이일수록 예의를 지켜야 한다.

허물없는 사이라고 하여 아무렇게나 함부로 대해서는 안 된다. 친구관계는 자녀가 스스로 맺은 관계이기 때문에 장차 성공적인 사회생활의 기초가 친구관계에서 마련된다.

(2) 친구가 없으면 더불어 사는 지혜를 배우기 어렵다.

친구가 없는 사람은 외롭고 바로 서기도 어렵다. 사람의 삶은 더불어 사는 삶일 때 건강하다. 좋은 친구관계를 맺을 수 없는 사람은 장차 사회생활에 적응하기 어려울 뿐 아니라, 좋은 부부관계를 맺기도 어렵다.

(3) 아름다운 친구관계는 이해와 존중으로 가꾸어진다.

진정한 친구관계는 서로를 존중하는 관계이다. 친구의 잘못을 꼬집어 비난하기보다는 너그럽게 용서하고 이해할 때 친구관계는 깊어진다. 예의바르고 귀한 친구관계는 서로에 대해 배려하는 관계이다. 친구의 상황이나 바램이 나의 것과 다를 때 서로 조정하는 능력도 어릴 때부터 거듭되는 경험을 통해 서서히 길러진다. 친구의 별명을 부르거나 약점을 들추는 행동은 친구관계를 해친다. 사귈만한 아이가 없다고 불평하기보다 자녀가 다른 아이의 좋은 친구가 되어 주도록 지도하는 것이 더 필요하다. 부부간에 서로 존중하고 이해하며 예의를 갖추는 행동과 말은 자녀들에게 좋은 친구관계를 맺는 법을 가르쳐 주는 좋은 예가 된다.

8) 정다운 이웃은 최선의 환경이다.

(1) 자녀가 제대로 성장하려면 모든 이웃의 도움이 필요하다.

자녀의 성장에는 여러 사람의 손길이 절대적으로 필요하다. 먼 이웃도 가까운 이웃처럼 자녀가 올곧게 자라는데 커다란 영향을 미친다.

(2) 이웃사촌이라는 말이 사라지고 있다.

이웃과의 관계가 멀어지고 정을 나누지 않으면 사회는 더욱 각박해진다. 이웃이 없으면 외롭고 이기적인 사람이 된다. 이웃은 부모를 대신할 수도 있다. 다정한 이웃을 잃으면 사람을 존중하고 예절을 실천할 수 있는 배움의 기회도 잃게 된다. 이웃과의 관계가 나쁘면 자녀는 비교육적 환경에서 자라게 된다.

(3) 자녀교육은 이웃과 함께 정을 나누며 하는 공동작업이다.

만나면 반갑게 인사하고 자녀에게도 인사를 하도록 지도한다. 이웃 자녀에 대하여 관심을 보이고 이웃과 자녀 지도에 대한 대화를 나눈다. 이웃의 경조사에 참여하며 필요하면 돕는다. 이웃과 우리 가정의 고유한 생활방식을 존중한다.

9) 낯선 사람에 대한 친절은 인격을 빛낸다.

(1) 낯선 사람에게도 정중히 대하는 사회가 성숙한 사회이다.

현대사회에서는 서로 언어가 다르고 피부가 다르고 종교가 다른 낯선 사람들과도 빈번하게 접촉하게 된다. 또한 우리는 일상생활에서 친밀하지 않은 사람과 수없이 접촉하며 지내고 있다. 이러한 사람들에게 보이는 세련된 친절은 사회의 분위기를 부드럽게 하고 인격의 품위를 드러낸다.

(2) 불친절한 사회에서는 공공 신뢰를 이루기 어렵다.

우리는 모르는 사람들에게 불친절하다는 말을 듣는다. 나와 관계없는 사람이라고 해서 적절한 호의와 관심, 배려가 부족하게 되면 사회는 삭막해진다.

(3) 지구촌의 어떤 사람과도 어울려 지낼 수 있는 사회성을 길러야 한다.

생각, 감정, 지역, 말씨, 삶의 방식이 다른 사람도 인정하고 수용한다. 일상적으로 "실례합니다", "미안합니다", "고맙습니다" 등의 말을 적절히 사용한다. 과잉 친절이나 불친절이 되지 않도록 적절한 생활예절을 가르친다. 낯선 사람에게도 친한 친구와 마찬가지로 친절하고 다정하게 도움을 주도록 한다.

10) 자연과 더불어 사는 삶은 푸른 꿈을 가꾸어 준다.

(1) 자연은 우리와 함께 사는 벗이다.

사람은 자연의 일부분이다. 자연을 잘 관찰하면 우리 자신과 환경의 관계를 바르게 이해할 수 있다. 자연은 우리에게 더불어 살아가는 삶의 지혜를 가르쳐 주는 고마운 학교이다.

(2) 자연의 파괴는 인류의 종말을 가져올 수 있다.

무분별한 자원 개발과 환경 오염은 다음 세대의 삶의 터전을 빼앗는 것이다. 자연 훼손으로 우리의 마음은 병들고 마음의 안식처를 잃게 된다. 눈앞의 편리함을 위한 자연 파괴는 결국 우리의 몸과 마음을 거칠게 한다.

(3) 자연을 적극적인 사랑으로 가꾸어야 한다.

나무 한 그루를 가꾸는 마음은 나와 자녀들의 마음에 여유를 심어 준다. 자녀들에게 화초 하나라도 돌보도록 하여 자연을 가꾸는 태도를 길러 준다. 자녀와 함께 자연을 찾아 가꾸는 체험을 통해 미래의 푸른 꿈을 키우도록 한다. 자연 파괴나 환경오염의 현장을 발견하면 신고한다.

제4절 의지와 절제의 지혜를 기른다.

사람이란 유혹을 이길 때 인격의 향기가 더욱 그윽해진다. 시련을 극복할 때 인생의 지혜는 더욱 깊어진다. 젊은 시절 방황에서 바른 길을 찾았을 때, 우리 자녀는 자신과 세계를 바르게 일으켜 세울 힘을 기른다.

1) 동아리 활동

(1) 건전한 동아리 활동은 조화로운 발달을 돕는다.

자발적으로 참여하고 어울릴 수 있는 기회를 제공하는 동아리 활동은 정서적인 성장과 적극적인 사회성, 풍부한 여가생활을 하는데 중요하다. 자신이 무엇을 좋아하고, 잘할 수 있는지도 확인할 수 있다.

(2) 잘못된 동아리 활동은 청소년 비행으로 이어질 수 있다.

사회적으로 용납되지 않는 행위를 강요하거나 폭력적인 불량 동아리도 있다. 불량 동아리에 가입하게 되면 강요와 압력에 의해 비행을 저지르게 되고, 빠져 나오기도 어렵다.

(3) 충분히 상의한 후 건전한 동아리에만 참여하게 한다.

부모는 학교생활과 방과 후의 활동을 정확하게 파악하여 자녀의 생활 전체를 바르게 알고 있어야 한다. 동아리 활동에 관련된 정보를 가능한 한 많이 수집한다. 지도자가 없는 동아리는 언제나 문제의 소지가 생기기 쉽다. 어떤 경우라도 좋은 지도자가 있는 동아리에만 가입하도록 해야 한다. 자녀의 바램과 특성에 맞는 동아리를 함께 살펴보고 결정한다. 건전한 동아리 활동에 참여하도록 격려한다. 동아리 활동을 하면서 생길 수 있는 문제에 대한 대처 방안을 미리 의논한다. 동아리 활동을 통하여 얻는 장점과 단점을 주기적으로 점검한다.

- 자녀가 동아리 활동에서 친구간에 갈등이 생기더라도 진정한 친구관계를 유지하도록 도와 주면, 자녀는 적극적이고 성공적인 사람이 될 수 있다.

2) 이성교제

(1) 자녀가 성장함에 따라 이성에 대한 관심이 높아진다.

이성에 대한 관심은 자녀에게 나타나는 자연스러운 현상이다. 오히려 이성에 대한 관심이 전혀 없으면 그것이 문제일 수 있다.

(2) 이성교제에 잘못 빠지게 되면 일생을 그르칠 수 있다.

청소년기는 이성에 대한 관심이 급격히 커지는 시기이다. 청소년기의 자녀는 성에 대한 자기통제력이 약하다. 성적 접촉은 죄의식이나 불안 등이 정서적 상처를 줄 수 있다.

(3) 이성에 대한 관심을 잘 조절할 수 있도록 도와 준다.

이성에 대한 욕구는 억제한다고 없어지는 것이 아니므로, 취미생활이나 운동과 같은 다양한 방식으로 승화되도록 한다. 부모는 평소에 이성교제에 대하여 자녀와 의견을 나눈다. 건전한 사회단체 혹은 종교단체에서 자연스럽게 이성친구와 만나는 것은 권장한다. 개별적인 만남을 통제한다. 자녀가 이성교제를 하고 있으면, 적정의 거리를 두도록 지도한다.

- 이성교제를 그만두라고 강요하는 것은 문제를 더욱 심각하게 할 수 있다.
- 이성교제 행동에 대해서는 애정을 가지고 단호하게 부모의 의견을 전달한다.
- 자녀의 현재 행동이 미래의 자신을 위해 바람직한 행동인지 스스로 생각해 보게 한다. 학창시절은 직업과 결혼을 준비하는 시기이며, 실제로 직업도 결혼도 시작할

수 없는 시기임을 자녀에게 분명하게 설명해 준다. 학창시절에 돈을 버는 일이나 이성교제를 본격적으로 하게 되면, 더 큰돈을 벌고 더 행복한 결혼을 할 수 있는 기회를 잃게 된다는 사실을 자녀가 깨닫게 한다.

3) 텔레비전/비디오 보기

(1) 텔레비전/비디오 보기는 새로운 자극과 즐거움을 추구하는 자연스러운 행동이다.

텔레비전/비디오 보기를 통하여 다양하고 많은 정보를 쉽고 재미있게 얻을 수 있다. 텔레비전/비디오 보기를 나쁘다고만 할 것이 아니라 그것의 장점을 최대한 활용하는 것이 필요하다.

(2) 지나치게 빠져들면 현실감각이 떨어지고 사회적응이 어려워진다.

공부나 운동과 같이 꼭 해야 할 일을 못하게 된다. 사치, 난잡한 성, 폭력과 같은 부정적 행동을 쉽게 배우게 된다. 독서와는 반대로 텔레비전/비디오는 사고 능력을 떨어뜨린다.

(3) 텔레비전/비디오의 교육적 활용을 위하여 부모가 주도적인 역할을 해야 한다.

시간과 내용을 정하여 텔레비전/비디오를 보도록 한다. 자녀가 볼 내용과 부모가 볼 내용을 엄격히 구분한다. 비교육적 내용을 보거나 시청 기간을 절제하지 못하면 단호하게 제지한다.

- 텔레비전/비디오와 같은 피동적 학습자료에 지나치게 많은 시간을 보내면, 적극적이고 진취적인 기상을 기르기 어렵다.
- 한 시간 동안 가족이 텔레비전을 같이 보는 것보다 놀이를 같이 하거나 함께 이야기를 하면 훨씬 더 유익한 시간이 될 수 있다.

4) 컴퓨터와 전자오락

(1) 컴퓨터는 정보화 사회를 살아가는 필수적인 도구이다.

컴퓨터에 대한 흥미와 지식을 갖출수록 일에 대한 능력과 삶의 적응력을 높일 수 있다. 컴퓨터와 전자오락을 잘 이용하면 여가를 선용할 수 있을 뿐 아니라 다른 일의 능률도 올릴 수 있다.

(2) 컴퓨터 통신이나 전자오락에 중독될 수도 있다.

일상생활의 과도한 긴장과 불안으로 컴퓨터 통신이나 전자오락에 빠질 수도 있다. 컴퓨터 통신이나 전자오락을 지나치게 하면 수면이나 일상적 활동의 리듬을 깨뜨릴 수 있다. 또한 정서적 장애나 정신질환으로 발전될 수도 있다.

(3) 부모가 먼저 올바르게 사용하여야 한다.

부모 자신이 컴퓨터와 전자오락에 대해 배워 두는 것이 좋다. 자녀들이 공부와 오락에 적정한 시간을 배분할 수 있도록 지도한다. 컴퓨터 통신이나 전자오락에 지나치게 탐닉하게 되면 자녀의 문제를 알리는 적신호임을 알아야 한다. 자녀의 욕구에 맞는 활동을 제공함으로써 컴퓨터통신이나 전자오락에 대한 중독을 치료할 수 있다.

- 중독 현상이 심하면 전문가의 상담을 받도록 한다.
- 유치원이나 초등학교 저학년 때에는 독서습관을 먼저 길러 주는 것이 중요하다.
- 독서 습관의 형성이 컴퓨터 공부보다 우선되는 것이 집중력과 지적 발달에 도움이 된다.

5) 휴대폰과 일반 전화

(1) 휴대폰과 전화의 잘못된 사용은 부정직성과 무절제를 조장할 수 있다.

휴대폰과 전화의 불필요한 사용으로 부모 몰래 하는 일들이 많아진다. 불필요한 대화나 만남에 빠지도록 하거나 비행에 이용되기도 한다. 독서와 공부를 할 때 휴대폰이나 전화를 받게 되면 집중되었던 정신이 흐트러진다.

(2) 불필요한 휴대폰은 잘못된 유행이다.

특별한 목적이 없이도 다른 친구들 때문에 가지고 싶어하는 경우가 많다. 실제로 휴대폰의 사용이 꼭 필요한 경우는 많지 않다.

(3) 부모와 자녀들의 신뢰를 회복하고 유지하는 일이 가장 중요하다.

공부나 독서 시간에 오는 전화는 부모님이 받아 메모해 두었다가 쉬는 시간에 내용을 전해 주는 것이 좋다. 휴대폰과 전화의 잘못된 사용 그 자체보다 내면적인 문제를 알아본다. 휴대폰과 전화의 올바른 사용에 대해 함께 대화한다. 심야에 부모 허락 없이 사용하는 전화는 통제한다. 지나치게 엄한 통제보다는 불필요성이나 올바른 사용법을 자녀에게 충분히 이해시킨다. 교실, 극장, 집회 장소 등에서 휴대폰 소리가 나도록 하는 것은 공중도덕에 어긋남을 가르쳐 준다.

- 중요한 일에 집중하기 위해서 일상적인 외부 전화를 받지 않는 것처럼, 공부나 독서 중인 자녀에게는 전화 걸기와 받기, 심부름, 이야기 등을 삼가 정숙한 분위기를 만들어 주는 것이 바람직하다.

6) 거짓말

(1) 거짓말은 삶의 근본을 파괴한다.

사회의 기본 질서는 사람들 사이에 신뢰로운 말과 약속에 근거하고 있다. 거짓말하는 사람은 다른 사람에게 신뢰받기 어렵다. 거짓말이 습관화되면 심각한 인격장애에 빠진다.

(2) 거짓말을 반드시 나쁜 의도로 하는 것은 아니다.

정직하게 이야기하면 벌이나 꾸중이 뒤따를 것을 두려워하여 거짓말을 하기도 한다.

부끄러움을 숨기거나 다른 사람의 관심을 끌기 위하여 거짓말을 하기도 한다. 장난을 치거나 골려 주려고 거짓말을 하는 경우도 있다.

(3) 수용적이고 따뜻한 부모가 솔직한 자녀를 만든다.

부모가 자녀의 거짓말하는 마음을 이해해야 거짓말을 고칠 수 있다. 부모의 말에 반대할 수 있는 권리를 자녀에게 허락하여야 한다. 자녀가 원하는 바를 구체적으로 직접 표현할 수 있도록 도와 주어야 한다. 부모의 거짓말을 자녀가 본받지 않도록 해야 한다. 거짓말로 인해서 생기는 결과를 분명하게 가르쳐 준다.

- 자라면서 상상과 현실을 구분하지 못해서 하는 말은 의도적인 거짓말과 구별하여야 한다.
- 잘못한 일이라도 사실 그대로 이야기하면, 큰 잘못이라도 용서해 주어야 거짓말을 할 필요가 없어지게 된다.

7) 훔치는 행위

(1) 훔치는 행위는 사회의 정의를 무너뜨린다.

훔치는 행위는 사람들의 마음 속에 한탕주의를 심어 준다. 훔치는 행위는 사람들의 인격을 어둡고 삐뚤어지게 한다.

(2) 훔치는 행위는 단지 물질적 필요에 의해서만 이루어지는 것이 아니다.

물질적 결핍 때문에 훔치기도 하지만, 복수심이나 미움 때문에 훔치는 경우도 있다. 다른 사람들에게 자기 자신을 과시하고 싶거나 애정 결핍 때문에 물질로 대리 만족을 채우려고 훔치는 경우도 있다.

(3) 훔치는 행위가 습관이 되지 않도록 해야 한다.

훔치는 행위가 나쁘다는 것을 분명히 알려 준다. 아이의 물질적 필요를 충분히 채워 준다. 따뜻하고 신뢰로운 관계를 만들도록 노력한다. 훔치는 마음을 이해해야 훔치는 행동을 없앨 수 있다. 훔치고 싶은 유혹을 느끼지 않도록 관리를 철저히 한다.

- 훔치는 행위는 자기 것과 남의 것을 구별하지 못하는 어린아이에게 흔히 있는 일이다. 이럴 때에라도 남의 것을 주인 허락 없이 가져오는 것이 나쁘다는 사실을 깨닫도록 타일러야 한다. 초등학교, 중학교 이후에 훔치는 행위가 반복되면 성격발달에 나쁜 영향을 주게 되므로 반드시 전문가에게 상담을 받아 고쳐야 한다.

8) 싸 움

(1) 싸움은 자신과 상대에게 상처를 가져올 뿐이다.

싸움을 하면 신체적으로 손상을 입을 수 있을 뿐만 아니라, 아이들의 마음 속에 불안과 두려움을 심어줄 수 있다. 싸우게 되면 폭력으로 문제를 해결하는 버릇이 생긴다.

(2) 싸움을 잘한다고 강하고 용감한 아이는 아니다.

아이들은 싸우면서 큰다고 하지만, 싸움은 미숙한 감정의 표현에 불과하다. 싸움보다 말로 해결하는 것이 현명하다.

(3) 마음과 말과 행동을 다스리는 힘을 기르도록 돕는다.

부모는 자녀의 마음 속에 일어난 분노의 감정들을 이해하도록 도와 주되, 싸움으로 발전할 수 있는 상황을 적절히 피하도록 가르친다. 분노의 감정을 말로 표현하도록 가르친다. 화를 풀 수 있는 운동 같은 건전한 활동을 하도록 지도한다.

- 부부 사이에 폭력을 사용하거나, 자녀를 폭력적으로 대하는 행동은 자녀에게 싸움을 가르치게 한다.
- 폭력적인 내용의 만화나 비디오 등을 접하지 않도록 주의한다.
- 폭력은 신체적인 것만 아니라 욕설이나 폭언 같은 언어적인 것도 있다. 언어폭력은 정서를 거칠게 하고 인격을 격하시킨다.

9) 반 항

(1) 반항은 자신의 의사를 그릇되게 표현하는 방식이다.

자녀는 부모와 다른 의견을 가질 수 있다. 그러나 자신의 의사를 반항적으로 표현하면 자신의 마음을 바르고 분명하게 밝히기 어렵고, 부모의 마음을 상하게 하여 부모와 자녀의 관계를 그르치게 된다.

(2) 청소년기의 반항은 피할 수 없는 것이 아니다.

반항하는 행동은 나쁘지만 반항한다고 해서 모두 나쁜 아이는 아니다. 반항은 부모와 말이 통하지 않는다고 느낄 때 생기는 좌절감의 표현일 수 있다. 반항은 부모님께 순종하고 어른을 어렵게 생각하는 태도를 기르지 못한 것을 의미하기도 한다.

(3) 반항하는 행동은 고치되 그 마음은 부드럽게 변화시켜야 한다.

대체로 자녀가 말을 배울 때부터 부모님의 말씀에 기쁨으로 순종하도록 가르쳐야 한다. 부모님의 말씀에 순종할 때 늘 치하해 주는 것이 좋다. 반항을 한다고 해서 무조건 야단만 치거나 비난을 해서는 안 된다. 자녀가 어떤 마음에서 반항하는지 그의 입장에서 공감적으로 이해하는 것이 중요하다. 평소 부모와 다른 의견도 자유롭게 말할 수 있는 분위기를 유지하여야 한다. 서로 원하는 바가 다를 경우 의논하고 조정하는 방법을 익히도록 하고, 자녀의 필요와 요구를 존중해야 한다.

- 자녀의 의사에 반대될 때라도 부모님께 순종하도록 가르치는 것이 중요하다. 그러나 무조건적인 순종은 부모님이 자녀에게 존중과 신뢰를 받을 때에 가르칠 수 있는 것이다. 자녀가 무조건 신뢰하는 부모가 되기란 결코 쉬운 일이 아니다.

10) 가 출

(1) 가출의 충동을 느끼는 자녀가 의외로 많다.

문제 가정의 자녀만 가출의 충동을 느끼는 것이 아니다. 겉으로 보기에 학교생활과 가정생활에 잘 적응하는 것처럼 보이는 아이들도 가출의 충동을 느끼는 경우가 많다.

(2) 가출의 동기에는 나쁜 면만 있는 것이 아니다.

가출은 자녀가 어려운 상황에 대처해 보려는 수단일 수도 있다. 가출은 자녀가 좌절 속에서도 주저하지 않고 적극적으로 대처하려는 행위의 하나일 때도 있다.

(3) 가출한 자녀에게는 부모의 지혜로운 도움이 절실히 필요하다.

부모의 관심과 사랑으로 가정이 따뜻하고 든든한 보금자리가 되어야 가출을 예방할 수 있다. 취직이나 돈벌이가 있어서 가출하는 자녀에게는 진로나 학업에 대한 전체적 생각을 다시 정리해 주는 것이 필요하다. 학교나 집이 싫거나 부담스러워 가출한 자녀에게는 학교나 집에서 재미를 붙이며 살 수 있는 조건을 마련해 주는 것이 선결과제이다. 가출한 자녀는 가능한 한 빨리 돌아오도록 해야 한다. 가출했던 자녀가 돌아오자마자 야단과 체벌을 받게 되면 가출이 재발되기 쉽다. 일단은 반갑게 맞이하고, 걱정했던 부모의 마음을 부드럽게 전한다. 가출은 자녀와의 관계를 새롭게 시작하는 계기가 될 수 있다. 따라서 왜 가출을 할 수밖에 없었는지를 이해하고 문제를 차분히 해결하도록 노력한다.

- 가출이 재발하는 것을 두려워하여 자녀가 원하는 대로 다 들어 주어서는 안 된다.
- 자녀의 가출 문제에는 가족 전체가 관련되어 있을 수도 있기에 전문가에게 상담을 받는 것이 큰 도움이 될 수 있다.

제 13 장

속담과 격언을 통한 자녀교육

- 속 담
- 격 언
- 유형별로 본 속담·격언의 내용

제1절 속 담

1) 속담의 정의

속담이란 글자 그대로 우리의 일상생활에서 익어진 토속적인 표현의 말로서 예로부터 전해 내려와 사람들이 마음 속에 깊은 공감을 얻어 삶의 모습과 지혜가 솔직하고 융숭깊게 담긴 익은 말이다. 우리나라에서 속담이란 용어는 17세기 초에 발견되어 18세기에 들어오면서 다른 명칭들과 함께 널리 쓰였는데 청나라 '동문유해'에 '속담'이라는 어휘가 우리말로서는 처음 쓰인 것으로 보인다.

속담은 애초부터 엄격하게 규정할 수 있는 언어적 표현 양식이 아니라 하나의 설화적 이야기에서 경구적 어구에 이르기까지 포괄적인 관용구로 전승되어 온 표현양식이기 때문에 학자에 따라 그 정의도 약간씩 차이를 보이고 있다. 몇 가지 예를 제시하면 다음과 같다.

· 속담은 민중에 유통되는 관용어구이다.

-장덕순 외, 구비문학개설-

· 속담은 어떤 사실을 비유로 서술하는 데 쓰이는 관용어구이다.

-최창렬 외, 국어의미론-

· 속담이란 언중이 낳은 생활의 시이다.

-김종택, 국어의미론-

· 속담은 언어 현장에서 발생하게 되는 특정 사실을 수사적인 기법인 비유를 통하여 나타내는 표현 양식이다. -심재기, 국어어휘론-

· 옛부터 내려오는 민간의 格言, 속된 이야기, 俗說

-이희승, 국어대사전-

· 민중의 지혜가 응축되어 널리 구전되는 민간 格言이다.

-신기철 · 신용철, 새우리말 큰 사전-

· 민간에 전해오는 쉬운 격언, 속된 이야기이다.

-한글학회, 우리말 큰 사전-

위의 정의들을 살펴보면, 속담은 격언의 성격을 가지고 생활 속에서 발생하여 생활을 통해 전승되어 왔다는 것을 알 수 있다.

넓은 의미에서의 속담은 서민들의 생활에서 만들어진 구비전승의 언어와 성현들이나 작가, 지식인들의 명언이나 고서 등에서 인용한 것은 물론, 오늘날 일정한 형태 속에 항간에 떠돌아다니는 모든 형태의 말들을 포괄하는 개념이다.

좁은 위미에서의 속담은 교훈 · 기지 · 상상 · 징계 · 비유 · 풍자 등을 바탕으로 통속적이고 진솔함이 깃든 구비전승의 언어를 지칭하는 것으로 언중의 경험과 지혜와 교훈에서 우러난 진리를 지닌 간결하고 평범하며 은유적인 표현의 관용어라고 정의할 수 있다. 명심보감, 탈무드, 채근담, 마음의 샘터, 성경의 잠언 등 속담사전류를 통해 압축된 자녀교육의 지혜를 얻을 수 있다.

2) 속담의 특징

속담은 글자 그대로의 말 힘인 구체적 표면 의미 이외에 내면에 흐르는 좀더 넓은 관용 표현으로서의 추상적이고 보편적인 일반적 의미를 구현하는 것이다. 따라서, 속담은 더 큰 의미나 보편적 의미로 확대되지 않는 일반 언어의 진술과는 구별된다. 속담의 득징은 다음과 같은 몇 기지로 정의할 수 있다.

첫째, 속담은 그것이 생성된 사회의 소산물이다. 속담의 작자는 설화나 민요의 그것처럼 밝혀지지 않는 것이 보통이다. 개인의 창의에 의해 만들어졌다 하더라도 그것은 개인의 특수한 사항이나 감정의 표현이라고 볼 수가 없다. 왜냐하면, 개성적이고 특수한 표현은 동일언어 사회 내의 언중 모두에게 공감을 줄 수 없으며 그러한 표현은 곧 생명을 잃고 소멸되어 버릴 것이기 때문이다. 따라서, 어느 개인의 창의에 의해 표현된 말일지라도 그것은 언중 누구나가 체험하고 느끼던 사실을 속담 형식에 맞춘 것이어야 한다. 그때서야 비로소 속담은 그 사회의 소산물로서 생명을 얻어 사용되는 것이다.

둘째, 속담은 그것이 생성된 지역의 향토성을 반영한다. 지방에 따라서 언어가 다르고 풍습이 다르고, 생활방식과 가치관이 다르듯이, 속담 또한 그것이 생성된 지역에 따라 고유한 향토색을 풍기게 되는 것이다.

셋째, 속담은 그것이 생성된 당시의 시대상을 반영한다는 점이다. 시대에 따라 삶의 방식과 가치가 다르고 이념과 제도가 다르기 때문에, 속담은 그것이 생성되던 당시의 시대상을 그대로 반영하게 되는 것이다.

넷째, 속담은 언중들의 생활철학을 고스란히 반영하고 있다. 속담은 사물의 이치를 직관에 의해 꿰뚫거나 과학적 공식에 의해 인위적으로 만들어가는 것이 아니라, 끊임없는 수정과 시행착오를 통해 일반화 법칙을 거쳐서 얻어지는 것이다. 속담에는 처세의 교훈이 있고, 세태에 대한 풍자와 경계가 있으며, 언중들의 신념과 인생관이 담겨 있다. 그렇기 때문에 속담을 통해 우리는 그 때 당시 사람들의 생각과 사상, 생활 모습 등을 엿볼 수가 있다.

다섯째, 속담은 군더더기가 없이 간결하고 세련된 언어형식을 취하고 있다. 설화나 민담과 같은 구비문학은 화자에 따라 속담의 한 어구를 생략하거나 첨가한다면, 그 속담은 본래의 의도와는 다른 의미를 생성하게 되어 속담으로서의 기능을 잃게 될 것이기 때문이다.

여섯째, 속담은 서로간의 의사소통을 훨씬 부드럽게 해 준다. 속담은 비유의 대상으로 쓰여지며 전통적 진리로서 권위를 가지고, 사람들의 마음 속에 자리잡고 있기 때문에 적절한 속담의 인용은 상대방을 설득하고 이해시키는데 큰 힘을 발휘할 수 있다. 아울러, 오랜 생활 체험에서 자연스레 생겨난 지혜의 함축표현이므로 수양과 처세의 지침이 됨은 물론, 재치와 해학을 함께 담고 있는 말이므로 언어생활을 윤택하게 하는 감칠맛 나는 힘도 갖고 있는 것이다.

제2절 격 언

1) 격언의 정의

격언(格言)은 사람이 인생을 올바르고 밝게 살아가는 데 도움을 주는 교훈적인 가르침이자 훈계라고 볼 수 있으며, 보통 금언(金言) 혹은 잠언(箴言)이라고도 한다.

속담(俗談)과 구별하자면, 속담은 서민들 사이에 유포되어 전래되어 온 경구(驚句)로 풍자(諷刺)와 익살이 강한 교훈적 의미를 지닌 짧은 말이다. 이에 반하여 격언은 풍자와 익살보다는 직설적인 어조로 강한 훈계(訓戒)를 드러내는 말이다.

그로 인해 격언은 주로 인간의 도덕률이나 행동규범에 관하여 만인(萬人)이 공감할 수 있도록 짧게 표현한 동서양 성현(聖賢)의 말씀 중에서 많이 발견된다.

2) 격언의 특성

전통 속에서 현대적 감각으로 새롭게 배울 수 있는 소중한 한 마디 한 마디의 격언들도 마음 속 깊게 새겨야 할 소중한 정신적 보물로서 그 몇 가지 특징이 있다.

첫째, 옛 성인이나 위인들의 가르침을 담고 있다. 일반 서민들의 생활 모습과 정서가 담겨 있는 속담과는 달리 격언에는 옛 성인이나 위인들의 가르침이 담겨 있다. 예를 들어, "덕이 있는 사람은 외롭지 않다."라는 공자의 말씀은 '덕이 있는 사람은 언제나 그를 따르는 사람들이 있기 때문에 외롭지 않다'(德不孤 必有隣)라는 뜻이 담겨 있다. 인자한 성품으로 다른 사람을 대하는 사람이 어려움에 처했을 때에는 언제나 그를 돕는 사람이 있게 마련임을 배워야 한다. 그러므로 격언의 가르침을 자신의 행동과 관련시켜 생각할 수 있도록 노력해야 할 것이다.

둘째, 격언의 표현은 좀더 직접적이다. 속담은 비유적인 표현을 사용하나 격언은 속담과는 달리 그 표현이 직접적이다. 물론 비유적으로 표현되는 격언이 없는 것은 아니다. 그러나 대부분의 격언은 위인들의 가르침이나 말씀을 인용하여 직접적으로 표현하고 있다.

제3절 유형별로 본 속담 · 격언의 내용

1) 심리학 측면에서 본 속담 · 격언

한국 소설에서 추출된 심리학적 격언이나 속담은 대부분이 사회 심리학에 직접 · 간접적으로 관련된 내용들이다. 이는 일반인의 일상생활 수준에서는 타 심리학 분야보다 사회심리학적 문제 및 지식이 가장 현실적으로 밀접히 관련되어 있으며 따라서 이에 대한 대중의 관심이 큼을 시사하는 것으로 풀이된다. 이들 심리학적 주제를 사회심리학적 내용분류 체제에 비추어 다시 재분류해 본 결과 사회심리학의 제분야에 폭넓게 분포됨을 알 수 있었다.

(1) 인간관계

① 고와도 내님 미워도 내님(한번 정이 붙으면 미워지지 않는다).
② 바른 말하는 사람 귀여움 못 받는다. / 모난 돌이 정 맞는다(대인관계에서는 이성보다 감성이 앞선다).
③ 오는 말이 고와야 가는 말도 곱다(내가 좋아하면 상대방도 좋아한다).
④ 미운 사람에게는 쫓아가 인사한나(나쁜 관계에 있으면 오해를 잘한다).
⑤ 가재는 게편이라(서로 유사한 사람끼리 좋아한다).
⑥ 이웃사촌(가까이 살면 친해진다).
⑦ 손이 들이굽지 내굽나(정실은 가까운 사람에게 베풀게 된다).
⑧ 때리는 놈보다 말리는 놈이 더 밉다(증오를 직접 표현하는 사람보다 간접으로 표현하는 사람이 더 밉게 보인다).
⑨ 아는 놈이 도둑놈(해(害)는 가까운 사람이 준다).

위의 주제에서 나타난 인간의 심리는 인간관계에서 이성적인 측면보다 감정적인 측면이 앞서며 상대의 자존심과 체면을 높여줄 때 상대가 좋아하게 되고 일단 사이가 나빠지면 상대의 행동을 오해할 가능성이 크다는 점이다. 전체적인 인간관계는 합리성의 이성원칙보다 비합리성의 감성원칙에 의해 더 좌우됨을 시사하는 주제가 많다.

(2) 인간 본성 및 성격

① 가난한 사람일수록 기와집을 짓는다.(부족한 사람일수록 허세를 부린다).
② 개꼬라지 미워서 낙지 산다(자기가 해를 보더라도 미운 사람에게 만족을 주는 행동은 하기 싫어 한다).
③ 눈먼 소경보고 눈멀었다 하면 화를 낸다(옳은 애기도 자기 약점을 지적하는 말을 듣기 싫어한다).

④ 나쁜 소문은 빨리 퍼진다(사람은 남의 약점 말하기를 좋아한다).
⑤ 못살면 터 탓(사람은 자기합리화하는 경향이 많다)
⑥ 선무당이 장구 탓한다(부족한 사람일수록 잘못을 남에게 미룬다).
⑦ 각관기생 열녀되랴(사람의 성격은 고쳐지기 힘들다).
⑧ 남의 집 불구경하지 않는 군자 없다(남의 불행은 보기에 즐겁다).
⑨ 거지가 밥술이나 먹게 되면 거지 괄시 더 한다(사람은 처지가 바뀌면 같은 처지에 있는 사람에게 더 가혹하다).

위의 속담에 반영된 인간의 본성은 남이 못되는 것을 보고 좋아하고, 자기의 약점을 합리화하며 특히 그러한 경향은 열등의식이 강하거나 약점이 많은 사람에게 더 두드러진다. 전체적으로 인간의 본성 및 성격은 이타적(利他的)이라기보다는 자기 중심적임을 시사해 준다.

(3) 인간의 행동과습관

① 대감 죽는 데는 안가도 대감 말 죽는데는 간다(인간은 정보다 이해관계에 따라 행동한다).
② 하던 지랄도 멍석 깔아 놓으면 안 한다(사람은 행동하는데 있어 타인의 평가를 중시한다).
③ 똥누러 갈적 마음 다르고 올적 마음 다르다(사람의 마음은 자기 편의에 따라 쉽게 변한다).
④ 성인도 시속(時俗)을 따른다(사람은 환경에 맞추어 살기 마련이다).
⑤ 사흘 굶어 담 아니 넘을 놈 없다(욕구가 강하고 합법적인 충족수단이 없을 때 비 합법적인 방법을 택하기 쉽다).
⑥ 놀던 계집은 결단이 나도 엉덩이짓은 남는다(일단 형성된 습관은 없애기 힘들다).

(4) 동기 및 가치

① 새침떼기 골로 빠진다(결핍된 욕구가 충족될 때 만족이 더 크다).
② 부잣집 떡개는 작다(사람의 물질적 욕망은 충족될수록 커진다).

③ 내일의 천자보다 오늘의 재상(불확실한 미래의 큰 만족보다 현재의 확실하고 조그만 만족이 더 낫다).
④ 소병(笑病)나면 병아리만 쫓아도 낫는다(욕구가 심하게 결핍되면 간접적 욕구충족도 만족을 가져온다).
⑤ 갑갑한 놈이 송사한다(결핍이 동기를 낳는다).
⑥ 듣기 좋은 노래도 장 들으면 싫다(한꺼번에 욕구가 충족되면 싫증을 느낀다).

이상의 주제에서 인간의 동기는 결핍에서 발생되며, 결핍된 동기가 충족될 때, 만족이 커진다는 점을 알 수가 있다. 또한 동기는 충족된다고 줄어드는 것이 아니라 커지는 경향을 보이며 간접적으로도 동기가 충족될 수 있음을 말해 준다.

(5) 지각 일반

① 개 눈에는 똥만 보인다(사람의 지각은 욕구나 기대에 의해 영향을 받는다).
② 남의 밥에 든 콩이 더 커 보인다(남의 것이 자기 것보다 좋아 보인다).
③ 놓친 고기가 더 크다(구하지 못한 것이거나 남이 가진 것이 더 좋아 보인다).
④ 구관이 명관이다(옛것이 더 좋아 보인다).
⑤ 국에 덴 놈은 냉수도 불고 먹는다(고통이나 불안이 수반되는 자극은 일반화가 잘 된다).

(6) 대인지각

① 며느리 미우면 손자까지 밉다(한 사람이 미우면 그 사람과 관계 있는 모든 것이 미워진다).
② 미운 사람 고운데 없다(한번 밉게 보이면 모든 행동이 밉게 보인다).
③ 열 번 잘하고 한 번 실수를 말아야 한다(사람은 장점보다 단점이 돋보인다).
④ 한배 타봐야 속 안다(어려운 사태에서 개인의 본래 성격이 드러난다).
⑤ 과물전 망신은 모과가 시킨다(한 집단 속의 일개인의 인상이 전체집단의 인상을 좌우한다).

대인 지각에서는 첫인상이 중요하며 일단 첫인상이 좋게 형성되면 나쁜 행동도 좋게 보인다. 또한 장점보다 단점이 두드러져 보이며, 한 집단 속의 일개인의 인상이 전체집단의 인상을 좌우한다.

(7) 적개심과 공격심

① 궁서가 고양이 문다(약자도 궁지에 몰리면 반공격(反攻擊)한다).
② 시어머니에게 역정나서 개 빼떼기 찬다(보복이 두려우면 전이(轉移)공격을 한다).
③ 남촌 양반이 반역할 뜻을 품는다(천시받는 사람이 적개심을 갖는다).
④ 미련한 놈 가슴에 고드름이 안 녹는다(지능이 낮은 사람의 적개심이 더 무섭다).
⑤ 고기는 씹어야 맛이 나고 말은 해야 시원하다(언어적 공격은 카타르시스 효과를 가져온다).

이상과 같은 사회심리 분야의 속담 이외에도 '대감댁 송아지 백정 무서운 줄 모른다'(지위가 낮은 사람은 높은 사람과 동일시하기 쉽다), '종이 종을 부르면 식칼루 형문을 친다'(천한 사람에게 권세를 주면 권세를 더 크게 이용한다) 등과 같은 다양한 속담주제를 발견할 수 있다.

위에서 보아온 속남주세의 내용 중 70%는 현대의 사회심리학 이론이나 가설과 일치되고 있음이 또한 속담과 사회심리학이 학문적으로 크게 다르지 않음을 말해 주기도 한다. 그러나 속담이 곧 심리학이라는 생각은 위험하다. 심리학에서 다루는 내용은 속담보다도 그 폭이 넓고 깊다. 상식심리학과 학문심리학을 접근시키는 수단으로서 또 속담의 내용과 심리학을 근접시키는 수단으로서 이와 같이 상호 비교하는 일은 재미있는 일이다.

2) 다면적 측면에서 본 속담·격언

(1) 건강

① 닭 잡아 겪을 나그네 소 잡아 겪는다(조그만 닭 한 마리를 준비해 대접할 수 있는 손님을, 큰 소를 잡아 대접하게 되었다는 말이니, 다시 말하면 적은 돈을 들여

병을 고치지 않고 있다가 나중에 더 나쁘게 되어 큰 돈을 들이게 된 경우와 같은 때 쓰는 말).

② 마른 나무 좀먹듯(병으로 인해서 몸이 점점 쇠약하여 가거나, 재산이 자신도 모르는 사이에 줄어든다)

③ 병든 놈 두고 약 지러 갔더니, 의원도 두건(상주가 삼베로 만들어 머리에 쓰는 것)을 썼다더라(의원도 자기 부모의 병을 못 고치고 상주가 되어 있다는 말이니, 그 곳에 가도 소용 없다고 할 때 쓰는 말).

④ 복(福) 중에는 건강 복이 제일이다.(사람은 건강한 것이 가장 중요하다).

⑤ 어질병이 지랄병 된다(작은 병이 점점 더 도져서 큰 병이 된다).

⑥ 죽기 싫은 것이 아니라, 아픈 것이 싫다(죽는 것보다도 아픈 것이 더 고통이 심하고 견디기 힘들다).

(2) 버릇

① 겨 먹던 강아지 쌀 먹는다(겨를 훔쳐 먹던 개가 맛을 알고 나중에는 쌀까지 훔쳐 먹게 되었다).

② 바늘 도둑이 소도둑 된다.(나쁜 일일수록 점점 버릇이 되어 나중에는 큰 일까지 저리르게 된다).

③ 배운 도둑질 어디가랴 ? (버릇이 되어 버리면 그 일을 안하려고 해도 안 할 수 없게 된다).

④ 버릇 배우라니까, 과붓집 문고리 빼들고 엿장수 부른다(남에게 야단을 맞고도 그 버릇을 못 고치고, 금방 나쁜 행동을 또한다).

⑤ 세 살 적 버릇 여든까지 간다(어렸을 때 버릇은 늙어서도 고치기 힘들다).

⑥ 제 버릇 개줄까 ? (사람의 나쁜 버릇은 고치기 힘들다)

⑦ 조개껍질은 녹슬지 않는다(마음이 착하고 어진사람은 나쁜 습관에 물들지 않는다).

⑧ 종의 자식 귀해하니까, 생원님 상투에 꼬꼬마(옛날에 군졸이 쓰는 벙거지에 다는 말)를 단다(아랫사람을 너무 귀여워하면 지나치게 버릇이 없어진다).

⑨ 포도(捕盜) 군사의 은동곳 물어 뽑는다(도둑이 잡히어 형을 받고 옥으로 끌려가면서도 포도 군사의 상투에 꽂힌 은동곳을 뽑는다는 말이니, 도둑의 버릇은 좀처럼 고치기 힘들다).

(3) 예절

① 가는 손님 뒷꼭지가 예쁘다.(자기 가족들도 먹기가 어려운 가난한 집에는, 빨리 떠나는 손님이 마음 속으로 고맙다).
② 가래 터 종놈 같다(가래질하는 마당의 종놈처럼 무뚝뚝하고 거칠며 예의 범절이라고는 도무지 모른다).
③ 급하다고 갓 쓰고 똥누랴 ? (아무리 급하더라도, 무례하게까지 일을 해서는 안 된다)
④ 나그네 귀는 석자다(나그네는 주인의 눈치를 잘 알아차리므로 손님이 있는 데서 그에 대한 말을 함부로 소곤거리지 말라).
⑤ 메밀꽃 필 때는 동서집에 가지 말라(농촌에서 가장 어렵고 바쁜 시기에 친척집에 가면 부담을 주게 되므로 가능한 농촌 일손이 바쁘고 식량이 궁한 철에는 친척집에 가는 것을 피하자).
⑥ 문전 나그네 혼연(渾然)대접(어느 사람이라도 자신을 찾아온 사람을 친절하고 극진히 대접하여야 한다)

(4) 인격

① 가슴이 화룡선 같다(사람의 도량이 크고 속이 트였음을 말함).
② 나무때기 시집 보낸 것 같다(사람됨이 변변하지 못하여 무슨 일이나 제대로 하지 못한다).
③ 노루 제 방귀에 놀라듯(사람됨이 경솔하고 침착치 못함을 이르는 말)
④ 물이 깊어야 고기가 모인다(사람은 덕이 커야 따르는 사람이 많다).
⑤ 바위 보아 똥 눈다(사람 됨됨이를 보아 그것에 맞춰 대접을 한다).
⑥ 복숭아 오얏은 부르지 않아도 그 밑에 저절로 길이 생긴다. -史記 (덕있는 사람은 스스로 구하지 않아도 자연히 사람들이 사모하여 그 밑으로 모여든다. 혹은 좋은 상품은 이쪽에서 구하지 않아도 고객들이 자연히 모여들기 마련이다).
⑦ 산이 깊어야 범이 있다(자기에게 훌륭한 덕이 있어야 사람이 따른다).

(5) 지혜

① 기운이 세다고 소가 왕 노릇할까 ? (소가 아무리 기운이 세다 할지라도 왕 노릇은

못하듯, 지혜 없이 힘만 세다고 남을 거느릴 수 없다)

② 늙은이도 세 살 먹은 아이의 말을 귀담아들어야 한다(아무리 나이 어린아이의 말이라도 들을 만한 좋은 말이 있으면, 들어 두어야 한다. 지혜는 나이에 따라 정해지는 것이 아니다).

③ 옛 말 그른 데 없다(예로부터 전해 내려오는 말은 다 옳다).

④ 하나를 보면 열을 안다(일부를 보고 미루어 전체를 알 수 있다).

(6) 효도

① 긴 병에 효자 없다(어떤 일이건 간에 한 가지 일만 오래 지속하게 되면, 자연 성의가 부족하여진다).

② 나갔던 며느리 효도한다(처음에 좋지 않게 여겨지던 사람이 뜻밖에 잘 할 때 쓰는 말).

③ 나귀는 주인만 섬긴다(보잘 것 없는 미물도 제가 지닌 지조는 지킨다).

④ 눈먼 자식도 효도한다(보기에 신통치 않았던 자식이 매우 소용 있는 인물이라고 느꼈을 때 쓰는 말).

이렇듯, 우리의 속담·격언은 우리에게 던지는 교훈이 많다. 위에서는 크게 건강, 버릇, 예절, 인격, 지혜, 효도로만 보았는데 봉사, 학문, 생각, 종교, 세월 등 여러 종류들의 속담·격언이 많이 있다. 이 속담을 통해서 우리는 많은 교훈을 얻기도 하지만 우리나라 사람들의 속성 및 버릇을 추론해 볼 수도 있다.

3) 속담·격언을 통해 본 한국인 성격

① 눈치를 본다. 남들과 어긋나는 자기 의견을 떳떳이 표현하지 못하며 남의 생각에 신경을 쓴다. 우회적으로 자기 생각을 표시하며 윗사람을 능가하는 것을 꺼린다.

② 의존심이 많다. 자기가 결정하고 그 결정에 책임지는 일을 잘 못한다. 일이 잘못되면 남의 탓을 한다.

③ 명분을 존중한다. 형식주의적 사고방식에 집착, 실리보다 명분에 집착하여 체면을

잃을까봐 자신의 결점이나 약점을 인정하지 못한다. 일을 안해도 월급을 주는 경우가 많으며 장애자나 환자가 집안에 있으면 수치로 생각한다.

④ 상하의 구분이 엄격하고 자기 공로를 국가원수나 부모에게 돌리는 겸양지덕을 보인다. 그러다가도 상대가 약자임을 알면 갑자가 고자세를 취한다.

⑤ 정이 많으며 특히 외국인 접대에 지나치게 친절하다. 친절할 때는 정도를 넘어 불편할 정도로 한다. 전염병을 앓아도 부모는 자녀 곁을 떠나지 않는다.

⑥ 사생활의 침해를 예사로 한다. 혼자 있고 싶어하는 심정을 이해하지 못한다.

⑦ 손님접대에 후하나 손님의 기호를 묻지 않고 자기 방식대로 접대한다.

⑧ 정서적으로 내향적이며 매우 불안정하다. 달콤하고 감상적인 작품을 좋아하고 가혹한 벌이나 핍박을 끈질기게 견뎌 낸다. 아이에게 너무 일찍부터 어른스런 행동을 요구한다.

⑨ 사고의 융통성이 없고 추리력이나 상상력이 부족하다.

⑩ 교육열이 매우 높고 어린이를 집에 붙들어 놓고 공부만 강요한다.

⑪ 公과 私를 혼동하는 일이 많다. 교수회의를 음식점에서 하기도 하고, 연고주의로 사람을 임용하며 뇌물을 받고 일을 처리한다.

⑫ 사교적으로 세련되어 있지 못하며 본의 아니게 실례를 한다.

⑬ 장시간 동안 결심을 유지하지 못하며 쉽게 잊거나 변한다.

⑭ 비합리적인 생활태도가 많고 점괘에 따라 계획을 변경하기도 한다.

⑮ 감시자가 없을 땐 법을 잘 어긴다.

⑯ 화를 내고 목소리를 크게 해야 말을 듣는다.

⑰ 종교심이 비교적 강하다.

⑱ 외모나 의복에 관심이 많고 화려한 것을 좋아한다(去華就實).

⑲ 외모나 옷매무새가 비교적 단정하다.

⑳ 상황에 맞지 않게 용감하다.

결론적으로, 속담은 우리 민족의 지혜가 오랜 세월 속의 생활 경험으로 정착되어 언어 표현 속에 응집된 소중한 자산이다. 혹 전통생활 속에 형성된 이유로 인해 현대적 감각과 거리가 있는 경우도 있지만, 대부분은 진리를 담아 내고 처세의 교훈이 될 수 있는 소중한 한 마디 한 마디의 격언들도 많이 있다. 마음 속 깊게 새겨야 할 소중한 정신적 보물들이 아닌가 한다.

이제 우리는 적절한 한두 마디의 속담 사용으로 재치와 지혜가 넘치는 언어생활을 영위할 수 있기를 바라며, 올바른 가치관의 형성을 위해 가슴 속에 새길 수 있는 격언들과 함께 하는 생활이 되었으면 한다.

4) 아버지가 아들에게 보내는 25가지 삶의 지혜

① 약속 시간에 늦는 사람하고는 동업하지 말거라.
시간 약속을 지키지 않는 사람은 모든 약속을 지키지 않는다.

② 어려서부터 오빠라고 부르는 여자 아이들을 많이 만들어 놓거라.
그 중에 하나 둘은 안그랬다면 말도 붙이기 어려울 만큼 예쁜 아가씨로 자랄 것이다.

③ 목욕할 때에는 다리 사이와 겨드랑이를 깨끗이 씻거라.
치질과 냄새로 고생하는 일이 없을 것이다.

④ 식당에 가서 맛있는 식사를 하거든 주방장에게 간단한 메모로 칭찬을 전해라.
주방장은 자기 직업을 행복해 할 것이고, 너는 항상 좋은 음식을 먹게 될 것이다.

⑤ 여자 아이들에게 짓궂게 대하지 말거라.
신사는 어린 여자나 나이든 여자나 다 좋아한단다.

⑥ 양치질을 거르면 안 된다.
하지만 빡빡 닦지 말거라.
평생 즐거움의 반은 먹는 것에 있단다.

⑦ 노래하고 춤추는 것을 부끄러워하지 말거라.
친구가 너를 어려워하지 않을 것이며 아내가 즐거워할 것이다.

⑧ 하나님을 찾아 보거라.
하지만 「시간의 역사」(호킨스), 「老子」(김용옥 해설), 「요한복음」(요한)을 이해한다면 서른 살을 넘어설 때 스스로 서게 될 것이다.

⑨ 어려운 말을 사용하는 사람과 너무 예의바른 사람을 집에 초대하지 말거라.
굳이 일부러 피곤함을 만들 필요는 없단다.

⑩ 똥은 아침에 일어나자 마자 누거라.
일주일만 억지로 해 보면 평생 배 속이 편하고 밖에 나가 창피당하는 일이 없을 것이다.

⑪ 가까운 친구라도 남의 말을 전하는 사람에게는 절대로 속을 보이지 마라.
그 사람이 바로 네 흉을 보고 다니는 사람이다.

⑫ 나이 들어가는 것도 청춘만큼이나 재미있단다.
그러니 겁먹지 말거라.
사실 청춘은 청춘 그 자체 빼고는 다 별거 아니란다.

⑬ 밥을 먹고 난 후에는 빈 그릇을 설거지통에 넣어 주거라.
엄마는 기분이 좋아지고 여자친구 엄마는 널 사위로 볼 것이며 네 아내는 행복해질 것이다.

⑭ 양말은 반드시 펴서 세탁기에 넣어라.
소파 밑에서 도너츠가 된 양말을 흔드는 사나운 아내를 만나지 않게 될 것이다.

⑮ 네가 지금 하는 결정이 당장 행복한 것인지 앞으로도 행복할 것인지를 생각하라.
그러나 도덕을 지키는 것은 막상 해 보면 그게 훨씬 더 편하단다.

⑯ 돈을 너무 가까이 하지 말거라.
돈에 눈이 멀어진다.
돈을 너무 멀리 하지 말거라.
너의 처자식이 다른 이에게 천대받는다.
돈이 모자라면 필요한 것과 원하는 것을 구별해서 사용해라.

⑰ 너는 항상 내 아내를 사랑해라.
그러면 네 아내가 내 아내에게 사랑을 받을 것이다.

⑱ 심각한 병에 걸린 것 같으면 최소한 세 명의 의사 진단을 받아라.
생명에 관한 문제에 게으르거나 돈을 절약할 생각은 말아라.

⑲ 5년 이상 쓸 물건이라면 너의 경제능력 안에서 가장 좋은 것을 사거라.
결과적으로 그것이 절약하는 것이다.

⑳ 베개와 침대와 이불은 가장 좋은 것을 사거라.
숙면은 숙변과 더불어 건강에 가장 중요한 문제다.

㉑ 너의 자녀들에게 아버지와 친구가 되거라.
둘 중에 하나를 선택해야 될 것 같으면 아버지를 택해라.
친구는 너 말고도 많겠지만 아버지는 너 하나이기 때문이다.

㉒ 오줌을 눌 때는 바싹 다가서거라.
남자가 흘리지 말아야 될 것이 눈물만 있는 것은 아니다.

㉓ 연락이 거의 없던 이가 찾아와 친한 척하면 돈을 빌리기 위한 것이다.
분명하게 '노'라고 말해라.
돈도 잃고 마음도 상한다.
㉔ 친구가 돈이 필요하다면 되돌려 받지 않아도 될 한도 내에서 모든 것을 다해 줘라.
그러나 먼제 네 형제나 가족들에게도 그렇게 해줬나 생각하거라.
㉕ 네 자녀를 키우면서 효도를 기대하지 말아라.
나도 너를 키우며, 너 웃으며 자란 모습으로 벌서 효도를 다 받았다.

5) 3초 안에 따뜻한 세상만들기

① 엘리베이터를 탔을 때 닫기를 누르기 전 3초만 기다리자. 정말 누군가가 급히 오고 있을지도 모른다.

② 출발신호가 떨어졌는데 앞차가 서 있어도 클랙션을 울리지 말고 3초만 기다려 주자. 그 사람은 인생의 중요한 기로에서 갈등하고 있는지도 모른다.

③ 내차 앞으로 끼어드는 차가 있으면 3초만 서서 기다리자. 그 사람의 아내가 정말 아플지도 모른다.

④ 친구와 헤어질 때 그의 뒷모습을 3초만 보고 있어 주자. 혹시 그가 가다가 뒤돌아 봤을 때 웃어줄 수 있도록…….

⑤ 길을 가다가 아니면 뉴스에서 불행을 당한 사람을 보며, 잠시 눈을 감고 3초만 그들을 위해 기도하자. 언젠가는 그들이 나를 위해 기꺼이 그리할 것이다.

⑥ 정말 화가 나서 참을 수 없을 때라도 3초만 고개를 들어 하늘을 바라보자. 내가 화낼 일이 보잘 것 없는 일은 아닌지…….

⑦ 차창으로 고개를 내밀다가 한 아이와 눈이 마주 쳤을 때 3초만 그 아이에게 손을 흔들어 주자. 그 아이가 크면 분명 다른이에게도 그리할 테니까.

⑧ 죄짓고 감옥가는 사람을 볼 때 욕하기 전 3초만 생각해 보자. 내가 그 사람의 환경이었다면 어떻게 되었을까.

⑨ 아이가 잘못을 저질러 울상을 하고 있을 때 3초만 말없이 웃어 주자. 잘못을 뉘우치며 내 품안으로 달려 올지도 모르니까.

⑩ 아내가 화가나서 소나기처럼 퍼부어도 3초만 미소짓고 들어 주자. 그가 저녁엔

넉넉한 웃음으로 커피 한 잔을 만들어 줄지 모르니까.

6) 선생자경(善生子經)의 인간관계에 대한 교훈

(1) 남편과 부인

남편은 다음 다섯 가지 법으로 부인을 대해야 한다. ㉠ 존경할 것 ㉡ 경멸하지 말 것 ㉢ 난잡한 행동을 하지 말 것 ㉣ 권한을 줄 것 ㉤ 장식품을 제공할 것. 또한 부인도 다음 다섯 가지 법으로 남편을 사랑해야 한다. ㉠ 가사를 잘 처리하며 ㉡ 친척을 잘 다루며 ㉢ 난잡한 행동을 하는 일이 없으며 ㉣ 저축한 것을 지키며 ㉤ 하여야 할 모든 일에 대하여 슬기로우며 근면하라.

(2) 제자와 스승

제자는 다음 다섯 가지 법으로 스승을 섬겨야 한다. ㉠ 일어나서 예를 할 것 ㉡ 가까이서 모실 것 ㉢ 열심히 듣고자 할 것 ㉣ 시중을 들 것 ㉤ 삼가 학예를 배울 것. 또한 스승은 다음 다섯 가지 법으로 제자를 사랑한다. ㉠ 잘 지도하고 훈육하며 ㉡ 습득한 것을 잘 주지시키며 ㉢ 모든 학예지식을 설명하는 이가 되며 ㉣ 友人·붕우 사이에서 [그에 대하여] 자랑을 퍼뜨리며 ㉤ 여러 일에서 보호해 준다.

(3) 친구간의 관계

良家의 아들은 다음 다섯 가지 법으로 友人을 섬겨야 한다. ㉠ 베풀어 줄 것(布施) ㉡ 사랑 받을 말을 할 것(愛語) ㉢ 남의 이익이 되는 일을 실행할 것(利行) ㉣ 협동하여 일을 행할 것(同事) ㉤ 속이지 말고 진실할 것. 또한 友人·붕우는 다음 다섯 가지 법으로 良家의 아들을 자애한다. ㉠ 그가 放逸하였을 때 지켜 주며 ㉡ 방일하였을 때 그 재산을 지키며 ㉢ 두려워 떨 때 보호하는 이가 되며 ㉣ 역경에 빠졌을 때도 버리지 아니하며 ㉤ 그의 뒤의 자손도 소중히 한다.

(4) 주인과 고용인

주인은 다음 다섯 가지 법으로 고용을 섬겨야 한다. ㉠ 그 능력에 따라 일을 배당할 것 ㉡ 음식과 급료를 급여할 것 ㉢ 병들었을 때는 간병할 것 ㉣ 훌륭한 珍味의 음식을 나누어 줄 것 ㉤ 적당한 때에 휴식을 취하게 해 줄 것. 또한 고용인도 다음 다섯 가지 법으로 주인을 자애한다. ㉠ [주인보다도] 아침 일찍 일어나며 ㉡ 나중에 취침하며 ㉢ 주어진 것만 받으며 ㉣ 그 일거리를 잘 하며 ㉤ [주인의] 명예와 칭찬을 퍼뜨린다.

(5) 신자와 성직자

신자는 성직자를 다섯 가지 법으로 받들어 공양해야 한다. ㉠ 몸의 사랑을 행하는 것이다. ㉡ 입의 사랑을 행하는 것이다. ㉢ 뜻의 사랑을 행하는 것이다. ㉣ 때 맞추어 헌신하는 것이다. ㉤ 문을 막지 않는 것이다. 성직자도 공양을 받으면 다음과 같이 가르쳐야 한다. ㉠ 보호하여 악을 짓지 않게 하는 것이다. ㉡ 착한 것을 가르쳐 주는 것이다. ㉢ 선한 마음을 품게 하는 것이다. ㉣ 듣지 못한 일을 듣게 하는 것이다. ㉤ 이미 들은 것은 잘 알게 하는 것이다. ㉥ 깨달음의 길(하늘의 길)을 열어 보이는 것이다.

7) 「방광대장엄경」(方廣大莊嚴經)의 이상적 어머니 조건

「방광대장엄경」(승족품 제3)(지파하라 : 漢譯)에는 이상적인 어머니의 조건에 대해 가르치고 있다. 이 경은 부처님이 도솔천에서 이 땅에 탄생할 때 선택될 가장 이상적인 어머니의 조건을 논하는 자리에서 거론된 내용이다. 「방광대장엄경」에는 이상적인 어머니 조건으로 32가지 덕목을 열거하고 있다. 이 경에서 열거하고 있는 32가지 이상적인 어머니로서의 덕목을 재구성해 보면, 첫째, 단정하고 건강한 신체적 조건을 구족해야 한다. 둘째, 넓은 학식과 밝은 지혜가 있어야 한다. 셋째, 인품이 부드럽고 항상 친절해야 한다. 넷째, 정숙하고 순결해야 한다. 다섯째, 정직하고 바른 말과 행동을 해야 한다. 여섯째, 탐욕과 성냄 · 질투가 없고 매사에 인욕해야 한다. 일곱째, 항시 베풀어 주는 마음으로 가득해야 한다. 여덟째, 경건한 종교성이 있어야 한다 등이다.

이러한 어머니의 품성은 곧 가정 교육을 주로 담당하는 어머니로서 갖추어야 할 조건이라고 할 수 있으며 동시에 이러한 품성을 지닐 수 있게 스스로 노력해야 한다는 의미도 내포하고 있다. 부모 자신이 바르게 생각하고 행동할 때 자녀도 이를 본받게 된다. 자녀에 있어서 부모는 인생에 있어서 최초의 스승이며 이상적 인간의 전형이 되기 때문이다. 지혜롭고 자비로운 부모의 인격과 여기에서 나오는 바른 언어와 행동, 진실과 선을 추구하는 삶과 태도는 바로 자녀에게 교육적으로 좋은 영향을 끼치게 될 것이다.

이상적인 어머니의 조건을 자세히 보자.

① 이름이 높고 멀리 퍼지며, ② 여러 사람들의 찬탄을 받으며, ③ 우의에 허물이 없으며, ④ 모든 상을 완전히 갖추며, ⑤ 종족과 성이 높고 귀하며, ⑥ 단정하며, ⑦ 이름과 덕망이 서로 맞으며, ⑧ 길지도 짧지도 않고 굵지도 않고 가늘지도 않으며, ⑨ 아직 아이를 낳아 기른 일이 없으며, ⑩ 성(性)의 계율을 성취치하였으며, ⑪ 마음에 집착이 없으며, ⑫ 얼굴빛이 온화하고 기뻐하며, ⑬ 몸의 움직임은 오른쪽 잡이이며, ⑭ 학식과 용심이 밝고 투철하며, ⑮ 자태와 성품이 부드럽고 온화하며, ⑯ 언제나 두려워함이 없으며, ⑰ 많이 듣고 잊지 않으며, ⑱ 지혜가 장하고 엄숙하며, ⑲ 마음에 아첨과 굽음이 없으며, ⑳ 속이는 일이 없으며, ㉑ 아직 성낸 일이 없으며, ㉓ 성에 질투가 없으며, ㉔ 성에 조급히 동함이 없으며, ㉕ 얼굴빛은 윤택하며, ㉖ 입으로 나쁜 말함이 없으며, ㉗ 일에 잘 참으며, ㉘ 완전히 부끄러워 할줄 알며, ㉙ 삼독이 모두 얇으며, ㉚ 온갖 여인으로서의 허물을 밀리 떠났으며, ㉛하늘 받들기를 법 답게 하며, ㉜ 여러 가지 상이 뚜렷함이다.

8) 「부모은중경(父母恩重經)」의 효(孝)와 은(恩)의 교육

「부모은중경」은 부모의 은혜가 깊고 무거움을 가르치는 경전으로 중국 · 한국 · 일본 등의 유교 문화권에서 특히 존중되어 온 경전이다. 여기서 가르치는 부모의 열 가지 은혜는 다음과 같다.

첫째, 어머니 뱃속에 잉태하여 지켜 주신 은혜

둘째, 해산에 임하여 큰 고통을 감수하신 은혜

셋째, 자식을 낳고서 모든 근심을 잊으신 은혜

넷째, 쓴 것은 삼키고 단 것은 뱉아 먹이신 은혜

다섯째, 마른자리는 자식에게 내어 주고 진자리에 어머니가 누우신 은혜
여섯째, 젖을 먹여 길러 주신 은혜
일곱째, 더러운 것을 깨끗이 씻어 주신 은혜
여덟째, 먼 길 떠난 자식을 걱정해 주신 은혜
아홉째, 자식을 위해서라면 나쁜 일(惡業)도 마다 않으신 은혜
열째, 끝까지 불쌍히 여기고 사랑해 주시는 은혜

「열반경(涅槃經)」에서도 이와 비슷한 내용이 나온다.

"예사 아니셨어라! 부모님께서 큰 고통을 받으사 열 달이 차도록 내 태를 품으시며, 태어난 다음에도 마른자리로 옮겨 눕히사 습기를 제거하시며, 더러운 똥·오줌을 치우시며, 젖 먹이고 씹어 먹여 길이 기르사 내 몸을 보호하시도다."

부모의 은혜에 대한 교육은 자신의 생명을 있게 해준 보본(報本)의 은혜에 대한 인식에서 출발하여 위에 열거한 여러 은혜에 대해 깊이 깨닫게 해야 하는 것이다. 앞에 나온 「선생자경」에도 자식이 부모를 섬기는 법에 대해, 첫째, 받들어 공양하여 모자람이 없게 한다. 둘째, 무릇 할 일이 있으면 부모에게 먼저 사뢴다. 셋째, 부모의 하는 일에 순종하며 거스르지 않는다. 넷째, 부모의 바른 명령을 어기지 않는다. 다섯째, 부모가 하는 바른 직업을 끊이지 않게 하는 것이다 등으로 설명하고 있다. 팔리경전에는 보본사상, 경제적 봉양, 정신적인 걱정을 끼치지 말 것, 질병에 대한 의료치료, 식사에 대한 보살핌, 조상에 대한 예경 등이 포함되고 있다.

9) 주자(朱子)의 열 가지 후회시(詩)

사람이 마땅히 하여야 할 때를 등한히 하고 거저 넘기면 후에 가서 아무리 후회하여도 미치지 못하는 것이다.

세상에 성공한 사람들은 그 때를 놓치지 말고 열심히 일한 사람들이요 인생에 실패한 모든 사람들은 그 때를 소홀히 넘기고 헛되이 보낸 게으른 사람들이다.

① 불효부모사후회(不孝父母死後悔)

살아 생전에 부모에게 불효하고 냉대하였으면 부모가 세상 떠난 후에 아무리 후회하여도 미치지 못하는 바이다.

② 불친종족소후회(不親宗族疎後悔)

가족이나 친척을 푸대접하였으면 사이가 벌어진 다음에 후회하게 된다.

③ 불접빈객거후회(不接賓客去後悔)

손님을 잘 대접지 못하면 떠난 다음에 후회된다.

④ 불치탄장도후회(不治坦墻盜後悔)

담장을 수리하지 않으면 도둑 맞은 다음에 후회한다.

⑤ 춘불경종추후회(春不耕種秋後悔)

봄에 밭 갈고 씨 뿌리지 않으면 가을에 남들이 추수할 때 후회된다.

⑥ 소불근학노후회(少不謹學老後悔)

젊어서 공부하지 않으면 늙어서 후회한다.

⑦ 색불근신병후회(色不謹愼病後悔)

방탕한 생활을 삼가지 않으면 병들어 후회한다.

⑧ 당부절용빈후회(當不節用貧後悔)

돈 있을 때 절약하지 않으면 가난하게 되어 후회한다.

⑨ 분불사난패후회(忿不思難敗後悔)

성날 때 뒷일을 생각지 않고 분풀이 하면 일을 저지르고 나서 후회한다.

⑩ 주중망언성후회(酒中妄言醒後悔)

술 취했을 때 함부로 지꺼리면 깨어나서 후회한다.

10) 효도(孝道)-팔반가(八反歌)

효도는 기독교의 제5계명이다. 10계명을 두 부분으로 나눈다면 하나님께 속한 첫계명이 하나님을 공경하라는 것이오, 사람에게 속한 첫계명(제5계)이 부모를 공경하라는 것이다. 볼 수 있는 땅에 계신 부모는 서로 대조적인 의미가 연결되어 있는 것이다. 첫 계명은 창조주 하나님 아버지요, 5계명은 나를 낳아 주신 육신의 부모로 이는 수직적 관계이다. 그러므로 사람이 보이는 부모, 형제를 공경치 못하면서 보지 못하는 하나님을 공경한다는 것은 거짓말이다(요일 4 : 20). 바울은 "네 아버지와 어머니를 공경하라, 이것이 약속 있는 첫 계명이니 이는 네가 잘 되고 땅에서 장수하리라"(엡 6 : 2).

사울은 부모에게 효도한 사람이오(삼상 9 : 5) 룻은 시어머니에게 효도한 며느리요(룻 1 : 16) 요셉은 효자라 아버지를 애굽으로 모셔왔다. (창 45 : 3, 13, 23, 27 51 : 1-6). 예수님은 임종 때 그 어머니를 요한에게 부탁하셨다(요 19 : 26-27).

그러나 오늘날 기독교 국가에서 효도(孝道)의 도리가 사라져 가는 것은 유감이다. 오히려 동양문화에서 배워야 한다. 동양 고전인 시전(詩傳)에는 "부모가 우리를 낳아 기르신 은혜는 하늘 같아서 끝이 없다"(詩曰 父兮生我 母兮鞠我 哀哀父母 生我劬勞 欲報深恩 昊天罔極)고 되어 있다.

공자(孔子)는 "군자는 근본을 힘써야 되나니 근본이 선 다음에야 도(道)가 생기는 것이다. 효세(孝悌)는 인(仁)을 하는데 근본이라"하였다(君子務本 本立而道生 孝悌也者 其爲仁之本也). 그러므로 모든 행실 가운데 효도가 제일 큰 것이다(百行之本孝爲大).

여기서 8가지 반성할 효도의 법칙을 알아보자.

① 자녀가 욕하면 기쁘게 받고 부모가 노하면 도리어 불만을 가지니 자녀와 부모를 대하는 마음이 어찌 그리 다른고 다시는 부모가 꾸짖거든 자녀를 생각하고 마음을 고쳐라(幼兒或詈我 我心覺懽喜 父母嗔怒我 我心反不甘 一喜懽一不甘 待兒待父心何懸 勸君今日逢親怒 也應將親作兒看).

② 자녀들은 아무리 지껄여도 듣기 싫지 않고 부모는 한번 말해도 잔소리 많다 하니 이것이 잔소리가 아니라 걱정이다. 늙도록 지내온 경험으로 일깨우는 것이니 그대는 노인의 말을 공경하여 받들고 시비하여 나무라지 말라(兒曹出千言 君聽常不厭 父母一開口 使道多閑管 非閑管親掛牽 皓首白頭多諳諫 勸君敬奉老人言莫教乳口爭長短).

③ 자녀의 오줌·똥은 싫지 않은데 노인이 침뱉는 것은 싫어하니 여섯자 네 몸이 부모의 정혈로 된 것이 아니냐? 부모는 젊어서 너를 귀하여 애쓰다가 이제 늙고 시들었다. 그대는 부모를 공경하고 잘 대접하라(幼兒尿糞穢 君心無厭忌 老親涕唾零 反有憎嫌意 六尺軀來何處 父精母血成汝體 勸君敬待老來人 壯時爲爾筋骨敝).

④ 아침에 일찍 장 마당에 나가 떡을 사오기에 부모 공양하는 줄 알았더니 자녀는 배부른데 부모는 맛보지도 못하였구나. 자녀의 마음이 어찌 그리 부모 사랑만 못한

고, 그대는 떡을 많이 사다가 얼마 남지 아니한 부모를 공양하라(看君晨入市 買餅又買餻 少聞供父母 多說供兒曹 親未啖兒先飽 子心不比親心好 勸君多出買餅錢 供養白頭光陰少).

⑤ 거리의 약방에는 자녀의 영양제는 많으나 어버이 튼튼케 하는 약은 없다. 자녀병 고치는 데는 열심이나 부모 병은 등한히 여기기 때문이다. 네 다리를 베어도 그것이 부모의 살이니 그대는 부모의 건강을 잘 보살피라(市間賣藥肆 惟有肥兒丸 未有壯親者 何故兩般看 兒亦病親亦病 醫兒不比醫親症 割股還是親的肉 勸君亟保雙親命).

⑥ 부귀하면 부모 공양하기 쉬우나 부모의 마음은 늘 평안치 못하고 가난하면 자녀 기르기 어려우나 자녀 배고픈 일은 없다. 부모를 위한 마음이 자녀를 위한 마음보다 못하기 때문이다. 그대는 부모를 자녀 생각하는 만큼 하고 범사에 가난하다 핑계하지 말라(當貴養親易 親常有未安 貧賤養兒難 兒不受饑寒 一條心兩條路 爲兒終不如爲父 勸君兩親如養兒 凡事莫推家不當).

⑦ 부모는 두분 뿐이나 형제간 서로 모시기 싫어서 밀고, 자녀는 열이라도 하나도 남주기를 싫이한다. 자녀는 배불러도 배고픈가 늘 문고 부모는 배고프고 추워도 걱정하지 않는다. 그대는 힘을 다하여 부모를 공양하라. 그대의 먹고 입는 것이 원래 부모의 것이니라(兩親只有二人 常與兄弟爭 養兒數十人 君皆獨自任 兒飽煖親常問 父母饑寒不在心 勸君養親須竭力 當初衣食被君侵).

⑧ 부모의 10분 사랑은 그 은혜를 생각지 않고 자녀의 1분 효도는 자랑한다. 부모를 대함에는 어둡고 자녀를 생각함은 밝으니 누가 부모의 자녀기르는 사랑을 알리요 권하노니 부질없이 자녀의 효도를 믿지 말라. 그대는 자녀의 부모도 되고 부모의 자녀도 되느니라(親有十分慈 君不念其恩 兒有一分孝 君就揚其名 待親暗待兒明 誰識高堂養子心 勸君漫信兒曹孝 兒曹親子在君身).

이 8항의 시는 사람이 자녀 사랑할 줄은 알되 부모의 은혜를 잊지 않고 공경하는 사람은 드물다는 세속 인간의 야박한 심리상태를 묘사한 것으로 가히 경계가 되는 글이다. 부모와 자녀의 사이에 흐르는 애정은 하늘이 내신 생육(生育)의 원칙에 의하여 자연 발생적으로 나타나는 천륜(天倫)이다.

11) 성공의 한 해를 사는 22원리

① 머리를 써서 살아라.

"빈대도 머리를 써서 사는데……" 정주영씨가 입버릇처럼 내뱉는 말이다. 한 겨울 보리를 심어 잔디를 대신했던 부산 UN묘지 공사며, 폐유조선으로 단번에 물길을 막았던 서산 간척지 공사 등 그의 성공은 상식에 매달리지 않는 신선한 발상의 성공이었다.

② 시작보다는 마무리를 잘하라.

"사람은 '어떻게 시작하는가'로 평가되지 않고 '어떻게 끝을 내는가'로 평가된다(We are judged by how we finish, not by how start)"는 말을 기억해라. 시작은 누구나 잘할 수 있다는 뜻이다. 언제나 중요한 것은 마무리이다.

③ 미리 준비하는 습관을 갖자.

"기회는 준비하는 자에게 찾아온다(Chance favors prepared mind)"는 루이 파스퇴르의 명언을 되새겨 보자. 준비된 하루를 맞이하자.

④ 실패하더라도 실망하지 않는다.

기회를 얻지 못했다는 것은 아직 그만큼 기회가 있다는 말이다. 봄이 가면 여름이 오고, 가을이 가면 겨울이 오는 것처럼 인생도 사계절이 있다. 한때 어두운 세월을 보냈던 미쓰요는 말한다. "과거는 지울 수 없지만 인생은 반드시 새로 시작할 수 있다."

⑤ 마지막 날이라 생각하고 일하라.

현자가 충고했다. "하나님을 위해 죽기 전날까지 살아라." 그러자 이런 항의의 목소리가 들려왔다. "그걸 어떻게 알아요? 우리가 언제 죽을지도 모르는데." 이 말을 들은 현자는 이렇게 말했다. "하루하루를 죽기 전날처럼 살아라. 그럼 간단해."

⑥ 사고의 전환이 필요하다.

사람들의 고개는 좌우로 180도밖에 돌지 않는다. 그러나 인간의 사고는 360도 한 바퀴를 돌릴 수 있다. 이렇듯 사고를 바꾸면 세상이 달리 보인다.

⑦ 한 가지 이상의 외국어를 마스터하라.

IOC 부회장인 김운용 위원이 구사하는 언어는 총 6개 국어다. 그 중 러시아어는 88올림픽을 준비하면서 예순이 넘은 나이에 배운 것이다. 국제화 시대의 무기는 외국어임을 깨닫고 학창 시절부터 열성으로 공부한 영어, 불어, 스페인어, 독어, 일어 등은 오늘날 그가 세계적인 스포츠외교관이 되는데 일등 공신이 되었다.

⑧ NATO를 버려라.

불행한 사람들은 항상 NATO(No Action Talking Only)로 살아간다. 성공한 사람들은 말보다는 행동이 앞선다. 따라서 강한 결심이란 지금 있는 이 곳에서 변화시킬 수 있는 용기라는 것을 잊지 말아라.

⑨ 유머를 개발하라.

동료를 기분 좋게 웃길 수 있는 유머야말로 성공인의 필수요소다. 유머전략의 기본은 '수사반장'이다. '수사반장 – 수집하라, 사용하라, 반응을 살피라, 장기를 살려라.' 이 정도면 당신도 유머의 대가가 될 수 있다.

⑩ 서비스 정신을 잊지 말라.

한 음식점에는 이런 경구가 하나 붙어 있었다. "If you like our service, tell others. If you don't like our service, tell us."

⑪ 자신에게 성공한 사람이 되라.

상처 입은 사람들 주위에는 언제나 상처 입은 사람들로 가득하다. 실패한 사람들 곁에는 실패한 사람들만 득실거린다. 성공한 사람이 되려거든 자신이 먼저 성공한 사람처럼 되라.

⑫ 자신의 일을 즐겨라.

언제나 해야 될 일을 찾지 말고 하고 싶은 일을 해라. 하지만 이것도 기억하라. 성공의 비밀은 자신이 좋아하는 일을 하는 것이 아니라 자신이 하는 일을 좋아하는 것이다.

⑬ 사명 선언서를 만들라.

IBM은 훈련과정 때마다 간부가 참석해서 그 회사가 추구하는 세 가지 사명을 말한다. 개인에 대한 존중, 탁월성 그리고 서비스다. 이러한 원칙이 조직을 성공으로 이끈다. 나의 사명서는 무엇인가? 매일 아침 스스로에게 사명선언을 해 보라.

⑭ 모든 삶이 배움의 현장이 되게 하라.

우주만물에는 신의 지문(指紋)이 있다. 나아가 "업은 아이에게도 배울 것이 있다."는 격언이 있다. 자연현상에서 뿐만 아니라 삶의 현장을 살아 있는 교과서로 삼아라.

⑮ 정보인맥을 구축하라.

'개미형'이 아니라 '거미형'으로 살아라.

산업사회에서는 근면과 성실을 상징하는 개미가 표준 인간형이었다. 그러나 정보사회에서는 거미가 모델이다. 곳곳에 정보의 그물을 쳐두고 여유 있게 기다려라.

⑯ 아날로그가 아니라 디지털로 사고하라.

아날로그는 24시간을 3으로 나눠 8시간은 일하고 8시간은 쉰다. 하지만 디지털은 일하는 시간을 별로 중요하게 여지지 않는다. 24시간 연속으로 일할 수 있고 24시간 내내 잘 수도 있다. 생산성만 있으면 되는 것이다. 디지털의 실체는 유연함과 무정형에 있다.

⑰ 상처를 거부해라.

현명한 사람은 자기 마음의 주인이 되고 미련한 자는 그 노예가 된다. 내가 나를 주장하는 것이야말로 성공의 지름길이다. 그러므로 이렇게 외쳐 보라. "내가 허락하지 않는 한 나는 상처받지 않는다."

⑱ 일기를 써라.

또렷한 기억보다 희미한 기록이 낫다는 말이 있다. 하루를 돌아보는 일기야말로 내면세계의 질서를 찾아가는 자신만의 수업현장이다.

⑲ 성공의 주인공이 되라.

"명성에 빛나는 지도자들의 행위를 자세히 검토하면 그들이 운명으로부터 받은 것이라곤 기회밖에 없었다는 것을 알게 될 것이다. 그리고 그 기회라는 것도 그들에게는 재료로 제공되었을 뿐이며 그 재료조차도 그들은 자기네 생각에 따라 요리했던 것이다." 마키아벨리의 「군주론」에 나오는 말이다.

⑳ 결점에 매달리지 말라.

"신은 우리를 인간으로 만들기 위해 무엇인가 결점을 부여해 주었다." 셰익스피어가 「안토니오와 클레오파트라」에서 한 말이다. 결점에 매달리기보다 장점에 매달려라.

㉑ 가정을 소중히 하라.

부시 바바라 여사는 이렇게 말한다. "우리 사회의 성공여부는 백악관이 아니라 여러분의 가정에 달려 있습니다." 억대 연봉자들의 첫 번째 성공요인은 화목한 가정이었다. 가정생활을 우선으로 해라.

㉒ 사소한 일에 목숨을 걸지 말아라.

"마지막으로 실은 짚 한 오라기가 낙타등을 부러뜨린다"는 말이 있다. 자신의 감정을 상하게 할 수 있는 사소한 것들을 흘려버리고 매달리지 말아라.

(김향숙/글로벌 패밀리 리서치센터 원장)

참고 문헌

강지원(1990), 부모와 자녀. 서울 : 삼화출판사.

고범서(1992), 가지관연구. 나남.

권이종(1990), 가정 교육 시리즈 1～9. 서울 : 계몽사.

김계현(1993), 대학에서의 단기상담의 적용. 서강대학생생활연구소, 인간이해 14호.

김계현(1998), 위기극복을 위한 청소년지도. 한국카운슬러협회, 한국카운슬러협회보.

김광률(1998), 21세기 윤리적 쟁점과 과제. 한남대기독교문화연구소 목회자 세미나.

김광웅(1998), 21세기 주역이 될 10대 신세대를 아시나요?, 서울시카운슬러협회, 서울카운슬러 76호(1998. 5. 20).

김남순(1998), 대학생 진로지도 프로그램 운영에 관한 연구, 전국대학교 학생생활연구소장협의회, 대학생활연구 제11집.

김동위(1994), 청소년의 인간화 교육, 서울 : 교육과학사.

김동일 외(1996), 21세기 직업세계와 청소년 진로의식 조사, 청소년대화의 광장 제1회 국제 청소년 상담학 심포지엄.

김득중 외(1998), 우리의 전통예절, 한국문화재보호재단.

김명혁(1987), 현대교회와 결혼문제, 엠마오.

김병석(1998), 청소년 사이버상담의 방향, 한국청소년상담원, 청소년상다문제연구보고서 30.

김숙영(1988), 성교육자료 학습지도안. 안양소년원.

김영민(2001), 재미있는 성의 생물학 이야기. 서울 : 도서출판 홍경.

김재은(1989), 가정 교육 이렇게 하세요. 서울 : 샘터사.

김재은(1989). 미래를 위한 자녀교육, 서울 : 샘터사.

김재은(1994), 우리의 청소년 : 그들은 누구인가, 서울 : 교육과학사.

김조년(1998), “21세기 사회문화 어디로 가고 있는가?’, 한남대기독교문화연구소 목회자 세미나

김현오(1990), 현대인의 인성. 서울 : 홍익사.

김형태(1997), 상담이론 알아보기. 한남대 출판부.

김형태 외(1998), 성교육학. 서울 : 교육과학사.

김형태(2001)세대교육), 집단상담의 이론과 실제, 서울 : 동문사.
김형태(1998), 상담의 이론과 실제, 서울 : 동문사.
류태영(1987), 이스라엘의 국민정신과 교육. 이스라엘 문화연구원.
맹용길(1998), '21세기 한국교회의 목회방향'. 한남대기독교문화연구소 목회자 세미나.
박경애(1999), 신판부.
김형태(1999), 교육의 심리학적 이해, 서울 : 동문사.
남기영 외 4명(1997), 인간이란 무엇 '지식청소년의 개념과 특성', 문화관광부, 신지식청소년 육성대회 발표 자료집.
박미영(1995), 유태인 부모는 이렇게 가르친다. 생각하는 백성.
박성익(1998), '사이버세계와 청소년 상담', 한국청소년상담원, 청소년 상담문제연구보고서 30.
박종대(1996), '이스라엘의 가정교육 연구'. 경상대학교 석사학위논문.
송광석 외(1991), '한국 청소년의 실태와 문제', 한국청소년연구원.
송길원(2000), 행복의 수레바퀴, 서울 : 국민일보사.
신은숙 · 조명실(1998), 대학생의 성의식과 성교육프로그램 개발. 전국대학교 학생생활연구소장협의회, 대학생활 연구 제11집.
양은순(1995), 사랑과 행복에의 초대.
오세원(1990), 십대의 성교육. 서울 : 도서출판 한글.
원동연, 송재신(2001), 5차원전면교육길잡이, 전주 : 신아출판사.
유안진(1990), 한국 전통사회의 유아교육. 서울대학교출판부.
이군현 외 2인(1997), EQ IQ 창의력. 여성사.
이명숙(1997), '학교에서의 인성교육에 대한 심리 교육적 접근'. 대구시교육청
이명환(1998), 'IMF시대하의 대학생 진로지도'. 전국대학교학생활연구소장협의회, 대학생활연구 11집.
이문균(1998), '21세기 환경의 변화와 목회의 방향'. 한남대기독교문화연구소 목회자 세미나.
이부영(1984), 한국인의 성격, 서울 : 고려원
이상선(1997), '초등학교에서의 인성교육'. 경기도교육청.
이숙영 · 김광수(1999), '신지식청소년 육성을 위한 상담모형'. 문화관광부, 신지식청소년육성대회 발표 자료집.
이윤구(1990), '90년대 청소년의 세계와 한국의 과제'. 한국청소년연구 제1권 제3호, 한국청소년연구원.
이윤옥(1998), '유아를 위한 인성교육프로그램'. 서울 : 창지사.
이재창(1995), '가치와 현실인식간의 심한 갈등'. 새교육 1995년 5월호, 한국교육신문사.
이정수(1990), 현대 일본인의 의식구조, 서울 : 동명사.
이정태(1998), 한국인의 인성. 서울 : 교육과학사.
이춘배(1997), 쏙쏙들어오는 50가지 고감도 성테마, 서울 : 도서출판 가원.
이형득 외(1998), 부모교육. 서울 : 형설출판사.
임종만(2002), 기독교 장례교본, 기독교장례문화연구소.
임선하(1993), 창의성에의 초대. 서울 : 교보문고.
임희섭(1987), 사회변동과 가가치관. 서울 : 정음사.

정명룡(1981), 바람직한 자녀교육. 서울 : 선익출판사.
정범모(1977), 가치관과 교육. 교육신서 제1권, 서울 : 배영사.
정세구(1997), 인격교육과 도덕교육. 서울 : 배영사.
정용교(1998), '영상세대의 도래와 새로운 청소년 문화의 형성'. 한국청소년개발원, 한국청소년연구 9권 2호.
조남국역(2000), 성학십도, 서울 : 교육과학사.
조창동(1992), 격언・속담사전, 서울 ; 성공문화사.
차종환(1990), 성공적인 자녀 교육을 위하여. 서울 : 바울서신사.
최신일(1997), '인성, 인성 교육 그리고 그 철학적 기초'. 대구시교육청.
최운실(1986), '오늘의 청소년, 그들의 의식과 태도를 진단한다.' 교육월보 1992년 5월호, 교육부
최일섭(1986), 청소년 가치의식의 변화와 전망, 해방 40년 가치의식의 변화와 전망, 서울대출판부.
최창렬(1999), 우리 속담 연구, 서울 : 일지사.
한국고전신서편찬회(1999), 속담풀이사전, 서울 ; 홍신문화사.
한임수외(1992), 창의적 교육과정. 서울 : 창지사.
홍성묵(1999), 아름다운 사랑과 성, 서울 : 학지사.
황중호(1987), '기독교 가정의 가정교육', 한성신학대학 석사학위논문.
게리콜린스(1997), 상담중 일어나는 성적 비행. 두란노.
게일 로이드와 맥 캔필드(1994), 좋은 아버지가 되기 위한 영역 측정.
디니엘 레빈슨(1986), 남자 인생이 사계.
다모츠 센고꾸(1990), '일본의 청소년', 청소년 문화, 한국청소년연구원.
린 스미스(1992), 좋은 아버지가 필요하세요? 그렇습니다. 애들에겐 좋은 아버지가 필요합니다.
맨스필드와 버쓰 지음 / 임선하 옮김(1993), 창의적인 사람은 무엇이 다를까. 도서출판 하우.
벤자민 스포크 저 / 박순황 역91989), 청소년교육 : 사춘기 자녀의 성교육과 정서교육. 서울 : 정음문화사.
사무엘 오셔슨(1987), 아버지를 찾아라.
앤드류 머든(1986), 아버지에 대한 갈증.
엘리자벳 퀴블러-로즈(1969), 죽음과 죽어가는 것에 대하여.
조이스 페너 & 클리포드 페너 저 / 김의식 역(1995), 성삼담. 서울 : 두란노.
짐 콘웨이(1987), 중년의 위기에 선 남성.
칼라 켄터(1992), 아버지에 관한 교실.
코라 베서 지그문트 지음 / 홍명희・설기문 옮김(1998), 당신에게는 자신도 모르는 창의력이 있다. 생각의 나무.
헨리 누웬(1970), 어버지가 없는 세대.
Arthur J. Cropley 지음, 김선 옮김(1995), 교육과 창의성, 서울 : 집문당.
Clyde M. Narramore(1966), Counseling youth, Zondervan : N. Y.
Harold Wahking & Gene Zimmerman(1994), Fulfilled Sexuality, Baker Books : Michigan.
Harold Wahking & Gene Zimmerman(1994), Sexual Issues, Baker Books : Michigan.
Jane Dossick & Eugene Shea(1988), Creative Therapy : 52 Exercises for Groups, Professional Resource Exchange Inc, : Florida,

Patricia Rizzor Toner(1993), Sex Education Activities. The Center for Applied Research in Education : N. Y.

Randy Engel(1989), Sex Education - the final plague, Gaithersburg : Maryland.

Susan Carrel(1993), Group Exercises for Adolescents, SAGE Pub. : London.

「교육월보」, 1997, 9월호

「새교육」, 1998년 10월호, 통권 528호, 한국교육신문사.

「새교육」, 1998년 11월호, 통권 529호, 한국교육신문사.

「창의성 교육」(1995), 자기주도학습 장학자료, 제주도 교육청.

「학교경영」, 199년 5월호, 통권 제 135호, 교육연구사.

대구광역시 중등 윤리 · 도덕 교육 연구회(1998), 바른 인성교육을 통한 건전한 학교 풍토조성 프로그램.

대한가족계획협회(1992), 성교육 : 청소년 성교육과 성삼담 전문가 훈련교재.

대한가족계획협회(1993), 자녀 성교육(사춘기자녀 성교육을 위한 부모교실).

대한가족계획협회(1998), 성상담 상담원 교육 교재.

문화방송(1991), '91MBC 청소년 백서'.

서울 YMCA 청소년 상담실(1992), 청소년 지도자를 위한 성교육 상담교실 자료집.

서울초등교육평가연구회(1995), 창의성 교육 문을 열다, 서울특별시교육청.

서울특별시 교육 연구회(1997), 조화로운 인간교육.

서울특별시 교육청(1986), 성교육 사례집(어머니의 가르침).

아산사회복지사업재단(1996), 현대사회와 성윤리, 제8회 사회윤리 심포지엄.

충청남도 교육청(1992), 자녀의 행복을 가꾸는 올바른 가정교육. 대전 : 충청남도 교육청.

한국갤럽조사연구소(1991), 한국과 세계 청소년 의식, 제 2차보고서.

한국여성개발원(1994), 사춘기 자녀의성, 어떻게 가르쳐야 할까요?, '94연구보고서200-1, 서울 : 삼화출판사.

한국영재교육개발원(1996), 유태인은 자녀를 이렇게 키운다, 서울 : 시간과 공간사.

http : //www.hongik.or/sermon1121.htm

http : //click386.co.kr/index2.html

http : //www.uway.co.kr/bill/scripts/hischool/scripts/diagnose/004israel.asp

http : //www.allim.go.kr/mag/nara/first/90.html

시간이 지날수록

예전에는 몰랐지만,
시간이 지날수록 내 삶이 아름답다는 것을 알게 됩니다.
사노라니 몸이 힘들고 마음에 아픔도 많지만,
이해하고, 용서하고, 사랑하다 보니
이제는 내 삶이 아름답다는 것을 알 수 있습니다.
예전에는 몰랐지만,
시간이 지날수록 내 인생이 순탄하다는 것을 알게 됩니다.
사노라니 가시밭길 많았지만,
그 때마다 내 삶의 길섶에서 따뜻하게 손잡아 주는 이들이 많았기에
이제는 내 인생길이 순탄하다는 것을 알 수 있습니다.
예전에는 몰랐지만,
시간이 지날수록 내 이름이 귀하다는 것을 알게 됩니다.
사노라니 실패와 유혹도 많았지만,
그 때마다 '안 된다'하고 일어선 내 결단이 얼마나 귀한지를
이제는 느낄 수 있습니다.
예전에는 몰랐지만,
시간이 지날수록 내 모습이 건강하다는 것을 알게 됩니다.
사노라니 눈물 흘릴 때도 있었지만,
이제는 눈물을 그치고 열심히 살아가는 내 모습이 건강하다는 것을
깨닫게 됩니다.
예전에는 몰랐지만,
시간이 지날수록 내가 착한 사람이 될 수 있음을 알 수 있습니다.
사노라니 나쁜 생각을 할 때도 많았지만,
그 때마다 돌아서서 후회하고 반성하며
내 마음 밭에 좋은 생각의 터를 넓혀 가다 보니
이제는 좀더 착해질 것 같은 나를 느낄 수 있습니다.

집필후기 : 한남대학교 총장 김형태 삼가아룀

저자 소개

저자
김 형 태 박사

주소 : 대전광역시 대덕구 오정동 133 한남대학교

현직 : 한남대학교 총장

학력 : 한남대학교 및 동 대학원 졸업(문학석사)
De La Salle University (M.S. in Guidance & Counseling)
충남대학교 대학원 졸업(교육학 박사), 한국 심리학회 공인 상담심리전문가,
한국상담학회 공인 학교상담전문가 / 집단상담전문가 / 대학상담전문가.

경력 : 한국기독교육자 선교총연합회(KCEM) 부회장(現)
한국교육자선교회 대전지방회장(現)
한국상담학회 제4대 회장(現)
한국교원단체총연합회 청소년복지 · 문화위원장 역임
한국 카운슬러협회 회장 역임
한국교육학회 부회장 역임
한국기독상담 · 심리치료 학회 부회장 역임
한국기독교학교연맹 연구위원(現)
기독교리더쉽연구원 연구위원(現)
한국대학학생생활연구소 협의회장 역임
한남대학교 부총장 역임
한국대학상담학회 회장 역임
한국학교상담학회 회장 역임
전국대학 평생교육원협의회 이사 역임
한남대학교 기획처장, 법인처장 역임
한남대학교 교육대학원장 역임

저서 : 교육의 심리학적 이해
집단상담의 이론과 실제
가르치는 기쁨 · 배우는 보람
학교상담이 이론과 실제
상담의 이론과 실제
청소년 문화와 인성교육
청소년 자아정체감 연구
청소년 세대 교육론
결혼과 가족상담
청소년문화의 재조명
상담이론 알아보기
Counseling & Group Dynamics

공저 : 청소년 문제론
청소년 학업상담
하나님 중심 교육
가꾼대로 거두는 자녀의 행복
인생의 3대 질문
크리스챤 Pax Koreana의 비전
성교육학
현대사회와 인성교육
하나님 중심 지도자
새천년 · 새선민 · 새비전
나의 꿈, 나의 대학생활
21세기와 청소년 목회

종교 : 대전 삼성장로교회 장로

21세기를 위한 **자녀교육**

초판인쇄 2008년 6월 20일
초판발행 2008년 6월 25일

저자와의 협의 하에 인지 생략

저 자 김 형 태
발행인 김 현 태
발행처 태영출판사

주 소 (152-705) 서울 구로구 구로동 104-10 동남오피스텔 201호
전 화 02 · 839-3757, 839-3752
팩 스 02 · 837-3754

등 록 2005년 5월 30일 제12-421호
http://www.taeyeongbook.co.kr
E-mail tys2005@paran.com
ISBN 978-89-91777-93-4 93370
정 가 26,000원

* 잘못 만들어진 책은 교환해 드립니다.